UFOs –
die unerwünschte
Wahrheit

1. Auflage Januar 2009

Lektorat: Dr. Renate Oettinger, Thomas Mehner
Umschlaggestaltung: Angewandte Grafik/Peter Hofstätter
Satz und Layout: Agentur Pegasus, Zella-Mehlis
Druck und Bindung: CPI – Clausen & Bosse, Leck

ISBN-13: 978-3-938516-84-3

Gerne senden wir Ihnen unser Verlagsverzeichnis
Kopp Verlag
Pfeiferstraße 52
D-72108 Rottenburg
E-Mail: info@kopp-verlag.de
Tel.: (0 74 72) 98 06-0
Fax: (0 74 72) 98 06-11

Unser Buchprogramm finden Sie auch im Internet unter:
www.kopp-verlag.de

Illobrand von Ludwiger

UFOs – die unerwünschte Wahrheit

Alarmierte Militärs,
uninteressierte Wissenschaftler
und die andere Wirklichkeit
der fremden Besucher

KOPP VERLAG

Inhalt

Einleitung: UFOs – ein Missverständnis

»Missverständnis« in der Einleitung dieses Buches meint nicht, dass es unidentifizierbare Flugobjekte nicht gibt. Die Existenz von Flugobjekten mit Eigenschaften, die zurzeit niemand auf Erden herstellen kann, ist durch millionenfache visuelle und instrumentelle Beobachtungen in aller Welt so einwandfrei gesichert, dass die Akzeptanz ihrer Existenz allein eine Angelegenheit der Information ist. Laut Duden ist »Missverständnis« eine »(unbeabsichtigte) falsche Deutung, Auslegung einer Aussage oder Handlung«. Die Gründe für die »falsche Deutung« des Phänomens durch Presse, Rundfunk, Fernsehen und Wissenschaft sollen hier untersucht werden, um aufzuzeigen, dass UFOs eine unerwünschte Wahrheit darstellen.

Das Missverständnis in der Beurteilung des Phänomens besteht in der Öffentlichkeit insofern, als angenommen wird, wissenschaftliche Untersuchungen hätten schon längst das Nicht-Vorhandensein dieser Objekte festgestellt. Dabei hat es überhaupt noch keine gründliche systematische wissenschaftliche Untersuchung dieser Phänomene gegeben. Es gab nur spärliche Ansätze dazu. Und die Ergebnisse der wenigen wissenschaftlichen Analysen (*Battelle Memorial Institute* 1956, Condon-Studie 1968, Akademie der Wissenschaften der UdSSR 1980) sind der allgemeinen und speziell der wissenschaftlichen Öffentlichkeit weitgehend unbekannt. Daher ersetzen unfundierte Meinungen in fast allen Medienberichten begründetes Fachwissen. Der wissenschaftliche Mainstream kennt überhaupt keine wissenschaftlichen Analysen über unidentifizierte Flugobjekte.

Das Thema wird als unseriös und unwissenschaftlich zurückgewiesen. Denn das, was da berichtet wird, widerspricht allem Wissen, das wir gegenwärtig von der Welt haben. Das Flugverhalten der unidentifizierbaren Objekte verletzt die Gesetze der Physik (Aufhebung der Schwerkraft, kein Überschallknall beim Fliegen, Verschwinden ins Nichts usw.). Die Objekte werden intelligent gesteuert. Doch es widerspricht biologischen Grundüberzeugungen, nach denen es keine ebenso gearteten Wesen wie intelligente menschliche Wesen neben uns im Universum geben kann. Eine fremde Intelligenz in unserem Luftraum stellt die Souveränität der Regierungsmacht in Frage (»Unsere Maschinen sind gegen diese Objekte machtlos!«, stellte der belgische General de Brouwer 1991 fest). Die Anerkennung ihrer Existenz würde eine dreifache Gefahr für die Regierungsmacht nach sich ziehen, eine physikalische, eine ontologische und eine metaphysische. (Wendt & Duvall 2008) Weil der Staat seine Bürger beruhigen muss, wurde in den USA die einzig rationale Antwort auf die Sichtungsberichte gegeben, nämlich sie zu ignorieren.

Diese Ignoranz hat zu einem »UFO-Tabu« geführt, das es verbietet, in der autoritären öffentlichen Sphäre seriös über UFOs zu sprechen, und es fordert: »Du sollst nicht herauszufinden versuchen, was UFOs sind!«

Folglich wird UFO-Forschung von manchen Skeptikern als eine Pseudowissenschaft bezeichnet, »welche die Fundamente wissenschaftlicher Autorität untergräbt« (Pinch & Collins 1984). UFO-Ignoranz ist nicht nur einfach ein Mangel an Kenntnis, so wie wir beispielsweise nicht wissen, wie Krebs zu heilen ist, sondern sie ist aktiv durch das UFO-Tabu erzeugt worden. Die Ignoranz gegenüber UFOs ist daher politisch motiviert und nicht wissenschaftlich begründet.

Die modernen Eliten der Gesellschaft halten eine Untersuchung ohnehin für unnötig, »weil ja sowieso bekannt ist, dass UFOs konventionelle Erklärungen haben oder Schwindelberichte, seltene atmosphärische Phänomene, Instrumentenfehler, Verwechslungen durch die Zeugen oder geheime Technologien der Regierungen sind«. Alle diese Berichte zählen jedoch nicht zu den »Unidentifizierten« und sind überhaupt nicht gemeint!

Was wir mit Sicherheit wissen, ist, was UFOs alles nicht sind! Sie sind tatsächlich Objekte, nicht notwendigerweise im engeren Sinne von etwas, das fest ist und berührt werden kann, sondern im weiteren Sinne natürlicher Prozesse, die physikalische Wechselwirkungen hervorbringen. Die unbekannte Intelligenz, die in UFOs in unsere Atmosphäre eintritt, könnte aus fernen Planetensystemen kommen. Jedenfalls haben die wenigen bisher vorgenommenen Untersuchungen keinen Anlass gegeben, diese Möglichkeit auszuschließen. UFOs zu ignorieren wäre aber nur dann vernünftig, wenn die außerirdische Herkunft der UFOs sicher ausgeschlossen werden könnte.

Die Ignoranz des ganz Anderen wird mit vordergründigen Einwänden motiviert: Es wird behauptet, es gebe nur Zeugenberichte anekdotischer Art, und man könne darauf keine wissenschaftliche Grundlage errichten. Skeptiker halten daher Augenzeugenberichte für bedeutungslos. Doch es gibt Berichte mit gleichzeitig Hunderten von Zeugen, darunter auch »Experten-Zeugen«, wie Zivil- und Militärpiloten, Fluglotsen, Astronomen und Wissenschaftler, und zusätzlicher Radarbestätigung.

Völlig falsch ist die Behauptung, dass physikalische Beweise für das Phänomen fehlten. Direkte Beweise fehlen allerdings, denn sonst gäbe es ja keine Diskussion mehr über das Phänomen. Aber es gibt eine Fülle indirekter Beweise. Viele überzeugte UFO-Anhänger glauben, die US-Regierung habe 1947 in Roswell, New Mexico, ein abgestürztes UFO geborgen und versteckt die Überreste vor der Öffentlichkeit. Das könnte sein, ließ sich jedoch durch die Überprüfung sämtlicher Akten aus der damaligen Zeit durch das *General Accounting Office* nicht bestätigen. Diese Behauptungen führen zu Verschwörungstheorien, die nicht Quelle systematischer wissenschaftlicher Studien sein können.

Vielmehr beziehen sich die indirekten Beweise auf Fotos, Video- und militärische (v. Ludwiger 1998) sowie zivile (Schulze & Powell 2008) Radaraufzeichnungen, Bodenspuren, elektro-magnetische Interferenzen mit Flugzeug- und Automotoren sowie Analysen von UFO-Splittern und Implantaten. (Sturrock 1999)

Ein theoretischer Einwand ist, dass wir im Universum allein zu sein scheinen, weil es grenzenlos unwahrscheinlich ist, dass die Natur noch einmal irgendwo bewusstes Leben hervorgebracht haben könnte. Doch diese Vermutung basiert auf dem neodarwinistischen Konzept, wonach die Evolution nur durch zufällige Mutationen und Selektionen hervorgegangen ist und dass deshalb die Chancen, anderswo ebenfalls bewusstes Leben im Universum zu finden, nahezu null sind. (Ward & Brownlee 2000)

Diese Vorstellungen werden von Komplexitäts-Theoretikern nicht geteilt. Anstelle von regelloser Zufälligkeit setzen die Vertreter dieser Richtung auf den Prozess der Selbstorganisation in der Natur, die zu immer komplexeren Organismen tendiert. Wenn das »Gesetz der zunehmenden Komplexität« richtig wäre, sollte die Evolution bis hin zu intelligentem Leben im Universum ein ganz gewöhnlicher Entwicklungsprozess sein. (Kaufmann 1995; Cohen 2008)

Dass Wesen von anderen Sternen überhaupt nicht zu uns kommen könnten, ist ein weiterer theoretischer Einwand, der auf der mangelnden Kenntnis unserer heutigen Physiker über die Anzahl möglicher Wechselwirkungen, der Gravitation, sowie der Anzahl der Weltdimensionen beruhen. In unserer Raumzeit bildet die Lichtgeschwindigkeit eine obere Grenze für die interstellare Reisegeschwindigkeit. Interstellare Raumreisen können aber überhaupt nicht durch den Raum erfolgen, weil der interstellare Staub ein Raumschiff bereits bei geringen Geschwindigkeiten (relativ zur Lichtgeschwindigkeit) verdampfen lassen würde. Eine Raumversetzung würde aber über Projektionen in Parallelräume ohne großen Energieaufwand möglich sein (weitere Angaben dazu im Kapitel 4).

»Wären die UFO-Insassen Außerirdische, so würden sie uns offiziell begrüßen kommen, weil sie auch wüssten, welche große Bedeutung die Entdeckung einer anderen Zivilisation für uns Menschen haben würde.« Das behaupten viele Skeptiker. Doch vielleicht sind unter den Raum-Zeit-Reisenden auch Menschen von der Erde, die in einer weit entfernten Zukunft gelernt haben, in ihre eigene Vergangenheit zu reisen? Diese würden sich hüten, uns Menschen zu nahe zu kommen, um sich etwa über die Zukunft ausfragen zu lassen. (v. Ludwiger 1998)

Wahrscheinlicher ist es, dass es einen Kodex gibt, wonach man sich nicht in die Entwicklung niedrigerer Lebensformen einmischen sollte. Wir sollten ihre Existenz selbst entdecken, was den Schock über die neue Situation mindern würde. Doch viel wahrscheinlicher ist, dass die Fremden eine andere Wirklichkeit mit sich führen, zu der wir aufgrund unserer beschränkten Sinnesorgane und Weltauffassungen überhaupt keinen Zugang haben, sodass ein intellektueller Austausch zurzeit nicht möglich ist (Näheres dazu in Kapitel 3).

Es ist nicht die Frage, ob UFOs außerirdischer Herkunft sind, sondern: »Gibt es genügend Beweise, die ein systematisches Studium der Phänomene rechtfertigen würden?« Die Antwort ist aufgrund der empirischen Beweise ein eindeutiges Ja! Und viele Wissenschaftler äußern privat auch den Wunsch, dass UFOs wissenschaftlich untersucht werden sollten. (Sturrock 1984) Allerdings ist es nicht wahrscheinlich, dass wissenschaftliche Untersuchungen das Rätsel der UFOs sofort erklären würden. Doch die Gleichgültigkeit der Wissenschaft einem der größten Rätsel der Neuzeit gegenüber, von dem nicht einmal bekannt ist, ob es der Menschheit Schaden oder Nutzen bringen wird, ist auf die Dauer gesehen unverantwortlich.

Hier beginnt bereits die Schwierigkeit in der Beurteilung wissenschaftlicher Feststellungen, denn es gibt mehrere Auffassungen darüber, was unter Wissenschaft zu verstehen ist. Einmal ist Wissenschaft eine gesellschaftliche Institution zur Beschaffung geordneten und begründeten, als gesichert erachteten Wissens. Vor allem die Naturwissenschaften tauschen in ständiger Wechselbeziehung empirische oder Beobachtungsfakten über Hypothesenbildungen und Experimente mit theoretischen Konzepten aus und kommen über Vorhersagen über das Verhalten der beobachteten Fakten zu einem theoretischen Verständnis. Nach diesen Regeln gelangt man zu einem Erklärungsmodell für die Welt, das globale objektive Gültigkeit hat. In diesem Wissenschaftskonzept hängen alle Ereignisse und theoretischen Erkenntnisse in einem theoretischen Gefüge kausal zusammen (Logischer Empirismus). Wenn Ereignisse sich nicht in dieses theoretische Bild von der Welt einfügen lassen, zählt man sie nicht zur Wissenschaft.

Eine andere Interpretation von Wissenschaft hat nicht das gesamte Erklärungsmodell für die Welt, das Paradigma, im Auge, sondern definiert sich allein durch »Anwenden wissenschaftlicher Methoden« auf alle Phänomene der Welt, unabhängig davon, ob sich die Fakten in das globale Weltbild einordnen lassen oder nicht (Naiver Empirismus).

In der globalen Wissenschaftsdefinition gilt der (Einstein zugeschriebene) Grundsatz: »Es ist die Theorie, die bestimmt, was wir beobachten.« Wir wollen es das Einsteinsche Wissenschaftskonzept nennen. Dieses Konzept wird von allen Wissenschaftlern geteilt. Die wissenschaftliche Methode ist der einzige zielführende Weg, Fakten festzustellen und deren Eigenschaften schließlich in das gesamte Theoriegebäude einzuordnen.

Die Auffassung, nach der allein die Anwendung der wissenschaftliche Methode schon über die Wissenschaftlichkeit entscheidet und die zunächst die Existenz von Fakten sicherstellt (ohne stets ihre theoretische Einordnung im Auge zu haben), wollen wir das »Galileische Wissenschaftskonzept« nennen.

Nach dem Einsteinschen Wissenschaftskonzept gibt es keine anomalen unidentifizierten Phänomene, weder am Himmel noch im paranormalen Sinne, denn die Theorie schließt so etwas aus. Die Folge ist, dass die Wissenschaft sich nicht mit UFOs beschäftigt hat und sich auch in Zukunft nicht damit abgeben kann. Der Wissenschaftler will sein Forschungsobjekt kontrollieren und vor sich haben. Stattdessen erscheinen UFOs zufällig und unsystematisch, was es schwierig macht, sie objektiv zu fassen. Weil sie die physikalischen Gesetze zu verletzen scheinen, ist ein theoretisches Verständnis aufgrund des gegenwärtigen Paradigmas nicht möglich. Das Phänomen entzieht sich einfach jeder normalen wissenschaftlichen Kontrolle. Das sind freilich nicht alle Gründe. Doch reichen sie aus, um Nichtstun in dieser Sache zu rechtfertigen.

Das Galileische Wissenschaftskonzept ist nicht derartig stringent objektiv, sondern »eher subjektiv«, denn es stellt Fakten in der Wirklichkeit fest, ohne sie sofort in ein globales Erklärungsmodell einordnen zu können. Subjektive Erkenntnisse widersprechen dem globalen objektiven Wissenschaftsverständnis. Daher wird der Wert dieses Wissenschaftskonzepts vom Mainstream nicht hoch eingeschätzt. Die Vertreter dieser Richtung sind »Sammler und Botanisierer«, ohne ein Verständnis darüber zu erlangen, was sie vor sich haben. Begründen und Erklären sind aber Ausweise strenger Wissenschaftlichkeit. Denn die moderne Weltsicht ist nicht fakten-, sondern theorieorientiert. Wir glauben eher an einen Urknall, an Gluonen und an Strings als daran, dass Millionen Menschen etwas Unerklärliches gesehen haben, und an das Vorliegen indirekter Beweise für die Erlebnisse.

Das ist der Grund dafür, dass in der wissenschaftlichen Parapsychologie sowie in der UFO-Forschung zwar die Existenz der Phänomene im Galileischen Wissenschaftsverständnis gesichert ist, jedoch im theorieorientierten globalen Wissenschaftsverständnis als nicht vorhanden gelten. Die Vertreter des letztgenannten Konzepts halten sich einzig für rational und diejenigen, die theoretisch nicht zu verstehende Fakten untersuchen, für irrational. Ihre Beweise werden nicht akzeptiert.

Das Missverständnis der Journalisten besteht darin, dass sie sich im Allgemeinen bei Wissenschaftlern über anomale Phänomene erkundigen, die aufgrund ihres Wissenschaftsverständnisses diese überhaupt nicht untersuchen und dann nur Meinungen zum Besten geben. Den Unterschied zwischen den zwei Wissenschaftskonzepten sehen die Journalisten nicht, und sie unterstellen Autoritätspersonen (die sie auf anderen Spezialgebieten sicher sind), sie hätten sich auch über Gebiete informiert, auf denen sie nicht arbeiten. Allerdings gibt es nur sehr wenige Wissenschaftler, die sich im Sinne des Galileischen Konzepts auch mit anomalen Phänomenen befassen, und sie sind daher für Interviews nicht schnell verfügbar.

A. Wendt und R. Duval (2008) fordern angesichts der UFO-Ignoranz in der Gesellschaft einen militanten Agnostizismus. Agnostizismus, weil niemand weiß, worum es sich bei UFOs handelt, und nichts – weder pro noch contra – geglaubt werden soll, und militant, weil der Widerstand gegen die Ignoranz in der Öffentlichkeit nur militant sein kann. Dieser Agnostizismus verlangt ein »Hinsehen«, ein Ernstnehmen und ein Untersuchen, was UFOs sind, anstelle sie zu ignorieren. Das UFO-Tabu verbietet ja gerade ein Hinsehen. Und in diesem Kontext ist Hinsehen Widerstand. Die Geschichte hat allerdings gezeigt, wie erfolglos der Widerstand in der UFO-Debatte bisher gewesen ist. (Druffel 2003)

Wenn es die erste Pflicht eines Wissenschaftlers wäre, die Wahrheit zu äußern, dann sollten sie zugeben, meinen die Autoren, dass nach 60 Jahren moderner UFO-Erscheinungen die menschlichen Wesen noch immer keine Ahnung haben, was diese sind, und es nicht einmal herauszufinden versuchen:

> »Das sollte uns alle überraschen und verstören und an der Struktur der Herrschaft zweifeln lassen, die [die Ignoranz] fordert und aufrechterhält.«

Die wenigen Studien an Instituten und Universitäten, die im staatlichen Auftrag herauszufinden versuchen, ob es Objekte im Luftraum gibt, die sich nicht identifizieren lassen (*Batelle Memorial Institute*, Akdemie der Wissenschaften der UdSSR, CEPAN-CNES Toulouse) ergaben zusammengenommen bis zum Jahre 1977, dass in den zur Analyse eingereichten Fällen mehr als 1100 beobachtete Objekte nicht zu erklären waren. Mit welchen Argumenten wollen Skeptiker diese Untersuchungsergebnisse wegerklären? Wir können also – wenigstens aufgrund dieser Forschungsergebnisse – davon ausgehen, dass es das Phänomen der UFOs gibt.

Diese Tatsache darf man in unserer Gesellschaft aber nicht erwähnen. Das Tabu bewirkt eine Art »reziproker Weihnachtsmann-Lüge«. Diese besteht darin, dass jeder Gebildete und Informierte weiß, dass diese Gestalt eine reine Fiktion ist. Trotzdem wird seine Existenz einmal im Jahr ungebildeten Kindern eingeredet.

Reziprok dazu besteht die UFO-Lüge darin, dass die Informierten wissen, dass das UFO-Phänomen existiert. Aber der uninformierten Öffentlichkeit wird erzählt, dass es solche Phänomene überhaupt nicht gebe.

1. Beobachtungen nicht zu identifizierender Flugobjekte

1.1 Zum gegenwärtigen Stand der Diskussion

Insofern man es überhaupt wagt, sich mit seinen Mitmenschen über das Thema »UFO« zu unterhalten, so hört man für gewöhnlich zwei verschiedene Ansichten. Die einen bejahen deren Existenz mit der Begründung: »Warum soll es im Universum nicht auch andere intelligente Wesen geben?« Die andere Meinung ist völlig ablehnend mit der Argumentation: »Wenn an UFOs irgendetwas dran wäre, hätte das die Wissenschaft in ihrer Suche nach Wahrheit schon längst herausgefunden.«

Beide Ansichten beruhen auf Unkenntnis der Fakten. Unidentifizierte Flugobjekte bedeuten nicht automatisch »Raumschiffe außerirdischer Wesen«, und die Wissenschaft befasst sich überhaupt nicht mit der Untersuchung des UFO-Phänomens!

Presseberichte vermitteln den Eindruck, dass solche Berichte nur von geistig Verwirrten und ungebildeten Menschen kommen. Tatsächlich wurden 1968 und 1974 am *Essex County Hospital Center* Umfragen unter Psychiatern durchgeführt, um herauszufinden, wie viele der bisher behandelten 30 000 Patienten wegen einer UFO-Psychose behandelt worden sind. Es gab keinen einzigen Fall! Der Psychiater Dr. Berthold E. Schwarz bestätigt dies mit dem Hinweis, dass er in seiner Praxis in New Jersey im Verlaufe von 18 Jahren mehr als 3700 Patienten behandelt, aber keinen einzigen Fall erlebt hätte, in dem die Beschwerden in irgendeiner Weise mit UFOs zu tun gehabt hätten. (Schwarz 1983) UFO-Erlebnisse treiben keinen Zeugen zum Psychiater, weil sie als real empfunden werden. Traumatisch können sich, nach Schwarz, allenfalls die allgemeine Feindlichkeit und der Spott der Mitmenschen auf Zeugen auswirken, die emotionelle Störungen bewirken können. Es scheint so, dass die öffentliche Meinung so urteilt wie das KGB zu Sowjetzeiten: Dissidenten, Andersdenkende und -erlebende gehören in die Irrenanstalt.

Die skeptische Meinung wird von der überwiegenden Mehrheit der Bürger vertreten, die glaubt, dass sich das Phänomen inzwischen verflüchtigt habe und nur noch von Fantasten ernst genommen wird. Schließlich konnten doch noch alle Erscheinungen am Himmel aufgeklärt werden, meint man, das stehe in den Zeitungen und das verkünden die Fernsehjournalisten in allen Fernseh-Wissenschaftssendungen. Nahezu alle Skeptiker, die die Möglichkeit der Existenz von UFOs leugnen oder lächerlich machen, sind mit der seriösen Literatur zur Thematik nicht vertraut und haben noch nie Zeugenberichte aus erster Hand untersucht. Die Entlarver, die über UFOs schreiben, »handeln natürlich weise«: Sie wissen, dass das Establishment mit Wohlwollen auf sie sieht und ihr Ansehen stärkt, weil sie nicht am Lenkrad des Wagens rütteln, auf dem die Wissenschaft reist, und daher keinerlei Schwierigkeiten zu befürchten haben, auch wenn sie die Fakten verdrehen, ignorieren oder fälschen. Nach dem Motto: Irgendeine »Erklärung« ist besser als keine! Denn nur die wenigsten Menschen sind in der Lage, ungelöste Fragen über längere Zeit in der Schwebe zu lassen.

Wissenschaftler haben nicht in erster Linie die Absicht, nach der Wahrheit zu suchen, sondern sind vor allem um Konsens mit den Kollegen bemüht. Das Wissensmonopol der Wissenschaft schreibt überdies vor, was ein Wissenschaftler, »der dazugehören will«, im vorherrschenden Paradigma glauben darf und was er von vornherein – also ohne Untersuchungen durchzuführen und ohne es anzuschauen – ablehnen muss.

Wissenschaftsjournalisten übernehmen diese stillschweigende Vorschrift, ohne behauptete Fakten investigativ zu überprüfen, die dem Paradigma zuwiderlaufen könnten. Daher entsteht bei uninformierten Bürgern – und das sind ja die meisten – der Eindruck, UFO-Berichte beruhten auf Irrtümern ungebildeter, fantasiebegabter Zeugen, auf Falschmeldungen in den Presse- und Fernsehmedien oder sogar auf bewusster Irreführung durch den amerikanischen Geheimdienst CIA. Richtig ist vielmehr, dass nach wie vor unidentifizierte Objekte registriert werden, und zwar nicht nur von ungebildeten Laien, sondern von Wissenschaftlern, Polizeioffizieren, Piloten und Staatsoberhäuptern. Aus Angst vor Lächerlichkeit reden die meisten Zeugen nicht über ihre Erlebnisse und melden sie auch nur selten an Zeitungen oder wissenschaftliche Institute weiter. So heißt es bezeichnenderweise in einer vom Britischen Verteidigungsministerium MoD in Auftrag gegebenen geheimen Studie *Condign* (siehe unten) unter anderem:

> »Es gibt Beweise dafür, dass Flugbesatzungen weit mehr sehen, als sie berichten, aus Angst, lächerlich gemacht zu werden oder mögliche Benachteiligungen in Firmengeschäften hinnehmen zu müssen.«

Die Ursache der sehr berechtigten allgemeinen Furcht vor Lächerlichkeit, Hohn und Spott stellen die inkompetenten Interpreten der Erlebnisse anderer dar, die »wissen«, was man erleben kann und was nicht, und die davon überzeugt sind, »dass die Wissenschaft schon alle wesentlichen Dinge über die Welt in Erfahrung gebracht hat«.

Und so kennzeichnen Dummheit und Verlogenheit nahezu sämtliche Medienberichte über ein Phänomen, das zu den schwierigsten wissenschaftlichen und philosophischen Problemen unserer Zeit zählt, das von Millionen Menschen in aller Welt beobachtet wird, für deren Existenz die Beweise von Tag zu Tag zunehmen, aber deren Kenntnis darüber in der Öffentlichkeit mit der Zeit im umgekehrten Verhältnis dazu absinkt. Der Tag ist abzusehen, an dem die Existenz unidentifizierter Flugobjekte auch im wissenschaftlichen Sinne als erbracht gilt, aber kein Mensch mehr an das Phänomen selbst glaubt.

Seit Erscheinen des UFO-Phänomens in der öffentlichen Wahrnehmung im Jahre 1947 – die Militärs kannten es schon länger – war die Auseinandersetzung zwischen Befürwortern und Skeptikern 20 Jahre hindurch gekennzeichnet von Auseinandersetzungen zwischen Wissenschaftlern und Beobachtern. Besonders der Sonnenphysiker Donald Menzel glaubte, alle Sichtungen durch atmosphärische Erscheinungen erklären zu können. (Menzel 1953; Menzel & Boyd 1963) Carl Gustav Jung meinte, dass es sich bei UFOs um innerpsychische Vorgänge handelte. (Jung 1958) Es gab noch keine Bücher, außer den erwähnten, in denen sich neben Laien auch Wissenschaftler für eine Untersuchung der Phänomene einsetzten.

Erst in den Jahren 1967 bis 1987 wurde private UFO-Forschung auch von Wissenschaftlern betrieben. 1965 erschien das Buch des Astronomen Jacques Vallée (Fig. 1, 2) *Anatomy of a Phenomenon*, 1966 gefolgt von seinem Buch *Challenge of Science*. Der Astronom und Berater der *US Air Force* in UFO-Angelegenheiten, Prof. Allen Hynek, berichtete über seine Erfahrungen 1972 in *The UFO Experience: A Scientific Inquiry*. 1977 folge Hyneks *The Hynek UFO Report*. James McCampbell (Fig. 3) prägte 1973 mit dem Titel seines Buches den unseligen Begriff »*UFOlogy*«, der ja bedeutet, dass er eine »Lehre über UFOs« behandeln würde. Die gibt es aber bis heute nicht. Allerdings gab McCampbell erstmals Hinweise auf die elektromagnetischen Wechselwirkungen, die von UFOs ausgehen, und er konnte einige Effekte physikalisch erklären. 1969 wurde Condons Studie publiziert, in der dessen Mitarbeiter sehr ordentliche Analysen erarbeiteten, die vom Herausgeber jedoch weder gelesen noch wahrheitsgemäß im Vorwort interpretiert wurden. Weil Condon eine weitere UFO-Untersuchung, die seiner Meinung nach der Wissenschaft nichts bringen würde, für überflüssig hielt, wandten sich alle Wissenschaftler von diesem Phänomen ab in der Überzeugung, dass Condon mit seiner Studie »das letzte Wort« über UFOs gesagt habe.

Es ist das Verdienst des Astronomen Carl Sagan, dass er gegen den Druck von Condon, das UFO-Thema nicht weiter zu diskutieren, 1971 eine wissenschaftliche Debatte bei der *American Association for the Advencement of Science* (AAAS) darüber durchsetzen konnte. In diesen Diskussionen zeigte sich, dass das letzte Wort über die Existenz von UFOs und ihrer wissenschaftlichen Behandlung eben doch noch nicht gesprochen war. (Sagan & Page 1972) Im Jahre 1973 gründete Allen Hynek das *Center for UFO Studies,* das erste Institut, in dem das UFO-Phänomen entsprechend den begrenzten finanziellen Möglichkeiten mit wissenschaftlichen Methoden behandelt wurde und wird.

Seit dem Jahre 1987 verlagerte sich die Forschung weg von den Untersuchungen an UFO-Landeplätzen und von der Analyse physikalischer Wechselwirkungen mit der Umgebung hin zur Untersuchung von Berichten über angebliche Entführungen durch UFO-Insassen und deren Intentionen. Von diesen Untersuchungen halten sich Naturwissenschaftler weitgehend fern. Die wissenschaftliche Untersuchung des UFO-Phänomens ist seither zu einer interdisziplinären Forschung geworden.

Die letzte große Debatte über die physikalischen Beweise für die Existenz von UFOs fand Ende September 1997 auf dem Landsitz der Rockefellers in Pocantico Hill bei New York statt (Fig. 1). Acht erfahrene Untersucher des UFO-Phänomens berichteten in den Kategorien über fotografische und Video-Beweise, Flugzeug-Geräte-Anomalien, Radar-Beweise, Automotor-Anomalien, physiologische Schädigungen von Zeugen, spektroskopische Daten, Bodenspuren, Splitter von UFOs und Wirkungen auf Pflanzen. (Ich legte Radarplots der militärischen Luftraum-Überwachung vor.)

Ein skeptisches Panel aus zehn Wissenschaftlern, Laurence Rockefeller und einem General bestehend, hörte unsere Argumente. Doch das Panel ließ sich durch die Beweise nicht davon überzeugen, dass die anomalen Phänomene Ursache eines unerklärlichen Phänomens seien. Es stellte allerdings fest, dass dieses Phänomen ein sehr schwieriges sei, was eine Forschungsförderung nötig hätte. (Sturrock 1998)

Laurence Rockefeller sollte der Clinton-Administration über die von Sturrock geleitete Präsentation berichten.

Ein Journalist der *Zeit* schrieb später einen Aufsatz darüber mit dem Titel »Wie Ufologen seriöse Wissenschaftler über den Tisch zogen«. Unter den acht Wissenschaftlern, die die Beweise vorstellten, befanden sich allerdings mindestens ebenso bekannte und seriöse Wissenschaftler wie unter den Skeptikern, und nach jedem Vortrag mussten alle Wissenschaftler, die Beweise vorlegten, den Saal verlassen und vor der Tür warten, bis die Skeptiker das Gehörte bewertet hatten. Die Ergebnisse wurden uns freilich nicht mitgeteilt. Wer hat da wen »über den Tisch gezogen«?

Wenn Journalisten etwas über anomale Fakten wissen möchten, also über solche, für die es zurzeit keine befriedigende Erklärung gibt, dann gehen sie nicht immer zu qualifizierten Wissensträgern der einzelnen Forschungsdisziplinen, die ihre Erkenntnisse begründen können, sondern zu Laienforschern, die Vermutungen behaupten. So kam der Schreiber der *Zeit* dann wohl auch zu seinen »Informationen«. In Grenzbereichen der Wissenschaft glauben Journalisten und uninformierte Wissenschaftler, sich nicht mehr an die Regeln soliden Recherchierens und investigativen Ermittelns halten und nur den eigenen Vorurteilen und denen der Mehrheit folgen zu müssen.

Es muss erstaunen, mit welchem Recht sich Meinungsbildner erlauben, im Fall anomaler Fakten die Trennung von Nachricht und Meinung bzw. Faktenwissen und Glauben nicht mehr einhalten zu dürfen. Der Wissenschaftstheoretiker und Chemiker Prof. Henry Bauer erklärt das damit (Bauer 2006):

> »Menschen ignorieren Fakten, wenn ihre Implikationen unerwünscht sind. Menschen, die UFOs ernst nehmen und wirklich die Wahrheit darüber wissen wollen, sind in unserer Gesellschaft sehr unterrepräsentiert. Es stimmt ganz einfach nicht, dass jeder andere ebenfalls neugierig und der Meinung ist, dass Fakten vor Wünsche und Vorurteile zu setzen sind.«

Wieder ist es die pure Angst, eine von der Hauptströmung (Mainstream) abweichende Meinung zuzulassen. Jeder weiß intuitiv, was »man« glauben muss, um von den anderen nicht als Außenseiter behandelt zu werden. Opportunismus und Feigheit sind zu Grundpfeilern in unserer Gesellschaft geworden. (Noelle-Neumann 1980) Die Mutigen, die aufgrund gründlicher Informationen unbequeme Fakten verkünden, werden von der Mehrheit für naiv gehalten, weil sie anderer Meinung sind als die uninformierte Masse, sich damit verdächtig machen sowie soziale und wirtschaftliche Nachteile in Kauf nehmen.

Es ist sogar erlaubt, diese Wissensträger rufschädigend zu diffamieren. Als sich der Autor vor einigen Jahren beim Deutschen Presserat darüber beschwerte, dass ihn Journalisten der *Zeit* persönlich angegriffen und diffamiert hatten, wurde ihm geantwortet, dass jemand, der an außerirdische UFOs glaube, sich diese Angriffe schon gefallen lassen müsse. (In keinem meiner Bücher habe ich aber jemals von Außerirdischen in UFOs geschrieben und sogar eine völlig andere Theorie vertreten.)

In den Medien ist die Berichterstattung über UFO-Phänomene in den vergangenen Jahren drastisch zurückgegangen. In wissenschaftlichen Zeitschriften diskutieren allenfalls Soziologen über die Zusammensetzung und Glaubensvorstellungen der Zeugen und die Motive der UFO-Untersucher in der Öffentlichkeit. Die Erscheinungen selbst werden aber nicht untersucht. (Wunder 2001)

Wissenschaftler untersuchen solche Berichte nicht, weil die Erscheinungen unvorhersehbar, unsystematisch und selten sind, überwiegend von Nicht-Wissenschaftlern gesehen werden, nur selten mit den modernsten Geräten registriert werden und ihr Verhalten den »Gesetzen der Physik widerspricht«. Außerdem ist das Thema durch sensationelle und lächerliche Berichte in der Presse so mit dem Geruch des Unseriösen behaftet, dass sich kein Wissenschaftler wegen der Beschäftigung damit seinen Ruf ruinieren möchte. Kaum jemand weiß, dass verteilt über den ganzen Globus pro Stunde rund 57 unidentifizierte Flugobjekte gesehen werden. (Binder 1967) Das sind etwa 500 000 UFO-Sichtungen pro Jahr. Nur ein Bruchteil davon wird weitergemeldet, sodass derzeit etwa 150 000 registrierte Berichte von ihnen in Fallsammlungen gefunden werden können. In der Datensammlung von Larry Hatch waren im Jahr 2004 rund 120 000 Berichte über Sichtungen echter UFOs registriert. (UFOCAT 2007)

(Nach einer *Gallup*-Umfrage im Jahr 1966 gaben fünf Prozent aller Amerikaner an, bereits UFOs gesehen zu haben. Das wären rund 7,5 Millionen gewesen, wobei zu erwarten ist, dass sich in nur etwa einem Zehntel aller Fälle das Gesehene durch Experten wirklich nicht hätte identifizieren lassen. Das wären aber immerhin noch einige hunderttausend UFO-Zeugen.)

Nach einer nachvollziehbaren Abschätzung von Vallée (1990) (Fig. 1, 2) müsste es bis zum Jahr 1985 allein zu 14 Millionen Landungen dieser Objekte gekommen sein. (Beobachtet wurden nur einige tausend.) Es sind bisher rund 440 000 ehemals geheime Dokumente der US-Geheimdienste, UFO-Sichtungen betreffend, veröffentlicht worden (Greenwood 2008). Niemand wird angesichts der Fülle dieser regierungsamtlichen Dokumente weiterhin so naiv sein, zu behaupten, dass das UFO-Phänomen vom Militär nicht ernst genommen wurde und wird. Doch welcher »Meinungsbildner« nimmt das Material schon wirklich zur Kenntnis?

Einige Wissenschaftler gehen nach Untersuchungen des Soziologen Ron Westrum (2000) sogar so weit zu behaupten, dass die Nicht-

Übereinstimmung der wissenschaftlichen UFO-Forscher mit der gegenwärtigen wissenschaftlichen Auffassung darüber »einen Angriff auf die Vernunft selbst« darstellte, und Westrum konstatiert, dass dies eine falsche und sehr gefährliche Einschätzung wissenschaftlichen Forschens überhaupt darstellt.

Es gibt nur wenige neugierige Wissenschaftler, die es sich aufgrund ihrer Reputation leisten können, die Aussagen von Zeugen über ihre Erlebnisse sowie die Eigenschaften unidentifizierter Flugobjekte zu untersuchen. Finanziert werden diese Untersuchungen nicht. Viele der vorsichtig abwartenden Mainstream-Wissenschaftler schätzen insgeheim die Arbeiten dieser Kollegen. Denn die meisten Wissenschaftler glauben sehr wohl, dass wirklich etwas am Himmel gesehen wird, das noch der Erklärung bedarf. Sie würden sich aber darüber niemals öffentlich positiv äußern.

Im wissenschaftlichen Sinne lassen sich unidentifizierte Objekte nur angehen, wenn sie durch Reduktion auf bekannte, theoretisch verstandene Phänomene zurückgeführt werden können. Wenn jemand meint, eine glühende, die Richtung wechselnde Feuerkugel sei »ein Partyballon«, dann wird dieser reduktionistische Versuch von der Wissenschaft eher honoriert als die Ansicht eines ehrlichen Wissenschaftlers, der begründet, weshalb diese Reduktion nicht zulässig ist, aber keine Deutung anbieten kann.

Jedes »identifizierte UFO« wird von den Medien groß herausgestellt und damit die Hypothese nachgeschoben, dass sich so oder so ähnlich alle UFOs schließlich als erklärbar erweisen würden, hätte man nur weitere Details zur Verfügung. Dabei bedeutet eine gelungene Erklärung nichts anderes, als dass ein Fall nun nicht mehr zur Klasse der Unidentifizierbaren zählt. Über unidentifizierbare Objekte berichtet die »seriöse Presse« nicht. Informierte Experten beobachten, dass, je »seriöser« und größer eine Zeitung ist, sie um so blödere Beiträge zum UFO-Phänomen abdruckt. Die *Süddeutsche Zeitung* vom 13. Mai 2008 erklärt ihren Lesern, dass die »Grünen Männchen auf der Flucht vor der Vernunft« seien, weil die britische Regierung ihre Akten über UFO-Unterlagen veröffentlicht. Dass es jemals Zeugenberichte von grünen Aliens gegeben und die Vernunft gegen unerklärliche Beobachtungen Sieger zu bleiben habe, wird nicht weiter begründet.

In keiner deutschen Zeitung war beispielsweise eine Notiz zu finden, dass im Jahr 2004 allein in den USA in rund 400 Fällen lautlos in niedriger Höhe schwebende oder segelnde große schwarze dreieckige Objekte beobachtet und entsprechende Berichte an die Sammelstellen des *National Institute for Discovery Science* (NIDS) bzw. an das *Mutual UFO Network* (MUFON) gesandt wurden.

Ganz pragmatisch hat hingegen die amerikanische zivile Luftfahrtbehörde *Federal Aviation Administration* (FAA) indirekt die Existenz von UFOs akzeptiert, die sie *Unidentified Aerial Phenomena* (UAP) nennt, indem sie zugesteht, das diese die Luftsicherheit in Amerika gefährden könnten. Mit der Gründung des *National Aviation Reporting Center on Anomalous Phenomena* (NARCAP) im Jahre 2000 wird es nun Piloten ermöglicht, dass sie ohne Furcht vor beruflichen Konsequenzen und davor, ausgelacht zu werden, ihre UFO-Sichtungen einer zentralen Sammelstelle melden können. Inzwischen sind mehr als 3400 entsprechende Pilotensichtungen, die zwischen den Jahren 1950 und 2004 gemacht wurden, protokolliert worden. Dabei handelt es sich um Nahbegegnungen mit unidentifizierten Objekten und um solche Fälle, in denen UFOs durch ihre elektromagnetischen Kraftfelder die Bordinstrumente beeinflusst haben, was in einigen Fällen tatsächlich zur Beeinträchtigung der Flugsicherheit geführt hat (Dr. Richard Haines [Fig. 1, 2]: NARCAP Report 01-2000). Gäbe es nach allgemeiner Auffassung in der Bevölkerung keine UFOs, dann würde sich auch die Arbeit der NARCAP erübrigen.

Darüber hinaus sind Flugobjekte, wenn sie nicht identifiziert werden können, immer ein Thema für die Landesverteidigung. Verteidigungsangelegenheiten sind aber immer vertraulich bis geheim. Kein Vertreter der Luftwaffe eines Landes wird öffentlich zugeben, dass er ein Objekt im Luftraum weder identifizieren noch dessen mögliche Bedrohlichkeit einschätzen und es zur Landung zwingen kann. Da unbekannte Flugobjekte in allen europäischen Staaten den Luftraum verletzen, werden Sichtungsberichte auch von allen Büros der militärischen Luftraumüberwachung gesammelt. Aber nur wenige Länder haben bisher eine eigene Untersuchung der Fälle vorgenommen. Man wartet ab, was die Vereinigten Staaten über diese Phänomene sagen. In Deutschland wurden seit der Besetzung durch die Alliierten alle solchen

Berichte den Amerikanern übergeben. Daher hat das deutsche Verteidigungsministerium nach eigenen Angaben keinerlei Wissen über UFOs.

In Europa gibt es keine Verschwörung zur Geheimhaltung von UFO-Berichten. Denn keine Regierung hat tatsächlich irgendwelche Erkenntnisse über Ursprung und Absichten einer möglichen Intelligenz, die sich in UFOs verbirgt. Die britische Regierung ließ die 200 Akten mit UFO-Berichten dem Nationalarchiv übergeben. Am 17. Mai 2008 wurden die Inhalte von acht Ordnern mit Berichten aus den Jahren 1978 bis 1987 ins Internet gestellt. Es sind keine Geheimberichte, sondern nur solche, die den privaten UFO-Gruppen bereits seit Jahren bekannt sind.

Einen schönen Beweis für die mangelnde Kenntnis des Phänomens liefert der Geheimbericht mit dem Code-Namen *Condign* des britischen Geheimdienstes, der im Februar 2000 fertiggestellt wurde und vier Kapitel mit insgesamt 465 Seiten umfasst. Der anonyme Autor arbeitete 18 Monate daran, im Auftrag des *Defense Intelligence Staff* (DIS) im Verteidigungsministerium MoD (*Ministery of Defense*). Der Bericht wurde mit »Secret UK Eyes B« klassifiziert. Erst im Mai 2006 gelang es privaten Forschern aufgrund der neuen britischen Bestimmungen zur Freigabe der Informationen, eine Kopie des Berichts zu erhalten (Anthony & Clarke 2006). In der Zusammenfassung heißt es in *Condign* unter anderem, wobei anstelle von UFOs jeweils UAPs (Unidentified Aerial Phenomena) gesetzt ist:

> »Dass UAPs existieren, ist nicht zu bezweifeln! Ausgerüstet mit der Fähigkeit, zu schweben, zu landen und aufzusteigen, sowie auf ungeheure Geschwindigkeiten zu beschleunigen und zu verschwinden, können sie – wie berichtet – plötzlich die Flugrichtung ändern und deutlich sämtliche aerodynamischen Charakteristiken, denen alle bekannten bemannten oder unbemannten Flugzeuge und Raketen ausgesetzt sind, überwinden.«

Da es keiner Dienststelle im DIS erlaubt war, Zeugen zu befragen oder einzelnen Fällen nachzugehen, aus Angst, dass die Öffentlichkeit daraus ein Interesse des MoD an UFOs herauslesen könnte, sind die Kenntnisse des *Condign*-Autors bescheiden. Ohne Zeugenbefragung –

das weiß jeder Jurist – kann keine Aussage effektiv bewertet werden. Doch die Geheimnisvorschriften verhinderten jeden Austausch von Wissen. Daher ist *Condign* keine wissenschaftliche, sondern eine Geheimdienst-Studie. Als Ergebnis wird nicht herausgestellt, worum es sich bei UFOs/UAPs handelt, sondern dass sie keine Bedrohung darstellen:

> »Es gibt keinerlei Beweise dafür, dass irgendwelche UAPs, die in der UK-Air-Defense-Region gesehen wurden, Eindringlinge von Flugobjekten irgendeines intelligenten (extraterrestrischen oder ausländischen) Ursprungs sind oder dass sie irgendwelche feindlichen Absichten haben.«

Diese Studie legt den Verdacht nahe, dass das britische Verteidigungsministerium weniger über das UFO-Phänomen weiß als private wissenschaftliche Studiengruppen.

Es sollen rund 7000 UFO-Berichte aus 24 Aktenordnern veröffentlicht werden, was einige Zeit in Anspruch nehmen dürfte. (Clarke 2007)

Zu hoffen ist, dass wenigstens die Amerikaner etwas mehr aus ihren Untersuchungen gelernt haben. Das ist anzunehmen, weil im Luftraum über den USA 1947 erstmals unbekannte Objekte in großer Zahl aufgetaucht sind, und die USA waren die Ersten, die diese Objekte als untersuchenswert erkannten und aus den Beobachtungen der physikalischen Eigenschaften dieser Objekte technologischen Nutzen zu gewinnen suchten. Um die neugierige Presse aus den militärischen Untersuchungen herauszuhalten, wurde beschlossen, die Existenz eines nicht zu identifizierenden Phänomens einfach abzustreiten. Die seit 1953 von der CIA verordnete offizielle Sprachregelung lautet: »Es gibt keine UFOs.« Und daher gibt es angeblich auch keine regierungsamtlichen Untersuchungen und keinerlei Material darüber, das veröffentlicht werden könnte. Die US-Regierungsbehörden wollen nicht nur Erkenntnisse über UFOs geheim halten, sondern auch die Tatsache, dass sie überhaupt Fakten geheim halten. Damit bleibt es jedem selbst überlassen, entweder den Augenzeugen oder der Regierung zu glauben.

Am 28. Februar 1960 äußerte sich der erste CIA-Direktor R. Hillenkoetter in der *New York Times* über die Behandlung der UFO-Thematik durch die *Air Force* folgendermaßen:

> »Hinter der Szene sind hochrangige *Air-Force*-Offiziere ernstlich über UFOs besorgt. Doch infolge der offiziellen Geheimhaltung und Lächerlichkeit werden viele Bürger zu dem Glauben verleitet, dass unbekannte fliegende Objekte Unsinn seien … Die *Air Force* hat ihr Personal zum Schweigen verpflichtet und angewiesen, die Fakten abzustreiten.«

Aufgrund des Gesetzes zur Informationsfreigabe »Freedom of Information Act« (FOIA) haben private Untersucher die Herausgabe Tausender Dokumente mit UFOs betreffenden Berichten von US-Behörden und -Geheimdiensten erzwingen können – sofern die Freigabe nicht die nationale Sicherheit gefährden würde –, aus denen hervorgeht, dass die US-Regierung UFOs, entgegen ihren Beteuerungen, sehr wohl ernst nimmt. Dr. Bruce Maccabee erhielt beispielsweise im Jahre 2000 rund 1600 Seiten UFOs betreffendes Material vom FBI. Der Kongressabgeordnete Clifford Stone konnte einige zehntausend Seiten, in denen UFOs das Thema waren, von verschiedenen US-Geheimdiensten, darunter der CIA, freibekommen (wobei viele Texte durch Schwärzungen unleserlich gemacht worden waren), und John Greenwald bekam aufgrund des FOIA mehrere tausend Seiten ehemals geheimer Regierungsdokumente, darunter viele tausend über UFO-Sichtungen. Es wird wohl kaum jemand ernsthaft glauben, dass die US-Sicherheitsbehörden und -Geheimdienste UFOs nur für Hirngespinste halten und darüber 100 000 Seiten Berichte verfassen.

Aus diesen Dokumenten geht zweifelsfrei hervor, dass die US-Regierung ihrem Volk die Wahrheit über UFOs verheimlicht, sei es darum, weil die militärischen Wissenschaftler als Erste Erkenntnisse über den UFO-Antrieb bekommen möchten oder weil sie durch eine Veröffentlichung ihrer Erkenntnisse eine Panik in der Bevölkerung fürchten oder ganz schlicht aus Furcht vor Lächerlichkeit und Kritik darüber, dass sie nicht zu einer Aufklärung der Erscheinungen fähig ist. Der wahrscheinlichste Grund ist, dass die Regierung eingestehen müsste, dass sie diese Objekte nicht kontrollieren, beherrschen, abwehren und deren Erscheinen und Absichten vorhersehen kann! Das ist der Albtraum eines jeden Offiziers der Landesverteidigung.

Ähnliche Ängste scheinen auch manche europäische Staatenlenker umzutreiben. Außerdem sind diese wohl der Ansicht, dass nur dem politischen Meinungsführer USA das Recht zusteht, die Öffentlichkeit ganz allgemein über weltbewegende Erkenntnisse zu informieren, wenn sie denn solche besitzen sollten.

Da die USA noch immer für den Führer der Welt gehalten werden (und sich selbst auch dafür halten), wird eine Bekanntgabe oder Enthüllung über UFO-Phänomene ausschließlich von Amerikanern erwartet. 1992 hat die amerikanische *Paradigm Research Group* das *Disclosure Project* ins Leben gerufen mit der Absicht, den Termin der Bekanntgabe der UFO-Existenz durch die Regierung zu beschleunigen. Man redet nicht mehr von »UFOs«, sondern von »Exopolitik«.

Auf einer Pressekonferenz 2001 im Nationalen Presseclub in Washington bekannten ehemalige Offiziere der *Air Force*, Geheimdienstleute und Militärwissenschaftler öffentlich ihr Wissen über unbekannte Flugobjekte. Der Veranstalter Dr. Steven Greer war leider in der Auswahl seiner Redner nicht sehr vorsichtig, sodass Presseleute die Vorträge nach dem schwächsten Redner beurteilten (jemand erzählte, er habe Kuppeln und Türme auf der Rückseite des Mondes gesehen …). Wenn die Veranstaltung gemeinsam mit wissenschaftlichen Forschungsorganisationen (z. B. CUFOS, SSE, MUFON) durchgeführt worden wäre, hätte sie bei Wissenschaftlern bedeutend mehr Eindruck hinterlassen. Greer ist bekannt für seine fantastischen Behauptungen, beispielsweise, dass er mit Außerirdischen als Abgesandter der Erde spreche, dass eine »schwarze Regierung«, die die Aliens und viele Menschen vernichten will, der Menschheit große Erfindungen vorenthalte; Tesla habe schon vor den Gebrüdern Wright Flüge »funktionsfähiger Antigravitationsgeräte gestartet« … und anderen Unsinn mehr. Er wird von seriösen UFO-Forschern nicht zu Tagungen eingeladen. In *Verborgene Wahrheit – Verbotenes Wissen* (2007) sind seine vermuteten »Wahrheiten« nachzulesen (oder besser nicht!). Veranstaltungen wie die genannte sind – trotz der Aussagen vieler seriöser Zeugen – daher leider trotzdem ungeeignet, Wissenschaftler von der

Existenz des UFO-Phänomens zu überzeugen. Was sollen seriöse Beobachter davon halten, wenn sich noch ein anderer »Kontaktler« meldet, der sich – ebenfalls wie Greer – als einziger Vertreter der irdischen Rasse fühlt, wenn er angeblich mit Aliens redet: Marshal Vian Summers. Er behauptet, Kontakt zu einer Gruppe von »guten Aliens« zu haben, die dem Menschen helfen wollen, den »bösen Aliens« zu widerstehen. Summers nahm den Kontakt 1985 über eine innere Stimme auf. Der Leser seines Buches (2005) bleibt natürlich ohne greifbare Beweise.

Auf der Pressekonferenz im *National Press Club Washington, D. C.*, traten am 12. November 2007 15 hochrangige Militärs und Regierungsmitarbeiter aus mehreren Ländern vor die Weltpresse und bezeugten die Existenz von UFOs aus eigenem Erleben. (2008) Skeptiker beeindruckt das alles nicht.

Das eigentliche Problem, dass wir es mit einer uns unbekannten Intelligenz zu tun haben, wird von Skeptikern noch immer nicht bemerkt.

Man sollte aber nicht über die unprofessionelle Werke verfassenden Skeptiker den Kopf schütteln. Sie können es nicht besser! Was ärgerlich macht, ist die Naivität der Journalisten, die die Ansichten aus Büchern und Erklärungen der Skeptiker in den Vereinsblättern dieser Laienforscher übernehmen und sie der Öffentlichkeit gegenüber als »Expertenmeinungen« zum UFO-Phänomen ausgeben, ohne die Meinungen wissenschaftlicher Experten auf diesem Gebiet einzuholen.

Diese »Forscher« kommen nicht weiter als bis zum Fälle-Sammeln, Klassifizieren, Statistiken aufstellen und »Entlarven«. Die wissenschaftliche Forschung beginnt aber erst nach einer solchen Vorarbeit mit der Korrelation der physikalischen Wechselwirkungen, mit der Analyse von Radar-Plots, Fotos und Filmen, mit der psychologischen und therapeutischen Behandlung von Zeugen, mit der Analyse der DNA von Aliens, mit der Entwicklung geeigneter Messgeräte und mit der theoretischen Analyse physikalischer Wechselwirkungen der UFOs.

Zeugenberichte werden von der Wissenschaft abwertend als Anekdoten bezeichnet, denen keinerlei wissenschaftlich verwertbare Faktizität zukommt. Wenn die Zeugenzahl jedoch in die Hunderte und mehr geht, sollte man die Beobachtungen – frei nach Immanuel Kant

– ernst nehmen, der über Berichte über Geistererscheinungen schrieb, dass er jeden einzelnen Fall anzweifeln, jedoch der Gesamtheit einen gewissen Wahrheitsgehalt zugestehen würde.

Gelegentlich erscheinen UFOs für längere Zeit an einem Ort, wo sie von Tausenden Beobachtern bezeugt werden, oder sie tauchen im Laufe einer bestimmten begrenzten Zeitperiode immer wieder in derselben Gegend auf. 1965 wurde beispielsweise Warminster in England von unidentifizierten Flugobjekten heimgesucht. Unter den Hunderten von Zeugen waren Soldaten, Piloten und Polizeioffiziere. (Shuttlewood 1967 und 1979) (Andere »Hot Spots« sind z. B. das »M-ski Triogolnik«, Milobka am Ural sowie Hessdalen in Norwegen und Knittelfeld, Österreich, wo innerhalb von fünf Jahren rund 50 Mal alle möglichen UFO-Typen von mehreren Zeugen gesehen, gefilmt und fotografiert wurden.)

Am 13. März 1997 erschien eine Formation von UFOs über Phoenix, Arizona, wo sie von Piloten, Fluglotsen, dem Governeur und Tausenden Bürgern beobachtet und auf Videofilm festgehalten wurden. (Kitei, 2000)

Menschen, die beruflich mit der Beobachtung von Landschaften und der Atmosphäre zu tun haben, wie die Feuerwächter in Kalifornien, sehen relativ häufig UFOs. Jim Doerter hat (2006) ein Studie vorgelegt, in der er 84 UFO-Sichtungsberichte von Waldfeuer-Beobachtern wiedergibt, von denen 70 Prozent ihren Namen nicht genannt sehen wollten. Die Inhalte der Sichtungen beziehen sich zu 16 Prozent auf die Kategorie »High Strangeness«, zu 39 Prozent auf »strukturierte Flugobjekte« und zu 29 Prozent auf »Lichtbälle«.

Der Physikprofessor Michael Swords (Fig. 1) hat viele Sichtungsberichte in einem Buch zusammengestellt, die CUFOS-Forscher John Timmerman ab 1980 gesammelt hat (2005). Da es sich um Interviews handelt, fehlen gelegentlich Angaben über Zeugennamen, Zeiten und genaue Lokalitäten. Daher hat das Buch geringen wissenschaftlichen Wert. Nach Swords sind die Zeugen jedoch glaubwürdig, und die Berichte eignen sich recht gut für zukünftige Gegenprüfungen mit ähnlichen Fällen.

In Preston Dennetts Buch *One in Forty: the UFO Epidemic* (1997) werden die vielen verschiedenen Eigenschaften von UFOs in einzelnen

Erlebnissen geschildert. Man findet Zeugenberichte über »Sterne«, die sich bewegen, intelligente Feuerbälle und unerklärliche Lichter am Himmel, lautlos schwebende silberne Scheiben, die »Lichtstrahlen« auf die verängstigten Zeugen aussenden. Spirituelle UFOs werden ebenso beschrieben wie Kontakte mit fremden Wesen und Bigfoots, Zeugen von Entführungen und UFO-Abstürzen.

Einen ähnlichen Inhalt, nur mit neueren Fällen und in Kurzfassung der Berichte, bietet *Filer's Files: Worldwide Reports of UFO Sightings*, 2005, von G. A. Filer und D. E. Twitchell.

Die deutsche Presse berichtet kaum noch über UFOs. Sie teilt höchstens mit, dass die Geheimdienste der Länder wie Spanien, Brasilien, Frankreich und Großbritannien ihre Archive über UFO-Berichte für die Öffentlichkeit öffnen, und vermutet, dass die Regierungen solche Berichte wohl nicht wirklich ernst nehmen bzw. genommen haben. Über die Inhalte des freigegebenen Materials berichten Zeitungen nicht.

Frankreich ist das einzige Land in Europa, das seinen Bürgern gegenüber zugibt, UFO-Phänomene so ernst zu nehmen, dass es eine staatlich finanzierte Untersuchung darüber durchführt. Nach dem Zweiten Weltkrieg sammelte die Französische Luftwaffe im *Buerau Prospective et Etudes* (EMAA/BPE) Berichte über Sichtungen unbekannter Flugobjekte. In den 1950er-Jahren bat der Wissenschaftsminister Alain Peyrefitte den Generalinspekteur beim *Commissariat à l'Energie Atomique* (CEA), Jean-Luc Brunaux, einen Vorschlag über die Gründung einer Forschungsgruppe zur Untersuchung außerirdischen Lebens und UFOs auszuarbeiten. Diese Initiative war vom militärischen Stab des Präsidenten Charles de Gaulle ausgegangen, nachdem die Regierung durch die Massensichtungen im Herbst 1954 über Frankreich beunruhigt worden war. Diese Untersuchungen blieben vertraulich.

Als die US-Regierung 1967 Prof. Edward Condon einen Studienauftrag zur Untersuchung von UFOs erteilt hatte, wollte auch Frankreich seine eigenen Forschungen darüber durchführen. Brunaux empfahl, dieses Projekt der Raumfahrtbehörde *Centre National d'Ètudes Spatiales* (CNES) anzugliedern und später daraus ein europäisches Projekt zu machen. Infolge politischer Krisen und der negativen Bewertung einer UFO-Forschung durch Condon 1969 wurde dieses Projekt aufgeschoben.

1973/74 strahlte der Nationale Rundfunk *France Inter* eine Serie des Rundfunkjournalisten Jean-Claude Bourret über UFOs aus mit dem Titel *OVNIs: Pas des panique!* In einer dieser Sendungen bestätigte am 2. Februar 1974 der damalige Verteidigungsminister Robert Galley, dass von der Gendarmerie tatsächlich unerklärliche Beobachtungen gesammelt werden, und empfahl, an die UFO-Frage mit einer vorurteilslosen Einstellung heranzugehen. Im gleichen Jahr empfahl der Abteilungschef des *Institut des Hautes Etudes de Défenses Nationale* (IHEDN), General Blanchard, der Regierung, eine Organisation zum Studium von UFOs zu gründen. Die Gendarmerie hatte in diesem Jahr rund 300 Berichte gesammelt und sie an die CNES gesandt.

Daraufhin wurde der Projektleiter bei der CNES, der Ingenieur Dr. Claude Poher, mit dieser Aufgabe betraut. Poher erhielt 1976 die Zusagen einer Kooperationsbereitschaft von der Gendarmerie, von der Luftwaffe, von der kommerziellen Luftfahrt und vom Nationalen Meteorologischen Büro. Im Mai 1977 kam es zur Gründung der *Groupement d'Ètude des Phénomènes Aèrospatiaux Non-identifiés* (GEPAN), in der bis 1979 sechs Mitarbeiter beschäftigt waren. Diese hatten die Aufgabe, die von der Gendarmerie angelieferten Berichte über UFOs, etwa 100 pro Jahr (in den letzten Jahren nur noch rund 20 pro Jahr), zu analysieren. Im Juni 1978 verteilte GEPAN einen 670 Seiten langen Bericht an Regierungsvertreter, der vertraulich geblieben ist. Im selben Jahr verfasste Poher eine statistische Untersuchung über die UFO-Eigenschaften aus 678 Berichten, worunter sich 26 Prozent unidentifizierte Fälle befanden. 1979 war die Gruppe unter dem neuen Leiter Dr. Alain Esterle auf zehn Mitarbeiter angewachsen. In den folgenden Jahren wurden mehrere Untersuchungsberichte (*Note Techniques*) veröffentlicht. Im Jahre 1983 übernahm Jean-Jacques Velasco (Fig. 1) die GEPAN. Im Laufe der Zeit wurde das Personal immer weiter reduziert, bis Velasco in den 1990er-Jahren nur noch der einzige Mitarbeiter war. Die Forschungseinrichtung wurde schließlich umbenannt in *Service d'Expertise des Phénomènes de Rentreés Atmosphèriques* (SEPRA). Damit blieb die Institution zur UFO-Forschung innerhalb der CNES formal erhalten. Doch ohne Personal können nun in Frankreich keine wissenschaftlich seriösen Analysen mehr durchgeführt werden.

Um diese Forschungen in Anbetracht des noch immer ungeklärten UFO-Phänomens wieder voranzutreiben, hat eine private Gruppe einflussreicher amtierender und ehemaliger Offiziere unter dem Namen COMETA im Juli 1999 ein dringliches Schreiben an den Staatspräsidenten Jacques Chirac und an den Premierminister Lionel Jospin gerichtet, in dem Vorschläge für eine intensivere Untersuchung des UFO-Phänomens gemacht werden. Ursprünglich sollte diese Studie vertraulich und nur an die politischen Entscheidungsträger verteilt werden. Doch gelangten Exemplare dieses Schreibens an die Presse. Daher ist dessen Inhalt nun allgemein bekannt geworden. (COMETA 1999)

Da die meisten Mitglieder der COMETA-Gruppe Mitglieder des IHEDN waren, wird in der 90 Seiten langen Studie ein besonderes Augenmerk darauf gelegt, welche Auswirkungen UFOs auf die Nationale Verteidigung Frankreichs und anderer Nationen haben. Das Vorwort schrieb der ehemalige Direktor des IHEDN, General der Luftwaffe Bernard Norlain, und die Präambel verfasste der ehemalige Präsident der CNES André Lebeau.

Gemäß der Studie haben sich UFOs bisher nicht als gefährlich oder feindlich erwiesen. Es wird davon ausgegangen, dass sich hinter ihnen eine uns fremde Art von Intelligenz verbirgt. Trotzdem sollten alle Staaten eine »kritische Wachsamkeit« pflegen, im Besonderen was »destabilisierende Manipulationen« betreffen könnte, um schockierende Überraschungen und Fehlinterpretationen der Handlungen der Intelligenz in den Phänomenen zu vermeiden. Frankreich sollte hinsichtlich dieser Phänomene gemeinsam mit den übrigen europäischen Staaten sowie mit den USA im Rahmen politischer und strategischer Allianzen kooperieren. Man sollte gemeinsam die Auswirkungen untersuchen, die ein offizieller Kontakt oder eine Invasion oder ein lokaler oder auch massiver Angriff sowie Manipulationen oder bewusste Desinformation mit dem Ziel, Länder zu destabilisieren, haben könnten.

Die Haltung der USA diesen Phänomenen gegenüber wird als »äußerst befremdlich« bezeichnet. COMETA vermutet, dass die zunehmende Geheimhaltung der USA darin begründet sein könnte, dass sich die USA um jeden Preis die technologische Überlegenheit aus den durch das Studium von UFOs erworbenen Kenntnissen sichern möchten. Aus diesem Grund wäre es wichtig, der SEPRA mehr finanzielle und personelle Unterstützung zu gewähren, damit dort aus der Analyse des Phänomens ebenfalls technologischer Nutzen gezogen werden könnte.

Empfohlen wird, alle Entscheidungsträger in verantwortlichen Positionen über die Situation zu informieren. Es sollte ein strategisches Komitee auf höchster Ebene der französischen Regierung geschaffen werden, um das UFO-Problem zu behandeln. Auch sollten diplomatische Schritte unternommen werden, um mit anderen Staaten und mit den USA in der Klärung wichtiger Fragen zu diesem Problem zusammenzuarbeiten.

Die COMETA-Studie wurde in Deutschland übrigens von keiner einzigen Zeitung erwähnt. (Lietz 2007)

Der Fotoanalytiker Dr. Francois Louange (Fig. 1) besetzte im Jahre 2001 Velascos Stelle. Im Januar 2004 wollte die CNES die Abteilung SEPRA auflösen. Velasco schrieb sein Buch *OVNIs l'evidence* (2004), in dem er den extraterrestrischen Ursprung der Phänomene als sehr wahrscheinlich ansieht. *Le Figaro* berichtete am 31. Juli 2004, dass die CNES durch dieses Buch in Verlegenheit gebracht worden sei, weil der SEPRA-Chef darin das UFO-Thema als ein wichtiges zu untersuchendes Phänomen darstellt.

Als im Juli 2005 Dr. Yannich d'Escatha neuer Direktor von CNES wurde, befürwortete er die Revitalisierung der UFO-Untersuchungsabteilung, die in GEIPAN umbenannt wurde. Das zusätzliche »I« im Namen bedeutet »Information«. GEIPAN steht unter der Kontrolle eines steuernden Ausschusses aus 15 ständigen Mitarbeitern aus Militär, Luftfahrt, Polizei, Sicherheitsleuten und Wissenschaftlern, der sich COPEIPAN (*Comité de pilotage* – von GEIPAN) nennt. Sein Leiter ist Dr. Yves Sillard. Zum neuen GEIPAN-Chef avancierte 2005 Jacques Patenet. Seine erste Maßnahme war, alle Dokumente im Internet zu veröffentlichen.

Geheim waren diese Berichte nie. Im März 2007 wurden zunächst 400 Files (von 1988 bis 2005) ins Internet gestellt. GEIPAN will allmählich 1650 UFO-Berichte (aus 30 Jahren) veröffentlichen, was einer Menge von mehr als 100 000 Seiten entspräche. Nur neun Prozent der UFO-Sichtungen konnten eindeutig identifiziert werden. Bei vielen Berichten fehlen weitere Informationen, sodass man von nur 28 Prozent wirklich unidentifizierten Berichten ausgehen muss. Das sind aber immerhin noch 460 UFO-Fälle über Frankreich! (Bourdais 2007)

Weil die Berichte der »1954-UFO-Invasion« nicht an die CNES weitergeleitet worden sind, kann geschlossen werden, dass noch bedeutend mehr UFO-Sichtungen überhaupt nicht mitgeteilt wurden. Sie befinden sich weiterhin bei der *Section d'Etudes des Mystérieux Objects Célestes* (SEMOC).

Nachdem die Zeitungen jahrzehntelang nichts Positives über UFO-Forschung berichtet hatten, brachte im Jahre 2005 nun *L'Express* einen sechs Seiten langen Bericht über das Thema.

Das Britische Verteidigungsministerium (MoD) leugnete lange Zeit, irgendwelche Studien über UFOs betrieben zu haben. Doch erst vor einigen Jahren wurden Dokumente freigegeben, wonach das MoD bereits im Oktober 1950 ein vertrauliches Komitee aus fünf Wissenschaftlern gebildet hatte mit dem Ziel, unidentifizierte Flugobjekte zu untersuchen. Diese *Flying Saucer Working Party*, wie sie sich nannte, setzte sich zusammen aus Vertretern der technischen Geheimdienste, des Luftfahrtministeriums, der Admiralität, des *War Office* und dem MoD. Im Juni 1951 wurde ein Geheimbericht an den Premierminister geschickt, in dem einige aus Hunderten von UFO-Berichten ausgewählt und genauer analysiert worden waren. Die Autoren behaupteten, dass die Zeugen natürliche Erscheinungen und Flugzeuge verwechselt hätten. Interessanterweise war die Arbeitsgruppe bereits damals der Ansicht, dass die einzige Hoffnung, Fortschritte in der Untersuchung des Phänomens zu machen, in der Einrichtung eines weltumspannenden Nachrichtennetzes aus visuellen Beobachtern und global verteilten Radarstationen bestehen würde. Dieser mehr als 50 Jahre alte Vorschlag wäre auch heute noch die einzige Möglichkeit, unter der Wissenschaftler eine Untersuchung der UFO-Erscheinung ernsthaft in Erwägung ziehen könnten. Da dies damals nicht durchführbar war, schlug man vor, keine weiteren Untersuchungen mehr vorzunehmen. Vorerst fällt das Phänomen nicht in den Bereich der Wissenschaft, sondern in den der militärischen Luftraumüberwachung. Dass dies so ist, beweisen die vor Kurzem veröffentlichten Unterlagen der Luftwaffe mehrerer Länder und deren Absicht, eigene Untersuchungsausschüsse zu gründen.

In den 1970er- und 1980er-Jahren gaben die Regierungen von Spanien und Kanada Dokumente über UFO-Sichtungen frei. Die chilenische Luftwaffe hat im Jahr 2000 ein Komitee zur Untersuchung »Anomaler Phänomene« ins Leben gerufen, CEFAA genannt. Die peruanische Luftwaffe gründete im Jahre 2001 einen ähnlichen Untersuchungsausschuss. Brasilien und Uruguay besitzen vergleichbare Institutionen.

Im Mai 2004 veröffentlichte die mexikanische Luftwaffe den Videofilm einer Infrarotkamera, die von einer Militärmaschine aus unidentifizierte Objekte gefilmt hatte (wie unsere und Untersuchungen der SOBEPS später ergaben, hat die betreffende Kamera nicht das UFO gefilmt, das in einer anderen Richtung vom Bordradar erfasst worden war, sondern brennende Fackeln mehrerer rund 100 Kilometer entfernter Ölbohrtürme). (Meessen 2004)

Diese Art von Offenheit ist amerikanischen Behörden völlig fremd, die sich ihr Wissen – wenn überhaupt – nur aufgrund des Informationsfreigabe-Gesetzes aus der Nase ziehen lassen.

Ebenso offen wie die mexikanische Luftwaffe war die belgische Luftwaffe 1989/90, als sie die Untersuchung der UFO-Registrierungen auf Fotos und mit Radar zivilen Forschern der SOBEPS überließ. (SOBEPS 1993)

Obwohl sich England 2008 entschlossen hat – wie vorher schon Frankreich, Spanien, Brasilien und Mexico – die im Verteidigungsministerium gesammelten Berichte über UFO-Sichtungen der Öffentlichkeit zugänglich zu machen, bleiben allerdings die wirklich interessanten Fälle nach wie vor geheim, wie der folgende:

Ende Dezember 1980 ereignete sich der wohl bedeutendste UFO-Zwischenfall in Europa, der jemals bekannt geworden ist, nämlich die Landung eines unidentifizierten Flugobjektes in drei aufeinanderfolgenden Nächten im Rendlesham Forrest bei Suffolk auf dem Gelände der NATO-Zwillings-Luftwaffenbasis der RAF/USAF Bentwaters und Woodbridge. Viele amerikanische und britische Soldaten sowie Offiziere wie auch britische Polizeioffiziere und Zivilpersonen wurden Zeugen. 20 Jahre lang blieb das Ereignis mehr oder weniger ein Gerücht. Es wurden zwar mehrere Bücher und Aufsätze darüber geschrieben, doch erst im Jahre 2000 hat die investigative Journalistin und ehemalige Detektivin Georgina Bruni ein Buch veröffentlicht, in dem die Aussagen aller wesentlichen Zeugen und Verantwortlichen der damals in den Vorfall involvierten Dienststellen zu Wort kommen. Drei Jahre lang bestritt das Britische Verteidigungsministerium (MoD), dass in Bentwaters überhaupt etwas Ungewöhnliches beobachtet worden war. Erst nachdem aufgrund einer FOIA-Anfrage das Protokoll einer Echtzeit-Untersuchung einer UFO-Landung der Öffentlichkeit zugänglich gemacht worden war, die der damalige Stellvertretende USAF-Kommandant Oberstleutnant Charles Halt im Januar 1981 an das britische MoD und an den amerikanischen Geheimdienst *Air Force Office of Special Investigations* (AFOSI) in den USA geschickt hatte, erfuhren auch die Briten, was sich in ihrem Land zwei Jahre zuvor zugetragen hatte. Allen Militärpersonen war nämlich untersagt worden, den Vorfall untereinander oder mit anderen zu diskutieren, und alle wurden verpflichtet, bei etwaigen Befragungen durch Außenstehende nur anzugeben, dass damals Meteoriten oder Lichter am Himmel oder Leuchtturm-Scheinwerfer beobachtet worden waren.

In dem Memorandum schildert Oberstleutnant Halt, was er und seine Mannschaft gesehen hatten:

In der Nacht vom 26. zum 27. Dezember 1980 wurden von Sicherheitsoffizieren der US-Luftwaffe Lichterscheinungen am Himmel und im Kiefernwald beobachtet. Oberstleutnant Halt rüstete eine kleine Mannschaft mit Lampen, Messgeräten und Tonbandgerät aus, die mit ihm in den Wald ging, um das Objekt zu stellen. Halt hat diese Exkursion und die dabei beobachteten Phänomene auf einem der bisher veröffentlichten Bänder akustisch festgehalten. Danach wurden verschiedene »Lichter« gesehen, von denen eine Art Laserstrahlen in ihre Richtung und auf das nahe gelegene Waffendepot gerichtet wurden. (Das MoD hat übrigens bisher weder dementiert noch bestätigt, dass sich in diesem Depot Kernwaffen befunden hatten.)

Drei Angehörige der USAF gingen zu der Stelle, an der ein kegelförmiges Objekt von 2,70 Meter Durchmesser, das an der Spitze ein rotes und an der Unterseite blinkende blaue Lichter besaß, gelandet war. Einer der Zeugen berührte das metallische Objekt, das danach im Zick-Zack-Flug um die Bäume herum durch den Wald flog und verschwand. Es wurden Druckstellen von den drei Stützen am Boden gefunden und erhöhte radioaktive Strahlung, wo das Objekt gestanden hatte. An den Kiefern waren Äste dort abgerissen, wo das Objekt zwischen den Bäumen geflogen war.

Die militärischen Radarstationen RAF Bawdsey und RAF Watton hatten zur fraglichen Zeit ein UFO verfolgt, das im Raum Woodbridge von den Bildschirmen verschwunden und nicht wieder aufgetaucht war.

In der folgenden Nacht wurden erneut unbekannte Lichter über dem Rendlesham Wald gesehen. Doch kam keines dieser Objekte bis in Bodennähe.

Aber in der Nacht vom 28. auf den 29. Dezember landete wieder ein unbekanntes, diesmal rund zehn Meter im Durchmesser großes Objekt im Wald, das die Form einer Tablette mit flacher Kuppel und am unteren Rand viele rote und blaue Lichter besaß. Das Objekt war von einem gelblichen Nebel umgeben. Diesmal sollen sich mehrere Dutzend Militärangehörige an der Landestelle eingefunden haben. Mehrere Geräte versagten (Automotoren, Lampen, Funkgeräte, Lichtverstärker), und die Zeugen spürten die Wirkung eines elektrischen Hochspannungsfeldes (das ihnen die Haare zu Berge stehen ließ). Das Objekt soll rund fünf Stunden am Boden geblieben sein und sich dann in drei Objekte geteilt haben, die in verschiedene Richtungen davongeflogen seien. Was damals geschah, wird heute immer noch geheim gehalten.

Im Jahre 1999 erklärte Charles Halt (nun Oberst geworden) gegenüber Georgina Bruni, er besitze noch vier bis fünf Stunden Tonbandaufzeichnungen, die vertraulich bleiben müssten, denn es habe noch mehrere Dinge gegeben, die nicht in seinem Protokoll aufgeführt sind. Halt meinte, dass die Öffentlichkeit noch nicht bereit sei, sämtliche Fakten über den Rendlesham-Fall zur Kenntnis zu nehmen. Denn was sich dort ereignet hatte, sei so außergewöhnlich gewesen, dass die Veröffentlichung der genauen Vorfälle die »ganze Art und Weise, wie wir Menschen die Realität und die Natur des Universums verstehen«, in Frage stellen würde.

Ähnlich äußerte sich auch die ehemalige Premierministerin Margret Thatcher gegenüber Georgina Bruni: »You must have the facts and you can't tell the people.« Man kann also den Leuten die Fakten nicht erzählen, meinte sie. (G. Bruni betitelte ihr Buch über den Rendlesham-Vorfall, 2000: *Man kann es den Leuten nicht erzählen*.)

Nach und nach haben einige der Augenzeugen ihr Schweigen gebrochen. Sicherheits-Sergeant SSgt. Jim Penniston, der das Objekt berührt hatte und von einem »Lichtblitz« zurückgeschleudert worden war, wurde 1994 unter Hypnose zu seinen damaligen Erlebnissen befragt. Mehr noch als das eigentliche Erlebnis belastete ihn die anschließende Vernehmung durch den amerikanischer Geheimdienst AFOSI, der die *Air-Force*-Aktivitäten außerhalb der USA mit der CIA koordiniert. Die US-Agenten hatten Penniston mit der »Wahrheitsdroge« Pentothal behandelt, um die Fakten festzustellen, aber auch, um Pennistons Erinnerung daran zu schwächen. Unter Hypnose wurde offenbar, dass Jim Penniston auch mit den Insassen des Objekts gesprochen hatte. Andere Zeugen bestätigen einen solchen Kontakt.

Die britische UFO-Forscherin Jenny Randles, die mehrere Bücher über diesen Fall geschrieben hat, meint, dass die Phase der Nahebegegnung den wichtigsten Aspekt der ganzen Story darstellen würde. Oberst Halt hat die Absicht, selbst ein Buch zu schreiben, in dem er weitere, bisher unbekannte Details mitteilen möchte.

Der damalige Chef der Zwillingsluftwaffenbasis RAF/USAF, der britische Squadronführer Donald Moreland, erklärte 1983 gegenüber der Presse nur, dass Angehörige des USAF-Personals in Woodbridge »unidentifizierte Lichter« gesehen hätten. Mit dieser Erklärung geben sich Skeptiker zufrieden, die bisher – wie üblich – noch keinen Versuch gemacht haben, mit den Zeugen persönlich zu sprechen.

Als die Regierung Ihrer Majestät am 28. Oktober 1997 zu diesem Fall im Parlament befragt wurde, leugneten die Verantwortlichen, dass sich jemals die Landung eines UFOs auf britischem Territorium ereignet hätte. Daher hätte das MoD auch niemals eine entsprechende Untersuchung durchgeführt. Das ist in der Tat richtig! Der Vorfall hatte sich auf einem von den USA gemieteten Gelände Englands zugetragen. Nach Ansicht des MoD sind also damals offiziell keine unbekannten Flugobjekte in den britischen Luftraum eingedrungen.

Und die Untersuchungen des Falles hatte die AFOSI durchgeführt, ohne Unterstützung durch die *Royal Air Force*. Das MoD behauptet daher, dass die Angelegenheit von keinerlei Bedeutung für die britische Landesverteidigung gewesen sei. Dieser Auffassung widerspricht Nick Pope, der Berichte über unidentifizierte Flugobjekte für das MoD untersucht hat.

Nick Pope erklärte mir 2001, als wir uns mit Georgina Bruni anlässlich des ersten Europäischen Kongresses für Neue Raumfahrtantriebe in der *University of Sussex* trafen, dass der Rendlesham-Forest-Fall von extremer Bedeutung für die Verteidigung gewesen war. Immerhin hatten die Verteidigungs-Departments zweier großer Nationen erstmals gemeinsam herauszukriegen versucht, was diese Landung in einem gemeinsamen militärischen Sperrgebiet bedeutet hatte. Wenn die Militärmächte nicht wissen, ob es ein Feind war und wer dieser ist, können die Bürger von ihnen auch nicht erwarten, dass man sie vor ihnen schützen könnte.

Militärische Angelegenheiten werden der Öffentlichkeit prinzipiell verschwiegen. Auch über andere Zwischenfälle erfuhren die Briten erst im Jahre 1998 aus dem *Sunday Telegraph*, nachdem die entsprechenden Geheimdienstdokumente in den USA aufgrund von FOIA-Anforderungen freigegeben worden waren. So hatte es beispielsweise am 27. Juli 1956 auf dem Flugplatz der RAF Lakenheath, auf dem die USAF ebenfalls stationiert gewesen war, einen Beinahe-Atomunfall gegeben. Um 14.39 Uhr schlitterte ein B-47-Bomber über die Landebahn und krachte in ein Bombendepot, in dem drei Nuklearwaffen gelagert waren.

Und am 16. Januar 1961 fing ein Bomber, der mit Atombomben beladen war, auf der Rollbahn von RAF Lakenheath Feuer.

Was ist es, das in den Augen der britischen Regierung ein so furchtbares Geheimnis bleiben soll? Was ist das, was man den Leuten nicht sagen kann? Welche Information könnte die »Art und Weise, mit der wir die Realität erfassen«, total ändern?

Möglicherweise sind es die Informationen, die den Sicherheitspolizisten während der UFO-Landung im Bentwater Forest gegeben wurden: SSgt. Jim Penniston berichtete 1994 im amerikanischen Fernsehen, die menschlichen Insassen des gelandeten Objekts hätten ihm erklärt, sie kämen aus einer zukünftigen Zeit der Erde, in der die Erde verwüstet ist und keine normale Fortpflanzung mehr ermöglicht. Daher müssten sie zu uns kommen, um sich gesundes Keimmaterial zu holen. Vielleicht werden diese Aussagen von Charles Halt in seinem angekündigten Buch bestätigt.

Immer mehr UFO-Sichtungsberichte treffen beim MoD ein. *The Daily Telegraph* erfuhr im August 2008 (Galde 2008) aufgrund des britischen Gesetzes zur Freigabe der Information, dass in der ersten Hälfte des Jahres 2008 den Behörden bereits 150 Berichte über UFO-Sichtungen gemeldet wurden. Im Jahre 2007 betrug die Zahl der Meldungen nur 135 im gesamten Jahr, und 2006 waren es nur 97.

Solange die Insassen ihre Absichten nur einer ausgewählten Insider-Clique aus militärischen Geheimdienstlern anvertrauen, können wir über diese nichts wissen, und auf eine offizielle Verlautbarung über UFOs durch die amerikanische Regierung wird man vergebens warten. Da wird auch keine Initiative des Exopolitikers Steven Bassett etwas ändern, der die Öffentlichkeit im Oktober 2008 aufgerufen hat, sich mit Briefen an den neuen Präsidenten der USA zu wenden mit der Aufforderung, die UFO-Geheimhaltung zu beenden. Es bleibt uns daher nur die indirekte Untersuchung dessen, wer die Insassen sind, was sie beabsichtigen, woher sie kommen, ob sie feindlich oder freundlich gesinnt sind, indem wir die physikalischen Eigenschaften der Flugobjekte und den Mechanismus, der sie antreibt, aus der Fülle der gesammelten Berichte analysieren.

Obwohl das UFO-Phänomen von immer weniger Menschen ernst genommen wird, die Zeitungen und Fernsehmedien das Thema nur noch mit sarkastischen Phrasen, Albernheiten (»kleine grüne Männchen«) und Halbwahrheiten uninformierter Skeptiker kommentieren, gibt es doch immer wieder seriöse Aufsätze über UFOs in angesehenen Fachzeitschriften, deren Herausgeber sich nicht vor Lächerlichkeit fürchten.

Im Januar 2005 brachte das *Journal of the British Interplanetary Society* (Deardorf, Haisch [Fig. 1, 2], Maccabee & Puthoff [Fig. 1] 2005) einen sieben Seiten langen Aufsatz von vier Physikern – mit dem Titel »Inflation-Theory Implications for Extraterrestrial Visitation« –, die darauf hinweisen, dass heute genügend gute Beweise in Gestalt qualitativ hochwertiger UFO-Berichte für die Anwesenheit einer außerirdischen Intelligenz auf Erden vorlägen, die den Schluss nahelegen würden, dass interstellare Reisen weit fortgeschrittener Zivilisationen nicht mehr a priori durch physikalische Prinzipien ausgeschlossen werden können. Die Zurückhaltung der Vertreter dieser Zivilisation, sich uns längere Zeit zu zeigen, könnte darauf zurückzuführen sein, dass sie uns ungestört beobachten und uns durch einen direkten Kontakt nicht überrumpeln möchten.

Viele Begegnungen mit diesen Erscheinungen verlaufen so, dass die Objekte die Aufmerksamkeit isolierter Zeugengruppen auf sich ziehen wollen. Damit geben sie zu erkennen, dass sie uns sehr wohl wahrnehmen. Das Auftauchen über Waffendepots und militärischen Sperrgebieten soll uns wahrscheinlich signalisieren, dass sie unsere Abwehrmittel kennen. Keines der Ereignisse dauerte allerdings bisher so lange und fand an exponierten Orten vor genügend vielen Zeugen statt, sodass Zeitungsmedien dies ohne angefeindet zu werden, der ganzen Welt hätten mitteilen müssen. Es wurden bisher auch keine überzeugenden physikalischen Beweise hinterlassen, durch die eine hinreichend große Zahl Wissenschaftler von der Existenz von UFOs hätte überzeugt werden können. Diesem Verhalten scheint die Strategie der Verbreitung von »Gewissheit und Zweifel« zugrunde zu liegen mit der Absicht, einen soziologischen, kulturellen und theologischen Schock in der menschlichen Gesellschaft und vor allem auf Wissenschaftler zu vermeiden, den ein Kontakt und die Wahrnehmung einer völlig anderen Realität auslösen könnten, und trotzdem die Zweifler ganz allmählich zu überzeugen. Dieses Verhalten könnte noch viele Jahrzehnte andauern.

Die verschiedenen Gruppen, die UFO-Berichte untersuchen, gehen unterschiedlich vor. Bei MUFON-CES (*Mutual UFO Network – Central European Section*) wird grundsätzlich ein Unterschied gemacht zwischen eingesandten oder übergebenen Protokollen und Erlebnisberichten. Bei den Protokollen handelt es sich um Fotos, Videoaufzeichnungen und Radar-Plots. Diese Protokolle werden analysiert und auf bekannte Phänomene zurückzuführen versucht, was längere Zeit in Anspruch nehmen kann. Meistens lässt sich für die den Zeugen sonderbar erscheinenden Objekte eine prosaische Erklärung finden.

Wenn Zeugen ihre Beobachtungen am Telefon oder in Briefen und E-Mails schildern, werden gleich beim ersten Anhören bzw. Lesen identifizierbare Objekte herausgefiltert. Sichtungen von Partyballons, Flugzeuglandescheinwerfern, Sternen und Discolichtern werden sofort als solche erkannt, sodass in die Akten nur unidentifizierbare Sichtungsberichte, d. h. UFOs i. e. S. (im engeren Sinne), eingetragen werden. (Freilich können später immer noch Identifizierungen erfolgen, wenn z. B. in Erfahrung gebracht wird, dass die Zeugen selbst nicht mehr zu ihrer Aussage stehen, oder bei Fotofällen, wenn in Erfahrung gebracht wird, dass der Fotograf aus einem fahrenden Auto fotografiert und dabei ein nahes Verkehrsschild auf den Film bekommen hat, oder wenn Zeugen zugeben, sich die Geschichte nur ausgedacht zu haben.)

Anders gehen solche Gruppen vor, die alle einkommenden Berichte ungefiltert als UFO-Fälle in die Akten als UFOs »im weiteren Sinne« (i. w. S.) aufnehmen und erst später entscheiden, ob unter den eingegangenen Nachrichten auch UFOs »im engeren Sinne« sind. Auf diese Weise kann beispielsweise die deutsche Skeptiker-Organisation CENAP die meisten Berichte identifizieren. Sie werden in den Akten behalten, um zu »beweisen«, dass sich die meisten UFO-Sichtungen aufklären lassen. Dabei ist die Klassifizierung als UFO-Fall bereits von vornherein falsch gewesen. Das entspricht etwa Goldsuchern, die genauestens über die 99,99 Prozent des weggeräumten Sandes Buch führen, um damit anderen zu beweisen, dass es überhaupt keine Goldkörner gibt.

Besonders zahlenmäßig große Gesellschaften können allerdings nicht alle eintreffenden Berichte sofort filtern und identifizierbare Objekte von vornherein ausscheiden. Die französische Gruppe GEPAN, das amerikanische *Air-Force*-Project *Blue Book* und auch die kanadische UFO-Organisation unterschieden in den gesammelten Berichten zwischen unidentifizierten, sicher identifizierten und solchen Fällen, die möglicherweise oder wahrscheinlich auf bekannte Phänomene zurückgeführt werden konnten. So interessant auch der Vergleich zwischen der Menge der UFOs i. w. S. mit den echt unidentifizierbaren Fällen ist, so kann aus dieser Statistik nicht auf Eigenschaften von UFOs selbst geschlossen werden, obwohl das Skeptiker tun, die behaupten, weil so viele Beobachtungen durch Experten identifizierbar sind, ließen sich möglicherweise auch alle übrigen aufklären, wenn mehr Einzelheiten zur Verfügung stünden. Es sind aber nach der Untersuchungen des *Battelle Memorial Institute* gerade die Berichte von unidentifizierten Objekten, die die meisten Details enthalten und die von den kompetentesten Zeugen stammen. (Davidson 1956)

Je nach der unterschiedlichen Klassifizierung und Strenge der Auswahl als echte Unidentifizierte blieben in Frankreich (GEPAN) rund 30 Prozent und in Kanada nur 15 Prozent und bei MUFON-CES bei rund 500 Fällen seit 1974 mehr als 90 Prozent UFOs i. e. S. in den Akten.

In den vergangenen Jahren wird weltweit eine Zunahme der UFO-Meldungen registriert. Gezeigt wird die Verteilung der Berichte von UFOs i. w. S. in Kanada seit 1989 bis 2007. Mark Rodeghier vom *Center for UFO Studies* (CUFOS) bestätigt diesen Trend (Rodhegier [Fig. 1] 2006, 2007). Werden dagegen nur die UFOs i. e. S. angegeben, dann bleiben die Fälle über die Jahre verteilt ziemlich konstant. Die Zunahme der Anzahl von UFOs i. w. S. ist wahrscheinlich auf die Bereitschaft der Beobachter zurückzuführen, sich über E-Mails anonym an die UFO-Organisationen mit ihren Sichtungen zu wenden, ohne Gefahr zu laufen, sich zu blamieren, wenn man etwas nicht selbst identifizieren konnte.

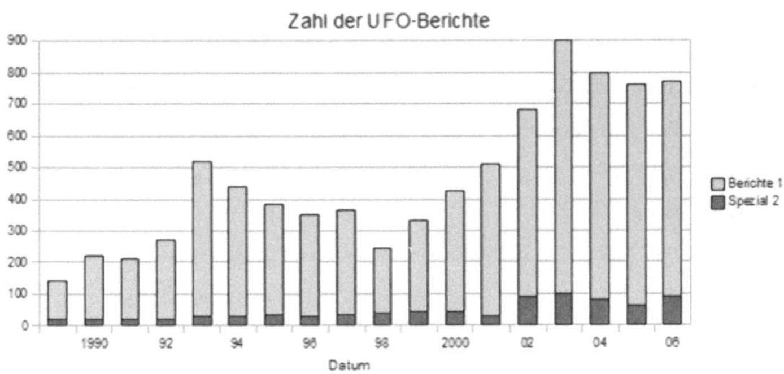

Abb. 1: Berichte der UFOs i. w. S. (mittelgrau). Dunkelgrau – hier als »Spezial 2« bezeichnet – ist die Anzahl der UFOs i. e. S.

Der Prozentsatz der Nahsichtungsfälle (close encounter cases) ist deutlich zurückgegangen, was darauf schließen lässt, dass sich die unbekannten Objekte nicht mehr so häufig wie früher in der Nähe von

Zeugen zeigen. Man könnte spekulieren, dass sie sich den heute überall vorhandenen Videokameras entziehen möchten. Dieser Trend, der nach Rodeghier ebenfalls in den USA beobachtet wird, muss weiter verfolgt werden.

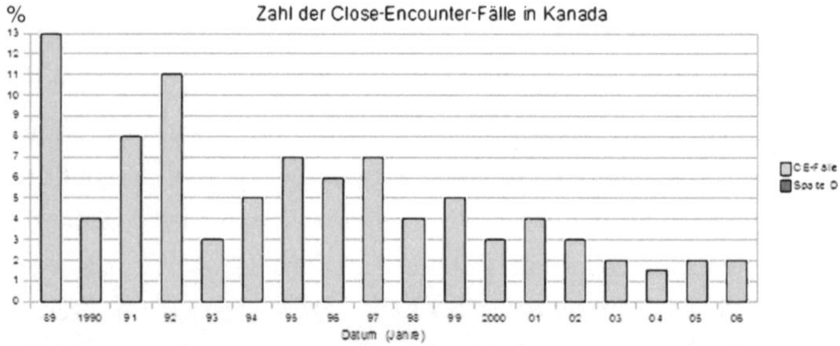

Abb. 2: Abnahme der Nahsichtungsfälle über die Jahre in Kanada.

MUFON-CES werden pro Monat durchschnittlich zwei Berichte über UFOs i. e. S. gemeldet. Das ist etwa so selten oder häufig, wie Menschen in Deutschland vom Blitz getroffen werden. Bezogen auf die gesamte Einwohnerzahl von 82 Millionen ist das verschwindend wenig. Doch es passiert gelegentlich! Die wirklich interessanten UFO-Fälle sind solche, in denen ein riesiges unbekanntes Objekt dem bzw. den Zeugen näher als zehn Meter kommt. Bei der Untersuchung solcher Fälle bestätigt bereits die emotionale Erregung der Zeugen während der Befragung – wenn beispielsweise ein erwachsener Mann bei der Wiedergabe seines Berichtes zu weinen beginnt – die Echtheit des Erlebnisses.

Entgegen früheren Berichten, in denen merkwürdige Formen von vorüberfliegenden Objekten geschildert wurden, werden in letzter Zeit vielfach so seltsame Eigenschaften, wie das Auftauchen aus dem Nichts oder das allmähliche Erscheinen aus einem »Spalt am Himmel« sowie ihr unmittelbares Verschwinden im Nichts und die Änderungen der Formen der massiv wirkenden Objekte, beschrieben. Besonders häufig werden fliegende orange oder rot leuchtende Kugeln beobachtet, die wegen ihres absonderlichen Flugverhaltens weder Ballons noch Kugelblitze sein können.

Der berühmte Fernsehmoderator Larry King, der bisher nur abfällig über Sichtungen von UFOs berichtet hatte, änderte im Jahr 2007 seine Meinung. In der *Larry King Live Show* auf CNN ließ er hochrangige Militärs über ihre UFO-Sichtungen sprechen. Inzwischen sind sieben Folgen dieser Talk-Show vom Exopolitik-Team übersetzt worden und können mit deutschen Untertiteln angesehen werden. (*exopolitig.org* 2007)

Die Diskrepanz zwischen diesen Zeugenberichten und den Erklärungen offizieller Regierungsvertreter oder uninformierter Wissenschaftler ist inzwischen so groß geworden, dass sich die Behördenvertreter ernstlich Sorgen machen, wie man mit der UFO-Geheimhaltung weiterhin umgehen soll.

Vom 12. bis 14. Februar 2008 fand im UN-Gebäude in New York eine geheime Konferenz statt, um die Folgen der Zunahme der UFO-Berichte und das abnehmende Vertrauen der Bevölkerung in die Regierung, die alles leugnet, zu diskutieren. Ein Bericht aus mindestens drei Bundesstaten der USA wurde der UNO vorgelegt. Das drohende Misstrauen der Bevölkerung gegenüber Autorität und Institutionen könnte zu sozialen Instabilitäten führen, und dagegen sollte etwas unternommen werden. Die vertraulichen Ergebnisse der Debatten wurden Vertretern von 28 Ländern der Welt vorgelegt. (Lorant 2007; Meessen 2008)

Die offizielle Position des Schweigens und des Verneinens der Verteidigungsinstitutionen und der Geheimdienste, die nicht den Auftrag haben, dem Publikum die Anwesenheit von die Erde besuchenden »Nachbarn« mitzuteilen, wirft bei der Bevölkerung (und speziell bei den Augenzeugen solcher Beobachtungen) immer mehr Fragen auf, die eine systematische Verleugnung unerträglich machen.

Solche Probleme gibt es in der deutschen Öffentlichkeit nicht. Hier suchen die Zeugen einer UFO-Sichtung reumütig die Schuld bei sich selbst, wenn sie etwas Unmögliches sehen, und nicht bei den Printmedien oder Behörden, die behaupten, dass es diese Phänomene gar nicht gibt.

Unsere Gesellschaft MUFON-CES hatte es sich zur Aufgabe gemacht, die Kollegen aus der Wissenschaft auf das UFO-Phänomen aufmerksam zu machen. Die wissenschaftliche Neugier der Deutschen ist nach unseren Erfahrungen allerdings dermaßen gering, dass sie die

Existenz des Phänomens nicht akzeptieren geschweige denn seine Bedeutung für die Wissenschaft erkennen.

Die Hauptbeschäftigung bei MUFON-CES bestand in den zurückliegenden Jahren in der Entwicklung einer automatischen optischen Rundum-Überwachungs- und -Verfolgungseinrichtung, die nach Fertigstellung in meteorologischen Stationen untergebracht werden soll (*SkyScan*). Die Entwicklung aus eigener Kraft erforderte den Bau mehrerer Prototypen während mehrerer Jahre, bis schließlich eine kompakte, billige, leistungsstarke und wetterfeste computergesteuerte Version bereitgestellt werden konnte. Die Programme, die bildanalytisch sämtliche denkbaren Objekte am Himmel (Wolken, Vögel, Flugzeuge, Sonne, Zeppeline, Ballons u. a.) als bekannte Objekte erkennen und unbekannte mit einem Zielverfolgungsverfahren in einer Kamera fixieren, werden zurzeit erprobt.

Es wurde auch ein preiswerter Magnetdetektor entwickelt, mit dem das Auftauchen solcher Objekte entdeckt werden kann, die ein starkes Magnetfeld mit sich führen. Die visuelle Entdeckung dieser Objekte nach einer Alarmanzeige wird leider häufig durch die Wolkenbedeckung verhindert.

Die Bildanalyse-Gruppe konnte in den vergangenen zehn Jahren keine echten UFO-Aufnahmen auf Videos und Fotos in Deutschland feststellen. Dagegen sind die Analysen, die seit fünf Jahren in Knittelfeld bei Graz von mehreren Zeugen gesehen und auf Fotos und Videos festgehalten worden, aus verschiedenen Gründen möglicherweise echt. Die Untersuchungen sind zurzeit aber noch nicht abgeschlossen.

Es wird immer behauptet, dass es heute nicht mehr möglich ist, die Echtheit einer Aufnahme festzustellen, weil alles am Computer gefälscht bzw. dargestellt werden kann. Das ist richtig. Doch gibt es spezielle Verfahren, mit denen noch nach Jahrzehnten die Echtheit älterer Fotos festgestellt werden kann.

So gelang es dem Psychologen und Ergonomen Dr. Richard Haines (Fig. 1, 2), die Echtheit einiger der umstrittensten UFO-Fotos unter Einsatz eines Formfeststellungsprogramms der NASA zu bestätigen. Es handelt sich um die zwölf Fotos des Musikers Rudi Nagora aus München, die dieser im Sommer 1971 gemeinsam mit seiner Frau in der Steiermark beobachtet und fotografiert hatte. (Skeptiker hatten, ohne mit den Zeugen zu sprechen und ohne gründliche Untersuchungen anzustellen, gemeint, Herr Nagora habe eine Radkappe in die Luft geworfen und fotografiert.) Richard Haines konnte in München mit dem Zeugen sprechen, seine damalige eidesstattliche Erklärung lesen und als erfahrener Psychologe die Ehrlichkeit des Zeugen feststellen. Die Bildanalysen ergaben etwas Erstaunliches. Das Objekt war gar nicht rund gewesen, sondern es hatte die Gestalt eines Gitarrenplektrums (Abb. 3). (Haines 2006) Eine solche Gestalt hatten wir bisher weder in der Literatur gefunden noch in unserer Fallsammlung registriert.

Im Frühjahr 2007 erhielten wir (MUFON-CES) den Bericht eines Ehepaares aus Göttingen, das mit uns seine Sichtung diskutieren wollte, die es bereits im Juli 1999 über Göttingen am Nachmittag gemacht hatte. Das Objekt war metallisch, rund 30 Meter groß, etwa 300 Meter entfernt und konnte zehn bis 15 Minuten lang beobachtet werden. Das Überraschende war, dass die Zeugen nicht einen Teller mit Kuppel, sondern die Form als »Gitarrenplektrum« beschrieben (Abb. 4). Als der Zeuge die Nagora-Fotos sah, bekam er »eine Gänsehaut«, weil er nun definitiv weiß, dass es Objekte dieser Form tatsächlich gibt und dass er und seine Frau keiner Halluzination aufgesessen waren. Das Ehepaar, das weder Haines Bildanalysen noch Nagoras Fotos kannte, bestätigte damit im Nachhinein die Brauchbarkeit des Formerkennungsverfahrens, das Haines angewendet hatte.

Eine weitere Aufgabe, der sich einige Physiker der MUFON-CES gewidmet haben, ist die Untersuchung der Gravitation aufgrund der Allgemeinen Relativitätstheorie und deren Erweiterungen sowie der Möglichkeit einer Erzeugung künstlicher Schwerefelder. Über eine auf den Physiker Burkhard Heim zurückgehende Theorie habe ich im Jahre 2001 auf der ersten Europäischen Konferenz über *New Propulsion Systems* an der *Sussex University* in Brighton berichtet. (v. Ludwiger 2001)

Noch vor einigen Jahren zweifelten sogar wissenschaftliche UFO-Forscher manche der Eigenschaften unidentifizierter Flugobjekte an. Seit dem Jahr 2004 ist dies nicht mehr der Fall, da inzwischen theoretische Modelle über neue Feldantriebe für die Raumfahrt entwickelt wurden, die so seltsame Eigenschaften vorhersagen, wie sie bisher nur an UFOs entdeckt wurden: Diese Objekte sollen schweben und irrwit-

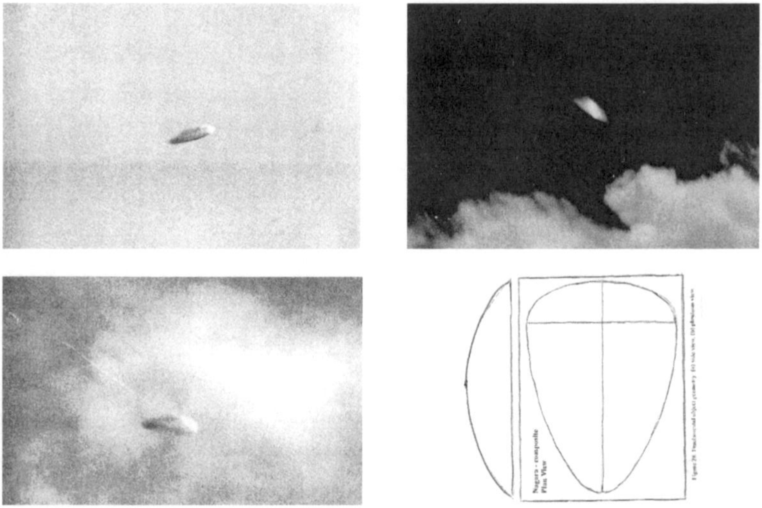

Abb. 3: Am 23. Mai 1971 fotografierte Rudi Nagora gegen 12.30 Uhr im Beisein seiner Frau ein in der Luft umherspringendes Objekt. Drei von zwölf Aufnahmen sind oben gezeigt. Im Jahre 2006 veröffentlichte Dr. R. F. Haines im *Journal for UFO Studies*, Vol. 9, S. 31–70, die mit einem Formermittlungsprogramm der NASA aus den zwölf Fotos errechnete Grundform des Objektes (siehe rechts).

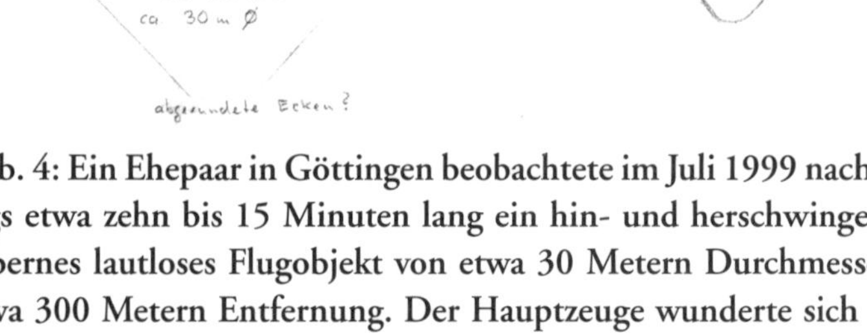

Abb. 4: Ein Ehepaar in Göttingen beobachtete im Juli 1999 nachmittags etwa zehn bis 15 Minuten lang ein hin- und herschwingendes silbernes lautloses Flugobjekt von etwa 30 Metern Durchmesser in etwa 300 Metern Entfernung. Der Hauptzeuge wunderte sich über die eigenartige Form, auf der die flache Kuppel ruhte, und beschrieb sie als die eines Gitarrenplektrums (siehe rechts). Der Bericht wurde uns bei MUFON-CES im November 2007 übermittelt.

zige Beschleunigungen ausführen können, sie besitzen gewaltige auf Erden kaum zu erzeugende Magnetfelder und müssten vor den Augen der Zeugen wie aus dem Nichts auftauchen und verschwinden können.

Im Juli 2004 hielten Prof. J. Häuser und W. Dröscher (2004) anlässlich der Konferenz des *American Institute of Aeronautics and Astronautics* (AIAA) einen Vortrag, in dem sie ihre Theorie über einen Feldantrieb für Raumfahrzeuge erläuterten, die aus einer erweiterten Quantenfeldtheorie des 2001 verstorbenen Physikers Burkahrd Heim (1977, 1983, 1989, 1996) abgeleitet wurde. Heim ist der einzige Physiker, der bisher die geometrische Innenstruktur der Elementarteilchen herleiten konnte und exakte Werte für deren Massen und deren Lebensdauern sowie Ansätze zum Verständnis der Massen der Resonanzen ermitteln und außerdem die Massen der drei Neutrinopaare, die magnetischen Momente der Elementarteilchen und die theoretischen Werte der Wechselwirkungskonstanten zum Beginn des Universums errechnen konnte.

Wir glauben, dass diese sechsdimensionale Theorie die richtige Teilchentheorie ist, und zwar aus folgendem Grunde: In Heims Massenformel gehen die drei Naturkonstanten Lichtgeschwindigkeit c, Plancksches Wirkungsquantum h und die Gravitationskonstante G ein. Als Heim die Elementarteilchenmassen errechnete, war G noch um zwei Größenordnungen weniger gut bekannt als heute. Wir haben (nach dem Tode Heims) den neuen Wert für G eingesetzt und im Vergleich mit den gemessenen Werten bei einigen Massen genauere Übereinstimmungen erhalten. Das ist nur bei einer richtigen Theorie möglich. (Und die böswillige Unterstellung einiger Kritiker, die Massenformel beruhte auf Zahlenspielerei, wird damit ad absurdum geführt.)

Die Konsequenzen einer sechsdimensionalen Wirklichkeit sind nicht nur in der Physik, sondern auch für Biologie und Psychologie von großer Tragweite. (v. Ludwiger 2006)

Eine der Vorhersagen der erweiterten Heimschen Theorie (die anstelle von sechs mit acht Dimensionen rechnet) ist die Wechselbeziehung zwischen Gravitation und Schwerkraft. Wird beispielsweise ein massiver Ring in einem superstarken Magnetfeld (das etwa die Stärke von einer Million des irdischen Magnetfeldes besitzt) in Rotation versetzt, dann wird eine sogenannte Heim-Lorentz-Kraft erzeugt, die den Ring (senkrecht zur Rotationsebene) beschleunigt.

Außerdem entsteht ein »Gravi-Photonenfeld«, das die Eigenschaft haben soll, die Trägheit materieller Objekte zu reduzieren. Wegen der Energie- und Impulserhaltungsgesetze erfordert die Reduktion der Masse m eines Objekts eine Überlichtgeschwindigkeit $v > c$, da $E = mc^2 = const$ gelten muss. Weil es eine solche Geschwindigkeit in unserem Raum nicht geben kann, müsste das betreffende Objekt in einen Parallelraum zu dem unsrigen ausweichen, d. h. es würde in unserem Raum unsichtbar werden. In den Parallelräumen könnte das Objekt mit einer zu unserem Raum relativen Überlichtgeschwindigkeit fliegen und in kurzer Zeit Lichtjahre entfernte Planeten erreichen (als Beispiel wird von den Autoren eine 80-tägige Reise zum 11,4 Lichtjahre entfernten Stern Procyon errechnet). (Lietz 2005, 2006)

In Experimenten, die demnächst in den USA durchgeführt werden sollen, muss zunächst festgestellt werden, ob sich das vorhergesagte Gravi-Photonenfeld nachweisen lässt.

Experimente, die in Seibersdorf bei Wien von der Gruppe um Dr. M. Tajmar (2007) an rotierenden superleitenden Materialien durchgeführt wurden, scheinen zu bestätigen, dass am Rand der rotierenden Körper ein Gravitationsfeld erzeugt wird, das um mehrere Größenordnungen höher ist, als nach der Allgemeinen Relativitätstheorie erwartet wird. Sollte sich dieser Effekt durch Experimente an anderen Instituten als echt erweisen – nach der erweiterten Heimschen Theorie lässt sich dieser Effekt sogar quantitativ bestätigen –, so könnte diese Entdeckung »das Ende der Schwere« bedeuten, wie es *Die Zeit* (Krauter 2007) verkündete.

Noch vor zehn Jahren hätte sich kaum ein Physiker vorstellen können, dass sich eine echte Raumfahrt ohne eine aufwendige Verbiegung der Raumzeit zu »Wurmlöchern«, zumindest theoretisch, relativ einfach bewerkstelligen lassen könnte. Wir Physiker bei MUFON-CES sind der Meinung, dass dies der richtige Weg in der Entwicklung eines zukünftigen Raumfahrtantriebes sein wird, denn wir sehen ja bereits, dass – zwar noch sehr selten, aber immerhin – im Luftraum Objekte erscheinen, die sich so benehmen, wie es in der Theorie zum neuen Feldantrieb vorhergesagt wird. Da diese Theorie eine Überlichtgeschwindigkeit in Parallelräumen relativ zu unserer Raumzeit vorhersagt, müssten auch Zeitreisen in die eigene Vergangenheit möglich sein. Die Konsequenzen sind heute noch kaum vorstellbar und spiegeln sich allenfalls in den ungewöhnlichsten UFO-Berichten wider. Auf diese Weise könnten sich auch Wissenschaftler durch die UFO-Forschung anregen lassen. Somit bewahrheitet sich, was der Tagungsleiter auf dem ersten Europäischen Kongress für neue Raumfahrtantriebe in Sussex 2001 gesagt hatte: »Wir sind Wissenschaftler und glauben natürlich nicht an UFOs, aber man kann aus deren physikalischen Eigenschaften eine Menge lernen.«

1.2 Das Militär als pragmatischer Untersucher

Wer untersucht eigentlich die seit 60 Jahren nicht zu verstehenden Phänomene? Außer einigen privaten wissenschaftlichen Organisationen sind es natürlich die militärischen Angestellten der militärischen Luftraumüberwachung der Länder, wenn sie mit den Phänomenen konfrontiert werden. Da das Militär grundsätzlich nicht darüber in der Öffentlichkeit redet, ob und wie es fremde Eindringlinge im Luftraum entdecken kann, wissen wir nicht, was in Kreisen der Landesverteidigung der einzelnen Staaten über unidentifizierte Flugobjekte bekannt ist und ob jeder dieser Staaten bereits Erfahrungen mit ihnen gemacht hat. Informationen darüber werden jedenfalls nicht zwischen den Verteidigungsministerien der Staaten ausgetauscht (weil jeder der nächste potenzielle Gegner sein oder militärische Erkenntnisse an solche weitergeben könnte).

Die Wissenschaft ist nicht die einzige Institution, die in der Lage ist, für irgendwelche Sachverhalte Beweise zu erbringen. Es gibt die juristische Art der Beweisbeschaffung und die militärische, und beide sind effektiver, wenn es um die Ermittlung von Fakten geht. Sachverhalte festzustellen ist vorrangig. Erst später wird in der Rechtsprechung wie auch beim Militär zu klären versucht, warum und wie etwas geschehen ist.

Die militärische Abwehr ist aggressiv und einseitig. Fakten sind nur das, was registriert wird. Die Rechtsprechung ist abwägend und zweiseitig. Jede Seite, jedes Argument wird berücksichtigt. Wissenschaftler müssen sich dagegen immer gleichzeitig um die theoretische Einordnung der beobachteten Tatsachen bemühen und zweifeln ihre eigenen Beobachtungen und Ermittlungen an, wenn diese neu sind und nicht mit erwarteten Phänomenen übereinstimmen.

Thomas Kuhn (1979) argumentiert, dass Wissenschaftler routinemäßig ihr Interesse auf solche Naturphänomene richten, die durch Erweitern oder Modifizieren der bestehenden allgemeinen Theorien, die dem Untersuchungsgebiet unterliegen und mit den Phänomenen assoziiert sind, erklärt werden können. Kuhn nennt diese allgemeinen Theorien »Paradigmen«. Und Wissenschaftler haben keinerlei Interesse an Phänomenen, die außerhalb des Paradigmas liegen.

Wissenschaftler kommen zu keiner Akzeptanz, dass UFOs real sind, solange es keine akzeptierte Theorie gibt, wie man eine Maschine bauen könnte, die das täte, was wiederholt von UFOs berichtet wird.

Die Zeit ist gegenüber wissenschaftlichem Forschen neutral, jedoch ein großer Gegner der militärischen Abwehr. Dort ist es nicht vertretbar, »erst einmal noch ein Experiment zu machen«, um alle Zweifel an dem Beobachteten auszuräumen. Die militärische Abwehr muss umgehend entscheiden, welche Absichten ein in den Luftraum eingedrungenes Objekt hat.

Don C. Donderi stellt fest, dass sich »gute Wissenschaftler« ganz einfach nicht mit völlig neuen Phänomenen wie UFOs befassen können. (Donderi 2000). Er schreibt (S. 79):

> »Ich behaupte, dass Wissenschaft am ungeeignetsten ist, um radikal neue Fakten über die Natur zu enthüllen und zu präsentieren.«

Es ist daher ein großes Missverständnis und ein Fehler, anzunehmen, dass die Wissenschaft der geeignete Beurteiler von UFO-Beweisen ist.

Das Militär ist dagegen darauf trainiert, unmittelbar eine Bedrohung zu erkennen und auf sie zu reagieren, unabhängig davon, ob die Technologie von der Wissenschaft als möglich anerkannt wurde. Daher hat die militärische Abwehr das UFO-Phänomen mit Sicherheit hinsichtlich einer möglichen Bedrohung entsprechend eingeordnet und behandelt. Ihre Schlüsse darüber bleiben vertraulich. Wir werden sie in absehbarer Zeit nicht erfahren. Die Militärführung kann es auch nicht hinnehmen, dass sich die Öffentlichkeit Gedanken über UFOs macht und möglicherweise in eine Hysterie darüber verfällt. Der Feind könnte sich diesen Umstand zunutze machen und durch bestimmte Gerüchte die Bevölkerung dazu bringen, sich bei den Behörden zu informieren, was wiederum die Kommunikationskanäle der Landesverteidigung verstopfen könnte, sodass mögliche Angriffe unentdeckt blieben.

Was passiert, wenn Wissenschaftler in der Weise Militärs beraten, dass sie nur vom bereits Bekannten ausgehen und argumentieren, hat R. V. Jones in *Most Secret War – British Science Intelligence* (1979) beschrieben. Er liefert mit der Beurteilung der deutschen V-2-Entwicklung ein gutes Beispiel für die Differenzen zwischen wissenschaftlicher und militärwissenschaftlicher Forschung. Analytiker der militärischen Abwehr sammelten während des Krieges sämtliche erhältlichen Fakten über neue Waffensysteme des Gegners. Als man Anomalien entdeckte, wurden alle Reserven mobilisiert, um noch mehr darüber herauszufinden, unabhängig davon, ob ein existierendes Paradigma eingehalten wurde oder ein neues aufgestellt werden musste.

Die Geheimdienstquellen entdeckten, dass eine deutsche Flüssigkeitsrakete tatsächlich eine Tonne Sprengstoff tragen und bis London transportieren könnte. Doch Wissenschaftler, die sich in der Raketentechnik auskannten, verkündeten der Militärführung, dass dies unmöglich sei. Denn sie verstanden nicht, wie eine solche Rakete gebaut werden könnte. Der militärische Geheimdienst warnt uns daher, dass unsere eigenen Vorurteile über das, was sein kann und was nicht, absolut kein Beweis dafür sein können, was ist!

Die militärische Luftabwehr – hauptsächlich in den USA – ist zurzeit die einzige, die in der Lage ist, UFOs flächendeckend zu beobachten, zu verfolgen und zu analysieren sowie Aktivitäten aufgrund der bewiesenen Existenz von UFOs zu empfehlen. Nur indirekt kann man erschließen, dass diese Objekte die nationale Sicherheit der Vereinigten Staaten gefährden, anderenfalls würden nicht Dokumente mit dem Hinweis darauf vor der Öffentlichkeit geheim gehalten.

Die Geschichte des UFO-Phänomens ist somit eine Geschichte der militärischen Auseinandersetzungen, sowohl der internen als auch der äußeren politischen Behandlung gegenüber der Öffentlichkeit und anderen Staaten. Die Wissenschaft ist dabei nur am Rande als Auswerter militärischer Daten in Erscheinung getreten.

Bereits im Zweiten Weltkrieg waren die Alliierten beunruhigt über die Erscheinungen großer fliegender leuchtender Kugeln, die ihre Flugzeuge über Deutschland und über dem Pazifik begleiteten. Diese Phänomene, sogenannte »Foo Fighters«, sind niemals aufgeklärt worden. Sie wurden als »elektrostatische oder elektromagnetische Phänomene« beiseitegeschoben. Eine erste umfassende Analyse dieser Objekte legte Keith Chester 2007 vor.

Nach dem Krieg tauchten unbekannte Objekte über Schweden und Norwegen auf. Manche Objekte hatten die Form von Zigarren oder Raketen. Folglich ging man davon aus, dass die Objekte aus Russland kamen, obwohl viele Flugbahnen als nach nicht von dort kommend beschrieben wurden. Das schwedische Verteidigungsministerium erhielt rund 1000 Berichte und verständigte die USA darüber. Norwegen verhängte gegenüber den Nachrichtenmedien ein Verbot, über Überflüge von Unbekannt zu berichten. Man wollte nicht einem »von den Sowjets inszenierten Nervenkrieg« nachgeben. Die Sowjets beschuldigten aber ihrerseits die USA, für die Überflüge der skandinavischen Länder verantwortlich zu sein.

Ende Juni bis Anfang Juli 1947 tauchten dann überwiegend scheibenförmige Objekte in den USA auf. Das Erste, was der Geheimdienst-Direktor Oberst Howard McCoy vom *Air Matérial Command* (AMC) von der *Wright-Patterson Air Force Base* tat, war, dass er die »Ghost Rockets«-Akten aus Schweden, die das Pentagon besaß, anforderte, weil die Meldungen über das Aussehen der Objekte so ähnlich lauteten wie dort (Zigarren- und Scheibenformen).

Weder die Sichtung Kenneth Arnolds noch der angebliche Absturz eines dieser Objekte bei Roswell, NM, alarmierte die *US Air Force*, sondern eine UFO-Erscheinung am 8. Juli 1947 über der *Muroc Air Force Base* (heute Edwards AFB) in Kalifornien. Denn hohe Luftwaffenoffiziere waren Zeugen der Sichtung, die ihre Beobachtungen an die höchsten Stellen in der Luftverteidigung weiterleiteten. Die *Air National Guards of the Pacific Coast States* wurden mobilisiert, um »Saucer-Patrouillen« zu fliegen. In Oregon machten acht P-51-Jäger und drei A-26-Bomber mit Teleskop-Kameras Kontrollflüge. (*New York Times* 1947)

Am 2. September 1947 unterrichtete General Twining das Pentagon, dass diese Phänomene real und keine Erfindungen der Deutschen oder Russen seien.

Das Pentagon beschloss, einen Untersuchungsausschuss mit der Analyse der »Fliegenden Untertassen« zu betrauen. Der Ausschuss wurde *Project Sign* genannt. Während der Periode zwischen 1947 und 1948 fand die intensivste und vorurteilsloseste Untersuchung des UFO-Phänomens statt, die es jemals gab. Zu den Untersuchern zählten hervorragend qualifizierte Experten, die in Flugzeug-, Raketen- und Kerntechnik ausgebildet waren: Capt. Robert R. Sneider, Alfred Loedding, Lawrence Truettner und Albert B. Deyamond. (Ruppelt 1956) Rund 200 Fälle wurden untersucht, und die *Air Force* nahm das Phänomen sehr ernst. Man erkannte, dass man diese Objekte nicht kontrollieren konnte, und schlussfolgerte, dass es sich um außerirdische Flugobjekte handeln könnte. Der entsprechende Bericht *Estimate of the Situation* wurde Mitte Oktober abgeschlossen und dem *Air-Force*-Stabschef General Hoyt Vandenberg übergeben. Dieser war über die Schlussfolgerung sehr verärgert, die er kategorisch ablehnte. Außerirdische Objekte, das war ihm so fremd, dass er seine eigene Meinung dagegensetzte, und behauptete, die gesamte Studie sei ein von Kommunisten inspirierter infamer Betrug. (Swords 2000) Der Bericht wurde eingezogen und vernichtet.

1949 wurde *Project Sign* teilweise aufgelöst bzw. umgestaltet. Es erging der Befehl, UFOs um jeden Preis aufzuklären. 1950 wurde das Projekt umbenannt in *Project Grudge*, und als Sachbearbeiter wurden einfache Soldaten verpflichtet.

Das Militär erkundigte sich bei zivilen Wissenschaftlern, die sich ebenfalls mit UFO-Berichten befasst hatten, wie Donald Menzel, Irving Langmuir, Harlow Shapley. Sie alle haben niemals mit den Augenzeugen gesprochen und urteilten »nach dem gesunden Menschenverstand«. Der riet ihnen, dass der Glaube an UFOs pathologisch, irrational und unwissenschaftlich sei und ausgerottet werden müsse. Die Meinung der Militärangehörigen war geteilt. Viele schlossen sich der Meinung der skeptischen Wissenschaftler an. Doch ein großer Teil glaubte den Erlebnissen der Kollegen. Von UFO-Fall zu UFO-Fall änderte sich die Anzahl der Überzeugten und Skeptiker.

Im Januar 1951 fragte General Cabell beim *Projekt Grudge* an, ob man dort einen Bericht mit Untersuchungsergebnissen über UFOs habe, den er dem Pentagon schicken könnte. Es stellte sich heraus, dass *Project Grudge* nur Fälle gesammelt, aber diese nicht untersucht hatte. (Swords 1991) Schließlich berichtete der Leutnant Jerry Cunnings dem Pentagon, dass die »Fortschritte« des *Project Grudge* in völlig unseriösen und unprofessionellen Arbeiten (mit Ausnahme derjenigen zwischen 1947 und 1948) bestünden.

Daraufhin wurde *Projekt Grudge* wieder aufgelöst und im Februar 1951 das neue *Project Blue Book* gegründet. Leiter wurde der Flugzeugingenieur Captain Edward Ruppelt, dem zehn Mitarbeiter zur Seite gestellt wurden.

Von jetzt an wurden spezielle Nachtsichtgeräte geplant und entwickelt. Einige der besten Wissenschaftler des Landes beteiligten sich an den Untersuchungen.

Im Juli 1952 gab es über Washington, D. C., eine große UFO-Sichtungswelle. Die Objekte wurden mit Radar verfolgt und von Piloten sowie Zivilpersonen beobachtet. Präsident H. Truman fragte bei der *Air Force* an, »was eigentlich los sei« und ordnete an, dass sich CIA-General Walter Smith um das UFO-Problem kümmern solle mit der Aufgabe, die Bedrohungsgefahr einzuschätzen und Entscheidungen für weitere Maßnahmen auszuarbeiten. (Haines 1997) Eine spezielle Studiengruppe wurde innerhalb der Abteilung für Physik und Elektronik des *Office of Scientific Intelligence* (OSI) der CIA eingerichtet. Ihr Chef war Marshall Chadwell.

Die CIA kam bald dahinter, dass die UdSSR so technologisch fortgeschrittene UFOs nicht herstellen könnte. Ihr Interesse bezog sich nun darauf, herauszufinden, was die Sowjets über UFOs wussten und welche Anwendungen sie aus solchen Kenntnissen abgeleitet hatten.

Anfang Dezember 1952 unterrichtete Chadwell General Smith u. a.:

> »Sichtungen unbekannter Objekte in großen Höhen und mit hohen Geschwindigkeiten in der Umgebung größerer US-Verteidigungsanlagen fliegend sind solcher Art, dass sie keinen natürlichen

Phänomenen oder bekannten Flugzeugtypen zugeordnet werden können.« (Chadwell 1952)

Und weiter schrieb er an Smith, dass er eine hochrangige Consulting-Gruppe organisieren würde,

»um die verantwortlichen Autoritäten in der Gesellschaft davon zu überzeugen, dass eine unverzügliche Forschung und Entwicklung dieses Gegenstandes vorgenommen werden muss«.

Ein solches Projekt erforderte eine »National Security Council Intelligence Directive« (NSCID) für eine koordinierte Forschung. General Smith akzeptierte den Vorschlag und präsentierte den Plan dem *Intelligence Advisory Committee* (IAC) bei der CIA, wo er ebenfalls angenommen wurde. Die CIA suchte nun ein wissenschaftliches Institut, das die Arbeit übernehmen sollte. Man entschied sich für den CIA-Berater und Physiker Howard P. Robertson, einen guten Freund von D. Menzel. Diese Wissenschaftler nahmen UFOs nicht ernst und sahen in den Berichten durch ihren irrationalen Gehalt nur eine mögliche Gefährdung vernünftiger Ansichten in der Bevölkerung.

Das *Psychological Strategy Board* der CIA kam zu dem Schluss, dass das UFO-Thema zur psychologischen Kriegsführung verwendet werden könnte, sodass durch Erzeugung von Massenhysterie und Panik in der Bevölkerung eine echte Gefahr für die Landesverteidigung entstehen würde. Wichtigste Aufgabe sei die Klärung der Frage: Wie kann Hardware von Phantomen (UFOs) unterschieden werden? Es besteht das Risiko, so die CIA, auf Falschalarme zu reagieren und fälschlich echte Ziele für Phantome zu halten. Es besteht die Aufgabe, echte von UFO-Zielen zu unterscheiden.

Die psychologische Bedrohung sollte durch eine Aufklärungskampagne behoben werden, indem in der Öffentlichkeit die Nachricht verbreitet wird, dass sich »bisher noch alle unbekannten Objekte identifizieren ließen« und dass ein UFO-Phänomen gar nicht existiere.

Zu diesem Zweck traf unter Leitung der CIA 1953 das sogenannte Robertson-Panel zusammen. Einigen Wissenschaftlern wurden uninteressante und leicht zu erklärende Lichter auf Fotos gezeigt. Man sei überzeugt, dass das Phänomen ein rein amerikanisches sei. Wenn man die Bevölkerung aufklären und dazu erziehen würde, wie man Himmelserscheinungen erklären könnte, würde die Diskussion in der Öffentlichkeit darüber verschwinden. Es wurde empfohlen, das Phänomen der Lächerlichkeit preiszugeben. Dieser Prozess war bis heute außerordentlich erfolgreich.

Swords (2000) meint, dass die vielleicht größte Leistung der daraus resultierenden Politik das Fernhalten der Wissenschaftler und Akademiker war, sich für eine seriöse Untersuchung des Mysteriums zu interessieren.

Doch die unbekannten Objekte kümmerten sich nicht darum, wie die Zeugen, ob Wissenschaftler oder Militärs, sie beurteilten und fernhalten wollten. Denn sie rückten den Verteidigungsanlagen im Laufe der Jahre verbotenerweise immer näher, schossen Raketen ab, setzten interkontinentale ballistische Raketen (ICBM) in den USA und in der UdSSR außer Kraft und ließen sich weder zur Landung zwingen noch abschießen. Das wissen wir aus Dokumenten der Geheimdienste, die über den »Freedom of Information Act« (FOIA) aus ihrer Geheimhaltung befreit werden konnten. Das ist kein einfacher Prozess, denn die Antragsteller müssen das Aktenzeichen wissen, unter dem ein Fall registriert worden ist. Und es gibt nicht so viele Informanten, die einem hier weiterhelfen. Außerdem muss der Antragsteller die Kosten für die juristische Überprüfung der Unbedenklichkeit der Freigabe übernehmen usw.

Was nach wie vor geheim gehalten wird, ist Material, dessen Veröffentlichung die nationale Sicherheit gefährden könnte. Das ist ein dehnbarer Begriff. Darunter fallen alle Gun-Kamera-Filme und Beweise, die die Existenz von UFOs eindeutig bestätigen könnten, militärische Radaraufzeichnungen (besonders von denjenigen Orten und Zeiten, in denen dort Entführungen vorgekommen sind) sowie die Freigabe von Vorfällen, bei denen es zu gegenseitigen Angriffen gekommen ist.

Es muss die Militärführer beunruhigen, dass sie nicht vorhersagen können, wann und wo wie viele der unidentifizierten Objekte auftauchen und mit welchen Absichten. Deren Insassen reden ja nicht mit den Militärs. Die Unbekümmertheit, die die Verteidigungsminister der Länder an den Tag legen, ist überall gespielt und wird bestimmt durch die unbedingte Forderung, die Bevölkerung nicht zu beunruhigen. Was soll man denn sagen, wenn man nicht weiß, ob UFOs eine Bedrohung darstellen, wo sie herkommen und was sie von uns wollen?

Kein Verteidigungsminister, der noch im Amt ist, wird zugeben, dass eine Bedrohung durch UFOs nicht ausgeschlossen werden kann. Seine Regierung würde ihm sofort widersprechen, um den Status quo zu wahren.

Als im Dezember 2007 besonders viele unbekannte Flugobjekte über Japan beobachtet wurden, forderte der Oppositionsführer Ryuji Yamane am 20. Dezember die Regierung in einer öffentlichen Anhörung auf, zu diesem Phänomen Stellung zu nehmen. (Übrigens war im November die japanische Übersetzung meines Buches *UFOs – Best Cases Europe* erschienen.) Am 18. Dezember hatte sich bereits der Regierungssprecher und frühere Außenminister Nobutaka Maschimura zu diesem Thema geäußert und gesagt, er sei absolut davon überzeugt, dass UFOs existieren.

Der damalige japanische Verteidigungsminister Shigeru Ishiba (derzeit Landwirtschaftsminister) beantwortete die Anfrage der Opposition mit der Feststellung:

> »Nichts rechtfertigt es zu bestreiten, dass UFOs existieren und von einer anderen Lebensform kontrolliert werden.«

Unter Umständen müsse man sich gegen die Eindringlinge wehren, denn – fügte er scherzhaft hinzu –

> »wenn Gozilla käme, würde das normalerweise ja auch die Mobilisierung von Truppen zur Katastrophenhilfe erfordern«.

Die pazifistische japanische Verfassung erlaubt einen Militäreinsatz nur im Verteidigungsfall.

Diese ernst gemeinte und mit einem scherzhaften Beispiel umschriebene Antwort ging sofort in der Presse als Sensation um die Welt. *Tagesspiegel-Online* titelte: »Japans Regierung rüstet sich gegen UFO-Angriffe«. *Welt-Online* wusste: »Japans Armee soll sich auf UFO-

Angriff vorbereiten«, und *Spiegel-Online* behauptete denselben Unsinn: »Japans Armee will sich gegen Aliens rüsten«. Der Verteidigungsminister hatte nur scherzhaft im Konjunktiv geredet, doch die »bessere« deutsche Presse machte daraus eine tatsächlich in Gang gesetzte Aufrüstung gegen Aliens und zog das Thema – wie üblich – vollkommen ins Lächerliche.

Die japanische Regierung beeilte sich, Shiguru Ishibas Äußerungen als dessen eigene Ansichten und nicht als die der Regierung richtigzustellen:

> »Wir überlegen nicht, welche Maßnahmen für den Fall zu treffen sind, dass ›unbekannte Flugobjekte‹ über unser Land hinwegfliegen … Die Regierung hat die Existenz von ›unbekannten Flugobjekten‹, die angeblich von außerhalb der Erde geflogen kamen, nicht bestätigt.« (Vincent 2008)

Erst wenn ein Verteidigungsminister nicht mehr im Dienst seiner Regierung steht, kann er es sich leisten, seine Kenntnisse und die daraus folgenden Konsequenzen der Öffentlichkeit mitzuteilen.

Der ehemalige Minister für Nationale Verteidigung Kanadas, Paul Hellyer, erklärte im September 2005 in Toronto auf einer Pressekonferenz, dass die Anwesenheit einer außerirdischen Intelligenz auf der Erde eine Tatsache ist, die weitreichende Folgen für die Landesverteidigung hätte. Er gab auch zu, dass die Regierungen diese Tatsache vertuschen. Auf weiteren Pressekonferenzen am 9. Januar 2006 in Kealakekua, Hawaii, und am 9. Mai 2006 in Toronto wurde Hellyer assistiert von Brigadegenerälen, Marine-Fotoexperten, Militäroffizieren, ICBM-Abschuss-Kommandeuren, NORAD-Luftverkehrs-Kontrolleuren und Piloten, die aus erster Hand authentische Begegnungen mit intelligent gesteuerten unidentifizierten Luftfahrzeugen nicht irdischen Ursprungs bestätigten. Alle Zeugen erklärten, dass sie willens seien, vor dem Kongress oder Parlament durch Eid die Wahrheit ihrer Behauptungen zu bezeugen. (*exopoliticstoronto* 2006)

Hellyer weiß, dass die US-Militärs UFOs als »Feinde« ansehen. Das hätte zur Entwicklung von Laser- und Partikelwaffen geführt, die gegen die Besucher aus dem Weltall eingesetzt werden könnten. Doch er fragt sich, ob UFOs wirklich Feinde sind oder nur Entdecker von ganz weit her. Eine Falscheinschätzung hätte weitreichende Konsequenzen für den Weltfrieden. (*etworldpeace* 2006)

Schon Donald Keyhoe hat 1953 darauf hingewiesen, dass er ein bedrohliches Muster in den Interessen der UFOs an militärischen Installationen, Verteidigungsanlagen und Kernkraftwerken festgestellt hat. Er vermutet über die Absichten der UFOs:

> »Es sieht so aus, als ob sie uns maßnehmen für einen Knock-out.« (Keyhoe 1953)

Auch in Russland stellte man dieses Interesse an militärischen Anlagen fest. Im Juli 2008 erklärte der Vorstand des russischen UFO-Forschungsverbands, Boris Schurinow, auf einer *RIA-Novosti*-Pressekonferenz in Moskau, die UFO-Forschung solle besser vom Militär koordiniert werden als von wissenschaftlichen Instituten. Generell würden UFOs am häufigsten in der Nähe von militärischen Installationen beobachtet. Es wäre eher gerechtfertigt, eine einheitliche Beobachtungs- und Forschungszentrale den Militärbehörden unterzuordnen. Denn nur die Militär- und Sicherheitsbehörden verfügten über die erforderlichen Optionen, um das Phänomen objektiv zu untersuchen. (Schurinow 2008)

Trotz Geheimhaltung sind im Laufe der Zeit doch immer wieder einige US-Offiziere an die Öffentlichkeit getreten, um ihre Erlebnisse mit unbekannten Flugobjekten in der Nähe von oder in Militärbasen zu berichten. Den meisten, die ihr Schweigeversprechen gebrochen haben, ist nichts weiter passiert. Denn wenn die US-Behörden diese Zeugen wegen Geheimnisverrats belangen würden, würden sie damit zugeben, dass an UFOs etwas dran ist. Tut man dagegen nichts, wird die Öffentlichkeit davon ausgehen, dass das Behauptete wohl gar nicht geschehen ist.

Einige Aussagen über Zwischenfälle mit UFOs über Militäranlagen, über die Soldaten und Offiziere der *US Air Force* und des Militärs trotz Verbots geredet haben, sind durch die Dokumente, die im militärischen und Geheimdienstbereich ausgetauscht und über das Gesetz der »Freedom of Information Act« in die Öffentlichkeit gelangt sind, bestätigt worden. An der Echtheit der Dokumente kann nicht gezweifelt werden. Und bevor Militärangehörige ihre vorgesetzte Dienststelle unterrichten, überlegen sie sich zwei Mal, ob die Angelegenheit so außergewöhnlich gewesen war, um Meldung zu erstatten. Aus diesen Dokumenten geht tatsächlich hervor, dass unidentifizierte Flugobjekte existieren. Die Militärs entnehmen den Fakten ganz pragmatisch, dass etwas Fremdartiges absichtlich in ihre streng abgeriegelten Militäranlagen eindringt. Was es ist, wissen sie nicht. Sie hätten gerne die Hilfe von Wissenschaftlern bei der Identifizierung in Anspruch genommen, was ja auch der Grund dafür war, 1967 Edward Condon mit der Analyse des Phänomens zu betrauen. Doch eine gründliche systematische wissenschaftliche Untersuchung hätte etwas mehr als eine flüchtige Analyse verschiedener Aspekte des Phänomens und einen unvoreingenommenen Leiter dieses Projekts erfordert.

Bis heute hat niemand herausgefunden, warum unbekannte Flugobjekte während des Dezembers 1948 ausgerechnet über den geheimen Kernforschungszentren Oak Ridge, Tennessee, wo waffenfähiges Uran und Plutonium angereichert wurde, und Los Alamos, New Mexico, wo die erste Atombombe entwickelt wurde, herumflogen. Vom 5. bis 8. und vom 11. bis 14. Dezember wurden sie täglich abends gesehen, und zwar von zivilen und Militärpiloten, Spezialagenten des *Office of Special Investigations* sowie von Los-Alamos-Sicherheitsinspektoren und Einwohnern der Gegend. Am 20. und 28. Dezember sowie am 6. Januar 1949 waren die Objekte wieder in dieser Gegend. Armee und *Air Force* behandelten die Berichte als »streng geheim«.

Der Meteoritenexperte Dr. Lincoln LaPaz von der Universität von New Mexico erkannte, dass diese Objekte keinerlei meteorischen Ursprung hatten. Die Formen der Objekte waren grüne Feuerbälle, runde Scheiben, die weiß leuchteten oder das Licht reflektierten, und Halbmonde. Zwischen 1948 und August 1950 wurden 150 dieser Flugobjekte registriert.

Auch über den Atomwaffenlagern Holloman AFB und der Kernwaffenanlage Hanford, West Virginia, tauchten diese Objekte auf.

Robert Hastings hat seit 1974 ehemals als »geheim« eingestufte Vorfälle mithilfe des FOIA-Gesetzes freibekommen und rund 100 heute pensionierte Offiziere, die sich damals auf verschiedenen Luftwaffenbasen befunden hatten, persönlich befragen können. Aus den Berichten geht eindeutig hervor, dass UFOs ein besonderes Interesse an den interkontinentalen ballistischen Raketen (ICBM) zeigten. (Hastings 2006a, 2006b)

1964 wurden UFOs über *Atlas*-ICBM-Silos auf der Walker AFB in New Mexico beobachtet und von Kampfjets verjagt. Der ehemalige Spezialist für *Atlas*-ICBM-Anlagen auf der Walker AFB, Barry L. Krause, unterrichtete am 20. Dezember 1964 die NICAP (*National Investigations Committee on Aerial Phenomena*) über die dortigen Vorfälle, obwohl sie als »streng geheim« galten. Doch Krause meinte, dass zu einem bestimmten Zeitpunkt die UFO-Vorfälle derart zahlreich und bedrohlich wurden, dass einige der Raketenmannschaften sogar den Dienst verweigerten.

UFOs tauchten am 1. August 1965 über den *Minuteman*-Raketen-Silos der *Warren Air Force Base* in Wyoming auf. Die Luftraumüberwachungsanlage NORAD, die sich in Cheyenne Mountain in Colorado befindet, verfolgte acht unbekannte Objekte mit Radar über Warren AFB.

Nun ist es eine Sache, wenn irgendwelche fremden Objekte »nur« in ein militärisches Sperrgebiet eindringen, bei der Verfolgung durch Flugzeuge Reißaus nehmen, den Abschussmechanismus angreifender Jäger lahmlegen und auf den Runways militärischer Flugplätze landen, aber eine ganz andere Sache, wenn sie Raketen mit oder ohne Kernwaffen in ihren Funktionen fehlleiten und zerstören. Dann werden auch die höchsten Militärstellen informiert.

Frühmorgens am 15. September 1964 sollte in Vandenberg AFB, Kalifornien, eine *Atlas*-Rakete zu Testzwecken gestartet werden. Während des Fluges sollten ihre drei Sprengköpfe getrennt und Kernwaffen-Dummies zusammen mit Aluminium-Chaff freigesetzt werden. Man wollte untersuchen, ob die Dummies in der Wolke der Metallschnipsel erkannt werden könnten. Etwa 100 Meilen nordwestlich von der Abschussstelle befand sich in Big Sur, Kalifornien, ein Beobachtungsteam mit einer Teleskopkamera, deren Bilder mit einer 35-mm-Filmkamera aufgezeichnet werden sollten. Der ehemalige Leutnant (jetzt Dr.) Bob Jacobs, Foto-Offizier der USAF, betreute das Teleskop.

Der Flug der *Atlas*-Rakete, der dann gefilmt wurde, endete nicht am vorgesehenen Zielort Eniwetok-Atoll, sondern mehrere 100 Meilen davor.

Nach der Entwicklung des Films wurde Bob Jacobs zu seinem Chef Major (später Dr.) Florenz J. Mansmann gerufen, um sich den Film gemeinsam mit dem Direktor des *Office of the Chief Scientist*, zwei Regierungsagenten und mit Florenz Mansmann anzusehen.

Eine besondere Stelle war auf 16-mm-Film umkopiert worden. Nach 5,3 Minuten hatte sich die *Atlas* in etwa 200 nautischen Meilen Höhe und 475 nautischen Meilen Entfernung befunden und flog mit einer Geschwindigkeit zwischen 11 000 und 14 000 Meilen pro Stunde. Man konnte sehen, wie die Sprengköpfe abgesprengt und Chaff freigesetzt wurde. Wenige Sekunden danach näherte sich der Raketenspitze ein helles Objekt, umkreiste die Spitze und sandte dabei vier Mal einen leuchtenden Energiestrahl auf die Rakete, die daraufhin zu taumeln begann und abstürzte. Die Offiziere betrachteten das Objekt mit einer Vergrößerungsvorrichtung. Dabei erkannten die Betrachter, dass es sich um einen Diskus mit runder Kuppel handelte, die langsam rotierte.

Die Regierungsagenten nahmen den Film an sich und unterwiesen alle, über diesen Vorfall zu schweigen, der als »streng geheim« eingestuft wurde.

18 Jahre später erzählte Dr. Jacobs sein Erlebnis in der Öffentlichkeit. (*National Enquirer* 1982; Crain 1987)

Der *Skeptical Inquirer* behauptete daraufhin, dass das alles reiner Schwindel sei, denn ein anderer Bildauswerter, Kingston A. George, Projektingenieur für das experimentelle teleskopische Verfolgen und Filmen von *Atlas*-Raketen-Abschüssen, sei damals auch dabei gewesen und habe sich den Film angesehen, doch nichts Ungewöhnliches darauf entdeckt. (George 1993) Später stellte sich heraus, dass George den Film eines ganz anderen Fluges angeschaut hatte, nämlich vom 22. September und nicht vom 15. (Hastings 2007)

Der Zweck dieses Experimentalfluges war, festzustellen, ob die US-Armee-Gruppe auf dem Kwajalein-Atoll den Wiedereintritt (reentry) der *Atlas* auf Radar verfolgen könnte.

Dr. Mansmann war über eine Veröffentlichung des Vorfalls durch Dr. Jacobs nicht begeistert. Er habe tiefgreifende Bedenken, dass diese

Information, die so wichtig für die Zukunft der Menschheit sei, in die falschen Hände fallen könnte, doch habe er sich nun entschlossen, da Dr. Jacobs die »Katze aus dem Sack gelassen« habe, dessen Bericht zu bestätigen, entschied Dr. Mansmann. Damals war die allgemeine Einschätzung die, dass es sich bei dem Diskus um ein außerirdisches Objekt gehandelt hatte.

In einer Nacht im Juni oder Juli 1966 befassten sich drei Elektrotechniker der 44sten Raketen-Wartungs-Schwadron der Ellsworth AFB in Süd-Dakota mit der Instandsetzung einer Abschussanlage im Silo *Juliet-3*. Aus irgendwelchen Gründen war die normale Stromversorgung gleichzeitig mit der Notstromversorgung für die *Minuteman-I*-Raketen ausgefallen. Nachdem das Wartungsteam die Stromversorgung wiederhergestellt hatte, verließen sie das Untergrund-Silo und nahmen in einem Gemeinschaftsraum ein Frühstück ein. Dabei hörten sie die Gespräche in der Gegensprechanlage mit. Sie erfuhren dabei, dass ein *Air-Force*-Sicherheits-Alarm-Team zur Abschussanlage *Juliet-5* beordert wurde, weil es dort einen Sicherheitsalarm gegeben hatte.

Wie schon bei *Juliet-3* war in der Anlage *Juliet-5* die Stromversorgung ausgefallen und gleichzeitig der dieselgetriebene Stromgenerator zur Aufladung der Back-up-Batterien. Als das Sicherheits-Alarm-Team bei *Juliet-5* eintraf, entdeckte es, dass innerhalb des umzäunten Sperrbezirks mit dem Raketensilo ein rundes, metallisches Objekt auf drei Stelzen stand. Der Flugsicherheitskontrolleur forderte das SAT-Team auf, sich diesem Objekt zu nähern. Das lehnte der Team-Leader ab, der mit seinem Wagen vor dem Tor blieb.

Die drei Elektrotechniker liefen nach draußen, um sich das Objekt bei *Juliet-5* aus vier Kilometern Entfernung anzusehen. Sie erblickten ein intensives Glühen, das die gesamte Abschussanlage erhellte. Der SAT-Team-Leader bat jetzt den Flugsicherheitskontrolleur, auf das Objekt schießen zu dürfen, und erhielt zur Antwort: »Negativ! Schießen Sie nicht, bis Sie wissen, was da los ist!« Inzwischen wurde ein Hubschrauber angefordert. Als dieser nach etwa 30 Minuten in der Ferne zu sehen war, erhob sich kurze Zeit darauf das fremde Objekt und flog mit enormer Geschwindigkeit senkrecht nach oben fort.

In der Nacht vom 24. zum 25. März 1967 ereignete sich auf der Malmstrom AFB, Montana, einer der bekanntesten UFO-Zwischenfälle über einem ICBM-Silo. Ein UFO, das ins Sperrgebiet einflog, legte die Funktionen von zehn *Minuteman-I*-Raketen des *Echo-Flight*-Abschuss-Kontrollzentrums lahm und kurz danach auch noch eine Rakete des *Oscar-Flight*-Abschuss-Kontrollzentrums. Obwohl die *US Air Force* weiterhin behauptet, dass damals keinerlei UFO über einem Raketensilo erschienen sei, haben zwei ehemalige Raketenabschussoffiziere öffentlich erklärt, was wirklich passiert war. Einer von ihnen, der frühere USAF-Captain Robert Salas, hatte zu der fraglichen Zeit Dienst in der unterirdischen Abschusskapsel, als er einen sehr erregten Anruf von einem der oberirdisch stationierten Wachsoldaten erhielt, der behauptete, dass ein UFO in geringer Höhe über dem Einfahrtstor vom *Oscar-Flight*-Abschuss-Kontrollzentrum schweben würde (ein gleißend heller orangefarbener Feuerball). Wenige Sekunden später begannen nacheinander die Anzeigen für die Bereitschaftszustände von acht Raketen auszufallen. (Überall leuchteten rote Lichter mit der Beschriftung »No Go« auf.) Die Raketen blieben einen vollen Tag außer Betrieb. Eine Ursache für die Fehlfunktion konnte nicht gefunden werden.

Später wurde Salas von Geheimdienstoffizieren aufgefordert, kein Wort über den Vorfall zu verlieren, der als »geheim« eingestuft wurde. 1995 erhielt Salas über das FOIA-Gesetz jedoch Dokumente, in denen der Fall nicht mehr klassifiziert war, und Salas sprach über sein Erlebnis nun in aller Öffentlichkeit. (Salas & Klotz 1997/2004) Salas berichtete darüber auch anlässlich des MUFON-UFO-Symposiums 2007 und im Januar 2008 im Fernsehen (CNN) in der *Larry King Life Show.*

UFOs statteten den ICBM-Anlagen nur nachts Besuche ab.

Im Jahre 1966 hat ein UFO über einer ICBM-Anlage in der Minot AFB sogar die Abschusssequenz der meisten Raketen im Silo aktiviert. (Hastings 2008a) Das helle Objekt flog von einer zur anderen Rakete und schien irgendwelche Signale in jede Rakete zu senden. Nach einigen Sekunden zeigten die Kontrollanzeigen wieder den normalen Zustand an. Die »Inhibit«-Schalter mussten betätigt werden, weil das Abschusskontrollpersonal die Anzeige »Launch in Progress« (Abschuss eingeleitet) bekam. Wenn dieses Signal erscheint, ohne dass eine berechtigte Autorität es gegeben hat, dann muss das Signal über den Inhibit-Schalter außer Kraft gesetzt werden. Wenn dieser Schalter nicht betätigt wird, wartet der Abschussvorgang eine bestimmte Zeit und startet den Abschuss dann – theoretisch – von selbst.

Im Herbst 1973 blieb ein UFO nachts wieder über einem Raketensilo der Warren AFB schweben. Der UHF-Funkverkehr zwischen dem Personal des Abschusskontrollzentrums (LCC) und einem Sicherheits-Alarm-Team (SAT) wurde von 19 anderen LCC-Teams mitgehört.

Zeugen erzählten, dass das Raketenwartungsteam, das die Zielbänder, auf denen die Flugprofile der mit den drei H-Bomben-Zielköpfen anzufliegenden Ziele gespeichert waren, anschließend gründlich untersuchte, feststellte, dass alle Instruktionen gelöscht waren.

Groß wie ein Fußballfeld sei das orangefarben leuchtende Objekt gewesen, das während der Nächte des 7. bis 9. Novembers 1975 über den Raketensilos der Malmstrom AFB schwebte und gelegentlich bei einigen Raketen die Zielcodes veränderte.

Eingriffe in die Abschusssequenzen wurden nicht nur an amerikanischen, sondern auch an russischen ICBMs während der Anwesenheit von UFOs vorgenommen.

Im Oktober 1994 sendete *ABC News* ein Interview des Journalisten David Ensor mit ehemaligem sowjetischen Militärpersonal über seine Begegnungen mit UFOs. Ensor hatte zuvor rund 1000 Dokumente des KGB erhalten und hatte mit Dutzenden Wissenschaftlern, Regierungsvertretern und Offizieren gesprochen. In rund 40 Fällen wurde vom gleichen Eindringen in militärische Sperrgebiete berichtet, wie es in den USA erfolgt war.

Der Armee-Oberstleutnant Vladimir Plantonev befand sich am 4. Oktober 1982 in der Nähe einer ICBM-Abschussanlage in Belokorowitsche bei Kiew. Er beobachtete, wie ein riesiges Objekt herangeflogen kam, das wie eine fliegende Untertasse von 250 bis 300 Metern Durchmesser aussah. Während sich das UFO in der Nachbarschaft des Raketensilos aufhielt, etwa vier Stunden lang, wurden plötzlich einige der Raketen aktiviert. Als sich die erschreckten Abschussmannschaften noch hilflos anschauten, nicht wissend, was zu tun sei, wurde die automatische Abschussseqzenz freigegeben – ohne von irgendjemandem autorisiert worden zu sein –, um den Vorgang nach etwa 15 Sekunden wieder abzubrechen und in den normalen Stand-by-Status zurückzugehen.

Armee-Oberst Igor Chernovshev teilt Ensor mit: »Während dieser Periode schalteten sich für eine kurze Zeit an beiden Kontrollpanels die Signallichter ein. Die Lichter bedeuten, dass die Raketen für einen Abschuss bereit gemacht werden. Normalerweise darf das nur geschehen, wenn ein Befehl aus Moskau gegeben wird.«

UFOs bevorzugen also keine Weltmacht bzw. keine Weltanschauung. Die Sowjets verfügten ab 1960 ebenfalls über Interkontinentalraketen. Von nun an belauerten sich beide Weltmächte. Ein falsch gedeutetes Signal, ein zu früher Knopfdruck hätte eine atomare Katastrophe auslösen können. Daher waren die Eingriffe unbekannter Flugobjekte so gefährlich, weil sie dem irdischen Gegner hätten untergeschoben werden können.

Nach der Kuba-Krise wurde 1963 das »Rote Telefon« zwischen dem *Oval Office* und dem Kreml eingerichtet, um einen »Krieg aus Versehen« zu vermeiden, den Unfälle oder Fehlalarme hätten auslösen können. Und diese Einrichtung wäre beinahe in Anspruch genommen worden. Denn während des Jom-Kippur-Krieges am 24. Oktober 1973 hatten Mechaniker bei Reparaturarbeiten auf einer *Air-Force*-Basis in Michigan versehentlich Alarm ausgelöst. Bomberpiloten saßen bald startbereit in ihren B-52-Bombern, als der diensthabende Offizier den Irrtum bemerkte. Der »Gegenschlag« wurde abgeblasen.

Gefährlicher noch war die Situation im November 1979. Im Morgengrauen wurde der frühere US-Sicherheitsberater Jimmy Carters, Zbigniew Brzezinski, durch einen Anruf von General William Odom im Nationalen Sicherheitsrat aus dem Schlaf gerissen. Ganz entsetzt berichtete er, dass die Frühwarnsysteme registriert hätten, dass sich 220 sowjetische Nuklearraketen im Anflug auf die USA befänden. Es blieben dem Präsidenten und dem Sicherheitsberater Brzezinski nur wenige Minuten, einen atomaren Gegenschlag zu befehlen. Die Meldung sollte trotzdem nochmals überprüft werden. Der General rief Minuten später wieder, diesmal noch erregter, an: Nicht 220, sondern 2200 Raketen seien im Anflug. Als Brzezinski den Präsidenten wecken wollte, kam ein dritter Anruf von General Odom mit der Entwarnung: Andere Frühwarnsysteme bestätigten den »Totalangriff« nicht.

Offensichtlich hatte jemand versehentlich Daten ins Computersystem des Abwehrzentrums eingespeist, um eine atomare Attacke zu simulieren, ohne es vom Gesamtsystem abzuhängen. (Bönisch & Wiegrefe 2008) Nicht auszudenken, was passiert wäre, wenn Odoms dritter Anruf nur einige Minuten später bei Brzezinski eingetroffen wäre!

Nicht nur Amerikaner, sondern auch Russen hätten infolge von Falscheinschätzungen der Lage beinahe einen Atomkrieg ausgelöst.

Vom 24. Oktober 1983 an hielt die NATO eine großes Manöver mit der Bezeichnung *Able Archer* in Europa ab. In der Übung wurden die Freigabeprozeduren bis hin zum totalen Atomkrieg geprobt. Für ihre Sicherheitsstreitkräfte hatten die USA die höchste Alarmstufe verhängt. Dieser Schritt wurde nur im Rahmen der Übung realisiert. Doch die Sowjets glaubten tatsächlich, dass ein Überfall auf ihr Land kurz bevorstehe, und Panik breitete sich unter den sowjetischen Militärführern aus. Teile der Sowjetarmee, darunter auch die Nukleartruppen, wurden in Alarmbereitschaft versetzt. Nur der Besonnenheit eines Abschuss-Offiziers in der UdSSR, der die abgehörten Angriffs-Codes der NATO-Übungen als Übung verstand, war es zu verdanken, dass kein automatisch ablaufender ICBM-Einsatz von den Sowjets angeordnet wurde.

Vermutlich wussten die Staatschefs Bescheid über die riskante Situation, und es war überhaupt nicht scherzhaft von Ronald Reagan gemeint, als er 1987 vor der 42. Generalversammlung der Vereinten Nationen in New York u. a. sagte: »Vielleicht brauchen wir ein äußere, universelle Bedrohung, die uns diese gemeinsamen Bande klarmacht. Ich denke gelegentlich, wie schnell unsere weltweiten Differenzen verschwinden würden, wenn wir einer außerirdischen Bedrohung ins Gesicht sehen müssten. Und ich frage Sie: Ist nicht eine fremde Kraft unter uns, die uns in die Kriege treibt?« (Reagan 1987)

Der Präsident der Sowjetunion Michail Gorbatschow wurde um eine Stellungnahme zu Reagans Bemerkung gebeten. Er erklärte: »Der US-Präsident sagt, dass die Vereinigten Staaten und die Sowjetunion im Falle eines Überfalls auf die Erde durch Außerirdische ihre Kräfte vereinigen würden, um diese Invasion abzuwehren … Ich will diese Hypothese nicht bestreiten, dennoch glaube ich, dass es noch zu früh ist, sich über so ein Eindringen Gedanken zu machen.« (*UFO-Kurier* 1998)

Die Präsidenten hielten die Hypothesen, dass es überhaupt Außerirdische geben könnte, also für nicht völlig unsinnig, obwohl die Wissenschaft meint, dass uns niemals Außerirdische – wenn es sie denn gäbe – jemals besuchen könnten.

UFOs suchen nach wie vor militärische Anlagen auf. Robert Hastings untersuchte einen Fall, in dem im Dezember 2006 ein UFO über der AFB Conrad, Montana, auftauchte, wo die *AF 564th Missile Squadron* dabei ist, 50 *Minuteman*-Raketen abzuwracken. (Hastings 2008b)

Es wird viel darüber gerätselt, warum die militärische Führung die Öffentlichkeit nicht über das Vorhandensein einer fremden Intelligenz im Luftraum unterrichtet. Einige Menschen glauben an eine Verschwörung: Eine Gruppe innerhalb der Regierung »kennt die Wahrheit« und hält technologische Entdeckungen vor der Öffentlichkeit zurück. Doch überlegen wir einmal, was Militärführer herausgefunden haben könnten: Bereits früh wurde entdeckt, dass in den unidentifizierten Flugobjekten eine Intelligenz reist, die uns – mindestens in technologischer Hinsicht – haushoch überlegen ist. Also hielt man sie für außerirdisch, »was denn sonst?« Seit mehr als 60 Jahren weiß auch das Militär nicht, welche Absicht hinter deren Besuchen auf der Erde steckt.

Wissenschaftler behaupten, dass sich intelligentes Leben im interstellaren Raum zwar entwickelt haben könnte, dass es aber physikalisch unmöglich ist, bis zu uns zu reisen.

Nur wenige Militärangehörige wollen aber eine Hypothese vertreten, die von der Wissenschaft für irrig gehalten wird. Tun sie das aufgrund der Faktenlage trotzdem, ist ihnen der allgemeine Spott gewiss. Luftwaffengeneräle beispielsweise in Mexico, Peru, Brasilien und Belgien haben die extraterrestrische Hypothese vertreten und werden von den »aufgeklärteren« Nationen für abergläubisch gehalten und daher nicht für voll genommen.

Angenommen, einige Insassen von UFOs – besonders die normal menschlich aussehenden – konnten militärische Führer davon überzeugen, dass sie aus unserer fernen Zukunft zu uns zurückkommen, dann dürfte diese Erkenntnis auf keinen Fall verbreitet werden, weil die Menschen das nicht verstehen und völlig konfus darauf reagieren würden.

Wissenschaftler behaupten (mit Ausnahme von Stephen Hawking, David Deutsch und Kip Thorne), dass wir aus theoretischen Gründen keine Besucher aus der Zukunft erwarten dürfen.

Es gibt keinen Offizier, der diese Hypothese vertreten würde, weil sie von der Wissenschaft nicht gestützt wird, auch wenn die Besucher Beweise für das Auftauchen aus der Zukunft geliefert hätten. Das Schweigen des Militärs über diese Erkenntnis wäre vollkommen verständlich!

Vielfach beobachtet wurden das unvermittelte Auftauchen der unbekannten Objekte aus dem Nichts sowie ihr plötzliches Verschwinden vor den Augen der Zeugen. Wenn das Militär die Vermutung äußern würde, dass sich offensichtlich »neben unserem dreidimensionalen Raum« noch mindestens ein weiterer befindet, was durch eine weitere Dimension erklärbar wäre, so würde er damit einigen Ländern (beispielsweise Indien und Südamerika) nichts Neues sagen. Doch in unserer rationalen wissenschaftlich geprägten westlichen Welt sind solche Spekulationen nach transzendenten Parallelräumen reiner Aberglaube.

Wissenschaftler behaupten, dass wir ausschließlich in einer vierdimensionalen Welt leben (die mehrdimensionalen Hyperräume der String-Theoretiker sind ebenfalls nur vierdimensional, denn die zusätzlichen Dimensionen werden in kleinste Gebiete eingerollt, kompaktifiziert, sodass sie in der realen makroskopischen Welt nicht auftauchen).

Wer würde einen hohen Militärführer ernst nehmen, der behauptet, dass UFOs aus einem unsichtbaren Parallelraum in unsere Welt eintauchen können?!

Tatsächlich sprechen die bekannt gewordenen Fakten dafür, dass UFOs zugleich sowohl aus der Zukunft und aus Parallelräumen als auch aus fremden Stellarsystemen zu uns kommen. Wem könnte man diese Erkenntnis zumuten?

Solange die Wissenschaft diese Möglichkeiten nicht theoretisch bestimmen kann, ist die vernünftigste Reaktion der Militärs, sich nicht über UFOs zu äußern und so zu tun, als ob es die Biester gar nicht gäbe, nach dem Geheimdienstmotto für Vertuschung: »Pfifferlinge« (»im Dunkeln lassen und mit Scheiße zuschütten«).

Als der Präsidentschaftskandidat Jimmy Carter 1977 versprach, alle geheimen Akten über UFOs der Öffentlichkeit zugänglich zu machen, glaubten viele Amerikaner, dass nun bald die Wahrheit über dieses Phänomen ans Tageslicht kommen würde. Nach Carters Wahl wurde er von Vertretern seiner Administration aber darauf hingewiesen, dass er sich völlig lächerlich macht, wenn er die Erkenntnisse über dieses Phänomen öffentlich machen würde. Denn Carter hatte nicht die Unterstützung der Wissenschaft, die UFOs im Allgemeinen für Unfug hält.

Außerdem wies man darauf hin, dass die Demokraten im Wahlkampf Carter bereits als unfähig denunziert hatten, weil »dieser Spinner« an UFOs glaube. (Carter hatte gemeinsam mit anderen Zeugen zehn Minuten lang ein sehr helles, die Farbe wechselndes Objekt, groß wie der Mond gesehen, das er sich – als studierter Naturwissenschaftler – nicht erklären konnte.)

Also schwieg Carter nach seiner Wahl und enttäuschte damit viele seiner Wähler. Tausende Bürger schrieben ihm Briefe, um ihn an sein Versprechen zu erinnern. Die *US Air Force* beantwortete diese Briefe mit dem Hinweis, dass die Regierung bzw. *Air Force* seit 1969 keinerlei Akten mehr über UFOs besitze. Denn das USAF-Projekt *Blue Book* sei eingestellt worden, nachdem das gesamte Material Wissenschaftlern der Colorado-Universität zu Händen von Prof. Condon übergeben worden war. (Bryant 2005)

Es gibt keine Verschwörung der Geheimdienste zur Verhinderung der Erkenntnisse über UFOs aus politischen Gründen. Die Wahrheit ist viel banaler. Es sind sozio-psychologische Motive, weshalb die Erkenntnisse zurückgehalten werden. Sicherlich wissen die Militärs, was UFOs sind und was sie vorhaben. Doch ohne eine Unterstützung durch Untersuchungen der Wissenschaft würden sie sich nur lächerlich machen, wenn sie ihre Erkenntnisse preisgeben würden.

Es hilft also nichts anderes, als das Phänomen von der Wissenschaft gründlich untersuchen zu lassen. Aber die Wissenschaft ist durch ihre Struktur gar nicht in der Lage, so fremdartige Phänomene, die einer anderen Wirklichkeit anzugehören scheinen, zu untersuchen.

Das klingt zunächst seltsam, denn nach allgemeiner Ansicht sollte sich doch Wissenschaft mit allen Phänomenen der Wirklichkeit befassen und nicht einige unberücksichtigt lassen. Warum das nicht der Fall

Wichtige bekannt gewordene Verletzungen militärischer Sicherheitszonen durch UFOs

Datum	Ort	Militärische Anlagen und Aktionen	Objekte	Aktionen der Objekte
1948 bis 1950	Oak Ridge, TN, u. New Mexico	Kernwaffenproduktion und Testgelände	150 Mal »grüne Bälle«	Überflüge und Schweben
23.05.1949	Hanford, WA	Kernwaffenanlage	Radar/visuell	erfolgloser Abfangversuch
27.04.1950 24.05.1950	Holloman AFB, New Mexico	Atomwaffenlager	Diskus, Durchmesser 10 m	Überflug
30.07.1950	Hanford, WA	Kernwaffenanlage	Diskus	stationär über der Anlage
Frühj. 1951	Chorwon, Korea	Feuerstellung 25. Div., 27. Reg., 2. Bat.	Teller mit Dom, 20 m Durchm.	Strahlenbeschuss nach Gewehrfeuer
21.06.1952	Oak Ridge, TN	Kernwaffenproduktion	Radar/visuell	Beinahekollision
05.07.1952	Hanford, WA	Kernwaffenanlage	Scheibe	stationär über der Anlage
23.11.1953	Kinross AFB, Michigan	Aktive Air Defense Mission	Raketenziel	F-89C vermisst nach Mission
26.07.1955	Harmon AFB	militärische Anlage		Überflug
20.11.1955	Oak Ridge, TN	Kernwaffenproduktion	zwei elliptische Objekte	Überflug
13.08.1956	Bentwaters & Lakenheath, UK	NATO-Basis Kernwaffendepots	Radar/visuell	Abfangversuch scheitert
24.07.1957	Kyrillische Inseln, UdSSR	Raketensilos	leuchtende Objekte	Anti-Aircraft-Batterien feuern
03.11.1957	White Sands, New Mexico	Missile Probing Ground, Atombombenbunker	eiförmiges UFO, 80 m Durchmesser	Landung
05.11.1957	Holloman AFB, New Mexico	Atomwaffenlager	zigarrenförmig, rot-orange	Überflug
29.01.1962	Niederlande			Pilot in F-86 feuert auf UFO
15.11.1964	Vandenberg AFB, New Mexico	Pacific Missile Test	Scheibe	Ablenkung einer *Atlas*-Rakete
25.08.1966	Minot AFB, North Dakota	*Minuteman*-ICBM-Silos	Teller, 3,5 Std.	Raketensystem und Funk versagen
08.02.1967	Lewingston AFB, Montana	*Minuteman*-Stellung	rotes Objekt	stationär über der Anlage

Wichtige bekannt gewordene Verletzungen militärischer Sicherheitszonen durch UFOs

Datum	Ort	Militärische Anlagen und Aktionen	Objekte	Aktionen der Objekte
16.03.1967	Malmstrom AFB, Montana	ICBM-Silos	roter Ball	Raketenbereitschaft mehrere Minuten ausgefallen
24.03.1967 25.03.	Malmstrom AFB, Montana	ICBM-Silos	helles Objekt	Überflug
März 1967	Kuba (Key West)	Active Air Defense Mission	metallische Kugel	MIG-21 wird zerstört
08.+09.09. 1973	Hunter AFB	militärische Anlagen		Überflug
07.03.1975	Algerien	militärische Anlagen	mehrere Objekte	Überflug
27.–31.10. 1975	Loring AFB, Maine	ICBM-Silos	mehrere Objekte	zeigen ein »clear intent«
01.11.1975	Wurthmith AFB, Michigan	Atomwaffenlager	rote Objekte, Radar/visuell	Überflug
07.–9.11. 1975	Malmstrom AFB, Montana	Raketensilos	oranges Objekt, groß wie ein Fußballfeld	Ziel-Codes geändert
10.11.1975	Minot AFB, North Dakota	*Minuteman*-Stellung	helles Objekt	stationär über der Anlage
30.07.1976	Fort Richie, North Dakota	Atomwaffenanlage	helles Objekt, 100–200 m hoch	stationär über der Anlage
03.–09.08. 1976	Tunesien	militärische Anlagen	mehrere Objekte, Radar/visuell	Überflug
19.09.1976	Teheran, Iran	Active Air Defense Mission	mehrere Objekte, Radar/visuell	Bordelektronik fällt aus
12.06.1980	Süd-Peru	Active Air Defense Mission	helles Objekt	Abschießen gelingt nicht
08.+13.08. 1980	Kirtland AFB, New Mexico	Manzano-Waffendepot SAC	helles Objekt	stationär über der Anlage
27.–29.12. 1980	Bentwaters und Woodbridge, UK	UK/USA-Airport, Atomwaffenlager	mehrere Objekte und Solid Lights	Landung im Sperrgebiet
04.10.1982	Belorowitsche (bei Kiew), Ukraine	ICBM-Silo	Scheibe 250–300 m Durchmesser	ICBMs auf »Start« geschaltet

ist, soll eine nähere Untersuchung über Wissenschaft zeigen. In dieser Studie stellt sich heraus, dass Wissenschaftler ungeeignet sind, unidentifizierte Flugobjekte zu erforschen, wenn sie sich ausschließlich nach den Regeln der Mainstream-Wissenschaft bzw. nach dem Einsteinschen Wissenschaftskonsens richten.

1.3 Einsatz und Austausch unfreundlicher Handlungen

Das Problem ist, schrieb Allan Hynek einst, dass »vollkommen glaubwürdige Personen völlig unglaubwürdige Erlebnisse schildern«.

Daher wurde vermutet, dass die »vollkommen glaubwürdigen« Menschen möglicherweise einer bisher unbekannten abnormen psychischen Störung unterlägen, ihr Unterbewusstein möglicherweise archetypische Bilder quasi nach außen projizierte. (Jung 1985)

Andere Erklärer vermuteten, dass die »völlig unglaublichen« Schilderungen gar nicht so sonderbar wären, wenn man den Zeugen eine »Wahrnehmungsverschiebung« unterstellte. Diese Deuter versuchten die Erlebnisse anderer so zurechtzubiegen, dass sie sich auf bekannte Phänomene reduzierten. (Menzel 1953; Klass 1974, 1983)

Die meisten Wissenschaftler hielten und halten »völlig unglaubliche Erlebnisse« selbstverständlich für das, was die Bezeichnung wörtlich ausdrückt: Sie sind unglaubwürdig und daher nicht diskutierbar.

C. G. Jungs Erklärung für UFOs wurde spätestens mit dem Bekanntwerden physikalischer Wechselwirkungen und mit Radar aufgezeichneter Flugbahnen der UFOs hinfällig. Halluzinationen drücken keine Spuren in den Boden (McCampbell 1973) und breiten sich nicht auf geraden geografischen Linien über einem Land aus (Michel 1958).

Die Öffentlichkeit, von Journalisten falsch über das UFO-Phänomen unterrichtet, ist der Ansicht, dass Zeugen (unglaubwürdige, wie sie meinen) meistens weit entfernte Lichter sehen. Wäre es so, dann würde man die gesehenen Objekte leicht identifizieren können, und sie zählten überhaupt nicht zu den Unidentifizierbaren. Doch von den »unglaubwürdigen« Fällen, die den Kern des Phänomens bilden, weiß kaum jemand etwas.

Vielleicht ließen sich viele Wissenschaftler und Skeptiker wirklich durch gute Berichte überzeugen, wenn man sie ihnen vorlegen würde und bei ihnen die Bereitschaft, sich überhaupt mit der Sache zu befassen, vorhanden wäre. Um einen Überblick zu bekommen, sollte ein aufgeschlossener, objektiver Beurteiler mindestens 100 Zeugenberichte zur Kenntnis nehmen.

Je nach Wunsch könnte man ihm dann entweder nur 100 Fälle mit

- Beobachtungen von Wissenschaftlern (Astronomen, Meteorologen, Biologen, ...) oder
- Polizeioffizieren, Piloten und Radaroperateuren oder
- Sichtungen mit mindestens 100 Zeugen oder
- Sichtungen von Objekten, die den Zeugen näher als zehn Meter kamen, oder
- Berichten mit physikalischen Spuren (Verbrennungen, Magnetisierungen, Strahlungen)
- Landungsberichten u. a. m.

zusammenstellen. Vielleicht würden Fallschilderungen glaubwürdiger Zeugen die Skeptiker überzeugen, dass ein echtes Phänomen vorliegen könnte. (Allerdings gibt es nach allen Erfahrungen faktenresistente Skeptiker, die keinerlei Einsicht aufbringen können. Und »Einsicht« ist eine Fähigkeit, die laut Stegmüller [1967] logisch nicht durchsetzbar ist.)

Aus Beobachtungen der oben geschilderten Art lassen sich allerdings keinerlei Motivationen der Insassen ablesen. Zu deren Beurteilung sind jedoch Fälle geeignet, in denen sich die Zeugen direkt physisch mit den Objekten und ihren Insassen auseinandergesetzt haben. Ich habe daher rund 160 Fälle zusammengestellt, in denen es zum Einsatz und zum Austausch unfreundlicher Handlungen gekommen ist, wobei unter »unfreundlichen Handlungen« das Abgeben von Schüssen ebenso verstanden wird wie Versuche, die unbekannten Objekte und ihre Insassen zu fangen. Weit häufiger, als dass Menschen auf UFOs geschossen haben, haben UFOs mit Strahlenwaffen Menschen ohne ersichtlichen Grund verletzt.

Schusswechsel in Boden- und Luftkämpfen mit UFOs ereignen

sich vergleichsweise selten. Unter den rund 150 000 registrierten UFO-Berichten machen die unfreundlichen Handlungen auf beiden Seiten nur rund ein Promille der Fälle aus. (Entführungen erfolgen, mit rund einem Prozent, sehr viel häufiger.) Solche Fälle sind verschwindend gering. Doch sagen sie mehr über die Intentionen und Fähigkeiten der unbekannten Insassen aus als alle übrigen Beobachtungen, wenn die Entführungsberichte nicht berücksichtigt werden.

Bei der Auswahl der Fälle aus der Literatur und aus eigener Erfahrung habe ich mich auf die Seriosität der Autoren verlassen, von denen ich elf persönlich kenne und schätze (Dr. Haines, Dr. Vallée, Dr. Aschascha, Dr. Bühler, John Schuessler, M. Mesnard, Major Jafari, Stan Friedman, Th. Good, Dr. Rodeghier und A. Huneeus).

Damit sind unter den Berichten für mich von vornherein rund 30 Prozent sehr glaubwürdig. Andere Autoren, wie Hynek, Ruppelt, Keyhoe, Lorenzen, Phillips, Gross, Pratt, Bloecher und Clark, zählen zu den absolut zuverlässigen Berichterstattern.

Einige Berichte stammen aus Zeitungsmeldungen, deren Qualität weniger gut eingeschätzt werden kann. Doch darf angenommen werden, dass in Fällen, in denen Polizisten, Militärs, Piloten, Wissenschaftler und Mediziner involviert gewesen sind, schon um Schwierigkeiten zu vermeiden, die Fakten richtig wiedergegeben wurden. Viele Berichte stammen aus den von den großen seriösen UFO-Organisationen herausgegebenen Fachzeitschriften *NICAP-Report*, *FSR*, *APRO-Bulletin*, *BUFORA*, *Australian FSR*, *Lumière dans la Nuit*, *MUFON UFO Journal*, *UFO Magazine* und *International UFO Reporter*.

Dass Piloten bzw. Marinesoldaten auf UFOs schießen wollten und daran gehindert wurden, ist mir sogar aus erster Hand von den Zeugen bestätigt worden. Der iranische Pilot Major Jafari erzählte uns sein Erlebnis (Fall 1) 1996 in Ottobrunn, und im Jahre 2000 erfuhr ich von einem ehemaligen Admiral der sowjetischen U-Boot-Flotte in Murmansk, dass die abgefeuerten Raketen vor dem UFO explodiert waren (Fall 25).

Im Anhang »Fallsammlung ›Einsatz und Austausch unfreundlicher Handlungen‹« kann man die wichtigsten Daten zu den einzelnen Fällen nachlesen. Die Datensammlungen sind unterteilt in Luft- und Bodenkämpfe mit unbekannten Objekten (A). Bei den Bodenkämpfen wird zwischen Angriffen der Menschen auf landende oder gelandete Objekte und UFO-Angriffen auf Menschen unterschieden.

Die zweite Rubrik (B) bezieht sich auf Kämpfe mit UFO-Insassen, unterteilt in Angriffe auf UFO-Insassen durch Menschen und Beschuss von Menschen durch UFO-Insassen.

Ein dritter Teil (C) beschreibt Versuche, Menschen bzw. Insassen einzufangen. Im ersten Teil werden Fälle geschildert, in denen UFOs und deren Insassen Menschen zu fangen versuchten, und im zweiten Teil Versuche der Zeugen, UFOs und deren Insassen zu fangen.

Die gelandeten Objekte haben nicht nur Militäranlagen inspiziert und Kernwaffen beeinflusst, sondern ihre Insassen sind auch direkt auf militärischem Gelände erschienen. Dass sie dann auch beschossen wurden, ist nur eine konsequente Reaktion der militärischen Abwehr. Die Reaktion der Objekte ist auch jeweils logisch.

Es kann gar nicht ausbleiben, dass Menschen, denen die unbekannten Objekte nahekommen, versuchen, sie durch Steinwürfe, Schlagen und Beschießen zu Aktionen zu provozieren oder – falls es sich um kleinere Objekte handelt – diese zu fangen.

Die Fülle der unterschiedlichen Objektformen und die Verschiedenheiten der Insassen lassen nur den einen Schluss zu: dass die Objekte aus ganz verschiedenen Orten, Zeiten und Kulturkreisen kommen. Es gibt kein einheitliches Verhalten der Objekte und deren Insassen uns Menschen gegenüber. Das macht eine einheitliche Aussage so schwierig. Offensichtlich wimmelt es im Universum von intelligenten Lebewesen. Und die meisten Vertreter der verschiedenen »Rassen« scheinen nur kurz vorbeizukommen, sich die Erde anzuschauen, um anschließend zu interessanteren Plätzen zu reisen. Das ist für Wissenschaftler natürlich alles unzumutbar, aber eine Konsequenz aus den Fakten.

Es sind eigentlich nur zwei verschiedene Typen von Insassen, die öfters zur Erde kommen und ganz bestimmte Absichten mit ihren Besuchen bei uns verfolgen, nämlich die 1,50 bis zwei Meter großen, uns Menschen ganz ähnlich sehenden Gestalten, und die ein bis 1,20 Meter großen grauen Kreaturen, die gelegentlich auch in Begleitung der menschenähnlichen Typen gesehen werden. Aus ihren Reaktionen auf menschliche Aggressionen lässt sich auf deren Kenntnis der menschlichen Rasse schließen. Ihre Reaktionen entsprechen völlig den Erwartungen menschlicher Logik.

Daneben kommen aber auch Gestalten vor, die auf zwei Beinen laufen und zwei Arme haben, aber sonst eher Tieren ähneln. Einige dieser Kreaturen reagieren in einer anderen Logik als in der der Menschen, beispielsweise, wenn sie durch Gewehrschüsse der Menschen »empfangen« werden und das überhaupt nicht als Aggression zu verstehen scheinen.

Auffälligerweise reagieren auch manche Objekte nicht, wenn sie beschossen werden. Dagegen fliegen andere Objekte sofort weg (oder lösen sich in nichts auf).

Wieder andere Objekte beschießen offenbar grundlos Flugzeuge, Häuser, Autos, Menschen und Tiere, die sie vorsätzlich verletzen.

Die Objekte scheinen sich überwiegend einer Waffenart zu bedienen, die eine Art energetische Teilchenstrahlen erzeugt. Ihre Wirksamkeit ist sehr unterschiedlich. Sie kann von einer leichten Erhitzung zu einer Lähmung und weiter zu einer Ohnmacht bis hin zu einer tödlichen Dosis führen.

Es werden auch leuchtende Bälle als eine Art Waffen verschossen, die beim Opfer zu Verbrennungen der Haut und zur Bewusstlosigkeit führen.

Nur in seltenen Fällen wurde vom Einsatz chemischer Kampfgase berichtet.

Seit dem Ende der 40er-Jahre des vorigen Jahrhunderts haben sowohl die Amerikaner als auch die Sowjets versucht, UFOs abzuschießen, um herauszufinden, um was es sich bei ihnen handelte. Die Erfahrung lehrt, dass die Objekte entweder jedem bekannten Flugzeug entkommen oder dass die Panzerung der Objekte dermaßen stark ist, dass MG-Feuer ihr nichts anhaben kann. Bekannt geworden sind die Angriffe russischer, amerikanischer, japanischer und peruanischer Maschinen, bei denen MG-Feuer UFOs getroffen, aber keine erkennbare Wirkung gehabt hat.

Der bislang längste Beschuss unidentifizierbarer Flugobjekte fand 1942 über Los Angeles statt, als mehrere helle Objekte über der Stadt erschienen waren. Innerhalb von drei Stunden wurden von der Luftabwehr 1430 Salven von MGs auf die Lichter abgefeuert, die sich durch den Beschuss nicht beeindrucken ließen. Mehrere Bürger wurden von herabfallenden Projektilen verletzt oder getötet (Fall 9).

1945 wurde ein flacher fliegender Zylinder bei den Marshall-Inseln von einem Schiff der US-Marine aus beschossen. Wieder blieb das Objekt unbeeindruckt und begleitete das Schiff noch eine Stunde lang (Fall 11).

Auch Versuche der Russen, unbekannte Objekte abzuschießen, misslangen, so 1947 in Transkaukasien (Fall 10) und 1961 über Woronesch (Fall 5). Im Vietnamkrieg bemühte sich auch der *Vietkong* 1972 vergebens, einen »mehrere 100 Meter großen« Ball abzuschießen (Fall 12).

Mehrmals wurden Flugzeuge von UFOs gerammt (Fälle 16, 18, 22). In Jalta wurde 1967 die Tragfläche einer Jagdmaschine vom »Lichtstrahl« eines UFOs getroffen, sodass der Pilot notlanden musste (Fall 17). Im gleichen Jahr hörte der US-Geheimdienst auf Key West den Funkverkehr zwischen zwei Kampfmaschinen und ihrer Bodenleitstelle in Kuba ab. Als der Pilot einer Maschine auf ein UFO schießen wollte, wurde diese, wie der andere Pilot meldete, vom UFO zerstört (Fall 21).

In Samara, UdSSR, landete 1990 kurz nach Mitternacht ein rund 15 Meter großes dreieckförmiges Objekt außerhalb der Sperrzone einer militärischen Radarstellung. Ein »Lichtstrahl« wurde aus dem rund 140 Meter entfernten unbekannten Objekt auf den Radarturm gerichtet, der daraufhin umkippte und in Flammen aufging (Fall 26).

Wenn UFOs auf Beschuss reagierten, ereigneten sich regelrechte Luftkämpfe. In Binn, Korea, wurde 1974 eine von der Luftabwehr abgefeuerte Rakete von einem »Lichtstrahl« aus einem UFO zerstört. Dann flog das UFO näher an die Abwehrstellung heran und vernichtete auch diese (Fall 23).

Gelegentlich zerschellen die auf UFOs abgefeuerten Raketen »wie an einer unsichtbaren Wand« (Fälle 24, 25).

Es sind nur zwei Fälle bekannt geworden, in denen UFOs abgeschossen werden konnten. Der eine Fall ereignete sich 1955 in Rockford, Illinois. Mehrere Kampfjets beschossen damals ein UFO. Das entließ eine leuchtende Kugel, die fortflog. Danach explodierte das Objekt (Fall 28). In Riga, Lettland, befand sich in den 1980er-Jahren ein rumänischer Pilot in der Ausbildung. Dort hörte er, dass ein großes sowjetisches Flieger-Ass ein unidentifiziertes Flugobjekt mit einer zielsuchenden Rakete beschossen und zur Explosion gebracht hatte. (Dieser Bericht ist bisher nicht bestätigt worden und kann daher angezweifelt werden; Fall 27.)

Wenn sich UFOs dicht über dem Boden befinden, reizt es viele bewaffnete Zeugen, einfach auf das Objekt zu schießen. In manchen Fällen scheinen die UFO-Insassen die drohende Gefahr zu spüren und fliegen rechtzeitig fort (Fälle 29, 34) oder der Zeuge wird derart beeinflusst, dass er nicht in der Lage ist, seine Waffe zu ziehen (Fall 30). Es kann auch geschehen, dass der Zeuge durch einen Schlag (Fall 31) oder »Lichtstrahl« gelähmt wird (Fälle 32, 35). Ein Polizeioffizier aus Valencia in Venezuela wurde, als er 1967 seine Maschinenpistole auf einen kleinen UFO-Insassen anlegte, von einer Stimme gefragt, warum er das tue und wurde so am Schießen gehindert (Fall 33).

Die wenigsten Zeugen sind im Besitz einer Waffe, wenn ein UFO gelandet ist, das sie vertreiben wollen. In einigen Fällen wurden Steine gegen das Objekt geworfen, die beim Auftreffen auch einen entsprechenden metallischen Klang erzeugten (Fall 36). In anderen Fällen landen die Steine noch vor dem Objekt, als würden sie von einer starken Kraft zu Boden gezwungen (Fälle 37, 38).

Merkwürdig ist der Bericht von vier Geowissenschaftlern aus der Sowjetunion. Sie hatten 1974 in der Georgischen SSR eine vier Meter im Durchmesser große Kugel auf Stelzen entdeckt und wollten die Eigentümer herbeirufen. Als niemand antwortete, begannen sie Steine gegen die Kugel zu werfen. Doch diese verschwanden darin einfach wie in einem Pudding. Ein langer Stab, mit dem sie die Kugel berührten, verschwand bis auf einige Zentimeter in der Oberfläche (Fall 39). (Abb. 7)

Im April 1954 kam in den Vogesen ein riesiges, mindestens 200 Meter langes zigarrenförmiges Objekt bis dicht über den Boden. Ein in der Nähe befindlicher Holzfäller nahm seine Axt und schlug damit gegen das metallische Ding. Daraufhin wurde er von irgendeiner Kraft sechs Meter weiter fortgeschleudert (Fall 40).

Relativ oft haben Menschen bereits auf UFOs geschossen. Dabei hören sie die Treffer ihrer Kugeln beim Aufprall auf das Metall. Noch nie wurde diese metallische Hülle von einer Kugel durchdrungen. Im Allgemeinen weicht das UFO einem Beschuss durch Revolver- oder Gewehrfeuer nicht aus, bleibt unbeeindruckt und fliegt weiter (Fälle 42 bis 46, 49, 50, 52).

Beim Beschuss leuchtet das Objekt gelegentlich auf und fliegt dann fort (Fälle 47, 48, 59).

In Venezuela verschwand das beschossene Objekt plötzlich, um an einer anderen Stelle wieder aufzutauchen (Fall 60).

Selbst kleine Objekte fürchten sich nicht vor einem Beschuss. 1972 schossen Farmer und später Polizeibeamte stundenlang auf eine kleine 80 Zentimeter hohe und 45 Zentimeter breite feurige fliegende Tonne (Fall 53).

Manchmal hat es den Anschein, als würde dem unbekannten Objekt der Beschuss gefallen. Eine Kugel, die in Oregon 1978 beschossen wurde, kehrte elf Monate lang jeden Abend wieder an den Ort des erstmaligen Geschehens, das Haus eines prominenten Bürgers, zurück (Fall 56).

Es gibt auch Fälle, in denen das UFO auf seine Art reagierte. Einem der Schützen auf den Philippinen wurde die Waffe nach dem Schießen auf unerklärliche Weise zertrümmert (Fall 62), und in Australien folgte ein UFO dem Wagen des Schützen und brachte den Motor zum Halten (Fall 63).

Es ist unklar, was UFO-Insassen damit bezwecken, Menschen mit Strahlen zu beschießen, die Ähnlichkeiten mit Mikrowellen oder harter UV-Strahlung haben, aber im Gegensatz zu diesen im hellen Tageslicht in den verschiedensten Farben leuchten. Diese Strahlen werden im Folgenden als »Lichtstrahlen« bezeichnet, obwohl sie das nicht sind, denn sie können die Länge ihres Strahls ändern. Diese Energieform wird auch »Solid Light« genannt. Es scheint eine schmale Zone in der Atmosphäre zum Leuchten angeregt zu werden. Mit Sicherheit haben wir es hier mit einem nichtlinearen Effekt der elektromagnetischen Strahlung zu tun, der vielleicht eine Folge der Energieumsetzung gravitativer Strahlung ist, die ja eine nichtlineare Erscheinung ist. Wir können solche Effekte noch nicht erzeugen.

Möglicherweise sollen die Wirkungen dieser »Lichtstrahlen« bei verschiedenen Intensitäten auf Menschen getestet werden. Oder erfolgt der Strahlenbeschuss nur zur eigenen Belustigung? Sollen Angstreaktionen der Menschen getestet werden? Soll die Bereitschaft der Menschen zur Gegenwehr untersucht werden? Wenn hinter der Anwendung der Strahlen keine experimentelle Absicht stünde, so hätten wir es mit einer offenen Aggression zu tun.

In den meisten Fällen kommt es bei der Bestrahlung zu Verbrennungen der Zeugen (64, 65, 70 bis 73, 81). Gelegentlich wird auch die Kleidung eines Zeugen verbrannt (Fall 95).

Häufig werden die Zeugen von dem »Lichtstrahl« umgeworfen, paralysiert und bewusstlos (Fälle 66 bis 69, 74 bis 76, 83, 89, 90, 92, 116).

Mitunter werden die Opfer eines Strahlenbeschusses schwer krank (Fälle 76, 78, 81, 82, 84. In einigen Fällen starben die Zeugen kurze Zeit später (77, 79, 85, 94, 96, 97).

Im November 1977 kam es in Nordbrasilien zu einer regelrechten Invasion von UFOs. Nachts und am Tage wurden Landarbeiter und Fischer mit »Lichtstrahlen« aus unbekannten Flugobjekten angegriffen. Die UFO-Strahlen drangen auch in die Häuser ein. Der Bürgermeister des Ortes Corales ersuchte das Militär um Hilfe. Schließlich wurde der Terror in Corales so stark, dass die meisten Einwohner den Ort verließen. Aber das Militär traf erst 90 Tage später ein. Die Ärztin Dr. Welliade Carvalho de Oliveira unterrichtete ihre vorgesetzte ärztliche Behörde über die Angriffe. Sie hatte rund 40 Menschen mit Brandwunden behandelt, die durch Strahlen von UFOs ausgelöst worden waren. Immer handelte es sich um kleine, in die Haut eingebrannte Löcher in einem entzündeten Gebiet von rund drei Zentimeter Durchmesser. Ihre Vorgesetzten verpflichteten die Ärztin, über die Vorfälle zu schweigen und andere Ursachen zur Erklärung vorzuschieben (Insekten- oder Schlangenbisse), um eine weitere Panik zu vermeiden (Fall 79). (Fig. 12–14)

Einen ähnlichen Angriff führten laut einer AP-Meldung UFOs 2002 in Uttar Pradesch, Indien, aus. Nach dem Beschuss durch rote und blaue Strahlen aus UFOs starben sieben Menschen und viele wurden verletzt (Fall 80).

Diese Strahlen können nicht nur einen Impuls austeilen, der Menschen umwirft, sondern sie können einen Zeugen auch anziehen bzw. anheben (Fälle 77, 81, 86, 88).

Anstelle von Strahlen wenden die UFO-Insassen auch leuchtende Bälle, wie Kugelblitze, als Waffen an, die die Zeugen beim Auftreffen für 20 bis 30 Minuten bewusstlos werden lassen (Fälle 87, 119).

Auch mit Infrarotstrahlen greifen UFOs mitunter an, wie in Itaipu, Brasilien, wo zwei Soldaten 1957 während der Annäherung von zwei fliegenden Kugeln in Flammen standen (Fall 98). In einigen Fällen entstanden in den Cockpits militärischer Jagdmaschinen in Anwesenheit von UFOs Feuer (99, 101, 103). Feuer wurden von UFOs auch in Autos entzündet und zerstörten diese (Fälle 100, 104 bis 106), und in einem Fall wurde ein Wagen von einem UFO absichtlich gerammt. Nachdem sich der Fahrer durch einen Sprung ins Freie gerettet hatte, attackierte das UFO den Wagen weiter, bis er völlig zu Schrott gepresst war (Fall 102).

In Kuala Lumpur gingen im Jahre 1980 Häuser in Flammen auf, als eine leuchtende Kugel über ihnen schwebte (Fall 110). 1970 wütete eine rot leuchtende Kugel zehn Minuten lang in Saladare, Äthiopien, und zerstörte 50 Häuser, verletzte acht Erwachsene und tötete ein Kind (Fall 108). Bereits 1954 wurde am Mount Kenia, Nairobi, ein Dorf mit seinen Bewohnern von Strahlen aus einem UFO vernichtet (Fall 109).

In den genannten Beispielen haben unbekannte Flugobjekte ohne ersichtlichen Grund Menschen mit »Lichtstrahlen« angegriffen und verletzt. In einigen Fällen haben sich die Zeugen gegen das Beschießen mit »Lichtstrahlen« gewehrt, und es ist zu regelrechten Schusswechseln gekommen (Fälle 112, 114), zum Teil sogar mit Todesfolge (Fall 113).

1981 wurde in Monte Alegre, Brasilien, einer von zwei Jägern im »Lichtkegel« eines UFO eingesperrt, d. h. von innen konnte der Jäger die Grenze des Lichtkegels nicht durchschreiten. Erst als der andere Jäger mit dem Gewehr auf das Objekt zu schießen begann, erlosch der »Lichtkegel«, und der zweite Jäger war wieder frei (Fall 111). (Abb. 8)

Während des Koreakrieges 1951 beobachteten US-Soldaten bei einem Gefecht einen Teller mit Kuppel, der über dem Gefechtsfeld schwebte und den sie für eine Waffe der Kommunisten hielten. Als die Soldaten das Feuer mit M-1-Gewehren auf den Teller eröffneten, wurden sie mit Strahlen aus dem Objekt beschossen, die ein Stechen und Brennen am ganzen Körper verursachten (Fall 117). Der Strahlenbeschuss war nicht tödlich, wie auch in anderen Kämpfen nicht (Fälle 116, 118).

Wenn sich der Fall noch weiter bestätigen ließe, dann haben es UFO-Insassen darauf angelegt, in einem Manöver ihre Überlegenheit gegen Waffen der Menschen zu demonstrieren. Der Hauptzeuge konnte über das FOIA-Gesetz einige Dokumente erhalten, die indirekt seine Angaben bestätigen. Beispielsweise wird bestätigt, dass am Tage des Gefechts am 17. September 1977 tatsächlich rund ein Dutzend Soldaten mit »Masern« ins Krankenhaus eingeliefert wurden. Der Zeuge behauptet, dass diese in Fort Benning von leuchtenden Kugeln aus einem UFO getroffen wurden, für mehrere Minuten bewusstlos umfielen und später kleine rote Wunden an der Stelle, an der sie getroffen worden waren, zurückbehielten. Auch belegen Dokumente, dass an diesem Tag zwei Kampfhubschrauber abgestürzt waren, ohne beschädigt worden zu sein. Der Zeuge sah, dass sie von leuchtenden Kugeln aus dem UFO getroffen worden waren (ein Bericht spricht von einem Kugelblitz). Ob sich inzwischen weitere Zeugen des Vorfalls an die Öffentlichkeit gewagt haben, ist mir nicht bekannt (Fall 119).

In den behandelten Beispielen waren es die Fluggeräte, von denen Aggressionen ausgingen. Im Folgenden richten sich unfreundliche Handlungen gegen die Insassen und umgekehrt. In der Fallsammlung sind zwölf unterschiedliche Typen auszumachen. Sie sind zwischen einem und drei Meter groß. Die am häufigsten beschriebenen Insassen sind Menschen zwischen 1,50 und zwei Metern Größe (zwölf Fälle). 1,20 Meter große und einen Meter kleine Gestalten wurden je fünf Mal beschrieben. In einem Fall waren die Insassen mindestens drei Meter groß.

Abgesehen von ihrer Größe, könnte man alle diese Typen zur menschlichen Rasse zählen. Doch die anderen Wesen haben keine Ähnlichkeit mit Menschen und sind, weil sie aufrecht gehen und vier Gliedmaßen besitzen, als Humanoide zu bezeichnen.

Zwei Mal waren die einen Meter großen, aufrecht gehenden Kreaturen haarig wie Tiere, und in einem Fall sahen die einen Meter großen Wesen silbrig aus und hatten froschähnliche Gesichter mit langen spitzen Ohren. Einmal wird die Gestalt eines 2,40 Meter großen Bigfoots geschildert (wie ihn George Lucas als Tschubaker im *Krieg der*

Sterne« mit Luke Skywalker mitfliegen ließ). Roboter traten in zwei Fällen auf.

Einmal soll das Wesen einem Lizard geähnelt haben, und in Spanien erschien nur der Umriss einer drei Meter großen menschlichen Form, die aus unzähligen leuchtenden Punkten gebildet wurde.

Menschen, die keine Schusswaffen bei sich tragen, wehren sich gegen die Fremden, indem sie mit Steinen werfen (Fall 120), mit einem Messer angreifen (Fälle 121, 122), brennende Kleidung werfen oder mit Pfeil und Bogen schießen (Fall 123).

Soldaten und Polizisten, die Waffen tragen, haben häufig auf UFO-Insassen geschossen oder wenigstens versucht, auf sie zu schießen, wie im Fall eines Corporals in Uruguay im Jahr 1972. Als dieser auf drei Gestalten neben einem gelandeten UFO schießen wollte und seine Waffe auf sie richtete, fühlte er eine Lähmung, die ihn an der Ausführung der Tat hinderte (Fall 124).

In einem Fall in Brasilien, der sich 1988 ereignete, gab es einen Lichtblitz genau in dem Moment, als der Zeuge seinen Revolver gegen 1,20 Meter große Gestalten neben einem UFO ziehen wollte, sodass der Zeuge geblendet wurde (Fall 125). 1965 hatte ebenfalls in Brasilien ein Zeuge auf einen Insassen geschossen. Doch erst danach machte ihn ein Blitz für zehn bis 15 Minuten lang blind (Fall 130).

Im Januar 1978 wurde in Fort DIX, McGuire AFB, New Jersey, im militärischen Sperrgebiet sogar ein 1,20 Meter großer UFO-Insasse von einem Militärpolizisten erschossen. Der Fall ist noch immer als »streng geheim« eingestuft, und es gibt bisher nur zwei Zeugen, die es gewagt haben, öffentlich über den Vorfall zu reden (Fall 126).

In Nord-Dakota begegneten im Jahre 1981 vier Jäger, die auf der Heimfahrt von der Jagd waren, einigen Männern, die sich neben einem tonnenförmigen Objekt aufhielten. Als diese Tonne sich vor sie auf die Straße setzte und sie am Weiterfahren hinderte, stieg einer der verärgerten Jäger aus dem Wagen, schoss auf eine der Gestalten neben dem Objekt und verletzte sie an der Schulter. Von diesem Zeitpunkt an erinnert sich keiner der Zeugen mehr daran, was weiter geschah (Fall 127).

In Italien sah 1954 ein Kellner eine große Gestalt aus einem Teller mit Kuppel steigen. Er holte sein Gewehr und feuerte zwei Mal auf die

Gestalt. Offenbar tat er ihr damit nicht das Geringste an. Sie stieg wieder in das Objekt, das rot aufleuchtete und fortflog (Fall 131).

Mehrere Zeugen beobachteten 1965 in Argentinien die Landung eines hell leuchtenden Objekts in ihrer Nachbarschaft. Zwei etwa 1,80 Meter große Männer stiegen aus und gingen rasch auf einen Mann zu, der vor seinem Haus stand. Sie packten ihn und wollten ihn offensichtlich entführen. Seine Nachbarn eilten zu Hilfe und befreiten ihn. Die Fremdlinge flogen in ihrem UFO davon. Merkwürdigerweise versuchten die UFO-Insassen die Entführung des betreffenden Mannes 24 Stunden später nochmals. Doch die Nachbarn schossen auf die Eindringlinge, die von den Schüssen nicht verletzt wurden (Fall 132).

Dass in UFOs auch nichtmenschliche Wesen reisen, zeigen folgende Fälle:

In Pennsylvania haben mehrere Zeugen, darunter auch Polizeioffiziere, ein Objekt landen gesehen, aus dem zwei 2,40 Meter große behaarte affenartige Gestalten (»Bigfoots«) kamen. Ein Zeuge verlor die Nerven und schoss mehrmals auf eine der Gestalten, die in einen Wald liefen und unauffindbar blieben (Fall 128).

Einer der spektakulärsten Fälle aus der Frühzeit der UFO-Geschichte ereignete sich in Hopkinsville-Kelly in Kentucky. Eine Farmerfamilie wurde nach der Landung eines UFOs von nichtmenschlichen kleinen silbernen Gestalten heimgesucht. Sie hatten einen großen Kopf mit einem froschähnlichen Aussehen und großen spitzen Ohren. Mehrere Männer der Familie Sutton schossen während 20 Minuten rund 50 Mal auf die Kreaturen, die von den Schüssen zwar umgeworfen, aber anscheinend sonst nicht verletzt wurden (Fall 129).

Im Jahre 1988 wurden in South Carolina mehrmals Wesen neben gelandeten UFOs gesehen, die einen Lizard-artigen Kopf, vier Extremitäten und einen krokodilartigen Schwanz gehabt haben sollen. Am 5. August 1988 begegnete ein Luftwaffenoffizier der Saw AFB solch einem Wesen. Er schoss und verletzte das fliehende Wesen. Blut und Schuppen, die zurückblieben, sollen später untersucht worden sein (Fall 133).

Dies waren Berichte, in denen Menschen auf UFO-Insassen geschossen haben. Es gibt auch Berichte, in denen UFO-Insassen mit »Lichtstrahlen« auf Menschen geschossen oder zurückgeschossen haben (Fälle 134 bis 138). Im Falle des Brasilianers Inacio de Souza hatte das 1967 tödliche Folgen. Als er mit seiner Frau nachmittags vom Einkaufen aus der Stadt kam, entdeckte er am Stadtrand von Pilar de Goias (bei Brasilia) eine riesige »umgedrehte Waschschüssel« dicht über dem Boden schweben, neben der drei in enge gelbe Anzüge gekleidete Männer tanzten. Aus unerfindlichen Gründen nahm Inacio sein Gewehr und feuerte auf eine der Gestalten. Sofort darauf traf ihn ein grüner »Lichtstrahl« an der Schulter, der ihn zu Boden warf. Wenige Tage darauf starb Inacio (Fall 140).

Drei spanische Soldaten der Bajados AFB in Talavera erlebten den Schock ihres Lebens, als sie 1976 auf dem Militärgelände nachts ein Objekt entdeckten, das viele Lichter an seiner Unterseite besaß. Aus dem Objekt kam eine drei Meter große, grün leuchtende Gestalt, die aus leuchtenden Punkten zu bestehen schien. Einer der Soldaten wollte aus etwa 30 Metern Entfernung auf die Gestalt schießen, wurde jedoch bewusstlos und fiel zu Boden. Sein Hund wurde verbrannt. Die anderen beiden Soldaten gaben rund 50 Schüsse auf die Gestalt ab, die sich schließlich auflöste. Das Objekt verschwand in einem Lichtblitz (Fall 141).

Während des Vietnamkrieges begegnete eine amerikanisch-südvietnamesische Gruppe von etwa 30 Soldaten auf einer Lichtung im Urwald südlich bei Angkor Wat, Kambodscha, einer Kugel auf Stelzen, neben der sich mehrere kleine menschliche Gestalten befanden. Einer der Soldaten schoss auf eines der Wesen, das daraufhin umfiel. Der Anführer der Fremden näherte sich dem US-Kommandeur und bedeutete ihm, dass niemand schießen sollte. Dann zeigte er auf den Schützen, der daraufhin umfiel. Der angeschossene Humanoid stand wieder auf und wankte zum Objekt. Einige Tage nach dem Vorfall starb der Schütze. Dieser Vorfall wurde weiterhin als »streng geheim« behandelt. Nur der betreffende Kommandeur hat bisher darüber öffentlich gesprochen (Fall 142).

Drei Meter groß sollen die menschlichen Gestalten gewesen sein, die in einer regnerischen Nacht 1963 in Argentinien einem Teller mit Kuppel entstiegen, der den Wagen eines Truck-Fahrers von der Straße gedrängt hatte. Mehrmals schoss der Fahrer mit dem Revolver auf die riesigen leuchtenden Gestalten, ohne dass eine Wirkung erkennbar war. Daraufhin wurde er aus dem Objekt mit einem roten »Lichtstrahl« beschossen und verletzt (Fall 143).

Zu »unfreundlichen Handlungen« zählen auch Versuche der Menschen, UFOs und deren Insassen zu fangen, sowie umgekehrt Versuche der UFO-Insassen, Menschen zu entführen. Es werden hier nur diejenigen Versuche der UFO-Insassen genannt, in denen eine Entführung misslang. Die Entführungen an Bord von UFOs mit Wiederabsetzen der Opfer, also die eigentlichen Abduktionen, die im Allgemeinen von anderen Beobachtern unentdeckt bleiben, sind hier ausdrücklich nicht gemeint.

In mehreren Fällen wurden Menschen durch levitierende Kräfte vom Boden abgehoben und in ein UFO hineinzuziehen versucht. In einigen bekannt gewordenen Fällen aus Russland, Kanada und Brasilien gelang es jeweils, die Opfer wieder zum Boden zurückzuziehen (144 bis 146, 148), oder das Opfer klammerte sich noch rechtzeitig an einen Baum oder an ein Geländer, sodass die Kraft nicht ausreichte, es an Bord zu heben (147, 151).

Besonders seltsam ist der Bericht einer Entführung aus Queensland, Australien, aus dem Jahr 2001. Hier wurde eine Frau aus einem Wohnwagen durchs Fenster entführt, indem sie von einem Solid Light erfasst und zu einem UFO fortgetragen wurde. Das wurde von einer Zeugin beobachtet. Etwa zwei Stunden suchte die inzwischen verständigte Polizei nach dem Opfer. Der Ehemann wurde bereits als Verbrecher verdächtigt, als das Entführungsopfer aus einem Krankenhaus aus rund 800 Kilometern Entfernung anrief (Fall 152).

1962 beobachtete ein Bergarbeiter in Brasilien kleine, etwa einen Meter große Wesen, die in der Nähe seines Hauses in der Erde gruben. Als sie ihn erkannten, liefen sie in ein Objekt, das fortflog. Die Kollegen des Zeugen machten sich über dessen Bericht lustig. Einige Tage später sahen der Bergarbeiter und sein zwölfjähriger Sohn unweit des Hauses zwei riesige Bälle in der Luft. Diesmal ging der Bergarbeiter auf die Objekte zu, aus denen gelber Dampf strömte, in dem der Zeuge verschwand. Als sich der Nebel aufgelöst hatte, konnte der Sohn die Objekte nicht mehr sehen und seinen Vater nicht mehr finden (Fall 153).

Ebenso wie dieser brasilianische Junge hat auch ein Farmer 1962 in

Brasilien die Entführung eines Menschen beobachtet, der nie wieder aufgetaucht ist (Fall 158).

In manchen Fällen verhindert nur das Auftauchen weiterer Zeugen, beispielsweise solcher, die in einem Auto fahren, dass der Entführungsversuch fortgesetzt wird. 1971 befand sich ein Fahrer in Brasilien in seinem Wagen direkt vor einem runden Objekt, das die Straße blockierte. Zwei etwa 60 Zentimeter kleine Zwerge stiegen aus und richteten »Lichtstrahlen« auf den Zeugen, der sich durch die Strahlen aus dem Wagen gehoben fühlte und bis in eine Höhe von geschätzten 50 Metern aufstieg. Als sich ein Auto näherte, wurde der Zeuge wieder mit dem Strahl in seinen Wagen gesetzt. Die kleinen Wesen verschwanden mit dem UFO (Fall 155).

Anlässlich eines Entführungsversuchs auf dem Trans-Anden-Highway 1954 schlug einer der beiden Zeugen mit dem Gewehr auf eines der kleinen völlig behaarten Wesen mit solcher Wucht ein, dass sein Gewehr zerbrach. Das Wesen, dem das nichts ausmachte, lief mit den drei anderen zum UFO und flog fort (Fall 156).

Ein Abduzierter in den USA, der sich erst allmählich wieder an sein Erlebnis von 1974 zu erinnern begann, hat seit 1986 immer ein Gewehr bei sich und hat bereits einige Male auf seine Entführer von damals geschossen, was sie ihm seitdem vom Leibe hielt (Fall 157).

Einige der unidentifizierten Flugobjekte sind so klein, dass die Zeugen versucht haben, sie zu fangen. In Neuseeland probierten das 1957 zwei Zeugen, die eine rund 40 Zentimeter große Kugel vor sich herumspringen sahen, vergebens (Fall 159). Vielleicht war das gut so. Denn als in Brasilien ein Junge eine kleine Kugel zu fassen bekam, verbrannte sie ihm seine Hand (Fall 160). Die gleiche Erfahrung machte auch ein Bub aus Texas 1950 (Fall 161).

In Irland gelang es 1958 einem Ehepaar tatsächlich, ein etwa 90 Zentimeter großes UFO festzuhalten, das in der Nähe gelandet war. Mr. Hutchinson wollte das Ding zur Polizei bringen, weil er es für einen *Sputnik* hielt. Er rechnete daher nicht damit, dass das Objekt, als er es kurz absetzte, wieder senkrecht nach oben in den Himmel abfliegen würde (Fall 162).

Auch in Brasilien war ein Zeuge – leider nur kurze Zeit – Besitzer eines kleinen UFOs. 1968 fand er vor seinem Haus einen 17 Zentimeter langen Zylinder, der aus Silber zu bestehen schien und an beiden Enden hinter Glas eigenartige »Zifferblätter« mit Zeigern und seltsamen Symbolen aufwies. Der Junge nahm das Objekt mit ins Haus und legte es ins Bad, um es am nächsten Tag zur Polizei zu bringen. Nachbarn und Familienangehörige bestaunten den Zylinder derweil. Doch in der Nacht gab es zehn Minuten lang ein Getöse im Bad. Schließlich durchbrach der Zylinder das Dach und flog blau leuchtend in den Himmel davon (Fall 163).

Einige Zeugen wollten auch die Insassen der UFOs fangen, wenn sie so klein und zerbrechlich wirkten. 1956 wollte eine Frau in Frankreich eines der kleinen Wesen neben einem UFO mit in ihr Auto nehmen. Doch kaum hatte sie diese Idee gehabt, da wurde sie auch schon von einem »Lichtstrahl« aus dem Objekt gelähmt (Fall 164). Ein Bäcker, der 1960 auf die gleiche Idee verfiel, wurde ebenfalls von einem »Lichtstrahl« getroffen, der ihm das Atmen so schwer machte, dass er seinen Vorsatz aufgeben musste (Fall 165).

Mit hoher Wahrscheinlichkeit ist es am 20. Januar 1996 in Varginha, Brasilien, gelungen, einen lebenden UFO-Insassen zu fangen. Nach einer Behandlung im Krankenhaus sei das Wesen gestorben (Fall 166).

Da sich das brasilianische Militär um das Wesen kümmerte, bleiben die Untersuchungsergebnisse geheim. Allerdings gibt es für diesen Fall genügend viele nichtmilitärische Zeugen, die die Ereignisse gegenseitig bestätigen.

Für alle oben aufgeführten Fälle wurden keine wissenschaftlichen Beweise und Begründungen erbracht. Allerdings sind die Ereignisse nach militärwissenschaftlichen, polizeilichen und juristischen Ermittlungen (speziell bei Todesfällen der Zeugen) faktisch bewiesen worden. Diese Vorgänge haben stattgefunden. Dass sie mit unserem gegenwärtigen Weltbild nicht in Einklang zu bringen sind, ist allein für Wissenschaftler von Interesse. Allein die Wirkungen der unbekannten Objekte und ihrer Insassen sind für Militärs, Polizei, Mediziner, Versicherungen und Zeugen wichtig und begründen die echte physikalische Realität der unbekannten Flugobjekte und ihrer nichtmenschlichen Insassen.

Die ganz pragmatische Analyse der bestätigten Fakten lässt folgende Schlüsse zu:

- Es gibt unidentifizierte physikalische Flugobjekte mit nichtmenschlichen Insassen.
- Die Intentionen der fremden Intelligenz sind unbekannt, ihr Verhalten ist weder freundlich noch feindlich.
- UFOs sind durch unsere gewöhnlichen Waffen unverwundbar.
- Die Physik der UFOs ist völlig unverständlich und erfordert zum Verständnis die Einsicht in eine andere, noch zu ermittelnde physikalische Wirklichkeit.
- Herkunftsort und -zeit der Objekte und der verschiedenen uns besuchenden Rassen sind unbekannt.
- Die UFO-Insassen zeigen ein deutliches Interesse an militärischen Einrichtungen.
- Da die Besuche relativ häufig und von verschiedenen Rassen mit unterschiedlicher Logik erfolgen, muss es im Weltraum von Leben wimmeln, und interstellare Reisen müssen relativ einfach zu bewerkstelligen sein.
- Die einzigen feststellbaren Interessen eines Teils der UFO-Insassen sind die Entnahme von Keimzellen anlässlich von Abduktionen und das Entnehmen von Blut und Organen hauptsächlich aus Rindern und anderen Tieren.
- Irgendetwas den Menschen Unangenehmes halten die UFO-Insassen vor uns zurück (Viehverstümmlungen? Einwirkungen aus dem Unsichtbaren? Wissen um Zukünftiges?).

Wie diese Fakten theoretisch zu verstehen sind, bleibt einer Untersuchung vorbehalten, die von der Existenz des Phänomens auszugehen hat und die nicht immer und immer wieder daran zweifelt, ob die Zeugen nicht doch einem Irrtum erlegen sind.

Die Wissenschaft, so wie sie sich heute versteht, ist aber nicht imstande, das UFO-Phänomen zu analysieren. Es gibt gewisse Barrieren, die sich die Wissenschaft selbst errichtet hat, die neuartige Phänomene überwinden müssen, um zur Untersuchung zugelassen zu werden. Diese Barrieren sichern das als gewiss Erkannte und schützen vor Aberglauben und Irrtum.

Es ist zu untersuchen, unter welchen Bedingungen Wahrheit (unbequeme Fakten) und Gewissheit (falsifizierbare Theorie) wieder in

Einklang gebracht werden können. Zu diesem Zweck müssen die Ursachen ergründet werden, warum die Wissenschaft sich zurzeit nicht mit stark anomalen Fakten befassen kann.

2. Die wissenschaftliche Arbeitsweise und Anomalien der Wissenschaft

2.1 Die Folgen der Selbstbewusstwerdung

Wissenschaftliche Laien fragen immer wieder, weshalb sich die Wissenschaft so wenig mit unidentifizierten Flugobjekten beschäftigt. Ob es an der Furcht liegt, sich lächerlich zu machen, oder ob Wissenschaftler bereits festgestellt haben, dass sich bei genügend Information bisher jeder Fall aufklären ließ? Die Situation ist anders: Wissenschaftler können sich mit einem Gebiet so hoher Anomalie prinzipiell nicht befassen. Das soll im Folgenden mit der Entstehung und Arbeitsweise von Wissenschaft begründet werden.

Blicken wir zunächst einmal weit zurück: Vor etwa 100 000 Jahren hat sich auf unserer Erde etwas ganz Phantastisches ereignet. Die meisten Wissenschaftler meinen sogar, dass sich etwas so Unwahrscheinliches nicht nochmals irgendwo in unserer Galaxis entwickelt haben könnte. Eine bestimmte biologische Art auf der Erde, wie es sie vielleicht auch auf anderen Sternen geben könnte, entwickelte rein zufällig ein Selbstbewusstsein, ein Erkennen ihrer selbst.

Die fossilen Funde zeigen deutlich, dass es keine zentrale Linie im Evolutionsgeschehen gibt, die geradewegs in einer zielbezogenen Weise von der Protozoe zum Menschen führt. Man muss sich vor Augen halten, dass es während 165 Millionen Jahren auf der Erde in Trias, Jura und Kreide neben Pflanzenfressern das gegenseitige Zerfleischen großer Dinosaurier gab, so, als sei Fressen und Gefressenwerden einziges Ziel der Evolution. Paläontologische Funde geben keinerlei Hinweise auf irgendeine Vorstufe von Bewusstsein während dieser Periode, auch weitere 65 Millionen Jahre nach deren Aussterben nicht. Stattdessen gab es wiederholte Wechsel sowohl in der Evolutionsrate als auch in ihrer Richtung, und der Mensch als Homo erectus erschien erst in den letzten 1,5 Millionen Jahren als Ende eines äußeren Zweiges des Evolutionsbaumes.

Der Evolutionsbiologe G. G. Simpson schreibt (1964):

> »Die Aussage, die von Astronomen, Physikern und einigen Biochemikern so uneingeschränkt gemacht wird, dass, sobald irgendwo Leben beginnt, auch Hominide schließlich und unabänderlich auftauchen werden, ist ganz einfach falsch.«

Wegen des Fehlens von Prädestination in der Evolution stellt auch der Philosoph Dobzhansky die Annahme in Frage, dass, falls Leben in anderen Teilen des Universums existiert, es in der Bildung von menschenartigen oder vielleicht sogar übermenschenartigen rationalen Wesen resultieren muss. Er sagt:

> »Ich halte dies in einem solchen Grad fraglich, der normalerweise die Verwerfung einer wissenschaftlichen Hypothese bedeutet.«

Derselben Ansicht ist der Evolutionsbiologe Margoria, der schon 1962 feststellte, dass die Wahrscheinlichkeit dafür, dass Hominide auf einem anderen Planeten in unserer Galaxis leben, unendlich klein ist, »sogar jenseits aller statistischen Berechnungen«.

Unser Universum ist nicht geozentrisch, das wissen wir seit Kopernikus. Aber es ist möglicherweise anthropozentrisch. Leben mag es auf den meisten der Planeten geben (es wurden ja auf der Erde selbst in 3500 Metern Tiefe unter einem Gesteinsdruck von 1200 Atmosphären und in kochender Schwefelsäure Bakterien entdeckt). Die Entstehung von Bewusstsein war und ist jedoch, nach Ansicht fast aller Neurobiologen, nicht nochmals in unserer Galaxis zu erwarten.

Die Herausbildung des menschlichen Geistes ist um vieles unwahrscheinlicher als die Entstehung von Tierarten mit ausgeprägten Neurosystemen. Bis vor etwa fünf bis zwei Millionen Jahren gab es auf Erden nur Lebewesen, die Teil der Natur waren. Tiere sind eins mit der Natur. Aber damals begann das Hirnvolumen in einigen Menschenaffen zu einer Größe von 1,4 Litern anzuwachsen – das ist etwa die Kapazität des modernen Menschen.

Während der letzten Eiszeit vor rund 100 000 Jahren lebte in Europa und Westasien die Neandertaler-Rasse des Homo sapiens, die bereits ihre Toten beerdigte. Darin sehen Evolutionsbiologen Beweise für das erste Erwachen von Selbstbewusstseins in den sich entwickelnden Hominiden während des Evolutionsprozesses. Bestattungsbräuche sind Kriterien für Selbsterkenntnis.

Dobzhansky (1967) meint dazu: »Nur ein Wesen, das weiß, dass es selbst sterben wird, wird vom Tod anderer wirklich betroffen sein.«

Es entstand die Idee, dass ein lebender Mensch mehr ist als ein toter.

»Das Selbst-Bewusstsein hat aber in seinem Zug düstere Gesellen mitgebracht«, stellt Dobzhansky fest, nämlich: »Furcht, Angst und Todesbewusstsein.« Seither gehört Angst zu besiegen zu den wichtigsten Triebkräften unseres Lebens. Angst vor der Bedrohung durch die Natur, worunter wir den Lebensraum und die sich in ihm entwickelnden Tier- und Pflanzenwelt verstehen. Schelling definiert sie so:

»Natur ist der Geist, der sich nicht als Geist kennt.«

Es gibt zwei Möglichkeiten zum Bekämpfen der Angst vor der Bedrohung durch die Natur: den Glauben und die Wissenschaft.

Die waltenden Kräfte der Natur verstand der frühe Mensch als Wirkungen für ihn unsichtbarer Mächte, die er sich ebenso mit Bewusstsein ausgestattet wie er selbst vorstellte. Um diese Mächte gnädig zu stimmen, betete er sie an und entwickelte Glaubenssysteme in Gestalt von Mythen und Religionen.

Mythologische Gestalten sind Personifikationen der Natur, des Seelenlebens und der gesellschaftlichen Verhältnisse. Im Mythos wird vom Göttlichem Geschehen geredet. Das Göttliche verbindet sich mit den Gestalten der Erfahrung und den Vorstellungen des Bewusstseins und verleiht dem Hier und Jetzt des Alltäglichen einen Sinn. Die alten Griechen unterschieden zwischen Mythos und Logos. Logos beschreibt die Wirklichkeit so, wie sie ist, wie sie erlebt wird. Mythos ist unklar, könnte auch eine Fiktion sein, denn er bezieht sich auf Unsichtbares. (Dupré 1973)

Der Mythos ist eine geschichtlich bedingte Wahrheitsdeutung mit einer logischen Struktur und intersubjektiv anerkannten Regeln zur Herstellung von Gegenständen und damit, ebenfalls wie das wissenschaftliche, ein rationales Erklärungssystem. (Hübner 1987) Mythisches Denken und Erleben ist auch noch im gegenwärtigen Bewusstsein vorzufinden. Es gibt keine Religion ohne mythische Gestalten.

Religiöser Glaube gibt *Geborgenheit*. Das betrifft weniger die materielle und damit weitgehend die existentielle Sicherheit, sondern vor allem emotionale und sogar spirituelle Aspekte des Seins. Diesem Sicherheitsbedürfnis werden viele kirchliche Handlungen gerecht, indem sie es ritualisieren. Denn was feste Regeln hat, auf das ist Verlass.

Glaube entwickelt sich auch im heutigen Menschen noch meistens durch Indoktrination (d. h. die Eltern bestimmen, was das Kind zu glauben hat), durch Drohung (»… wenn du nicht glaubst, kommst du in die Hölle …«), durch Ausprobieren (sich auf den Glauben einlassen) oder durch mehr oder weniger plausible Gottesbeweise.

Heute hat der Mensch dem Glauben fast völlig entsagt. Stattdessen schafft er sich in der Wissenschaft einen festen Standort in der Welt. Wenn man die Zusammenhänge begreift, die Gesetzmäßigkeiten versteht, beherrscht man sie auch. Verstehen der Umwelt fördert das Gefühl von Sicherheit.

Während der gläubige Mensch an einen persönlichen Gott glaubt, hat der Wissenschaftler von einem göttlichen Wesen eher eine abstrakte Vorstellung. Sein Gottverständnis findet er beispielsweise in der Gesamtheit der Naturgesetze, in der Liebe, in einer Ordnungsmacht oder in einem Überbewusstsein, für dessen Verständnis wir noch lange nicht reif sind.

2.2 Erfahrung der Wirklichkeit

Sinnliche Erfahrungen können wir nur im Hier und Jetzt machen. Alle anderen Erfahrungen sind geistige Konstruktionen des Beobachters.

Als Voraussetzung für wissenschaftliches Erkennen gilt die Überzeugung, dass die Welt durch Beobachten und Nachdenken erkannt werden kann und dass es das, wonach man forscht, tatsächlich gibt. Von der Geburt bis zum Tode machen wir Erfahrungen. Sie werden interpretiert und auf ihrer Grundlage werden Erwartungen ausgebildet, die mit neuen Erfahrungen verbunden werden. Unmittelbar erlebte Erfahrung ist viel reichhaltiger als die Erfahrung, die sich wissenschaftlich fundieren lässt. Sie beginnt dort, wo wir noch nicht begonnen haben, uns eine objektiv erfahrbare Außenwelt gegenüberzustellen. Die meisten wichtigen Erfahrungen, beispielsweise auf religiösem oder künstlerischem Gebiet, erfüllen die Auswahlkriterien einer wissenschaftlichen Betrachtung nicht.

Neben dem wissenschaftlichen Beweis, der Evidenz, gibt es die persönliche Evidenz als eine intuitive Sicherheit oder Klasse von Erkenntnis, dass etwas (aufgrund gegebener empirischer Daten oder klarer theoretischer Überlegungen) über jeden Zweifel erhaben existiert. Diese persönliche Evidenz ist subjektiv gleichbedeutend und gewiss wie die wissenschaftliche objektive Evidenz. Wirklichkeit ist etwas, das auf uns wirkt. Es wird zu etwas »Intersubjektivem«. Die intersubjektive Wirklichkeit definiert die objektive Realität.

Die Welt ist daher nicht allein wissenschaftlich zu erfassen. Der Physiker Erwin Schrödinger stellt fest (1958):

> »Die Welt ist eine Konstruktion aus meinen Gefühlen, Wahrnehmungen und Erinnerungen, Erlebnisse sind mir näher als Erfahrungen.«

Ich habe Erlebnisse durch:

a) die stoffliche Begegnung. Aus der Vielzahl des Möglichen wird etwas zum Gegenstand;
b) die seelische Bewertung lege ich meinen »Standpunkt« in Bezug auf den Gegenstand fest;
c) die geistige Einordnung; hierbei weise ich dem Gegenstand seinen angemessenen Platz im Gesamtbestand meines Wissens zu.

Der Inbegriff aller Gegenstände der Erfahrung ist die Natur. Die sinnlichen Eindrücke werden durch die Verstandestätigkeit zu einer Erkenntnis der Gegenstände verarbeitet, die Erfahrung heißt. Heinrich Hertz:

> »Wir machen uns innere Scheinbilder oder Symbole der äußeren Gegenstände.« (zit. nach Starkl 2000)

Immanuel Kant erkannte, dass irgendetwas die Einzeleigenschaften der Objekte in uns ordnen und in raum-zeitliche Korrelationen setzen muss. Dieses ordnende Etwas ist in unserem Verstand »a priori«, unabhängig von jeder Erfahrung vorhanden. A priori heißt »eingebaut« oder »angeboren«. Die nicht in der Erfahrung, sondern im Verstand verankerten organisierenden Systeme nennt Kant »Kategorien«. Raum, Zeit, Quantität, Qualität, Relation und Ursache sind solche A-priori-Anschauungen. (Anschauung bezeichnet die allgemeine unverengte Art des Gewahrwerdens, ein nichtbegriffliches Erfassen und Erfahren. Man ist es immer selbst, der vor seiner Anschauung steht und diese nach gewissen Regeln zu Tatsachen und Wirklichkeiten ordnet.)

Ohne die Kategorien unseres Denkens wäre Erfahrung gar nicht möglich. Die Vernunft ist auf die sinnliche Erfahrung organisierender A-priori-Kategorien beschränkt. Die erlebte Welt ist so und muss so sein, wie sie ist, weil wir sie so konstruiert haben. Die Art und Weise dieser Konstruktion ist für Kant durch das Apriorische bestimmt. Jede rationale Analyse kann niemals über den von den Kategorien erfassten Bereich hinausgehen. Damit kann jede rational orientierte Wissenschaft metaphysische Einsichten weder beweisen noch widerlegen. Objekte sind definiert als Objekte unseres Wissens und niemals als »Dinge an sich« feststellbar. Wenn wir die Wahrnehmung der Wirklichkeit mit der Wirklichkeit schlechthin gleichsetzen, so ist dies immer nur als eine Näherung angemessen.

Im natürlichen Umgang mit den Dingen erfährt der Beobachter ein Objekt als Gegebenheit.

> »Es ist die alltägliche Vorgehensweise, die weitgehend von intuitivem Erfassen der Gegenstände bestimmt ist. In der sich so öffnenden Sphäre des Verstehens ist alles mit Bedeutung besetzt.« (Fasching 1999)

Die Lebenswirklichkeit, die aus dem gesamten kulturellen Hintergrund erwächst, geht der naturwissenschaftlichen Wirklichkeit voraus.

Viele Aspekte der Lebenswirklichkeit werden von der Wissenschaft ausgeblendet, und es wird ein eingeschränkter Gesichtskreis auf spezifische Weise zur naturwissenschaftlichen Wirklichkeit gestaltet. Wegen dieser Einschränkung ist die naturwissenschaftliche Wirklichkeit nur eine relative. (Fasching 1999)

Alle Erkenntnis beruht auf der möglichst korrekten Erfassung der Wirklichkeit. Da Erkenntnis aber auf einer endlichen Erfahrung basiert, kann sie keine absolute Wahrheit, sondern nur mehr besseres Wissen liefern. Wissenschaftliche Erkenntnis kann also immer nur hypothetische Erkenntnis sein.

Verstehen bedeutet, die Erfahrungen mithilfe der erklärenden Kräfte von Hypothesen von größter Allgemeinheit zu begreifen. Werden Hypothesen als mathematische Aussagekalküle ausgearbeitet, so werden sie zu experimentell überprüfbaren Theorien. Kant sagt:

> »Theorie ohne Erfahrung ist leer, Erfahrung ohne Theorie ist blind.«

Eine Theorie gibt dem blinden Sammeln und Suchen eine Orientierung, in welcher Richtung die Untersuchungen weiterzuführen sind.

Theorie und Beobachtung bestätigen sich gegenseitig. Es sollte eigentlich zu einem immerwährenden Austausch zwischen beiden in der Wissenschaft kommen. Im 20. Jahrhundert hat sich jedoch die Waage einseitig zur Theorie-Seite geneigt. Sie bestimmt die Wirklichkeit, nicht mehr Beobachtungsfakten. Einstein legte fest: »Es ist die Theorie, die bestimmt, was beobachtet wird.«

Nur was theoretisch erfasst werden kann, hat wissenschaftlichen Erkenntniswert. Wenn die Beobachtungen nicht mehr ansatzweise verstanden werden, gelten sie als nicht vorhanden.

Wissenschaft wird als ein System von Erkenntnissen, d. h. von wahren Erfahrungssätzen, definiert. (Schlick 1930/31) Nach Imre Lakatos (1974) stellt die Wissenschaft eine Gesamtheit von Resultaten dar, und die »modernen Methodologien bestehen aus Regeln zur Einschätzung fertiger, bereits artikulierter Theorien«.

Erkenntnistheorie ist eine Methodenlehre, die Erkenntniskritik damit eine Kritik der Wissenschaft. Das Zentralthema der neuzeitlichen Erkenntnistheorie ist die Begründung der Objektivität menschlicher Erkenntnis und ihrer historischen Entwicklung.

Erfahrungen beziehen sich sowohl auf Immerwiederkehrendes als auch auf sehr selten Auftretendes, mögen es meine eigenen Erfahrungen oder die anderer sein.

Die Realität äußert sich im Vorhandensein von etwas. Vorhandensein bestimmt Existenz, Realität die Essenz. Es gibt Vorhandenes und Vorkommendes. Vorhandenes existiert räumlich. Vorkommendes hat einen zeitlichen Aspekt. Die Sätze »Es gibt Nordlichter«, »Es gibt Rechenfehler«, »Es gibt UFOs« würden zu Recht bestehen, auch wenn gegenwärtig keine zu sehen sind, denn sie kommen vor. Der Philosoph Albert Grote stellt fest (1983):

> »Sie sind nicht, wie Vorhandenes, auch aufsuchend zu finden … Es geht nicht um etwas, was in der Gegenwart da zu sein braucht … Aber man muss damit rechnen, … Das liegt im Bereich der Möglichkeit …« –
>
> »Sowohl das Vorhandene wie das Vorkommende vermögen unter dem ›Es gibt‹ existential aufgefasst werden.«

Nicht Qualitatives macht also die Differenz der beiden Existenzmodi (Vorhandenes und Vorkommendes) aus. Es betrifft nicht den sachlichen Gehalt, um den es geht, das Quale, sondern den Modus, wie er existential ansteht:

> »Im praktischen Verhalten zur Welt drängt sich das Vorhandene in den Vordergrund … Kausalität geht immer vom Individuellen aus auf ein Individuelles hin; und so vom Vorhandenen auf das Vorhandensein eines anderen. In solch einem kausalen System hat Vorkommen und Vorkommendes keinen Platz; man übersah es daher oder versuchte in merkwürdigen Umdeutungen, es aus der Welt zu schaffen. Man nahm es gnoseologisch nur eben hin, überdeckt vom Vorhandenen.« –
>
> »Primär ist das Geöffnetsein in ein Andrängen von Welt überhaupt das lebensnotwendige Ausgerichtetsein auf ein mögliches Anstehen aus der Zukunft her …

> Solch Sich-voraus-Sein ist lebensnotwendig. Man lebt nicht nur aus der Erinnerung her, sondern auf die Zukunft hin. Auch das Gegenwärtige erhält seine gegenständliche Festigkeit aus der Zukunft her: dass es so fassbar ist und auch erinnernd so aus der Vergangenheit heraufgeholt werden kann. Man ist ausgerichtet in einem Erwarten auf zu Erwartendes hin.
>
> Dies Sich-voraus-Sein ist ein auszeichnendes Charakteristikum des Lebendigen gegenüber einem bloßen Reagieren, wie es für die Physik und die Chemie grundlegend sind. Und nur auf diesem Boden eines Erwartens sind auch überprüfbare Verifikationen möglich.«

So ist aus philosophischer Sicht beispielsweise die Behauptung berechtigt: »Es gibt Kugelblitze«, weil sie beobachtet worden sind, und für die Zeugen ist deren Existenz gewiss. Aber wegen ihrer Seltenheit bleibt ihre Existenz für die Wissenschaft ungewiss und wird, weil eine Erklärungstheorie fehlt, von einigen Wissenschaftlern sogar ganz geleugnet.

Wahrnehmungen müssen in einer öffentlichen Sprache kommunizierbar sein, wenn wir wahre Urteile fällen wollen. Urteilen ist eine Tätigkeit, die von allen anderen nachvollzogen werden kann. Es muss zwischen der Sprache, die Gegenstand der Diskussion ist und für die jeweils die Definition von Wahrheit aufgebaut werden soll (Objektsprache), und der Sprache unterschieden werden, in der die Definition formuliert wird (Metasprache). Im Rahmen der formalisierten Sprache ist Wahrheit die Erfüllung der Bedingungen der formal korrekten und sachlichen zutreffenden semantischen Definition. Ein formales System ist gekennzeichnet durch einen bestimmten Bestand an irgendwelchen konventionellen (grafischen) Zeichen und Regeln für ihren Gebrauch (Kalkül). Interpretation ist dann die Zuordnung des Kalküls. Damit einem Zeichensystem ein spezieller empirischer Gehalt gegeben werden kann, müssen die semantischen Regeln (Zuordnungs- oder Korrespondenzregeln) bestimmte Bedingungen erfüllen.

So wird das Allgemeinwissen um eine Beobachtung durch eine symbolische Verständigung zwischen Beobachtern weitergegeben. Auf diese Weise können auch innere subjektive Erfahrungen Allgemeinwissen werden.

Der klare, treffende Begriff ist die unentbehrliche Voraussetzung für das Aufstellen eines wahren Satzes. Jede Gemeinschaft verwendet gemeinsame Begriffswelten.

Über sprachlich ausgedrückte Begriffe können wir ein konkretes Abbild der Außenwelt und ein abstraktes Analogon davon in unserem Inneren erzeugen und an Vertreter der gleichen Sprache übermitteln. Begriffe haben keinen semantischen Status isolierter Wörter, sondern sind dank ihrer Definition kontextdeterminiert. Definitionen sind Mittel zur Bedeutungspräzisierung.

Mit Sprache, Begriffen, Symbolen und mit der Schrift lassen sich Informationen über die Welt austauschen und für andere Menschen festhalten. Sie sind die notwendige Vorbedingung für wissenschaftliches Forschen. Die Wirklichkeit wird sprachlich vorstrukturiert.

Die Wissenschaftssprache beinhaltet eine wissenschaftliche »Beobachtersprache« und eine wissenschaftliche »Theoriesprache«.

Aufgabe der Wissenschaftler ist es, Beobachtungstatsachen zu gewinnen, indem Einzelwahrnehmungen unter einer bestimmten Fragestellung planmäßig wiederholt werden.

Mit quantitativen Begriffen, beispielsweise denen der Mathematik, wird die Struktur der Wissenschaft als eines hypothetisch-deduktiven Systems erst möglich.

2.3 Entstehung und Ziele der Wissenschaft

Wissenschaft wurde erstmals im Wissenschaftsverständnis der klassischen griechischen Philosophie um etwa 400 v. Chr. von Sokrates (469–399 v. Chr.), Platon (427–347 v. Chr.) und Aristoteles (384–322 v. Chr.) im Sinne von rational begründetem Wissen begriffen.

Aristoteles schreibt in seiner *Metaphysik*:

»Wissenschaft kann alleine von regelmäßig wiederkehrenden Ereignissen und Prozessen, nicht aber Kontingentem, Akzidentellem oder gar Zufälligem handeln. Denn wie wir es gewohnt sind, so verlangen wir, soll die Behandlung eines Gegenstandes beschaffen sein, und was davon abweicht, erscheint uns als unpassend und wegen des Ungewöhnlichen schwieriger zu verstehen und fremdartiger, denn das Gewohnte ist verständlicher.« (zit. von Vollmer 1986)

Die naturwissenschaftliche Wirklichkeit entsteht aus einem bestimmten Regel- und Methoden-Kanon und ist überwältigend eindeutig und stabil.

Bereits in der Antike führten die Philosophen, die zugleich Wissenschaftler waren, Naturbeobachtungen aus und setzten sie zueinander in Relation. Beispielsweise führte die Beobachtung der Sonne, des Mondes und der Sterne zu Aristoteles Zeit bereits zu der Erkenntnis, dass Erde, Sonne und Mond große kugelförmige Körper sind und dass Mondfinsternisse durch den Schattenwurf der Erde auf den Mond verursacht werden.

Das geozentrische Weltbild, in dem viele Erscheinungen noch nicht recht verstanden wurden (z. B. die komplizierten Schleifenbahnen der Planeten), kann mit Recht als ein erstes wissenschaftliches Weltbild bezeichnet werden. Die noch heute vielfach angetroffene Meinung, dass die überwiegende Mehrzahl der Menschen im Mittelalter an eine Scheibengestalt der Erde geglaubt hätte, ist falsch, was auf verschiedene Gründe zurückzuführen ist. (R. Simek 2002)

Nikolaus Kopernikus (1473–1543) schlug vor, dieses geozentrische Weltbild hypothetisch anders aufzufassen und durch ein offenes heliozentrisches Modell zu ersetzen. Dieses Modell wurde zunächst allerdings kaum beachtet und erst bekannt, als Johannes Kepler (1571–1630) aufgrund der von Tycho Brahe in den Rudolfinischen Tabellen angegebenen vielen Sternpositionen dieses Modells mit den Sterndaten mathematisch bestätigte und verbesserte, indem er die Planetenbahnen elliptisch anstatt kreisförmig ansetzte.

Die Bildungsordnung im Mittelalter bestand aus Theologie, Medizin und Recht. Kosmologische Betrachtungen fielen noch in den Bereich der Theologie, denn es wurde noch nicht experimentiert, sondern die Naturwunder wurden vorerst nur betrachtet. Lebensziel war es, eine richtige Theoria zu finden, um damit die Lebensbedingungen der Menschen verbessern zu helfen, und philosophisch-wissenschaftliche Diskussionen fanden unter der strengen Regie der Theologen statt.

Die scholastische Methode der Theologie bestand darin, geoffenbarte Wahrheiten als gültig zu postulieren und die Ratio allein zur Entkräftung von Einwänden einzusetzen. Philosophie und Wissenschaft wurden erst gegen Ende des Mittelalters aus dem Dienst der Theologie entlassen.

Im Altertum verstand man unter Wissenschaft das systematische »Ganze der Erkenntnis«, und ein Wissenschaftler war zugleich Philosoph. Philosophie wurde nach Aristoteles als Theorie bzw. Wissenschaft der Wahrheit verstanden. Die Ziele der Philosophen unterschieden sich vollkommen von denen heutiger Wissenschaftler. Bis zum ausgehenden Mittelalter handelte wissenschaftliches Wissen vom wesentlichen Sein eines Phänomens, eines Gegenstandes oder Prozesses. Die erkenntnisleitenden Interessen der Wissenschaft bezogen sich auf den qualitativen Aspekt, auf das »Warum?« und »Wozu?« eines Phänomens, d. h. auf seine ontologische und zweckgerichtete (theologische) Dimension. Diese Verbindung von Ursache und Zweck war weltanschaulich ausgerichtet.

Seit der Antike bis ins späte Mittelalter gab es keine Wunder im Sinne eines Durchbrechens von Naturgesetzen. Denn man kannte noch keine Gesetze für die Naturvorgänge. Alles, was man auf Erden und in der Atmosphäre beobachtete, wurde als Zeichen und Machtäußerung Gottes aufgefasst.

Als Begründer des modernen wissenschaftlichen Denkens gilt der englische Mönch Roger Bacon im 13. Jahrhundert. Er hatte es gewagt, physikalische Experimente anzustellen und mit seiner Apparatur Voraussagen für das künftige Geschehen eines Systems zu machen. Das war Ketzerei! Denn nach Auffassung der Kleriker stand es nur Gott allein zu, in die Zukunft zu sehen. Die Inquisition warf Bacon vor, er wolle Gott spielen, und kerkerte ihn ein.

Drei weitere Jahrhunderte lang wurde die Natur nur betrachtet. Es wurde als gotteslästerlich angesehen, mit der Natur zu experimentieren. Denn alle Dinge hielt man für beseelt. Die sichtbare Wirklichkeit wurde als Kulisse aufgefasst, die auf eine nicht sichtbare Ebene hinter den Dingen aufmerksam macht. So bildeten die Dinge Zeichen (signature rerum), und bis ins späte Mittelalter wurden auch noch Naturphänomene als »Zeichen« gedeutet. So verstand man beispielsweise einen Regenbogen als Hinweis Gottes, der Sintflut und deren gutem Ausgang zu gedenken. Was nicht als Zeichen gedeutet werden konnte, existierte nicht.

Den Bericht über das unbekannte schwebende Flugobjekt in Form eine »Mannshutes« (Scheibe mit Kuppel) über Stralsund im Jahre 1656, das damals sechs Fischer »strahlenkrank« gemacht hatte, erkannte Erasmus Francisci erst Jahre später an, nachdem die Schweden 1667 in Stralsund eingefallen waren und er das Phänomen nachträglich als Vorankündigung deuten konnte.

Der heutige Wissenschaftsbegriff ist auf den quantitativen Aspekt, das »Wie?« und »Wodurch?« eines Phänomens gerichtet, also auf funktionale und kausale Erklärungen. Dazu fehlten den frühen Wissenschaftlern noch jegliche experimentellen Prüfungsmöglichkeiten.

Die Methode der modernen Wissenschaft, speziell der Physik, entwickelte sich erst am Ende des Renaissancezeitalters um 1600 mit der Verwendung der Mathematik zur Analyse von Naturbeschreibungen durch Johannes Kepler und Galileo Galilei (1564–1642). Sie begannen damit, qualitative Unterschiede der Erscheinungen auf die quantitative Ebene zu überführen. Damit trennten sie sich von der damals üblichen spekulativen Philosophie. Kepler erkannte: »Das Buch der Natur ist in Mathematik geschrieben.« Und Galilei begann damit, Fragen an die Natur zu stellen, die er sich durch Experimente beantworten ließ. Carl-Friedrich von Weizsäcker schreibt über diese neue Art der Erkenntnisgewinnung (C.-F. v. Weizsäcker 1976):

> »Galilei wagte die Welt so zu beschreiben, wie wir sie nicht erfahren. So öffnete er den Weg für eine mathematische Analyse, die die Komplexität der wirklichen Erscheinungen in einzelne Elemente zerlegt. Das wissenschaftliche Experiment unterscheidet sich von der Alltagserfahrung dadurch, dass es von einer mathematischen Theorie geleitet ist, die eine Frage stellt und fähig ist, die Antwort zu deuten. So verwandelt es die gegebene ›Natur‹ in eine manipulierbare ›Realität‹.«

Der Beweis durch das Experiment wurde von nun an zum entscheidenden Kriterium der Frage, ob etwas wahr ist und überhaupt existiert.

Galilei forderte, nur das als Faktum anzuerkennen, was messbar ist oder messbar gemacht werden kann. Bis dahin waren die Wissenszweige Geisteswissenschaft und Naturwissenschaft noch nicht voneinander unterschieden. Die Geisteswissenschaft ist dadurch gekennzeichnet, dass sie sich mit der Deutung individueller Phänomene (Hermeneutik) beschäftigt und mit Bedeutungszuweisung und Sinnverstehen im Rahmen historisch-kultureller Zusammenhänge. Charakteristisch für die Naturwissenschaft ist das methodische Vorgehen: Beobachten, Hypothesen bilden, Experimentieren, Theorien bilden.

Diese Trennung der Wissenschaftstraditionen vollzog René Descartes (1596–1650) durch die Begründung des Dualismus von Geist (res cogitans) und Materie (res extensa) und der Forderung, dass sich Naturwissenschaft ausschließlich mit der Untersuchung materieller Prozesse und Dinge zu befassen habe. Denn der bewusste Geist war jetzt von der entseelten Materie abgetrennt, die Dinge zu »toten« Gegenständen macht, denen das Subjekt als Beobachter gegenübersteht. War zuvor das qualitativ unteilbare Ganze Gegenstand der Untersuchungen, so wurde von nun an nur noch Wert gelegt auf die quantitative Beziehung der Teile.

Allmählich entwickelte sich daraus die Auffassung, dass nur der rein materialistische Bestand des Daseins Anspruch auf wissenschaftlich bewiesenes Sein hat.

Das Körperliche, die res extensa, ist der Träger für den bewussten Geist. Descartes erkannte, dass die Umsetzung der Sinneseindrücke (die – wie wir heute wissen – aus Hirnstromaktivitäten bestehen) in Erlebnisqualitäten, nicht mehr zur physikalisch beschreibbaren Wirklichkeit gehört. Das Bewusstsein bewertet Reize und setzt sie in Symbole und Wahrnehmungsbilder um. Aus der Summe der Erlebnisse setzt sich unser Ich oder Selbst zusammen, als ein bewusstes Subjekt, das etwas zutiefst Qualitatives darstellt, für das es keine Beschreibungsmöglichkeit in der Naturwissenschaft gibt.

Bis zu Descartes war es noch üblich gewesen, die Existenz und Wirkung auch qualitativer Strukturen (Symbole) in Betracht zu ziehen. Man verstand beispielsweise, dass eine funktionsfähige Uhr mehr ist als die Summe ihrer Einzelteile, weil ihr eine relative Zweckmäßigkeit (relativ bezogen auf den Menschen) als qualitative Eigenschaft aufgeprägt ist. Analog dazu sah man auch die Lebewesen mit einer immanenten Zweckmäßigkeit versehen an, denen je nach der äußeren Komplexität eine verschiedene organisatorische Bewertung zugeordnet werden muss.

Selbst Zahlen als Symbolen ordnete man bestimmte Qualitäten als Vorstellungsbilder zu (Kabbala). Diese verschiedenen Qualitäten mit symbolischen Strukturen sollten durch eine Art »Strukturresonanz« (zwischen ähnlichen Mustern) mit den Qualitäten anderer Systeme in Verbindung stehen können, sofern sie gewisse Entsprechungen bildeten. Und man war überzeugt, dass der Mensch durch Imagination dieser Symbole als Ideen über eine Strukturresonanz mit den entsprechenden qualitativen Eigenschaften anderer materieller Systeme in diesen Wirkungen erzeugen könnte (Magie, Alchemie).

Umgekehrt sollten auch die qualitativen Aspekte in Naturvorgängen, wie beispielsweise das System der sich bewegenden Planeten mit Sonne und Mond, qualitative Strukturresonanzen mit Lebensvorgängen jedes einzelnen Menschen bewirken können (Astrologie).

Die den Menschen unterstellte Möglichkeit, durch Konzentration und Wille auf andere Psychen oder materielle Systeme einzuwirken, wurde rasch vergessen, weil es so gut wie keinen Menschen mit dieser Eigenschaft gab und die erfolgreiche Ausübung ohnehin die Inquisition auf den Plan gerufen hätte. (Erst im 20. Jahrhundert wurde die Möglichkeit durch die parapsychologische Forschung wiederentdeckt und als Psychokinese bestätigt.) Große Wissenschaftler der damaligen Zeit glaubten noch an die Wirkungen qualitativer Strukturen auf materielle Objekte. Kepler beschäftigte sich mit Astrologie und Harmonik; Newton war Alchemist und Leibnitz befasste sich mit der Kabbala.

Seit der Trennung der Wissenschaftstraditionen wurde das Subjekt der Erkenntnis aus dem Bereich der Natur ausgeschlossen, und Werte, Qualitäten und Zweckmäßigkeiten sind aus dem wissenschaftlichen Diskurs ausgeklammert. Subjektive Erlebnisse und gar Wechselwirkungen zwischen Geist und Materie sind nicht Gegenstand wissenschaftlicher Forschung.

Descartes vertrat die Auffassung, dass eine absolute Gewissheit über die Dinge der Wirklichkeit erreichbar sei. Das ist die Behauptung der philosophischen Richtung des Rationalismus. Das Muster aller Wissenschaftlichkeit bildete für Descartes die Mathematik. Aus ihr gewann er seine Kriterien für Wahrheit und Gewissheit. Das Streben nach Gewissheit und der Triumph des Rationalismus waren eine Reaktion auf die Krisensituation der damaligen Zeit. Was nicht berechenbar war, galt von nun an als irrational und vernunftwidrig.

Nach Auffassung von Galilei und Newton (1643–1727) müsse die Erkenntnis der Wissenschaft auf ein Eingreifenkönnen und Beherrschen natürlicher Prozesse und Dinge abzielen. Der eigentliche Begründer der modernen Wissenschaft und Vertreter der philosophischen Richtung des Empirismus Francis Bacon (1561–1626) erkannte: »Wissen ist Macht« – Wissen, das durch Experiment und Beobachtung gewonnen ist. Und René Descartes (1596–1650), der die mathematische Gewissheit als Ideal proklamierte, wollte ein »Wissen, um uns zu Herren und Meistern der Natur zu machen«. Ebenso sah es sein Zeitgenosse, der englische Philosoph T. Hobbes, im 17. Jahrhundert:

> »Ein Ding kennen bedeutet: zu wissen, was man damit anfangen kann, wenn man es hat.«

Im 18. Jahrhundert setzte die Aufklärung ein, die das rationale Denken, die Logik und Vernunft als alleinige Quellen aller Erkenntnis anerkannte und zur Richtlinie des Handelns sowie zum Maß aller Werte erklärte. Subjektive Erfahrungen, wie sie die christlichen Mystiker berichteten, verloren ihre Bedeutung als Erkenntnismittel. 1784 erklärte Immanuel Kant (1724–1804), Aufklärung sei der Ausgang des Menschen aus seiner selbst verschuldeten Unmündigkeit. Das neue Dogma lautete nun: »Für alles gibt es eine streng rationale Erklärung.« Die Physik hat mit raum-zeitlichen Phänomenen zu tun. Alle Erscheinungen, die nicht in Raum und Zeit zu lokalisieren sind, können von der Physik nicht erfahren werden. Doch die Grenzen der Vernunft sind nicht identisch mit den Grenzen der Wirklichkeit. (*Kritik der reinen Vernunft*, 1787)

1830 wurde von Auguste Comte (1798–1857) der Begriff des

empirischen Positivismus geprägt. Die Seinserfahrung ist die alleinige Kontrollinstanz für die Richtigkeit einer Behauptung, forderte Comte. Die Menschheit entwickelte ein immer positiveres Denken, das vom Mythos über die Metaphysik zur Wissenschaft führe. Im Positivismus werden nur Sätze der Mathematik und Logik und Sätze der empirischen Wissenschaft, in der diese Sätze prüfbar sind, als sinnvolle Sätze anerkannt.

Im 19. Jahrhundert löste sich der begründungsorientierte Wissenschaftsbegriff auf zugunsten methodischer Normen und der Beherrschung empirischer Daten.

Der Wissenschaftler trat an die Stelle des Gottsuchers, die objektive Wahrheit an die Stelle des Aberglaubens. Als Wahrheit wurde verstanden, was die neue Autorität und in Folge die Mehrheit dafür hielt.

Aus dem Rationalismus wurde schließlich seine extremste Form, der wissenschaftliche Materialismus, der nur die »sichtbaren und sichtbar zu machenden Dinge« erkennt. Die weitaus umfangreichere Welt der nicht materiellen Entitäten wurde ins Abseits der Mystik, des Glaubens und des Irrealen verbannt.

Heute versteht man unter Wissenschaft die Gesamtheit von Erkenntnissen, die sich auf einen Gegenstandsbereich beziehen und in einem Begründungszusammenhang stehen. Wissenschaft ist der methodische Prozess intersubjektiven nachvollziehbaren Forschens und Erkennens. Sie wird als der systematische Versuch verstanden, die natürliche Welt zu verstehen, durch Erarbeitung einer rationalen Ausdrucksweise durch Sprache und mathematische Symbole, die den Vorgängen entspricht, die hinter allen natürlichen Phänomenen stehen. Es besteht der Grundkonsens, dass die Welt geordnet ist und zumindest im Prinzip verstanden werden kann.

Vor rund 500 Jahren begann der europäische Mensch durch die Methode wissenschaftlicher Forschung viele Naturprozesse zu verstehen, sodass er zum Herrn seiner Umgebung wurde und Kontrolle über Kraftreserven und synthetische Materialien erlangte. Seither wurde die Zivilisation mehr und mehr diesseitsbezogen. Die geistige Natur des Menschen wurde mehr und mehr vernachlässigt. Allmählich verlor der Mensch seine Individualität und seinen Sinn für geistige Werte und entwickelte sich zum Mitglied einer amorphen Gruppe von Materialisten, die als oberstes Ziel das Vergnügen hat. Trotzdem quält ihn ein unbewusstes Verlangen nach Lebenszweck und Sinnsuche, sodass er sich vielfach pseudoreligiösen Gruppen anschließt und auf sogenannte Weltverbesserer (Faschismus, Kommunismus) hereinfällt.

2.4 Grundverständnis und Methoden der Wissenschaft

Wissenschaft ist die Methode des Sicherstellens von Wissen. Sie ist etwas, das von Menschen kooperativ veranstaltet wird. Jede Art menschlichen Handelns, die darin besteht, Sachverhalte durch Beobachtungen und Experimente zu prüfen und auf dem Wege des Klassifizierens und der Theoriebildung zu systematisieren, ist Wissenschaft. (Geiger 1989) Sie entwickelt sich erst dort, wo Hypothesen geprüft und sinnvoll gewichtet werden. Hypothesen sind zunächst Annahmen, mit denen probeweise hantiert wird. Durch formale Strukturierung in einer mathematischen Fassung mit Gesetzen wird daraus eine Theorie. Die erkannten Gesetze werden dann dazu benutzt, subjektive Erwartungen hinsichtlich künftiger Ereignisse zu bilden und anhand von Erfahrung zu prüfen und zu begründen sowie einen Sachverhalt zu erklären. Eine Erklärung ist ein bestimmtes Argumentationsschema, für das mindestens ein Gesetz benötigt wird, sei dies explizit angegeben oder inexplizit vorausgesetzt. Jede neue Theorie muss mit der alten unter bestimmten Bedingungen verträglich sein (Konsistenzbedingung).

Die Voraussetzungen der Wissenschaft sind das Einhalten bestimmter Regeln, die Gewissheit und Gültigkeit wissenschaftlicher Aussagen sichern:

1. Alle Vorgänge in der physikalischen Welt erfolgen kausal determiniert (ontologische Hypothese). Alle Wirkungen beruhen auf einer feststellbaren Ursache. Die Kette der Wirkungen zieht sich aus der Vergangenheit über die Gegenwart hin bis in eine noch nicht erreichte Zukunft.
2. Die Immer-wieder-Herstellbarkeit der Phänomene im Experiment, die Reproduzierbarkeit, sichert die intersubjektive Feststellbarkeit der Phänomene.

3. Prinzip des Induktionsschlusses auf Allsätze. Allbehauptungen, von Einzelanalysen erstellt, können nicht begründet, aber durch Beobachtungen bestätigt werden.
4. Nur prinzipiell überprüfbare Aussagen sind zugelassen (Falsifizierungsprinzip).
5. Der Aufbau einer Theorie muss widerspruchsfrei sein und der Logik genügen.
6. Was als richtig erkannt wurde, gilt auch in Zukunft als richtig (Kumulativität).

Das heißt, wissenschaftliche Aussagen müssen verallgemeinerbar, kausal begründbar, widerspruchsfrei und nachprüfbar sein.

Im theoretischen Arbeiten verwendet man Prinzipien der Induktion und Deduktion. Mit der Induktion schließt man vom Einzelnen – über mehrere Stufen – auf das Gesetz (Hinführung auf Allaussagen). Durch Deduktion wird vom Gesetz auf den Einzelfall geschlossen (Ableitung).

Diese Regeln zeigen auch, was nicht zur Wissenschaft gezählt werden kann: nämlich alles das, was nicht experimentell, nicht logisch, nicht falsifizierbar, nicht reproduzierbar ist. Nur dadurch, dass in der Wissenschaft von gewissen Phänomenen abgesehen wird, kann Wissenschaft überhaupt betrieben werden.

Die Philosophin Elisabeth Ströker schreibt in der *Einführung in die Wissenschaftstheorie* (1977):

> »Die wissenschaftliche Objektivität der Aussage kennzeichnet nicht bloß Unabhängigkeit von subjektiven Faktoren schlechthin, sondern die Disziplinierung ihres Einsatzes unter Regeln, die für das Sinnverständnis den Kontextbezug einer natürlichen Sprache entbehrlich machen und Beliebigkeiten der Deutung ausschließen.«

Nach Mittelstrass (1988) lassen sich drei verschiedene Bedeutungen von Wissenschaft angeben:

1. Wissenschaft als eine besondere Form der Wissensbildung (dies wird untersucht durch die Wissenschaftstheorie oder die Logik der Forschung)

2. Wissenschaft als Institution (Wissenschaftsforschung oder Soziologie der Forschung)
3. Wissenschaft als Idee (Ethik der Forschung)

Zu 1: In der ersten Bedeutungsklasse als Wissenschaftstheorie werden das Verhältnis zwischen Theorie und Erfahrung sowie Sprache und Denken untersucht. Es wird analysiert, was eine Wissenschaft ist, was eine Definition, was eine Erklärung, was ein Beweis, was ein Gesetz ist.

Ihr Gegenstandsbereich bezieht sich auf Systeme von Aussagen, Begriffen, Formen der Argumentation und Verfahrensregeln für Prüfungs- und Rechtfertigungen wissenschaftlicher Aussagen.

Wissenschaft ist nicht nur objektorientiert, sondern auch selbstreflektiv und in diesem Sinne philosophieorientiert. Die Wissenschaftstheorie ist die Philosophie der Wissenschaft. Sie hat hauptsächlich die Naturwissenschaft zum Thema und wurde in den 1930er-Jahren vom »Wiener Kreis« mit ihren Vertretern Carnap, Hempel, Nagel und Popper gegründet, die der philosophischen Strömung des »Neo-Positivismus« oder des »logischen Empirismus« angehören. Im logischen Empirismus wird nicht mehr nur die Seinserfahrung als Kontrollinstanz akzeptiert wie im Positivismus Comtes. Gefordert wird eine Verifikation auch der Philosophie durch Beobachtung und Experiment. Nachdenken über Meta-Empirisches wird damit entbehrlich, und Philosophie wird auf Logik und Sprachanalysen reduziert. Damit ist das Ich als »Scheinbegriff« aus allen weiteren Untersuchungen entfernt.

Zu 2: In der Bedeutung als Institution gehört die natürliche Freiheit der Wissenschaft allein schon aus ökonomischen Gründen der Vergangenheit an. Die Erzeugung wissenschaftlicher Evidenz wird von zwei Faktoren bestimmt: Zum einen von den Aspekten der in der wissenschaftlichen Gemeinschaft existierenden Erfahrungen, Paradigmen, der Plausibilität und von Vorurteilen. Und zum anderen von den Charakteristiken des einzelnen Wissenschaftlers: Stellung, Prestige, Glaubwürdigkeit, Weltbild-Korrektheit.

Jeder Wissenschaftler steuert durch seine persönliche Leistung Erklärungen für Teilaspekte der Wirklichkeit bei, die vom kritischen

Urteil der anderen und durch experimentelle Nachprüfungen bestätigt oder widerlegt werden können. Auf diese Weise erfolgen eine progressive Ausschaltung von Irrtümern aus Hypothesen und eine allmähliche Annäherung an die Wahrheit. Damit verbindet sich der Glaube der Wissenschaftler, dass Wissenschaft letzten Endes die Gewissheit einer endgültigen Erklärung liefern wird.

Tatsachen sind nicht etwas, das sich unmittelbar darbietet, sondern es muss eine spezifische Beziehung des Wahrgenommenen zur Gemeinde der Wissenschaftler, dem Denkkollektiv (nach Fleck 1935/1980), entstehen. Die im Tatsachenbegriff liegende Nötigung charakterisiert Fleck als Denkzwang: »Denksolidarität im Dienste einer überpersönlichen Idee«. (S. 140) Im Wissenschaftsbetrieb herrscht Dominanz des Mehrheitsbeschlusses. Was normal ist, entscheidet die Mehrheit. Es herrscht ein enormer Konformitätsdruck. Die eingefräste Einmütigkeit lässt die allseits geteilten Anschauungen nicht nur als optimal bewährt, sondern konsequentermaßen auch als »wahr« erscheinen. (Elias & Scotson 1990) Die wissenschaftliche Gemeinschaft ist hartnäckig veränderungsresistent.

Die Naturwissenschaft ist weitgehend rational betriebene Ingenieurwissenschaft. Die Mainstream-Organisationen der Wissenschaft verhalten sich nicht wie Vereinigungen von unabhängigen Individuen, sondern als Bürokratien. Der Wissenschaftstheoretiker Henry Bauer (2004) spricht von regelrechten Wissensmonopolen und Wissenskartellen, die eine Art Zensur ausüben. Monopole kontrollieren die Forschungsförderung, indem sie die Förderung unorthodoxer Arbeiten verhindern. Zum Ende des 19. Jahrhunderts erlangte die Wissenschaft die Hegemonie über die westliche Kultur. Seit der Mitte des 20. Jahrhunderts befriedigt die Wissenschaft nicht mehr die Interessen der Öffentlichkeit, die z. B. über parapsychische Phänomene und unbekannte Flugobjekte unterrichtet werden möchte.

Jeder Anspruch auf wissenschaftliche Wahrheit muss sich ausweisen lassen. Das bedeutet, dass er intersubjektiv prüfbar sein muss. Die Geltungsfrage wird zur bloßen Konsensusfrage. Das Problem ist, dass es keine Regeln darüber gibt, wie eine Einigung über Aussagen über singuläre Sachverhalte, die als spezifisch zur Wissenschaft gehörend empfunden werden, erzielt werden könnte.

Die Wissenschaftler suchen nicht mehr nach Wahrheit als »öffentlichem Gut«, meint Bauer, sondern sie suchen in erster Linie nach profitablen Anwendungen und Technologien. Diese Art der Kommerzialisierung ist besonders deutlich in der Medizin ausgeprägt.

Für den »Durchbruch« einer neuen Entdeckung in der Wissenschaft ist nicht nur ein Entdecker erforderlich, sondern darüber hinaus ein Schriftleiter, der bereit ist, die Entdeckung zu publizieren sowie ein Finanzier oder Politiker, der die Detailarbeit finanziert. (Ferrera 1977)

Die Rezeption der neuen Ergebnisse wird sodann sehr wesentlich von subjektiven Momenten bestimmt und von der objektiven Qualität des Beweismaterials kaum beeinflusst.

<u>Zu 3:</u> Als Idee ist Wissenschaft mit Ordnen, Einpassen, Explizieren, Erklären, Beweisen von Daten und Sachverhalten befasst. Ihre Erfolge liegen in der Beschränkung der Untersuchung auf einzelne Phänomene. Es besteht das Ziel, nach und nach sämtliche Phänomene der Wirklichkeit zu erfassen und in eine theoretisch gesicherte Gesamtschau mit einzubeziehen.

Wissenschaft hat eine Forschungs- und eine Theorieform. In der Forschungsform geht es um das Kennenlernen der Gegenstände, in der Theorieform um die Geltungssicherung gegenstandsbezogener Aussagen. Wissenschaftstheoretische Kriterien der wissenschaftlichen Forschungsform sind: Messbarkeit, Objektivierbarkeit, Reproduzierbarkeit, Prüfbarkeit, und für die Theorieform: Widerspruchsfreiheit, Zirkelfreiheit, Erklärung und Prognose, Einfachheit und prinzipielle Widerlegbarkeit der Theorie. Zu ihren Normen der modernen Wissenschaft zählen nach Merton (1942):

1. Skepsis (ausgeführt durch Kollegen in Gestalt der »peer reviews«).
2. Alle Erkenntnis ist universal.
3. Erkenntnis ist ein öffentliches Gut.
4. Wissenschaftler sollen emotional unbeteiligt sein.
   Nach John Ziman (1994) sollte noch eine weitere Norm zur Wissenschaft gezählt werden:
5. Originalität.

Die allgemeinen Regeln für wissenschaftliches Vorgehen sind:

1. Offenheit: Es muss jede Behauptung zulässig sein.
2. Belegbarkeit: Jede Aussage muss belegt werden.
3. Kritisierbarkeit: Jeder Beleg darf bezweifelt werden.
4. Vollständigkeit: Es müssen sämtliche empirischen und theoretischen Fakten berücksichtigt werden.

Kriterien für wissenschaftliches Vorgehen sind Anwenden der richtigen Methoden auf ein Problem, aber nicht der Inhalt oder Gegenstand der Untersuchung. Die Denk- und Arbeitsweisen sind an den Ergebnissen zu messen, die sie bringen, weil Wissenschaften auf Fortschritt ausgerichtet sind.

Das Fundament der Wissenschaft bildet die Wissenschaftssprache als Fachsprache mit einer genauen Terminologie und streng definierten Begriffen. Darin unterscheidet sich Wissenschaft von Nichtwissenschaft. Das Ziel der Wissenschaft ist es, Erkenntnisse über die Realität zu gewinnen und Voraussagen über das zu machen, was geschehen wird. Damit nimmt Wissenschaft aktiv Einfluss auf die Zukunft und zielt auf die technische Beherrschbarkeit der Welt.

Wissenschaft ist eine Kunst, da sie auf schwierige Weise erlernt werden muss und das Arbeiten mit ihr viel Fantasie erfordert.

Methodisch haben sich für wissenschaftliches Arbeiten einige logische Voraussetzungen als unverzichtbar herausgestellt. Die Logik ist die Lehre vom richtigen Denken. Und die Regeln für die Richtigkeit werden durch vier Axiome festgelegt:

1. »Der Satz vom zureichenden Grund«. Das meint, dass es in unserer Welt nichts gibt, was nicht eine Ursache hätte.
2. »Der Satz von der Identität«. Alles und jedes ist sich selbst gleich.
3. »Der Satz vom Widerspruch«: Keine Aussage kann zugleich »wahr« und »nicht wahr« sein.
4. »Der Satz vom ausgeschlossenen Dritten«. Das ist die Verstärkung von Satz 3: Eine Aussage ist entweder »wahr« oder »falsch«; ein Drittes gibt es nicht.

Thomas Samuel Kuhn (1922–1996) entdeckte, dass die Anreicherung von Erkenntnissen historisch nicht gleichmäßig linear verläuft, sondern dass es »Sprünge« in der Erkenntnis durch neue Erklärungsmodelle, die er Paradigmen nennt, gibt. Durch neue Theorien kann es regelrecht zu »Katastrophen« kommen, durch die der paradigmatische Bewertungsrahmen periodisch gesprengt und durch einen neuen ersetzt wird. (Kuhn 1979) Ein Paradigma fungiert als Träger für Wirklichkeit und bestimmt, was wahrgenommen wird und was nicht.

Nach Karl Popper kann Wissenschaft niemals Wahrheiten zutage fördern, sondern nur bessere Modelle liefern. (Popper 1982) Es gilt noch heute die Feststellung des vorsokratischen Philosophen Xenophanes, der etwa 500 v. Chr. lebte und als erster Philosoph die Wirklichkeit als eine Einheit erkannt hatte: »Der Zustand, die Natur zu verstehen, ist ein gewirktes Netz von Vermutungen.«

Die Naturwissenschaft handelt nicht von der eigentlichen Wirklichkeit, sondern nur von einer bestimmten Projektion auf die Wirklichkeit, stellt Dürr fest (1989), »nämlich von dem Aspekt, den man nach Maßgabe detaillierter Anleitungen in Experimentierhandbüchern durch ›gute‹ Beobachtungen herausfiltern kann.« Was wir von der Realität erwischen können, richtet sich in einer Metapher von Eddington (1939) nach der Maschenweite des Netzes, mit dem wir die verschieden großen Fische fangen. Mit großen Fischen sind die groben Theorien und leicht zu entdeckenden Phänomene gemeint.

Das Beste, was wir experimentell tun können, ist, unsere Hypothese zu verbessern, nicht aber, sie zu beweisen, stellt Popper fest. Und das Einzige, was man in der Wissenschaft tatsächlich mit Sicherheit tun kann, ist, etwas zu widerlegen, zu »falsifizieren«.

Theorien und Gesetze sind immer nur vorläufig. Durch Prüfen an der Realität erweisen sie sich nicht als wahr oder falsch, sondern als brauchbar oder unbrauchbar. Wissenschaftliches Wissen ist nur Vermutungswissen. Das ist die Idee des Kritischen Rationalismus.

Wir tasten nach Wahrheit, selbst wenn sie unerreichbar ist. Aber Wahrheit steht außerhalb menschlicher Autorität.

Eine gesicherte Erklärung, eine Theorie, liegt dann vor, wenn eine Annahme alle Bemühungen um Widerlegung überdauert hat. Solange sie nicht widerlegt bleibt, ist sie brauchbar und gilt für den Augenblick als »wahr«.

Im gegenwärtigen Selbst- und Situationsverständnis stellt Wissenschaft eine soziologische Variante der Forschungslogik Karl Poppers und deren Historisierung bei Thomas Kuhn dar. (Mittelstrass 1988) Ihr Konzept wird von Lakatos (Lakatos und Musgrave 1974) kritisiert, der zu bedenken gibt, dass man auf die Dauer keine wissenschaftliche Theorie auf die Falsifikation aufbauen kann. Und das Enfant terrible der Wissenschaftstheorie Paul Feyerabend (1976) wendet sich ganz gegen den »Methodenzwang«, den die Wissenschaftstheorie angeblich ausübt:

> »Wissenschaftstheorie produziert Kindereien wie den Kuhn-Popperschen Froschmäusekrieg.« (S. 25)

Wissenschaftlicher Fortschritt sollte Ideen, Vorstellungen und Gedanken zulassen, die auf nicht wissenschaftlichen Methoden beruhen. Denn die Erkenntnis von heute kann zum Märchen von morgen werden und der lächerlichste Mythos zum festen Bestand der Wissenschaft. Das subjektive Moment dürfe nicht ausgeklammert werden.

Diesem Gedanken des Wissenschaftspluralismus schließt sich auch Alan F. Chalmers (1999) an. Seiner Ansicht nach gibt es keinen allgemeinen wissenschaftlichen Ansatz und keine allgemeine wissenschaftliche Methode, die sich auf alle historischen Stufen ihrer historischen Entwicklung anwenden lassen kann.

2.5 Wahrnehmen und Beobachten in der Wissenschaft

Es gibt kein voraussetzungsloses Betrachten und Beobachten. (Die Theorie bestimmt, was gesehen werden kann, nach Einstein.)

Die Wissenschaft kennt keine »nackten Tatsachen.« Alle Fakten, die in die Erkenntnis eingehen, sind bereits auf bestimmte Weise gesehen und daher wesentlich ideell. Wahrnehmungstatsachen, die nur den Status von Berichten haben, werden als nicht dazugehörig abgewiesen. Denn alle Beobachtungen in der Wissenschaft sind theoriegeleitet. Damit eine Wahrnehmung den Status einer wissenschaftlichen Beobachtung erfährt, muss die Wahrnehmung im Interesse der Erforschung von Gesetzmäßigkeiten wiederholt gemacht und auf einer theoretischen Basis erwartet werden. Ein wissenschaftliches Experiment definiert eine Beobachtung. Das, wonach gefragt wird, legt den zu beobachtenden Tatsachenbereich fest. Die Basis der Wissenschaft stellen weder Wahrnehmungen noch Theoriekonstruktionen dar, sondern Beobachtungen, die aufgrund bestimmter Problemstellungen gemacht werden.

Erkauft wird die Disposition für gerichtetes Wahrnehmen mit der Preisgabe, Heterogenes erkennen zu können.

Theorien lassen sich nicht aus Tatsachen ableiten, wusste bereits David Hume (1711–1776).

Durch den »methoden-relativen« Zugriff des Experiments entwickeln sich naturwissenschaftliche Tatsachen. Erst durch die Methode werden Tatsachen sichtbar (beispielsweise als Welle oder als Teilchen des Lichtes). Die wissenschaftlichen Fakten werden also niemals vorurteilsfrei sichtbar. Sie sind methoden-relativ. Erst durch eine bestimmte Methode wird eine Wirklichkeit zu dieser Wirklichkeit.

Es gibt demnach keine Wirklichkeit, die schon immer existiert und die in der Wissenschaft nur aufgefunden werden müsste. Nach G. Fasching (1999) sollte die Suche nach der eigentlichen Wirklichkeit ersetzt werden »durch ein ausreichendes Maß an Phantasie, sich Alternativen vorzustellen, die für Anleitungen für unser zukünftiges Handeln werden können«.

Da unsere Erwartungen über das Verhalten der Wirklichkeit von theoretischen Konzepten bestimmt werden, gelten neuartige Phänomene als unvereinbar mit dem wissenschaftlichen Weltbild, solange sie nicht in das gegenwärtige Erklärungsmodell aufgenommen werden können. Dieses Vorverurteilen ist eine Strategie der Absicherung des als gesichert akzeptierten Weltbildes gegen Irrtümer, Betrüger, Leichtgläubigkeit und Schwärmerei. Wenn die Reduktion der neuen Phänomene auf bekannte Erscheinungen nicht gelingt, gehören sie nicht in den Bereich der Wissenschaft. Doch die Welt, die wir erforschen möchten, ist etwas weitgehend Unbekanntes. Wir müssen uns daher offenhalten und dürfen uns nicht im Voraus beschränken.

Eine wissenschaftliche Theorie befasst sich ausschließlich mit wissenschaftlichem Wissen. Das ist der Ausdruck dafür, nur wissenschaftliches Wissen anzuerkennen. Dabei ist Wissen abhängig von den Entstehungsbedingungen. Die Eingeborenen auf den Philippinen kennen Behandlungspraktiken von Kranken, die dem Abendländer unbekannt sind und unsinnig erscheinen, nordamerikanische Indianer führen Regentänze auf, durch die während Dürreperioden Regen vom Himmel geholt werden kann. Wissen ist eine relative Größe, trotzdem wird wissenschaftliches Wissen absolut gesetzt. Es wird durch Theorien begründet, also durch Modelle für einen Teil der Realität, die bereits erkannte Phänomene erklären und neue Erscheinungen voraus-zusagen gestatten. Die Wissenschaftler sind bestrebt, möglichst viele einzelne theoretische Modelle unter eine einzige umfassende Theorie zu vereinigen. Ein solches theoretisches Modell der Wirklichkeit liefert das gegenwärtige Weltbild. Das zugehörige Erklärungsschema wird nach Thomas Kuhn (1979) zum herrschenden Paradigma.

Ein Paradigma setzt grundsätzliche Probleme eines Forschungsgebietes und die Methoden der Antwortfindung fest. Es wird durch ihm entgegenstehende Beobachtungstatsachen nicht außer Kraft gesetzt, sondern nur durch neue Theorien, die diese Fakten gemeinsam mit den bekannten erklären können.

2.6 Wahrheit und Gewissheit in der Wissenschaft

Unter Wahrheit wird ganz allgemein das Ideal der zutreffenden Darstellung eines zu erkennenden Sachverhalts verstanden. Die Frage, was Wahrheit ist, wird im doppelten Sinne verstanden, nämlich einmal als Wahrheit eines bestimmten Urteils und ein anderes Mal als Bestimmung des Wahrheitsbegriffs selbst. Die Minimalforderungen an eine wahre Aussage sind: Sie darf keine Autoritätswahrheit sein (geprägt durch Religion, Politik, Sitte und die Vorstellungen in der Gesellschaft), und sie muss von jedermann durch personenunabhängiges Argumentieren nachvollziehbar sein (als »regulative Idee«). Nachvollziehbar wird die Wahrheit durch die Verstehbarkeit der sprachlichen Mittel des Begründens und Widerlegens.

Wahrheit wird als solche durch Einsicht erkannt, die sich einer Begründung mit Argumenten verdankt.

Eine Rede kann falsch sein aus unverschuldeter Unwissenheit, aus fahrlässigem Irrtum oder in absichtlicher Falschaussage. Die Wahrheit einer Rede ist abhängig vom individuellen, persönlichen Wissen des Redners, vom allgemeinen öffentlich anerkannten Wissen und vom wissenschaftlichen Expertenwissen. Sie hat verschiedene Bedeutungsgrade, je nachdem, ob es sich um eine Zeugenaussage oder um eine Diskussion über die Wahrheit einer Aussage und um die Klärung der Mittel, um sie zu bestätigen, handelt.

Die Wahrheitsidee war in der Antike Maß und Richtschnur für das Wissen. Aristoteles bezeichnet Philosophie als die Wissenschaft der Wahrheit. Heute hat sich das Wahrheitsverständnis aus dem Bereich der aufzeigenden Rede in den Bereich des Urteils verlagert. Wissenschaftlicher Fortschritt äußert sich darin, dass ein Gedanke als wahr beurteilt und anerkannt wird.

Bei der Beurteilung eines Geltungsanspruchs ist zu unterscheiden zwischen Wahrheiten von »Aussagen« und Wahrheiten von »Sachverhalten bzw. Objekten«.

Die allgemeine Wahrheit ist von der wissenschaftlichen Wahrheit zu unterscheiden. Das Feststellen, was richtig ist, geht aller wissenschaftlichen Wahrheit voraus und bezieht sich zunächst auf das richtige Erfassen der Umwelt durch die eigenen Sinneswahrnehmungen sowie auf die richtige Schilderung von Tatbeständen anderer. Jeder wissenschaftlichen Theorie geht notwendig eine Theorie lebensweltlicher Wahrheit voraus. Die Wissenschaft konnte gar nicht entstehen und Wahrheiten zutage fördern, wenn es nicht bereits vorher außerhalb der Wissenschaften zum Erkennen von Wahrheiten gekommen wäre. Das menschliche Wissen bleibt immer durch neues Wissen korrigierbar. Daher ist Wahrheit als ein Produkt menschlicher Bemühungen prinzipiell irrtumsanfällig.

Das Problem ist die Bestätigung der Wahrheitsaussage. Diese zu finden bemühen sich verschiedene Wahrheitstheorien. Um eine befriedigende Theorie der Wahrheit zu lösen, bemühen sich alle diese Theorien, die auftretenden Antinomien zu lösen, wie z. B. das Problem des Lügners. (Padilla-Galves 1991)

Es gibt mehrere Wahrheitsdefinitionen. Nach Thomas von Aquin ist »Wahrheit die Übereinstimmung von Sache und Verstand« (Adäquationstheorie).

In der Wissenschaft wird unterschieden zwischen dem logischen, dem ontologischen und dem transzendentalen Wahrheitsbegriff.

Mit der linguistischen Wende der Philosophie mit Gottlieb Frege, Ludwig Wittgenstein und Bertrand Russell haben die Wahrheitstheorien eine sprachphilosophische Form angenommen, wonach Wahrheit nur noch als Satzwahrheit begriffen wird und nicht mehr als Seinswahrheit oder *ontologische Wahrheit*. Diese Wahrheit des Seins bzw. des Seienden, die ganz allgemein als »objektive Wahrheit« oder als »Sachwahrheit« verwendet wird, ist ungewiss.

Dagegen sind *logische Wahrheiten* gewiss. Es sind diejenigen Wahrheiten, die in Urteilen artikuliert werden. Der Urteilsakt wird von Gottlob Frege als das innerliche Anerkennen der Wahrheit eines Gedankens angesehen. Frege identifiziert die »eigentliche Urteilsfällung« mit der Erkenntnis der Wahrheit. (Becker 1989) Logiken sind Regelsysteme für die Anwendung logischer Operatoren und damit verbunden, Kriterien zur Unterscheidung regelrechter von regelwidrigen Ableitungen oder Begründungen.

Ein Satz, der aufgrund seiner logischen Form wahr ist, heißt »analytisch« wahr. Dagegen können Sätze, die sich auf reale Gegenstände beziehen, nur im Sinne von »synthetischen« Sätzen a posteriori wahr sein.

Immanuel Kant setzt Humes Empirismus seine Transzendentalphilosophie von den Bedingungen der Möglichkeit der Erfahrung entgegen. Nach Kant (1787) geht die *transzendentale Wahrheit* aller empirischen voraus und macht diese erst möglich. Sie bezeichnet die »objektive Realität« und meint damit die Konstitutionsbedingungen der Objektivität bzw. die grundlegende Objektivität selbst.

Von William James (1907) stammt die *pragmatische Theorie der Wahrheit* mit der Prämisse: »Wahr ist das, was nützt«. So ähnlich wird der Begriff auch in der *phänomenologischen Wahrheitsdefinition* von Edmund Husserl (1901) und Martin Heidegger (1927) aufgefasst.

Wahr bzw. falsch sollten solche Aussagen sein, die nützlich bzw. schädlich sind und somit auf Geschmacksentscheidungen beruhen. Edmund Husserl (1950) stellt fest:

> »Wissenschaftler setzen die Erkennbarkeit, also das Sein von Wahrheit und wahrhaft Seiendem, eben damit voraus, dass Wahrheit erzielt und Falschheit verfehlt werden kann ...« –
>
> »Eine Wissenschaft erkennt nur einen Zwang und ein Motiv an, den Zwang guter Gründe. Wissenschaft begründet. Sie stellt ihre Ausgangspunkte fest, gründet (auf) sie Weiteres. Der Beste aller Gründe ist der, dass man ihren Gehalt von Grund auf einzusehen vermag.«

Im Wesentlichen ist Husserls Wahrheitstheorie eine Theorie der Evidenz eines sich im Bewusstsein ereignenden Evidenzerlebnisses und somit eine Art Bewusstseinsphilosophie. Husserl erläutert allerdings nicht, wie er vom rein subjektiven Erleben zu einem transsubjektiven Geltungsanspruch kommt.

Die Korrespondenztheorie der Wahrheit geht davon aus, dass zwischen jeder Aussage und der Wirklichkeit eine Übereinstimmung hergestellt werden kann. Die Abbildungstheorie ist ein Spezialfall der Korrespondenztheorie. Die Sprache bildet die Wirklichkeit ab, meint der prominenteste Wahrheitstheoretiker Ludwig Wittgenstein:

> »In Bild und Abgebildetem muss etwas identisch sein, damit das eine überhaupt ein Bild des anderen sein kann.« –
>
> »Der Satz ist ein Bild der Wirklichkeit: Denn ich kenne die von ihm dargestellte Sachlage, wenn ich den Satz verstehe.« (in 4.021 Tractatus)

Es gibt allerdings kein Kriterium dafür, ob ein wahrer Satz auch die Wirklichkeit beschreibt. Eine Aussage hat nur dann Sinn oder ist wahr, wenn sie verifiziert werden kann.

Die Kohärenztheorie der Wahrheit geht ebenfalls davon aus, dass jede Wahrheit durch eine zur Sachlage kohärente Sprache ausgedrückt werden kann. Eine semantische Theorie der Wahrheit wurde von

Alfred Tarski entworfen. (Tarski 1935) Er verwirft »Urteile« und »Überzeugungen« und lässt nur Sätze als wahr oder falsch gelten. Tarski unterscheidet scharf zwischen Wahrheitsdefinitionen und Wahrheitskriterien. Wahrheit wird durch Begründung gefunden, die allgemein zustimmungsfähig ist und auch sprachlich explizit gegeben ist. Die Fehlbarkeit von Begründungen, d. h. die Beurteilungen sprachlicher Aussagen auf Wahrheit, ist allerdings prinzipiell nicht behebbar.

Wenn eine Aussage durch einen Satz gemacht wird, dann erübrigt es sich, das Prädikat »wahr« für ihn aufzustellen, behauptet die Redundanztheorie der Wahrheit nach Ramsey. (1964)

In der Wissenschaft sind die Ungewissheiten über eine Feststellung von Wahrheit anderer Art. Grundlage und Ziel der Wissenschaft ist die Lebenswelt. Die Wissenschaft ist auch nichts anderes als eine extrem hochstilisierte spezielle Methode lebensweltlicher Praktiken. Alle wissenschaftlichen Sparten haben sich aus außerwissenschaftlichen Praxen, aus der Erfahrung des Menschen im Umgang mit Objekten entwickelt.

Im methodischen Empirismus ist nur das wissenschaftsfähig, was beobachtet und experimentell reproduziert werden kann. Die sicherste Methode zur Gewinnung von Wahrheit ist die Messung im Experiment, wie sie erstmals von Galilei vorgenommen wurde. Durch das Experiment wird die Wahrheit eines technischen Begründungswissens erzeugt.

> »Messen und Handeln führt zu einer spezifischen wissenschaftlichen Wahrheit von Messresultaten dadurch, dass personenunabhängig befolgbare Rezepte für die Reproduktion der gewünschten Messgeräteeigenschaften formuliert und technisch realisiert werden.« (Janich 2005, S. 78)

Die Erfahrung zeigt, dass jedes individuelle Messresultat bei gleichen Experimentierbedingungen den Anspruch auf Allgemeingültigkeit erfüllt. Die Wahrheitsgeltung ist abhängig von der Zustimmung zu denjenigen Normen, nach denen die verwendeten Instrumente erfunden, hergestellt und betrieben werden. Die Wahrheit eines Messresultates ist damit eine bedingte Wahrheit. Sie gilt nur relativ zum Gelingen der Handlung, die eine Experimentierbedingung technisch reproduziert. Wissenschaftliche Erfahrung ist also weder bedingungslos noch voraussetzungsfrei. Für die Feststellung von Geltung und Wahrheit ist das Wissen über menschliche Handlungen unverzichtbar. Der wissenschaftliche Wahrheitstyp kann sich durch Handlungserfolge versichern. Das ist die Alternative zur Auffassung, dass wissenschaftliche Wahrheit etwas mit der Entsprechung zur vorgefundenen Wirklichkeit zu tun hätte. Damit ist das Programm des logischen Empirismus, Erfahrung zur Grundlage naturwissenschaftlicher Wahrheit zu nehmen, misslungen.

In der Konsensustheorie der Wahrheit sollen Identität zwischen Wahrheit und Konsens über den Geltungsanspruch hergestellt werden. (Habermas 1973) Das Problem ist dann, wie man einen universalen Konsens herbeiführen kann.

Der Begriff Wahrheit ist nur durch den Begriff der korrekten Behauptbarkeit zugänglich. Und die korrekte Behauptbarkeit wird von der Kultur bestimmt. (Koppelberg 1981)

Alle Erkenntnis hat das Ziel, die Wirklichkeit möglichst korrekt zu erfassen. Die vollständige Übereinstimmung von faktischem Wissen und Gewissheit ist aber tatsächlich nicht erreichbar. Das erreichbare Ziel der Erkenntnis ist daher nicht Gewissheit oder Wahrheit, sondern nach Karl Popper (1971) eine möglichst große Wahrheitsnähe oder »Wahrheitsähnlichkeit«. Wenn eine Theorie alle Versuche einer Falsifizierung widerstanden hat, so hat sie sich bewährt. Sie ist deshalb nicht bereits wahr, sondern der Bewährungsgrad kann allenfalls ein Maß der Rationalität der versuchsweisen Annahme einer problematischen Vermutung sein.

Im wissenschaftlichen Arbeiten nähert man sich der Wahrheit nur an. Das Ergebnis wissenschaftlichen Forschens ist somit niemals die absolute Wahrheit. Daher ist »Wissenschaft« nicht der *Besitz* sicheren Wissens, sondern der ständig neue Erwerb von Wissen, die Umbildung und Erneuerung der vorhandenen Erkenntnis. (Bayertz 1987)

Versteht man unter Wissen eine definitive Erkenntnis, so ist es nach Stegmüller (1967)

> »eine der bemerkenswertesten Feststellungen, die man in der Wissenschaft machen kann, dass die Wissenschaft nicht zum Wissen führt. In diesem Sinne erscheint Gewissheit als eine das Wissen begleitende und seinen Schwankungen ausgesetzte subjektive Überzeugung, die im Übrigen zu dieser weder formal noch inhaltlich etwas beiträgt.«

Ähnlich äußert sich auch Elisabeth Ströker (1977):

> »Die kritische Würdigung wissenschaftlicher Resultate steht nicht unter dem Gesichtspunkt unbedingter Wahrheit oder auch nur der Zurückführbarkeit auf diese, sondern in ihrer Leistung für die Erfahrungserkenntnis.«

Paul Feyerabend (1976) sagt über die wissenschaftliche Wahrheit abfällig:

> »Was das Wort ›Wahrheit‹ betrifft, kann man nur sagen, dass es die Menschen hypnotisiert, aber sonst zu nicht viel gut ist.« (S. 318)

Die formale »Richtigkeit« kann stets bewiesen werden. Es gibt aber auch »unbeweisbare Wahrheiten«. Der Unvollständigkeitssatz von Kurt Gödel (1931) besagt, dass jedes formale Denksystem zwangsläufig unvollständig ist und dass es immer wahre Sätze geben wird, die sich mithilfe dieses Systems nicht beweisen lassen. Damit wurde bewiesen, dass rationales Denken nie bis zur letzten Wahrheit vordringen kann.

Das ursprüngliche Ziel der Wissenschaft, Wahrheit zu finden, wird heute nicht mehr für durchführbar gehalten. Vielmehr sucht Wissenschaft nach brauchbaren Modellen für die Wirklichkeit und Gewissheit in ihren Voraussagen.

Neben der Entwicklung für technische und medizinische Anwendungen haben wissenschaftliche Theorien die Aufgabe, dem Menschen die Gewissheit über mögliche Gefahren, die ihn aus zukünftigem Geschehen begegnen könnten, aufzudecken und Vorkehrungen zu deren Abwehr zu liefern.

Die Bildung von Theorien und Weltbildern erscheint dem Philosophen Ernst Mach als Ergebnis des Umstandes, dass die Menschen eine übersichtliche Ordnung in den chaotischen Strom ihrer Empfindungen bringen müssen, um überleben zu können. Ernst Mach (1921) sagt:

> »Die biologische Aufgabe der Wissenschaft ist, dem vollsinnigen menschlichen Individuum eine möglichst *vollständige Orientierung* zu bieten. Ein anderes wissenschaftliches Ideal ist nicht realisierbar und hat auch keinen Sinn.«

»Wissenschaft strebt nach Gewissheit, aber nicht in erster Linie nach Wahrheit. Und die Gleichsetzung von Wahrheit mit Gewissheit ist nicht nur eine Vereinfachung, sondern eine Fehlinterpretation«, schreibt Martin Heidegger (1969).

Denn Gewissheit bezeichnet einen psychologischen Zustand, der sich von dem des Unentschiedenen und Zweifelns abhebt. Wahrheit bezieht sich dagegen immer auf objektive Tatbestände. Die Gewissheit des täglichen Lebens ist nicht nur subjektiv im Sinne der psychologischen Überzeugung. Sie impliziert bereits Elemente, die geeignet sind, sie zu objektivieren.

Die Philosophie als Verfahren ist Zweifel an der Gewissheit wissenschaftlichen Tuns. Sie ist der Versuch, ein umfassendes und prinzipielles Wissen darüber zu gewinnen und eigene Überzeugungen darauf zu gründen. Der Prozess der Vergewisserung ist die Gründung einer Überzeugung auf Wissen.

Der Durchgang durch den Zweifel erweist sich als der Weg zur Gewissheit.

> »Wenn ich meine Kritik an einer bestimmten Gestalt des Wissens begründe«, meint der Philosoph Schöpf (1973), »habe ich damit etwas inhaltlich Relevantes ausgesagt. Damit hat sich mein Wissen erweitert und eine neue Form gefunden. Die Behauptung dieser neuen Form des Wissens ist die Gewissheit … Gewissheit verdankt sich ganz der reflektiven Tätigkeit des Subjekts und spricht daher das subjektive Haben eines Wissens aus. Der Behauptung formeller

> Gewissheit fehlt noch die Explikation ihres Inhaltes und damit der Nachweis ihrer Wahrheit … Die gesamte ›Phänomenologie‹ ist die Durchführung der Dialektik von Gewissheit und Wahrheit.«

Wenn es eine Verifikation einer Behauptung gibt, führt dies zu positiver Gewissheit. Den viel häufigeren Fall der negativen Gewissheit erhält man aus einer Falsifizierung eines Sachverhaltes. Dass wir »absolute Gewissheit« erlangen können, bezweifelt Max Born:

> »Ideen, wie absolute Gewissheit, absolute Genauigkeit, endgültige Wahrheit und so fort, sind Erfindungen der Einbildung und haben in der Wissenschaft nichts zu suchen.« (zitiert in PM, 3/2007, S. 100)

Gewissheit hängt von der Zuverlässigkeit des empirischen Wissens ab. Diese Zuverlässigkeit wird von den Induktionisten (R. Carnap, H. Reichenbach, C. G. Hempel, W. Stegmüller) anders behandelt als von den Deduktionisten (K. Popper, H. Albert). Die Induktivisten entwickeln eine Logik, die von singulären Resultaten auf gesetzmäßige Aussagen universeller Theorien führt. Die Möglichkeit einer Theorie induktiven Schließens beruht auf der Angabe der Hypothesenwahrscheinlichkeit. Diese basiert wiederum auf dem vorausgesetzten Prinzip der Wahrscheinlichkeit.

Weil die Induktionsprinzipien nicht begründet werden können, wird dieser Ansatz von den Deduktionisten verworfen und das Kriterium der Bestätigung empirischer Theorien zum Prinzip der Falsifikation umgewandelt. Eine vollständige Verifikation der Allsätze durch Induktion ist nicht möglich. Gegen das Falsifikationsprinzip spricht allerdings, dass es im Falle singulärer Hypothesen versagt. Denn die Behauptung einer Einzeltatsache ist im schwer zu übersehenden Kontext der Fakten kaum zu falsifizieren.

Hans-Peter Richter stellt in *Die Wissenschaft von der Wissenschaft* (1981) fest:

> »Bei den allermeisten Menschen hat Wissenschaft den Ruf, etwas Klares, Sicheres zu sein; Wissenschaft sucht nach Wahrheit! Bei genauerer Untersuchung entpuppen sich die Wissenschaftler oft als die Feinde der eigenen Wahrheit.« –

> »In allen Fragen der Wissenschaft bemüht man sich darum, Gewissheit über den Menschen und die Welt zu erlangen. Nur ein fester Standort innerhalb eines gesicherten Weltbildes erlaubt nämlich, Angst zu überwinden.«

Wissenschaft sucht nach (vorläufiger) Gewissheit der Erkenntnisse in einem Erklärungsschema für die Welt. Die Öffentlichkeit glaubt jedoch, dass Wissenschaft nach Wahrheit in allen Aspekten der Natur sucht und dabei nach wissenschaftlichen Normen vorgeht.

Sir John Eccles stellt fest (1975):

> »Laien glauben, Wissenschaft bringe Wahrheit, und das ist ihrer Meinung nach die große Tugend der Wissenschaft. Heutzutage glauben das auch die meisten Wissenschaftler. Das ist das Schlimme. Sie glauben an eine falsche Philosophie, weil sie in der Theorie falsch erzogen wurden.«

2.7 Der Umgang mit Anomalien im Wissenschaftsbetrieb

Alle wissenschaftlichen Modelle beruhen auf Voraussetzungen, die einer wissenschaftlichen Prüfung selbst unzugänglich sind, es sei denn, post-hoc in historischen Analysen. (Walach & Schmidt 2005) Diese Voraussetzungen sind nicht unbedingt rational, sondern reflektieren den Konsensus der Zeit. Das, was sozial akzeptabel und wissenschaftlich kommunizierbar ist, bestimmt das, was als Faktum anerkannt wird. Nach Ludwik Fleck (1935/1980) ist das Entstehen einer wissenschaftlichen Tatsache das Ergebnis eines komplexen sozialen Prozesses wissenschaftlicher Wechselbeziehungen in einer Suche nach Konsens von Mitgliedern, die eine ähnliche Ausbildung genossen haben und die Dinge ähnlich beobachten und bewerten. Ein wissenschaftliches Faktum entsteht durch Konsens und durch Beenden der Diskussion über den entsprechenden Gegenstand.

So entstand das heutige Weltbild, das durch die folgenden wesentlichen Hypothesen definiert ist:

1. Atomistische Hypothese: Alle Dinge bestehen aus einzelnen Teilen und Teilchen, die das Primäre darstellen. Alle komplexen Systeme können in Einzelsysteme zerlegt und weiter untersucht werden (Whitehead 1929/1978).
2. Lokalikäts-Hypothese: Alle Ursachen haben jeweils eine lokale Ursache.
3. Materialistische Hypothese: Die Materie ist das Primäre. Bewusstsein ist ein sekundär durch Materie bestimmtes Phänomen (Hirnströme), das diese überlagert (geprägt vom cartesianischen Dualismus).
4. Zeitreversibilitäts-Hypothese: Die Zeit ist irreversibel. Die Zukunft ist partiell offen. Die Vergangenheit ist vollständig determiniert.
5. Es gibt keinerlei Auftreten oder Einwirken einer anderen als der bekannten menschlichen Intelligenz auf der Erde.

Von diesem »Regelkanon der Wissenschaft« wird jeder Wissenschaftler unbewusst bei seinen Forschungen geleitet. Treten beispielsweise Phänomene auf, deren Kausalkette nicht durch einfach zu findende Glieder zu schließen sind, etwa unbekannte Flugkörper im Luftraum, so verhindert der Regelkanon eine Beschäftigung mit dem Phänomen. Das fehlende Stück in der Kausalkette ist einfach zu groß.

Eine weitere Folge dieses Weltbildes ist die Feststellung, dass eine Einflussnahme eines Geist/Gehirn-Systems auf ein anderes oder auf ein materielles System unmöglich ist. Das bildet das gegenwärtige Paradigma der Wissenschaft.

In allen Wissenschaftsgebieten gibt es Sachverhalte, die noch nicht verstanden werden und die den kriminalistischen Spürsinn der Experten herausfordern. Phänomene zu erklären ist die primäre Aufgabe der Naturwissenschaftler, und erst sekundär ist deren praktische Anwendung. (In der Medizin ist diese Forderung durch die Not der Erkrankten nicht immer einzuhalten. Wenn gelegentlich Methoden eingesetzt werden ohne ein theoretisches Verständnis ihrer Wirksamkeit, beispielsweise Akupunktur, Geistheilung oder Homöopathie, sind sie unwissenschaftlich.)

Der Astrophysiker Peter A. Sturrock unterscheidet drei verschiedene Kategorien von Anomalien (2007):

1. Ok-Anomalien: Das sind solche, die von Wissenschaftlern während ihrer Arbeit an einem Experiment entdeckt werden (z. B. Pulsare, Quasare, dunkle Materie und dunkle Energie).
2. Not-ok-Anomalien: Sie sind mit gegenwärtigen Theorien nicht zu erklären und stellen Herausforderungen an die Wissenschaft dar (z. B. Parapsychologie, Radiästhesie, UFOs).
3. Schlafende Anomalien: Unentdeckte latent vorhandene Anomalien (z. B. Wegners Kontinentaldrift).

Anomalien sind jeweils nur »anomal« hinsichtlich einer Hypothese, Theorie oder Erwartung. Keine Anomalie befindet sich außerhalb der uns zugänglichen Wirklichkeit.

Es ist also zu unterscheiden zwischen schwachen und starken Anomalien (Ok- und Not-ok-Anomalien).

Bei den schwachen Anomalien handelt es sich um Phänomene, die den Naturgesetzen nicht zu widersprechen scheinen, die allerdings theoretisch noch nicht verstanden werden können (z. B. Kugelblitze).

Es gibt ganz gewiss eine plausible Erklärung für solche Erscheinungen, nur liegt sie nicht sofort auf der Hand. Dazu ein Beispiel: E. Marsden gab 1919 E. Rutherford den Auftrag, die Streuung von α-Teilchen an einer Goldfolie zu untersuchen. Die Teilchen sollten nur schwach von ihrer Bahn abgelenkt werden. Aber einige Teilchen wurden um 180° zurückgestreut, was Rutherford zunächst nicht verstand. Es dauerte ein Jahr des Nachdenkens, bis Rutherford begriff – nämlich dass diese Anomalie daher rührte, dass die positive Masse des Atomkerns nur innerhalb eines sehr kleinen Volumens im Zentrum des Atoms konzentriert ist.

Zu den schwachen Anomalien zählten beispielsweise die Schwankungen in der Bahn des Neptun. Sie konnten durch die Wirkungen eines noch unbekannten Planeten gedeutet werden und führten zur Entdeckung des Pluto. Die 1850 entdeckte anomale Periheldrehung der Merkurbahn konnte im Rahmen der Allgemeinen Relativitätstheorie verstanden werden.

Die Michelson-Morleyschen Experimente, die die Abwesenheit eines im 19. Jahrhundert allgemein angenommenen Äthers ergaben, wurden durch die Spezielle Relativitätstheorie erklärt.

In den letzten Jahren sind in der Astronomie schwache Anomalien entdeckt worden, für die es bisher noch keine theoretischen Deutungen gibt: die Dunkle Materie und die Dunkle Energie. Außerdem zeigten die Flüge der Weltraumsonden auf ihren Bahnen unerklärliche Geschwindigkeits- und Beschleunigungszunahmen. (Preuss, Dittus und Lämmerzahl 2007)

Die Raumsonde *Galileo* wurde 1990 an den Planeten Venus und Erde nahe vorbeigeführt, um zusätzlichen Schwung für ihren Flug zum Jupiter aufzunehmen. Dabei zeigte sich erstmals die Flyby- oder Swingby-Anomalie. Beim Vorbeiflug an der Erde erhielt die Sonde einen Geschwindigkeitszuwachs von einigen Zentimtern pro Sekunde. Diese anomale Geschwindigkeitszunahme wurde 2005 auch bei der Sonde *Rosetta* beobachtet.

Die Raumsonden *Pioneer 10* und *11*, die seit 1972 bzw. 1973 unterwegs sind und sich 2002 bereits um viele astronomische Einheiten AE (das ist die mittlere Entfernung zwischen Sonne und Erde) von der Erde entfernt befanden, zeigten eine anomale Beschleunigung auf die Sonne zu. Diese ist zwar sehr klein (rund 10^{-10} m/s²), aber bei der letzten Messung 2002, als *Pioneer 10* bereits etwa 80 AE von der Erde entfernt war, betrug die Abweichung von der vorausgerechneten Position schon eine Million Kilometer.

Auch die Astronomische Einheit AE selbst zeigt eine anomale Vergrößerung. Ihre Länge verändert sich um zehn Meter pro Jahrhundert.

Schließlich wird auch bei der kosmologischen Hintergrundstrahlung, die als isotrop vorausgesetzt wird, der anomale Effekt einer asymmetrischen Nord-Süd-Verteilung der Strahlungsintensität senkrecht zur Ekliptik beobachtet.

Alle diese schwachen Anomalien stellen Herausforderungen an die Wissenschaftler dar und können nach einer Erklärung zu ganz neuen wichtigen Einsichten führen. Niemand bezweifelt die Existenz der registrierten Anomalien, und an der theoretischen Entschlüsselung beteiligen sich die besten Experten.

Viele der beobachteten seltsamen Phänomene (Ok-Anomalien) sind schon lange bekannt. Sie sind aber noch nicht hinreichend gründlich untersucht worden. Zu Beginn des vergangenen Jahrhunderts hat Charles Fort solche Berichte über unverstandene Naturerscheinungen (hauptsächlich aus der Astronomie und der Geophysik) aus wissenschaftlichen Fachblättern und Zeitungen zusammengetragen und diese »von der Wissenschaft verdammten« Berichte – wie er sie bezeichnete – in mehreren Büchern bis zum Jahre 1930 veröffentlicht. (Fort 1919, 1923, 1931, 1932)

William R. Corliss stellte in der 1960er-Jahren fest, dass Fort viele Berichte dieser unerwarteten Ereignisse übersehen hatte (z. B. aus Archäologie, Geologie und Biologie), und er begann, die Sammlungen Forts zu vervollständigen und fortzusetzen. 1965 rief Corliss das *Sourcebook Project* ins Leben, in dessen Rahmen er die aus den verschiedensten Bibliotheken zusammengetragenen Berichte nach Sachgebieten getrennt zusammenstellte und kommentarlos an interessierte Leser verteilte. Im Gegensatz zu Fort verwendet Corliss nur wissenschaftlich zuverlässige Quellen, wie die Zeitschriften *Nature*, *Science*, *Scientific American*, *American Journal of Science*, *New Scientist*, *Geology*, *Monthly Weather Review*, *Icarus*, *American Journal of Psychiatry* und andere.

Im Laufe der Jahre erschienen ab 1974 immer mehr Bücher, sodass ich mir nur einige aus der Reihe des *Sourcebook*-Projekts besorgt habe, nämlich drei aus dem Jahr 1974, zwei aus 1976 und jeweils ein Buch aus den Jahren 1979, 1982, 1999, 2001 und 2003. (Siehe dazu Hinweise unter *www.science-frontiers.com*.)

Bis zum Jahr 2002 hat Corliss bereits 25 Handbücher über ungewöhnliche Naturphänomene herausgegeben, denen seinen Angaben zufolge noch mindestens zehn weitere Handbücher folgen sollten. (Corliss 2002)

Erst während der Zeit zwischen 1960 und 1990 setzte sich der Begriff »Anomalie« für eine ungeklärte Erscheinung in dem Sinne durch, wie wir ihn heute verstehen. Bis 2002 betrug die Anzahl der wichtigen berichteten Anomalien rund 4000, die Corliss aus etwa 50 000 Artikeln und Briefen zusammengetragen hat. Er stellte fest, dass die Anzahl der berichteten Anomalien in den Wissenschaftsmagazinen jeweils mit dem Herausgeber des betreffenden Magazins wechselte. War das 1820 gegründete *American Journal of Science* lange Zeit die größte Fundgrube für Anomalien aller Art, so verringerte sich deren Zahl in der Mitte des 20. Jahrhunderts drastisch. Heute werden so gut wie keine Anomalien in diesem Journal mehr erwähnt. Aber trotzdem zeigt sich insgesamt, »dass das Universum der Anomalien expandiert wie der Kosmos selbst«. (Corliss 2002, S. 445)

Starke Anomalien gehören dagegen zu einer ganz anderen Kategorie (Not-ok-Anomalien). Sie widersprechen wissenschaftlichen Voraussetzungen, beispielsweise derjenigen, dass eine Beeinflussung physikalischer Prozesse durch den Geist angenommen werden muss (z. B. in der Psychokinese). Diese anekdotischen Berichte variieren stark in ihrer Glaubwürdigkeit. Doch lassen sich immer wieder Beweise für ihre Existenz mit wissenschaftlichen Methoden führen.

Extrem starke Anomalien werden als »Wunder« bezeichnet (beispielsweise Spontanheilungen, wie sie die Kirche nach strengen Prüfungen anerkennt). Bei diesen Prozessen scheinen nicht nur übersinnliche, sondern sogar übermenschliche Kräfte mitzuwirken. Auch die Eigenschaften von unidentifizierten Flugobjekten und der in ihnen vorhandenen Intelligenz sind extrem starke Anomalien. Sie stehen völlig außerhalb wissenschaftlicher Denkmöglichkeiten. Starke und extrem starke Anomalien werden von der Wissenschaft daher überhaupt nicht behandelt.

Die Öffentlichkeit hat ein völlig falsches Wissenschaftsverständnis. Sie ist davon überzeugt, dass der Wissenschaftler alles untersucht und auch die richtigen Themen auswählt und diese objektiv behandelt, und dass das, was einmal aufgegriffen worden ist, früher oder später erledigt bzw. erklärt wird. »Wissenschaftliche Ergebnisse sind immer zuverlässig« wird angenommen, und wenn sich kein Wissenschaftler mit einer Sache beschäftigt, weil er sich nicht für zuständig hält, dann sei diese Sache auch kein wissenschaftliches Problem.

Der größte Irrtum besteht in der Öffentlichkeit darüber, dass sie glaubt, dass sich ein Wissenschaftler, der sich zu einem Thema, das nicht zu seinem Fachgebiet gehört, äußert, ebenso gründlich darüber informiert ist wie der Experte auf diesem Gebiet. Sie erkennt nicht den Informationsmissbrauch aufgrund von Autorität. Über Anomalien können nur informierte Experten urteilen. Auch angesehene Wissenschaftler sollten so ehrlich sein und Wittgensteins Maxime beherzigen: »Über das, worüber man nichts aussagen kann, sollte man schweigen!«

In der Wissenschaft ist das Aufrechterhalten des derzeitigen Paradigmas wichtiger als das Berücksichtigen von Fakten, die nicht zu Beobachtungen im wissenschaftlichen Sinne gemacht werden können und die nicht in dieses Paradigma hineinpassen.

Dabei ist das durch Naturwissenschaft vermittelte Wissen selbst nicht voraussetzungslos, nicht wertfrei, weil es aufgrund bestimmter Bewertungskriterien, die dem Paradigma entsprechen, zustande gekommen ist und andere Aspekte des Wirklichen von vornherein ausblendet. Dieser prinzipiellen Beschränkung der Wirklichkeitsauffassung sind sich die wenigsten Wissenschaftler bewusst, oder sie halten alles das für irrelevant, was prinzipiell nicht wissenschaftlich erfasst oder ins Paradigma eingepasst werden kann.

Wissenschaftler suchen nicht nach neuen Phänomenen. Sie suchen nur dort, wo das Suchen leicht und aussichtsreich zu sein verspricht. Ihr Denken kombiniert im Allgemeinen nur immer bereits vorhandene Ansätze miteinander, und sie verfolgen sie in einer bereits vorgegebenen Richtung.

Neue Fakten haben es so schwer, akzeptiert zu werden, weil sie das Gewohnte in Frage stellen könnten. Das Gewohnte sichert die »essentielle Invarianz«, wie es Konrad Lorenz (1973) nannte. Es vermittelt den Eindruck, als habe das Geschehen Regelcharakter und sei kontrollierbar. Eine gewisse Invarianz ist aber die Voraussetzung allen sozialen Zusammenlebens.

Karl Popper argwöhnt »ein ungeheuer mächtiges Bedürfnis nach Regelmäßigkeit am Werk, das so stark ist, dass es manchmal selbst gar nicht vorhandene Regelmäßigkeiten wahrnimmt«. (Popper 1973) Dem Wiederholungspostulat liegt die elementare Maxime zugrunde, dass umso sicherer das zum Erfolg führt, was mehrfach auf exakt dieselbe Weise vollzogen wird. Eine geglückte Wiederholung eines Experiments gewinnt ein Mehr an Bewährung.

Neue Beobachtungen verlangen eine Erklärung. Als Erstes sollen Zusatzhypothesen verfrühte Falsifikationen immunisieren, solange sie zufriedenstellende Prognosen liefern. Im Allgemeinen können die Phänomene durch Reduktion, durch eine »degenerative Problemverschiebung« (Lakatos 1974) auf Bekanntes zurückgeführt werden. Wenn das nicht gelingt, muss versucht werden, durch »progressive Problemverschiebung« die bestehende Theorie so zu erweitern, dass der neue Sachverhalt verstanden wird. In der degenerativen Problemverschiebung wird die Theorie nur geringfügig modifiziert, um den neuartigen Beobachtungen gerecht zu werden, die anders der Theorie widersprechen würden. Die Theorie gibt dann Post-hoc-Erklärungen für die Zufallsentdeckung.

Durch progressive Problemverschiebung wird das Wachstum einer Theorie impliziert, die in der Lage ist, neue Tatsachen erfolgreich vorauszusagen. Dabei muss die neue Theorie zur alten kohärent sein, d. h. sie muss den früheren Erkenntnisstand als Spezialfall enthalten. Wenn die neuen Phänomene so widerspenstig sind, dass sie durch keine der genannten Problemverschiebungen integriert werden können, wird eine »ungerechtfertigte Problemverschiebung« durch Reduktion versucht. »Reduktion der Weltkomplexität« nennt Hans Sachsse (1976) das. Die neuen Fakten werden »zurechtgebogen«, auf Regelkurs gebracht, bis sie die Passform der gängigen Anschauungsmuster annehmen. Damit legen die Wissenschaftler ein »Bekenntnis zur Ignoranz oder selbst auferlegter Explorations-Abstinenz« ab, meint Sachsse.

Es liegt nicht an der wissenschaftlichen Methode, dass sich anomale Phänomene nicht theoretisch integrieren lassen, sondern an der menschlichen Voreingenommenheit und an den Grenzen des Urteilsvermögens. Die Fähigkeit zur Informationsverknüpfung ist, nach Krelle (1968), ebenso beschränkt wie die Kapazität des Gedächtnisses. Besonders häufig kommt es zu Fehlern bei der intuitiven Urteilsbildung. Denn der Mensch ist ein konservativer Datenverarbeiter. Gegenüber wirklich erheblichen Veränderungen der Lage reagiert der Mensch viel zu wenig empfindlich. Er bleibt im Allgemeinen bei einem »normalen«, bisher akzeptierten Urteil, auch wenn er alle Einzelheiten der veränderten Lage richtig erkannt hat.

Zu den »Fehlfunktionen der Wissenschaft« gehören nach Klaus Fischer (2007) u. a. die negativen Wirkungen des »Zeitgeists« (political correctness), der sich in der Anmaßung eines nicht vorhandenen Wissens ausdrückt, dass bestimmte Theorien, Hypothesen, Modelle und Interpretationen von Phänomenen für sicherer gehalten werden, als sie sind. Vorliegende Daten und Argumente konkurrierender Theorien (z. B. zur Urknalltheorie) werden ignoriert oder als unzuverlässig eingestuft, stellt H. Willgerot (2004) fest:

> »Die paradigmagesteuerte Forschung belohnt nur die interne Kritik, den kleinen Fortschritt innerhalb des vorgegebenen Denkrahmens.«

Das Wissenschafts-Netzwerk fördert gewollt oder ungewollt die Ersetzung des Erkenntniswertes durch soziale Loyalitäten, deren unmittelbarer Zweck die Erreichung eines ökonomischen Vorteils ist.

Wissenschaft ist die neue Religion, die vom Normalbürger »Glauben« abverlangt. Denn er kann als Laie nicht wissen, wie die Wissenschaft zu ihren Aussagen kommt. Unser Leben wird von Wissenschaft so durchdrungen, wie dies früher nur der Religion vorbehalten war. (Poser 2001) Und Wissenschaft fühlt sich für alles zuständig.

Wissenschaftlichen Glauben könnte man daher definieren als die irrationale Überzeugung, dass die Welt nur solche Phänomene zulässt, die auch im Rahmen der gegenwärtigen Theorien verstanden werden können. Dieser Glaube der Wissenschaftler ist gepaart mit einer Arroganz gegenüber Kollegen, die gewisse Anomalien ernst nehmen. Die Arroganz führt wiederum zu Aussagen, die mit Autorität und Endgültigkeit meist über Gebiete gemacht werden, die vollkommen außerhalb der wissenschaftlichen Kompetenz der Dogmatiker liegen. Der einzige Vorzug, den solche anmaßenden Wissenschaftler vielleicht haben, liegt höchstens darin, dass sie im Denken und Reden geübter sind. Leider prägen solche »Alleswisser« das Bild von der Wissenschaft wesentlich stärker als die stillen Forscher, meint Eccles, und der Dogmatismus sei heute eine Krankheit der Wissenschaftler und nicht der Theologen.

Der Dogmatismus ist in einigen Gebieten der Forschung dermaßen stark, dass viele Wissenschaftler ihm auch gegen besseres Wissen nicht zu widersprechen wagen. Als Beispiel sei der kosmologische Ursprung der Welt genannt. Einsteins Feldgleichungen der Gravitation setzen die Geometrie der Energie-Materiedichte proportional. Wenn die Raumkrümmung groß ist, muss auch die Dichte zunehmen. Einige Kosmologen haben gemeint, dass man in einem theoretischen Prozess unbekümmert in der Zeit zurückgehen und dabei die Raumkrümmung bis ins Unermessliche anwachsen und das Volumen damit immer kleiner werden lassen könne – sogar bis zur Punktsingularität. Dabei gingen sie ungerechtfertigterweise davon aus, dass bei diesem Prozess auch die Materiedichte bis ins Unendliche anwachsen könne. Es wurde argumentiert, dass alle Materie aus Quarks und Elektronen bestehe, die sich beliebig dicht zusammenpressen lassen können, weil Elektronen und Quarks als Punktteilchen angenommen werden. Und unendlich viele Punktteilchen könnten auch zu einem einzigen Punkt zusammengefügt werden. Denn Punkte haben ja keine Ausdehnung.

Diese Unterstellung kennzeichnet die völlige Unwissenheit der Physiker über die Geometrie der Materie. Natürlich können Teilchen keine ausdehnungslosen Punkte sein! Einstein selbst versuchte zeitlebens, den Materieanteil in seinen Feldgleichungen ebenfalls zu geometrisieren, was ihm jedoch nicht mehr gelang. Weiß man erst, wie die geometrische Ausdehnung der elementaren Materie zu verstehen ist, dann wird man erkennen, dass sich ein Zurückrechnen bis zum Zeitanfang wegen der Auflösung der Materie in geometrische Strukturen nicht bis zu einer Singularität fortsetzen lässt.

Anstelle des Urknalls mit unendlich hoher Dichte und unendlich hoher Temperatur bei unendlich hoher Raumkrümmung wird es zukünftig ein vernünftigeres Modell der Entstehung reiner Geometrie aus einem »Ur-Sprung« geben, in dem Materie erst sehr viel später aus reiner quantisierter Strukturdynamik also aus geometrischen Letzteinheiten entsteht.

Das Urknallmodell stützt sich auf drei Pfeiler:

1. Die Rotverschiebung der Galaxien scheint auf eine Geschwindigkeit der Expansion des Kosmos zurückzugehen.
2. Die leichten Elemente Helium und Deuterium besitzen die beobachteten Häufigkeiten, wie sie im Modell der Erzeugung aus einem heißen Feuerball zu erwarten sind.

3. Die kosmologische Hintergrundstrahlung von 2,7°K hat den genauen Wert, wie sie als Reststrahlung aus einem Urknall heute beobachtet werden müsste.

Alle diese Beobachtungen lassen sich auch anders erklären. Die Anomalien der Rotverschiebung lassen vermuten, dass sie nicht als Folge von Geschwindigkeiten der Lichtquellen gedeutet werden können. (H. Arp 1998; Disney 2007)

Die Synthese von Helium und Deuterium könnte nach Berechnungen von Fred Hoyle auch in sehr heißen Sternen erfolgt sein.

Die isotrope 3°K-Strahlung ist auch einfacher zu erklären als durch den Urknall, nämlich mit einer durch Absorption und Emission umgewandelten isotropen Strahlung aus der Heliumsynthese in den Sternen, die von interstellaren winzigen Eisennadeln abgegeben wird. (F. Hoyle, G. Burbridge und J.V. Narlikar 2000) Diese Vermutung war schon in den 1930er-Jahren bekannt (Napier 2001), aber im Urknallmodell großzügig »übersehen« worden, weil alles »so gut passt«.

Ein Urknall aus einer Singularität, wie er heute vielfach vermutet wird, ist wissenschaftlicher Wunderglaube. Gregg Eastbrook schreibt in der *Neuen Züricher Zeitung* vom 23./24. Oktober 1999:

> »Was dessen schiere Unglaublichkeit angeht, reicht nichts an Theologie oder Metaphysik dem Big Bang das Wasser.«

Auch die Fantasien über Baby-Universen, die sich aus Schwarzen Löchern bilden sollen und in unserem Universum nicht wahrnehmbar sind (Andrej Linde, Alexander Vilenkin, Alan Guth u.a.), werden vielfach ernst genommen, ohne dass irgendeiner ihrer Verfechter überhaupt weiß, was Materie geometrisch ist. Solchen Märchenbildern widersprechen nur Wenige. Für Hans Küng (2006) hat das folgende Ursache:

> »Vielleicht – darf ich mir diese Bemerkung als Ehrendoktor der Universität Cambridge gestatten? – gibt es wie eine ›political correctness‹ auch so etwas wie eine ›scientific correctness‹, die es in einer ›scientific community‹ schwer macht, bestimmte Fragen ernsthaft

zu behandeln, wiewohl sie auf der Hand liegen. Ob dagegen eine physikalische Beweisführung ankommen wird? Das erscheint mir fraglich.« (S. 85)

Mit der gleichen Vehemenz, mit der einerseits ein windiges kosmologisches Modell verabsolutiert und hoch gehalten wird, werden andererseits Wahrnehmungstatsachen, die theoretisch nicht erklärt werden können (z. B. unbekannte Himmelserscheinungen), für Unsinn erklärt.

Wenn etwas nicht in das bestehende Kategoriensystem der Wissenschaft passt oder mit diesem unvereinbar ist, wird es entweder als etwas ganz Schlimmes angesehen oder, häufiger, einfach für nicht vorhanden erklärt. Die Wissenschaft ist auch nicht bereit, einen theoretischen Pluralismus zur Grundlage der Forschung zu machen.

Besonders skandalös ist die Abwehr gegen Beobachtungen, die nicht erwartet und erklärt werden können, durch Wissenschaftler, die jedem Skeptiker auf seinem Frühstückstisch demonstriert werden könnten, wenn er das erlaubt hätte:

Der Chemiker William C. Bray hatte 1921 eine merkwürdige chemische Reaktion entdeckt, bei der die entstehende Flüssigkeit in periodischen Abständen schlagartig die Farbe von Rot nach Blau wechselte. Jeder konnte das mit eigenen Augen bezeugen. Eine Arbeit von P. B. Belousov darüber wurde von einer chemischen Fachzeitschrift als Unsinn abgelehnt, weil so etwas in den Augen des Herausgebers schlicht unmöglich schien. 50 Jahre lang wurde diese sogenannte Belousov-Zhabutinski-Reaktion als Volksbelustigung auf Jahrmärkten vorgeführt, ehe sie schließlich ernst genommen wurde, weil der spätere Nobelpreisträger Ilya Prigogine erkannte, dass diese Reaktion an einem kritischen Punkt fernab vom thermodynamischen Gleichgewicht auftritt, bei der eine entsprechende Energiezufuhr erreicht wird. Durch Zufuhr von Energie entstehen neue »dissipative Strukturen« von einer höheren Ordnung. Über eine Rückkopplungsschleife ändern sich diese Strukturen periodisch. In den 1970er-Jahren hat dann jeder Chemiker »schon immer gewusst«, dass an der Sache was dran ist. Eine erklärende Theorie ist wichtiger, als ein offenkundiger Sachverhalt!

Wenn dagegen eine Theorie nur mit den Vorurteilen des Herausgebers einer wissenschaftlichen Zeitschrift konform geht, wird auch schon mal offensichtlicher Blödsinn abgedruckt. Dieses Experiment machte Alan Sokal von der New Yorker Universität im Jahre 1996. Er setzte einen parodistischen Text ohne vernünftigen Inhalt in der Wissenschaftssprache auf und nannte den Aufsatz »Transgressing the Boundaries: Towards a Transformative Hermeneutics of Quantum Gravity«. Der Unsinn wurde gedruckt. Dass es sich tatsächlich um einen solchen handelte, publizierte Sokal dann in einem anderen Journal (1996). Die weiteren Entwicklungen beschreiben Sokal und Bricmont (1998).

Wenn Phänomene das gerade akzeptierte Weltbild der Wissenschaft, ihre »Standardmodelle« und konventionellen Sichtweisen untergraben könnten, wird eine geradezu undurchdringliche Mauer der Skepsis errichtet, stellt K. Fischer fest. In bestimmten Grenzen ist der Dogmatismus auch sinnvoll, weil die Wissenschaft prinzipiell konservativ sein muss, um nicht von Millionen ungenügend überprüfter Behauptungen überwältigt zu werden.

Collins und Pinch (1979) sprechen von einem »Ethnozentrismus des Jetzt«. Der durchschnittliche Wissenschaftler ist sich mit der Meinung seiner Kollegen darin einig, dass:

> »nichts, was mit dem jetzt Bekannten im Widerspruch steht, wahr ist!«

Zu solchen Äußerungen bemerkt Paul Feyerabend (1976):

> »Der Chauvinismus der Wissenschaft ist in meinen Augen ein viel größeres Problem als die geistige Umweltverschmutzung.« (S. 308)

2.8 Wissenschaftliche Methoden bestätigen die Existenz außerwissenschaftlicher Fakten

Diese Überschrift klingt zunächst wie ein Widerspruch. Denn »wissenschaftlich« wird als Synonym für »richtig« und »zuverlässig« angesehen. »Etwas ist wissenschaftlich« bedeutet, dass es besonders gut begründet und nicht anzweifelbar ist. (Chalmers 2001) Wer sich mit unwissenschaftlichen Themen befasst, wird als »unseriös« bezeichnet. Wissenschaft ist objektiv, und das wird als ein anderer Ausdruck für »wahr« interpretiert. »Unwissenschaftlich« wird mit den Attributen »unrichtig«, »falsch« oder »unwahr« belegt.

Wolfram Frietsch (2006) stellt fest:

> »Der Terminus ›unwissenschaftlich‹ – so wenig nachvollziehbar und schwammig er auch sein mag – ist das Ende von Gespräch und Annäherung. Er liegt wie ein Bannfluch auf dem ›Verurteilten‹, und seine Ausgrenzung wiegt schwer ... Aber selbst eine ›unwissenschaftliche‹ Erkenntnis mag dennoch richtig sein.«

Frietsch meint wahrscheinlich nicht unwissenschaftlich, sondern außerwissenschaftlich. Denn die Existenz außerwissenschaftliche Fakten kann mit wissenschaftlichen Methoden bestätigt werden. Weil sie dem derzeitigen Paradigma der Wissenschaft widersprechen, sind sie »außerwissenschaftliche Fakten«. Unwissenschaftliche Sachverhalte lassen sich nicht als Fakten nachweisen (z. B. Träume, Halluzinationen, innerpsychische Erlebnisse).

Diese Feststellung ist denn auch die Ursache für das große Missverständnis in der Interpretation wissenschaftlicher Erkenntnisse. Denn es wird nicht unterschieden zwischen unwissenschaftlich und außerwissenschaftlich. Die physikalische Bedeutungen des »Bewusstseins« ist z. B. ein solches außerwissenschaftliches Faktum. Kein Wissenschaftler weiß, worum es sich dabei handelt, und doch behaupten die meisten Menschen, dass es existiert.

Ein anderes Beispiel aus der Parapsychologie ist die Psychokinese. Viele Journalisten und Scientisten verbreiten immer wieder die irrige Ansicht, das diese Phänomene wissenschaftlich niemals nachgewiesen worden sind oder wenigstens nicht mit der nötigen erforderlichen Strenge, damit sie das materialistische wissenschaftliche Weltbild nicht in Zweifel ziehen müssen. Sie handeln meist auch in der durchaus lobenswerten Absicht und in der Verpflichtung des Journalisten gegenüber seinem Leser, diesen nicht zu verunsichern und ihm die Gewissheit auf allen Gebieten des Lebens zu erhalten. Anomale Fakten verletzen unser gemütliches Weltbild. Sie können von der Wissenschaft nicht akzeptiert werden, solange wir sie theoretisch (und praktisch) nicht im Griff haben.

Die Forschungsgruppe PEAR-Laboratorien in Princeton (*Princeton Engineering Anomalies Research Laboratories*) stellte 2007 nach 30 Jahren ihre Forschungen ein, in denen sie die Wechselwirkung zwischen Geist und Materie experimentell bestätigen konnte. In den vielen Experimenten hat sie genügend statistisch relevante Beweise dafür liefern können, dass der menschliche Geist prinzipiell mit seinem Willen materielle Systeme beeinflussen kann. (Steinberger 2007)

Der Wissenschaftsbetrieb teilt diese Ansicht – aus den oben angeführten Gründen – bis heute nicht. Seriöse Kritiker sagen: noch nicht, militante Skeptiker sagen: niemals! Die Einsichtigen schweigen aus Angst, von anderen Kollegen für unseriös gehalten und nicht ernst genommen zu werden. Ein unseriöser Wissenschaftler würde weder eine Anstellung noch Forschungsmittel erhalten. Für den Wissenschaftsbetrieb bleiben diese paranormalen Fakten »unwissenschaftlich«.

Die Öffentlichkeit muss dies fälschlicherweise so verstehen, dass sich diese »außerwissenschaftlichen Fakten« als nicht vorhanden erwiesen hätten.

Ein weiteres Beispiel dazu: Die grenzenlose Verblüffung, die in den 1970er-Jahren die »Geller-Phänomene« in der Öffentlichkeit ausgelöst hatten, sind heute der beruhigenden Überzeugung gewichen, dass Uri Geller ein raffinierter Trickbetrüger gewesen war.

Tatsächlich wurde Gellers Fähigkeit, Metallgegenstände allein durch die Kraft seines Geistes zu verbiegen, aber durch wissenschaftlich unanfechtbare Experimente des Physikers Prof. John Hasted am *Kings College* in London bestätigt. (Hasted 1981) Hasted hatte in einer Kammer, in der man durch ein Fenster blicken konnte, mehrere Metallstäbe an Fäden aufgehängt und an diesen jeweils Spannungs-Dehnungsmeßstreifen befestigt, die an einen Schreiber angeschlossen waren. Sollte sich einer der Stäbe – aus welchem Grund auch immer – verbiegen, dann hätte das einen Ausschlag auf dem Schreiber angezeigt. Tatsächlich gelang es Geller, die Nadeln an den Schreibern zu Ausschlägen zu veranlassen und die Stäbe hinter dem Fenster zu verbiegen. Später schafften dies auch mehrere Kinder (»Gellerini«), die wie Geller die Gabe besaßen, kraft ihrer Gedanken Metalle zu verbiegen, d. h. Hasteds Experimente erfüllten auch die Bedingung für wissenschaftliche Experimente, reproduzierbar zu sein. Trotzdem wurden Hasteds Arbeiten von der Wissenschaft und von Wissenschaftsjournalisten vollständig ignoriert, weil sie »außerwissenschaftliche Fakten« lieferten.

Eine typisch unwissenschaftliche Begründung für die Ablehnung von Gellers Fähigkeiten stammt von dem Schriftsteller Arthur C. Clarke, der Jeffrey Mishlove gegenüber äußerte: »Ich glaube nicht an ASW, weil ich nicht will, dass irgendjemand meine Gedanken liest.« (Mishlove 2000) Vielleicht fürchten sich die meisten Skeptiker ebenso davor?

In den 1990er-Jahren traf ich Uri Geller in München und erklärte ihm, dass ich die durch ihn bewirkten Apporte bzw. Materialisationen für weit aufregender hielt als das »Gabelbiegen«, und Geller bestätigte mir das auch ganz enthusiastisch. Dabei berichteten mir er und sein Manager Shippi Strang, dass die Materialisation einer Taschenuhr vor seiner Schulter und Brust sogar an der Universität von Stanford auf Videofilm festgehalten wurde.

Geller und sein Freund Shippi waren sehr verärgert, dass sie dieses Videoband oder eine Kopie davon nicht ausgehändigt bekommen hatten, weil es den Beweis für eine Materialisation aus dem Nichts enthielt.

Einige Jahre später traf ich anlässlich eines Vortrages, den ich in Las Vegas hielt, einen der damaligen Experimentatoren aus Stanford, Dr. Harold Puthoff. (Fig. 1) Dieser bestätigte mir, dass die Materialisation der Taschenuhr auf dem Video zu sehen ist, und sagte: »Wenn wir das damals der Öffentlichkeit gezeigt hätten, wären wir als Betrüger denunziert worden, und man hätte uns vom Campus geworfen, weil es Materialisationen nach allgemeiner Auffassung einfach nicht geben könne.«

Das Herbeischaffen von Objekten ohne sichtbare Transportmittel wird als »Teleportation« bezeichnet, die auftauchenden Objekte als »Apporte«. Letztere nachzuahmen, bildet den Haupttrick aller Bühnenzauberer, daher werden Apporte von den meisten Parapsychologen nicht ernst genommen. (Eisenbud 1975) Und doch gibt es zuverlässige

Apport-Medien, die niemals bei einem Trick erwischt worden sind, wie den Inder Sri Sythya Sai Baba im Staate Andhra Pradesch, der täglich bis zu 15 Apporte verschenkt. Die Psychologie-Professoren E. Haraldsson und Karlis Osis suchten Sai Baba mehrmals auf, um ihn zu wissenschaftlichen Experimenten zu überreden, was allerdings abgelehnt wurde. Unter den verschiedenen spontanen Apporten, die sie bekamen, waren Wunschapporte, die – nach Aussagen professioneller Bühnenmagier – nicht durch Tricks zustande gekommen sein konnten. (Haraldsson & Osis 2005)

Das Phänomen der Materialisation und Dematerialisation bzw. Apporte wurde aber auch durch wissenschaftliche Untersuchungen in Peking einwandfrei als existierend nachgewiesen. Zwölf Wissenschaftler von der Universität Peking veröffentlichten 1981 die Ergebnisse ihrer Experimente mit zwei Jugendlichen, die mit der Gabe des Apportierens von Gegenständen begnadet waren. Unter kontrollierten Bedingungen versuchten diese abwechselnd, allein durch ihren Willen einen Minisender, der sich in einer versiegelten Dose befand, die sie jeweils in ihren Händen hielten, herauszubefördern, ohne dass das Siegel dabei zerbrach. Die Sendesignale wurden registriert, und die akustischen Geräusche, die beim Schütteln der Dose entstanden, zeigten an, dass sich der Minisender noch in der Dose befand. Plötzlich brach das Sendesignal zusammen, und beim Schütteln war kein Geräusch mehr zu hören. Nach Öffnen der nach wie vor versiegelten Dose fand man sie leer. Meistens setzte das Sendesignal nach kurzer Zeit wieder ein, und der Minisender wurde irgendwo im Laborraum oder in einem anderen Raum am Boden liegend gefunden. (Lin Shuhuang et al. 1981)

Da sämtliche paranormalen Phänomene im gegenwärtigen Paradigma nicht erklärt werden können, sind sie eigentlich keine Anomalien eines bestimmten Wissenschaftsbereiches, sondern etwas, das weder dem Gebiet der Physik noch dem der Psychologie ganz zuzuordnen ist. Daher kümmern sich weder Mainstream-Physiker noch -Psychologen um diese Phänomene, und die Parapsychologen haben ihre eigenen Fachzeitschriften, die von der Wissenschaft sowieso nicht zur Kenntnis genommen werden. Daher blieben beispielsweise Hasted, Harraldson und Osis sowie die Chinesen des Lin-Shuhuang-Teams vom Bannstrahl des Wissenschaftspapstes John Maddox verschont. Maddox ist der Herausgeber des 1869 gegründeten einflussreichsten Wissenschaftsmagazins *Nature*, das für viele Wissenschaftler *die* Wissenschaftszeitschrift schlechthin ist. Gemeinsam mit der amerikanischen Zeitschrift *Science* bildet sie den »Doppelgipfel des wissenschaftlichen Olymp«. (Schmund 2007)

Jeder Wissenschaftler ist bemüht, einen Aufsatz in *Nature* abzusetzen. Aber das Gutachtergremium akzeptiert nur jedes zwölfte Manuskript. Die Glaubwürdigkeit von *Nature* beruht auf dem rigorosen Peer-Review-Verfahren, in dem die Experten der jeweiligen Fachbereiche die eingereichten Manuskripte beurteilen.

Im Jahre 1988 passierte ein Aufsatz von zwölf französischen Biologen das Peer-Review-Verfahren und wurde in *Nature* abgedruckt. (Davenas et al. 1988) Dieser Aufsatz schilderte die Entdeckung einer ganz unglaublichen Anomalie. Das Team des berühmten französischen Biologen Benveniste hatte in vier Jahre langen mühevollen Untersuchungen mit rund 200 Experimenten den Nachweis erbracht, dass die chemisch-biologische Wirkung einer bestimmten Substanz auch dann noch in einer Flüssigkeit vorhanden bleibt, wenn sich nach extremer Verdünnung praktisch kein einziges Molekül davon noch in der Lösung befindet, als könne sich das Wasser an die Wirkung der ehemals in großer Menge vorhanden gewesenen Substanz »erinnern«. Diese Behauptung widerspricht jeder »vernünftigen« wissenschaftlichen Vorstellung.

Daher entschloss sich John Maddox, diese Entdeckung irgendwie aus der Welt zu schaffen. Gemeinsam mit dem Physiker Stewart, einem Spezialist für Wissenschaftsbetrug, und mit dem Zauberkünstler und Erzskeptiker James Randi reiste er wenige Tag nach dem Erscheinen des *Nature*-Artikels nach Frankreich ins Labor von Benveniste. Von den vier positiv verlaufenden Experimenten ließen sich die Entlarver nicht beeindrucken. Aber als zwei von ihnen selbst vorgenommene Experimente negativ verliefen, war für sie klar, dass Betrug vorliegen musste. (Maddox, Randi, Stewart 1988)

Ihre Experimente waren jedoch mit unempfindlicheren Nachweismethoden durchgeführt worden und nicht so sauber, wie es die Biologen gelernt hatten. Sie hatten sich auch bei den Zählungen verrechnet.

Aber trotzdem wagte es niemand, die französischen Biologen gegen die ungerechtfertigten Anschuldigungen des Wissenschaftspapstes öffentlich in Schutz zu nehmen. Und diejenigen, die dies tun wollten, natürlich auch Benveniste und sein Team, erhielten keine Erlaubnis zur Publikation in *Nature*. Stattdessen wurden Aufsätze entrüsteter Leser gedruckt, die den Glauben an ein »Wassergedächtnis« als schwerwiegendes Verbrechen gegen die Wissenschaft auffassten und die betreffenden Forscher deshalb persönlich beleidigten.

Michael Schiff, der in dreijährigen Untersuchungen Benvenistes Experimente bestätigen konnte, beschreibt diesen Wissenschaftsskandal ausführlich. (Schiff 1997) Er weist darauf hin, dass auch 17 andere Teams gleiche Ergebnisse erzielt hätten, und schreibt:

> »Die Schlussfolgerung, dass Benveniste tatsächlich ein bedeutendes Phänomen beobachtet hat, scheint mir unausweichlich.« – »Ich persönlich glaube, dass weitere Forschungen schließlich Benvenistes Behauptungen bestätigen werden.« – «Für den Augenblick ist die angemessenste Haltung die Toleranz gegenüber allen widersprechenden Ansichten über das Wassergedächtnis.«

Der Benveniste-Skandal wirft die Frage auf: Wann muss man das Unglaubliche glauben? Und wer entscheidet darüber?

> »Sollen wir eine Situation hinnehmen, bei der eine dominierende Gruppe ohne Kontrolle von außen entscheidet, was gedruckt und worüber geforscht werden darf, und dass diese Gruppe allen anderen ihre Meinungen über die Wahrheit aufzwingt, gleichgültig, ob mit fairen oder unfairen Mitteln?«

fragt Schiff. – Die Antwort ist, dass es in der Wissenschaft eben nicht vordringlich um Wahrheit geht. Manche Erscheinungen sind dermaßen verwirrend, unglaublich und verunsichernd, dass sie der allgemeinen Vorstellung von einer wohlgeordneten Welt zu widersprechen scheinen und Grund für Ängste sein können. Der Glaube an die Regelentsprechung natürlicher Phänomene ist in unserer Kultur so wichtig, dass der Wissenschaftsbetrieb die »Vorbehalte« gegen manche unerwünschte Entdeckungen großzügig billigt. In dieser Haltung der Wissenschaft sieht Lionel R. Milgrom (2007) einen neuen »wissenschaftlichen Fundamentalismus«.

Die Öffentlichkeit versteht nicht, weshalb die Wissenschaft nur das anerkennt, was sie theoretisch versteht. Sie will in erster Linie wissen, ob es die paranormalen Fakten gibt oder ob sie auf Betrug beruhen, egal ob man sie erklären kann oder nicht. Diesen Wunsch nach wahrhaftiger Unterrichtung erfüllen ihr die Wissenschaftsjournalisten nicht, die sich alle dem Dogma des gegenwärtigen Paradigmas verpflichtet fühlen und außerwissenschaftliche Fakten unter den Teppich kehren.

2.9 Schutz vor Ungewissheit durch Skepsis und die Grenzen vernünftiger Skepsis

Anomalien, also »anti-paradigmatische Fakten«, bringen Ungewissheit und Unsicherheit mit sich und werden daher aus dem Weltbild ausgeblendet. Die Abwehr dissonanter Informationen entspricht dem Wunsch nach Sicherheit und Geborgenheit.

Skepsis ist daher die wissenschaftliche Vorgehensweise Behauptungen gegenüber, sofern sie nicht nur psychologischer Unglaube ist. Glaube und Unglaube kennzeichnen Wahrscheinlichkeiten mit 0 und 1 absolut. Wissenschaftliche Skepsis ist konstruktiv, Unglaube destruktiv. Auch die oft vorgebrachte Forderung von »Occams Rasor«, dass die einfachste Erklärung Vorrang hat, ist reine Pseudoskepsis, die sich angesichts der komplexen physikalischen Realität nicht mehr aufrechterhalten lässt. (Bauer 2006) Das Prinzip der Einfachheit erfordert ausführlichere Analysen. (Bunge 1963; Gernert 2007) Wenn Einfachheit das einzige Kriterium wäre, dann müssten Tausende nicht linearer Gleichungen in der Wissenschaft durch Versionen mit »einfacheren« linearisierten Formeln ersetzt werden. Ein subjektiver Bias kann niemals ausgeschlossen werden. Was dem einen Forscher als einfach und mit seinem Weltbild in Übereinstimmung erscheint, mag einem anderen als unlogisch und komplex erscheinen.

Wissenschaftliche Skepsis ist kritische Skepsis, die nach verborgenen Widersprüchen in Behauptungen oder Beobachtungen sucht.

Der ideale Wissenschaftler muss bereit sein, das Bild von der Welt ständig in Frage zu stellen, d. h. er muss darauf gefasst sein, Informationen zu bekommen, die bei kritischer Skepsis so zwingend werden können, dass er seine Vorurteile umgruppieren und die Meinungen seiner Gruppe und die der Autoritäten in Frage stellen muss. Aber auch die verwendete wissenschaftliche Methode darf er von diesem Zweifel nicht ausnehmen. Er mag beispielsweise fragen, ob es wirklich vernünftig ist, den Wert von bewährten Theorien über den von Ereignissen und Beobachtungstatsachen zu stellen, die nicht ins Paradigma passen.

Wir alle bemühen uns unablässig um eine Weltanschauung, die »geordnet, brauchbar und relativ einfach« ist. Dazu benötigen wir Stabilität in unseren eigenen Wahrnehmungen und denen anderer. Hinzu kommt ein ständiges Bedürfnis nach Erklärung: »Nichts darf einfach so herumgeistern, alles muss im System der Dinge seinen Platz haben.«

Jemand hat einmal definiert, »Kultur sei das, was auf alle Probleme des Lebens fertige Antworten gibt«. Keine Kultur gibt zu, auf einige Fragen keine Antwort zu wissen. Stattdessen hat man Bibliotheken vollgestopft mit wissenschaftlichen Abhandlungen mit Mythen über die Erschaffung der Welt und die Entstehung des Lebens.

Im Gegensatz zum idealen Wissenschaftler steht der »Scientist«, der blind an die Wissenschaft »glaubt«, was dem echten Wissenschaftler fremd ist. Scientisten zeichnen sich durch Dogmatismus aus und vermuten fälschlicherweise, dass andere Wissenschaftler auch so denken wie sie. Dogmatisch ist ein Mensch, der auf detaillierte Kritik nicht eingeht. Konkrete Kritik, d. h. das Aufzeigen, warum eine bestimmte Ansicht nicht akzeptabel ist, ist sehr selten, stellt Popper fest: »Wir leiden an einer Ideenarmut für Kritik an Ideen.«

Der Scientist ist eine Art Agnostiker, der vollkommene Befriedigung in der Lösung eng begrenzter hochspezialisierter Probleme finden kann. Er hat eine psychologische Abscheu davor, neben dem Erkannten auch das Nichterkannte existenziell hinnehmen zu müssen. Die extreme Wissenschaftsgläubigkeit ist in ihren Folgen umso schlimmer, je weniger ihre Ursachen durchschaut werden. Das Verhalten der Dinge und das der Menschen macht für die Scientisten das gesamte Sein aus. Die Welt wird von ihnen als ausschließlich rational angenommen. Rationalität wird dabei automatisch mit Berechenbarkeit und logischem Denken gleichgesetzt. Nicht kausale Ereignisse werden als nicht existent verworfen, um sich gegen die Möglichkeiten des Getäuschtwerdens abzusichern.

Unkritische Skepsis findet man im Gegensatz zu Vorurteilen mehr bei Menschen, die von der Meinung anderer abhängig sind. Ungläubiger Skeptizismus ist durch eine statische Haltung charakterisiert, die die betreffenden Informationen zurückweist. Kritik greift dagegen aktiv und dynamisch die betreffenden Informationen auf und prüft ihren Wahrheitsgehalt.

»Kleine Skeptiker« nehmen die ungläubige Haltung an, weil sie aus Unsicherheit und Schwäche misstrauisch geworden sind. Die Form des ungläubigen Skeptizismus ist ebenfalls aktiv, wie die Kritik aber dogmatisch. Sie nimmt die Informationen nicht an, sondern drängt diese ungeprüft zurück und versucht, die Informationen oder Informationsüberbringer zu bekämpfen, zu »entlarven«.

Die krasseste Form des Skeptizismus äußert sich in dem Verdacht und im Willen zur Entlarvung. Leicht entwickelt sich daraus das stolze »Bewusstsein der Wissenden«, die voller Verachtung auf die Gut- und Leichtgläubigen blicken, die – in ihrer Meinung – die tiefen Zusammenhänge nicht durchschauen. Dazu schreibt Bollnow (1975, S. 107):

> »Aber schon diese Haltung kann gefährlich werden, weil von ihrem Gefühl der Überlegenheit eine suggestive Macht ausgeht. Jeder möchte lieber zu den Klugen als zu den Dummen gehören, und sie verleiht das stolze Bewusstsein, zur Elite zu gehören und nicht zur Masse. Man scheut sich, ihrem Anspruch (dem der Skeptiker) entgegenzutreten, weil man fürchtet, sich dadurch als einen Dummkopf bloßzustellen.« –
>
> Andererseits entspringt das Eintreten für die Wahrheit einem Idealismus, »der in seinem unbedingten Einsatz bewunderungswürdig ist, aber der gerade deswegen in Gefahr steht, in seinem Kampf für die Wahrheit in einen engen Fanatismus umzuschlagen …«.

Wird dagegen eine Information als »möglicherweise wahr« angenommen, so kann sie durch Kommunikation mit anderen weiter gefestigt oder doch noch verworfen werden. Die Vernunft als Kontrollzentrale koordiniert unsere eigenen sinnlichen Wahrnehmungen mit den Wahrnehmungen anderer: von denen wir hören, lesen oder mit denen wir sprechen. Man holt die Meinung anderer Gruppenmitglieder oder von Prestigepersönlichkeiten ein. Der Wunsch nach Konformität und Übereinstimmung mit der Meinung anderer ist angenehmer, als unbedingt seinen eigenen Empfindungen und Ansichten nachzugehen. Diese Art der Kontrolle von Informationen ist für den Einzelnen wichtiger als Vorurteil und Skepsis, da die Gruppenkonformität vor Angriffen aus der eigenen Gruppe schützt. Die Furcht davor, sich zu isolieren, lässt an der eigenen Urteilsfähigkeit zweifeln. Der Einzelne versucht ständig, die Häufigkeitsverteilung von Pro- und Kontra-Meinungen, Engagement, Entwicklungsrichtung, Verwirklichungschancen und Dringlichkeitsanspruch abzuschätzen, und richtet seinen Standpunkt in der Gruppe entsprechend ein.

Wäre wissenschaftliches Forschen nur Streben nach Erkenntnis und Suche nach Wahrheit, so dürften die Wissenschaftler nicht zu unterschiedlichen Auffassungen über die Vorgehensweise kommen. Doch hat die Wissenschaft auch noch die wichtige Funktion, Vertrauen und Sicherheit über die Zusammenhänge sämtlicher uns umgebender Phänomene und damit Schutz vor Täuschung und Unwahrheiten zu vermitteln. Sie hat also auch eine ausgenommen sozial-politische Komponente. Politisch, weil die ausgetauschten Informationen meistens auch Meinungen über einen Sachverhalt im Rahmen eines bestimmten Weltbildes »und nicht nur« die Tatsachenbeschreibung selbst enthalten.

Die Erklärungen suchende Denkweise prädisponiert zu Vorurteilen, wenn sie nicht streng diszipliniert wird. Um zugehörige Dinge rasch zu erkennen, denken wir in Kategorien. Das kategoriale Denken ist unvermeidlich und trifft sowohl für rationale als auch für irrationale Bezüge zu.

Nun gibt es »elastische« und »unelastische« Kategorien. Die unelastischen werden von Postman (1951) »monopolistisch« genannt. Sie sind so starr, dass alle widersprechenden Informationen zurückgewiesen werden. Die Kategorie wird durch kleinste oder eingebildete (und auch falsche) Informationen »bestätigt«. Ein derart festgelegter Mensch selegiert und interpretiert, was immer er liest, hört und sieht in einer Weise, die zu seiner Kategorie passt und sie stärkt. (Allport 1954) Monopolistische Kategorien sind leichter zu bilden als differenzierte. Wir folgen dem Gesetz des geringsten Widerstandes.

Die gleiche Psychologie lässt sich im Wissenschaftsbetrieb wiederentdecken. Maslow (1977) spricht von der »Sicherheitswissenschaft«, einer Wissenschaft als Abwehr. Sie ist durch Distanzierung zu neuartigen Beobachtungen und Entdeckungen gekennzeichnet, keinesfalls durch Neugier und Interesse an neuen Gedanken und Wegen. Neugierig sind nur die noch lernenden, noch nicht in den Wissenschaftsbetrieb eingebundenen jungen Forscher. Im Wissenschaftsbetrieb richten sich die Wissenschaftler dann nach der Meinung anderer, von denen sie abhängig sind. Die Haltung der Skepsis in der Wissenschaft ist zwar denkökonomisch, aber auch monopolistisch. In den sogenannten »besseren Zeitungen« findet sich die falsch verstandene Skepsis wieder im Prozess einer dem Meinungsdruck nachgebenden Selbstzensur, wonach die Darstellung ungewöhnlicher Fakten stets mit den konformen Meinungen der Redaktion vermischt vorgelegt werden. (Nölle-Neumann 1980)

Vorurteil, Skepsis und Rückversicherung bei der Gruppenmeinung können, anders als wissenschaftliches Überprüfen von Sachverhalten, bei der Wahrheitsfindung in positiver und negativer Weise wirken. Festhalten an Postulaten, die grundsätzlich nicht in Frage gestellt werden, kennzeichnen den Dogmatismus, die negative Art, Vorurteile beizubehalten. Auch wenn die wissenschaftliche Methode angewendet wird, muss diese Aktivität »pseudowissenschaftlich« genannt werden. (Ferrera 1976) Da Vorurteile sowohl bei gläubigen unskeptischen Laien als auch bei skeptischen Wissenschaftlern angetroffen werden, schützt Rationalität auch skeptische Wissenschaftler nicht davor, bei der Behauptung bestimmter Phänomene pseudowissenschaftlich vorzugehen.

Unsere Zeit ist, sehr viel mehr noch als vor 100 Jahren, eine Zeit umfassenden Misstrauens. Dieser Argwohn ist keine Regung, die kommt und unter bestimmten Voraussetzungen wieder vergeht wie andere Regungen, sondern er charakterisiert den modernen Menschen im Ganzen. »Das bedeutet«, stellt Bollnow (1973) fest, »dass der moderne Mensch von vornherein mit dem Verdacht des Getäuschtwerdens an die Wirklichkeit herangeht, mit der vorgefassten Meinung, dass die Wirklichkeit überhaupt trügerisch ist, insbesondere im Bereich der menschlichen Beziehungen.« (S. 109)

Dies zu erkennen ist wichtig, wenn neuartige »unglaubliche« Beobachtungen an die Wissenschaft herangetragen werden: Nicht Besserwisserei und Vorwürfe gegen die Teilnahmslosigkeit und Abwehr der Uninformierten zeichnen den im Informationsbesitz und Wissen Stehenden aus, sondern Gelassenheit und Eingehen auf die psychologischen Probleme, die dem Uninformierten – aus den oben genannten Gründen – den Zugang zu umstrittenen Tatsachen, neben dem allseits verbreiteten Mangel an Zeit – so schwer machen.

Das bedeutet, starke Anomalien müssen zunächst ohne Unterstützung des offiziellen Wissenschaftsbetriebes, aber unter Anwendung seiner Methoden (außerwissenschaftlich) untersucht werden. Da exakte Experimente Geld kosten, ist dies nur kurze Zeit möglich. Ohne seine selbstlose Arbeit hätte Chladni niemanden von der Existenz der Meteorite überzeugen können. Er wies darauf hin,

> »dass alles, was ich bey dieser Gelegenheit, und auch sonst … zu thun mich bestrebt habe, auf meine Rechnung geschehen ist, indem ich von niemandem irgendein Gehalt oder andere Vorteile genieße.« (zitiert in Boschke 1970)

Erst nachdem die Herkunft der Meteorite theoretisch als Reste eines Kometenschweifs gedeutet und das erneute Auftreten vorhergesagt werden konnte, wurde Chladni geglaubt. Ohne eine entsprechende Theorie kann die Wissenschaft nichts mit bloßen Fakten anfangen.

Vom Wissenschaftler wird verlangt, dass er neuen Phänomenen offen, aber auch kritisch gegenübertritt. Da die Grenze zwischen Offenheit und kritischer Zurückhaltung fließend ist, wird es immer Wissenschaftler geben, die neuen Phänomenen gegenüber zu unkritisch sind, und solche, die ihnen mit orthodoxer Skepsis begegnen. Daher gehen unter Wissenschaftstheoretikern die Meinungen darüber auseinander, was Proto-Wissenschaften und was bereits pathologische Wissenschaften sind. (Truzzi 1980) Eine außerordentliche Entdeckung muss immer im Rahmen der zeitgenössischen Wissenschaften gesehen werden, die diese nur dann anerkennen, wenn sie von vielen unabhängigen Beobachtern nachvollzogen und immer genauer reproduziert werden kann.

Jede unerwartete Erscheinung sollte nicht nur in den Theoriezusammenhang passen, sondern sie darf auch nicht zu unerklärbar scheinen. Die Wissenschaft bezieht ja ihre Erfolge aus der Beschränkung auf Mess- und Berechenbares. Daher sind Fragen beispielsweise nach der Eigenschaft von Bewusstsein und der Fortexistenz der Psyche nach dem Tode, die zu den wichtigsten im menschlichen Leben zählen sollten, bisher nicht wissenschaftlich behandelt worden. Aber auch Schilderungen von Reisenden oder Kriegsteilnehmern sind ebenso glaubwürdig oder unglaubwürdig wie Aussagen von Wissenschaftlern, die irgendwelche Messinstrumente ablesen, d. h. wir sind immer auf den Glauben in die Aussagen unserer Mitmenschen angewiesen.

Die wissenschaftliche Methode hat jedoch den Vorzug, dass die Messvorgänge weitgehend automatisiert und daher von menschlichen Fehlurteilen frei sind. Außerdem können die Messungen prinzipiell von jedem anderen Wissenschaftler wiederholt werden.

Die wissenschaftlichen Aussagen sollten stets sicher sein – Gewissheit etablieren. Dieses Vollkommenheitsideal irrtumsfreier Aussagen kann nicht erreicht werden.

»Sicherheit gibt es nur dort, wo absolute Sicherheit erst gar nicht gefragt ist«, meint B. Guggenberger (1987). Sehr selten auftretende Ereignisse oder Zufälle sind ein Ärgernis, und die philosophische Betrachtung sollte daher, so meinte Hegel, keine andere Absicht haben, als das Zufällige zu entfernen. Das »Willkürliche«, das »Widerfahrnis«, beleidigt die Würde der menschlichen »Machensmacht«.

Guggenberger stellt fest:

> »Die Gelegenheit zum Irrtum innerhalb des wissenschaftlichen Zusammenhangs wird durch Fragen und Denkverbote methodisch begrenzt«, und »die Wissenschaft konzentriert sich auf den Erwerb eines Wissens, dass so gewiss und unzweifelbar ist wie Mathematik

> und Geometrie. Die neuzeitliche Wissenschaft errang ihre beispiellosen Triumphe um den Preis ihrer Bornierung. Sie konnte gar nicht ›scheitern‹, weil sie sich mit dem Risiko des Scheiterns gar nicht engagierte. Die ›science triumphans‹ zeigt sich am Ende als substanzarmes Showgewerbe: Als sei das gewiss Gewusste schon die ganze Wahrheit.«

Erkenntnisgewinnung und -vermehrung orientiert sich an der Descarteschen Forderung, es sei besser, über Weniges viel als über das Ganze wenig und Ungenaues zu wissen. Diese Forderung führt zu einem sich fortzeugenden Imperialismus einer partiellen Erkenntnis. Verständnislos blickt der moderne Mensch auf den mittelalterlichen Scholastiker Thomas von Aquin, dem das Geringste, was man an der Erkenntnis der höheren Dinge haben kann, erstrebenswerter war als die gewisseste Erkenntnis, die man von den geringsten Dingen hat. Der »methodische Zweifel«, den Descartes im »Discours de la Methode« empfiehlt, ist noch immer modern: Was nicht als absolut wahr erwiesen ist, wird nicht anders behandelt als das mit Gewissheit Falsche. Was vielleicht gefälscht sein könnte, hat als definitiv falsch zu gelten. Diese Art von Parteilichkeit geht zugunsten des – wenigen – Wahren und zu Lasten des – vielen – Wahrscheinlichen und der Wirklichkeit. Wer sich »versuchsweise« auf die Wirklichkeit einlässt unter der Devise: in dubio pro traditionem, gerät unter den generellen Ideologieverdacht des »falschen Bewusstseins«. Irren kann aber nur derjenige, der den Irrtum nicht bemerkt. Wer mit dem Irrtum rechnet, kann sich im Grunde genommen gar nicht irren.

Der Rückzug aus den streitexponierten Zonen der Erkenntnis aus Furcht vor Irrtum ist eine Kapitulation vor der Komplexität der Wirklichkeit. Aus der Urteilsschwäche wird die Tugend vornehmer Selbstbescheidung gemacht: Wissenschaft sei unzuständig. Guggenberger:

> »Wenn die Wissenschaft sich Fragen verweigert, die man nicht mit letzter Gewissheit beantworten kann, so ist eine solche Abstinenz natürlich auch ›Antwort‹, Urteil und Parteinahme: Ohne den Anspruch zu wissen, dass eine bestimmte Form von ›gesichertem‹ Wissen anderen Wissensformen minderen Gewissheitsgrades über-

legen ist, wären methodologische Diskriminierungen ebenso sinnlos wie willkürlich ...« –

»Die methodische Verengung unseres Wissens verringert das Irrtumsrisiko in einer Sache. Wir dürfen uns des Gewissen gewisser sein. Doch sie beschwört ein ganz anderes Risiko: das Risiko, das eigentlich Wissenswerte und Wissenswürdige in der Konzentration auf das mit Gewissheit Wissbare zu verfehlen.«

Beispielsweise ist die Frage nach der Möglichkeit einer Einwirkung von Geist auf Materie eine überaus wissenswerte Frage. Doch die Parapsychologie kann keine Akzeptanz in der Wissenschaft erringen, solange es ihr nicht gelingt, ihre zweifellos beobachteten Fakten zu wissenschaftlichen Beobachtungstatsachen zu machen, d.h. zu solchen, die zu theoretisch erwarteten Experimenten gemacht werden können. Das Fehlen einer Theorie verhindert die öffentliche Rezeption. Nicht fehlende experimentelle Evidenz verhindert Akzeptanz. Aber vor dem Hintergrund theoretischer Modelle würden die Anomalien weniger ungewöhnlich erscheinen. (v. Voigt 1991)

Im günstigsten Fall stehen Fachwelt und Öffentlichkeit unerklärlichen Tatsachenfeststellungen skeptisch gegenüber. Gewöhnlich werden sie mit allen Mitteln und nicht argumentativ bekämpft. Das Dilemma ist, meint Christoph Thiel (1980), dass die Wissenschaft die Deutung paranormaler Phänomene für die Öffentlichkeit anderen und weniger Qualifizierten überlässt. Das stabile Verhältnis zwischen Wissenschaft und Grenzwissenschaft muss irritieren, und dieses wissenschafts-soziologische Faktum bedarf schon um der Wissenschaft selbst einer Erklärung.

Ulrich Timm (1982) wundert sich, dass die Skeptiker mit beharrlicher Monotonie Fakten »als noch nicht ausreichend«, »als noch nicht genügend gesichert« zurückweisen:

»Wer empirische Daten als a priori möglich oder unmöglich, wahr oder falsch deklariert, ist in seinem Wissenschaftsverständnis offensichtlich um einige Jahrhunderte zurückgeblieben und scheidet als wissenschaftlicher Diskussionspartner ohnehin aus.«

Jedes Denken sei im Übrigen bis zu einem gewissen Grade motivationsbestimmt und durch irgendwelche nicht hinterfragten Vorannahmen geprägt.

Das Zurückweisen von unerwünschten Fakten wird im Allgemeinen nicht durch begründete Urteile, sondern durch Vorurteile bewirkt. Vorurteile basieren selten auf voreiligen Urteilen als vielmehr auf falschen Urteilen. So sieht Kant im Vorurteil ein »Prinzip irriger Urteile«. Sie widerstehen ihrer Berichtigung. Sie lassen sich zu einem gewissen Grade rechtfertigen aus intellektueller Ökonomie beim Entscheiden und Handeln. (Dorschel 2001)

Eine übliche Argumentationsweise eines vorurteilsbehafteten Wissenschaftlers verläuft so, dass er den Nachweis so gestaltet, dass er guten Gewissens das nachzuweisende Urteil bzw. seine Aussage beibehalten kann. Das Nachweisen wird an die Erhaltung des Urteils angepasst. (Loh 1988)

Der Chemiker und Wissenschaftstheoretiker Henry H. Bauer (1992) widerspricht der herrschenden Meinung, Wissenschaftler seien aufgeschlossen und würden nach Erkenntnis streben. Ihre Aufgeschlossenheit besteht im Allgemeinen nur so lange, wie das Neue nicht allzu neu ist und vom »bekannten Unbekannten« abgeleitet werden kann. Eine instinktive Abwehr baut sich gegenüber solchen Phänomenen auf, für die das gegenwärtige Erklärungskonzept nicht einmal qualitative Möglichkeiten bietet. So wurde das schwierige Phänomen Bewusstsein bis vor etwa 20 Jahren von der Wissenschaft überhaupt nicht angerührt.

Mechanistisch-materialistisch orientierte Wissenschaftler sind es, die den Fortschritt in der Wissenschaft blockieren. Beispielsweise forderte der Philosoph Bertalanffy, alles, was im weitesten Sinne mit Psyche und Psychologie zu tun hat, aus der Wissenschaft und in die Metaphysik zu verbannen (1928).

Der Verhaltenspsychologe J. B. Watson verwies sogar das Phänomen Bewusstsein aus der Wissenschaft, um mit der Beseitigung dieses Gegenstandsbereiches, den er für unwissenschaftlich hielt, die Ungewissheit, die sich im Meinungsstreit über diesen Bereich äußerte, zu eliminieren. Denn Meinungsstreit sei die Folge fehlender Gewissheit und Vergewisserbarkeit. Nach Watson ließe sich der Meinungsstreit, den er als Chaos empfindet, mindern, wenn man greifbare Phänomene in der Hand hätte. Es erscheint ihm aussichtslos, dass dies im Falle des Bewusstseins jemals gelingen würde. Heute liest man nur mit Erstaunen, dass dieser Wissenschaftler (Watson 1968) von folgendem Unsinn überzeugt war, nämlich:

> »… dass der Glaube an die Existenz eines Bewusstseins aus den alten Zeiten des Aberglaubens und der Magie herrührt«.

(Sein Kollege Skinner unterstützte Watson in seiner Annahme, indem er behauptete, er habe kein Bewusstsein, und andere sollten ihm gefälligst beweisen, dass sie eines hätten.)

Hier wird die Wissenschaft unzulässigerweise verabsolutiert. Hans Küng schreibt (2006):

> »Jede Wissenschaft, und sei sie die exakteste oder tiefschürfendste, die sich selbst verabsolutiert, macht sich vor dem Ganzen lächerlich und wird leicht gemeingefährlich.« (S. 53)

Heute versucht man, das Bewusstseinsphänomen wenigstens ansatzweise zu verstehen, indem man es auf eine besondere Art der Hirnstromaktivität reduziert.

Es scheint so, als sei die wissenschaftliche Untersuchung im Bereich der Grenzgebiete mehr durch psychologische als durch methodologische Regeln geleitet. (Maslow 1977) Ein konservativer Wissenschaftler ist nach Maslow relativ defensiv, vom Mangel oder Bedürfnis nach Sicherheit motiviert und weitgehend von Angst getrieben. Er vertritt die orthodoxe Wissenschaft, die nicht falsch, aber zu eng ist. Der progressive Wissenschaftler ist seiner Angst Herr geworden, wachstumsorientiert, auf Selbstverwirklichung und vollste Humanität bedacht. Maslow schreibt:

> »Bei der orthodoxen Wissenschaft handelt es sich mehr um ein Spiegelbild der vorsichtigen, von Zwangsvorstellungen besessenen Weltauffassung, in deren Mittelpunkt das Bedürfnis nach Sicherheit besteht, als um eine reifere, allgemein humanere, umfassendere Lebensauffassung.« –

> »Die meisten Wissenschaftler sind nicht bescheiden, höchstens auf ihrem eigenen Spezialgebiet. Viele von ihnen neigen ebenso sehr wie gewisse Theologen dazu, von ihren Laboratorien aus andere mit ihren A-priori-Ansichten und Vorurteilen aller Art zu belehren, und sei es nur über das Wesen der Wissenschaft selbst.« (S. 98)

Die meisten Anomalien in der Wissenschaft sind nicht so gravierend wie das im gegenwärtigen Weltbild nicht unterzubringende Bewusstsein, sondern betreffen nur einen kleinen abgegrenzten Bereich.

Die Forscher, die sich mit starken Anomalien befassen (Wechselwirkungen zwischen Geist und Materie, Beobachtungen unbekannter Erscheinungen am Boden und am Himmel) werden von Mainstream-Wissenschaftlern abwertend beurteilt und vielfach als Pseudowissenschaftler diffamiert, obwohl diese bei ihren Untersuchungen wissenschaftliche Methoden anwenden. Dabei wird vergessen, dass nur derjenige Forscher pseudowissenschaftlich vorgeht, der auch noch dann für eine Hypothese eintritt, wenn diese durch neue Daten widerlegt worden ist. Und unwissenschaftlich ist nur derjenige Forscher, der keine wissenschaftlichen Methoden anwendet.

Mit vom Weltbild abweichenden Phänomenen beschäftigen sich Wissenschaftler im Allgemeinen nicht. Allenfalls werden die Berichte darüber und deren Beobachter einer Untersuchung unterzogen. Das Widerlegen der Beobachtungen anderer ist im wissenschaftlichen Kontext noch einfach, deren Erklärung jedoch nicht. Eine der Grundvoraussetzungen wissenschaftlichen Arbeitens ist nach F. R. Paturi (2005) die »Übereinkunft, dass man nichts, was das kausalistisch-mechanistische Weltbild irgendwie gefährden könnte, überhaupt in Erwägung zieht«. Es wäre praktisch nur Zeitverschwendung, ist die Ansicht der orthodoxen Wissenschaftler, allzu viel »Toleranz« für »nicht vorhandene Fakten« aufzubringen. Der notwendige Aufwand an Zeit und Geld würde bei sinnvolleren Vorhaben fehlen. (Hoebbens 1982) Die Arbeitsüberlastung der Experten führt dann zu unzulässigen Reaktionen. Viele Fachleute sind vollauf damit beschäftigt, die Publikationen in ihrem Spezialgebiet zu verfolgen, und werden leicht ungehalten, wenn sie weiteres Material lesen sollen. Sie sind daher erfreut, wenn sich die

Gruppe der selbsternannten »Skeptiker« der behaupteten Fakten annimmt, die meistens keine Experten auf dem betreffenden Gebiet sind und sich auch nicht intensiv um eine Untersuchung bemühen, aber Mainstream-Wissenschaftlern die Arbeit und das Nachdenken über die neuen Fakten abnehmen.

Der Modellwettstreit der Skeptiker reduziert sich nahezu ausschließlich auf die Datenverlässlichkeit. Das ist ein legitimes Rückzugsgefecht. Es entbindet den Skeptiker von der Verpflichtung, für theoretische Probleme überhaupt irgendwelche Hypothesen einbringen zu müssen. Timm (1982):

> »Selbst- und Fremdtäuschungen aller Art scheinen in der Wissenschaft weiter verbreitet zu sein, als es ihrem sakrosankten Image entspricht.«

Die wissenschaftliche Gründlichkeit glauben sich die meisten Wissenschaftler ersparen zu können, wenn es um die Beurteilung von Anomalien geht. Paul Feyerabend (1976) stellt fest:

> »Während ein Wissenschaftler in seinem eigenen Fach jahrelang zögert und zaudert, bevor er eine Entdeckungen publiziert oder ein Grundprinzip angreift, reichen die lächerlichsten Argumente und ein Minimum von Studium aus, um einen Mythos oder einer nicht wissenschaftlichen Kosmologie den Garaus zu machen.« (S. 22)

Jede Ideologie, jede Lebensform hat Resultate. »Aber«, so lautet der Einwand, »nicht die gewünschten Resultate.«

Angesichts eines »unerklärlichen« Beweisstücks darf der skeptische Wissenschaftler sogar annehmen, dass es einen verborgenen Fehler enthält, meint Piet Hein Hoebens, »sogar, wenn er nicht die geringste Vorstellung davon hat, worin diese Fehlerquelle konkret bestehen könnte«.

Zu den Methoden der »pathologischen Skeptiker« – das sind nach Bauer (2006) solche, die ungläubig und destruktiv auf Sachverhalte reagieren, ohne sie im Detail kritisch zu untersuchen – zählen nach Timm (1982):

1. Unzulässige Selektion und einseitige Akzentuierung (bei mangelnder Informiertheit, motivationsbedingte »Verdrängung« oder bewusste Strategie).
2. Unbegründete Generalisierung.
3. Bedarfsorientierte Eskalation methodischer Postulate (Wiederholbarkeitspostulat).
4. Ignorieren methodischer und organisatorischer Fortschritte.
5. Ungleichbehandlung gegenüber anderen Wissenschaften (Suggestivstrategie, Forschern gewisse Verhaltensweisen vorwerfen, die bei anderen Wissenschaftlern toleriert werden).
6. Neigung zu unangebrachtem Konservativismus (statisch orientiertes Weltbild, das die Gültigkeit bisheriger wissenschaftlicher Paradigmen und Axiome überbetont und rein empirisch fundierten Fakten prinzipiell misstraut, solange diese nicht durch entsprechende Theorieprogression »entschärft« worden sind).

Es ist bezeichnend, dass Skeptiker gegenüber den etablierten Paradigmen völlig unskeptisch sind und nur skeptisch gegenüber Beobachtungen, die diese etablierten Ansichten bedrohen. Während beispielsweise fünf von W. Corliss verfasste Bücher in *Nature* besprochen wurden, haben die amerikanischen Skeptiker im *Skeptical Inquirer* kein einziges davon erwähnt, damit ihre Leser den Eindruck beibehalten, dass es nur ganz wenige noch nicht von der Wissenschaft verstandene Phänomene gebe.

Ein ungläubiger Skeptiker ist von der grundsätzlichen Unzuverlässigkeit menschlicher Aussagen und Handlungen überzeugt. Der kritische Skeptiker setzt zunächst Vertrauen in menschlichen Äußerungen und Handlungsweisen, solange sie nicht widerlegt worden sind. Er misstraut den Menschen nicht von vornherein, urteilt allein aufgrund seiner Überprüfungsmethoden und trägt das Risiko des Vertrauensvorschusses. Der ungläubige Skeptiker glaubt, Überprüfungsmethoden nur selten anwenden zu müssen, weil er die Möglichkeit eines neuen Phänomens von vornherein ausschließt und ihm daher auch Pseudo-Erklärungen genügen.

Wer recht hat, das lässt sich durch die bewährte Forderung gegenüber schwierigen Menschheitsfragen prüfen: »Folge denen, die zweifeln, aber meide diejenigen, die vorgeben, die Wahrheit zu besitzen.« Dieser Ratschlag hat sich in allen ideologischen Zweifelsfragen bewährt. Es geht um den Zweifel um der Wahrheit willen, nicht um Zweifel aus Prinzip. Fundierter Zweifel, Kritik, sucht nach Fehlern in der Begründung einer Behauptung, nicht in der Behauptung selbst. Zum Wissen des eigenen Nicht-Wissens gehört immer schon eine gehörige Portion Wissen: zunächst das Wissen um das Wissbare, also das Wissen darum, was wir grundsätzlich wissen können und was nicht.

Karl Steinbuch rät (1968), an Fragestellungen, denen mit physikalischen Methoden nicht beizukommen ist, heranzugehen, indem aus den exakten Wissenschaften nur der Geist unbestechlicher Sachlichkeit mitgebracht wird. Man könne vorläufig nur phänomenologisch vorgehen und die bemerkenswerten und gesicherten Beobachtungen registrieren und Wahrscheinlichkeitsrechungen anwenden. Man könne zumindest versuchen, aus der Alltagsarbeit der naturwissenschaftlichen Forschung den Geist der strengen Objektivität und das Bemühen um Klarheit der Sprache in die Erörterung über jene Fragen mitzunehmen, die nicht durch wiederholbare Experimente oder formale Rechnungen zu erledigen sind.

Mit Anomalien beschäftigt sich die »Protowissenschaft«, nicht die Mainstream-Wissenschaft. Denn Anomalien werden als Bedrohung dessen wahrgenommen, was manche als Fundament ihres Denkens ansehen. Der kritische Skeptiker Mario Truzzi meint (1980):

> »Leider hat dies häufig dazu geführt, dass manche Protowissenschaftler als antiwissenschaftlich missverstanden wurden. Dabei gehören Anomalien nach Thomas S. Kuhn zu den wichtigsten Triebkräften des wissenschaftlichen Fortschritts.«

Selbst der Skeptiker M. Mahner stellt fest (1987), »dass der Unterschied zwischen Wissenschaft und Protowissenschaft nur ein gradueller ist«.

Um in den Forschungsbetrieb aufgenommen zu werden, ist die Zuteilung öffentlicher Forschungsmittel unumgänglich. Doch vor der Vergabe von Forschungsmitteln müssen Nützlichkeitserwägungen angestellt werden. Es heißt zwar »die Freiheit der wissenschaftlichen

Tätigkeit gilt unabhängig von der Zweckrichtung der Forschung …«, doch ist die Forschungsförderung heute zu einer verfassungsrechtlichen Frage geworden und die Nichtförderung bestimmter Forschung zu einer Grenze der Forschungsfreiheit. In Deutschland stellte das Bundesverfassungsgericht fest, dass unabhängige Forschung heute nur noch mit staatlicher Hilfe betrieben werden kann. (Hailbronner 1980)

In den USA zeigten Untersuchungen der *National Science Foundation* (Clark 1982), dass jede vierte Entscheidung über die Förderungswürdigkeit von Forschungsvorhaben bei einer anderen Zusammensetzung des Gutachtergremiums anders ausgefallen wäre.

Die Wissenschaftlichkeit einer Sache ist demnach abhängig von der subjektiven Meinung der Finanzierungs-Bewilliger. In Frankreich entschied beispielsweise das *Centre National d'Etudes Spatiales* (CNES), die wissenschaftliche Untersuchung des UFO-Phänomens zu finanzieren. Die *Groupe d'Etudes des Phenomenes Aerospatiaux Non-Identifies* (GEPAN) in Toulouse ist daher die einzige Institution auf der Welt, in der heute UFO-Forschung aus staatlichen Mitteln gefördert wird, wenn auch nur unzureichend.

Skeptiker zeichnen sich durch eine immer gleichbleibende Verhaltensweise aus. Sie stellen autoritäre Behauptungen auf oder berufen sich auf Autoritäten; Andersdenkende werden diffamiert oder lächerlich gemacht; es werden ihnen Störungen der Wahrnehmungs- und Kommunikationsvorgänge unterstellt. Dieses Verhalten hat sich unter Wissenschaftlern seit rund 200 Jahren nicht geändert. So wurde Chladni (1736–1827), der sich für die Faktizität von Meteoriten eingesetzt hatte, von seinen Kollegen – unter ihnen hoch angesehene Wissenschaftler – massiv moralisch diffamiert.

2.10 Pseudowissenschaftliche Urteile uninformierter Wissenschaftler über UFO-Phänomene

Es ist keinem Wissenschaftler zu verdenken, dass er es ablehnt, sich auch nur oberflächlich mit einem Thema zu befassen, das in Science-Fiction-Romanen und TV-Filmen mit Horror- und Sensationsgeschichten verknüpft, unglaubhafte Behauptungen enthält. Da werden Verschwörungstheorien aufgestellt. Es gibt Berichte über außerirdische Monsterwesen, Kämpfe in unterirdischen Hallen in Dulce mit außerirdischen Wesen, Viehverstümmlungen durch Unbekannt und Berichte von Menschen, die angeblich von UFOs entführt wurden. Das scheint alles so lächerlich, dass kaum jemand daran zweifelt, dass sich nichts davon jemals ereignet hat.

Doch wer durch Zufall selbst einmal ein unerklärliches Objekt beobachtet oder einen Bericht von Familienangehörigen oder aus seinem Bekanntenkreis über merkwürdige Beobachtungen erfährt, wird sich die Frage stellen, was an diesem Phänomenen wirklich dran sein könnte. Vielleicht erfährt er auch aus dem Fernsehen, dass glaubwürdige Zeugen wie Piloten, Staatsoberhäupter, Wissenschaftler und Polizeioffiziere Begegnungen mit unidentifizierten Objekten gehabt hatten, und ist geneigt, einen wahren Kern in allen diesen Berichten anzuerkennen. Und er stellt sich die Frage, ob es sich um ein psychologisches oder um ein reales physikalisches Phänomen handelt.

Wissenschaftler wagen sich auch aus anderen Gründen nicht an eine Untersuchung unidentifizierter Flugobjekte, denn das Datenmaterial besteht im Wesentlichen aus Zeugenberichten und nicht aus physikalischen Beweisen, überwiegend von Laien. Weil sich erst wenige Wissenschaftler um die Untersuchungen aus erster Hand kümmern, werden diese vorwiegend von Laien durchgeführt. Doch die Gemeinde der Wissenschaftler definiert sich nicht nur durch die Anwendung wissenschaftlicher Methoden, sondern auch durch die erworbenen wissenschaftlichen Diplome und Auszeichnungen ihrer Mitglieder. Man übernimmt nicht gerne Untersuchungsergebnisse von Laienforschern, denen wissenschaftliche Grade und technisches Training fehlen, weil man dadurch das eigene berufliche Weiterkommen riskieren würde. Die Datenbasis besteht primär aus anekdotischem Material. Sichtungen sind das Fundament des Forschungsgebietes. Das schließt wiederholbare kontrollierte Beobachtungen weitgehend aus, also die Methodologie, die das Kennzeichen wissenschaftlicher Untersuchungen ausmacht. Doch es existieren auch viele physikalische Beweise (Fotos, Filme, Radarspuren, Effekte auf Boden und Pflanzen, physiologische Wirkungen auf Menschen, UFO-Splitter und Implantate usw.), aber die meisten Wissenschaftler kennen sie nicht oder schätzen sie als unzureichende Beweise ein.

Daher ist den meisten Wissenschaftlern unklar, welche Disziplin für eine seriöse Untersuchung des Beobachteten überhaupt zuständig ist (Physik, Psychologie, Soziologie, ...?). (Hall 1972) Das Studium der unidentifizierten Objekte verlangt nach einer interdisziplinären Annäherung. Interdisziplinäre Forschungen sind in allen Disziplinen unbeliebt, erst recht, wenn das Phänomen noch am Beginn der Untersuchung steht und wenn man nicht weiß, welche Disziplin den Kern der Forschung übernehmen sollte.

UFO-Forschung wird als eine legitime Disziplin von den Akademien kategorisch abgewiesen. Der Psychologe Stuart Appelle stellt fest, dass eine Abweisung etwas anderes ist als eine Ablehnung (Appelle 2000): »Eine Ablehnung erfolgt immer als Schlussfolgerung aufgrund einer genauen Untersuchung und einer vorsichtigen Reflexion. Eine Abweisung ist aber eine A-priori-Entscheidung, die eine genaue Untersuchung als überflüssig ansieht.«

Kein Gebiet wird als Wissenschaft eingeschätzt, dessen zentrale Grundsätze und Hypothesen nicht als plausibel betrachtet werden. Das Fehlen akzeptierter Hypothesen, Methoden und diplomierter Wissenschaftler sowie die erwähnte Unsicherheit in der Identität der Disziplin führt zur Abweisung des Phänomens als wissenschaftliches Thema.

Als Konsequenz daraus wird das Gebiet weiterhin von denen ignoriert, deren Aufmerksamkeit es am dringendsten benötigt. Die akademischen Strukturen, der Regelkanon der Wissenschaft und das vorherrschende Paradigma werden durch das UFO-Phänomen überfordert. Hilflos erklären die Wissenschaftler sich für nicht zuständig und überlassen die unverstandenen, unmöglichen und unerwünschten Phänomene der »Erzählforschung«.

Den Wissenschaftlern ist ihr Desinteresse daher nicht vorzuwerfen. Das Phänomen ist zu tadeln, weil es sich nicht auf unsere Regeln einstellt und beispielsweise über Funk mit uns Verbindung aufnimmt oder auf einem Universitäts-Campus landet, sich uns zeigt, so dass wir seine Intentionen verstehen können, erklärt, woher es kommt und wie es das macht, und, und, und ...

Die unbekannte Intelligenz, um was es sich immer auch genau handeln möge, spielt aber nicht mit. Zur Strafe ignorieren wir sie!

Alles dies sind Gründe, weshalb es sich angesehene Wissenschaftler erlauben, mit Erfahrungstatsachen unseriös leichtfertig umzugehen. Statt der korrekten Auskunft »Davon weiß ich zu wenig« bekommt man zur Auskunft »Davon halte ich nichts«. Und wenn weitergefragt wird, dann wird irgendeine Scheinerklärung nachgeschoben. Der pathologische Skeptiker weigert sich, Beweise entgegenzunehmen, weil er »schon weiß«, dass die Beweise ungültig sind.

Besonders in den USA ist es in der Bevölkerung immer mehr üblich, Entscheidungen und Beurteilungen über Sachverhalte »aus dem Bauch heraus« zu fällen, ohne sich zu informieren. Diese intuitiven Entscheidungen kennzeichnen eine »low information rationality«.

Eine besonders perfide Art, Fakten zu erfinden, zu fälschen oder zu zerstören, stellt die politisch erzwungene Meinungs- und Wissenschaftsmanipulation dar. Ausgewählte Autoritäten oder selbst ernannte Autoritäten machen sich zu Richtern über Geltungsansprüche von Sachverhalten.

Zu Stalins Zeiten wurde die falsche Vererbungslehre des Agrarbiologen T. D. Lyssenko von staatlicher Seite durchgesetzt, obwohl ihm Fälschungen von Daten nachgewiesen werden konnten. Doch seine Kritiker wurden ausgemerzt.

In den USA versuchen fundamentalistische protestantische Verbände die irrige Lehre des Kreationismus als Lehrfach in Schulen durchzusetzen, weil sie die Entstehung des Lebens, wie sie in der Bibel beschrieben wird, der rational begründeten wissenschaftlichen Erkenntnis vorziehen.

Aufgrund der Kreationismus-Bewegung bildete sich an amerikanischen Hochschulen die Gegenbewegung der skeptischen Humanisten. Diese Skeptiker vertreten die Auffassung, dass jeder irrationale Glaube mit allen Mitteln bekämpft werden müsste. Sie fallen damit in ein anderes Extrem, indem sie jede paranormale Erscheinung für grundsätzlich gefährlich für die Gesellschaft halten und diese daher als Unsinn und zu reinen Erfindungen irrational denkender Menschen erklären. Die politischen Skeptiker haben sich 1976 zum *Committee for the Scientific Investigation of Claims of the Paranormal* (CSICOP) zusammengeschlossen. Im Jahre 2006 hat sich CSICOP umbenannt in *Committee for Skeptical Inquiry* (CSI).

Wo ein politisches Ziel verfolgt wird, darf man nicht mehr erwarten, von solchen Skeptikern korrekt unterrichtet zu werden!

Die eigenen Mitglieder dieser Skeptikerorganisation deckten das unwissenschaftliche Verhalten von CSICOP auf. Der unter dem Begriff »Mars-Effekt« bekannt gewordene Skandal hatte seinen Ursprung in der Analyse der französischen CSICOP-Statistiker Michel und Louise Gauquelin (1973). Sie wollten einige Grundaussagen der Astrologie entlarven und verglichen dazu die Geburtshoroskope einiger berühmter Sportler mit der Häufigkeit, mit der der Planet Mars im Aszendenten oder Zenit auftauchte. Das trat überraschenderweise mit einer statistisch signifikanten Häufigkeit ein und untermauerte damit die Behauptungen der Astrologen. Dass dieses Phänomen zufällig zustande gekommen war, wurde mit einer Wahrscheinlichkeit von eins zu fünf Millionen ausgeschlossen. Die CSICOP-Mitglieder Paul Kurtz, George Abell und Marvin Zelen waren vor Zorn außer sich und führten sofort eigene Untersuchungen durch. Dabei fälschten sie ihre Daten vorsätzlich, statt zuzugeben, dass ihre Ergebnisse die der Gauquelins im Wesentlichen bestätigten. Der Mitbegründer von CSICOP, Dennis Rawlins, deckte diesen Betrug auf. (Rauwlins 1981)

Man mag zur Astrologie stehen, wie man will, auch deren Behauptungen müssen mit wissenschaftlicher Sorgfalt geprüft werden. (Astrologen behaupten übrigens nicht, dass die Einflüsse der Sterne auf physikalische Weise Wirkungen ausüben, sondern über synchronistische Beziehungen.) Rawlins schreibt, es habe bei CSICOP niemanden gegeben, der an einer vorurteilslosen Untersuchung interessiert gewesen wäre. Es sei nur darum gegangen, Gauquelin zu widerlegen. Die Gesamtmenge der untersuchten Sportler wurde von 2088 auf 303 reduziert, was der Statistiker Prof. E. Sott von der Statistischen Abteilung der Universität von Kalifornien als »Irreführung« bezeichnet. Der Herausgeber der CSICOP-Publikation setzte sich von der Organisation ab, als er bemerkte, dass CSICOP alles andere als skeptisch ist, sondern ausschließlich der Verteidigung und Aufrechterhaltung orthodoxer Ansichten des Establishments dient.

Zu einer ähnlichen Ansicht kam auch der Herausgeber des *Skepti-*

ker, des Publikationsorgans der deutschsprachigen Skeptiker GWUP (Gesellschaft zur wissenschaftlichen Untersuchung des Paranormalen – eine Tochtergesellschaft der CSICOP), Edgar Wunder. Er verließ GWUP, als er erkannte, dass auch hier das fundamentalistisch-materialistische Weltbild im Wesentlichen mit Behauptungen verteidigt wird, ohne diese durch wissenschaftlich seriöse Untersuchungen zu begründen.

In der Zeitschrift *The Skeptical Inquirer* werden nicht Forschungsberichte veröffentlicht – und schon gar nicht Gegenargumente zugelassen –, sondern in der Hauptsache wird entlarvt und »aufgeklärt«. Desinformation, Unterstellungen, Rufmord, Lächerlichmachen sind für diese skeptischen Scientisten erlaubte Mittel, weil ihrer Meinung nach irrationaler Glaube zur Aufnahme faschistischen Gedankenguts führen und am Ende zum Völkermord beitragen kann. So ähnlich begründet Robert Sheaffer (1981) die Vorgehensweise seiner Skeptikerorganisation. Alle Forscher, die die Augenzeugenberichte ihrer Landsleute ernst nehmen, diffamiert der Jounalist Sheaffer pauschal:

> »Die ›wissenschaftlichen‹ Verfechter der UFO-Forschung haben wenig gemein mit echten Wissenschaftlern … Diese UFOlogen sind deutlich zu identifizieren als Brüder im Geiste mit anderen Irrationalisten gegenwärtiger und vergangener Jahre: Astrologen, Aura-Lesern, Theosophen, Pyramiden-Energie-Anpreisern, Bermuda-Dreieck-Enthusiasten und anderen …« (S. 235)
>
> »Alle UFOlogen, vom fantasierenden Kontaktler bis zum konservativsten ›Es-könnte-was-dran-sein-Abwäger‹, sehen den Feind immer in Richtung Wissenschaft.« (S. 236)
>
> »Das Befürworten ›paranormaler‹ oder anderer irrationaler Lösungen für die äußerst komplexen Probleme des gegenwärtigen Zeitalters ist ein Verbrechen an unseren Kindern und deren noch ungeborenen Kindern.« – Wer UFOs untersuchen will, »wünscht die Uhren zurückzustellen, sehnt sich nach dem unkritischen, mirakulösen Universum des Mittelalters zurück …« (S. 78)

Das Buch dieses »Forschungs-Großinquisitors« lobt der Herausgeber von *Sky and Telescope* überschwänglich als »nützlich, informativ, interessant und gut geschrieben. Wenn Sie nur ein Buch über UFOs besitzen wollen, dann ist es dieses.« (Kommentar auf dem Bucheinband). (Für einen Gefangenen, der gezwungen wird, dieses Buch zu lesen, wirkt das meiner Meinung nach strafverschärfend!)

Die CSICOP-Mitglieder oder »Zetetiker«, wie sie sich selbst nennen, gebärden sich wie die Hexenjäger des Mittelalters. Wie sich den Kreuzrittern im Feldzug gegen die Katharer ein Tross von Gesindel angeschlossen hatte, um die wahre Lehre – die sie gar nicht recht beurteilen konnten – mitzuverteidigen, so begrüßen die modernen »Kreuzritter wider den Unglauben« alle unerfahrenen Laien, die keine Bücher lesen und keine Zeugen befragen, als Gesinnungsgenossen auf ihrem Feldzug. Werner Walter (1987):

> »... Der Metzger muss neben dem Hochschulprofessor genau die gleiche Gewichtigkeit und innere Anerkennung haben wie jeder andere auch!«

Metzger und Einzelhandelsverkäufer, wie Herr Walter, sollen mitkämpfen für ein rationales, in Vorurteile eingekapseltes und eingeengtes Weltbild, gemeinsam mit Marxisten, wie dem Rechtsmediziner Prof. Prokop, der von freien Menschen fordert, gewisse Phänomene nicht zur Kenntnis zu nehmen. Die 1987 gegründete GWUP weiß mit Prokop »ein Flaggschiff auf ihrer Seite, was gar nicht genug gewürdigt werden kann«. (*Der Skeptiker* 1987) Prokop und Wimmer (1977) wollen die Erforschung solcher Anomalien in der Wissenschaft unter Strafe stellen, denn

> »... wer, wiewohl studiert und hochgelehrt, kritiklos nachbetend Wahnvorstellungen drucken lässt, ist so ein mittelbarer Täter ... Bei solcher Art von Umweltverschmutzung mitzuwirken ist kein bloßer Leichtsinn mehr, sondern ein ganz schweres Verbrechen.« (nach BGHSt. 17, 28, 30)

Die wissenschaftliche Literatur zu Anomalien (z. B. im *Journal of Scientific Exploration*) ist diesen Leuten natürlich nicht bekannt.

Die militanten Skeptiker von CSICOP sind der Ansicht, dass die

Medien »unmäßig von einer pseudoreligiösen Grundströmung beherrscht werden«. (Briggs 1980) Inzwischen haben CSICOP-Mitglieder alle großen amerikanischen Zeitschriften unterwandert und die Berichterstattung über echte Anomalie-Forschungen weitgehend unterdrückt, sodass die Bevölkerung auf den »korrekten wissenschaftspolitischen« Kurs gebracht wurde.

Grundsätzlich ist das Verschweigen von Sachverhalten »zugunsten der Volksgesundheit« vertretbar, wenn auch nicht gerade demokratisch. Doch das Verschweigen anomaler Erscheinungen weckt Misstrauen in der Bevölkerung, die sehr wohl bemerkt, dass ihr viele Fakten vorenthalten werden, was eine allgemeine Wissenschaftsfeindlichkeit verstärkt. Dabei wird nicht erkannt, dass es nur die politischen Skeptiker sind, die der Öffentlichkeit ihr eingeschränktes Weltbild aufzwingen, nicht die Wissenschaft als Wertesystem an sich. Die politischen Skeptiker und Materialisten sind davon überzeugt, dass sich sämtliche Erscheinungen der Welt rational begreifen lassen, auch die qualitativen Phänomene wie Bewusstsein, Erlebnisse, Sinngebungen und Bedeutungen. Folglich wird alles, was auch nur den Anschein hat, etwas Irrationales zu enthalten, als Bedrohung der Wissenschaft selbst empfunden. Der Kampf gegen diese Bedrohung ist somit von der metaphysischen Position des Materialismus ableitbar. Dieser basiert auf der nicht bewiesenen Behauptung, dass die Naturwissenschaft eines Tages in der Lage sein werde, ihren Geltungsbereich auf die gesamte Realität auszudehnen. Dies soll durch eine Erweiterung und nicht durch eine Veränderung ihres fundamentalen Inhalts erfolgen. Die Materialisten ziehen es aufgrund dieser Überzeugung vor, an einem einheitlichen wissenschaftlichen *Inhalt* festzuhalten, während die pragmatischen Wissenschaftler eine einheitlich betriebene wissenschaftliche *Methode* als Grundlage der Wissenschaft verstehen und den Inhalt der Realität nicht bereits a priori festsetzen.

Folglich wird man in den von politischen Skeptikern besetzten Zeitungen keine Kritik über die Methoden der Anomalie-Forscher finden, sondern nur immer Kritiken über den Inhalt von deren Untersuchungen.

Die großen Meinungsmacher, die Zeitungen und Nachrichtenmagazine sind mit den amerikanischen Medien »auf US-Kurs« gegangen. CSICOP-Mitglieder haben die großen US-Medien als Wissenschaftsjournalisten besetzt (Stand 1989):

- Martin Gardner: *Scientific American*, in Deutschland: *Spektrum der Wissenschaft*
- Kendrick Fracier: *Science News*
- Leon Jaroff: *New York Times*, in Deutschland: *Spiegel, Stern, Zeit, ...*
- Phil Klass (†): *Aviation Week*
- Gordon Stein: *The American Rationalist*

In allen diesen Zeitschriften werden die Leser aus weltanschaulichen Gründen nicht objektiv über Anomalien in der Wissenschaft unterrichtet! Alle Skeptiker wären ja im Recht, wenn sie die Grenzen der wissenschaftlich möglichen Phänomene wirklich kennen würden. Dann müssten sie alle Anomalien abweisen und sie auf Schwindel, Halluzinationen und Missdeutungen zurückführen. Doch etwas dogmatisch abzulehnen heißt, zu behaupten, dass etwas unmöglich ist. »Dieser Wahn setzt ein geradezu heldenhaftes Selbstbewusstsein und eine unglaubliche Unkenntnis über den Fortschritt des Intellekts innerhalb der letzten paar Jahrhunderte voraus«, urteilt Robert Anton Wilson (2001). Der Dogmatiker meint, dass er bereits alle Gesetze des Universums kennt. Dies ist der große kühne Wahn der fundamentalistischen Materialisten.

Der Soziologe Ron Westrum schreibt (1979):

> »Es ereignet sich in der Wissenschaft häufig, dass diejenigen, welche in einem speziellen Gebiet selbst keine Forschungen angestellt haben, exzellente Kritiker der Methoden und Schlüsse der Forschungen anderer sind.«

Und er fragt:

> »Wer gibt den Nicht-Experten eigentlich das Recht, zu behaupten, ›es gibt keine wissenschaftliche Fundierung ...‹« – »Die Öffentlichkeit zu ermuntern, an eine Wissenschaft ohne Verständnis (under-

> standing) zu glauben, sollte niemals das Ziel der Wissenschaft sein.«

Die Skeptiker rechtfertigen ihr Vorgehen damit, dass es in ihren Augen wichtiger ist, die Menschen vor Irrationalität und damit vor Fälschungen zu bewahren, als Tatsachen zu sammeln, die nicht erklärt und damit zu »religiösen Objekten« für Leichtgläubige werden können. Der Glaube an die Existenz anomaler Phänomen, so sagen sie, führt zu Zweifeln an der Unfehlbarkeit der wissenschaftlichen Methodik und zu Zweifeln am Anspruch der Wissenschaft, alle Objekte zu beherrschen (z. B. Kernkraftwerke, Genmanipulation, Klimakatastrophe, *Skylab*-Raketenstart).

Der Wissenschaftsbetrieb sanktioniert die unseriöse methodisch unwissenschaftliche Argumentation der politischen Skeptiker, weil die Erwartung, dass sich anomale Phänomene irgendwie auf normale Phänomene reduzieren ließen, von ihnen erfüllt wird. Dass es sich dabei nur um »Pseudoerklärungen« handelt, ist dem Wissenschaftsbetrieb unwichtig. Denn jeder noch so alberne Erklärungsversuch im Rahmen des bestehenden Paradigmas erscheint den meisten Wissenschaftlern besser, als ein Problem ungelöst stehen zu lassen, auf dessen Lösung man viel geistige Arbeit investieren müsste.

Das wusste schon Friedrich Nietzsche:

> »Mit dem Unbekannten ist die Gefahr, die Unruhe, die Sorge gegeben – der erste Instinkt geht dahin, diese peinlichen Zustände wegzuschaffen. Erster Grundsatz: irgendeine Erklärung ist besser als keine … Der Ursachen-Trieb ist also bedingt und erregt durch das Furchtgefühl. Das ›Warum?‹ soll, wenn irgend möglich, nicht sowohl die Ursache um ihrer selbst willen geben, als vielmehr eine Art von Ursache – eine beruhigende, befreiende, erleichternde Ursache.« (*Götzendämmerung*)

Der menschliche Verstand ist flexibel genug, um jede Aussage zu erklären oder wegzuschaffen, je nach Gusto, und zur vollsten Zufriedenheit jener, denen es im Glauben mangelt. (Wilson 1992). »Wenn so viele Menschen Angst haben, über das zu reden, was sie gesehen haben, ist es dann abwegig, von einem inquisitorischen Geist in der heutigen Welt zu sprechen?«, fragt Wilson, und er zitiert eine irische pragmatische Weisheit: »Wenn du ein Schwein mit zwei Köpfen siehst, halte den Mund!«

Als Beispiel für die Behandlung eines anomalen Phänomens wird im Folgenden die Geschichte der UFO-Forschung kurz behandelt.

Getragen von Befürchtungen, der irrationale Glaube könnte überhandnehmen in der Gesellschaft, hatten sich schon in den 1950er-Jahren mehrere Astronomen der *Harvard*-Universität bemüßigt gefühlt, die Beobachtungen unidentifizierter Flugobjekte »mit allen Mitteln« aufzuklären. Mit dem Artikel »What You Can Believe About Flying Saucers« in der renommierten Zeitschrift *Sunday Evening Post* vom 7. Mai 1949 des Journalisten Sidney Shallet begann damals die allgemeine Diskussion über das UFO-Thema. (Der Roswell-Absturz wurde übrigens erst ab 1986 [!] diskutiert.)

Man befürchtete, dass sich der Glaube an »Fliegende Untertassen« ebenso weit in der Gesellschaft verbreiten könnte wie der Glaube an Astrologie. Der Direktor des *Harvard Astronomy Departments,* Prof. Harlow Shapley, beauftragte eine seiner Abteilungen damit, Sichtungen von unbekannten Objekten »zu entlarven« – wohlgemerkt: ohne die Beobachter befragt oder die Phänomene zuvor untersucht zu haben! (David Levi 1993) Shapley war davon überzeugt, dass es viele irrationale Vorstellungen in der Öffentlichkeit gebe, die extrem gefährlich seien. Sie seien nicht nur falsch, nicht nur unsinnig, sondern vielen sympathisch. Und damit würden sie das rationale Weltbild der Wissenschaft gefährden.

Durch den wissenschaftspolitischen Einfluss der *Harvard*-Astronomen aufgrund ihrer Autorität, die ihnen von der Öffentlichkeit auch für das Gebiet der UFOs unterstellt wurde, ist die immens umfangreiche Phänomengruppe der unidentifizierten Flugobjekte mehr als ein halbes Jahrhundert von der Wissenschaft ferngehalten worden – ein wissenschafts-soziologischer Skandal ohnegleichen, über den noch Generationen nach uns die Köpfe schütteln werden.

Es begann damit, dass ein Kollege von Shapley, der Sonnenphysiker Donald Menzel, in allen erreichbaren Fachmagazinen (z. B. *Look* und *Time*) verlauten ließ, dass er jede »Fliegende Untertasse« als natürliche

Erscheinung erklären könne (etwa durch Luftspiegelungen, Meteore, Feuerkugeln u. a.). Weil sein Erklärungsanspruch absolut war, musste er viele Fakten bis zur Unkenntlichkeit »kneten und verbiegen«, bis seine eigene Deutung stimmig erschien.

Ein Freund von Menzel, der Kernphysiker Urner Liddle vom *Harvard*-Observatorium, erklärte 1951 Beobachtungen von Fliegenden Untertassen als Sichtungen geheimer Spionageballons eines Generals Mills (Liddle 1951 und Richard Wilson 1951), obwohl Mitglieder des Mills-Teams ausdrücklich darauf hingewiesen hatten, dass sie unbekannte Objekte gleichzeitig neben den Ballons beobachtet hätten. Als diese Zeugen auf eine Richtigstellung drängten, wurden sie der »Unehrlichkeit aus Ruhmsucht« beschuldigt und als »pathologische Wissenschaftler« denunziert. (Swords 2006)

1953 ergab sich noch ein weiterer politischer Grund, die Phänomene in der Öffentlichkeit als »nicht vorhanden«, »total aufgeklärt«, »alles Unsinn« darzustellen. Die CIA hatte unter Vorsitz von H. P. Robertson einige Wissenschaftler zu einer Diskussion über UFOs eingeladen und begründet, weshalb die Existenz dieser Phänomene aus der öffentlichen Diskussion verschwinden müsse: Der allgemeine Glaube an die Existenz von UFOs führe zu »einer emotionalen Schwäche in der Gesellschaft«, die von einem Feind für psychologische Kriegführung ausgenutzt werden könnte. Man beschloss ein Erziehungsprogramm für die Öffentlichkeit, die davon überzeugt werden sollte, dass sich alle Himmelserscheinungen aufklären ließen.

In den Jahren 1965 und 1966 wurden in den USA derartig viele unbekannte Objekte am Himmel gesehen, dass der Druck der Öffentlichkeit und auch des Kongresses auf die *US Air Force* so stark wurde, dass diese sich von der Beschäftigung mit dem Phänomen zu befreien suchte, das man nicht verstand, nicht zu fassen kriegte und das die nationale Sicherheit ohnehin nicht unmittelbar zu bedrohen schien. Der Leiter des *Air-Force*-Projekts *Blue Book*, in dem 13 000 UFO-Berichte gesammelt wurden, bedauerte bereits 1952, dass die »verdammten Dinger« nicht auf dem Wasser schwimmen, denn »dann könnte man den ganzen Kram der *Navy* rüberschieben«. (Swords 2006)

Im Physiker Prof. Edward Condon von der Colorado-Universität fand die *Air Force* einen willigen Vollstrecker ihrer Absicht, eine Empfehlung aufgrund einer Analyse der Phänomene zu erhalten, die es ihr ermöglichte, ihre UFO-Untersuchungen sofort abzubrechen. (Swords, M. D., 1995–1996, zitiert Robert J. Low vom Januar 1967 aus der Korrespondenz mit Col. Robert Hippler; *American Philosophical Library Archives.*) Um das zu erreichen, wurden Condon von Col. Robert Hippler noch weitere Finanzmittel in Aussicht gestellt.

Zu Condons wissenschaftlichen Beratern zählten die erwähnten Entlarver Robertson (CIA), Liddle (*Office of Naval Research*) und Menzel (*Harvard*). Der Projektleiter Robert Low erklärte übrigens 1967 anlässlich einer JPL-Rede am *CalTech*, dass weder er noch die rund 30 Projekt-Wissenschaftler Menzels Bücher über UFOs für seriöse Studien hielten. Auch die Leiter von *Blue Book* (Capt. Edward Ruppelt, Brigadegeneral Garland, Dr. Stephen Possony und Col. Frank Dunn) beurteilten Menzels Erklärungen für UFOs sehr skeptisch. Und die Astronomen Joseph Kaplan und Francis Hayden fanden Menzels Erklärungsversuche amateurhaft, »etwa im Niveau von Highschool-Laboratoriums-Demonstrationen«. (Ruppelt 1958) Prof. Swords stellte aufgrund der Lektüre der Menzel-Schriften pathologische Züge an Menzel fest. Megalomanisch sei dieser davon überzeugt gewesen, der beste Wissenschaftler, der beste Angler, der beste Tänzer zu sein und in seinen Urteilen niemals falsch zu liegen. Es ist klar, dass ein solcher Mensch sich und anderen niemals einen Irrtum eingestehen konnte.

Trotzdem war das Buch *Flying Saucers* von Donald Menzel (1953) beispielsweise noch 1964 an der Universitätssternwarte Bamberg, in der ich damals beschäftigt war, das einzige »wissenschaftliche« Buch über UFOs. So ist es wahrscheinlich noch heute – und auch an anderen Universitätssternwarten.

Übrigens ist ein anderer Skeptiker, der Astronom Carl Sagan, Schüler von Menzel gewesen. Es verwundert nicht, dass Sagan ebenso wie dieser mit einer erstaunlichen emotionalen Heftigkeit und Entschlossenheit einen Feldzug gegen alles, was in seinen Augen irrational, unwissenschaftlich und okkult war, startete. Als »guter Skeptiker« mischte sich Sagan auch in ihm fremde Wissensgebiete ein und erklärte den Experten, was »es gibt und was nicht sein kann«. Stanislav Grof berichtet (Grof 2008), wie er Carl Sagan einst über das Phänomen der außerkörperlichen Erfahrungen berichtete, die er untersucht hatte. Sagan entgegnete sofort: »Das ist natürlich nicht passiert!« Die Chirurgen hätten sich etwas ausgedacht, um mit diesen Geschichten berühmt zu werden. »Das ist ein PR-Trick!« Grof schreibt, dass Sagan nicht die geringste Neigung zeigte, sich die Daten genauer anzusehen. So ging Sagan auch mit Daten über UFOs um. Er nahm sie nicht zur Kenntnis, äußerte darüber aber unrichtige Behauptungen. »Der Scharfsinn verlässt geistreiche Männer am wenigsten, wenn sie unrecht haben«, wusste bereits Johann Wolfgang v. Goethe. (*Maximen und Reflexionen*)

Condon zog weder die Ergebnisse der *Battelle*-Studie (1956) noch das NICAP-Material zu Rate und ließ nur 69 Fälle analysieren, von denen rund ein Drittel unerklärt blieben. Gemäß der Abmachung mit der *Air Force* kam Condon in seinem Vorwort zu dem vorbereiteten Schluss, dass keine unidentifizierten Phänomene gefunden wurden und dass weitere Untersuchungen reine Zeitverschwendung seien, im Gegensatz zu einigen Ergebnissen der in den folgenden Kapiteln vorgelegten Analysen seiner Projektwissenschaftler! Von den neun »primären Stabsmitgliedern« waren sieben und von den sieben »sekundären Stabsmitgliedern« fünf Wissenschaftler der Ansicht, dass das UFO-Phänomen wissenschaftlich untersucht werden sollte. Doch es wurde ihnen nicht gestattet, dieser Meinung im Vorwort Ausdruck zu geben.

Obwohl das Vorwort nicht den Inhalt der Studie wiedergibt, wurden die Studie und deren angebliches Ergebnis vom Leiter der *National Academy of Science* (NAS), Dr. Frederick Seitz, hoch gelobt, was nicht verwundert, wenn man weiß, dass Seitz sich als ehemaliger Student von Condon diesem verpflichtet fühlte. *Nature* und *Science* übernahmen die Bewertung. Der SETI-Forscher Philip Morrison behauptete sogar, dass Condons Studie (1969) »ewig als Monument für die wissenschaftliche Methode dastehen wird«. (Morrison 1970) Soweit das einzelne Analysen betrifft, stimmt das auch. Doch gemeinsam mit Condons Vorwort, das die meisten Wissenschaftler wegen der umfangreichen Studie von rund 1000 Seiten wohl nur als Einziges gelesen haben werden, ist das unzutreffend.

Von Spitzenwissenschaftlern wurde der Condon-Bericht völlig negativ beurteilt. Aber ihre Stellungnahmen wurden von den einflussreichen Zeitschriften sämtlich abgewiesen. Als bestes Beispiel dient die

Entgegnung des Astrophysikers und Mathematikers Prof. Peter Sturrock von der Stanford-Universität, die von sechs Fachzeitschriften abgelehnt wurde. Sie konnte erst 1987 in der ersten Ausgabe des *Journal of Scientific Exploration* erscheinen und macht den wissenschaftlichen Skandal offenbar.

Menzel, Robertson, Liddle und Condon haben es erreicht, dass die Wissenschaftler in aller Welt das UFO-Phänomen noch heute als reine Fiktion ansehen. Jedenfalls halten sie deren Urteil für so seriös, dass man es nicht anzweifelt. Denn Wissenschaftler möchten nicht nur recht behalten mit ihren Ansichten, sondern sie fürchten sich, falsch zu liegen und auf falsche Fakten hereinzufallen. Schlimmer als Fehlermachen ist die üble Nachrede, leichtgläubig und unkritisch zu sein. Schnell wird man von den Kollegen als »irrationaler oder Pseudo-Wissenschaftler« diffamiert und erhält von den Skeptikern noch einen »Tritt ins Kreuz«. Die allgemeine Angst ist der Hauptgrund, dass sich neue Fakten und Erkenntnisse nicht allgemein durchsetzen.

Diese Ausführungen zeigen, dass Phänomene der Wirklichkeit sehr wohl aus rein politischen und persönlichen Motiven kleiner einflussreicher Gruppen aus der Wissenschaft verdrängt werden können, noch bevor der Regelkanon zur Analyse von Fakten diese zum Ausschluss gezwungen hätte. Wissenschaftler nehmen solche Tabu-Fakten nicht zur Kenntnis.

Anlässlich der Anhörung vor dem Repräsentantenhaus am 29. Juli 1968 bemerkte der Astronom Allen Hynek, der selbst zehn Jahre lang als Erzskeptiker UFOs für die *Air Force* »aufgeklärt« hatte, vor dem Komitee für Wissenschaft und Astronomie, dass man nicht erwarten könne, dass die wissenschaftliche Welt etwas ernst nehme, was als Reiselektüre an Zeitungskiosken und in Esoterik-Abteilungen der Paperback-Regale in Flughäfen angeboten würde.

Der Verantwortliche für den Wissenschaftsteil der *New York Times*, Walter Sullivan, hatte sich am 3. August 1967 bereits ähnlich geäußert. Er meinte, dass die seriösen Zeitschriften das UFO-Thema ignorierten, weil es ein »Schlagzeilenthema mit kurzlebigen Nachrichten« wäre.

Das Interesse in den 1940er- und 1950er-Jahren daran sei legitim gewesen, meinte der Wissenschaftsredakteur der *Chicago Daily News*,

Arthur Snider, am 1. Mai 1968. Das Interesse der Wissenschaftler und Wissenschaftsjournalisten sei aber nun, nach 20 Jahren ohne stichhaltige Beweise für die Existenz der UFOs, erloschen.

Es scheint jedem Wissenschaftler nun erlaubt zu sein, jede angelernte Wissenschaftlichkeit fahren zu lassen, wenn es um eine Beurteilung von UFO-Phänomenen geht. Eine der Voraussetzungen für wissenschaftliche Behauptungen, die Begründung, wird erst gar nicht versucht, und eine Quellenangabe für diese Begründung scheint sich zu erübrigen, »weil ja schon jeder weiß, dass diese Fakten nicht existieren«. Dazu einige Beispiele:

Der Psychiater Hoimar v. Ditfurth erklärte dem *Spiegel* 1978 gegenüber, wer an unbekannte Flugobjekte glaube, »dem könne man getrost einen Irrtum unterstellen«. Warum?

Der Philosoph Alois Reutterer schreibt in seinem Buch *An den Grenzen menschlichen Wissens* (1990, S. 107) von »Ersatzreligion« und »Aberglaube« und »UFO-Hysterie«, so als gäbe es die 100 000 unerklärten UFO-Sichtungsberichte und eine Notwendigkeit für deren Aufklärung überhaupt nicht. Wieso nicht?

Ebenso uninformiert zeigt sich auch der Physiker Felix Paturi (2005), wenn er seinen Lesern erklärt:

> »... Schließlich behaupten viele Zeitgenossen, Ufos gesehen zu haben, obwohl es keine gibt. Unter diesen ›Zeugen‹ gibt es drei Kategorien: Die einen haben gar nichts gesehen, wollen sich aber interessant machen; andere sind psychisch gestört und haben Halluzinationen; und schließlich gibt es noch Zeitgenossen, die irgendetwas anderes gesehen haben und es für ein Ufo halten ...« (»Zeugen« hat Paturi tatsächlich in Anführungszeichen gesetzt, Anm. d. Autors.)

Das sind Behauptungen, wie sie nur Unwissende und völlig ungebildete Laien aussprechen, aber nicht die von Wissenschaftlern, sollte man meinen!

Ein anderer Physiker, der sich Gedanken über Naturwissenschaft und Glaubenslehren macht, Reinhard Starkl (2000), behauptet, dass den »Äußerungen jener Zeitgenossen, die uns seit Jahrzehnten mit

UFO-Berichten langweilen«, wenn sie »augenrollend« und »mit bedeutungsschwerer Stimme« berichten, kein Glauben geschenkt werden darf. Den Hinweis auf eine Untersuchung solcher Zeugen und damit eine mögliche Begründung findet der Leser unter 87 Literaturangaben natürlich nicht! Trotzdem glaubt Starkl, über die »nicht gerade glaubwürdigen« Zeugen folgende Vermutung äußern zu müssen:

> »Es bleibt eine seltsame Tatsache, dass derlei Wunderbares stets nur Leuten mit geringem sozialen Status und bescheidener Intelligenz und Bildung widerfährt.«

Auch der Theologe Hans Küng äußert sich über diese Phänomene ohne Quellennachweis für seine Behauptung:

> »Bis in die 60er-Jahre wurde – nicht nur in der New-Age- und Esoterik-Szene – über UFOs spekuliert, *Unidentified Flying Objects*. Wissenschaftlich nachgewiesen wurden solche scheiben- oder zigarrenförmigen ›Untertassen‹ nirgendwo, vielmehr wurden sie als natürliche oder künstliche Phänomene erkannt oder gar als bewusste Irreführungen entlarvt. Und wie hätten sie auch durch Hunderttausende von Lichtjahren … fliegen sollen, ohne dann sichtbar bei uns zu landen?« (S. 150)

Von wem wurden diese »Tatsachen« ermittelt? Wir Experten schütteln nur den Kopf über die völlige Ahnungslosigkeit dieser Schreiber und deren Unbekümmertheit, sich lächerlich zu machen. Küng ist kein Naturwissenschaftler und glaubt mehr, als er weiß. Ebenso spekuliert ein anderer Theologe: Prof. DDr. Andreas Resch, Herausgeber der Zeitschrift *Grenzgebiete der Wissenschaft*, der die philosophisch orientierten IMAGO-MUNDI-Kongresse insziniert und die gehaltenen Vorträge in Kongressberichten veröffentlicht hat, klärt die Leser seines Buches *Fortleben* (Resch 2004) in der Weise auf, dass UFO-Forschung seiner Meinung nach zur Esoterik zählt (Seite 153):

> »Esoterik besagt, kurz zusammengefasst: Lebensgestaltung durch natur- und kosmosimmanente Kräfte, wozu auch extraterrestrische

Mächte zu zählen sind. In diesem Kontext wurde in letzter Zeit die Frage des Fortlebens von der Esoterik in zweifacher Hinsicht einzufangen versucht, nämlich durch die Ufologie und das sogenannte Channeling.« –

»In der Ufologie (v. Ludwiger 1992; v. Ludwiger 1999; *Alien Discussions* 1996) sieht man in den Abduktionen (Entführungen) durch sog. *Extraterrestrische* oder Ufonauten sogar die Möglichkeit, direkt in das Reich der Extraterrestrischen zu gelangen, ohne durch den irdischen Tod zu gehen und ohne vor einem jenseitigen Richter zu erscheinen. Diese Vorstellung hat nicht nur zur Ausgestaltung der imaginären Parallelwelten, sondern auch zu einer unüberschaubaren Zahl an Veröffentlichungen, Filmen und Unterhaltungsproduktionen geführt. Die Hauptmotivation ist dabei im Grunde stets die unausgesprochene Sehnsucht nach esoterischer Selbsterlösung. Wir haben es hier mit einem Grundbedürfnis des Menschen zu tun, nämlich: den Tod zu vermeiden, ewig zu leben und selbst Herr des Geschehens zu sein. Schließlich sind die Ufonauten Konstruktionen erweiterter persönlicher Lebensgestaltung, wie wir dies zuweilen in Träumen erleben.« –

»Sucht man in Verbindung mit UFOs die eigene Ewigkeit durch eine Versetzung in eine andere Weltdimension zu erreichen, so geht es bei der dem Amerikanischen entnommenen Bezeichnung *Channeling*, …, um die Kontaktaufnahme mit nichtphysischen Wesenheiten zur Gewinnung von Botschaften, die das eigene Leben beleuchten und bereichern sollen …«

Resch zitiert mich zwei Mal und suggeriert dem Leser, dass ich ähnlichen Unsinn in den angeführten Büchern vorgebracht habe. Nicht einmal den Begriff »Ufologie« habe ich irgendwo verwendet, da ich keine »Lehre über UFOs« vertrete, sondern das Phänomen als eine naturwissenschaftliche Erscheinung durch Forschung zu verstehen versuche. Die Probleme der UFOs mit denen des Fortlebens zu vermengen gelingt wohl nur einem Theologen. Im Vorwort zu seinem Buch behauptet Resch, dass »bei allem Bemühen um Verständlichkeit die wissenschaftliche Fundiertheit oberstes Gebot war …« Er sei bemüht gewesen, »jede Oberflächlichkeit zu vermeiden«. – »Jedwede Aussage wird durch entsprechende Literaturhinweise belegt, sodass einer umfassenden Kontrolle des Gebotenen nichts im Wege steht.«

Wie der Leser erkennt, werden diese Grundsätze vom Autor allerdings nicht eingehalten.

Von Fernsehjournalisten und Wissenschaftsmoderatoren darf man keine objektiven Urteile über das UFO-Phänomen erwarten, denn sie vertreten die skeptische Ansicht, dass es keinerlei unverstandene Erscheinungen für die Wissenschaft gibt, um die Leser bzw. Zuschauer nicht zu verunsichern und sie von Zweifeln am wissenschaftlichen Wissen abzuhalten. Wer den Berichten von Augenzeugen Glauben schenkt und das Phänomen selbst untersucht, sei »unseriös und unwissenschaftlich«, behauptete Ranga Yogeshwar während einer Talkshow im Oktober 1994 und meinte mich. Dabei kannte Yogeshwar nicht einmal die wissenschaftliche Literatur zur Thematik.

Als beispielhaft für die unfundierten Äußerungen über UFOs seien hier nur die Ausführungen des Astrophysikers Prof. H. Lesch genannt. In der Nacht vom 29. zum 30. Januar 2004 erklärte er einem befreundeten Philosophen u. a., dass die belgische Sichtungswelle ganz einfach durch Ultra-Leichtflugzeuge zu erklären sei. Diese Deutung bezog er von einem Einzelhandelskaufmann und nicht etwa von seinem Kollegen Prof. A. Meessen, der die Fälle an Ort und Stelle untersucht hatte. Dieser schrieb Lesch am 31. Januar 2004 einen Brief, in dem er ihm mangelnde Kenntnisse der Fakten vorhielt:

> »Sie könnten, sehr geehrter Herr Lesch, wenn Sie das wirklich möchten, mehr über die wissenschaftliche Dimension des UFO-Phänomens erfahren. Ich habe allerdings keine einfache, globale und endgültige Lösung anzubieten, aber ich habe genug Indizien gesammelt, die zu einer großen *Vorsicht* in der Beurteilung der bestehenden Tatsachen anhalten. Das wäre schon ein Fortschritt. Sie wollen doch nicht auch noch zur Verdummung des Publikums beitragen, zur Verbreitung von Lügen und Zeugen entmutigen, ihre Beobachtungen seriösen Forschern mitzuteilen.« –
>
> »Ich hoffe, dass Sie mich recht verstehen und dass ich so direkt an Ihr wissenschaftliches Verantwortungsgefühl appellieren kann. Die Untersuchung des UFO-Phänomens ist zwar an Physik im

Allgemeinen und nicht unbedingt an Astronomie gebunden, aber es geht auch darum, anhand eines konkreten Beispiels eine echte wissenschaftliche Denkweise zu bekunden. *Ich habe Vertrauen, dass auch Sie die Wahrheit suchen.*«

Darin täuscht sich Meessen. Denn es geht den Volksaufklärern mit wissenschaftlicher Ausbildung einzig um rationale Gewissheit – und nicht um Wahrheit. Etwas anderes, meint man, kann man dem Fernsehpublikum nicht vorsetzen. Außerdem würden die uninformierten Kollegen einen solchen Kollegen als »naiven Gläubigen« meiden. Professor Meessen bot seinem Kollegen noch an: »Wenn Sie sich objektiv informieren wollen, stehe ich Ihnen für ein vertiefendes Gespräch zur Verfügung.«

Natürlich wurde Meessens Brief von Lesch nicht beantwortet.

Es sind keine bewussten Lügen, die diese beispielhaft genannten Autoren äußern, sondern naive subjektive Überzeugungen ohne Begründungsnachweise, vorgetragen aus krasser Unkenntnis des Sachverhalts und der wissenschaftlichen Standardliteratur darüber, sowie maßloser Angst vor der Meinung der Kollegen.

Es wird postuliert: »Das Phänomen gibt es nicht!« Wenn jemand an der Richtigkeit dieses Postulats zweifelt, wird mit wissenschaftsfremden Praktiken vorgegangen (mit Drohungen, Zweifel an der Urteilsfähigkeit, Ausschluss aus der Gruppe, Informationsunterdrückung, ...). Der Meinungsdruck der uninformierten Umgebung ist so stark, dass es der pathologische Skeptiker oder der orthodoxe Wissenschaftler sowieso nicht wagen würde, sich gründlich über ein tabuisiertes Gebiet zu informieren, aus Furcht, eventuell zu einer dem Mainstream entgegengesetzten Ansicht zu gelangen (siehe die Reaktion von H. Lesch).

Die rücksichtslose Skepsis und die Vorkehrungen, die Unwiderlegbarkeit wissenschaftlicher Theorien sicherzustellen, können nicht in den Dienst der Wahrheit, sondern allenfalls ihrer Dogmatisierung treten und verkehren damit ihre Wissenschaftlichkeit ins Gegenteil, gibt die Philosophin E. Ströker (1977) zu bedenken.

Wenn bereits Wissenschaftler nicht richtig mit anomalen Fakten umgehen, wie sollten dies die Journalisten können? Im Falle der Beobachtungen unidentifizierter Flugobjekte, über die die Journalisten vor 50 Jahren noch überwiegend objektiv berichtet hatten, gibt es heute nur noch meinungslastige Berichterstattungen, falls das Thema überhaupt aufgegriffen wird, so als hätte sich das Problem inzwischen irgendwie von selbst aufgelöst und erklärt.

Wissenschaftsmagazine berichten nicht über das Thema, weil sie fürchten müssen, Leser zu verlieren, wenn sie deren Vorurteile nicht bedienen. So teilte mir der Herausgeber des inzwischen eingegangenen Magazins *Umschau in Naturwissenschaft und Technik*, Schulze, in den 1970er-Jahren mit, dass er nicht einmal den Begriff »UFO« erwähnen dürfe, weil er sonst mit Einbußen an Lesern rechnen müsse. Dass es UFOs gebe, gab Schulze freimütig zu,

> »will ich gar nicht bezweifeln, dazu wurden sie schon von zu vielen seriösen Menschen gesehen. Aber es ist doch so, dass ich mir sofort den Vorwurf der Unseriosität einhandeln würde, wenn ich das Thema auch nur erwähnte.« (Brand 1989, S. 248)

Der Produzent einer am 24. Mai 2005 vom Sender ABC ausgestrahlten UFO-Dokumentation, Tom Yellin, erklärte die Furcht der Journalisten vor diesem riskanten Thema damit, »dass dieses Zeug irgendwie albern und das gesamte Thema mit dem Anstrich von Verrücktheit behaftet« sei. (Blumenstock 2005) Aus demselben Grund wandte sich auch der WDR-Wissenschaftsjournalist Jean Pütz gegen die von der ARD am 24. Oktober 1994 ab 20.15 Uhr ausgestrahlte Sendung *UFOs – und es gibt sie doch*. Im *Deutschlandfunk* nannte Pütz vier Stunden vorher diese Sendung »eine bedauerliche Entgleisung«. (Wienert 1994) Es wäre interessant zu wissen, woher die Journalisten ihre Meinungen beziehen – von den Sichtungsberichten oder Untersuchungen, wie sie beispielsweise laufend im *Journal of Scientific Exploration* und in der einzigen wissenschaftlichen UFO-Fachzeitschrift *Journal of UFO Studies* veröffentlicht werden, sicherlich nicht!

Bei den großen Nachrichtenmagazinen ist allerdings bekannt, warum deren Journalisten keine Fakten, sondern eine unbegründete Redaktionsmeinung vertreten. Die Redaktionspolitik des *Spiegel* jedenfalls lehnt sich an die Informationspolitik der *New York Times* an, die sich der »Volksaufklärung« verpflichtet fühlt, um beispielsweise den Kreationismus zu bekämpfen. Ebenso führt der *Spiegel* einen »Kampf gegen irrationale Überzeugungen«. Was »irrational« ist, wird durch das Wissen bzw. Nichtwissen der Redaktionsleitung bestimmt.

»Fakten, die aktuellen Erklärungsmodellen widersprechen, werden ausgelassen oder uminterpretiert, beteiligte Personen werden vorverurteilt oder durch Unterstellungen disqualifiziert.« (Mayer 2003) Wenn überhaupt über das Thema berichtet wird, wird die Berichterstattung durch Diskussionsstrategien, beispielsweise durch hämische Ironisierung, tendenziell in Richtung Dekonstruktion des Phänomens (Abwertung des Phänomens, der Augenzeugen und der Untersucher), verzerrt.

Zeit und *Stern* erwähnen den Begriff »UFO« ausschließlich, wenn einmal die Entlarvung oder Identifizierung eines zunächst für nicht identifizierbar gehaltenen Objekts durch Betrüger bekannt geworden ist, ohne darauf hinzuweisen, dass es allerdings noch mehrere Hunderttausend unaufgeklärte UFO-Beobachtungen gibt, in der Absicht, den Lesern zu suggerieren, dass eigentlich immer alles erklärt werden könne. UFOs werden zu »Pseudophänomenen«, die mit Astrologie, Poltergeistern und Esoterik »als Ausdruck eines allgemeinen Hangs zum Aberglauben« in einen Topf geworfen werden müssen.

Über die internationale seriöse wissenschaftliche UFO-Forschung wird nicht berichtet. Zur 30. Jahrestagung der Gründung der deutschsprachigen Forschungsgruppe MUFON-CES im November 2004 in Frankfurt, anlässlich der mehrere Professoren aus dem In- und Ausland Vorträge hielten und Filmdokumente der Phänomene vorführten, wurden die Presse und das Fernsehen eingeladen. Es ist kein einziger Medienvertreter erschienen! Und als Folge der fehlenden Medienresonanz wurde den Veranstaltern von Skeptikern dann vorgeworfen, sie würden nur »nicht öffentliche Tagungen« veranstalten. (Wunder 2007)

Gut informierte Journalisten haben wiederholt ausführlich recherchierte Berichte über UFO-Sichtungen der Presse angeboten und wurden abgewiesen, weil ihre Berichte angeblich »nicht kritisch genug« waren. »Kritisch« bedeutet unter Journalisten »ausgewogen« sein, also auch die Meinung der Skeptiker zu Wort kommen zu lassen. Tatsächlich können aber Fakten niemals »ausgewogen« sein, sondern immer nur die Meinungen über diese Fakten.

Haiko Lietz (2007) schildert die Antwort einer von ihrer Redaktion enttäuschten Schweizer Journalisten-Kollegin, der die Veröffentlichung eines Artikels über seriöse UFO-Forschung verweigert wurde. Sie schreibt: »Ich habe festgestellt, dass die Wissenschaftsredaktionen von Wissenschaftlern besetzt sind, die einfach keine Ahnung haben. Sie stellten mir am Telefon die labidare Frage, ob ich denn an diese Phänomene glaube?« Dazu kommentiert Lietz: »Darum geht es aber im Journalismus nicht.«

Sein Artikel über die staatliche UFO-Forschung in Frankreich und den COMETA-Bericht (1999) wurde Haiko Lietz (2007) vom Chef einer »renommierten Wissenschaftsredaktion« abgelehnt mit dem Kommentar, er solle »lieber einen spannenden Roman« lesen. Keine einzige deutsche Zeitung (außer einem Fachblatt) hat über die COMETA-Studie berichtet!

Furcht vor sozialer Isolation hält die meisten Journalisten von vornherein davon ab, das UFO-Problem überhaupt anzupacken. Nach Noelle-Neumann (1996) beobachtet jeder Mensch ständig die Informationen aus seiner Umwelt, um aus persönlicher Erfahrung oder aus Massenmedien zu erfahren, wie er sich verhalten muss, welche Überzeugungen er äußern darf und was die vermeintliche Meinung der Mehrheit darstellt, um sich nicht zu isolieren. Der Effekt der »Schweigespirale« ist nach Noelle-Neumann die Tatsache, dass jemand seine Meinung nicht äußert, wenn ihm eine von einer Prestigeperson vorgegebene Ansicht als Mehrheitsmeinung dargestellt wird. Solche Prestigepersönlichkeiten stellen aufgrund des Gewichts ihrer Autorität ein Meinungsklima her, gegen das niemand verstoßen möchte, der zur Mehrheit »dazugehören« möchte. Also tut auch ein informierter Journalist gut daran, nicht an den Vorgaben seiner Redaktionsleitung zu zweifeln, wenn er »weiterkommen« möchte. Der Meinungsdruck durch die Leitmedien (»UFOs gibt es nicht!«) wird durch solide Fakten kaum ins Wanken gebracht. Die UFO-Sichtungswelle der Jahre 1989 bis 1991 in Belgien, die immerhin dazu geführt hat, dass die belgische Regierung um Unterstützung bei der Suche nach den Luftraumverletzern beim Europa-Parlament nachsuchte, wurde von den großen deutschen Zeitungen nicht einmal erwähnt.

Die »Prädisposition der Öffentlichkeitsmacher dürfte der Hauptgrund für die Nicht-Veröffentlichung von UFO-Nachrichten sein«, stellt Lietz fest.

Ist es vielleicht so, dass die Redaktionen um die Weisheit ihrer Leser besorgt sind, nach der Erkenntnis, dass Weisheit darin besteht, gewisse Dinge nicht zu wissen?

Die wenigsten Menschen haben ein Interesse daran, sich über Themen, die außerhalb ihres Arbeitsgebietes liegen, selbst zu informieren. Die meisten Mensch in Deutschland lassen sich informieren durch *Bild* -Zeitung oder *Spiegel* und Sendungen im Fernsehen. Journalisten glauben auch fälschlicherweise, über das Internet durch *Wikipedia* richtig informiert zu werden. Über die wissenschaftliche UFO-Forschung muss man sich aber in Fachzeitschriften (z. B. im *Journal of UFO Studies*) selbst informieren. Wer sich durch Presse, Fernsehen und *Wikipedia* informieren lässt, erfährt leider nichts über die tatsächlichen Sachverhalte. Die wissenschaftliche Fachliteratur wurde von Swords (1993), Jacobs (2000) und v. Ludwiger (2008) angegeben.

A. Hedry charakterisierte die bis heute anhaltende Situation bereits vor rund 30 Jahren (1979) treffend:

> »Solange die Nachrichtenmedien ihre Präsentation dieser Streitfrage nicht bessern, werden die Leute fortfahren, sich zu fürchten, ihre eigenen Beobachtungen zu berichten. Die Skeptiker werden fortfahren, falsche Darstellungen zu verbreiten, und die Gemeinde der Wissenschaftler wird weiterhin meinen, sie habe alles Nötige erfahren, was den Wert des Studiums von UFOs ausmacht.«

Der Abgrund zwischen der direkten Lebenserfahrung vieler Menschen und der Realität, wie sie die Wissenschaft vorschreibt, hat in den letzten Jahrzehnten viele Menschen zu einer »antiwissenschaftlichen« Haltung geführt. Das sollten die Journalisten auch bedenken. Wissenschaftler werden vielfach mit der Entwicklung einer zügellosen Technologie (Atombomben, genetische Experimente, biologische Waffen, Handy-Funkwellen, ...) und einem Fehlen von Ethik und Moral assoziiert. Die Entwicklung dieser Technologien, von denen die Öffentlichkeit meint, dass sie außer Kontrolle geraten sind, wird als Hybris und Arroganz in der Wissenschaft interpretiert. Aber zur gleichen Zeit macht die Wissenschaft Dinge lächerlich und trivialisiert sie, die für viele von profunder Bedeutung sind. Die Menschen können sich nur über die Wahrheitskapazität der Wissenschaft wundern, wenn sie die Realität einer großen Zahl ihrer eigenen Erfahrungen abstreitet. Öffentliche Meinungsumfragen zeigen, dass Wissenschaft und Wissenschaftler zunehmend andere Wege in der Betrachtung des Weltbildes der Menschen einschlagen. So materialistisch und völlig verstanden, wie die Wissenschaft behauptet, ist die Welt nicht strukturiert. Das wissen die meisten Menschen aus eigener Erfahrung!

2.11 Das wissenschaftliche Teilbild einer noch unverstandenen Wirklichkeit

Die Methodologie der Wissenschaft vermittelt eine Verfahrensstrenge. Nach Eccles entspricht das Vorgehen der Wissenschaftler in der Praxis diesem Ideal nicht unbedingt. Sie gleicht vielmehr der opportunistischen Taktik eines Guerillakrieges als den organisierten Strategien großer Schlachten.

Wissenschaftliche Ideale werden kaum eingehalten, sondern folgen – wie überall – ökonomischen Zwängen. Wissenschaftlergruppen, die verschiedene Forschungswege einschlagen (z. B. Teilchenphysiker und Gravitationsphysiker oder String-Theoretiker und Loop-Quanten-Theoretiker) streiten sich um Forschungsgelder. Diejenige Gruppe, die dem Forschungsministerium bisher besonders aufgefallen ist, wird bevorzugt gefördert. Es kommt zur »Unterjochung durch Ausrüstung«. Wer keine Mittel zum Einsatz großer Geräte hat, wird von der Gruppe, die die besseren Geräte besitzt, aus dem Rennen geworfen. Die Politik verpflichtet die Wissenschaftler in Zeiten knappen Geldes auf »gesellschaftliche Relevanz« der Forschungen. Die Forschung wird dabei durch die Wissenschaftspolitik sehr stark am Konsens der Fachgemeinschaft ausgerichtet. Anwendungsorientierte Forschung wird von der Öffentlichkeit für wichtiger gehalten als reine Erkenntnisgewinnung.

Es gab bereits vor 20 Jahren rund 8500 Einzeldisziplinen in der Wissenschaft. (Crane & Small 1987) Alle in diesen Disziplinen arbeitenden Wissenschaftler schreiben mehr oder weniger häufig Aufsätze.

Die Wissenschaft hat die Pflicht, sich zu beschränken und die Informationsflut einzudämmen.

Daher werden Sachverhalte, denen eine bestimmte Ungewissheit anhaftet, wie äußerst seltene Phänomene (z. B. Kugelblitze, »runde Irrlichter«, paranormale Phänomene aller Art, seltene Himmelserscheinungen), sofern ein theoretisches Verständnis für diese nicht in Sicht ist, von der Forschung ferngehalten.

Der Philosoph Michael Polanyi (1967) hat, obwohl selbst Opfer der Ablehnung eines seiner wissenschaftlichen Aufsätze mit einer Entdeckung, die zu früh kam, eine strenge redaktionelle Haltung vorgeschlagen, aufgrund derer alle Arbeiten abgelehnt werden sollten, die im Lichte des gegenwärtigen wissenschaftlichen Glaubens nicht assimilierbar seien, um die Zahl irreführender Arbeiten, die Zeitschriften füllen, zu reduzieren.

Die Wissenschaft scheint das eigentlich Wirkliche zu sein, meint Mittelstrass (1992). Sie erklärt nicht nur, was ist, sondern macht auch das, was ist, nämlich die Wirklichkeit der modernen Welt. Doch die Gesellschaft erkennt sich nicht in der Wissenschaft selbst wieder, sondern nur in den Produkten der Wissenschaft. (Mittelstrass 1997)

Es gibt eine maßlose Überschätzung der Einsicht in die Wirklichkeit aufgrund des Wunsches, die Komplexität unserer Mitwelt auf etwas für uns Einfaches und Überschaubares zu reduzieren. Dadurch wächst die Gefahr einer einseitigen Übertreibung.

Der Einzelne kann nur einen geringen Anteil der verbreiteten Tatsachenbehauptungen anhand traditioneller Wahrheitskriterien überprüfen. Sekundärerfahrung überwiegt überall Primärerfahrung. (Kelley 1978) Daher ist jeder Mensch gezwungen, Behauptungen über die Wirklichkeit zu glauben. Es bilden sich regelrechte Glaubensgemeinschaften kollektiver Realitätswahrnehmungen. Für deren Mitglieder, die auf mediale Vermittlung über die betreffenden Informationen angewiesen sind, hat faktisch nur das stattgefunden, was von den Medien berichtet wurde. Daher gibt es wissenspraktisch keine von den Medien und deren Rezeption unabhängige gesellschaftliche Wirklichkeit. Wissenssoziologisch wird das, was als wirklich gilt und was nicht, von den Gesellschaftsmitgliedern durch sozial aufeinander bezogenes, sinnvolles Handeln kommunikativ hergestellt. (Knoblauch 2005)

Da die als »wirklich« verstandenen Sachverhalte nicht vorsozial gegeben sind, ist die konstruierte und erlebte Wirklichkeit immer relativ. Es gibt auch mehrere erlebbare Wirklichkeiten.

Die wissenschaftliche Wirklichkeit bezieht sich auf ein Modell, das in Raum und Zeit etabliert ist.

Eine andere Wirklichkeit wird seit vielen Jahrtausenden von Schamanen und Medien wahrgenommen, denen der »Bergson-Filter« (1913) im Gehirn zu fehlen scheint und die Phantome aus höheren Welt-Dimensionen wahrnehmen können. Diese Wahrnehmungen haben nichts mit Halluzinationen zu tun, da sie sich in der Gruppe von mehreren derart Begabten dadurch objektivieren (aber nicht wissenschaftlich beobachten, d. h. vermessen) lassen, dass alle dieselben Wahrnehmungen mitteilen. In der Gruppe dieser Menschen ist dasjenige die normale Wirklichkeit, die jedes Mitglied in gleicher Weise registriert.

Eine weitere Wirklichkeit wird von Mystikern aller Kulturkreise in gleicher Weise beschrieben, die in einem geänderten Bewusstseinszustand nicht mehr die Grenze zwischen sich als Subjekt und den sie umgebenden Objekten unterscheiden, sondern eine Einheit erleben, aus der jede Wirklichkeit kommt.

Selbst und Sein liegen außerhalb benennbarer Wirklichkeiten. Das Selbst ist die Voraussetzung für das Erkennen von Wirklichkeit, und das naturwissenschaftliche Weltbild wird vom Selbst, das in seiner tiefsten Tiefe im Sein aufgeht, hervorgebracht. In diesem Bild steht das subjektive Ich den Objekten gegenüber. Das Bewusstsein trennt und erkennt sein Ich als ein vereinzeltes und einzelnes und sieht nur das, was sich auf das Ich hier und jetzt beziehen kann. Aber in der Tiefe unserer unbewussten Existenz gibt es, nach C. G. Jung, eine uns alle verbindende Ebene bewusstseinsunfähiger Archetypen. Diese Urbilder kommen allen Menschen gleichermaßen zu und verbinden sie im Unbewussten. Daher klingt selbst im Rahmen einer naturwissenschaftlichen Wirklichkeit hier das Verschmelzen des Selbst und des Anderen zum Sein an.

Jede Wirklichkeit ist eine legitime Art, das Sein zu interpretierten. Alle Wirklichkeiten – auch die wissenschaftliche – sind nur Modelle als Ausschnitte einer noch nicht erkannten übergeordneten Wirklichkeit. Der Mensch ist unterschiedlicher Wirklichkeiten fähig. (Fasching 1999) Jede Wirklichkeit ist Inbegriff dessen, was durch eine besondere Interpretation der Anschauungselemente erfahren wird.

Wir können viele Wirklichkeiten erfassen, und zwar durch:

- vorwissenschaftliches Denken,
- naturwissenschaftliches rationales Denken,
- religiösen Glauben,
- paranormale Wahrnehmungen,
- mystische Einheitsschau u. a.

»Es ist also wichtig«, schreibt G. Fasching (1999, S. 37), »sich von der einengenden Vorstellung zu befreien, dass irgendeine dieser Wirklichkeiten eine grundsätzliche Priorität genießt … Jede Wirklichkeit ist immer nur ein Gleichnis über das Sein.«

Eine der Wirklichkeiten kann beispielsweise eine Bedeutung für die praktische Anwendung in der Technik oder in der Medizin haben, eine andere eine Bedeutung für das innere Erleben eines Menschen. Die Relativität dieser Vielschichtigkeit garantiert dem Menschen die Freiheit. Wirklichkeit kann man nicht im Sinne einer absoluten Wahrheit »besitzen«.

Der Mensch der Steinzeit durfte niemals an der Wirklichkeit zweifeln. Er musste rasch Entscheidungen treffen, um auf die Einflüsse der Umwelt reagieren zu können. Wer skeptisch gegen einen Wirklichkeitspluralismus war, eine alternative Weltsicht nicht zuließ, konnte leichter überleben. Daher waren Schamanen keine guten Krieger und wurden nur insofern in der Gruppe geduldet, als sie aus ihrer eigenen Wirklichkeitswahrnehmung heraus Heilungen an Gruppenmitgliedern vollbringen konnten.

Der Steinzeitmensch lebt in uns noch heute weiter. Die Vorstellung von einer einzigen Wirklichkeit ist so stark in uns, dass wir uns eine andere Wirklichkeit nicht vorstellen können und uns instinktiv dagegen wehren anzunehmen, dass es mehrere Wirklichkeiten nebeneinander geben könnte.

Werner Heisenberg stellte im Jahre 1942 eine Schichtentheorie der Wirklichkeit vor. In einer ersten Schicht können die Zusammenhänge der Erscheinungen und Abläufe in Raum und Zeit objektiviert werden:

> »In einer obersten Schicht der Wirklichkeit ..., in der sich der Blick öffnet für die Teile der Welt, über die nur im Gleichnis gesprochen werden kann, ist der letzte Grund der Wirklichkeit.«

Und Küng meint (2006): »Von jedem Menschen, ob Naturwissenschaftler, Philosoph oder Theologe, ist grundsätzlich Offenheit gegenüber der gesamten Wirklichkeit zu fordern.« (S. 69) Die gesamte Wirklichkeit ist mehr, als der Wissenschaftler vor sich sieht. Carl-Friedrich von Weizsäcker (1992) schreibt:

> »Vielleicht bezeichnen Strukturen, mit denen wir das sinnlich Wahrnehmbare beschreiben, nur die Oberfläche einer tieferen Wirklichkeit. Schon die reale Sinnlichkeit enthält noch andere Qualitäten als nur diese mathematischen Strukturen; vielleicht verbirgt oder enthüllt sie auch teilweise andere Gestalten. Die Grenze zwischen Diesseits und Jenseits wird wieder durchlässig.« (S. 585)

Der Psychiater Stanislav Grof therapierte viele seiner Patienten, indem er sie mit LSD in außergewöhnliche Bewusstseinszustände versetzte, in denen sie sich an verdrängte Ereignisse erinnerten, die sich später in pathologischen Zuständen geäußert hatten. Seine Erfahrungen mit der transpersonalen Psychologie sind so außerordentlich, dass Grof die Erweiterung unserer rein monistischen materialistischen westlichen Wissenschaft für unabdingbar hält.

> »Das Beweismaterial auf diesem Gebiet ist so reich und außergewöhnlich, dass Wissenschaftler, die das Problem ... als ernsthaftes Studienobjekt verwerfen, entweder uninformiert oder borniert sind. Für traditionelle Wissenschaftler sind außergewöhnliche Phänomene unmöglich, weil sie nicht über die bekannten Kanäle und Kräfte erfolgen und die üblichen Grenzen von Raum und Zeit überschreiten.«

Das Prinzip der linearen Kausalität als eines der Grundpfeiler westlichen wissenschaftlichen Denkens wird verletzt durch die Entdeckung synchronistischer Phänomene, wie sie bereits von C. G. Jung und Wolfgang Pauli nachgewiesen wurden. Unter Synchronizität versteht man die Gleichzeitigkeit eines bestimmten Zustands mit einem oder mehreren Ereignissen, die als sinngemäße Parallelen zu dem momentanen subjektiven Zustand erscheinen. Grofs Beobachtungen zeigten, dass die materielle Welt mit der menschlichen Psyche »in einen spielerischen Austausch treten kann«. (Grof 2008, S. 17) Diese Existenz von anomalen Phänomenen könnte eine künftige radikale Revision der wissenschaftlichen Weltanschauung und ihrer grundlegenden metaphysischen Annahmen zur Folge haben. Denn Synchronizitäten zerstören die von westlichen akademischen Kreisen vertretenen grundlegenden metaphysischen Annahmen, dass Bewusstsein und Materie zwei getrennte Bereiche sind. Stattdessen verwischen in Grofs Experimenten bei seinen Patienten die Grenzen zwischen subjektiver und objektiver Realität.

Solche Erfahrungen werden von orthodoxen Wissenschaftlern nicht zugelassen. Sie halten an einem unerschütterlichen Glauben an einen rigiden Determinismus fest. Grof:

> »Der Fundamentalismus orthodoxer Wissenschaftsgläubigen ist dem religiösen Fundamentalismus nicht unähnlich. Sie ignorieren und verzerren sämtliches existierende Beweismaterial und schotten sich ab gegen beobachtete Tatsachen und logische Argumente.« (S. 380)

Stanislav Grof ist der Ansicht, dass das Phänomen des Bewusstseins nicht mehr in Raum und Zeit beschrieben werden kann und dass allein schon dessen Existenz eine zusätzliche Weltdimension nahelegt. Nach seinen Erfahrungen existiert es nach dem körperlichen Zerfall, also nach dem physischen Tode, autonom weiter:

> »Der Gedanke, dass das Bewusstsein den Tod zu überleben vermag, ist in Wirklichkeit kein Glaube, keine völlig unbegründete Wunschvorstellung von naiven Menschen, die ihre eigene Vergänglichkeit

> und den Tod nicht akzeptieren können. Er beruht vielmehr auf zahlreichen außergewöhnlichen Erfahrungen und Beobachtungen, die sich den rationalen Erklärungsmodellen der materialistischen Wissenschaft nicht fügen (Reinkarnation, Nahtoderfahrungen, außerkörperliche Erfahrungen, Bewusstsein unabhängig vom Körper [OOBE], Begegnungen und Kommunikation mit Verstorbenen, interdimensionale Transkommunikation).« (S. 227)

Die Frage nach der Fortexistenz des Bewusstseins nach dem Tode ließe sich von physikalischer Seite relativ leicht beantworten (verglichen etwa mit der Suche nach dem Higgs-Teilchen), und zwar sowohl in theoretischer als auch praktischer Hinsicht. Die sechsdimensionale Theorie des Physikers Burkhard Heim liefert dafür beispielsweise die theoretische Möglichkeit (v. Ludwiger 2006), und die aus dieser Theorie abgeleiteten praktischen Experimente der Transkommunikation (Senkowski 1989, 1994) bestätigen den Ansatz. Allerdings ist für das genaue Verständnis eine von Heim entwickelte aspektbezogene Logik erforderlich, deren formale Entwicklung weit schwieriger zu verstehen ist als die schon schwierige Logik von Frege. (Das betreffende Buch von Heim *Syntrometrische Maximentelezentrik* ist bisher noch nicht veröffentlicht worden.)

Aber der gegenwärtige Wissenschaftsbetrieb mit seinem Regelkanon und seinem Weltbild in Raum und Zeit ist nicht an einer wissenschaftlichen Analyse der Frage des bewussten Überlebens interessiert. Zu tief sitzen die Ängste, dass das Ergebnis positiv ausfallen könnte und der Mensch einsehen müsste, dass nach dem körperlichen Zerfall »nicht alles aus« ist und dass er aus einem anderen Hyper- oder Parallelraum von für ihn Unsichtbaren ständig beobachtet werden könnte. Der Gesellschaft in Südamerika macht dies beispielsweise nichts aus, und nicht nur die unteren Bevölkerungsschichten, sondern auch Akademiker und andere Spitzen der Gesellschaft sind von einer transzendentalen Welt überzeugt (Spiritismus ist Staatsreligion).

Da Bewusstseinsphänomene nicht messbar und postmortale Informationen nicht reproduzierbar sind, bleibt deren Existenz gegenwärtig zumindest ungewiss.

Wissenschaft sucht aber nach rationaler Gewissheit aller uns begegnenden Phänomene. Die Erklärungsmodelle führen allmählich zu einem Verständnis der Welt und zur Beherrschung der Natur. Die theoretischen Modelle versuchen sich der Wahrheit anzunähern. Seltene und nicht paradigmatische Phänomene werden zugunsten eines gesicherten Weltbildes abgewiesen. Das wissenschaftliche Weltbild verspricht die Sicherheit und Beständigkeit der natürlichen Umgebung sowie die Berechenbarkeit menschlichen Verhaltens und die Umstände des Abweichens davon. In diesem Weltbild ist der Mensch bis auf die normalen Zufälle vor Überraschungen sicher. Daher soll man den mit seinem wissenschaftlichen Weltbild zufriedenen Mitmenschen auch nicht Anomalien aufzeigen, wenn er davon nichts wissen will! Nur wenn er diese benutzt, um andere daran Interessierte als irrational und als »Gläubige« zu beschimpfen, muss er mit den Fakten konfrontiert werden.

Im Gegensatz zum wissenschaftlichen Weltverständnis bringt der religiöse Glaube an die Einwirkungen einer höheren Macht dem Menschen Geborgenheit, eine Deutung seines Daseins und Einsicht in Bedeutung außergewöhnlicher Ereignisse. Auch in der größten Not gibt Glaube Hoffnung und Geborgenheit, was wissenschaftliches Wissen nicht vermitteln kann. Der gläubige Mensch muss nicht nach Wahrheit suchen, er glaubt sie bereits zu besitzen.

Zu einer Pseudowirklichkeit würde das Vermengen der verschiedenen Wirklichkeiten führen. (Grof spricht von einer »Realitätsverwirrung«.) Weil Glaubensinhalte mit Wissenschaftsinhalten vermischt wurden, entstand beispielsweise der Kreationismus in den USA. Dagegen ist es völlig legitim, von einer Wirklichkeit in die andere zu wechseln. Auch ein Naturwissenschaftler wird in einer Notsituation an sein eigenes Wohl denken und sich im Gebet an eine übergeordnete Instanz einer Glaubenswirklichkeit anvertrauen. Und ein Meister der Zen-Mystik wird nach einer kontemplativen Lebensphase wieder ganz in die Welt eintauchen, die er naturwissenschaftlich begreift. (Daher sind in Japan mehrere Zen-Meister gleichzeitig auch Physik-Professoren.)

Zur Wirklichkeit zählen auch Sachverhalte, die für die Wissenschaft starke Anomalien darstellen, also Phänomene, die im gegenwärtigen wissenschaftlichen Weltbild nicht erklärt werden können. Da sie zur Wirklichkeit gehören, sind diese Fakten wahr, aber nicht gewiss, da ihre Einordnung in eine kausale Erkenntniskette nicht gelingt.

In der gegenwärtigen Wissenschaft werden solche Fakten nicht zur Kenntnis genommen. Das ist einerseits ein legitimer Umgang mit ihnen, weil das strenge Erkenntnisprinzip keine ungewissen Fakten akzeptieren kann. Es beweist aber andererseits auch, dass die Eindeutigkeit, mit der wir Wissenschaft immer verbinden, überhaupt nicht existiert.

Außerwissenschaftliche Fakten, Anomalien, die sich nicht durch Reduktion in das wissenschaftliche Paradigma einordnen lassen, gehören zu einer anderen Wirklichkeit. Beispielsweise sind Materialisationen, Erscheinungen und Psychokinese mit der wissenschaftlichen Wirklichkeit unvereinbar.

Bei den religiösen Revivals 1904 in Wales (v. Ludwiger 1992) wurden häufig Lichtkugeln über den Kirchen und um die Prediger gesehen. Eine Reduktion auf natürliche Ursachen für diese Lichterscheinungen gelang nicht. Aber diese Erscheinungen waren ein wesentlicher Bestandteil dieser religiösen Bewegung.

Aufgrund der Ergebnisse der Experimente am PEAR (*Princeton Engineering Anomalies Research*), die eine Wechselwirkung zwischen Geist und Materie bestätigten, fordern Brenda Dunn und Robert Jahn eine Erweiterung des Paradigmas von der Wissenschaft. (Jahn & Dunne 2008) Sie wissen auch, dass die Herausforderungen, die eine »Wissenschaft des Subjektiven« an die Wissenschaft sowohl an quantitativer als auch theoretischer Konzeptionierung stellen, gewaltig sind. Bewusstseins-korrelierte physikalische Phänomene wurden unter rigorosen Kontrollbedingungen im Labor festgestellt. Sie sind replizierbar und unabhängig von speziellen physikalischen Parametern, wie Distanz und Zeit, sowie von speziellen Geräten. Die Wechselbeziehungen haben subjektiven Charakter (sie sind abhängig von Intuitionen, Wünschen, emotionaler Resonanz, Vertrauen, die auf unbewussten oder bewussten Ebenen wirken). Diese Ergebnisse widersprechen dem kausalen Determinismus, der Objektivität, der Quantifizierbarkeit und der Falsifizierbarkeit. Aber sie sind mit wissenschaftlichen Methoden nachgewiesen!

Um mit solchen für die Wissenschaft anomalen Fakten umgehen zu können, muss, wie in der Wissenschaft, ebenfalls ein Regelkanon aufgestellt werden, in dem jedoch eine andere Logik als in der Wissenschaft gültig ist. Werden dort Reproduzierbarkeit, Kausalität und Theorieeinbindung als unabdingbar für wissenschaftliche Phänomene verlangt, so gelten in der Parapsychologie als Regeln:

1. Faktizitätsnachweis
2. kulturunabhängiges Erscheinen
3. innere Logik
4. Preisgabe des cartesianischen Dualismus
5. subjektive Erlebnisse

Eine ungewöhnliche Erscheinung muss prinzipiell mit wissenschaftlichen Methoden gemessen und nachgewiesen werden können (statistische Verfahren, Zeugenanalysen, instrumentelle Bestätigungen usw.). Sie muss historisch unabhängig von Ort und Zeit überall aufgetreten sein, sodass man überall auf ein erneutes Auftreten gefasst sein muss. Und die Erscheinung muss in einem bestimmten Ereignis-Kontext auftreten, der eine innere Logik zeigt. Der oder die Beobachter müssen einen Sinn in der Erscheinung erkennen können. (Die Lichterscheinungen bei den Revivals in England wurden beispielsweise als eine transzendente Bestätigung der Bemühungen der Prediger interpretiert.)

Mit der Ablehnung des cartesianischen Schnittes zwischen Objekt und Subjekt ist nicht eine Wieder-Beseelung der Objekte oder die mystische Vereinigung von Ich und Nicht-Ich gemeint, sondern eine Berücksichtigung der extrem schwachen Wechselwirkung qualitativer Strukturen (Archetypen, Symbole), z. B. bei biochemischen Prozessen hochorganisierter Systeme.

Der Anerkennung paranormaler Phänomene durch den Wissenschaftsbetrieb steht die strikte Auffassung des cartesianischen Dualismus von Geist und Materie, Subjekt und Objekt und die Leugnung des Subjekts als Forschungsobjekt im Wege.

Es gibt eine philosophische Schule, die den Dualismus des Descartes, der die heutige Wissenschaftsausrichtung beherrscht, ablehnt und durch einen Monismus ersetzt. Das ist der Radikale Konstruktivismus, der von Heinz v. Foerster und Ernst v. Glaserfeld (1999) begründet wurde und Vorläufer in Immanuel Kant, George Berkeley, Giambattista Vico und John Locke hatte und auch von Ludwig Wittgenstein, Jean Piaget, Gregory Bateson und Paul Wazlawick vertreten wird. (Wazlawick 1984) Der Dualismus Quantität–Qualität bzw. Materie–Geist ist in einem übergeordneten Sinne so zu vereinigen, ähnlich wie in der Mathematik reelle und imaginäre Zahlen zu einer komplexen Zahl gemacht werden können.

Der Radikale Konstruktivismus lenkt den Blick wissenschaftlich weg vom Objekt der Untersuchung und hin zur Frage nach der Wahrnehmung von Wirklichkeit durch das Subjekt. Nach dieser Auffassung liegt die Wirklichkeit nicht fertig vor dem Subjekt, das diese betrachtet, sondern sie wird vom Subjekt selbst konstruiert. Wahrnehmen wird als ein aktiver Vorgang aufgefasst. »Jedes Tun ist Erkennen und jedes Erkennen Tun«. (Maturana und Varela 1987) Der Radikale Konstruktivismus setzt damit neue Maßstäbe in Bezug auf Wahrnehmung, Erkenntnis und Bewusstsein. Jeder Organismus ist ein sich selbst organisierendes System, das sich seine eigene Wirklichkeit schafft. Der Mensch erkennt und konstruiert seine Welt in der Wahrnehmung. Damit erschafft der Beobachter die Welt und folglich auch sein Wissen. Beobachter und Beobachtung bilden eine Einheit. Das steht im Gegensatz zur traditionellen Auffassung von Objektivität und Wissenschaft. Doch die Ablehnung der »Welt an sich« durch radikale Konstruktivisten führt nicht notwendigerweise zum Subjektivismus und Solipsismus, in dem das Subjekt nur das für real hält, was sich in ihm selbst abspielt. Sie zeigt nur, dass die Wissenschaft auf den Menschen bezogen sein muss. Heinz v. Foerster formuliert dazu: »Eigenschaften, die man in Dingen zu finden glaubt, liegen im Beobachter.« (v. Foerster 1992)

Der Beobachter interpretiert bereits, wenn er wahrnimmt. Jede Interpretation schließt notwendigerweise den Beobachter mit ein, was jede Erklärung der Wahrnehmung berücksichtigen muss, weil er sie selbst konstruiert. Daher ist jede Erkenntnis subjektiv und eine objektive Wahrnehmung unmöglich.

Die Subjekt-Objekt-Trennung im herkömmlichen cartesianischen

Sinne ist somit aufgehoben. Weil es im Radikalen Konstruktivismus keine Trennung zwischen Wahrnehmung und Interpretation gibt, existiert auch keine »objektive« Wirklichkeit.

Der Konstruktivismus in der Mathematik behauptet beispielsweise, dass mathematische Objekte nicht als vorhandene platonische Ideen »entdeckt«, sondern »erzeugt« werden. Demnach kann es z. B. keine transfiniten Zahlen geben, weil sie nicht konstruiert werden können. (Brouwer, Weyl, Taschner)

Die Welt ist so, wie wir sie sehen; sie ist Erfahrungswirklichkeit. Während Karl Popper auf die Suche nach der »Wahrheit an sich« verzichtet, verzichtet der Radikale Konstruktivismus auf die Erkenntnis der »Wirklichkeit an sich«. Der einzig legitime Bereich für den Wissenschaftler ist die eigene Erfahrung. Die einzig wirkliche Welt ist die Wissenschaftswelt, die nicht nur die Wirklichkeit erklärt, sondern zugleich auch Wirklichkeit schafft.

Außerwissenschaftliche Fakten sind als ausgewiesene Fakten keineswegs »unwirklich«, sondern nur in Bezug auf das bestehende Weltbild »anti-paradigmatisch«. Im Radikalen Konstruktivismus wird die Wissenschaftsperspektive neu bewertet. Neben dem quantitativen Aspekt der objektiven Realität erfolgen die Einbeziehung des Subjekts mit seinem bewussten Bewerten des Wahrgenommenen und somit eine Erweiterung durch einen qualitativen Aspekt.

Auch Wissenschaftler kennen rein subjektive Erlebnisse (Träume, Intuitionen, Erleuchtungen, Bewusstseinserweiterungen usw.), die ebenfalls unwissenschaftliche Sachverhalte sind, aber durchaus handfeste somatische Wirkungen auslösen können. (E. P. Fischer 2006)

Handelt es sich um objektive Wahrnehmungstatsachen, die nach dem oben genannten Regelkanon ermittelt wurden, d. h. mit wissenschaftlichen Methoden nachgewiesene (außerwissenschaftliche) Fakten, dann können sie prinzipiell zu wissenschaftlichen Beobachtungen werden, sobald es eine neue Theorie für sie gibt.

Die Vereinigung von Subjekt und Objekt bedeutet, dass es etwas geben muss, das in physikalischen Prozessen das Sinnvolle gestaltet.

Der englische Biologe Rupert Sheldrake glaubt, dass dafür ein »morphogenetisches Feld« angenommen werden müsse. Aber ein Feld hätte andere Eigenschaften (Nahewirkungen) und wäre auch schon längst entdeckt worden. Die qualitativen Strukturen scheinen sich außerhalb der Raumzeit zu befinden.

In der Zeitrichtung der biologischen Evolution reicht die Kausalität mit Zufall und Notwendigkeit in Mutation und Selektion allein nicht aus, um alle Prozesse zu verstehen. Nach Wolfgang Pauli muss eine Form von Sinn-Korrespondenz mitwirken. Diese Sinn-Zusammenhänge werden aus einem qualitativen Seins-Bereich in Gestalt von Ursymbolen oder Archetypen vermittelt, wobei sowohl der menschliche Geist über das kollektive Unbewusste als auch materielle Prozesse von diesen Symbolen beeinflusst werden. Dazu stellt E. P. Fischer (2006) fest:

> »... Die eigentliche Aufgabe einer Philosophie der Erkenntnis, die sich um die Ergebnisse der Naturwissenschaft kümmert, müsste sein, zu erklären, was die Wirklichkeit der Idee eines Symbols ist, wie es Pauli in einem Brief an Jung formuliert hat.«

Nach einer anderen Theorie (B. Heim 1983, 1989) geht die organisierende Wirkung von den Wertevorräten zweier weiterer imaginärer Weltdimensionen aus, die Träger von informatorischen Strukturen sind. Mit dieser Deutung muss auch die gewöhnliche aristotelische Alternativlogik erweitert werden, in der eine Aussage entweder wahr oder falsch sein kann. Die erweiterte Logik ist aspektbezogen, d. h. die Wahrheitswerte beziehen sich auf Aussagesysteme, die je nach dem Aspekt, auf den sie sich beziehen, verschieden sein können. Mit dem neu entwickelten Begriffssystem lassen sich sowohl quantitative als auch qualitative Strukturen formal einheitlich beschreiben, was die Voraussetzung dafür ist, dass prinzipiell geistige Prozesse als qualitative Strukturen mit quantitativ-materiellen Strukturen in bestimmte Wechselbeziehungen gebracht werden können.

Die qualitativen Strukturen in den zusätzlichen Weltdimensionen überlagern die materiellen Prozesse sehr schwach und könnten einige ungelöste Fragen der Evolution erklären (Nahm 2008), ohne dafür einen »intelligenten Designer«, wie ihn die Kreationisten bemühen, vorauszusetzen.

Jeder Mensch sieht die Wirklichkeit je nach seinen Erfahrungen mehr oder weniger wissenschaftlich bestätigt oder durch Anomalien angereichert. In der Verabsolutierung einer Wirklichkeit besteht die Gefahr, keine andere Wirklichkeit mehr zu dulden. Die Anhänger beharren auf ihrer eigenen Wirklichkeits-Interpretation, halten nur ihre eigene Ansicht für wahr und die der anderen Gruppen für falsch. Auf diese Weise entsteht Intoleranz. Jede verabsolutierte Wirklichkeit gebärdet sich schließlich als sogenannte »Wahrheit«.

In solchen Extremfällen beobachtet man:

1. Wissenschaftlichen Fundamentalismus oder Scientismus, wenn die wissenschaftliche Rationalität als Wissenstypus absolut gesetzt wird. Es ist der Monopolanspruch, dass nur die gegenwärtige Wissenschaft die richtigen Antworten auf alle und jede Frage habe und eine adäquate Naturerfahrung sein könne. Außerwissenschaftliche Fakten, Anomalien, kann es nicht geben!
2. Religiösen Fundamentalismus, wenn die Erkenntnisse der Wissenschaft ignoriert und Jahrtausende alte unwissenschaftliche »Offenbarungen« als Wahrheiten verstanden und durchzusetzen versucht werden.
3. Vulgär-Esoterik, wenn die Bedeutung der Anomalien derart überbewertet wird, dass sie zu individuellen magischen Weltbildern und zur Abkehr von wissenschaftlichen Erkenntnissen und Schwärmerei führen.

Die kreationistischen Vorstellungen vom »intelligenten Design« der Natur wären nur falsch und harmlos, wenn sie ausschließlich der eigenen Gruppe eine für diese Leute nachvollziehbare Weltdarstellung anbieten würden. Doch der Kreationismus wendet sich auch ganz militant gegen die Wissenschaft. Diese setzt sich wiederum zur Wehr mit Konferenzen, in denen der »neue Atheismus« propagiert wird. (Vaas 2007)

Eine pragmatische Haltung wird allen drei Aspekten gewisse Wertigkeiten zugestehen müssen: Wir wollen in einer Welt mit wissenschaftlicher Gewissheit leben. Gleichwohl suchen wir nach einer transzendenten Bestätigung dafür, dass in Sein und Geschehen ein Sinn verborgen ist. Und wir wollen aufgrund wissenschaftlicher Redlichkeit keine Fakten der Wirklichkeit übersehen oder verwerfen.

Vonseiten der Anomalie-Forscher, beispielsweise der Parapsychologen, wurde seit rund 100 Jahren versucht, die von ihnen geprüften experimentellen Fakten in die Wissenschaft einzuführen. Außersinnlich Wahrnehmung und Psychokinese wurden durch die Untersuchungen der britischen *Society for Psychical Research* (SPR) erfolgreich nachgewiesen. Aber welcher Skeptiker macht sich die Mühe, die etwa 20 000 Seiten in den SPR-Proceedings zu lesen?!

Um die Hürde für die Anerkennung etwas niedriger zu halten, reduzierten die Forscher die Fülle der Fakten um solche, die die Wissenschaft völlig überfordert hätte (beispielsweise Materialisationen, Apporte, Levitationen, Spuk). Ab den 1930er-Jahren wurden durch J. B. Rhine erstmals Methoden der Wissenschaft auf außersinnliche Wahrnehmungen und Psychokinese angewandt. Doch die statistischen Untersuchungen führten zu keinerlei Anerkennung durch den wissenschaftlichen Mainstream. Auch die Versuche, sich mit Modellen aus der Quantentheorie einigen paranormalen Phänomenen zu nähern, brachten keinerlei Akzeptanz. Zum wissenschaftlichen Weltbild gehört eben die Überzeugung, dass es keine Wechselwirkungen zwischen Geist und Materie geben kann. Also sind sämtliche Bemühungen der Parapsychologen, mit ihren Forschungen in die Wissenschaft aufgenommen zu werden, bis auf Weiteres gescheitert.

Der Philosoph Henry Sidgwick, Gründungsmitglied der SPR aus Cambridge, erklärte 1882 anlässlich der Gründung der SPR:

> »Der wissenschaftliche Unglaube ist so lange gewuchert und besitzt so viele und starke Wurzeln, dass wir ihn nur ausrotten können, wenn wir ihn lebendig unter einem Haufen von Tatsachen begraben …, und wir müssen darauf bauen, dass die Masse des Beweismaterials zur Überzeugung führt.«

Die in mehr als 100 Jahren durchaus erfolgreichen Existenznachweise haben zu keiner Überzeugung innerhalb der Wissenschaft geführt. Das einzige verlässliche Resultat der Parapsychologie besteht darin, stellt John Beloff (1993) fest, dass ihre Experimente nicht replizierbar sind.

Anstelle der »Akkumulation von Evidenz« ist die »Erosion der Evidenz« getreten, schreibt Walter v. Lucadou (2001). Es gibt eine gewaltige Diskrepanz zwischen persönlicher und wissenschaftlicher Gewissheit.

Der Soziologe Jeremy Northcote (2007) hat die Ursachen der Ablehnung des Paranormalen durch die Wissenschaft untersucht. Er stellt fest, dass in der westlichen Welt das Wissen »konstruiert« wird:

> »Ich behaupte ausdrücklich, dass der Disput über das Paranormale einen wesentlich politischen Charakter denn einen wissenschaftlichen hat, also eine Sache der Ideologie darstellt und nicht den eines Beweises.«

Dieser politische Prozess wird durch soziologische Prozesse der Wahrheitskonstruktion mit Pseudoargumenten geleitet. »Die paranormale Debatte ist politisch, weil sie die Grenze zwischen ›legitimer‹ und ›illegitimer‹ Kenntnis herausfordert, die den Kern unserer ›modernen‹ Gesellschaft bildet.«

In der öffentlichen Wertung wird die Nichtakzeptanz anomaler Phänomen durch die Wissenschaft aufgrund methodologischer Gründe als »Beweis für die Nichtexistenz« gewertet, die durch wissenschaftliche Untersuchungen bestätigt worden seien.

Dieses Missverständnis sollte aus Gründen der intellektuellen Hygiene ausgeräumt werden, damit die Wissenschaft nicht in den Verdacht gerät, Desinformation und Volksverdummung zu betreiben. Es gibt Fakten, und zwar überwältigend viele und gut recherchierte, die ganz einfach nicht untersucht werden, aus den oben genannten Gründen. Aber sie existieren. Es sind theoretisch nicht erklärbare Fakten, die nicht zum wissenschaftlichen Weltbild zählen. Auch wenn ihre Existenz durch wissenschaftliche Forschungsmethoden gesichert ist, bleiben sie außerwissenschaftliche Fakten. Es ist wahrscheinlich, dass ein Paradigmenwechsel in Zukunft aus den heute noch außerwissenschaftlichen Fakten wissenschaftlich verständliche Tatsachen macht (so wie es den Phänomenen Meteoriten, Kontinentaldrift und Kugelblitzen ergangen ist). In der Zwischenzeit müssen diese Fakten allerdings »draußen« bleiben.

Das hat auch ganz praktische psychologische Gründe. Wir wollen Sicherheit und Gewissheit. Die müssten wir aber aufgeben, solange wir nicht verstehen können, warum beispielsweise elektronische Geräte oder Computer im Beisein von Wolfgang Pauli (Pietschmann 1995) oder Uri Geller (Puharich 1977) ausfallen oder sich Dinge ohne erkennbare Ursache bewegen. Also ist es besser, sich die Wirklichkeit als streng rational vorzustellen. Das ist ja auch näherungsweise richtig. Nur den Experten sollte das Wissen über anomale Phänomene überlassen bleiben, die sich bemühen sollten, theoretische Modelle zu entwickeln, mit denen die Anomalien verstanden und beherrschbar gemacht werden könnten. Denn die Öffentlichkeit weiß nicht richtig, mit Wahrscheinlichkeiten umzugehen. Muss man beispielsweise Angst haben, dass man in Deutschland vom Blitz erschlagen werden könnte? Das geschieht bei rund 90 Millionen Menschen nur etwa 50 Mal im Jahr. Ebenso unwahrscheinlich ist die Vergiftung durch Pilze oder das Auftreten von Spuk oder das Beobachten unbekannter Flugobjekte im deutschsprachigen Raum.

Rund 6000 Menschen kommen in Deutschland jährlich bei Autounfällen ums Leben. Aber etwa 100 000 Menschen sterben an den Folgen des Rauchens. Kann man ruhigen Gewissens behaupten, es gebe keine tödlichen Blitzunfälle und Pilzvergiftungen und auch keine Spukfälle und UFO-Sichtungen? Würde die Wissenschaft allen Phänomenen die gleiche Wahrscheinlichkeit der Existenz bestätigen, dann würden sich die Menschen vor UFOs und Spuk fürchten, weil man gegen das plötzliche Erscheinen nichts tun kann, im Gegensatz zu Vorkehrungen beim Gewitter und beim Pilzeessen.

Vielleicht ist die adäquateste Haltung Anomalien gegenüber, wie Wittgenstein vorschlug, Schweigen! Schweigen gegenüber der Öffentlichkeit, solange noch nicht gewiss ist, warum die unerklärlichen Fälle eingetreten sind, und bis man sie theoretisch und praktisch beherrscht.

Auch andere schwierige Sachverhalte in der modernen Physik werden nahezu ausschließlich unter Fachleuten diskutiert, weil die Übertragung auf eine verständliche Alltagssprache für die Öffentlichkeit noch nicht reif ist. Ebenso sollten anomale Fakten mit wissenschaftlichen Methoden gesammelt und gesichert und nur unter Experten ausgetauscht werden. Die Publikation unverstandener Fakten schürt nur den latenten Wunsch der Öffentlichkeit nach dem Geheimnisvollen und Irrationalen und fördert die allgemeine Unsicherheit. In den USA ist der irrationale Glaube bereits so stark geworden, dass die unwissenschaftliche Schöpfungsgeschichte von der riesigen Menge der Kreationisten als gleichrangig zur wissenschaftlichen Erkenntnis der Evolutionsgeschichte an manchen Schulen gelehrt wird. Einer solchen irrationalen Gefahr gilt es vorzubeugen. Aber dafür ist das Vertrauen der Menschen in die Wahrhaftigkeit der wissenschaftlichen Aussagen nicht nur auf dem Gebiet der medizinischen und der technischen Forschung, sondern auch der mehr theoretisch orientierten Wissenschaften Voraussetzung.

Was kritisiert wird, ist die ungerechtfertigte Argumentation, dass es die seltenen, von vielen Menschen erlebten Phänomene überhaupt nicht gebe.

Der Physiker Hans-Peter Dürr rät (1989):

> »Damit wir in der Wirklichkeit (der starken Vernetzung und großen Komplexität) nicht blind werden, sollten wir auf die wohl mögliche, intuitive Betrachtungsweise der Welt nicht verzichten, durch die es leicht fällt, Gestalten zu erkennen und Bewertungen vorzunehmen.«

Die schwachen Begründungen der Ablehnung anomaler Phänomene durch viele Wissenschaftler sind nicht ehrlich. Man behauptet, dass sich die betreffenden Phänomene nicht nachweisen ließen. Niemand versucht diese Behauptung wirklich zu bestätigen. Uri Geller wurde beispielsweise Betrug vorgeworfen. Als der Physiker Prof. Hasted seine Experimente über Verbiegungen von Metallstäben, die hinter Glas einer Berührung durch Geller und mehreren mit derselben Gabe ausgestatteten Kindern entzogen worden waren, veröffentlichte, wurden diese Experimente (*Metal Benders,* 1981) so gut wie nicht zur Kenntnis genommen.

Natürlich gibt es in allen Bereichen des Lebens Betrug, in der Parapsychologie wie in der Wissenschaft auch. Doch der Grund für die Ablehnung ist nicht eine mögliche Täuschung, sondern die unbewusst wahrgenommene ungeheure Kluft zwischen den Phänomenen und den zur Verfügung stehenden theoretischen Modellen, um sie zu erklären. Würde die Wissenschaft sich mit den unverstandenen anomalen Fakten »belasten«, könnte sie dies nur tun, indem sie die Phänomene auf Echtheit hin prüft, sie sammelt und statistisch auswertet. Das ist aber noch keine Wissenschaft! Diese verlangt nach Erklärung. Daher gibt es so viele Versuche von Mainstream-Wissenschaftlern, anomale Phänomene auf normale Phänomene zu reduzieren, was allerdings – bis auf seltene Ausnahmen – nicht gelingen kann, wenn man die Details der Zeugenberichte wirklich berücksichtigt.

Es ist nach allen unseren Erfahrungen, zu denen ich auch meine eigenen mit der Rockefeller-Konferenz 1997 (Fig. 1) zähle, zwecklos, nach der Condon-Untersuchung das UFO-Phänomen nochmals in die wissenschaftliche Forschung einbringen zu wollen. Doch wie soll man dann mit den Beobachtungsfakten umgehen?

In den USA haben sich in den 1970er-Jahren Wissenschaftler, die ihren Ruf als seriöse Wissenschaftler nicht aufs Spiel setzen wollten, aber an anomalen Fakten interessiert waren, in einem »Invisible College« zusammengefunden.

Der Astrophysiker Prof. Peter Sturrock (Fig. 2) von der Stanford-Universität sagte mir, dass er als Ausweg den heute noch recht erfolgreichen Weg über die Bildung einer Gesellschaft für Anomalie-Forschung, der *Society for Scientific Exploration*, gegangen ist. In deren Publikationsorgan *Journal of Scientific Exploration* wurden bereits mehrere Arbeiten über unidentifizierte Flugobjekte nach wissenschaftlichen Standards publiziert.

Wir müssen uns damit abfinden, dass anomale Phänomene zwar mit Instrumenten und wissenschaftlichen Methoden als gesicherte Fakten geprüft werden können. Die theoretische Bearbeitung kann allerdings zum jetzigen Zeitpunkt nicht gelingen. Und das versperrt ihnen die Aufnahme in den Bereich der wissenschaftlich zu untersuchenden Phänomene. Noch so viele neue Fakten, eine angehäufte Evidenz können ein bestehendes Wissenschaftsparadigma nicht verändern. Das kann nur eine neue bessere physikalische Theorie. Und auf eine solche müssen die Berichte über anomale Phänomene wahrscheinlich noch lange warten.

Vielleicht werden sie noch einige Jahrhunderte von der Wissenschaft unbeachtet bleiben. Aber in dem Moment, wenn theoretisch erklärt werden kann, wie anomale physikalische Erscheinungen und Prozesse (z. B. interstellare Raumsprünge über Parallelräume) zustande kommen, werden sich die verbannten Berichte über anomale Erscheinungen in die Wissenschaft eingliedern lassen. Bis dahin müssen wir der Wissenschaft folgen, wenn sie erklärt, dass diese Phänomene außerhalb des gegenwärtigen Weltbildes zu bleiben haben. Es bleibt uns aber unbenommen, diese seltenen, merkwürdigen, außerwissenschaftlichen Erscheinungen als Teil der Wirklichkeit hinzunehmen, die dem wissenschaftlichen Materialismus zuwiderlaufen, und uns unsere eigenen Gedanken über ihren Ursprung zu machen, sofern jeder einzelne Bericht mit wissenschaftlicher Sorgfalt als echt überprüft worden ist.

Der Biologe Michael Nahm (2008) ist überzeugt, dass wir mit Gewissheit davon ausgehen können:

> »dass mit jedem Tag die Zeit unausweichlich näherrückt, da der Materialismus nur noch als ein vorübergehender Irrweg in der Philosophie- und Wissenschaftsgeschichte geführt werden wird – so gewiss, wie einstmals nach jahrhundertelangem Leugnen doch noch anerkannt werden musste, dass die Erde tatsächlich um die Sonne kreist. Es kommt die Zeit, da wird sich die Schulwissenschaft dem Druck der Realität nicht länger widersetzen können.«

Wenn wir nicht versuchen, Wissenschaftler von der Existenz zu überzeugen, können wir untereinander und mit Mitgliedern des »Invisible College« aufrichtiger und ehrlicher über die verblüffenden Phänomene sprechen, die für uns heutige Menschen mit ihrem unzureichenden Bild von der Welt unfassbar bleiben.

Die Wissenschaft liefert nur immer ein Teilbild der gesamten Wirklichkeit, nur immer diejenigen Fische, die mit dem gerade verwendeten (theoretischen) Netz eingefangen werden können. Kleine Fische werden zwangsläufig übersehen, aber sie schwimmen ebenfalls im Meer der Wirklichkeit. (Dürr 1988) Es gibt manche Fischer, die beobachten, dass einige Vögel auch ganz kleine Fische aus dem Wasser ziehen, die den Fischern aber durch die Maschen ihrer Netze schwimmen. Die Fischer sollten sich nicht über die Existenz kleiner Fische streiten, sondern abwarten, bis ihnen jemand engmaschigere Netze liefert.

Wer nach dem oben Dargelegten trotzdem noch der Meinung ist, dass die Wissenschaft auf alle Fragen eine vernünftige Antwort bereithält und es eines Paradigmawechsels keineswegs bedarf, und wer es mit Condon hält, der ein Jahr nach dem Erscheinen des Condon-Berichtes in einem Vortrag verlangt hat: »Ein Lehrer, der über UFOs doziert, sollte öffentlich ausgepeitscht werden« (Westrum 2000), muss nun nicht mehr weiterlesen. Denn die folgenden beglaubigten Tatsachen passen nicht in ein wissenschaftliches Weltbild und könnten ihm nur Angst einflößen.

Die Erde wird von einer fremden Intelligenz besucht, ob sie nun aus dem Weltall, aus unserer Zukunft oder aus einem Parallelraum oder aus allen dreien der vorgeschlagenen möglichen Bereiche kommt, sei dahingestellt. Diese Intelligenz bringt eine uns völlig fremde Wirklichkeit mit sich. Und es scheint so, dass sie deswegen keine Anstalten macht, mit uns in einen Gedankenaustausch zu treten, weil wir sie nicht verstehen. Möglicherweise werden wir in Zukunft – wenn die Wissenschaft durch eine neue physikalische Theorie gezwungen wird, das gegenwärtige Paradigma zu wechseln – die Wirklichkeit der Fremden annehmen. Zurzeit sieht es – in einem metaphorischen Vergleich – so aus, als würden wir mit unserem heutigen Wissen ins Mittelalter versetzt werden und müssten unsere Erkenntnisse und technischen Geräte gegen Vorwürfe der Hexerei und Teufelswerke verteidigen. Man könnte sich mit den Menschen des Mittelalters nicht unterhalten, ohne missverstanden zu werden. So ähnlich wird es den Fremden mit uns gehen, die wir in einer Raumzeit zu leben meinen, obwohl die Wirklichkeit noch weitere Wertevorräte oder Dimensionen besitzt, die wir bisher nicht erkennen können.

3.
Die andere Wirklichkeit der fremden Besucher

3.1 Abduktionen und medizinische Untersuchungen an Bord von UFOs

Unsere vorherrschende wissenschaftliche Weltsicht, die verschiedentlich als wissenschaftlicher Materialismus, Positivismus, rationaler Empirismus, anthropozentrischer Humanismus (Zimmermann 1977), Cartesianisches Paradigma oder einfach als Westliches Denken bezeichnet wird, behauptet, dass die kosmische Realität dasjenige ist, was wir mit unseren Sinnen wahrnehmen, sofern wir es durch eine rationale Analyse als ein kausal zusammenhängendes, durch Gesetze geregeltes Ereignisgeflecht analysieren und objektivieren können.

Wenn es daneben eine nicht objektivierbare Wirklichkeit geben sollte, so gehört sie nicht exakten Bereichen an, wie Psychologie, Literatur, Anthropologie und Religion, die durch Intuition oder andere Erlebnisformen studiert werden können.

Durch den Triumpf wissenschaftlicher Erkenntnisse wird diese subjektive Wirklichkeit als Randerscheinung ohne echte Realität eingeschätzt. Bewusstsein, Bedeutungen, Organisationsniveaus, Zweckmäßigkeiten, pragmatische Information, paranormale Erlebnisse gehören nicht zum rationalen Weltbild. Alle Berichte menschlicher Erfahrungen, die empirisch nicht verifiziert werden können, werden geringschätzig als Anekdoten, Geschichten oder »narrative Wahrheiten« aus diesem Weltbild verbannt oder zumindest an den äußersten Rand dieses Wirklichkeitsmodells geschoben.

Wenn Beobachter ein unidentifiziertes Flugobjekt gesehen haben und sich an einen Wissenschaftler mit der Suche nach einer Erklärung wenden, kann dieser, wenn das Gesehene allen physikalischen Gesetzten widerspräche, durchaus den Standpunkt vertreten, dass das subjektive Erleben des Zeugen nichts ist, womit sich die objektive Wissenschaft befassen müsste, denn »die Theorie bestimmt, was wir beobachten«, und die verbietet das Behauptete.

Ein Dilemma tritt aber dann auf, wenn Zeugen sich weigern, die ihnen zugeschriebene subjektive, irrationale Ecke der Realität aufzusuchen und auf objektiver Wirklichkeit ihres Erlebten beharren und damit die Wissenschaftler derart verärgern, dass sie jede vornehme Zurückhaltung aufgeben.

Es gibt Zeugen, die ganz handfeste Beschwerden bei einem Verursacher oder bei der Staatsmacht, die den UFO-Angriff nicht verhindern konnte, einklagen wollten. Beispielsweise haben Vickie Cash und Betty Landrum gleich nach ihrer Begegnung mit dem UFO 1980 in Dayton, Texas, unter Strahlungsschädigungen gelitten, die bei beiden zu Krebs geführt hatten. Sie kämpften einen aussichtslosen Kampf gegen die Behörden, die sich weder für die Verletzungen noch für den Schutz der Bürger vor den Verletzern zuständig fühlten. (Schuessler [Fig. 1] 1998)

In der Parapsychologie, die ebenfalls nicht zum wissenschaftlichen Weltbild passt, gibt es ähnliche Fälle, in denen die Realität des Unmöglichen von der rationalen Seite zugestanden werden musste. Ich möchte das an einem Fall belegen, der einen ehemaligen Kollegen bei meiner Firma MBB betrifft. Der Kollege fuhr eines Sonntags frühmorgens in Stuttgart mit dem Auto, als ein Inder dicht vor seinem Auto über die Straße ging, der ihn freundlich ansah. Der Fahrer erkannte, dass dies ein Bekannter war, der einige Wochen zuvor gestorben war. Im Moment dieser Erkenntnis löste sich das Phantom von unten her auf, und der Fahrer war derart vor Schreck gelähmt, dass er auf parkende Autos aufgefahren war. Ein wissenschaftlicher Materialist kann dazu nur sagen, dass das eine Halluzination war, denn »es gibt ja keine Gespenster«!

Die Beziehung zum rationalen Weltbild wurde hergestellt, als die Versicherung die Schadensverursachung beurteilen sollte. Die Sachbearbeiter ließen sich überzeugen, dass eine wirkliche Erscheinung Auslöser des Unfalls gewesen sein musste, und der Fahrer wurde entschädigt. Das ging nur, weil beide Parteien absolutes Stillschweigen über den Vorfall vereinbart hatten. (Ich bitte Sie also, bei etwaigen künftigen Unfällen dies nicht auch als »Ausrede« geltend zu machen.)

Wissenschaftsfanatiker warfen dem *Harvard*-Professor John E. Mack, der die Berichte von durch UFOs Entführte ernst nahm und diese behandelte, vor, er sei »anti-wissenschaftlich« sowie »anti-rational« und solle die Welt des Geistes der Kirche überlassen: »Mack sollte sich in Acht nehmen, wenn er die Rationalität und objektive Wahrheit aus der Tür schleudert, weil niemand vorhersagen kann, was durch die Öffnung hereinstürmen wird.« (Miles 1994)

Doch Mack meinte, dass derjenige, der den Opfern helfen möchte (beispielsweise deren Post-traumatisches Stress-Syndrom, PTSD, zu lindern), den physikalischen Auslöser berücksichtigen müsse, den es nach Auffassung der »rationalen Psychiater« bei Entführten in der geschilderten Weise nicht geben könne.

Im Folgenden werden wir den Kampf zwischen Anerkennung der »unmöglichen Fakten« und dem Versuch, diese auf im Prinzip Bekanntes zu reduzieren, wie dies Mainstream-Wissenschaftler einzig tun können, diskutieren.

Die ersten Menschen, die unabhängig voneinander das gleiche Erlebnis einer Entführung in ein UFO durch deren Insassen schilderten, waren Barney und Betty Hill. Nach einer nächtlichen Autofahrt 1961 sahen sie einen »merkwürdigen Stern« näher und näher kommen und erkannten ein UFO. Aber dann vergaßen sie alles das, was einige Zeit danach passiert war. Die Hills unterrichteten nach ihrer Sichtung des UFOs sofort die *Pease Air Force Base* und die private UFO-Forschungsgruppe NICAP.

Bei beiden Zeugen hatten sich unerklärliche Ängste, Albträume und Krankheitssymptome eingestellt, sodass ihnen ihr Arzt riet, deren Ursache durch Hypnose feststellen zu lassen. In mehreren unabhängig mit beiden durchgeführten hypnotischen Regressionssitzungen durch den Arzt Dr. Simon wurde eine furchteinflößende Begegnung der Eheleute mit kleinen menschenähnlichen Wesen aufgedeckt, die beide damals sofort vergessen hatten. (Fuller 1966/1996)

Erstmals wurde damit demonstriert, dass die Anwendung von Hypnose bei der Analyse des Geschehens hilfreich sein kann, beispielsweise um eine Gedächtnisblockade aufzuheben.

Dieser Fall weist bereits sämtliche Eigenschaften einer echten Abduktion auf: multiple Zeugen, instrumentelle Unterstützung, Auto-

Interferenz-Effekte, Tier-Reaktionen (Barneys Hund), physiologische Effekte, physikalische Effekte (magnetische Stellen am Wagen, Flecken auf Bettys Kleidung, zerstörte Scheibe, Fernglas und gestoppte Uhren), bestätigende Zeugenaussagen, *Air-Force*-Radarbericht über eine anomale Spur zu dieser Zeit in der betreffenden Gegend. Bettys Nichte K. Marden hat alle Ereignisse der damaligen Zeit 2007, so wie sie sie in der Familie erlebt hatte, nochmals beschrieben. (Marden 2007) Die Skeptiker H. Pflock und P. Brookesmith (2007) haben diesen Fall kritisch analysiert und weisen darauf hin, dass nur wenige Wochen vor dem Erlebnis der Hills im Fernsehen ein SF-Film gezeigt worden war, in dem die »Außerirdischen« bereits das von den Hills geschilderte Aussehen ihrer Entführer gehabt hatten.

Natürlich wehrt sich der gesunde Menschenverstand, derartige Geschichten zu glauben. Für die Betroffenen ist das Erlebnis allerdings so »real wie der Schmerz am Wurzelkanal bei einer Zahnbehandlung«. Doch wir, die wir solche Erlebnisse nicht hatten, dürfen uns natürlich weiterhin weigern, diese Dinge zu glauben.

Der New Yorker Bildhauer Budd Hopkins ging weiteren solcher Entführungsberichte nach. (Hopkins 1981/1982) Er wunderte sich, weshalb die UFO-Insassen weder an der Vegetation und an Mineralien noch an der menschlichen Kultur irgendein Interesse zeigten, aber heimlich Menschen entführten, als wollten sie diese einer bestimmten Sache berauben. Und er kam aufgrund der Aussagen der Zeugen, von denen viele während ihrer Entführung in eine Amnesie versetzt worden waren, auch zu dem Schluss, dass die fremden Wesen den Menschen möglicherweise Mini-Sensoren implantieren würden. Denn viele Entführte hatten nach ihrem Erlebnis das Gefühl, einen kleinen Fremdkörper unter der Haut (in der Nase, in Armen oder im Kopf) zu spüren. Vielleicht dienten diese Implantate dazu, eine Verbindung zu den UFO-Insassen herzustellen. So ließen sich auch wiederholte Entführungen und das Verschwinden der Implantate erklären.

Noch erschreckender waren die Folgerungen, die Hopkins in seinem Buch *Intruders* (1987), zu deutsch *Eindringlinge – Die unheimlichen Begegnungen in den Copley Woods* aus Entführungserlebnissen zog. Hopkins weiß, dass ihm kaum jemand glauben und der Leser skeptisch bleiben wird.

Eine Entführte sagte ihm: »Es erscheint mir ganz einfach nicht logisch, und deshalb kann ich es nicht akzeptieren.« Sie würde gerne glauben, dass sie alles nur geträumt hat. Hopkins:

> »In dieser merkwürdigen, gleichsam auf den Kopf gestellten Welt könnte man die Skeptiker mit ihren ideologischen rigiden Vorstellungen von dem, was möglich und was unmöglich ist, in gewisser Weise als gläubig bezeichnen. Die Entführten dagegen – die Menschen, die das Schreckliche am eigenen Leib erlebt haben – hören sich an wie die wahren Skeptiker.«

Seither haben viele Autoren Bücher über ihre angebliche Entführung geschrieben.

Liest man die Schilderungen solcher Erlebnisse, dann erscheinen sie unglaublich, fantastisch, geradezu lächerlich. Der Leser bleibt skeptisch, vielleicht auch aus Furcht davor, was die Konsequenzen wären, wenn das Erlebte tatsächlich real gewesen wäre. Budd Hopkins vergleicht unsere Weigerung, den Abduzierten zu glauben, mit der Weigerung des Richters Felix Frankfurter am *American Supreme Court*, dem aus dem KZ Auschwitz geflohenen polnischen Häftling Jan Karski zu glauben, dass dort Verbrechen an Menschen vorgenommen werden. Frankfurter meinte: »Ich sage nicht, dass Sie lügen, aber ich kann es nicht glauben.«

Auch bei MUFON-CES hatte vor einigen Jahren eine völlig verschreckte Frau in einem Anruf gehofft, wir könnten ihr aufgrund ihrer Entführungserlebnisse eine Geisteskrankheit bescheinigen, denn die sei heilbar, meinte sie, aber wenn das alles mit ihr wirklich passieren würde, dann könne sie es nicht weiter aushalten. Natürlich hat Hopkins alle derzeit bekannten Untersuchungsmethoden der Psychologen und Psychiater in der Suche nach Faktizität einsetzen lassen. Doch keiner der Spezialisten konnte eine Pathologie irgendwelcher Art angeben, unter der die Entführten leiden könnten. (Rodeghier, Goodpaster & Blatterbauer 1991)

Post-traumatischen Stress-Verwirrungen liegt nach allen Erfahrungen ein physikalisch realer Auslöser zugrunde (Wilson 1990), und diese können nicht durch Angstträume oder übertriebene Furcht-

Fantasien entstehen, erst recht nicht bei Kindern im Alter von vier Jahren, wie sie u. a. unser MUFON-CES-Mitglied Dr. P. Schulte in Atlanta behandelt hatte!

Einige Skeptiker meinen, dass Abduktionsgeschichten einfache Nachempfindungen von Science-Fiction-Stories seien. Doch in SF-Romanen gibt es keine einzige dermaßen absurde Schilderung über das Verhalten der ETs, beispielsweise, dass sie ins Schlafzimmer kommen, ohne sich anzumelden und ohne ihre Absichten zu enthüllen. So einen Blödsinn würde kein SF-Leser akzeptieren. Im Gegensatz zu gängigen Science-Fiction-Themen, in denen die außerirdischen Invasoren entweder als zerstörende Bösewichte oder als wohlwollende gütige Übermenschen dargestellt werden, ist das Verhalten der UFO-Insassen unlogisch und nicht vorhersehbar.

Skeptische Journalisten, die mit Entführten selbst nicht sprechen und bei Hypnoseregressionen nicht anwesend sind, meinen, man könne UFO-Entführungen als »Glaubensformen im technischen Zeitalter« ohne eine physikalische Basis identifizieren. So behauptet U. Magin in *Von UFOs entführt* (1991), dass es kein einziges Erzählmotiv in den Entführungsberichten gebe, »das nicht bereits durch die Science-Fiction vorweggenommen worden wäre«. (S. 90) Auch sollen die modernen Berichte mit mittelalterlichen Geschichten über Begegnungen mit Kobolden und Dämonen übereinstimmen, behauptet er. Das meint beispielsweise auch J. Fiebag in *Die Anderen* (1993), womit er sich Vallée (1990) sowie B. Meheust und H. Evans (1987) anschließt. Magin setzt »Teufelsbuhlschaften« mit den Erlebnissen der Opfer in UFOs gleich, obgleich es nach Hopkins unter seinen bis dahin 500 Entführungsfällen nicht einen einzigen Bericht einer entführten Frau gibt, die einem UFO-Insassen beigewohnt hat. Eine voreingenommene Auswahl einzelner Entführungsgeschichten nimmt auch P. Brookesmith (1998) vor. Er hält Abduktionen für psychologisch erklärbare Äußerungen kranker Menschen, die an Außerirdische glauben wollen, und verknüpft ungewöhnliche Erfahrungen, die keine Abduktionen sind, mit echten Abduktionserfahrungen. Dem Leser werden Fälle von fraglicher Glaubwürdigkeit vorgeführt (Harrry Joe Turner, Carlo Alberto Diaz), gemeinsam mit Leuten von unzweifelhafter Integrität. Man erfährt von den 1970er-Experimenten nach Alvin

Lawson mit hypnotisierten Probanden. Und es wird die längst widerlegte Behauptung aufgestellt, diese Experimente hätten bestätigt, dass Nicht-Abduzierte und echte Abduzierte unter Hypnose gleiche Stories erzählten. Spielbergs Film *Unheimliche Begegnungen der 3. Art* soll das Bild vom Aussehen der UFO-Insassen bei den Abduzierten geprägt haben usw.

Die Märchen von Feen, Zwergen und Elfen sollen dasselbe schildern wie die Abduzierten. Die Gleichartigkeit von UFO- und Feengeschichten hatte schon Thompson (1991) behauptet.

Der Folklore-Forscher und Ethnologe Dr.Thomas Bullard weist aber nach, dass das Gegenteil der Fall ist (in *Journal of UFO Studies,* Vol. 3, 1991, S. 1–58):

> »Weder kann Folklore außerirdische Besuche bestätigen, noch kann sie die Kritiken rechtfertigen, die UFOs als nichts anderes als moderne Versionen der alten Traditionen ansehen.« (S. 48)

Doch Skeptiker sind von dieser primitiven Idee »früher: Feen = heute: UFOnauten« begeistert. Wäre es tatsächlich so, dann wären das Entführungssyndrom aber immer noch nicht geklärt und den Zeugen nicht geholfen. Außerdem werden in den nordischen Ländern auch heute noch weiterhin Sichtungen von Elfen und Kobolden (ohne UFOs) von medial veranlagten Personen gemeldet. (Siehe z. B. Janet Bord [1997])

Entführungen durch UFO-Insassen oder Abduktionen sind ein weltweit verbreitetes Phänomen. (Dr. Johannes Fiebag stellte UFO-Entführungen in Deutschland, Österreich und der Schweiz vor [1994, 1996 1997, 1998]). Nach Umfragen unter den behandelnden Therapeuten gibt es allein in den USA mehr als 2000 solcher Fälle. Die Dunkelziffer ist mindestens doppelt so hoch. Niemand möchte gern über eigene Erlebnisse berichten, von denen er weiß, dass ihn nach dem Erzählen die Ärzte für verrückt halten werden.

Hopkins stellt aufgrund der Erfahrungen seiner Abduzierten die ungeheuerliche Behauptung auf, dass die Entführungen offenbar den Zweck haben, menschliche Keimzellen zu entnehmen und damit genetische Experimente vorzunehmen. In einigen Fällen wurden sexuell nicht aktive Frauen nach den Abduktionen schwanger, verloren den Fötus aber (auf unerklärliche Weise) wieder und wurden später erneut entführt und an Bord eines UFO mit einem Kind konfrontiert, das nicht mehr menschlich war, sondern zum Teil den kleinen grauen Wesen glich, und das sie irgendwie als ihr Kind empfanden.

Die UFO-Insassen scheinen weder gut noch böse zu sein, völlig emotionslos und ohne erkennbare Ethik. Sie setzen sich über den Willen ihrer Opfer hinweg und verstehen menschliche Gefühle nicht, so als seien sie Roboter, die eine Aufgabe zu erfüllen haben.

Alles dies als physikalische Fakten anzunehmen fällt schwer. Das wissen auch alle Beteiligten. Doch es gibt indirekte Beweise für das Vorgefallene: Landespuren, Narben, Wunden und Zeichen am Körper der Abduzierten sowie Zeugen des abfliegenden UFOs. In den meisten Fällen muss die Amnesie durch Hypnose oder andere Techniken überwunden werden, damit sich die traumatisierten Zeugen erinnern. Skeptiker, die mit den Zeugen nicht reden, führen Entführungsberichte auf Fantasien während der Hypnosebehandlung zurück. Doch weist Hopkins darauf hin, dass 14 Prozent der von ihm befragten Patienten sich auch ohne Hypnose erinnern konnten. Und die in der Hypnose geschilderten Erlebnisse unterscheiden sich nicht von den bewusst erinnerten.

Der Schriftsteller W. Strieber, der bezeichnenderweise bei demjenigen Verlag, der Hopkins zweites Buch herausbringen wollte, anrief, um dessen Publikation hinausschieben zu lassen, bis sein eigenes Buch erschienen sei, beschreibt 1978 in seinem Buch *Communion: A True Story* (1988) seine Entführung durch UFO-Insassen, als er sich in der Nähe von Pine Bush im Hudson Valley aufhielt. Seine Geschichte ist ganz anders als die von anderen Entführten, denn die UFO-Insassen diskutierten mit ihm und sahen nicht aus wie die kleinen Grauen, sondern waren u. a. blau, dick und tanzten. (Nur in sieben von 254 Abduktionsfällen wurde nach Striebers Veröffentlichung in den darauf folgenden zehn Jahren von blauen UFO-Insassen berichtet.)

Da Striebers Buch den ersten Platz der Bestseller-Liste der *New York Times* besetzt hatte, schrieb Strieber weiter über dieses Thema. Es ist nicht immer klar, ob es sich dabei um Fakten oder um »dichterische Freiheit« handelt. Bis 1998 verfasste Strieber mehrere Bücher über

Entführungen, anschließend wandte er sich einer anderen Thematik zu.

Einzelerlebnisse – wie die Striebers – sind immer schwerer zu überprüfen als die sich gegenseitig stützenden gleichlautenden Aussagen unabhängiger Entführter.

Die erste Begegnung mit kleinen UFO-Insassen der Abduzierten Betty Andreasson-Luca wurde dagegen von mehreren Familienmitgliedern bezeugt. Betty versucht eine Wirklichkeit zu beschreiben, »die so fremdartig ist, dass sie nur in Metaphern vorgetragen und in Ausdrücken eines geänderten Bewusstseins verstanden werden kann«, meint Hynek im Vorwort zum ersten Buch von R. Fowler (1979). In der letzten Zeit wurden Zweifel an der Echtheit der späteren Erlebnisse von Betty Andreasson laut.

Es ist schwierig, zu entscheiden, ob die »Erfahrungen« wirkliche Entführungen oder Visionen sind. Katharina Wilson breitet beispielsweise eine ganze Palette von Erlebnissen aus, an die sie sich ohne Hypnose-Unterstützung erinnern kann: Sie begegnet vier Typen verschiedener Aliens, sieht Hybride, erfährt Lebenskraft-Übertragungen, bekommt amnestische Drogen und Implantate, sieht Formwandlungen, erfährt Bewegungen durch die Zeiten und durch »andere Dimensionen«, hat Visionen der Zukunft, lernt angeblich, physikalische Objekte zu levitieren und erfährt möglicherweie »militärische Abduktionen« (1993).

Auch andere Entführte berichten, sie seien von »abscheulichen Militärangehörigen und Regierungs-Schurken« zu Militärbasen entführt und dort misshandelt worden. Das behauptet Karla Turner (1994). Und Leah A. Haley berichtet darüber in *Meine Entführungen durch Außerirdische und das U.S.-Militär* (1996). Handelt es sich um virtuelle Realitäts-Experimente (VRE), um traumatische Erlebnisse mit Entführern in Militäruniformen mit und ohne Begleitung von Aliens? Oder sind es nur Pseudo-Erlebnisse als Produkte vorgeschobener Gedächtnisinhalte (screen memory)? Wenn es eine bewusst inszenierte Täuschung wäre, warum und wie wird sie vorgenommen?

In ihrem Buch *Project Open Mind: Are Some Alien Abductions Government Mind Control Experiments?* (1997) schreibt Katharina Wilson, dass sie erst durch Helmut Lammer darauf aufmerksam gemacht wurde, dass ihre Entführungen möglicherweise von amerikanischen Geheimdienstleuten inszeniert wurden mit dem Ziel, sie einer Gehirnwäsche (mind control) zu unterziehen. Diese Vermutung sprechen Helmut und Marion Lammer in *Schwarze Forschungen – Geheime Versuche unter Ausschluss der Öffentlichkeit* (1999) aus. Sie sind der Überzeugung,

> »dass irgendjemand der Öffentlichkeit weismachen möchte, dass wir Kontakt mit außerirdischen Wesen haben … Therapeuten vertreten die Meinung, dass wir durch solche Fälle programmiert werden, an Außerirdische zu glauben.«

Aus der Literatur geht allerdings nicht hervor, dass der Glaube an Außerirdische ausgerechnet von US-militärischer Seite irgendwie unterstützt wird. Die angeblichen »UFO-Implantierungsgeschichten« könnten »auf das Konto von Geheimdienst-Wissenschaftlern gehen«, spekulieren die Lammers, ohne dabei zu erklären, wie diese Implantate unter die Haut kommen, ohne dass Wunden zurückbleiben. UFO-Entführungserlebnisse werden den Opfern »mittels narkotischer Methoden« nur vorgespielt, »um ein rein irdisches Genexperiment tarnen zu können«. Demnach müsste der US-Geheimdienst in allen Ländern, aus denen Abduktionen gemeldet werden, Mind-Control-Truppen unterhalten.

Nach den Erfahrungen der Therapeutin Mary Rottwell berichten die Medien nur über einen ganz kleinen Prozentsatz dessen, was wirklich geschieht. Es entstehen unerklärliche emotionale Traumata, wie sie nur bei Post-traumatischen Stress-Verwirrungen auftreten. Nach den Erfahrungen der Entführten scheinen die Kontakte das Ziel zu haben, das Bewusstsein der Menschen zu einer multidimensionalen Erfahrung zu erwecken. (2002) Besonders ausführlich werden das Phänomen der Schwangerschaften ohne sexuelle Aktivitäten und das anschließende Verschwinden der Föten bei einigen Abduzierten behandelt.

Die US-Regierung kann der Öffentlichkeit unmöglich erklären, dass fremde Besucher in UFOs Bürger gegen ihren Willen entführen und misshandeln, ohne dass das Militär dies verhindern könnte.

Im Jahre 1975 hatte der spätere Geschichtsprofessor David Jacobs eine Doktorarbeit über die Geschichte des UFO-Phänomens geschrieben, die als Buch mit dem Titel *The UFO Controversy in America* publiziert wurde. Über dieses Buch sagte der Skeptiker Arthur C. Clarke, dass es »eines der wenigen Werke über die UFO-Thematik ist, das es wert ist, gelesen zu werden«.

Später hat Jacobs im Laufe vieler Jahre insgesamt 60 Entführte in 300 einzelnen Entführungsfällen unter Anwendung von Hypnose untersucht. Dann publizierte er 1992 die Ergebnisse seiner Analysen in dem Buch *Geheimes Leben* (1995), was praktisch eine logische Erweiterung von Hopkins' Buch ist. Beide sind überzeugt, dass Abduktionen von nicht menschlichen Kreaturen vorgenommen werden. In seinem Buch behauptet Jacobs, dass der Kern der Entführungen die Entnahme von Eiern und Spermien zur Produktion von Kindern darstellte, wobei eine Mischform – Hybride – zwischen Menschen und Außerirdischen entstünden. Jacobs stellt fest, dass die UFO-Insassen nicht hier sind, um uns zu helfen. Sie haben ihre eigene Agenda, die wir nicht verstehen sollen.

Später wird Jacobs noch deutlicher in seinen Befürchtungen (2000). In 20 Prozent der Entführungen sind zwei und mehr Menschen involviert, die sich auch gegenseitig an Bord des UFOs sehen. Manchmal erzählen sie dem Untersucher unabhängig voneinander darüber. Die Entführten berichten, dass die kleinen Grauen wie Roboter emotionslos und flink ihre medizinischen Eingriffe vornehmen. Die schwierigeren Prozeduren werden von »normalen nordischen Menschen« vorgenommen. Jacobs hält diese nicht für Menschen, sondern für »Hybride«, also für von den Grauen gezüchtete und mit menschlichem Genmaterial ausgestattete Wesen. Denn die eigene Reproduktion der Grauen bereite ihnen Schwierigkeiten. Eine andere Absicht der UFO-Insassen, als Menschen für ihr Reproduktionsprogramm zu gebrauchen, konnte bisher kein UFO-Forscher entdecken. Die Hybride sollen nach Jacobs Befürchtung später einmal die Erde »übernehmen«. Jacobs Schlussfolgerungen werden angezweifelt. Man vermisst, dass Jacobs seine Untersuchungen nicht mit der entsprechenden psychologischen Literatur vergleicht und dass er seine experimentellen Vorgaben nicht detailliert erklärt.

Keiner der Entführungsfälle wird je geeignet sein, die skeptische Öffentlichkeit von deren physikalischer Realität zu überzeugen. Daher versuchen viele Entführungsforscher die offensichtliche physikalische Realität als psychisches Produkt zu interpretieren. So meint Jenny Randles (1988):

> »Was wir als eine Abduktion erfahren, ist eine Illusion. Es passiert nicht wirklich, ist jedoch weit mehr als nur eine Halluzination.«

Ebenso unbestimmt drückt sich Jacques Vallée in *Dimensionen* (1994) aus. Das gesamte UFO-Phänomen hält Vallée für ein spirituelles Kontrollsystem, das auf das kollektive Unbewusste einwirkt. Eine verborgene Intelligenz könnte zum Ziel haben, die Bildung eines Kults mit starken inneren Strukturen anzuregen, der später zu anderen Zwecken benutzt werden kann, meint Vallée, und

> »UFOs sind zugleich als physikalische Flugobjekte und als psychische Vorrichtungen angelegt, deren exakten Eigenschaften noch nicht definiert sind.« (S. 325)

Vallée erklärt in seinem Buch *Enthüllungen* (1994):

> »Bis heute habe ich mich aus der Diskussion um solche Mischlingswesen herausgehalten, denn diese Hypothese ist wissenschaftlich so lächerlich, dass sie nicht einmal den Aufwand der Widerlegung wert ist.« (S. 54)

Jacques Vallée (Fig. 1, 2) glaubt nicht an Entführungen durch Außerirdische, weil sie seiner Theorie widersprechen, nämlich dass UFOs ein Korrektiv der menschlichen Zivilisation aus einer transzendenten Realität sind. Es sind die mythologischen höheren Wesen, die uns in der gesamten Geschichte begleiten und unser Denken und Glauben in Religionen beeinflussen. UFOs hätten die Fähigkeiten, die Wahrnehmungen von Raum und Zeit zu beeinflussen sowie das Bewusstsein derjenigen zu verändern, die ihnen zu nahe kommen (S. 126–127). Die berühmten Fälle Woodbridge/Bentwaters, 1980, die glühenden Lichter über Gulf Breeze, Florida, 1987/88, die toten Aliens von

Roswell und MJ-12-Stories seien von der US Regierung inszeniert worden, um UFO-Forscher von der Untersuchung echter UFO-Fälle abzulenken.

Die meisten amerikanischen UFOlogen »wissen«, dass UFOs außerirdische Objekte sind, ebenso wie die skeptischen Entlarver »wissen«, dass UFOs reiner Unsinn sind, dass UFO-Zeugen entweder betrügen oder sich durch gewöhnliche Objekte täuschen lassen oder Halluzinationen aufsitzen. Das sei »kultischer Dogmatismus« in beiden Lagern, meint Vallée und stellt fest:

> »Manchmal bekomme ich das scheußliche Gefühl, dass ich das einzige menschliche Wesen bin, das nicht weiß, was UFOs sind.«

Der Astrophysiker Prof. Peter Sturrock, Vallées ehemaliger Chef, stellt dazu fest, dass

> »Vallée heute noch immer ein Rätsel für seine Anhänger in der UFOlogie ist, so wie er es für seine Anhänger bereits 1961 gewesen war.« (*JSE*, Vol. 7, Nr. 3, 1993)

In *Forbidden Science* (1992) belegt Vallée, wie die Öffentlichkeit durch regierungsamtliche Stellen in den USA schamlos manipuliert wurde. So erhielt Vallée 1967 beispielsweise Einsicht in ein streng vertrauliches Dokument, das heute noch klassifiziert ist und den klaren Beweis dafür liefert, dass die *US Air Force* eine weitaus gründlichere Untersuchung des UFO-Problems durchführte (*Project Stork*) als das öffentlich bekannt gemachte *Project Blue Book*, in dem Hynek involviert gewesen war. Die Entscheidung des Robertson-Panels, alle UFO-Berichte gegenüber der Öffentlichkeit lächerlich zu machen, wurde übrigens vom *Stork*-Personal empfohlen.

Allen Entführungsuntersuchungen sollten gründliche psychologische Untersuchungen einer möglichen Provokation des Erinnerungsvermögens vorausgehen. Und dann muss entschieden werden, ob der Proband eine Therapie benötigt oder ob er interessiert nach einem vergessenen Erlebnis sucht. Einige amerikanische Forscher, die nicht einmal alle professionelle Therapeuten sind, behandeln ihre Patienten oft im Alleingang.

Bei MUFON-CES haben wir uns bemüht, in jedem Fall einen Psychologen, einen Psychiater und einen Therapeuten, der in Hypnosetechnik erfahren ist, heranzuziehen. Und nur zehn Prozent der vermeintlichen Entführungen konnten als solche anerkannt werden. In den übrigen Fällen handelte es sich entweder um Fantasie-Neigung, Falsche-Erinnerungs-Syndrom (Bullard 2003), Schizophrenie oder um eine besondere Psychopathologie (v. Ludwiger, 1993). Aus dem publizierten amerikanischen Material ist dagegen nicht ersichtlich, wie die amerikanischen Forscher echte Abduzierte selektiert haben.

Dass Hopkins' und Jacobs' Vermutungen völlig bizarr klingen, wissen sie selbst, und sie stehen auch allen Ermittlungsverfahren kritisch gegenüber. (Jacobs & Hopkins 1992) Die Frage sei nicht, *wie* die Fremden hierherkommen, sondern ob sie hier sind. (Das »wie« sei nur ein technologisches Detail.) Und sie fragen sich natürlich auch, ob die Menschen, die eine solche Entführung durchmachen, wirklich diejenigen Erlebnisse hatten, die sie schildern. Jacobs weiß auch um die Fehler bei falsch durchgeführten Hypnose-Befragungen (1995, S. 220):

> »Fragliche Techniken gekoppelt mit Unkenntnis des Hypnotiseurs über das UFO-Entführungs-Phänomen resultieren in ›falschem Gedächtnis‹, eingegebenen Gedächtnisinhalten, Konfabulationen, dissoziativen Zuständen und Fehlern ... Während der Hypnose betont der Hypnotiseur Material, das seine eigene Weltsicht stärkt.«

Kritik an der Interpretation der Abduktions-Erlebnisse bringen K. D. Randle, R. Estes und W. P. Cone (1999) an. Sie kritisieren vor allem den Einsatz von Hypnose bei Versuchen, die Erinnerungen wieder wachzurufen. Nach Meinung der Autoren sind Abduktionen daher menschliche Schöpfungen und nicht die von irgendwelchen Aliens. Sie weisen auf die Widerlegungen der Behauptungen von satanistischem rituellen Missbrauch unter Hypnose hin. Wie Untersuchungen über sexuellen Missbrauch ergaben (Loftus 1994; Powers 1994), können vom Hypnotiseur unbewusst »falsche Erinnerungen« ins Gedächtnis der Probanden eingepflanzt werden.

Auch diese unglaublichen »Erlebnisse« wiesen große Konsistenz auf und erwiesen sich trotzdem als falsch. Daher sind die Autoren der

Meinung, dass das gesamte Entführungskonzept in der überwältigen Zahl der Fälle der Glaube der Untersucher sei:

> »Das Abduktions-Phänomen ist eher ein Ergebnis dessen, was der Forscher erwartet, als das, was der Abduzierte erfahren hat.« (S. 171)

Suggestion, Hypnose, Kontaminierung durch Kultur und durch andere Abduzierte wandeln harmlose Ideen in handfeste Erwartungen um, die sich dann in Träumen und Bestätigungen durch die Untersucher erfüllen.

Die Autoren geben allerdings nicht an, ob sie die Abduzierten selbst untersucht oder interviewt haben oder nur Berichte anderer Untersucher zugrunde legten.

> »Die Theorie der Forscher-Manipulation, obgleich subtil und manchmal unbewusst, erklärt wie und weshalb einige Leute glauben, dass sie von Aliens entführt wurden.« (S. 362)

Obwohl so gut wie alle Entführten mit Grauen und Furcht an die Prozeduren an Bord des UFOs zurückdenken, die sie nicht noch einmal erleben möchten, behaupten die Autoren Randle, Estes und Cone: »Sexualität ist der Hauptgrund für eine Abduktion« (S. 41). Das vermuten auch die *Spiegel*-Schreiber, wenn sie den Abduzierten »Reise- und Sexerlebnisse mit den lüsternen Kahlköpfen« und »medizinische Untersuchungen (manchmal Sex), ein Gespräch mit den Entführten, einen Entschädigungstrip im Raumkreuzer um die Erde oder im All …« unterstellen. (*Der Spiegel*, Nr. 36, 14. September 1987)

Der Skeptiker glaubt, weil es nach seiner Meinung ohnehin keine UFOs gibt, dass Entführungsberichte aus einer überschäumenden Fantasie entsprungen oder reiner Schwindel sein müssen, was dann durch die Leichtgläubigkeit vieler Forscher Auftrieb erhält. Die Behandlungen der Entführungsforscher nennt Phil Klass ein gefährliches Spiel (1988). Entführungsfantasien wie die von Betty und Barney Hill kämen dadurch zustande, dass die Berichterstatter einen normalen Stern für ein UFO gehalten hätten. Er selbst habe nachts, wenn er mit dem Wagen unterwegs war, sich schon vom Planeten Mars verfolgt gefühlt, schreibt er. Er hält auch das Entführungssyndrom für ein rein amerikanisches Phänomen. Die Entführungsfälle aus Russland, die wir bei MUFON-CES aus der ehemaligen UdSSR als *Samisdat*-Berichte bekommen hatten, und den Fall eines Entführten, den Dr. Rima Laibow mithilfe eines Dolmetschers unter Hypnose befragte, kennt er natürlich nicht. Erst 1991 schrieb Marina Popowitsch in *UFO-Glasnost: Ein Geheimnis wird gelüftet* über Begegnungen der Russen mit UFO-Insassen.

Die Situation im Ausland nicht zu beachten wirft Jacobs anderen Entführungsforschern vor.

Die Psychiaterin Fiore schreibt (1989), dass das, was mit den Entführten wirklich geschehen ist, sie nur zweitrangig interessiert. Die Schilderungen, ob real oder imaginär, haben für sie nur therapeutischen Wert. K. Ring versucht (1992), Nahtod und UFO-Erfahrungen einschließlich Abduktionen in einem gemeinsamen psychologischen Modell zu erklären. (Ring & Rosing 1990)

Der *Harvard*-Professor für Psychiatrie, John E. Mack, war der Erste, der sich des Abduction-Syndroms vorurteilslos angenommen hat. Sein Buch *Entführt von Außerirdischen* (1995) war die bisher umfangreichste und ausführlichste wissenschaftliche Studie, die auf diesem Gebiet jemals durchgeführt wurde. Es stand in den USA lange auf Platz 1 der Bestsellerlisten. Mack hat darin mehr als 100 Abduktionsfälle analysiert und fand bei den Betroffenen keinerlei Psychopathologie. Mack hatte sich 1990 durch die Beobachtung der Behandlung von Entführten durch Hopkins davon überzeugt, dass die Entführungsphänomene nicht mental erzeugt werden, sondern eine physikalisch reale Basis haben. Bei seinen eigenen Untersuchungen mit Entführten ließ er allerdings die von Jacobs geforderte Vorsicht außer Acht und sah das UFO-Phänomen reduziert auf Entführungsberichte.

Mack meint, dass die Menschen bei der Suche nach der Existenz von Außerirdischen anders als rein rational vorgehen müssten. Er ist von seinem Kollegen Stanilav Grof beeinflusst, der glaubt, dass der Mensch sich mit dem »kollektiven Unbewussten«, mit dem Universum und mit allen belebten und unbelebten Dingen der Gegenwart und der Vergangenheit verbinden könne. Wie in östlichen metaphysischen Philosophien soll das Entführungserlebnis das Universum und alle seine Realitäten als ein gewaltiges Spiel des Bewusstseins mit physikalischen Manifestationen beschreiben. Solche Erfahrungen können zu »psychischem Wachstum« führen und Auswirkungen auf das Überleben unseres Planeten haben. Diese Überlegungen vertieft Mack in *Passport to the Cosmos* (1999).

Der klinische Psychologe Dr. Richard J. Boylan untersuchte ebenfalls rund 100 Abduzierte und erklärt (1994), dass seine Probanden geistig normal seien und zum überwiegenden Teil positive Empfindungen während ihrer Entführungen erfahren hätten.

Eine derart positive Seite kann Jacobs dem UFO-Phänomen nicht abgewinnen. Dass das UFO-Phänomen für die Öffentlichkeit und für die Wissenschaftler so gut wie unentdeckt bleibt, dafür seien deren Insassen verantwortlich:

> »Die Aliens haben uns genarrt. Sie schläferten uns seit Beginn unserer Wahrnehmung ihrer Anwesenheit ein in eine Haltung von Unglauben und daraus folgender Selbstzufriedenheit. Daher sind wir unfähig, die Dimensionen der Bedrohung zu verstehen, die sie und ihr Eingreifen darstellen.« (S. 258)

Die Bücher von Hopkins und Jacobs sind anekdotisch und nicht wissenschaftlich. Die erste wissenschaftliche Auseinandersetzung mit dem Abduktionphänomen begann 1992 mit der Konferenz über *Treatment and Research of Anomalous Trauma* (TREAT) in Blacksburg, Virginia, unter der Psychiaterin Dr. Rima Laibow (Fig. 8). Die dort von 19 Teilnehmern gehaltenen Vorträge erschienen 1992 in *Anomalous Experiences & Trauma: Current Theoretical, Research and Clinical Perspectives*. Die Beiträge haben eine hohe intellektuelle Qualität. Rima Laibow berichtet darin u. a. über die klinischen Diskrepanzen zwischen erwarteten und beobachteten Daten bei der Untersuchung von Abduzierten. Es fehlen Anzeichen von bekannten Psychopathologien in den Schilderungen. Es gebe Übereinstimmung von Abfolge und Detail in deren Berichten. Man bemerkt einen deutlichen Widerstand gegenüber Suggestionen vonseiten des Untersuchers während der Hypnose (Abwehr von Führung durch den Hypnotiseur). Post-traumatische Stress-Verwirrungen (PTSD) treten niemals spontan auf, es sei denn, die Abduktion hatte tatsächlich eine physikalische Realität.

Die andere große Konferenz über UFO-Entführungsberichte im Jahr 1992 fand vom 13. bis 17. Juni am *Massachusetts Institute of Technology* (MIT) unter der Leitung des Physikers Prof. Pritchard (Fig. 1) mit 150 Teilnehmern statt. Vorträge und Diskussionen wurden 1994 und in Deutsch als *Alien Discussions: Von Außerirdischen entführt* (1996) veröffentlicht. Dieser 600 Seiten umfassende Bericht ist das Ausführlichste, was bisher zum Entführungsthema geschrieben wurde. Rund 60 Wissenschaftler teilen darin ihre unterschiedlichen Ansichten über die Abduktionsinhalte, die Untersuchungstechniken, den Wert von Implantat-Analysen und über den Realitätsgehalt der Entführungserlebnisse mit. Es ist kein Buch für Enthusiasten, sondern für Denker und verwirrt ganz gewiss die Uneingeweihten.

23 Abduktionsforscher berichteten aus insgesamt 1700 untersuchten Abduktionsfällen.

Der Journalist C. D. B. Bryan, der ernsthafte Bedenken gegen die Authentizität irgendwelcher UFO-Begegnungen hatte, nahm an dieser Konferenz teil und war vollkommen erstaunt über die völlig überzeugenden Berichte, die sowohl von den Entführten als auch von deren Untersuchern geliefert wurden. (Bryan 1999) Die *New York Times* urteilt über das Buch:

> »Eine erfrischende Lektüre … Sie hinterlässt mich nicht bloß mit Vorurteilslosigkeit gegenüber dem Thema der Entführungen durch Aliens, sondern mit der Hoffnung, dass viele der Entführten tatsächlich die Wahrheit sagen, dass wir nicht allein im Universum sind.« (Dean Koontz, *Bookreview*)

Der Ethnologe Thomas Bullard, der die Erlebnisinhalte von 300 Entführten untersuchte (1987), hatte anlässlich der MIT-Konferenz 13 Entführungsforscher gebeten, ihm ihre Erfahrungen aus ihren Untersuchungen mitzuteilen. Auf diese Weise konnte Bullard eine Statistik aus 1700 Entführungsfällen aus den USA, England und Australien zusammenstellen. Er stellte fest, dass sich Entführungen von Erinnerungen an rituellen Missbrauch dadurch unterscheiden, dass sie sich ein Leben lang wiederholen. Die Beständigkeit der Geschichten lässt sich nicht mit Hypnose und Erwartung erklären, zumindest nicht mit den bisher vorgebrachten simplifizierenden Erklärungen. Die Spontaneität, mit der das Phänomen auftritt, unterscheidet es von der physiologischen Krise, die mit Nahtoderlebnissen assoziiert wird (das widerspricht der Behauptung Kenneth Rings [1992]), und seine Dauer von einer Stunde oder mehr überschreitet bei Weitem auch die längste »Old-Hag«-Attacke (ein einmaliges spukhaftes Erlebnis, in dem eine Phantomgestalt ans Bett eines aus dem Schlafe Erwachenden tritt, siehe Hufford [1982]). Doch Bullard weist wiederholt darauf hin (Bullard 1991):

> »Das, was in den Entführungsberichten konstant ist, hat eine Spezifität – und gelegentlich Verworrenheit –, die diese Geschichten von der bekannten Folklore unterscheidet.«

Skeptiker behaupten (beispielsweise Matheson 1989), dass sich die Inhalte der Abduktionsschilderungen mit der Zeit im kulturellen Wandel ändern, weil sie durch Nachrichten in den Medien beeinflusst werden. Bullard kann solche Behauptungen nicht bestätigen. 1999 trug er anlässlich der MUFON-Konferenz in Arlington, Virginia, die Ergebnisse seiner Untersuchungen darüber vor, was es in UFO-Abduktionen Neues gebe. (1999) 129 Untersucher hatten Bullard die Berichte von 437 von ihnen untersuchten Abduzierten übergeben, und er analysierte 64 inhaltliche Eigenschaften in diesen aus drei zeitlichen Perioden. In der ersten Periode (1966–1977) gab es 52 Fälle, in der zweiten Periode (1978–1986) 171 Fälle und in der dritten Periode (1987–1989) 354 Fälle von Abduktionen. Nur vier inhaltliche Eigenschaften haben sich während der drei Perioden wesentlich verändert. So erfolgte in der ersten Periode die Entführung in 49 Prozent aller Fälle im Auto auf der Straße oder Autobahn, in 30 Prozent im Freien und nur in 18 Prozent im Schlafzimmer. In der zweiten Periode geschahen Entführungen zu gleichen Teilen auf der Straße, im Freien und im Haus, und in der letzten Periode gab es nur 17 Prozent der Entführungen auf der Straße, 24 Prozent im Freien, aber 59 Prozent aus dem Schlafzimmer.

Dagegen ändern sich die Schilderungen der Insassen nicht: Humanoide mit 84 Prozent, 83 Prozent und 84 Prozent in den drei zeitlichen

Perioden; nordische Menschen mit 22 Prozent, 23 Prozent und 19 Prozent. Auch die Formen der UFOs blieben ziemlich gleich: Scheiben (71 Prozent, 75 Prozent, 65 Prozent), wobei in der dritten Periode verstärkt Dreiecke berichtet wurden.

Die in SF-Stories nie geschilderte merkwürdige zusammengesetzte Mannschaft der UFOs aus nordischen Menschen, kleinen Grauen, Robotern sowie reptilartigen und insektenartigen Kreaturen blieb mit (22 Prozent, 19 Prozent, 19 Prozent) über die Jahre konstant.

Implantate nehmen zu (mit 19 Prozent, 23 Prozent, 29 Prozent), desgleichen Untersuchungen der Reproduktionsorgane (25 Prozent, 26 Prozent, 41 Prozent) und wiederholte Entführungen (48 Prozent, 59 Prozent , 76 Prozent). Nur paranormale Begleiterscheinungen nahmen ab (33 Prozent, 17 Prozent, neun Prozent).

Die allgemeine Konsistenz in den Erlebnisberichten ist kulturübergreifend, was nicht anders als mit einer realen Verursachung verstanden werden kann.

Die Skeptiker haben recht, wenn sie meinen, dass es keinen einzigen überzeugenden physikalischen Beweis dafür gibt, dass eine Entführung stattgefunden hat. Auch wir hatten bei MUFON-CES (zwischen 1993 und 1996, als wir noch Zugang zu militärischen Radardaten im süddeutschen Raum hatten) vergebens auf den Bericht von einer Entführung gewartet, die sich an genau dem Ort ereignet habe, an dem zur selben Zeit ein unidentifizierbares Objekt mit Radar festgestellt werden konnte. Erst eine Abduktionsbehauptung mit Radarbestätigung würde einen Naturwissenschaftler von der Realität des von den Zeugen Erlebten überzeugen!

Entlarver und skeptische Schreiber machen aber generell den Fehler, Fakten falsch darzustellen. Der Mainstream-Wissenschaftsbetrieb lässt diesen Mangel großzügig durchgehen, weil auf diesem »unseriösen Gebiet« solide wissenschaftliche Begründungen überflüssig zu sein scheinen. Die Psychologin Susan A. Clancy leistet sich diese Schlampigkeit im Buch *Abducted: How People Come to Believe They Were Kidnapped by Aliens* (2005). Sie bringt keinerlei neue Einsichten, sondern »erklärt« Abduktionen wahlweise als bewusstes Lügen, als Erinnerungsverschiebungen infolge sexuellen Missbrauchs in der Kindheit, als Falsche-Erinnerungen-Syndrom, als Fantasie, als Multi-

Persönlichkeits-Verwirrungen, als Mythen und Folklore, als schizophrene Psychosen, als Halluzinationen, als Schlafwandeln und Wachträume, als Drogenrauscherzählungen, als Medienbeeinflussungen oder als epidemische Hysterie. Clancy behauptet:

> »Ich glaube, ich habe jeden Bericht einer Alien-Abduktion gelesen, der jemals publiziert worden ist, und nahezu alles gelesen, was Sozialpsychologen, Psychoanalytiker, Journalisten, Physiker, Biologen und Ex-Militärpersonal darüber gesagt haben. Außerdem habe ich nahezu jeden amerikanischen Film und jede Fernsehsendung angesehen, die jemals über Aliens gemacht wurden.« (S. 82)

Für ihre Studien hat sie über Zeitungsannoncen einige selbsternannte Abduzierte gesucht und sie interviewt. Informationen darüber, wie sie diese untersucht hat, bleibt sie dem Leser schuldig.

Im Gegensatz zu Clancy führen P. Hough und M. Kalman (1999) den Nachweis, dass es sich bei Abduktionen um objektive reale Ereignisse handelt, die immer mit ebenso realen, uns unbekannten Objekten gemeinsam auftreten. Sie lassen sich gerade nicht auf rein psychologische Phänomene zurückführen.

Bullard wehrt sich gegen den Begriff »Mythos« im Zusammenhang mit UFOs. Der erste Schritt, um UFOs zu verstehen, sei eine Loslösung von Mythos und Beweis.

Was die Skeptiker nicht berücksichtigen, ist, dass bei manchen Abduktionsprozessen die Entführten in ihrer Umgebung tatsächlich vermisst werden, dass die Polizei geholt und Suchtrupps ausgeschickt wurden und dass Eltern verzweifelt nach ihrem Kind suchten usw. Manchmal kehren die Abduzierten mit gebrochenen Knochen, Wunden und ungewöhnlichen Schmutzflecken an ihrer Kleidung zurück oder sie tragen die Kleidung irgendeines anderen. Für diese realen Ereignisse gibt es keine einfachen psychologischen Erklärungen.

Narben, verloren gegangene Föten oder Implantate reichen natürlich nicht als wissenschaftliche Beweise aus. Die von Dr. Leir und Kollegen chirurgisch entfernten Implantate zeigten nur in einigen Fällen erkennbare Besonderheiten, beispielsweise, dass sich an den Fremdkörpern auffällig viele Nervenfäden angelagert hatten (1998).

Der Australier Peter Khouny fand nach einer Begegnung mit zwei UFO-Insassinnen in seinem Haus ein seltsames Haar an seinem Körper, das er einer der nicht menschlichen weiblichen Wesen zuordnete. (Chalker 2005) Die Haaranalyse ergab eine ganz ungewöhnliche DNA, die eine seltsame Mutation der Genetik einer Person chinesischer und baskisch-gälischer Abstammung nahelegt.

Chalker lässt auch den einzigen Nobelpreisträger zu Worte kommen, der ein Abduktionserlebnis gehabt hat. Der 1993 mit dem Nobelpreis ausgezeichnete Biochemiker Kari Mullis aus Kalifornien berichtet über sein Erlebnis im Jahre 1985.

Im Jahre 1988 sah Bob White über einer einsamen Straße in Colorado ein UFO, von dem ein Metallstück abfiel. Der Splitter, eine Aluminium-Silikon-Legierung, emittiert Gammastrahlen. Die Zusammensetzung seiner Isotope weist allerdings auf einen irdischen Ursprung hin. (Bob White 2005)

Die bisher wichtigste Analyse des Abduktions-Phänomens stammt von dem Psychologieprofessor Stuart Appelle, der alle Pro- und Kontra-Argumente analysiert hat. (Appelle 1995/96)

Wesentlich überzeugender als alle indirekten Beweise und Pseudo-Erklärungen skeptischer Soziologen und Psychologen sind Aussagen von Zeugen, die eine Entführung als Unbeteiligte beobachten konnten.

Multi-Personen-Entführungen sind nicht selten, und die Zeugen können jeweils unabhängig voneinander das Erlebte des oder der anderen bestätigen. Eine solche Entführung zweier Frauen erfolgte bereits 1953 und wurde erst in den 1970er-Jahren von Scott Rogo und Ann Druffel untersucht (1980):

Im August 1968 befanden sich zwei Schwimmer eines Schwimmteams im *Buff Ledge Camp* am See Champlain im Staat Vermont. Der 19-jährige Wasserski-Lehrer Michael Smith und die Schülerin »Janet Cornell« befanden sich gegen 20 Uhr auf dem Landesteg, als ein linsenförmiges UFO herangeflogen kam. Gegen 21 Uhr kamen andere Schwimmerinnen und sahen das UFO fortfliegen. Michael und Janet wunderten sich, dass die Zeit so schnell vergangen war. Beide Zeugen verloren sich nach dem Verlassen des Trainingslagers aus den Augen. Erst zehn Jahre später wurden sie an das Erlebnis erinnert und unabhängig voneinander unter Hypnose befragt, unter der sie gleichlautende Erlebnisse während ihrer Entführung schilderten. (Webb 1994)

Ebenfalls zwei Personen wurden 1973 in Pascagoula in ein UFO entführt. Doch diesmal konnte sich nur einer der Zeugen, Charle Hickson, genau an alle Einzelheiten des Geschehens erinnern, während der andere, Calvin Parker, gleich bei der Berührung durch das große roboterartige Wesen ohnmächtig geworden war. (Hickson & Mendez)

1975 wurde die Einleitung zu einer Entführung sogar von vier Kollegen des Opfers mitangesehen. Diese verließen die Stelle im Wald, an der Travis Walton von einem blauen »Lichtstrahl« aus einem UFO zu Boden geschleudert wurde, fluchtartig mit dem Wagen. Fünf Tage lang blieb Walton verschwunden, und die Zeugen wurden unter Mordanklage gestellt. Dann tauchte der völlig verstörte Walton wieder auf und wurde von Wissenschaftlern und Polizeibeamten intensiv untersucht. (Walton 1978)

In der Allagash-Wildnis im Norden des Staates Maine sind 1976 sogar vier junge Männer von UFO-Insassen entführt und medizinisch untersucht worden. (Fowler 1993)

Im Jahre 1994 soll sich eine Entführung von vier Personen ausgerechnet in einem Gebiet ereignet haben, das von Sicherheitsleuten abgeriegelt worden war, weil demnächst Präsident Clinton dort einen Besuch abstatten sollte. (Evans & Dennet 2007)

Einer der Abduzierten erinnerte sich ohne Hypnose an alles, die anderen nur unter Hypnose. Leider wird der Name der Hypnose-Ärztin nicht angegeben.

Bei Killdeer, North Dacota, soll ein UFO im Laufe der Zeit mehrmals am gleichen Ort von zwei Brüdern beobachtet worden sein. Es kam nicht zu Entführungen, sondern zu Kontakten, also Gesprächen mit menschlichen Insassen des UFO. Erstmals sei das Objekt 1932 gelandet. Beim dritten Mal versuchten die Zeugen, sich dem UFO zu nähern, wurden jedoch von einem unsichtbaren Kraftfeld daran gehindert. Bei der 13. Begegnung im Jahre 1962 hatte der Hauptzeuge drei seiner Töchter und deren Freunde als Zeugen dabei. Die letzte Begegnung, die fünfzehnte, während der es zu Gesprächen kam, fand am 21. Oktober 1963 statt. (Dworshak 2003)

Kelly Cahill beschreibt in *Encounter* (1996), wie sie 1993 auf einer Landstraße in Victoria, Australien, gekidnappt wurde, was zwei Zeugen aus einem 120 Meter hinter ihr fahrenden Wagen beobachten konnten.

Es gab auch mehrere Zeugen im Entführungsfall Linda Cortile. Sie wurde 1989 nachts aus ihrem Bett in ihrer Wohnung im 20. Stock eines Hochhauses in New York von drei kleinen Grauen durchs Fenster in ein vor ihrem Appartement an der Brooklyn Bridge schwebendes hell erleuchtetes UFO gebracht. Einige Personen hatten das von der Brooklyn Bridge aus verfolgt und sagten später aus, sie hätten an Filmaufnahmen gedacht. Denn sie glaubten, drei Zwerge und eine Schnewittchen-Darstellerin in ein scheinwerferartiges Objekt schweben zu sehen. Budd Hopkins hat diesen Fall untersucht und 1996 in *Witnessed* beschrieben.

Zum Vorwurf wurde Hopkins gemacht, dass er andere (skeptische) Untersucher nicht an die Zeugen heranließ. So bleibt er der einzige Untersucher in diesem Fall, was ein Verlust für die Wissenschaft, aber einen großen Schutz der Zeugen darstellte.

Die Entführung einer Frau durchs Fenster eines Wohnwagens in einem »Lichtstrahl« mit viereckigem Querschnitt aus einem UFO in Queensland, Australien, wurde 2001 zwar nur von einer weiteren Zeugin gesehen. Doch die Suche von drei unabhängigen Polizeiinspektionen und Familienangehörigen sowie das rasche Auftauchen der Frau an einem 800 Kilometer entfernten Ort können nicht anders als durch einen echten Transport erklärt werden.

Die meisten Wissenschaftler vertreten die Ansicht, dass Außerirdische landen und Kontakte zu uns aufnehmen würden, wenn sie uns besuchen kämen. Dem widerspricht Tim Donovan (2006), der ein neues Gegenargument zum Fermi-Paradox entwirft. Eine weit fortgeschrittene Zivilisation würde, wenn sie auf bewohnte Planeten träfe, den Prozess des Treffens mit einer neuen, möglicherweise feindlichen Rasse extrem vorsichtig gestalten und den Prozess der Vertrautheit bis zu einem offenen Erscheinen über lange Jahre hinweg verzögern. Wir würden sie als Fremde erst spät erkennen, so wie es heute mit UFOs in der Gesellschaft tatsächlich der Fall ist.

Auch wenn die Wissenschaft UFOs und Abduktionen für unmöglich hält, so ist es vom philosophischen Standpunkt aus realistischer, sie anzuerkennen, als sie abzulehnen. Der Philosoph Robert Trundle (2005) führt wissenschaftstheoretische Argumente dafür an, dass es logischer ist, an die Existenz von UFOs zu glauben, als sich dem Unglauben und den irrigen Begründungen der Entlarver-Skeptiker anzuschließen. Aufgrund des »Pessimismus-Induktions-Prinzips« muss man damit rechnen, dass sich alles, was wir heute in der Wissenschaft glauben, als unwahr erweisen wird und dass man pessimistisch anerkennen muss, dass ein Wandel der Natur wissenschaftlicher Wahrheiten unvermeidbar ist. Vielleicht werden wir dereinst verstehen, wie man die Zeit manipulieren kann. Das würde ein völlig neues Bild von Raumreisen eröffnen. Wie ich selber (v. Ludwiger 1999), so hält auch der Franzose Eric Julien manche der UFOs (2006) für Zeitreisende.

Das Phänomen wird nicht untersucht, seine Existenz nicht zugegeben. Es bleibt den Betroffenen, einigen neugierigen Wissenschaftlern, den nach Wahrheit im Sinne von Ehrlichkeit Suchenden und Mutigen überlassen, sich über die Konsequenzen der Begegnung der Menschen mit fremden Intelligenzen Gedanken zu machen. Als in der Sache Belesener ist mir klar, dass die breite Masse der Bevölkerung nicht durch UFO-Berichte aufgeschreckt werden sollte. Es würde sie nur verwirren, und die Wahrheit wollen die meisten Menschen sowieso nicht wissen. Es genügt, ihnen Gewissheit und Zuverlässigkeit über die Zusammenhänge der Welt zu liefern. Daher sind die folgenden Berichte mehr für Insider und philosophische Geister gedacht.

Im Jahre 2003 haben Budd Hopkins und seine Frau Carol Rainey ganz neue Aspekte des UFO-Phänomens aus Berichten Abduzierter abgeleitet, die noch größere Widerstände gegen eine Akzeptanz dieser Erlebnisse provozieren als alle vorangegangenen Schilderungen über UFOs. In dem beunruhigenden Buch *Sight Unseen: Science, UFO Invisibility, and Transgenic Beings* wird der Leser noch mehr geschockt als durch Jacobs Buch *Die Bedrohung*. Denn die Autoren führen Beispiele von Erlebnissen Abduzierter an, in denen nicht nur die Aliens, sondern auch die Abduzierten unsichtbar geworden sind. Das Buch enthält praktisch zwei Teile: Hopkins präsentiert aktuelle Fälle, Rainey diskutiert wissenschaftliche Entdeckungen unserer Zeit, die manche der Berichte von Hopkins technologisch verständlicher machen sollen. Im ersten Teil »Unseen« wird aufgezeigt, welche Fähigkeiten die Aliens besitzen; im zweiten Teil »Seen« wird über Hybride bzw. »transgene Wesen« berichtet, eine Mixtur aus Menschen und Aliens, die durch Einschleusungen von Genen oder Genabschnitten aus Spermien und Eizellen der Menschen von den Aliens erzeugt wurden.

Hopkins schildert Fälle, in denen »Menschen« in Familien lebten, die sich später als UFO-Insassen zugehörig erwiesen. Er schreibt:

> »Die Wesen rutschen durch unsere Netze, entziehen sich unseren alten und neuen Systemen, unterlaufen unser Verständnis und gehen rasch und zielstrebig ihren Geschäften nach, ohne vollständig entdeckt zu werden, ohne Erlaubnis und ohne eine öffentliche Kenntnisnahme, dass uns als Spezies etwas Bedeutsames widerfährt.«

Wenn die US-Regierung sich entschließen sollte, das, was über Aliens bereits bekannt ist, anzuerkennen, werden die Offiziellen einen schweren Job damit haben, es in einer Weise zu erklären, ohne Panik, Hoffnungslosigkeit und Chaos hervorzurufen, meint Hopkins.

Es wird eine beträchtliche Periode der Akklimatisation brauchen, ehe die allgemeine Öffentlichkeit – wenn überhaupt – bereit sein wird, das in diesem Buch vorgelegte Material zu akzeptieren.

Jeder Wissenschaftler, der sich mit dem UFO-Phänomen beschäftigt, wartet darauf, dass seine Forschungsarbeiten finanziell unterstützt werden. Von staatlicher Seite ist nichts zu erwarten. Doch es gibt in den USA reiche Mäzene, die privat wissenschaftliche Untersuchungen finanzieren. Der Milliardär Bob Bigelow hat 1996 in Las Vegas das *National Institute for Discovery Science* (NIDS) gegründet, in dem er mehrere Wissenschaftler versammelte, die UFO-Untersuchungen durchführen sollten. Ausgestattet mit allen möglichen Geräten und einem Flugzeug gingen diese Wissenschaftler 1996 in ein Gebiet, in dem sehr häufig UFOs gesehen wurden, und begegneten der UFO-Intelligenz zum ersten Mal in der Geschichte der Forschung ganz direkt. Bigelow hatte zu diesem Zweck eine Ranch auf einer rund eine Quadratmeile großen Fläche gekauft und den ehemaligen Besitzer weiterhin dort seine Rinder züchten lassen. Diese Ranch befindet sich im Uintah-und-Ouray-Indianerreservat zwischen Roosevelt und Vernal. Sechs Jahre lang untersuchte das NIDS-Team dort die UFO-Erscheinungen und das Wirken der unsichtbaren Intelligenz. Dann gab es auf, ohne den Versuch zu machen, seine Entdeckungen in einem wissenschaftlichen Fachblatt zu publizieren. Die registrierten Phänomene waren dafür einfach zu unglaublich!

C. A. Kelleher und G. Knapp berichten in *Hunt for the Skinwalker – Science Confronts the Unexplained at a Ranch in Utah*, 2005, über ihre Erlebnisse. Das Buch bezieht sich aber nicht nur auf die Vorkommnisse auf der Utah-Ranch, sondern auch auf »hot spots« in Brasilien, New Mexico und anderen Gebieten. Die NIDS-Wissenschaftler machten den Versuch, verschiedene anomale Phänomene zu dokumentieren. Die Ergebnisse der NIDS-Leute sind enttäuschend, weil sie zu keinerlei Schlüssen gelangen. Es wird vermutet, dass die UFO-Intelligenz den Wissenschaftlern demonstrieren wollte, dass eine Kommunikation mit Menschen nicht möglich ist, weil diese mit ihrer auf die dreidimensionale Auffassung beschränkten Sicht nicht einmal die Realität einer jenseitigen Parallelwelt wahrnehmen können.

Die Untersuchungsergebnisse von Hopkins, Mack, Jacobs, NIDS u. a. belegen, dass wir in der UFO-Intelligenz nicht bloß einer Spezies von Wesen begegnen, die »so denkt wie wir, die aber etwas schlauer ist«, sondern Wesen, die eine von uns völlig verschiedene Weltsicht haben, die weit umfassender ist, als sie uns nach unseren bescheidenen räumlichen Vorstellungen und theoretischen Konzepten erscheint.

Das Verhalten der UFO-Insassen ähnelt nach G. P. Hansen dem in der Parapsychologie bekannten Trickster oder Schwindler. Er ist ausgestattet mit paranormalen Kräften, wie die Dämonen des Mittelalters. UFO-Insassen und Trickster wirken in einer Atmosphäre der Heimlichkeit, der Täuschung und des Ausweichens (Evasivität). Die Ankunft des Trickster signalisiert immer die Ankunft neuer Vorstellungen und Sichtweisen von der Wirklichkeit. Hansen (2001) wendet sich gegen die Verniedlichung der UFO-Phänomene durch den Ausdruck »anomal«, als seien sie nur unbedeutende Kuriositäten im Weltbild. Damit trennt man die Phänomene nicht nur von ihren historischen Vorgängern, sondern schätzt das UFO-Phänomen in seiner unmittelbaren Bedeutung und Gefahr überhaupt nicht richtig ein.

Wir sollten, um uns mit dieser Intelligenz verständigen zu können, möglichst rasch die Einsichten aus der parapsychologischen Forschung zur Kenntnis nehmen und nicht nur das als Wirklichkeit beobachten wollen, wozu wir eine Theorie haben. Wissenschaft war bisher unser einziger Weg, zu Erkenntnissen über die Welt zu gelangen. Solange wir »allein« waren, ließen wir uns von ihren Prinzipien und ihrem Wertekanon leiten. Der Einbruch einer anderen Intelligenz in unsere Welt verlangt nun nach neuen Regeln, um mit theoretisch noch unverstandenen Fakten, mit denen wir konfrontiert werden, umzugehen. Vielleicht sollten wir ab jetzt wieder mehr auf unsere Wahrnehmungen vertrauen – auch wenn sie nicht wissenschaftlich, d. h. theoretisch, verifizierbar sind. Das könnte uns möglicherweise unser Überleben als Spezies sichern.

3.2 Ergebnisse der NIDS-Felduntersuchungen und die neuen Erkenntnisse über das UFO-Phänomen

3.2.1 Ein Besuch bei NIDS in Las Vegas

Im Mai 1996 hielt ich mich in Las Vegas auf. Eingeladen hatte mich Dr. John Alexander, über den die *Süddeutsche Zeitung* im Sommer 2003 einen langen Artikel gebracht hatte. John war Berater verschiedener NATO-Projekte, Mitarbeiter an Geheimprojekten des *National Alamos Laboratory* und Begründer der *Non-Lethal Weapons Research*. In seiner letzten Eigenschaft hatte er im Jahre 1992 auch die Abteilung bei der DASA in Ottobrunn aufgesucht, in der ich damals gearbeitet hatte. Wir waren uns zuvor schon auf der TREAT-Konferenz 1992 in Atlanta begegnet, auf der ich einen Vortrag über den Feldantrieb von B. Heim gehalten hatte und auf der ich erstmals mit Dr. Sergej Kusionov (Fig. 6) aus Sankt Petersburg und Dr. Paul Schulte zusammentraf.

John Alexander war der wissenschaftliche Leiter des *National Institute of Discovery Science* (NIDS). NIDS wurde 1995 von dem Milliardär Robert T. Bigelow gegründet, der, wie man mir sagte, jeden Monat irgendwo in den USA ein Hotel für 100 Millionen Dollar baut und die private Raumfahrt zum Mond als Geschäft installieren möchte.

Bob Bigelow ist an drei Themen interessiert:

1. Was ist Bewusstsein?
2. Gibt es ein Leben nach dem Tode?
3. Was sind UFOs?

Zum NIDS-Team gehörten damals Physiker, Psychologen, Ingenieure, ehemalige Geheimdienstleute und Berater, wie Dr. Hal Puthoff, Dr. Jacques Vallée, Dr. Dean Radin und MUFON-Direktor John Schuessler, die ich alle persönlich kenne, und außerdem noch zehn weitere Wissenschaftler (darunter der Astronaut Dr. Edgar Mitchell), die von Bigelow bezahlt wurden. Im Jahr 2007 verließ der Leiter der Felduntersuchungen, Mikrobiologe Colm Kelleher, NIDS, und Bigelow soll sich seitdem auf die Planungen privater Raumfahrtprojekte beschränkt haben.

Grund meines Treffens in Las Vegas war es 1996, Bob Bigelow über unsere Arbeiten bei MUFON-CES und über die Theorie von Burkhard Heim zu unterrichten. Schließlich machte mir Bigelow den Vorschlag, ein Buch für ihn über die UFO-Berichte in Europa zu schreiben, mit Ausnahme derjenigen aus Frankreich und Russland, über die jemand anders schreiben würde. 1997 lieferte ich NIDS das Manuskript zum Buch *Best UFO Cases - Europe* (1998, NIDS, Las Vegas) ab.

John Alexander erzählte damals, dass er versuchen wollte, Felduntersuchungen durchzuführen. Wir waren uns einig, dass man optische Geräte bräuchte, um einen Himmelsausschnitt rund um die Uhr überwachen zu können. Ein Netz aus Radargeräten wäre allerdings besser geeignet, wegen der enorm großen Reichweite der Registrierungen. Aber ein solches Radarnetz bleibt auf lange Zeit den Militärs vorbehalten.

Der NIDS-Deputy-Administrator Dr. Colm Kelleher befand sich zu jener Zeit auf einer Ranch in Utah, im Nordwesten, wo es zu Viehverstümmlungen gekommen war. Colm und John hatten den Eindruck, dass diese Cattle-Mutilations etwas mit UFOs zu tun haben könnten, denn in der betreffenden Gegend waren seit den 1950er-Jahren Tausende UFO-Sichtungen gemeldet worden, sodass die Polizeidienststellen UFO-Sichtungen nicht mehr protokollierten – nicht weil sie die Berichte für Unsinn hielten, sondern weil die meisten Sheriffs ebenfalls die Objekte beobachtet hatten und es für sie nichts Erwähnenswertes mehr war, das man protokollieren müsste.

Der Heimatforscher und pensionierte Lehrer Junior Hicks nannte NIDS ein Gebiet, in dem es Berichte paranormaler Ereignisse und UFO-Erscheinungen gibt, die 15 Generationen zurückreichen sollen. Außer rund 400 Fällen von UFO-Sichtungen registrierte Hicks auch Berichte über Poltergeist-Erscheinungen, Viehverstümmlungen, Bigfoots und seltsame Lichter aus dem nördlichen Utah-Gebiet mit seinen 50 000 Einwohnern, von denen, wie Hicks meint, mindestens die Hälfte bereits UFOs in der Form von Tellern, Zigarren, Dreiecken und Bällen gesehen hätten, die gelegentlich im Zick-Zack-Kurs flogen.

Der erste Fall ereignete sich im Uintah-Gebiet im Jahre 1776. Damals hatte ein Pater Escalante über einen niedrig schwebenden Feuerball über seinem Lager berichtet. 1951 waren rund 30 Schüler und ein Lehrer Zeugen, als sich in diesem Gebiet am helllichten Tage in nur geringer Entfernung ein zigarrenförmiges Objekt für kurze Zeit auf den Boden setzte. Hicks meint: »In den 1960ern und 70ern hatten wir hier wohl mehr UFO-Sichtungen als irgendwo in der Welt.«

Im Jahre 1975 war Hicks dann selbst Zeuge eines UFOs über Roosevelt. Ein orange-roter Ball flog langsam über die Stadt und machte während des Fluges eine 90-Grad-Wendung.

Die Stammeshäuptlinge der Navajos behaupten, dass dort schon immer eigenartige Himmelserscheinungen und seltsame Kreaturen gesehen worden seien. Die Gestalten wurden »Skinwalker« (Gespenster), »Shape-Shifters« (Gestaltwandler), »Bigfoots« (analog den Yetis) und »Werwölfe« genannt. Navajo-Medizinmänner hätten das Gebiet um die Utah-Ranch verflucht, und kein Stammesangehöriger dürfe dieses Gebiet betreten.

Bereits im Jahre 1974 hatte der Biologe Dr. Frank B. Salisbury über die UFO-Sichtungen in Utah ein Buch geschrieben (*The Utah UFO Display: A Biologist's Report*; 1974, Old Greenwich, Connecticut: *Devin-Adair Comp.*), in dem er u. a. seine Interviews mit rund 20 Zeugen veröffentlichte, die er aus 80 der besten von Hicks gesammelten Fälle ausgewählt hatte. Bei seinen Befragungen stellte Salisbury fest, dass sich die Zahl der Fälle leicht verdoppeln ließe, wenn man weitere Zeugen interviewen würde. Außerdem hatten fast alle Zeugen mehr als eine Sichtung unbekannter Flugobjekte gehabt. Aber jeder hatte nur seine erste gemeldet. Bei den von Salisbury aufgeführten Berichten handelte es sich in 40 Fällen um Sichtungen von Scheiben mit Dom und um doppelt konvexe Scheiben, 26 leuchtende große Kugeln, drei Zigarren, ein Dreieck und um andere spezielle Formen.

Am 21. Mai 1968 um 8.50 Uhr waren gleich 21 Schüler und ihr Lehrer in Roosevelt Zeugen der Sichtung einer silbrigen Scheibe, die in drei bis vier Kilometern Entfernung etwa sieben bis acht Minuten lang dicht über einem Hügel schwebte.

Die meisten Sichtungen wurden in den Jahren 1966 und 1967 gemacht, darunter waren 25 bis 30 Prozent Beobachtungen von Landungen. Sieben Mal wurden Autos von UFOs verfolgt. Bei einem Wagen versagte der Motor in der Nähe eines UFOs, und der Fahrer konnte sich danach nicht mehr erinnern, was während vier Stunden passiert war.

In 15 Prozent aller Fälle wurde das betreffende Objekt mit einem Fernglas beobachtet. Fotos wurden keine gemacht, weil keiner der Zeugen, die zumeist Jäger waren, einen Fotoapparat mit auf die Jagd genommen hatte. Hingegen hatte ein Indianer einmal auf eines der Objekte geschossen und einen metallischen Aufschlag gehört.

Viele der Zeugen waren der festen Überzeugung, dass die Objekte jeweils auf ihre Aktionen reagiert oder sogar ihre Gedanken gelesen hatten.

Die meisten Sichtungen wurden am 11. Oktober 1967 registriert. Gegen 20.30 Uhr wurden von 24 Zeugen von insgesamt neun Orten aus ein großer orange leuchtender Ball bzw. ein Teller mit Kuppel und roten, gelben und grünen pulsierenden Lichtern am Rand gesehen.

Am 23. Februar 1967 ereignete sich etwas Merkwürdiges. Die Familie Clyde McDonald wurde von einem der Söhne informiert, dass um 20 Uhr ein UFO über dem *Roosevelt Hospital* zu sehen sein würde. Er hatte das mit seinen Freunden beim Spielen mit dem Ouija-Board als Information erhalten. Um 20 Uhr erschien tatsächlich ein orangeroter Ball, etwas kleiner als der Mond, in 500 bis 600 Metern Entfernung. Fünf Personen wurden Zeugen des Vorfalls.

Am 24. August 1967 wurde ein Lichtstrahl von einem UFO ausgehend gesehen, der in der Luft abrupt endete und auf halber Länge ein Stück lang unsichtbar war (wie ein Morsezeichen).

Eigenartig war auch der Bericht eines Truckerfahrers. Am 5. September 1970 beobachtete er acht Kilometer westlich von Roosevelt und ungefähr 1,5 Kilometer vom Ort des Geschehens entfernt ein rotes ovales Objekt dicht über dem Boden, von dem mehrere Lichtstrahlen zum Boden reichten und dort Staub aufwirbelten. Das Objekt war von einem rot leuchtenden Halo umgeben. Das Objekt näherte sich bis auf 1,5 Kilometer und verschwand auf der Stelle, erschien aber zur gleichen Zeit wieder an einer anderen Stelle. Es flog wieder näher, verschwand wieder zu einem anderen Ort usw. Schließlich gab es einen roten Strich, wo sich das Objekt befand – und es war weg. Zwei Zeugen beobachteten, wie sich der Halo langsam zu Boden senkte und verlosch.

Auf einer Farm im Nordwesten von Utah, im Ute-Indianer-Reservat im Uintah Basin zwischen Duchesne und Vernal (80 Kilometer), 240 Kilometer nordöstlich von Salt Lake City, hatten sich so beunruhigende Dinge ereignet, dass der Besitzer die Farm aufgeben wollte. Die Farm, die sich zwischen Roosevelt und Vernal (40 Kilometer) befindet, hat eine Weidefläche von 190 Hektar, das entspricht etwa 1,4 mal 1,4 Kilometern Landfläche. Sie hatte bereits mehrere Jahre leer gestanden. Dann übernahm sie 1994 der Farmer »Tom Gorman«, der sie mit seiner Frau Ellen und seinen zwei Söhnen seither bewirtschaftete. Dieser erzählte einem befreundeten Zeitungsreporter von den merkwürdigen Vorfällen auf seinem Grundstück, die sich gleich nach seinem Einzug ereignet hatten; und dieser Journalist weihte seinen Kollegen Zack van Eyck aus Salt Lake City ein, der den Rancher dann aufsuchte, um ihn und seine Familienmitglieder persönlich nach ihren Erlebnissen zu befragen. Im Juli 1996 erschien ein mit Fotos illustrierter Bericht in der zweitgrößten Zeitung in Utah, der *Desert News* aus Salt Lake City. Dieser Bericht wurde dann von der Nachrichtenagentur *dpa* und im Rundfunk verbreitet.

3.2.2 Der Bericht über die Ereignisse zwischen 1994 und 1996 auf der Gorman-Ranch

Der Inhalt des *Desert-News*-Artikels vom Juli 1996 war etwa der Folgende:

Der diplomierte Landwirt Tom Gorman suchte 1994 eine Ranch zu kaufen, um Rinder zu züchten. Er ist ein Spezialist für künstliche Besamung, ein guter Jäger und suchte für 60 bis 80 ausgewachsene Kühe und vier Preisklasse-Bullen Weideland. Schließlich wurde ihm durch einen Makler die besagte »Utah-Farm« angeboten, die bereits seit 1967 verlassen und zum Kauf ausgeschrieben war. Das Farmgelände ist im Osten von einem Berg aus kahlem Felsen begrenzt (Fig. 15). Es gibt mehrere Weideplätze, die in Koppeln abgeteilt sind. Auf dem Gelände befinden sich Bäume und Büsche und an sumpfigen Stellen, die von einem Bach durchflossen werden, verschiedene Tümpel. Auf dem Gelände stehen mehrere Scheunen, Container und das Haupthaus. Zur Farm führt nur ein einziger schmaler schmutziger, von Fahrtrinnen durchzogener Weg. Er führt vorbei an einigen anderen Farmhäusern der Nachbarn. Beim Einzug in das Hauptgebäude entdeckten die Gormans, dass in den Fenstern und Türen Reihen von eisernen Bolzen steckten. Eisenketten und -stangen waren vor dem Haus im Boden verankert. Sie hatten wahrscheinlich bissige Hunde gehalten, dachten die Gormans.

Die Vorbesitzer der Gorman-Ranch hatten die Farm in den 1950er-Jahren gekauft und diese 1967 verlassen. Im Kaufvertrag hatte sich Tom Gorman u. a. verpflichten müssen, keine Änderungen im Gelände vorzunehmen und bei jedem Grabungsvorgang zuvor die Genehmigung der Vorbesitzer einzuholen. Junior Hicks hatte gelegentlich auf dieser Farm gearbeitet. Dabei war ihm aufgefallen, dass sich hin und wieder die Nadel seines Kompasses ohne sichtbare Ursache wie wild zu drehen begann.

Kurz bevor die Vorbesitzer die Ranch verließen, sollen sie den Besuch von drei mysteriösen Männern in schwarzen Anzügen (Men in Black) erhalten haben, die in einem schwarzen *Cadillac* gekommen waren.

Wie zur Vorbereitung auf die Dinge, die da kommen sollten,

werden die Gormans gleich am Tag ihres Einzugs, als sie beim Eintreiben der Herde waren, von einem seltsamen Gast begrüßt: Auf der Weide steht in einiger Entfernung ein großer Wolf. Als die Gormans ihn entdecken, schleicht sich das Tier vorsichtig an die Familienmitglieder heran, demütig, als sei er ein Haustier. Nach einigen Minuten läuft er wieder fort auf die Weide und greift sich ein Kalb, das er durch einen Zaun zu zerren versucht. Die Gormans laufen schreiend auf den Wolf zu und schlagen ihn mit Knüppeln, damit er das Kalb loslassen solle. Als alles nichts nützt, holt Gorman eine 0,377-*Magnum* von seinem Trecker und schießt aus kurzer Entfernung auf den Wolf, was aber nichts bewirkt. Nach dem zweiten Schuss lässt der Wolf das Kalb fallen und starrt die Familie überrascht an, als sei nichts geschehen. Daraufhin schießt Tom Gorman aus einer kräftigen Handgun einen dritten und einen vierten Schuss auf den Wolf ab. Der Wolf bleibt stehen. Es fließt kein Blut, und der Wolf scheint keinerlei Schmerz zu empfinden. Gorman holt schließlich noch ein Jagdgewehr und schießt zum fünften Mal. Der Wolf ist immer noch nicht beeindruckt. Erst nach dem sechsten Schuss wendet er sich um und trottet davon. Gorman läuft ihm nach und verfolgt seine Spuren, die im Morast gut sichtbar sind, die aber plötzlich enden. An der Stelle, wo sich der Wolf das Kalb geschnappt hat, findet Gorman nur ein Stück herausgeschossenen Fleisches, das ganz faulig riecht.

Einige Wochen später begegnet Mrs. Ellen Gorman auf dem Feldweg wieder einem riesigen Wolf, der neben ihrem Wagen herläuft und dessen Rücken so hoch ist, dass er bis zum Wagendach reicht. Der Wolf wird von einem hundeartigen Tier begleitet, das Mrs. Gorman nicht identifizieren kann.

Im Winter 1994 bemerken Tom Gorman und dessen zu Besuch weilender Neffe etwa 800 Meter entfernt im Westen auf der Weide etwas wie einen Campingwagen. Um den vermeintlichen Urlaubern zu helfen, den richtigen Weg zurückzufinden, gehen die beiden auf das Fahrzeug zu und bemerken, dass sich dieses geräuschlos von ihnen zu entfernen beginnt. Um es besser hinter den Büschen sehen zu können, klettern die Zeugen auf einen Zaun. Erst dann erkennen sie, dass das Ding kein Campingwagen ist, sondern über die Zäune fliegen kann und sich niedrig über die Baumwipfel hinwegbewegt. Es hat die Form eines zwei Meter hohen Kühlschranks und besitzt an der Front ein helles weißes Licht und ein rotes an der Rückseite.

Einige Wochen danach beginnen dann die Vorfälle, die die Gormans schließlich in den wirtschaftlichen Ruin treiben sollten. Tom Gorman hat rund 80 Kühe auf der Ranch. Eine seiner trächtigen Kühe verschwindet über Nacht. Es hatte einen schweren Schneesturm gegeben. Aus den Spuren im Schnee, die Tom Gorman dieser Kuh zuordnen kann, ist abzulesen, dass die Kuh mit hoher Geschwindigkeit gelaufen sein musste. Diese Spuren enden plötzlich, als sei die etwa 500 Kilogramm schwere Kuh in die Luft auf und davon geflogen.

Gormans denken an Hubschrauber. Einige Tage nach dem Verlust der Kuh hören sie auf der Weide hinter sich etwa 30 Meter in der Luft ein Geräusch, wie wenn Metall auf Metall geschlagen würde. Dann sehen sie etwa 100 Meter vor sich ein helles Licht. Als sie darauf zugehen, erhebt sich das Licht, fliegt rund 50 Meter fort und setzt sich wieder auf den Boden. Es ist wieder das Objekt, das wie ein Kühlschrank aussieht. Wieder hören Gormans das metallische Schlagen hinter sich. Sie suchen nach einer Ursache, finden aber nichts. Als sie sich wieder dem Kühlschrank-Objekt zuwenden, ist es verschwunden. An der Stelle, wo es auf dem Boden gestanden haben muss, sind keinerlei Spuren zu sehen.

Trotz ständiger Bewachung wird nach einigen Monaten der Besetzung der Ranch die erste tote Kuh gefunden, deren Todesursache nicht festgestellt werden kann. Eines ihrer Augen ist nur noch ein ausgefranstes Loch. Es gibt keinerlei Blutspuren. Das Tier selbst ist blutleer und verbreitet einen starken Moschus-Geruch. Bald werden andere Rinder tot aufgefunden, zerfleischt wie mit einer Zick-Zack-Schere. Den Tieren sind jeweils Augen, Ohren, Euter und Genitalien abgeschnitten, und dies mit chirurgischer Präzision. Als erfahrener Jäger kennt Tom Gorman alle möglichen Wunden, die von wilden Tieren (z. B. von Coyoten und Bergtigern) geschlagen werden. Aber die vorgenommenen Schlachtungen sind viel zu sauber und präzise durchgeführt. Dabei kann niemand unbemerkt zur Ranch kommen, ohne den matschigen Feldweg zu benutzen und ohne von den anwohnenden Nachbarn bemerkt zu werden.

An einem Abend Ende Dezember 1994 bemerkt Ellen Gorman an

einem plötzlichen Windstoß, wie etwas Riesiges lautlos über sie hinwegfliegt. Sie kann nur eine dunkle Silhouette, wie ein Dreieck, gegen den dunklen Himmel erkennen. Einige Tage danach beobachtet auch Tom über dem schneebedeckten Hügel völlig lautlos ein schwarzes, dreieckförmiges Flugobjekt von etwa neun bis zwölf Metern Länge etwa sechs Meter über dem Boden. Von seiner Unterseite werden vielfarbige Lichter auf den Schnee projiziert. Es bewegt sich langsam und in einer Weise, als ob es etwas suchen würde (vielleicht Kühe?). Als es nur noch etwa 100 Meter von Tom Gorman entfernt ist, kann dieser erkennen, dass das Objekt die verkleinerte Form eines F-117-*Stealth*-Fighters hat. Nach einigen Minuten fliegt es rasch beschleunigend fort.

Anfang Januar 1995 fliegt gegen 18 Uhr wieder ein schwarzes Dreieck über den Wagen von Ellen Gorman. Rote, blaue, gelbe und grüne Lichter werden von diesem auf den schneebedeckten Boden projiziert. Ellen fährt verängstigt zum Farmhaus. Ihr Mann ist in der Stadt. Nach einer Stunde blickt sie aus dem Fenster und sieht in etwa 200 Metern Entfernung etwas wie einen großen *»Range Rover«* auf der Weide stehen. Dessen Inneres ist hell erleuchtet. Ellen kann einen Schreibtisch und dahinter eine schwarze Gestalt erkennen. Diese muss mindestens zwei Meter groß sein, trägt ein schwarzes Visier und kniehohe schwarze Stiefel. Die Gestalt blickt sie an. Und Ellen schließt rasch die Fensterläden. Am nächsten Morgen geht sie mit ihrem Mann zu der Stelle, wo sich das Objekt befunden haben muss. Beide entdecken riesige Fußabdrücke von 45 Zentimetern Länge im feuchten Sand. War dies einer der Viehräuber?

Bis zum April 1995 verschwinden weitere vier Kühe spurlos. Und wieder einmal sucht Toms Sohn Ted bei schwerem Regen auf seinem Pferd reitend ein einige Monate altes Kalb auf der Ranch. Schließlich entdeckt er es im Kanal. Das Kalb versucht verzweifelt, an der gegenüberliegenden steilen Böschung an Land zu kriechen. Ted entschließt sich, zunächst sein Pferd in einen Unterstand zu bringen, um dann dem Kälbchen zu helfen. Nach 20 Minuten kehrt er zum Kanal zurück und sieht das Kalb bewegungslos im Wasser liegen. Ted zieht es aus dem Wasser und erschrickt: Die rechte Seite des Tieres ist wie mit einem scharfen Messer ausgeschnitten, als ob aus einem drei Zentimeter scharf umrandeten Loch alle Innereien und das Blut herausgesogen wurden. Gormans haben keine Ahnung, welches Wasserungeheuer so etwas gemacht haben könnte.

Bald erkennen die Gormans, dass das Unheil nicht im Wasser lauert, sondern anscheinend aus der Luft zu kommen scheint. Im Juni 1995 beobachten Tom und Ellen eines Abends, wie eine blau leuchtende Kugel von etwa 50 Zentimetern Durchmesser aus dem kleinen Wäldchen kommt und den Kopf eines Pferdes umkreist. Sie fliegt in rund fünf Metern Höhe und steuert langsam auf die auf ihren Pferden sitzenden Gormans zu. Etwa sechs Meter entfernt bleibt sie vor ihnen schweben. Das Einzige, was Tom und Ellen hören, ist ein Knistern wie von elektrischen Funken. Im Innern der transparenten Kugel scheint eine blaue Substanz rasch zu rotieren. Tom und Ellen überkommt ein maßloses Grauen, das sich bis zu einem furchtbaren Terror steigert. Beide fühlen, wie von dieser Kugel aus »Wellen von Furcht« über sie hinwegrollen, und beide haben den Eindruck, als sei diese Kugel extrem feindselig und böse. Ellen richtet, wie zur Abwehr, den Strahl ihrer Taschenlame auf den leuchtenden Ball, und dieser fliegt gleich darauf zurück in das Gebüsch des Wäldchens, äußerst gewandt zwischen den Bäumen hindurch manövrierend.

Nach zwei Stunden blickt Ellen aus dem Fenster und sieht das blaue Licht nochmals heranfliegen. Als es am Haus vorüberfliegt, verdunkeln sich die Lichter im Zimmer, und auch das Licht einer 100 Meter entfernten Lampe, die sich an einem Pfahl an der Toreinfahrt der Farm befindet, wird für die Dauer des Vorbeiflugs der Kugel schwächer.

Bisher hatten die Gormans – jedes Familienmitglied zu verschiedenen Zeiten, aber immer an derselben Stelle rund 1,5 Kilometer entfernt im Westen über den Bäumen – häufig eine orange leuchtende Kugel schweben gesehen, aber bisher niemals eine blaue. Das orange Licht hat bisher keinen von ihnen beunruhigt.

An manchen Tagen werden die Weiden von irgendwoher hell erleuchtet – wie von Flutlichtern eines Fußballstadions. Aus dem Boden scheinen Lichtstrahlen oder -garben zu kommen (Fig. 15c).

Alle Mitglieder der Familie beobachten auch eine seltsame Wolke etwas außerhalb ihres Grundstücks am Himmel, die dadurch auffällt, dass es ständig aus ihr heraus blitzt, wie wenn sich kleine Explosionen in ihr ereignen würden oder als würden Weihnachtsbaum-Lichter an- und ausgehen.

Jedes Familienmitglied beobachtet bei den verschiedensten Gelegenheiten unidentifizierbare Flugobjekte. Gormans und ihre Nachbarn bezeugen das Auftauchen von fliegenden Scheiben mit und ohne Kuppeln. Eines der Objekte soll wie ein »Sombrero« ausgesehen haben. Ein andermal taucht eine Art riesige »Neonröhre« am Himmel auf. Das größte von allen gesehene Objekt ist eine »fliegende Zigarre«, die mindestens »mehrere Fußballfelder« lang gewesen ist. Damit ist wohl eine Länge von circa 300 Metern gemeint.

Am häufigsten jedoch wurden fliegende Kugeln verschiedener Größen und Farben gesehen.

Insgesamt sehen Gormans und einige ihrer Gäste während der Jahre 1995 und 1996 zwölf Mal große orange Kugeln über ihr Haus und über die Bäume fliegen. In einem Fall öffnet sich in einer großen Kugel ein Loch, aus dem viele kleine Kugeln herausfliegen.

Eines Nachts beobachtet Tom das orange Licht durch das Zielfernrohr an seinem Gewehr. Er sieht in dem Licht mehrere Schichten wie Zwiebelschalen und in der Mitte »wie durch ein Fenster auf einen taghell strahlend blauen Himmel«. Aus diesem »Loch im Raum« kommt etwas Schwarzes, das schnell größer wird und sich zu einem großen Dreieck ausbildet. Dieses fliegt lautlos auf Tom zu und verschwindet hinter ihm in der Nacht. Für Tom stellt es sich so dar, als ob sich über der Farm an manchen Nächten ein Tor zu einer anderen Welt in anderen Dimensionen eröffnet.

Er wunderte sich immer, warum die Nachbarn das orange Licht so selten beobachtet hatten, und stellt nun fest, dass das Licht wie aus dem Ende eines Schlauches seine Öffnung nur auf das Farmhaus richtet. Von der Seite ist das Licht nicht zu sehen. Je nach dem Beobachtungswinkel erscheint es dunkler oder heller. Tom überprüft dies, indem er an dem Licht in einiger Entfernung seitlich vorüber und dann wieder zurückfährt. Tatsächlich wird das Licht dunkler bis zur Unsichtbarkeit, wenn er sich vom Farmhaus kommend nicht vor, sondern neben dem Licht befindet. Von der Straße aus ist das Licht jedenfalls nicht sichtbar, wie ein dreidimensionaler erleuchteter Tunnel, dessen Öffnung nur zum Farmhaus hin gerichtet ist.

Im Juli 1995 beobachten die Gormans, dass mehrere mysteriöse Lichter über der Kuhherde kreisen. Tags darauf finden sie ein zerstückeltes Kalb. Das Euter und ein Ohr sind dem Tier sauber abgetrennt worden. Auf dem Kadaver befindet sich eine geleeartige Substanz, die sich extrem kalt anfühlt. Tom geht eine Thermosflasche holen, um diese Substanz für eine Untersuchung zu konservieren. Als er wieder zurückkommt, ist das Gelee bereits verdunstet.

Auch ein Nachbar der Gormans verliert sein Vieh auf mysteriöse Weise. Dieser findet im Sommer 1995 eine Kuh außerhalb des abgeschlossenen Weidezauns liegen. Sie hat sich zwei Füße gebrochen. Die Kuh befindet sich im Schockzustand. Der Farmer will rasch eine Decke holen und kommt mit dieser etwa fünf Minuten später zur Kuh zurück. Er stellt verblüfft fest, dass die Kuh nicht mehr zu finden ist. Etwa eine Stunde später befindet sich die Kuh 50 Meter vom Ort entfernt, an dem sie der Farmer verlassen hat – doch nun mit vier gebrochenen Füßen!

Eines Nachmittags im April 1996 fahren die Gormans zum Einkaufen in die Stadt. Als sie an der Koppel mit den vier Zuchtbullen vorbeikommen, sagt Tom zu seiner Frau: »Nur gut, dass wir diese Tiere noch haben. Wenn wir die auch noch verlieren würden, müssten wir aufgeben.«

Eine Stunde später kommen sie vom Einkauf zurück, fahren wieder an der Koppel vorbei, sehen aber die Zuchtbullen nicht mehr. Jetzt beginnen die Gormans in Panik, die Bullen zu suchen. Es gibt kein Gebiet, auf das sich die Tiere begeben haben könnten, denn die Gatter sind verschlossen gewesen und sind es noch jetzt. Um überall nachgesehen zu haben, geht Tom Gorman auch zum Container, dessen einzige Tür allerdings mit einem Draht verriegelt ist. Als er diese Tür öffnet, sieht er zu seinem großen Schrecken alle vier Bullen dicht gedrängt wie die Heringe im Metall-Trailer eingepfercht stehen. Hinter der Tür befindet sich ein großes Spinnennetz. Durch die Tür kann also niemand gekommen sein, denn der hätte das Spinnennetz zerreißen müssen. Als Tom Gorman seiner Frau zuruft, dass er die Bullen gefunden habe, wachen diese auf und beginnen wild um sich zu schlagen, auf die Nachbarn und auf die Metallwände, was einen höllisches Spektakel verursacht. Es gibt keinen normalen Weg, wie diese Bullen durch die Tür in den Trailer gebracht werden können, stellt später auch Dr. Kelleher fest.

Tom Gorman kann sich das zunächst alles nur als Wirkungen einer psychologischen Kriegführung durch amerikanische Spezialeinheiten erklären, die mit irgendwelchen neuartigen Instrumenten alle die Merkwürdigkeiten oder Vorstellungen davon in den Hirnen entstehen lassen. Doch dann hätte mindestens einmal einer aus der Familie oder einer der Nachbarn Fremde oder deren Fahrzeuge sehen müssen. Weil das nicht der Fall war, rückt Gorman schließlich von dieser Deutung ab.

Eines Abends im April 1996 begibt sich Mr. Gorman mit seinen drei Hunden nach draußen. Vor dem Haus erwartet ihn bereits eine dieser blauen Kugeln in niedriger Höhe über dem Boden. Die drei Wachhunde bellen außer sich vor Wut. Tom lässt seine Hunde von der Leine, die sich auf den Ball stürzen und ihn zu beißen versuchen. Doch der Ball fliegt gerade so hoch über dem Boden, dass er den zuschnappenden Hunden immer geschickt ausweichen kann. Die blaue Kugel verschwindet mit den bellenden Hunden im Gebüsch. Plötzlich hört Tom aus dem Gebüsch ein markerschütterndes Jaulen aller drei Hunde. Dann ist Ruhe. Auf Rufen von Mr. Gorman ereignet sich nichts. Da es dunkel ist, sucht Tom erst am nächsten Morgen nach den Hunden. Im Gebüsch findet er eine Stelle, von der ein beißender Gestank ausgeht, mit verdorrter Vegetation wie von einem enormen Brand, und drei schmierige verkohlte Klumpen. Tom weiß, dass dies die Überreste seiner Hunde sind. Die Hunde bleiben auch tatsächlich verschwunden.

Auch in ihrem Haus sind die Gormans nicht sicher: Eines Morgens entdecken sie Blut auf ihrem Bettzeug. Offensichtlich sind Wunden an jedem Daumen beider Eheleute die Ursache. Ohne es zu bemerken, sind über Nacht zwei Millimeter tiefe Löcher in ihren Daumen entstanden. (*UFO Kurier*, Oktober 1998, S. 32)

Den Gormans reicht es nun. Sie wollen die Farm aufgeben. Die neu angeschafften Hunde zeigen mitunter gleichzeitig ein paranoides Verhalten: Sie bleiben für Tage in ihren Hütten und sind zu furchtsam, um sich das Futter vor diesen zu holen. Die sechs Hauskatzen verschwinden auf Nimmerwiedersehen während einer einzigen Nacht.

Die Gormans verloren innerhalb von zwei Jahren 14 preisgekrönte Rinder von ursprünglich 80, die einfach verschwanden oder tot und zerstückelt auf der Weide gefunden wurden. Der Wert jeder Kuh betrug rund 1000 US-Dollar. Niemals ließen sich Spuren der Räuber feststellen. Man sah immer wieder mysteriöse weiße, gelbe und blaue Lichter, baseballgroße blaue Kugeln und unbekannte Flugobjekte über der Ranch und erlebte unheimliche spukartige Vorkommnisse, die auch jeden anderen Menschen zur Flucht veranlasst hätten. Wie schon erwähnt, schwebte einmal ein großes schwarzes Dreieck in nur sechs Metern Höhe über dem Boden und sandte vielfarbige Lichter nach unten. Ein andermal befand sich ein riesiges schwarzes Dreieck zehn Meter über dem Wagen von Frau Gorman. Silberne Scheiben und ein Objekt, das die Form eines mexikanischen Hutes hatte, tauchten über der Farm auf.

Gormans sahen geisterhafte Kreaturen, wie den sagenhaften Bigfoot, über ihr Grundstück laufen. Gelegentlich hörten sie ein unheimliches Knurren, das von widerlichem Gestank begleitet wurde. Lautlos fliegende Objekte in der Gestalt eines Kühlschranks (wie die Chupas in Brasilien) flogen niedrig über die Kühe hinweg und verschwanden plötzlich.

Einmal beobachtete Tom Gorman, wie die Herde seiner Kühe einem unsichtbaren Kraftfeld Platz machte, indem die Tiere links und rechts zur Seite gedrängt wurden und eine Gasse freimachten. Das unsichtbare Etwas erzeugte dabei ein sehr starkes Magnetfeld.

Dr. Kelleher machte Bob Bigelow auf den Bericht in *Desert News* aufmerksam. Das NIDS-Team war der Ansicht, dass man in der Utah-Ranch vielleicht am ehesten UFOs registrieren könnte, und überzeugte Bigelow, die Gorman-Farm (rund 700 Kilometer nord-nord-westlich der Stadt Las Vegas) zu kaufen, um sie zu einem interaktiven paranormalen Außenlabor auszubauen. Im September 1996 reiste das Team unter Leitung von Dr. Kelleher dorthin. Man interviewte die Gormans und die Nachbarn und erfuhr, dass Erstere eine Farm 40 Kilometer entfernt kaufen wollten. Zu viele Belästigungen hatten sie bereits überstehen müssen. Der Verlust der Rinder und die Tötung der Hunde durch den blauen Ball hatten die Familie endgültig bewogen, die Ranch aufzugeben. Tom Gorman erklärte sich bereit, als Ranch-

Manager auf der Farm zu arbeiten und die von NIDS als Köder eingebrachten Kühe (einige Dutzend) zu versorgen.

3.2.3 Vorkommnisse auf der Farm, über die in der Zeitung nicht berichtet wurde

Dr. Kelleher schreibt, er habe gleich beim Betreten der Ranch das Gefühl empfunden, dass hier etwas nicht geheuer sei. Tom Gorman zeigte den NIDS-Wissenschaftlern das Gelände. An einer bestimmten Stelle befanden sich mehrere runde tiefe Löcher im Boden, mit scharfen Rändern, wie mit einer Ausstechform (»Cookie-cutter«) herausgeschnitten.

Keiner aus der Gorman-Familie hatte dort Erde – jeweils etwa 140 bis 180 Kilogramm – entnommen. Die Löcher seien entstanden, nachdem in der Nacht zuvor fliegende Lichter über diesen Stellen beobachtet worden waren.

An einer anderen Stelle waren noch die verwesenden Überreste zweier Kühe zu riechen und zu sehen.

In einem Container richteten die NIDS-Leute eine Messstation ein. Ihr Ziel war es, Daten über anomale elektromagnetische und magnetische Signale sowie unbekannte Leuchtobjekte zu erfassen. Zwei Teams, die mit Walkie-Talkies ausgerüstet waren, wechselten sich in der Wache auf dem Gelände ab. Das Advisory-Board in Las Vegas bestand aus 15 Mitgliedern. Ausrüstung und Qualifikationen der Physiker, Informatiker, Psychologen und Veterinärmediziner waren exzellent. Einige der Wissenschaftler, wie auch Kelleher, waren einem Aufruf in dem renommierten Wissenschaftsmagazin *Science* gefolgt, den NIDS initiiert hatte.

Als Erstes wurden die Erlebnisse der Gormans nochmals genau protokolliert. Nun erst zeigte sich, dass die Bedrohung der Gormans noch aus einer ganz anderen Richtung gekommen war als nur von draußen.

So unheimlich die Erscheinungen der Lichter, Kugeln und unbekannten gelandeten und fliegenden Objekte sowie die seltsamen Tiere und die Verstümmelung der Kühe auch waren, über die in den Zeitungen berichtet worden war, viel bedrohlicher wirkten sich die vielen Spukphänomene aus, die die Ranch endgültig zu einem »verfluchten Ort« machten.

Im Haupthaus öffneten sich beispielsweise verschlossene Türen. Geöffnete Fenster schlugen zu, ohne dass draußen ein Wind ging. Die Familienmitglieder sahen alle möglichen paranormalen Erscheinungen im Haus: blendende Lichter, dunkle Gestalten, die durchs Fenster spähten. Möbel, Geräte, alltägliche Gegenstände bewegten sich umher, verschwanden und tauchten an anderer Stelle wieder auf. Niemand von den Gormans konnte mehr richtig schlafen. Alle versammelten sich im Flur zum Wohnzimmer, wo sie gemeinsam und dicht zusammengerückt schliefen. Wenn sie sich einige Stunden Schlaf verschaffen konnten, wurden alle von schrecklichen Albträumen gequält, deren Inhalt sie oft gemeinsam geträumt hatten.

Die beiden Söhne waren gute Highschool-Absolventen gewesen. Seit sie aber auf der Ranch wohnten, war das Erreichen eines Abschlusses in Gefahr. Mrs. Gorman verlor ihren Job bei einer Bank, weil sie zu oft fehlte, und wegen der ständigen, die anderen Bankmitarbeiter nervenden Erzählungen.

Mitunter hörten die Gormans und andere Leute dumpfe Geräusche, die von unterhalb der Erde zu kommen schienen und sich wie von einer schweren Maschine erzeugt anhörten.

Es wurden auch Stimmen gehört. Tom Gorman, dessen Sohn und Gormans Neffe hörten einmal eine laute geisterhafte Konversation, die in einer unverständlichen Sprache geführt wurde. Die männlichen Stimmen hatten einen höhnischen Grundton. Es schien den jungen Männern, als kämen die Stimmen aus einer Höhe von sechs Metern über ihnen in der Luft, obwohl kein Lautsprecher zu sehen war. Die Hunde, die die drei begleiteten, bellten und knurrten die Stimmen an. Schließlich liefen sie von Panik gepackt davon.

Beinahe täglich wurden den Familienmitgliedern von unsichtbarer Seite aus Streiche gespielt. Beispielsweise hatte Ellen eine Box mit fertig geschmierten Broten mit auf die Weide genommen. Als man essen wollte, war die Box leer. Die Brote fanden sich später im Kühlschrank. Salz und Pfeffer wurden in den gekennzeichneten Streuern so oft vertauscht, dass man dazu überging, vor jedem Gebrauch den

Inhalt zu kosten. Schaufeln wurden nicht an den Orten gefunden, wo sie immer abgestellt werden.

Als Mrs. Gorman geduscht hatte, fand sie danach weder Handtuch und Seife noch ihre Kleider dort, wo sie diese hingelegt hatte. Stattdessen waren sie aus dem verschlossenen Raum in ein anderes Zimmer versetzt worden.

Einmal kam sie mit einer großen Ladung Lebensmitteln aus der Stadt zurück. Sie packte alle auf dem Küchentisch aus und legte sie entweder in den Kühlschrank oder in ein betreffendes Regal. Danach ging sie für einige Zeit fort. Als Mrs. Gorman wieder zurück in die Küche kam, lagen sämtliche Lebensmittel und die anderen Dinge wieder auf dem Küchentisch, als seien sie niemals eingeräumt worden.

Ted Gorman hatte eines Vormittags mit einem Freund sehr hart vier Stunden daran gearbeitet, 150 bis 200 Pfähle vom Haus zum Kanal zu tragen. Als diese Tätigkeit beendet war, gingen sie ins Haus, um sich zu waschen. Gegen 16 Uhr traten beide Männer wieder nach draußen, um weiterzuarbeiten, mussten dabei aber verblüfft und verärgert feststellen, dass sich die Pfähle wieder dort befanden, von wo sie aus ursprünglich geholt worden waren.

Tom vermisste seinen schweren Loch-Ausheber, den er nicht an der Stelle fand, wo er immer stand. Tage später wurde er sechs Meter hoch in den Ästen einer Pappel entdeckt, als wäre er mit einem Kran dorthin hochgehoben worden.

Man hatte auch unerklärliche »Kornkreise«, aus drei Kreisen bestehend, im Gras gefunden. Die drei flach gepressten runden Grasflächen hatten einen Durchmesser von 2,40 Metern und die Kreiszentren waren jeweils neun Meter voneinander entfernt. Weder Menschen noch UFOs noch Wirbelwinde waren um die betreffende Zeit herum wahrgenommen worden.

Immer wenn Tom Bäume versetzen oder das Kanalbett durch Grabungen verändern wollte, tauchten mysteriöse Objekte am Himmel auf. Irgendetwas oder irgendwer wollte verhindern, dass Tom an der Topographie der Ranch Änderungen vornimmt.

Die Gormans erzählten nun auch von dem mysteriösen Tiermonster, das sich Ende Juni 1996 gezeigt hatte. Tom wollte einen unbekannten Besucher, der von den UFO-Sichtungen der Familie erfahren hatte, zunächst nicht auf sein Grundstück lassen. Der blonde Fremde wollte aber nur kurze Zeit auf der Ranch meditieren. Schließlich ließ Tom dies zu, begleitete ihn auf die von Bäumen umgebene Weide und beobachtete ihn dabei. Nach kurzer Zeit krachte es in den Bäumen, und aus der Baumreihe brach ein Tier hervor, das sich mit Gebrüll auf den am Boden sitzenden Meditierenden stürzte. Trotz des hellen Tageslichts war das Tier undeutlich zu erkennen und wie von hitzeflimmernder Luft eingehüllt. Es raste mit enormer Geschwindigkeit heran, stoppte vor dem Sitzenden und stieß plötzlich einen markerschütternden Schrei, wie der eines Löwen oder Bären, aus. Der Besucher fiel drei Meter zurück und schrie vor Entsetzen auf. Daraufhin lief das Etwas zurück zwischen die Bäume. Der Besucher hielt sich vor Schrecken am Arm von Tom Gorman fest und verließ die Ranch sofort auf Nimmerwiedersehen. Unheimlich war, dass das Monster nahezu unsichtbar war und an das Wesen aus dem Film *Predator* (mit Arnold Schwarzenegger) erinnerte. Es wurde nie wieder gesehen.

Tom berichtete von einem eigenartigen Vorfall. Eines Tages erhielt er einen weiteren Besuch. Es war eine Dame, die Tom geistig leicht verwirrt erschien. Er sprach mit ihr am Eingangstor zur Ranch. Während des Gesprächs begann sich plötzlich ein in der Nähe stehender Baum so stark zu schütteln und Blätter abzuwerfen, als sei er von einem Orkan angefacht worden, obwohl es windstill war. Die Frau begann laut zu schreien, zeigte auf den Baum und meinte, dass sie in dessen Ästen »Legionen von Dämonen und Monstern« erblicken würde. Nachdem die Frau in ihr Auto gestiegen war, beruhigte sich der Baum wieder.

3.2.4 Die wissenschaftlichen Untersuchungen der Phänomene auf der Ranch durch NIDS

Diese Geschichten überzeugten das NIDS-Team davon, den richtigen Platz für eine Untersuchung alles Paranormalen in der Ranch gefunden zu haben, denn dieser Ort bot ein »volles Menü« paranormaler Aktivitäten. Bob Bigelow bot den Gormans außer finanzieller auch emotionale und moralische Unterstützung an, und das NIDS-Team besetzte die Ranch mit erfahrenem wissenschaftlichen Personal und mit Hightech-Geräten.

Zunächst wurde das Gebiet vollkommen sicher abgeriegelt. Es wurden Kontrolltürme, ein Kontrollzentrum und mehrere Masten mit Video- und anderen Überwachungsinstrumenten eingerichtet. Sodann wurde das Gebiet Tag und Nacht überwacht. Es war die intensivste und rigoroseste Überwachung eines UFO-Hot-Spots, die jemals durchgeführt wurde.

Seit dem Herbst 1996 bis zum Sommer 2002 drang nichts von den NIDS-Untersuchungen an die Öffentlichkeit. Zu den Untersuchungen wurden keine UFO-Forscher hinzugezogen. Jeder der Wissenschaftler wurde zur strikten Geheimhaltung verpflichtet. Bigelow verlangte höchste wissenschaftliche Standards bei jeglicher Untersuchung, weil die Reputation und Glaubwürdigkeit seines Teams schon durch eine einzige nachlässige Prüfung oder unterlassene Kontrolle in Misskredit geraten wären.

Bald verbreitete sich das Gerücht, Bigelow arbeite für die CIA. Andere meinten sogar, er würde auf der geheim gehaltenen Ranch mit Aliens zusammenarbeiten. Skeptiker kündigten an, dass NIDS keine Resultate habe und darum schweige. Denn immer wenn ein paranormales Phänomen einer rigorosen Untersuchung ausgesetzt würde, verflüchtigten sich solche Erscheinungen unvermeidlich. Darin hatten sie in gewisser Weise auch recht. Denn in der Parapsychologie wie in der UFO-Forschung hat man es mit einem evasiven Phänomen zu tun, das von einer Intelligenz besetzt ist (innerpsychisch oder fremdpsychisch), die sich einem direkten Zugriff entziehen kann.

Der publicityscheue Bob Bigelow gab schließlich eines seiner seltenen Interviews.

Einer Zeitung aus Utah erklärte er, dass NIDS nicht mit ETs oder Lizards kommunizieren würde. Er wolle für eine gewisse Zeit sein Team ohne Störung durch neugierige UFO-Forscher und Skeptiker untersuchen lassen. Und er äußerte nach den gemachten Erfahrungen den Verdacht: »Das Phänomen scheint darin selektiv zu sein, wie und wem gegenüber es sich zeigt.«

Wie Tom Gorman vermutet hatte, verringerten sich die Phänomene mit der Ankunft der NIDS-Wissenschaftler deutlich. Doch auch

Fig. 1: Die Teilnehmer am *1997 Pocantico UFO-Workshop* bei New York. Personen v. l. n. r.: Prof. T. Holzer, Prof. V. Eshelman, Dr. M. Rodeghier, John Schuessler, Prof. H. Melosch, Prof. J. Jopkii, Dr. H. Putthof, Prof. D. Pritchard, Prof. P. Sturrock, Prof. C. Tolbert, Dr. F. Louange, Dr. L. Rockefeller, J. J. Velasco, I. von Ludwiger, Dr. H. Diamont, Mascha Sims, Dr. J. Vallée, Prof. B. Haisch, Dr. B. Veyret, Dr. R. Haines, Prof. M. Swords, Prof. J. Papike, Dr. G. Reitz, Prof. E. Strand.

Fig. 2: Treffen einiger der bekanntesten UFO-Forscher der Welt 1996 in Stanford (v. l. n. r.): Dr. J. Vallée, I. v. Ludwiger, Prof. Sturrock, Dr. R. Haines und Prof. B. Haisch.

Fig. 3: Der Autor 1996 in Palo Alto bei James McCampbell, der in seinem Buch *UFOlogy* (1973) erstmals einige der beobachteten Effekte in der Umgebung von UFOs physikalisch zu deuten versuchte.

Fig. 4: Moskau im Mai 1995: Der Autor im Gespräch mit russischen UFO-Forschern: dem Biologen Prof. Juri Simakow und dem Anthropologen Prof. A. Subow (Prof. Simakow entdeckte spiralförmige Muster am Borden von UFO-Landestellen, in denen sich auch noch nach Jahren keine Bodenbakterien zeigten).

Fig. 5: Der ehemalige U-Boot-Kommandant und Leiter der größten UFO-Forschungsgesellschaft in Russland, Dr. W. Aschascha, zeigt dem Autor ein Stück Schlacke, das im Mai 1995 vom Rand eines UFOs herabtrofte.

Fig. 6: St. Petersburg, 2000: Der Autor zu Gast bei Physiker Dr. S. Kusionov, der Mathematikern Dr. Tatjana Iwanowa und dem Sicherheitsbeauftragten der Stadt, Mordwin-Schodro, der die UFO-Landungsfälle und -Radaraufzeichnungen im Raum St. Petersburg untersuchte.

Fig. 7: Dr. F. Jermilen aus Nischni-Nowgorod mit Valerij Winogradow 1997 in München. Dr. Emilen hat Berichte über unbekannte Flugobjekte aus Tschernobyl gesammelt, die noch wenige Tage vor der Reaktorkatastrophe gesehen wurden.

Fig. 8: MUFON-CES-Tagung 1991 in Heidelberg: General a.D. A. N. Stubblebine und die New Yorker Kinder-Psychiaterin Dr. Rima Laibow sprechen über ihre Untersuchungen von durch UFOs Entführte in den USA und in Russland.

Fig. 9: Feldkirchen-Westerham, 2004: Im Anschluss an die 30. Jahrestagung der MUFON-CES zeigt Ray Stanford (USA, links) den Herren Prof. A. Meessen (Belgien, stehend) und V. Ballester-Olmos (Spanien) die von ihm aufgenommenen Fotos unidentifizierter Flugobjekte.

Fig. 10: Werner Utter, Chefpilot und ehemaliger Vorstandsvorsitzender der Deutschen Lufthansa, berichtete 2002 über seine drei Sichtungen unbekannter Flugobjekte von Bord seiner Maschine aus.

Fig. 11: Einer der Prototypen der von MUFON-CES entwickelten automatischen optischen Überwachungs- und Verfolgungsanlage *SkyScan*, der im Jahre 2008 nochmals durch ein kleineres und billigeres Gerät ersetzt worden ist.

Fig. 12: Dr. med. Welliade Carvalho de Oliveira, die im November 1977 in Nordbrasilien 40 Patienten behandelt hat, die von Strahlen aus UFOs angegriffen wurden.

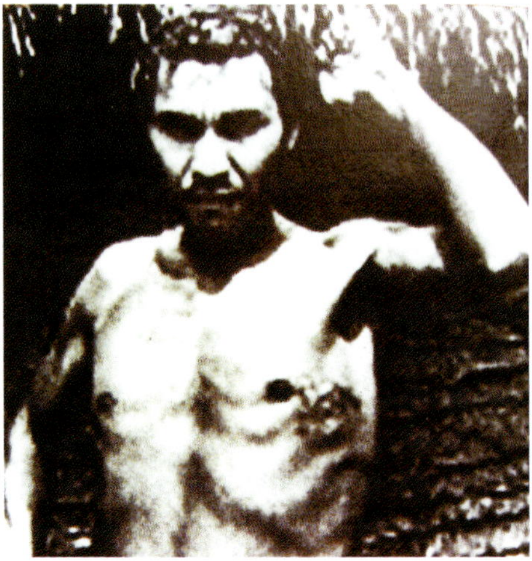

Fig. 13: Ein Strahlenopfer, das noch 18 Monate nach dem Beschuss mit einem »Lichtstrahl«, der von einem unidentifizierten Flugobjekt emittiert worden war, Hand- und Brustnarben aufzuweisen hatte.

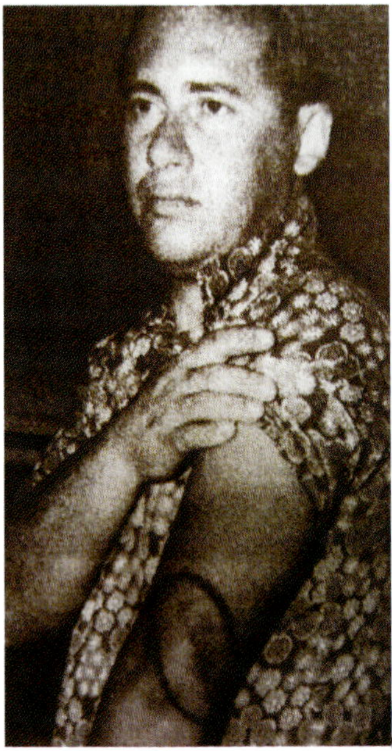

Fig. 14: Wunde am Arm, entstanden durch den Beschuss mit einem »Lichtstrahl« aus einem UFO in Brasilien (Bilder dieser Seite mit freundlicher Erlaubnis von G. Greighton (†) aus der *Flying Saucer Review*).

Fig. 15a: Schuppen auf der Utah-Ranch, auf der sich paranormale und UFO-Phänomene ereigneten, die sechs Jahre lang von NIDS-Wissenschaftlern untersucht wurden. (Copyright © NIDS)

Fig. 15b: Das Wohnhaus auf der Utah-Ranch. (Copyright © NIDS)

Fig. 15c: Seltsame Lichterscheinung, die auf dem Gelände der Utah-Ranch aus dem Boden kam. (Copyright © NIDS)

Fig. 16a: Kreis auf einer Eisfläche, dessen Ursprung den NIDS-Wissenschaftlern rätselhaft blieb. (Copyright © NIDS)

Fig. 16b: Reste eines Kalbes, das von den Gormans noch eine Stunde zuvor markiert worden war und danach unerklärlicherweise zerstückelt aufgefunden wurde. (Copyright © NIDS)

den NIDS-Untersuchern zeigten sich die meisten der zuvor berichteten Phänomene, wenn auch nur selten. Sie hörten erst im Jahre 2002 allmählich und 2004 ganz auf. Darum erhielt der Journalist und Fernsehmoderator des Las-Vegas-TV-Senders, George Knapp, der vor einigen Jahren den Physiker Robert Lazar bekannt gemacht und versteckt hatte, von Bob Bigelow 2003 als Erster die Erlaubnis, den Abschlussbericht zu lesen und darüber öffentlich zu berichten.

George Knapp, den wir, Rolf-Dieter Klein und ich, 1995 in Richmond persönlich als kritischen Journalisten kennengelernt hatten, nahm an einigen Nächten selbst an Untersuchungen teil. Beim Lesen des Abschlussberichtes sträubten sich ihm die Haare, schreibt er in *UFO – The Science and Paranormal Magazine* (April/Mai, S. 52–57 und Juni/Juli 2003, S. 34–39; Vol. 18, Nr. 2 und 3), obwohl die NIDS darin keinerlei Aussagen über ETs, Geister oder Skinwalkers macht, sondern nur die Daten gesammelt, überprüft und korreliert hat. Knapp berichtet, was zwischen 1996 und 2002 auf der Ranch geschah:

Bereits am 16. September 1996, als sich das NIDS-Team nachts gegen 1.30 Uhr im Beobachtungs-Trailer aufhielt, erschien draußen ein gleißend helles Licht und schwebte rund zehn Minuten über den Bäumen. Die davon gemachten Fotos zeigten nur das Licht ohne Strukturen. Tage später sahen die NIDS-Beobachter nachts farbige Bälle und unidentifizierbare Flugobjekte. Aber ihre Versuche, deutliche Bilder auf Fotos oder Video zu bekommen, blieben nicht überzeugend. Die Teammitglieder und Tom Gorman beobachteten viele seltsame Erscheinungen am Himmel, benutzten Ferngläser und Nachtsichtgeräte. Aber mit wenigen Ausnahmen konnten die Objekte unerklärlicherweise nicht gut auf Filmen oder Videotapes registriert werden. Skeptiker interpretieren das Fehlen eindeutiger fotografischer Beweise für ihre Sichtungen selbstverständlich als bequeme Ausrede der Wissenschaftler.

In einem vertraulichen Bericht, der für die NIDS-Leitung in Las Vegas verfasst wurde, werden Dutzende von UFO-Sichtungen der NIDS-Untersucher und anderer Zeugen aufgeführt, die während der Monate Oktober und November 1996 interviewt wurden. So hatten Nachbarn der Gormans beispielsweise 100 Meter von ihrem Haus ein Objekt in Form eines mexikanischen Hutes am Himmel gesehen. Ein andermal sah die Frau des Nachbarn eine silberne Scheibe ganz in der Nähe fliegen.

Tom Gorman sah am 10. November nachts drei »Scheinwerfer« dicht über den Boden gleiten. Drei Tage später gelang dem NIDS-Team die Aufnahme eines gelb leuchtenden Objekts um 1.30 Uhr nachts.

Am 21. Januar 1997 entdeckte Tom drei verletzte Kälber. Dem einen fehlte das Ohr, dem andern das Auge, einem dritten waren Schnittwunden zugefügt worden.

In den nächsten Monaten verließen die Wissenschaftler die Ranch, um nur noch dann zu erscheinen, wenn Tom Gorman ihnen telefonisch von einem besonderen Vorfall berichtete.

Am 10. März rief Tom in Las Vegas an, um mitzuteilen, dass wieder eines seiner wertvollen Black-Angus-Kälber zerstückelt wurde. Fünf Stunden später trafen NIDS-Leute auf der Ranch ein. Ihnen stand ein Privatflugzeug von Bob Bigelow zur Verfügung.

Aufgeregt berichtete Tom, er und seine Frau hätten an diesem hellen sonnigen Morgen einige der neugeborenen Kälbchen mit einer Marke im Ohr markieren oder etikettieren wollen. Als sie das erste Kälbchen etikettiert hatten, gingen sie rund 200 Meter weiter zu einem zweiten Kälbchen, das sie einfangen und dann ebenfalls markieren wollten, was etwa 45 Minuten in Anspruch nahm. Schließlich hörten sie aus der Richtung, wo sie das erste Kälbchen etikettiert hatten, ein markerschütterndes lautes Brüllen einer Kuh. Schnell liefen die Gormans zu dieser Kuh, der Mutter des ersten Kälbchens, und fanden dieses tot und vollständig von sämtlichen Fleischteilen entblößt. Die Eingeweide des Kälbchens waren in einem seltsamen Muster in fast ritueller Weise am Boden ausgebreitet. Am Boden ließ sich – wieder wie immer in derartigen Fällen – kein Tropfen Blut finden (Fig. 16b).

Am selben Tag verschwand noch ein anderes Kalb nach dem Etikettieren spurlos.

Die Reste des Kadavers wurden an zwei verschiedene Pathologielabors gesandt. Sie stellten fest, dass von dem betreffenden Kalb mit rund 40 Kilogramm Gewicht etwa 20 Kilogramm Fleisch fehlten. Als Untersuchungsergebnis wurde jeweils mitgeteilt, dass das Kalb mit zwei verschiedenen Instrumenten geschlachtet worden war: mit einer schweren Machete und mit einer scharfen Schere.

Zwei Tage später begannen die Hunde nachts laut zu bellen. Die NIDS-Leute und Tom Gorman machten sich auf die Suche nach der Ursache. Tom nahm sein Jagdgewehr und fuhr mit seinem Geländewagen in die Richtung, in die die Hunde liefen; zwei NIDS-Mitarbeiter folgten in ihrem Wagen. Die Hunde hielten vor einem Baum und bellten nach oben. Im Scheinwerferlicht sahen die Zeugen sechs Meter hoch in einem Baum zwei große gelbe Reptilaugen leuchten. Der Kopf des Tieres war schätzungsweise 90 Zentimeter breit. Am Fuße des Baumes befand sich ein anderes riesiges, haariges Tier mit hundeartigem Kopf und muskulösen Vorderbeinen.

Tom Gorman gab aus zwölf Metern Entfernung mehrere Schüsse auf dieses Tier ab. Daraufhin verschwand das Tier, das am Boden stand. Von anderen Schüssen getroffen fiel das Tier im Baum auf den teilweise mit Schnee gedeckten Boden. Alle hörten, wie es beim Fallen durch Zweige und Büsche krachte. Dann lief es fort. Die drei verfolgten das Tier, hofften, es »wegen seiner Verwundung« bald einzuholen. Aber sie verloren es, entdeckten auch keine Spuren und keinerlei Blutspur auf der Schneedecke. Am nächsten Tag wurde ein professioneller Jäger geholt, der die einzigen physikalischen Spuren analysierte, die das Tier hinterlassen hatte. Am Baum und im Schnee fanden sich große Drei-Klauen-Abdrücke mit Krallen. Der Abdruck stellte sich als identisch mit solchen heraus, die einem (längst ausgestorbenen) Velociraptor-Saurier gehörten. Mit Dinosaurierspuren kennt man sich im Uintah-Basin aus, das wegen der vielen Funde dort auch »Dinosaurierland« genannt wird.

Am 2. April 1997 verschwanden ein Kalb und außerdem alle drei Hunde auf Nimmerwiedersehen.

Nach einer mehrere Monate währenden Rund-um-die-Uhr-Überwachung zeichnete sich ein verrücktes Muster ab: Das Phänomen schien in der Lage zu sein, die Handlungen der Wissenschaftler im Voraus zu wissen. Wenn beispielsweise eine Extra-Kamera auf der südlichen Weide plaziert wurde, um ein Phänomen genauer zu untersuchen, passierte die Aktivität auf der entgegengesetzten Nord-Weide. Wenn sich die Aufmerksamkeit auf das zentrale Hauptgebäude konzentriert hatte, dann wandten sich die Phänomene ab zum nahen Gebirge, von dem aus man das Gelände überblicken kann.

Ende Mai 1997 erschienen auf dem Gelände der Ranch mehrere Lichter, die erloschen und mehrere zehn Meter weiter wieder aufleuchteten.

Colm Kelleher empfand sehr deutlich, dass er von irgendwoher beobachtet wird, konnte aber niemanden sehen. Dasselbe Empfinden hatte auch ein kanadischer NIDS-Forscher auf der Ranch. Einige Male manifestierte sich eine dunkle Wolke in den Bäumen, aus der die NIDS-Forscher angesprochen wurden. (Kelleher & Knapp, 2005, S. 235)

Oftmals war die Luft von einem stechenden fauligen Geruch angefüllt, der entstand und wieder verging und sich auch im Trailer auszubreiten begann. Diesen ekligen Geruch bemerkten auch die Nachbarn auf ihrem Grundstück, bei denen ebenfalls einmal beobachtet wurde, wie eine unsichtbare Kraft ihre Herden teilte.

Der NIDS-Mitarbeiter Dr. Chad Deedken hatte in der Nacht vom 27. zum 28. August 1997 stundenlang im Freien meditiert. Gegen 2.30 Uhr begab er sich mit Tom Gorman auf einen Kontrollgang auf eine der Weiden der Ranch. In einer Entfernung von 50 Metern erblickten sie beide ein schwaches Glimmen 30 Zentimeter über dem Boden, das immer heller und größer wurde (von rund drei Zentimetern zu 1,20 Metern Durchmesser) und schließlich die leuchtende Form eines Tores oder den Eingang eines Tunnels annahm. Durch das Nachtsichtgerät konnte Chad Deedken erkennen, wie sich eine große dunkle menschliche Gestalt von etwa 1,80 Metern Größe bemühte, aus dem Lichttunnel herauszukriechen. Nach einigen Minuten hatte sie sich aus dem Licht herausgewunden und verschwand in der Dunkelheit. Gleich nachdem sie verschwunden war, schrumpfte das Licht wieder und war nach 30 Sekunden nur noch halb so groß und dunkler. (Ein ähnlicher Fall ereignete sich übrigens 1966 in Rosdale, Alberta, Kanada. Damals waren drei menschliche Wesen in einem leuchtenden Tor gesehen worden. Eine Gestalt kam für kurze Zeit daraus hervor.) Chad Deedken versuchte, einige Fotos zu machen, die jedoch später nur einen verwaschenen Lichtfleck zeigten.

Im Juli 1998 hatten die NIDS-Leute drei Plattformen an Masten in den Koppeln in einem gegenseitigen Abstand von 70 Metern aufgestellt, auf denen sich Videokameras, Restlichtverstärker-Kameras und andere Sensoren befanden. Jede der Kameras hatte zwei andere im Blickfeld. Im Kontrollzentrum konnten die Ereignisse auf drei Monitoren verfolgt werden. Am 19. Juli 1998 um 20.30 Uhr fielen die Kameras auf der westlichen Plattform plötzlich aus.

Die NIDS-Ingenieure begaben sich zu dem betreffenden Mast und inspizierten die Anlage. Sie entdeckten, dass irgendetwas die elektronische Ausrüstung zerstört hatte. Drähte waren mit erheblicher Kraft aus den Kameras herausgezogen worden. Plastikklammern waren entzweigebrochen, und die dicken Schichten von Isolierband, die die Geräte fixiert hatten, waren abgetrennt worden. Ein 30 Zentimeter langes Verbindungskabel war verschwunden. Andere Kabel waren offensichtlich mit einem scharfen Messer aufgeschlitzt worden.

Aufgeregt liefen die Ingenieure zurück zur Kontrollzentrale und spulten die Aufzeichnung einer 60 Meter entfernten, noch funktionierenden Kamera zurück, die die beiden defekten Kameras ständig im Blickfeld gehabt hatte. Plattform, Kameras und Verkabelung waren deutlich zu erkennen. Doch die Ursache der Zerstörung zeigte sich nicht. Es war einfach ohne sichtbare Ursache geschehen. Nichts auf dem Videoband wies auf einen äußeren Eingriff zur Zeit des Ausfalls an den Kameras hin. Das Einzige, was nach einer hohen Auflösung des Videobandes zu erkennen war, war das gleichzeitige Verlöschen der roten Betriebsanzeige-Lämpchen an den Kameras um 20.30 Uhr.

Im Oktober 1998 lief eine menschliche Figur über das Feld, fünf Kilometer von der Ranch entfernt. Die Kameras registrierten zur selben Zeit etwa ein Dutzend Lichter, die sich schnell wie Meteorite am Himmel bewegten.

Im Laufe der Zeit begegneten die Gormans einer ganzen Menagerie von unbekannten Tieren auf und nahe ihrer ehemaligen Farm. Tom hatte auf der Ranch zwei Pferde abgestellt, um auf diesen zwischen seiner alten und seiner neuen Ranch hin- und herreiten zu können. Als das Ehepaar Gorman an einem hellen Nachmittag im April 1999 aus der Stadt zurück zur Ranch kam, sah es gerade rechtzeitig, wie eines ihrer Pferde von einem Tier angegriffen wurde, das flach auf dem Boden stand, ein rotbraunes Fell und einen buschigen Schwanz hatte und am ehesten einer muskulösen Hyäne glich. Es schien mit seinen Klauen mit den Füßen des Pferdes zu spielen. Als Tom darauf zulief, verschwand das Tier irgendwie vor seinen Augen. Das Pferd hatte von den Klauen Schnittwunden an den Beinen.

Ein ähnliches Tier beobachtete die Frau des Sheriffs auf ihrer Weide, die sich in der Nachbarschaft der Gormans befindet.

Auf dem Farmgelände wurden im Jahre 2000 auch farbige exotische Vögel gesehen, »wie rote Kolibris«, die niemand einer bekannten Art zuordnen konnte.

Nachdem die paranormalen Phänomene auf der Ranch im neuen Jahrhundert nur noch sehr sporadisch aufgetreten waren, trat im Februar 2002 eine Erscheinung auf, die unerklärlich blieb. Tom hatte NIDS davon unterrichtet, dass er auf einem Teich auf dem Gelände der Ranch, der mit einer zwei Zentimeter dicken Eisschicht bedeckt war, einen 1,8 Meter Durchmesser großen Kreis entdeckt habe, der 0,7 Zentimeter tief eingeritzt worden war. Die NIDS-Leute untersuchten ihn mit Wärmebildkameras, Magnetdetektoren, Geigerzählern, elektromagnetischen Strahlungsmessern und probierten diesen Effekt irgendwie nachzuahmen. Die Fläche war nicht eingeschmolzen, sondern die Ränder sahen aus, als sei das Eis eingeschnitten worden. Auch diese Erscheinung hat sich nie wieder gezeigt (Fig. 16a).

Bereits im Sommer 1997, nachdem sich kaum etwas Außergewöhnliches auf der Utah-Ranch gezeigt hatte, hatte sich Dr. Kelleher nach einem anderen »Hot-Spot« umgesehen und ein ähnlich eigenartiges Gebiet in Dulce, in New Mexiko, gefunden.

2002 wurden die Untersuchungen auf der Utah-Ranch durch NIDS vorübergehend eingestellt. Aufgegeben wurde das Projekt endgültig im Sommer des Jahres 2004.

NIDS konnte die Hypothesen ausschließen, dass es sich um Schwindel, Halluzinationen oder um Effekte handelte, die durch tektonische Spannungen verursacht werden. Die Phänomene ereigneten sich jeweils unvorhersehbar, entzogen sich weitgehend einer Registrierung, waren qualitativ einmalig und tauchten jeweils an verschiedenen Stellen auf. Die Anwesenheit von etwas Unsichtbarem wurde von allen Anwesenden gespürt. 1997 konnte Tom Gorman beispielsweise aus einigen Metern Entfernung im Kanal an dem aufgewühlten Wasser, den verursachten Wellen und Spritzern und an der geteilten Strömung erkennen, dass jemand Unsichtbares durch das Wasser laufen musste.

Auch das Provozieren der Phänomene durch Graben – was verboten war – oder durch konzentrierte Meditationen ließ zwar unbekannte Lichter oder einen Tunnel erscheinen, die sich dann jedoch nicht klar registrieren ließen.

Man versuchte schließlich durch den Einsatz von spirituellen Medien Aufschlüsse über das Unsichtbare auf der Ranch zu gewinnen. Ingo Swann war in der Lage, die Ranch aus großer Distanz richtig zu beschreiben, mit allen Gebäuden, Kanälen und Baumgruppen. Eine Stelle im Südwesten der Ranch bezeichnete er als die Quelle einer »beunruhigenden« Energie. Ein anderer Sensitiver, dessen Namen nicht genannt, der aber als Ed Dames identifiziert werden kann, fühlte, dass die Viehverstümmlungen von einer »roboterartigen Drohne« ausgeführt werden, die »interdimensionalen Ursprungs« sei.

Diese Informationen haben aber keinerlei wissenschaftlichen Wert.

Alle spürten, dass die unsichtbare Intelligenz emotionale Reaktionen provozieren wollte, vielleicht in der Absicht, durch sie bestimmte Wirkungen zu erzielen.

3.2.5 Ergebnisse der NIDS-Untersuchungen

Für alle Wissenschaftler war das Frustrierende ihrer Forschung, dass die vielen paranormalen Phänomene, die man beobachtet und teilweise registriert hatte, für keine wissenschaftliche Präsentation weder auf einem Kongress noch in einer von Referenten überprüften Fachzeitschrift taugten. Das heutige wissenschaftliche Forum verlangt neben eindeutigen Beweisen auch Schlussfolgerungen aus den beobachteten Phänomenen. Die konnten die NIDS-Forscher aber nicht liefern.

Ein konklusiver Beweis, der für irgendetwas hätte angeführt werden können, wurde nicht erhalten.

Colm Kelleher erklärte in einem Interview:

»Ich hatte gedacht, wenn wir genügend Personal und Geräte an diesen Ort brächten, alle Hindernisse, die einer wissenschaftlichen

Behandlung im Wege stehen, beseitigen, dann würden wir schon die Antworten bekommen. Aber wir haben jetzt die vielen merkwürdigen Fälle – nahezu 100 –, viele davon ausgezeichnet dokumentiert, doch wenn man versucht, darin einen wissenschaftlichen Beweis für irgendetwas zu sehen, dann wird man ausgelacht. Weil man nichts erklären kann, hat NIDS auch den Bericht über die Ergebnisse nicht in einer Fachzeitschrift veröffentlicht. Die einzige Erkenntnis, die uns aus den Daten entgegenspringt, ist die Tatsache, dass diese Dinge unreproduzierbar sind. Keine zwei Ereignisse wiederholen sich in derselben Weise. Es ist fast so, als gebe es eine Lernkurve, und wir würden entlang dieser geführt. Das ist das Einzige, was hier konsistent ist.«

Ein nicht genanntes NIDS-Mitglied, bezeichnet als »Mitarbeiter verschiedener Militärprogramme« (vermutlich Dr. Harold Puthoff), äußerte sich wie folgt:

»Das Ganze ist eine sehr schmutzige Affäre. Nichts ist klar umrissen. Es liegt keineswegs so einfach, dass man entscheiden könnte, ob ETs oder Fliegende Untertassen für alles verantwortlich sind.«

Dieser Physiker wurde auf der Ranch auch kurzzeitig von einer feindlichen Intelligenz besessen und hörte dabei in seinem Kopf eine Stimme, die ihn warnte, weiter zu untersuchen. Denn seine Anwesenheit sei nicht erwünscht.

Er stellt fest:

»Was die Aktivitäten auf der Utah-Ranch veranstaltet, ist eine Art von Bewusstsein, das immer wieder etwas Neues, Verschiedenes, Nicht-Wiederholtes hervorbringt. Es richtet sich gegen Menschen und deren Ausrüstungen. Wir richteten die Ranch als Testgebiet für die Anwendung der wissenschaftlichen Methode ein. Doch Wissenschaft scheint der Lösung dieser Art von Problemen nicht zugänglich zu sein.«

Dr. John Alexander prägte den Ausdruck »Präkognitiv fühlende Intelligenz«, denn, so sagt er, »sie wusste mit Sicherheit über das Bescheid, was wir vorhatten, noch bevor wir es ausführten«. Diese Intelligenz habe alle an der Nase herumgeführt, die versucht haben, sie systematisch zu beobachten.

Der Abschlussbericht enthält sieben Fälle, in denen eine magnetische Anomalie aufgetreten ist: Kompassnadeln rotierten gelegentlich wie wild oder zeigten nach unten zum Boden. Kurze Zeit später war wieder alles normal. Keiner kann das erklären.

Insgesamt nahmen während der sechsjährigen Untersuchungszeit durch NIDS 14 Rinder ein schlimmes Ende oder sie verschwanden. Als Experte für Viehverstümmlungen wurde Captain Keith Wolverton auf die Ranch geholt. Dieser hatte seit 1975 Untersuchungen solcher Vorgänge mit dem *Cascade Mountain County Sheriff's Department* in Great Falls, Montana, durchgeführt. Wolverton berichtete, dass er beim Auftreten der ersten Cattle-Mutilations-Fälle seinem Boss gesagt hatte:

> »Gib mir sechs Wochen Zeit, und ich werde das Mysterium gelöst haben … Seit damals ist es fast 30 Jahre her, und ich bin immer noch mit vielen Fragen beschäftigt, aber mit keinen Antworten.«

Obwohl die eigentlichen Untersuchungen auf der Utah-Ranch abgeschlossen waren, befanden sich 2003 noch immer NIDS-Kontrolleure dort und bewachten das Gelände rund um die Uhr.

Dr. Kelleher hat NIDS im Jahr 2004 verlassen. Gemeinsam mit George Knapp schrieb er ein Buch über die Erlebnisse auf der Utah-Ranch (Kelleher & Knapp 2005), aus dem ich zitierte.

3.2.6 Vergleiche mit ähnlichen Phänomenen an anderen UFO-Hot-Spots der Erde

Es gibt auf der Erde mehrere Gebiete, in denen paranormale und UFO-Beobachtungen außerordentlich häufig gemacht werden. Die Erscheinungen sind jedoch von Ort zu Ort charakteristisch verschieden. Der Utah-Ranch analoge Phänomene werden beispielsweise aus folgenden Gebieten gemeldet:

- Dulce, New Mexico
- »M-sker Dreieck« um Molobka bei Perm am Ural
- Naltschik, Kaukasus
- Puerto Rico
- Yakima, Südzentral-Washington (Ostabhänge der Colorado Mountains)

An anderen Stellen haben die anomalen Phänomene eine andere spezifische Eigenschaft. Angriffe und Entführungen durch unidentifizierte Flugobjekte wurden Mitte der 1970er-Jahre aus Belem, Brasilien, und in unserem Jahrhundert in Uttar Pradesch, Indien (siehe Fallsammlung Nr. 80), gemeldet.

Unidentifizierbare Lichtkugeln und UFOs tauchen häufig auf in:

- USA: Marfa, NM; Pensacola, Gulf Breeze, NM; Sedona, Arizona; San Louis Valley, CO
- Kanada: Lake Ontario, St. Louis, Lake Tagish, Saguenay
- England: Longdendale Valley
- Irland: Boyle
- Norwegen: Hessdalen
- Österreich: Knittelfeld bei Graz
- Australien: Min-Min, Byron Bay, Northern Beach
- China: Wu Tai Shen Mountain

Große fliegende Dreiecke wurden in den 1970er- und 1980er-Jahren sehr oft in Pine Bush, Hudson Valley, New York, gesehen.

Das sind nur einige Plätze auf der Erde, über die in der Literatur berichtet wurde. Mit Sicherheit gibt es noch viele weitere Hot-Spots auf der Erde mit ähnlich vielen außergewöhnlichen Phänomenen, über die aber bisher noch nie jemand geschrieben hat.

Nur in Hessdalen haben Wissenschaftler versucht, mit modernsten optischen und Radargeräten die Entstehung der Lichterscheinungen zu untersuchen, so wie auf der Utah-Ranch.

Es gelangen gute Filmaufnahmen von Lichtern, die sich teilten und wieder vereinigten, sowie Spektralaufnahmen. Eine Automatische

Messstation (AMS) soll die auftretenden Erscheinungen noch heute registrieren. Im August 2000 beteiligte sich eine italienische Radioastronomie-Gruppe an den Forschungen. Im Rahmen des Projekts EMBLA (*Electro Magnetic Behavior of Luminous Anomalies*) versuchten sie zu klären, woher die Energie kommt, die zur Erzeugung der Lichterscheinungen erforderlich ist. Die Ergebnisse blieben allerdings frustrierend unschlüssig. (Teodorani 2004)

Anlässlich der 30. Jahrestagung der MUFON-CES in Frankfurt im November 2004 hatten wir die Presse eingeladen, sich Filme von den eigenartigen Lichterscheinungen in Hessdalen anzusehen und darüber zu berichten. Die Presse war nicht interessiert. Nachdem Prof. Strand, der Leiter des Hessdalen-Projekts, seinen Vortrag beendet hatte, berichtete er noch über eine seiner merkwürdigen Beobachtungen im Hessdalen-Tal. Einmal sei ein länglicher Körper am Himmel erst klein, dann immer länger werdend, wie hinter einem Vorhang in Erscheinung getreten. Das erinnert stark an den »Tunnel« auf der Utah-Ranch, aus dem einmal ein dreieckförmiges Objekt und ein andermal eine große Gestalt herauskam. Erling Strand wird so einen »Tunnel« von der Seite gesehen haben (siehe auch Abb. 5b).

Aus dem Amazonas-Delta um die Gegend von Belem kamen beunruhige Nachrichten über unbekannte Flugobjekte, die Menschen mit »Lichtstrahlen« angriffen. Die Objekte hatten die Formen von Kugeln, Spindeln, Tellern mit und ohne Kuppeln, und es gab Objekte »groß wie ein Kühlschrank«. Diese zuletzt genannten rechteckigen fliegenden Gegenstände werden in Brasilien Chupa-Chupa genannt und gleichen der Beschreibung, die von Tom Gorman über solche Objekte gegeben wurden.

Aus Brasilien wird auch ein ähnlicher Fall berichtet, wie jener der fliegenden blauen Kugel, die Tom Gormans drei Hunde zu fangen versuchten, dabei dann aber letztlich verbrannten. Im September 1968 tauchten in den Morgenstunden über den Feldern und Dächern eines Dorfes nördlich von Rio de Janeiro mehrere leuchtende Bälle auf, die von einer schaumartigen Substanz umgeben waren. Viele Menschen versuchten die Bälle zu fangen, und die Kinder beteiligten sich an der Jagd. Doch jedes Mal, wenn sie nahe an die Kugeln herangekommen waren, flogen diese in die Höhe. Einem Kind gelang es schließlich, einen Ball zu berühren. Schreiend vor Schmerzen zog es seine Hand zurück. Die Verbrennung war so stark, dass sie im Hospital behandelt werden musste. (Irene Granchi, 1994)

Mitte der 1970er-Jahre wurden ganz bewusst Menschen mit »Solid-Light-Strahlen« aus UFOs angegriffen und verletzt. Die Ärztin Dr. Wellaide Cecim Carvalha de Oliveira hat 1977 und 1978 allein rund 40 Opfer aus der Provinz Colares, Nord-Brasilien, behandelt (Bildteil, Fig. 12). Die Wunden, zwei Löcher, befanden sich jeweils am Nacken, auf der Brust und an den Oberarmen. Der Lichtstrahl lähmte die Opfer und ließ noch tagelang ein Gefühl der Taubheit an den betroffenen Stellen der Opfer zurück, die unter Kopfschmerzen und Übelkeit litten. Die vorgesetzte Behörde verbot Dr. Carvalha, über die Vorfälle zu reden, und die brasilianische Luftwaffe traf erst 90 Tage nach dem dringenden Hilfeersuchen der Einwohner ein und evakuierte den betreffenden Ort. (Carlos Mendes, 2005; Bob Pratt, 1996) (Siehe im Bildteil Fig. 13 und 14 sowie Fall 49 im Anhang.)

Viehverstümmlungen werden von Rinderzüchtern in aller Welt gemeldet. Bereits 1810 gab es solche Fälle in England und Schottland. Der erste berühmt gewordene Fall ereignete sich am 9. September 1967 im San Luis Valley in Colorado, wo man das Teilskelett der Pferde-Stute »Snippy« (bzw. Lady) fand.

In den 1960er-Jahren wurden auch auf der Farm des Vorbesitzers der Gormans in Utah verstümmelte Kühe gefunden. Zwischen 1975 und 1977 gab es allein im Staate Colorado 200 von Unbekannt sezierte Kühe auf den Weiden. Tausende solcher Fälle wurden der Polizei in 15 amerikanischen Staaten gemeldet. Schließlich wurde im April 1979 in Albuquerque unter der Leitung des Geologen Harrison Schmitt extra ein Hearing über das mysteriöse Tiersterben abgehalten. Besonders unerklärlich blieb die Tatsache, dass in keinem einzigen Fall Blut an den Kadavern und/oder irgendwelche Fußspuren gefunden worden waren.

Aus aller Welt gibt es Berichte über verstümmelte Tierkadaver. Opfer waren außer Kühen auch Pferde, Schafe, Ziegen, Hunde, Katzen, Hasen, Eichhörnchen und Opossums. (Lammer & Sidla 1995) Immer zeigten die toten Tiere weder Anzeichen eines Kampfes noch einer Gegenwehr. Es fehlten ihnen einige innere Organe, Geschlechtsorgane und meistens noch ein Auge, ein Ohr oder/und die Zunge. Oft waren auch das Gebiet um die Schnauze und der Rektalbereich herausoperiert worden. Die Operationen wurden, nach Untersuchungen von Veterinärmedizinern, rasch und wie mit einem Laserstrahl ausgeführt. Damit scheiden Coyoten, Bergtiger, Bären oder wilde Hunde als Verursacher aus. Übrigens meiden auch Aasfresser diese Kadaver.

Sogar auf dem streng bewachten militärischen Gelände in den Cheyenne Mountains, wo sich das Hauptquartier der militärischen Luftraumüberwachung der USA, *North American Aerospace Defense Command* (NORAD), befindet, wurde am 6. Juli 1975 dicht beim Eingangstor eine verstümmelte Kuh gefunden. (*Gazette Telegraph*, Colorado Springs, vom 23. Oktober 1975)

Lou Girodo, Sheriff und Chef-Untersucher aus Trinidad, Colorado, erklärte gegenüber der Fernsehjournalistin und Emmy-Preisträgerin Linda Moulton Howe:

> »Es ist sehr gut möglich, dass diese Verstümmlungen von außerirdischen Kreaturen vorgenommen werden.«

Linda Howe schrieb 1989 über ihre zehnjährigen Nachforschungen das Buch *An Alien Harvest.* (Howe 1989)

Der ehemalige Sheriff aus Elbert, Colorado, Bill Vaughn, erzählte Linda Howe, dass Verstümmlungen immer mit orange leuchtenden fliegenden Bällen assoziiert sind.

Es gibt Berichte von glaubwürdigen Zeugen, die gesehen haben, wie Tiere von kleinen Menschen in ein UFO transportiert wurden (z. B. das Ehepaar Watson auf ihrer Farm bei Mt. Vernon, Missouri, Juli 1983).

Linda Howe berichtet über die Beobachtungen einer Frau und ihres Sohnes bei Cimarron, New Mexico, aus dem Jahre 1988. Beide waren nachts im Wagen auf einer einsamen Straße auf der Heimfahrt. Plötzlich sahen sie neben der Straße ein gleißend helles weißes Licht und hielten an. Sie erkannten, dass neben dem dicht über dem Boden schwebenden hellen Objekt mehrere kleine menschenähnliche Wesen an einer blökenden Kuh hantierten, die sie schließlich in das Objekt beförderten. Mutter und Sohn verloren das Bewusstsein. Als sie wieder zu sich kamen, war das Objekt verschwunden, und die Zeit war um vier Stunden fortgeschritten. Von Albträumen gequält suchten die Zeugen Hilfe bei Ärzten und wurden an Prof. Leo Sprinkle von der APRO verwiesen. Dieser nahm getrennte Hypnoseregressionen an der Frau und an ihrem Sohn vor, die mit Videokameras festgehalten und später in Howes preisgekrönter Fernsehdokumentation auszugsweise gezeigt wurden. Mutter und Sohn konnten sich unter Hypnose unabhängig voneinander daran erinnern, mit an Bord des UFO geholt worden zu sein, wo sie sich gegenseitig auf Pritschen liegend sehen konnten. Das Grausigste, was sie während der Rückführung unter Angstschreien berichteten, war, dass sie an Bord des UFO transparente Behälter sahen, in denen Fleischstücke im Blut schwammen, die von Tieren abgetrennt zu sein schienen. Und in diesen schien einer der UFO-Insassen zu schwimmen bzw. zu baden. (Howe 1989, S. 112 ff.) Man muss die Fernsehdokumentation gesehen haben, bevor man diese Erlebnisse beurteilt und sie als Fantasieprodukt abtun möchte.

Linda Howe weist in ihrem Buch (S. 105) auf einen Fall aus Brasilien hin, der in der französischen Zeitschrift *Ouranos* beschrieben wurde und der etwas Licht auf die Vorgänge bei Viehverstümmlungen wirft, deren Verursacher so gut wie nie zu sehen sind. Der 66 Jahre alte Rancher Pedro Trajano Machado befand sich mit seinem 23 Jahre alten Sohn Euripides auf seiner Koppel, um ein Kalb zu markieren. Während sie damit beschäftigt waren, die Mutterkuh zurückzuhalten, begann das Kalb furchtbar zu blöken. Entsetzt stellten die Farmer fest, dass sich das Kalb etwa einen Meter vom Boden entfernt in der Luft befand, wie auf einer unsichtbaren Plattform stehend. Als sie darauf zuliefen, entfernte sich das Kalb, parallel zum Boden gleitend und blökend. Dann flog es senkrecht nach oben, hörte zu brüllen auf und »verschwand plötzlich wie hinter einem Vorhang«. Es scheint so, als würden die Verstümmlungen in einem Parallelraum ausgeführt, bevor der Kadaver wieder in unsere Raumzeit entlassen wird. Das klingt alles reichlich fantastisch und wirft weitere Fragen auf.

Um die Jahrtausendwende wurden verstümmelte Rinder hauptsächlich in Argentinien gefunden, was zu einer Panik unter den Ranchern geführt hatte.

Schon Ende des Sommers 1997 hatte Colm Kelleher mit den

Untersuchungen gleicher Phänomene wie auf der Utah-Ranch an einem anderen Ort in Nordamerika begonnen. In New Mexico, an der Route 64, liegt der Ort Dulce in einem Tal zwischen hohen Bergen. Auch diese Gegend ist ein Indianer-Reservat wie das Uintah-Basin in Utah. Die Einwohner berichteten ebenfalls von UFO-Sichtungen, Viehverstümmlungen, Spukfällen und Bigfoot- (Sasquatch-) Sichtungen. Solche Berichte wurden seit den 1970er-Jahren von Polizeioffizier Gabe Valdez gesammelt, der für die Untersuchung von Viehverstümmlungen eingesetzt worden war. Zwischen 1998 und 1999 suchte Valdez gemeinsam mit Dr. Kelleher rund 100 Tage lang mehrere Einwohner der Gegend auf, um deren Erlebnisse nochmals zu registrieren. Insgesamt führten sie 70 Interviews.

Auch hier konzentrierten sich die Phänomene auf das Gelände einer Farm, die einer Familie Manuel Gomez gehörte. In den 1970er- und 1980er-Jahren wurden viele Rinder verstümmelt aufgefunden. Der Besitzer der Farm hatte insgesamt 20 Kühe, Bullen und Kälber verloren. Kurze Zeit vor diesen Ereignissen wurden jeweils runde orangefarbige Objekte am Himmel beobachtet, die sich im Zick-Zack-Kurs bewegten. Untersucher hatten bei fünf Prozent der Kühe eine fluoreszierende Substanz jeweils hinter den Ohren, den rechten Beinen und an der rechten Seite ihrer Hälse festgestellt, wie wenn sie für ein Wiedererkennen markiert worden wären. In den *Schoenfeld Clinical Laboratories* in Albuquerque war diese Substanz als zum größten Teil aus Kalium und Magnesium bestehend und nicht natürlichen Ursprungs identifiziert worden. Die Fähigkeit des Fluoreszierens ging nach einigen Wochen zurück.

Ein typischer Bericht eines UFOs über der Dulce-Ranch stammt beispielsweise vom Sommer 1979. Damals hatten zwei Zeugen gegen 20.30 Uhr nur 60 Meter entfernt in 50 Metern Höhe fünf Minuten lang einen silbernen Teller mit Kuppel beobachtet, der circa 50 Meter Durchmesser und am Rand zwei farbige Lichtreihen hatte, die langsam rotierten.

Das größte Objekt wurde im Sommer 1952 von Charles Mundez und dessen Familienmitgliedern über dem Dulce-Tal gesehen. Es war gegen 17.30 Uhr, als Familie Mundez im Wagen heimfuhr. Plötzlich erschien ein riesiger Teller, der das ganze Tal überdeckte und verdunkelte. Es flog lautlos, hatte eine große Reihe von Fenstern und war leicht transparent. Sein Durchmesser soll kaum glaubhafte acht Kilometer betragen haben!

Die unglaubliche Größe von mindestens 1,5 Kilometern Durchmesser soll auch eine riesige Plattform gehabt haben, die gegen 20.30 Uhr im Januar 1996 von neun Zeugen in vier Autos gesehen wurde. Der Teller soll wie eine riesige Bohrinsel mit mehreren Säulen unterhalb der Plattform ausgesehen und in nur 60 Metern Höhe geschwebt haben. Auf der Plattform befanden sich drei große Kuppeln und viele blaue und rote Lichter. (Wer baut so etwas, wie lange und wozu? Und was soll der kurze Besuch in einem abgelegenen steinigen Gebiet?)

Dutzende Einwohner Dulces bezeugten das Auftauchen mysteriöser orange-roter Kugeln, die 2008 auch sehr häufig in Deutschland gesehen und gefilmt wurden.

Kelleher sprach in Dulce auch mit Menschen, die seltsame Wesen gesehen hatten. Beispielsweise wurde die Barfrau Sheila Bromberg, als sie eines Nachts im Jahre 1962 gegen ein Uhr nach Hause fuhr und vor ihrem Haus ihre Katze auf den Arm nahm, von dieser gebissen und am Arm zerkratzt. Als sie sich umdrehte, stand dicht hinter ihr ein kleiner Grauer mit verschrumpelter Haut und großem Kopf. In Panik lief sie ins Haus und riegelte die Tür ab. Damals war dieser Prototyp eines UFO-Insassen in den Medien noch nicht erwähnt worden. 1975 sah dieselbe Zeugin wieder nachts in nur 30 Metern Entfernung ein mindestens zwei Meter großes Wesen mit braunem Fell, also den klassischen Bigfoot. Ein anderer Einwohner Dulces, Mr. Wayne, begegnete einer solchen Gestalt auf seinem Pferd reitend im Sommer 1993 am späten Nachmittag. Die braune Gestalt schien vor irgendetwas zu fliehen und kreuzte den Weg 50 Meter vor ihm. Seine drei Hunde versuchten sich unter dem Pferd vor dieser Kreatur zu verstecken. Das Wesen lief auf einen Hügel zu und verschwand plötzlich.

Auch auf einer Ranch in Sedona, Arizona, traf Colm Kelleher auf eine Familie (namens Bratshow), die ihm von der Beobachtung glühender Kugeln, Poltergeisteffekten, Bigfoot-Sichtungen und Verstümmelungen von Rindern und eines Hundes berichtete.

Nach allen gemachten Erfahrungen sehen die NIDS-Forscher die Möglichkeit, dass Indianer-Schamanen oder Praktiker der Schwarzen

Magie eine Art Fluch auf diese Gegend gelegt haben, als durchaus gegeben an. Denn für die Indianer ist dieses Gebiet ein »unheiliger Ort« und eine »verbotene Gegend« – eine Tabu-Zone –, in der sich Skinwalker, böse Gespenster, herumtreiben.

Berichte wie die aus Utah, Dulce und Sedona sind nicht einzigartig in der Welt. Sie werden als Anekdoten von keinem Wissenschaftler ernst genommen. Im Fall Utah bestand allerdings erstmals die Möglichkeit – und das macht diesen Fall so außergewöhnlich –, die sonst nur aus zweiter Hand kolportierten Berichte mit den Mitteln der modernen Wissenschaft zu untersuchen. Dass sich die Phänomene einer genaueren Analyse entzogen, liegt in der Natur der Sache und ist den Wissenschaftlern nicht anzulasten. Immerhin haben die Wissenschaftler bestätigen können, dass das, was sonst nur von Laien behauptet wurde, tatsächlich passiert. Jetzt kann man auch mehr Vertrauen in Berichte aus anderen Gegenden setzen, wie Yakima und San Luis Valley.

Im Jahre 1966 hatte sich die Familie »Billy Smith« im Yakima-Indianerreservat, im Staate Washington, an den Ostabhängen von Cascade Mountains eine Farm unweit eines Indianer-Friedhofs gekauft. (Übrigens war Kenneth Arnold am 24. Juni 1947 nach seiner berühmt gewordenen Beobachtung von neun unidentifizierten Flugobjekten auf dem Yakima-Airport gelandet.) Der Feuerwächter Willard J. (Bill) Vogel hatte zwischen 1958 und 1984 186 Sichtungsmeldungen unidentifizierter Objekte seiner Mitarbeiter gesammelt. In rund 90 Prozent aller Fälle handelte es sich um irreguläre Lichter oder Lichtkugeln (nocturnal lights = NL), die nachts erschienen, am häufigsten gegen 22 Uhr. Zwischen 1972 und 1974 kam es zu einer Sichtungswelle, die von David Akers untersucht wurde. Nahezu täglich wurden orangefarbene Feuerbälle gesehen. (Long 1990)

Im Sommer 1972 tauchte ein gleißend helles Licht 800 bis 1000 Meter von Bills Farm auf. Bill meinte, das Licht sei »heller als die Sonne« gewesen, sei dann wieder dunkler und dann wieder heller geworden usw. Es hatte die Form eines dicken kurzen Zeppelins von etwa 40 Metern Länge und zehn Metern Höhe und sechs bis acht runde Fenster von 2,40 Meter Durchmesser an der Seite, aus denen orangenes Licht schien. Das rechte Ende der kurzen Zigarre schien zu glühen. Das Objekt befand sich in einer Höhe von 60 bis 90 Metern.

Bill Smith nahm sein Gewehr und wollte darauf schießen. Da hörte er eine Stimme, die ihm sagte, dass eine feindliche Aktion doch recht töricht wäre.

1975 wurden wieder unbekannte Objekte in der Nähe der Farm beobachtet. 1976 begannen spukartige Phänomene. Im Juli 1976 schritt jemand über die Frontveranda. Aber es war niemand zu sehen. Im Oktober 1976 sahen Bill und ein Angestellter gegen 20 Uhr in einiger Entfernung ein orange-rotes Licht langsam dahinfliegen.

Im November hörten alle Hausbewohner eigenartige Pieptöne auf dem Gelände der Farm, und einen Monat darauf verschwanden Gegenstände und tauchten später woanders wieder auf. Türen und Fenster öffneten und schlossen sich von alleine. Die Familienmitglieder hörten das Flüstern und Lachen von Mädchenstimmen und nachts Männerstimmen, die draußen nach Bill riefen.

Bill bemerkte auf dem Gelände eine Art wirbelwindartiges Geräusch, das sich von ihm fort auf die Bäume zubewegte und deren Äste hin- und herschwenkte. Das unsichtbare Ding musste gelandet sein, denn im Gras hatte sich kurz danach ein rechteckiger Abdruck von 1,50 Metern Länge und 60 Zentimetern Breite gebildet.

Im Frühjahr 1978 hörte Bill nachts draußen über den Bäumen den Lärm wie von einer riesigen schweren Maschine, die sich langsam zu drehen begann und außer Takt zu laufen schien. Als Bills Frau den Vorhang vom Fenster wegzog, um nach der Ursache zu sehen, hörte das Geräusch auf und der unsichtbare Motor schien auszulaufen.

Das Geräusch kam im Frühsommer 1982 wieder zurück. Bill hörte es diesmal direkt über dem Dach. Er ging nach draußen und sah noch, dass die Gegend hell erleuchtet war. Als er kam, erlosch das Licht, und das Geräusch wurde leiser und leiser und verstummte schließlich.

1979 bildete sich über dem Bewässerungsgraben auf dem Farmgelände eine Schallquelle, die ein Hammergeräusch hören ließ, als würden Pfähle mit einem Stahlhammer in den Boden gerammt. Das Hämmern dauerte 15 oder 20 Minuten, setzte für eine Weile aus und begann von Neuem. Das ging so einige Tage, ohne dass eine sichtbare Ursache für den Lärm ausgemacht werden konnte. Dann verstummte das Geräusch für einen Monat und begann danach erneut. Im August 1980 hörte es schließlich auf. (Long 1995)

Bill hatte den Eindruck, dass irgendeine unsichtbare Wesenheit ihn von seinem Grundstück vertreiben wollte.

3.2.7 Paranormale Fähigkeiten von Menschen mit UFO-Kontakten

UFOs scheinen sich aber nicht nur an besonderen Orten einzufinden und die Bewohner von dort vertreiben zu wollen. Es gibt Menschen, zu denen UFOs eine besondere Affinität zeigen.

Der Psychiater Berthold E. Schwarz hat mehrere Personen mit paranormalen Fähigkeiten untersucht und deren enge Beziehung zu unidentifizierten Flugobjekten festgestellt. (Schwarz 1986)

Peter Sugleris behauptete am 13. Januar 1984 in einem Radiointerview, dass er in einem Trancezustand mit UFO-Insassen reden würde. Danach würde er jedes Mal starke psychokinetische Kräfte entwickeln. Diese bestehen darin, dass er elektrische Geräte, ohne sie zu berühren, allein durch seinen Willen ausschalten kann, wenn er an ihnen vorbeigeht. So schalteten sich Straßenlaternen und Ampelanlagen in seiner Anwesenheit aus. Zwei Mal mussten sämtliche Passagiere aus einer Maschine, mit der auch er fliegen wollte, ausgeladen werden, weil es technische Schwierigkeiten gab. Er kann Löffel um 180 Grad und Münzen in den Händen anderer verbiegen, ohne sie zu berühren; Kompassnadeln rotieren, kleine Gegenstände levitieren. Auf Tonbändern erscheinen kreischende Stimmen, die sich von selbst wieder löschen.

Der Geschäftsmann Leonard Farrell aus Calgary in Kanada war im November 1970 mit seiner Familie im Wagen unterwegs. Gegen 22.30 Uhr begegnete ihnen ein UFO von zehn bis zwölf Metern Durchmesser. Leonard Farrell fiel in Trance und erlebte sich außerhalb seines Körpers (OOBE) und an Bord des UFO, umgeben von vier 1,20 Meter großen grauen Wesen mit großen Augen, ohne Nase und Ohren.

In der Folgezeit geschahen seltsame Dinge im Hause der Farrells. Im März 1972 erschien im Flur aus dem Nichts ein Inder, der nichts sprach. Eine Frau, der er davon erzählte, sagte Mr. Farrell spontan, er müsse am 16. August 1972 in Madras sein. Tatsächlich reiste Leonard Farrell dorthin und traf einen Sahdu, der alles über ihn wusste. Mit seiner Tochter Katie ging er zu Berthold Schwarz, um diesem zu zeigen, wie seine Tochter Apporte bringen kann. Beispielsweise kann sie eine Kaffeetasse, Bilderrahmen und ein Kaninchen mit Katzengold überziehen, ohne diese zu berühren. Am 28. Mai 1984 bildete sich auf Katies Haut das Stigma eines Ankh-Kreuzes. Sie kann Metallstäbe in versiegelten Behältern verbiegen und hilft der Polizei bei der Vermisstensuche durch Telepathie und machte dabei richtige Ortsangaben. Sie kann heilen, erhält paranormale Tonbandeinspielungen, und sie erhält »direkte Schrift«.

Im Januar 1986 nahm ihr 15 Jahre alter Sohn James in Trance Kontakt zu den UFO-Wesen auf, nachdem er am frühen Abend orange Kugeln in der Größe eines Basketballes im Garten gesehen hatte. Katies Tochter Heather kann die UFO-Insassen ebenfalls wahrnehmen.

James nahm sich eines Tages vor, in Trance 20 Jahre in der Zeit zurückzugehen und einen Beweis für seine Zeitreise mitzubringen. Nach einiger Zeit der Trance materialisierte er einen Tabaksbeutel und eine Schachtel mit Zigarettenanzündern. Auf dem Tabaksbeutel befand sich die Jahreszahl 1928. Am 10. November 1985 spaltete James vor Zeugen einen Löffel. Seine Kräfte wurden ihm unheimlich.

James befand sich mit seiner Freundin am 13. Februar 1987 gegen 21.00 Uhr auf Waschbärenjagd in Vero Beach. Im Scheinwerferlicht sahen sie zunächst zwei rot glühende Augen und erkannten dann, dass diese zu einer 2,10 Meter großen völlig behaarten Gestalt gehörten. Sie warteten zehn Sekunden und fuhren dann rasch nach Hause. Dort eingetroffen, bellte sie ihr Hund ängstlich an, als hätten sie einen Fremden mitgebracht. Dann verkroch er sich unter einem Bett.

Die paranormalen Fähigkeiten müssen von der UFO-Begegnung bewirkt worden sein, glauben die Zeugen. Das scheint auch auf »Louis« zuzutreffen. Im September 1986 war sie in Little Rock, Arkansas, mit dem Wagen unterwegs. Plötzlich tauchte ein sehr großes bumerangförmiges Objekt auf und flog auf den Wagen zu. Louis hielt an. Das Objekt blieb »einige Minuten« über dem Wagen stehen, ehe es lautlos verschwand. Später bei Dr. Schwarz erinnerte sich Louis unter Hypnose, an Bord des UFO gewesen zu sein. Dort traf sie auf mehrere ein bis 1,50 Meter große Wesen, die sich wie Roboter bewegten. Wenn sie redeten, schien die Stimme aus deren Körper zu kommen. Sie wurde medizinisch untersucht. Dabei hörte sie eine Art tibetischer Musik. Dann befand sie sich wieder im Wagen.

Nach der Begegnung mit dem unbekannten Objekt fuhr Louis ins Hotel und stellte fest, dass sie ihr Kleid verkehrt herum, von innen nach außen verdreht, angezogen hatte. Ihr wurde schlecht.

In der folgenden Zeit schaltete sich ihr Computer von selbst ein. Auf dem Display stand die Aufforderung: »Go to Colorado!«

Kurze Zeit später wurde Louis in Douglas, Wyoming, zum zweiten Mal von Wesen aus einem riesigen Bumerang entführt. Von nun an kam es zu vielen merkwürdigen paranormalen Erscheinungen: Als sie sich ihrem Wagen näherte, startete dieser von selbst. Das Wasser in der Toilette kochte. Elektrische Lichter wie auch die Waschmaschine schalteten sich spontan an und aus. Wenn sie in die Nähe des Fernsehers kam, schaltete der sich ein. Auf dem Computermonitor wurde geschrieben, wenn sie sich in dem betreffenden Raum befand – auch wenn der Stecker gezogen war. Darauf wurde ihr mitgeteilt, was sie zu tun und zu lassen habe. Der Laserdrucker sprang spontan an und schrieb: »You can survive.« Lichtkugeln flogen durch die Wohnung, die auch von den Haustieren wahrgenommen wurden. Eine Trinkschüssel, ein blauer Opalstein und ein Trinkglas wurden 1988 apportiert. Im Dezember 1989 bildete sich ein blutendes Stigma an ihrer Stirn, sie hörte Schläge in der Wand (Raps) und Schritte. Es bildeten sich spontan Feuer. Eine Fußbank begann zu schweben. Ihr Auto fuhr ohne einen Insassen ein Stück vor und zurück. Der Telefonhörer wurde einmal so heiß, dass sie ihn nicht mehr anfassen konnte. (Schwarz 1999)

Wissenschaftliche Parapsychologen stellen sich vor, dass psychokinetische Manifestationen durch innerseelische Konflikte ausgelöst werden und dass die Ursache der Phänomene im Unbewussten des Menschen liegt, das die Umgebung auf seine Situation aufmerksam machen möchte. Sie erklären solche Phänomene also animistisch, d. h. vom lebenden Menschen ausgehend. Schwer zu erklären sind dann jedoch die Mitteilungen auf Tonbändern oder Computerdisplays und -druckern, die von einer Fremdpsyche zu stammen scheinen.

Offensichtlich werden paranormale Phänomene in der unmittelbaren Umgebung von UFOs, wie die oben genannten Fälle zeigen, von einem Feld ausgelöst. Sie begleiten dann die Zeugen für eine bestimmte Zeit. Ebenso wurde der UFO-Forscher John A. Keel, der in den 1960er-Jahren mehrere UFO-Landeplätze aufgesucht hatte, an diesen von paranormalen Feldern »angesteckt«.

Tag und Nacht klingelte sein Telefon und brachte bizarre Botschaften von den »Space-Leuten«. Dann wurde er in die traumartige Welt der Dämonologie katapultiert. Es kam zu Rendezvous mit MIB-*Cadillacs* in Long Island. Als er einen von ihnen verfolgte, verschwand dieser im Nichts in einer Sackgasse. Leuchtende Bälle verfolgten ihn ständig wie anhängliche Hunde. Die Objekte schienen zu wissen, wo er sich befand und wohin er gehen wollte. In einem Motel, das er wahllos ausgesucht hatte, war bereits ein Zimmer für ihn gebucht. Es gab ungewöhnliche Zufälle. Einige seiner engsten Freunde erlebten ebenfalls Poltergeisteffekte in ihren Wohnungen. Unangenehme Gerüche, wie Schwefelwasserstoff, suchten ihn heim usw. (Keel 1970)

Manche Menschen werden offenbar von UFO-Insassen direkt ausgesucht in der Absicht, mit ihnen zu experimentieren, beispielsweise Uri Geller und Ted Owens. Gellers Fähigkeiten wurden 1971 von Dr. Andrija Puharich entdeckt, der Uri Geller zu ersten wissenschaftlichen Experimenten überreden konnte. Inzwischen hat Geller allerdings kein Interesse mehr an wissenschaftlichen Tests, sondern nur noch daran, sich und seinen Namen von der Öffentlichkeit feiern zu lassen, egal mit welchen albernen Bühnenmätzchen auch immer. Trotzdem war Geller der Erste, der einige seiner weniger spektakulären Fähigkeiten (Gedankenlesen, Besteckteile verbiegen, Uhren in Gang setzen) mit immer gleichbleibendem Erfolg in der Öffentlichkeit vorführen konnte.

Zauberkünstler wie Dr. Cox bestätigten mir (1976 in London), dass Geller keine der bekannten Tricks der Bühnenmagier anwendet. Zu Beginn seiner Karriere war Geller der Überzeugung, dass seine wesentlichen Kräfte, nämlich das Dematerialisieren und Apportieren von Gegenständen, nicht von ihm selbst ausgehen, sondern von einer außerirdischen Intelligenz hervorgerufen würden. Im Alter von vier Jahren wurde Uri Geller von einem Lichtstrahl aus einer leuchtenden Kugel getroffen. Ob mit diesem Solid Light eine Verbindung zwischen UFO-Insassen und Geller hergestellt wurde, ist nicht festzustellen. Ob es sich bei der Fremdpsyche, die sich im Zustand von Gellers Hypnose als Stimme im Raum äußerte, tatsächlich um eine außerirdische handelte, muss offen bleiben. Sie sagte über Uri Geller: »Er ist unser Helfer, entsandt, um den Menschen zu helfen« – »Er ist für die folgenden 50 Jahre der Einzige.«

Wenn Puharich Fragen an die Intelligenz richten wollte, wurden diese nicht beantwortet. Außerdem verschwanden nach der Tonbandaufnahme jeweils die Kassetten, was den Wissenschaftler außerordentlich frustrierte. Man kann Dr. Puharich alles, was er schreibt, glauben, denn er teilt auch für ihn peinliche Begebenheiten mit und so unglaubliche Ereignisse, dass er seine gesamte wissenschaftliche Reputation mit diesem Buch aufs Spiel gesetzt hat.

Die Vorkommnisse waren so unglaubwürdig, dass das Buch *Uri* (Puharich 1974) seinerzeit nicht ins Deutsche übersetzt wurde. Denn ein großer Verlag hatte Prof. Hans Bender aus Freiburg um ein Vorwort gebeten, und der verweigerte das, weil der deutsche Leser durch diese vielen unmöglich erscheinenden Ereignisse dann die gesamte wissenschaftliche Parapsychologie für Unsinn gehalten hätte, wie mir Bender erläuterte. Tatsächlich ist dieses Buch in meinen Augen eines der interessantesten des letzten Jahrhunderts, und es ist erfreulich, dass es nur in der englischen Originalausgabe für neugierige Menschen zu haben ist. Die vielen berichteten Phänomene hätten den durchschnittlichen deutschen, materialistisch eingestellten Leser völlig überfordert.

Eine Verbindung zwischen Geller und UFOs ist durch folgendes Experiment gesichert. Am 3. Dezember 1971 führte Puharich gegen 15 Uhr mit Geller ein Experiment durch, um dessen Fähigkeiten, Dinge zu dematerialisieren, zu testen. Zu diesem Zweck hatte Puharich einen Kugelschreiber, dessen einzelne Teile er markiert hatte, in eine Zigarrenkiste gelegt. Geller versuchte, den Kugelschreiber darin zum Verschwinden zu bringen, indem er seine linke Hand über die Kiste hielt. Nach neun Minuten hatte Geller den Eindruck, dass das Experiment gelungen sei. Puharich öffnete die Schachtel, fand aber den Kugelschreiber noch an der gleichen Stelle liegen. Seine Überraschung war groß, als er den Kugelschreiber aufschraubte und sah, dass die Mine verschwunden war.

Am 5. Dezember 1971 gegen 1.30 Uhr versetzte Dr. Puharich

Geller wieder in Hypnose. Erneut meldete sich die Stimme aus dem Raum. Sie erklärte u. a., dass sich der Gegenstand aus dem Kugelschreiber bei ihr, der Wesenheit, befinde und dass sie ihn in nächster Zeit wieder zurückgeben würde.

Zwei Tage später empfand Geller, dass ihm eine Zeit für ein Treffen mit der außerirdischen Intelligenz mitgeteilt werden würde. Er sagte Puharich, dass es um 21 Uhr sein werde. Als aber die Zeiger an den Armbanduhren von Uri und dessen Freundin Iris sich zur gleichen Zeit von selbst auf 22 Uhr einstellten, entschied Geller, dass das Treffen um 22 Uhr irgendwo in der Wüste nördlich von Tel Aviv stattfinde. Puharich nahm seine Foto- und Filmausrüstung und sein Tonbandgerät mit. Gemeinsam mit Gellers Freundin fuhren die drei in Richtung Wüste. Kurz vor 22 Uhr sahen alle ein blau leuchtendes stroboskopartig aufblitzendes Licht in einige Entfernung. Geller wollte allein zu dem Objekt, das sich am Boden befand, gehen. Nach etwa fünf Minuten kam er zurück, lief wie in Trance und übergab Dr. Puharich die gekennzeichnete Mine aus dem Kugelschreiber!

Sofort nahm Puharich mit Geller ein Interview auf Tonband auf, in dem dieser die Erlebnisse im UFO schildern sollte, an die er sich aber kaum erinnern konnte. Wieder verschwand die Kassette.

Wie im Falle von John Keel, den paranormale Ereignisse verfolgten, nachdem er sich mit UFO-Zeugen an den Landeplätzen aufgehalten hatte, so wirkte auch die Gegenwart Gellers auf seine Umgebung ansteckend, was ungewöhnliche Phänomene betraf.

Als in den 1970er-Jahren ein Team von Wissenschaftlern am *Lawrence Livermore Laboratory* in Kalifornien, die im Übrigen alle eine »Top Secret«-Sicherheitsbestätigung besaßen, Gellers Fähigkeiten testen wollten, begannen neben den Experimenten alle möglichen unerwünschten Erscheinungen in den Laborräumen, aber auch in den Wohnungen der Wissenschaftler aufzutreten. Plötzlich materialisierten sich beispielsweise graue kleine fliegende Teller in ihren Heimen oder Labors. Riesige Vögel saßen am Fußende ihrer Betten, unbekannte metallisch klingende Stimmen sprachen zu den Wissenschaftlern am Telefon. Undefinierbare Objekte wurden sichtbar und begannen vor ihnen in der Luft zu schweben. Es war, als habe sich ihnen ein »Tor zu einer anderen Welt geöffnet«, schreiben Kelleher und Knapp (2005).

Erst als sie die Experimente mit Geller beendeten, wurde alles wieder normal.

Noch heute umgibt Uri Geller ein »mediumistisches Feld«, in dem Dinge ohne ersichtliche Ursache geschehen. (Zwei Damen vom Fernsehen erzählten mir, dass im September 2008, als sie mit Geller Filmvorbereitungen besprachen, im selben Raum plötzlich der Drucker zu laufen begann und immer nur ein einziges Symbol druckte, bis man ihn nach etwa 20 Seiten Papiervorschub von Hand stoppte.)

Wer steckt hinter den Kräften der paranormal Begabten mit UFO-Verbindungen? Ist es Gellers Unbewusstes oder ist es eine Fremdpsyche? Und falls ja, sind es Dämonen, wie Keel es vermutet, oder tatsächlich Außerirdische?

Ein weiteres Beispiel soll diese Fragen klären helfen. Es handelt sich um das Medium Harry Theodore Owens, kurz Ted Owens genannt, dessen Beitrag zur Parapsychologie darin besteht, dass er demonstrieren konnte, wie psychokinetische Kräfte neben kleinskaligen Systemen im Labor auch labile großräumige Systeme beeinflussen können, beispielsweise Hurrikane, Stürme und Erdbeben. Owens lebte von 1920 bis 1987 in den USA. Seit seiner Kindheit sah er »nach Drüben«, spielte mit Kindern, die für andere unsichtbar blieben, und ließ sich von einer unsichtbaren Frau beim Lesen helfen.

Er konnte hellsehen und gedankenlesen und ging daher 1943 zur *Duke University* in Durham, um seine Fähigkeiten dort von J. B. Rhine testen zu lassen. Es wird berichtet, dass die Straßenlichter ausgingen, wenn er sich ihnen näherte, und wieder angingen, wenn er sich von ihnen entfernte. Ted Owens nahm Kontakte zu Verstorbenen auf, was nicht im Interesse von Rhine war. 1947 verließ Owens Durham. Er entdeckte, dass er Blitze herbeirufen konnte, wenn er den »Geist Big Lornie« anrief. Bei einer solchen Demonstration schlug ein Blitz ganz in der Nähe von Zeugen ein, und eine Sekretärin fiel daraufhin in Ohnmacht.

1951 studierte er in Chicago Musik und Sport (Judo). Er heiratete und wurde Mitglied des Clubs der außergewöhnlich intelligenten Menschen (*Mensa*). Später arbeitete er als Jazz-Musiker und gab Sportunterricht sowie Meditationskurse.

Im Januar oder Februar 1955 war Ted Owens mit seiner Tochter in

Fort Worth, Texas, im Wagen unterwegs, als neben ihnen über einem Feld ein zigarrenförmiges Objekt erschien, das rote, grüne, blaue und weiße Farben ausstrahlte. Plötzlich war das Objekt weg, »wie wenn man Licht ausgeschaltet hätte«. Ted Owens meint, dass er irgendwelche Informationen erhalten habe. Die UFO-Insassen hätten ihn bereits schon früher entführt und mit paranormalen Kräften ausgestattet. Owens hatte keine Erinnerung an ihr Aussehen (übrigens ebenso wenig wie Uri Geller). Gelegentlich glaubte er, den Eindruck zu bekommen, als handele es sich bei den Insassen um Wesen mit »Köpfen wie Grashüpfer«. Dann meinte er wieder, dass ihre Form belanglos sei und sie sich als leuchtende Kugeln manifestieren könnten. Sie hätten ihn erwählt, um zu untersuchen, wie viele PK-Kräfte ein Mensch absorbieren und aushalten könne. Tatsächlich hatte er nun starke PK-Kräfte bekommen.

1963 lebte er in Phoenix, Arizona. Damals war es längere Zeit sehr heiß und trocken gewesen, und Ted Owens versuchte, diese Hitzeperiode durch seinen Willen zu beenden. Er richtete seinen Finger gen Himmel und rief: »Regen, Sturm, Gewitter.« Und wenig später goss es in Strömen. Am 28. April 1965 sagte Owens den Zeitungen ein Erdbeben in Washington voraus. Es erfolgte einen Tag später.

Owens war in der Lage, auf der Karte die Bahnen von drei Hurrikanen gedanklich zu lenken, deren Erscheinen er bereits Tage vor ihrer Bildung angekündigt hatte.

Im Sommer 1967 schrieb er an Green Beckley, dass er drei Hurrikane simultan erzeugen würde. Das war seit 1880 nur fünf Mal passiert. Im September 1967 entstanden drei Hurrikane gleichzeitig.

Vom 8. Mai 1967 stammt die notariell beglaubigte Aussage des Anwalts Sidney Margulis aus der Stadt Philadelphia. Ihm bot Owens an, vom höchsten Gebäude der Stadt aus einen Blitz an irgendeiner von Margulis gewünschten Stelle einschlagen zu lassen. Margulis wählte die Brücke in der Stadt aus, die nach Camden führt. Einige Augenblicke, nachdem sich Owens konzentriert hatte, schlug ein Blitz in das ausgewählte Gebiet ein, rechts nahe der Brücke. »Es gab keinen weiteren Blitz weder vorher noch nach dem Experiment. Die Wahrscheinlichkeit dafür, dass der Blitz in dieses Gebiet einschlagen würde, hat Jeffrey Mishlove mit eins zu einer Million errechnet.« (Mishlow 2000)

Dieses Experiment wiederholte Owens im Juli 1967. Diesmal verlangten die Zeugen, er solle einen Blitz in die Nähe der City Hall in Pennsylvania lenken. Nach kurzer Zeit schlugen drei Blitze auf oder nahe der Spitze der City Hall ein. Es waren die einzigen Blitze, die an diesem Tage auftraten.

Im Juli 1968 erhielt Owens die Einladung eines Geschäftsmannes, nach Brewer im Staate Maine zu kommen. Der Hausherr wollte, dass Owens UFOs herbeiruft. Am 26. Juli flog tatsächlich ein UFO langsam über den Himmel, war fünf Minuten lang sichtbar und verschwand im Nichts. Kurze Zeit später kam ein zweites goldfarbenes UFO mit alternierenden roten, blauen und grünen Lichtern, das rund eine Stunde lang am Himmel stehen blieb. Drei Tage später zeigten sich zwei rotglühende halbmondförmige Objekte. Nachts wurden Schritte auf der Treppe und auf dem Dach gehört. Es erfolgte Explosionslärm. Ted Owens Sohn glaubte, eine riesige Gestalt gesehen zu haben.

Am 31. Juli 1968 fiel um 3.53 Uhr der Strom für zwei Minuten aus, kam wieder und ging wieder aus. Um 4.40 Uhr hörten alle das Grunzen eines Tieres in der Wohnung, solange der Strom weg blieb, der 4.48 Uhr wieder kam.

Inzwischen hatte Ted Owens sein Buch geschrieben, in dem er angibt, wie man die UFO-Insassen kontaktieren könne. (Owens 1969)

Am folgenden Tag erschien abends ein orangener Ball im Garten. Als einer der Zeugen ihn mit der Taschenlampe anleuchtete, verschwand er vollständig.

1970 teilte Owens Warren Smith mit, dass Nixon seine Amtszeit nicht beenden würde, was eine unerhörte Aussage war. (Smith 1971)

Prof. Leo Sprinkle und Prof. Allen Hynek wollten Ted Owens Vorhersagen prüfen. Doch wegen dessen kapriziösen Verhaltens trennten sie sich wieder von diesem Vorhaben.

In Costa Rica besuchte Ted Owens 1972 den Arzt Dr. J. J. Arenus. Dieser bat Owens am 28. Januar 1972, eine UFO-Erscheinung »zu produzieren«. Tatsächlich tauchte einige Stunden später in der Nacht über dem Haus ein Objekt auf, das seine Farbe von Rot zu Gold und zu Blau wechselte und mit Zick-Zack-Bewegungen über den Himmel flog.

Mehreren Bekannten teilte Ted Owens am 30. Mai 1972 mit, dass er demnächst in Cleveland starke Blitzattacken auffahren würde. Am 23. Juli 1972 berichteten die Zeitungen in Cleveland, dass es zu schweren Schäden durch Blitzeinschläge gekommen sei, die drei Angler getötet, den Cleveland-Transit-Service-Bus in Flammen gesetzt und eine Transformatorstation zerstört hätten.

Es ist nie klar, ob Owens diese Dinge voraussieht oder bewirkt. Seine Vorhersagen erfüllten sich, nach Mishlove, zu 80 Prozent. Er meint selbst, dass die »Space Intelligence« (SI) die Möglichkeit zur Kraftwirkung bereitstellte, dass aber er, Ted Owens, die Anwendung bestimmen müsse, denn sie könnten nicht selbst handeln. Prof. James Harder ist der Ansicht, dass Ted Owens die verschiedenen Phänomene nicht selbst produziert habe, sondern dass eine andere Intelligenz dahinterstecken würde. Die SI kämen aus höheren Dimensionen, meinte Owens. Die Menschen sollten offen werden für die Möglichkeit, »dass wir in der Nachbarschaft von anders-dimensionalen bewussten Lebensformen leben, die für unsere normalen Sinne unsichtbar sind«.

Am 23. Oktober 1973 schrieb er an den Direktor von *Mensa*, Dr. Max L. Fogl, dass er die SI gebeten habe, sich demnächst im Umkreis von 100 Meilen von Cape Charles, Virginia, Polizeibeamten zu zeigen. Zwei Tage später erschien laut Zeitungsberichten ein UFO direkt über dem Kopf eines Polizeioffiziers in Cape Charles. Zwei Tage später schrieb Owens wieder an Dr. Fogl und prophezeite, dass in Norfolk, Virginia, der Winter warm wie ein Sommer werden würde. Das war in den nächsten Monaten auch wirklich der Fall.

Im August 1976 fand in London der Kongress der *Parascience Foundation* statt. Seit Mai hatte es in London nicht geregnet. Owens kündigte an, dass es ab dem 27. August regnen würde. Der Regen kam und hielt sich bis Ende September. Ted Owens nahm an der Tagung teil. Dort lernte ich ihn auch kennen. Er machte einen komischen Eindruck, weil er stets ein kleines Handwägelchen hinter sich herzog, das Unmengen von Zeitungen enthielt, in denen die Vorhersagen und die Ergebnisse seiner vielen Prognosen abgedruckt waren. Er zeigte mir an seinem Hinterkopf dicht am Hals eine Narbe und behauptete, dass dort ein Implantat eingepflanzt sei. Damals hatte ich aber noch nicht an die Möglichkeit von Implantaten, die durch UFO-Insassen verpflanzt wurden, geglaubt.

Während der Tagung traf er auch Dr. Jeffrey Mishlove, der ihn ersuchte, er möge ihm alle seine Prognosen zuschicken, damit er sie überprüfen könne. Und er bat Owens um eine Demonstration. Am 7. November 1976 schrieb ihm Owens, er werde im Gebiet von San Francisco in den kommenden 90 Tagen drei größere UFO-Sichtungen bewirken, die elektrische und magnetische Anomalien erzeugen werden. 14 Tage später gab es in San Francisco massive Stürme, die in vielen Stadtteilen zu einem Stromausfall (Blackout) führten. Der *San Francisco Examiner* schrieb am 27. November 1976, dass das Unwetter so stark gewesen war, wie es nur alle fünf Jahre einmal auftreten würde.

Am 3. Dezember behauptete Owens, dass in den nächsten Tagen UFOs zu sehen sein würden. Tatsächlich beobachteten am 8. Dezember 1976 Hunderte Bürger über der Bay Area ein rundes weißes UFO in nur 300 Metern Entfernung. Das *Class-9TV*-Fernsehen konnte das Objekt filmen, das zehn bis zwölf Minuten sichtbar war und dann verschwand. Am 2. Februar 1977 erfolgte eine Sichtungswelle über San Francisco. Ein Mann wurde nachts gegen 4.40 Uhr entführt und meldete das um 5.33 Uhr der Polizei.

Mishlove überprüfte mehr als 150 Vorhersagen und entdeckte, dass Owens auch einige Ereignisse für sich in Anspruch genommen hatte, die er nicht prophezeit hatte. Am 31. Dezember 1976 konfrontierte Mishlove Ted Owens mit dieser Feststellung am Telefon:

»Du weißt ja, dass du nicht immer hundertprozentig richtig liegst?!« Sofort legte Owens den Hörer auf, und Mishlove fühlte sich 45 Minuten lang ganz schlecht und bekam Halsschmerzen. Zwei Stunden später rief Owens an und sagte, Jeffrey möge entschuldigen: »Ich verspreche dir, dass ich das nicht wieder tun werde!« Mishloves Halsweh war verschwunden, und er fühlte sich wieder wohl.

Im Sommer 1977 flog Owens nach San Francisco und besuchte eine große Zeitung, um dieser mitzuteilen, dass demnächst ein großes Unwetter auf die Stadt hereinbrechen werde. Die Journalisten holten die Polizei und ließen Ted Owens hinauswerfen. Das machte Owens so wütend, dass er Sprinkle, Puthoff, Targ und Mishlove schrieb, er werde Kalifornien bestrafen. Es werde die Hölle auf Erden erleben. Zwei

Wochen später brachen gewaltige Gewitterstürme in Kalifornien aus, was zu Hunderten von Waldbränden führte (allein im August gab es rund 1000 Brände). Die Waldbrände waren die schlimmsten seit 50 Jahren.

Am 29. November schrieb Owens einen Brief an Mishlove, in dem er ihm mitteilte, was in seinem Haus in Vancouver, Washington, sich Merkwürdiges ereignet hatte. Vor 14 Tagen habe er, Ted Owens, im Zimmer seines Sohnes Teddy nachts das Brüllen eines Leoparden gehört. Eine Woche darauf sei er gegen vier Uhr früh wach geworden durch das Brüllen eines Tieres am Fußende seines Bettes. Sein Sohn Teddy habe den Lärm ebenfalls gehört und sei zu ihm gekommen. Später hörten beide, wie ein Tier mit deutlichem Geräusch seiner Tatzen durch das Haus lief. Diese Geräusche traten auch dann auf, wenn sie sich an einem anderen Ort befanden.

Am 27. August 1978 befand sich Ted Owens in Silverton, Oregon. Hier besuchten ihn Jenice Leslie und Jade Swan. Gemeinsam fuhren sie mit ihren zwei Söhnen und Ted zum *Silver Falls State Park*, wo Ted ihnen demonstrieren wollte, wie er UFOs herbei holen würde. Er zeigte mit dem Finger zum nächtlichen Himmel und konzentrierte sich. Nicht lange darauf zeigten sich sechs gelb glühende Scheiben. Eine von ihnen kam bis in Baumwipfelhöhe herab. Sie hatte die »Größe eines Fußballfeldes«. Aus ihr flogen mehrere kleine gelbe Objekte heraus. Als Owens eines von ihnen mit der Taschenlampe anstrahlte, gab dieses Signale durch pulsierendes Licht.

Jenice Leslie gelang es am 29. August, ebenfalls UFOs in Form gelber, roter und weißer Lichter zu materialisieren und zu bestimmen, wo und wann sie erscheinen sollten. Während des kommenden Monats hatte sie bereits Kugeln, Scheiben und V-förmige Objekte vor Familienmitgliedern als Zeugen zu ihrem Haus heranholen können. Gleichzeitig kam es zu Poltergeisteffekten in ihrem Haus. (Bei geschlossenem Fenster entstand ein Wind in der Wohnung. Das Bett des Babys wurde gerüttelt usw.)

Mishlove folgerte aus diesem Fall, dass nicht nur Owens selbst paranormal begabt und Urheber der Phänomene war, sondern dass die Weltraum-Intelligenz mehr oder weniger unabhängig von Owens Geist wäre. Es ist schwer vorstellbar, dass beide Gedankenformen materialisiert haben, die groß wie Fußballfelder waren. Um Halluzinationen konnte es sich nicht immer gehandelt haben, weil unabhängige Autofahrer am 30. September 1978 ebenfalls beobachteten, wie ein großer Lichtball nachts um zwei Uhr den Wagen von Jenice Leslie verfolgte.

Im Jahre 1980 erkannte Ted Owens, dass ihm die Intelligenz nicht mehr helfen wollte. Er hatte vor, die Energieversorgung zu stören und Hurrikane in bestimmte Gegenden zu lenken, um die ungläubigen Journalisten »zu bestrafen«. Diese negativen Demonstrationen sollten sein Ego kräftigen, aber nichts Gutes für die Welt tun. Er schrieb an Mishlove, dass er nun erkannt habe, dass er nicht selbst der Urheber der Phänomene sei.

Im Mai 1980 befand sich Owens mit seiner Familie in der Nähe des Vulkans Mount Saint Helens und richtete seine PK-Kräfte gegen den Berg, hatte aber nicht die Absicht, ihn zur Eruption zu bringen …

Im Dezember 1985 beschwor Ted Owens Mishlove in einem Brief, er solle versuchen, die amerikanische Regierung vom nächsten *Space-Shuttle*-Flug abzubringen, da ein Unglück passieren würde. Das konnte Mishlove natürlich nicht tun, weil er die Zuverlässigkeit der Prophezeiung nicht begründen konnte. Am 28. Januar 1986 explodierte die *Challenger* mit den bekannten Folgen.

1986 zog Ted Owens mit seiner Familie nach Fort Ann, New York. Innerhalb weniger Monate wurden in der Nähe seiner Farm UFOs zu einer alltäglichen Erscheinung. Am 28. Dezember 1987 starb Ted Owens dort.

Es sind immer wieder dieselben Phänomene, die in der Nähe von UFO-Hot-Spots und »UFO-Medien« auftreten und wie sie auch in der parapsychologischen Forschung bekannt sind. Auf den ersten Blick könnte man meinen, dass UFO-Erscheinungen nur ein weiterer Aspekt der Parapsychologie sind. So hat das C. G. Jung auch gesehen, als er (1958) die Vermutung äußerte, UFO-Erscheinungen seien archetypische Projektionen des Unterbewussten. Rein phänomenologisch gibt es jedoch Unterschiede zwischen paranormalen Phänomenen und UFO-induzierten paranormalen Phänomenen.

Ohne die Fülle von Quellen, die Pro- und Kontra-Urteile und einzelne Beispiele anzuführen, wollen wir im Folgenden nur die Phänomene aufzählen, ohne uns mit der berechtigten Frage nach dem

Nachweis und der Begründung im einzelnen aufzuhalten, die in der Literatur nachgelesen werden können. (Spence 1960; Fodor 1974; Anderson 2006; Clark 1990, 1992, 1996) (Fundamentalistische Wissenschaftler lesen hier ohnehin nicht mehr weiter. Denn das Nachfolgende ist schließlich mit dem wissenschaftlichen Weltbild völlig unvereinbar.)

In beiden Phänomenen, denen der Parapsychologie und denen der UFO-Forschung, sind dieselben folgenden Eigenschaften festgestellt worden:

- Es gibt ortsgebundene und personengebundene Phänomene in der Parapsychologie (Spuk-Orte und paranormal begabte Menschen, Medien genannt), so wie es UFO-Hot-Spots und Menschen mit engen Beziehungen zu UFO-Phänomenen gibt.
- Lichterscheinungen (runde Irrlichter), die sich so bewegen, als seien sie animalisch belebt, erscheinen an vielen Orten der Erde und in der Umgebung von UFOs.
- Sehr begabte »physikalische Medien« waren in der Lage, zu schweben und Dinge zum Levitieren zu bringen, so wie dies UFOs ebenfalls können.
- In der Nähe von Medien wurde wiederholt das Phänomen der »direkten Stimme« vernommen, so wie dies in der Umgebung von UFOs und an Hot-Spots auch erfolgt sein soll.
- Die gesamte Palette von »Poltergeisterscheinungen« an Spuk-Orten und in der Umgebung von Spuk-Medien wurde auch in der Anwesenheit von UFOs registriert (beispielsweise Klopfen, Schritte, Beeinflussen elektrischer Geräte, Öffnen und Schließen von Türen und Fenstern, Verschwindenlassen und Wiederbringen [Apporte] von Gegenständen, Bewegen von Gegenständen ohne sichtbaren Verursacher).
- Versetzen von Medien an andere Orte (Teleportation), was auch UFOs mit Zeugen (z. B. mit Uri Geller) und Zeugen in ihren Autos vorgenommen haben.
- Bei einigen Medien entstanden auf paranormale Weise Wunden, Kratzer, Wundmale (Stigmen), so wie sie auch bei Abduzierten aufgetreten sind.

- Als bekannter und gefürchteter Schadenszauber (heute besonders in Brasilien und Afrika noch praktiziert) gilt das Implantieren von Gegenständen (meistens Nadeln) in den Körper von Opfern. Auch aus Abduzierten wurden bisher operativ 14 Implantate entnommen.
- Wundersame Heilungen erfolgten an besonderen heiligen Stätten, ebenso kam es zu spontanen Heilungen in der Umgebung von UFOs.
- Große physikalische Medien waren in der Lage, tierische und menschliche Phantome für kurze Zeit zu materialisieren. In gleicher Weise können UFO-Insassen spontan wie aus dem Nichts erscheinen und ebenso rasch wieder verschwinden.
- Es gibt viele Protokolle von Stimmen, die sich auf Tonbändern manifestiert haben. Ebenso sind Anweisungen und Belehrungen von »UFO-Insassen« auf Tonträgern spontan aufgetreten.
- Bedeutende Medien können Gedanken Anwesender »lesen«, genauso wie das UFO-Insassen können.

Doch das UFO-Phänomen zeigt noch ganz andere paranormale Phänomene, von denen es sich drastisch von den bekannten Paraphänomenen unterscheidet:

1. Die riesigen, anscheinend metallischen unidentifizierten Objekte sind in der Lage, ihre Form zu verändern, sich zu verdoppeln oder ineinander überzugehen und sich auf der Stelle »bis zu einem Punkt« zu verkleinern.
2. Die unbekannten Objekte wenden sogenannte Solid Lights an, die, anders als gewöhnliche Lichtstrahlen, eine endliche Länge haben, sich krümmen und abgehackt, wie ein Morsezeichen, in der Atmosphäre stehen können. Diese Strahlen können Gegenstände, Tiere und Menschen levitieren, Menschen zu Boden pressen, lähmen, erhitzen, bewusstlos werden lassen und töten.
3. Manche UFOs entlassen riesige haarige affenartige Wesen (Bigfoots), die unverwundbar zu sein scheinen und offenbar über paranormale Fähigkeiten verfügen.
4. UFO-Insassen entführen Menschen, um ihnen Keimzellen zu

entnehmen, fügen ihnen aber sonst keinen größeren physischen Schaden zu.

5. Es wurde bisher kein menschlicher Verursacher für das Viehverstümmeln gefunden, das aus aller Welt vieltausendfach berichtet wird. Dagegen wurden in einigen Fällen nicht nur UFOs in der Nähe von Rinderherden gesehen, sondern auch deren Insassen, die Kälber an Bord holten.
6. Einige der Muster in Kornkreisen sind nicht von Menschen erschaffen worden, sind in kürzester Zeit entstanden und können Wunschbildern von Untersuchern entsprechen. Es ist für diese echten Kornkreismuster nicht bekannt, wer anders als eine fremde Intelligenz aus dem Unsichtbaren dafür verantwortlich sein könnte.

Zu 1 sollen an dieser Stelle einige Beispiele aus unserer Sammlung mit rund 500 UFO-Sichtungsberichten aus Deutschland, Österreich und der Schweiz angeführt werden. Es handelt sich um die Beobachtung eines Objekts, das fortlaufend seine Struktur entwickelt, und um ein Objekt, das aus einem sich langsam bildenden »Fenster« am Himmel herauskam (Abb. 5). Das seltsamste Phänomen beobachteten zwei Frauen aus der Schweiz, die sich an die Luftraumüberwachung in Kloten mit der Bitte um Aufklärung wandten. Das Objekt verdoppelte sich, vereinigte sich wieder, und änderte laufend seine Form und Farbe (Abb. 6).

Zu 3: Es gibt in aller Welt Berichte von großen behaarten Zweibeinern, deren Skelette bisher noch nie gefunden wurden. Nahezu jedes Land hat eine eigene Bezeichnung für die zwei bis 2,50 Meter großen affenartigen Gestalten. Bekanntlich heißen sie in Nepal »Yeti«, in Kanada »Sasquatch«, in Kalifornien »Bigfoot«, in Australien »Yahoe«, in Sibirien »Chuchuna«, in Puerto Rico »Commecogollos« oder in den USA auch »Big Hairy Monsters« (BHM). Es gibt rund 700 Gipsabdrücke von ihren Fußspuren mit einer mittleren Größe von 50 Zentimetern Länge und 16 Zentimetern Breite. Braunrote und schwarze Haare von ihnen wurden gesammelt und deren DNA analysiert. Doch die Befunde bleiben rätselhaft und legen keinerlei Verwandtschaft zu Primatenarten nahe.

Nach Janet und Collin Bord (1985) gab es in den USA bis 1984 118 Sichtungen eines Bigfoot mit insgesamt 245 Zeugen. Eigenartigerweise sind diese Gestalten häufig in solchen Gebieten beobachtet worden, in denen auch UFOs gesichtet wurden. Es gibt mehr als ein Dutzend Fälle, in denen UFO-Landungen direkt mit Bigfoots zusammen gesehen wurden. Der Zoologe Prof. Jeff Meldrum von der *Idaho State University* ist fest von der Existenz dieser Tierart überzeugt (Meldrum 2006), weist aber auch darauf hin, dass man nicht allen Berichten Glauben schenken darf.

In 20 Prozent aller Berichte sind paranormale Aspekte enthalten. Beispielsweise berichtete ein in einer Industriefirma tätiger Nachtwächter in Ridgefield, New Jersey, 1961, er habe zwei riesige Bigfoots gesehen, die sich in einem hell erleuchteten Bereich des Firmengeländes vor seinen Augen in nichts aufgelöst hätten. (Bloecher 1976) In einem anderen Fall hatte ein Bigfoot einen Drahtzaun niedergetreten und war darübergestiegen, um daraufhin vor den Augen des Zeugen zu verschwinden. Eine Nebraska-Staatsbehörde weigerte sich, die Haare zu analysieren. (*Bipedal Humanoids* 1987)

Am 6. Februar 1974 hörte eine Frau in Uniontown, Pennsylvania, gegen 21.30 Uhr einen lauten Summton draußen in der Luft. Sie dachte sich nichts dabei. Aufmerksam wurde sie erst, als sie gegen 22 Uhr ein Geräusch wie von Schritten hörte. Sie holte ihr Gewehr und ging vorsichtig nach draußen. In kurzer Entfernung stand vor ihr eine 2,20 Meter große haarige Gestalt. Aus Furcht schoss die Frau auf den Bigfoot. Es gab einen Lichtblitz, und die Gestalt war verschwunden. Der Schwiegersohn der Frau, der 30 Meter von dem Haus entfernt in einem Wohnwagen wohnte, hörte den Schuss, ergriff seine Pistole und ging nach draußen. Da sah er, wie vier große haarige Gestalten mit rot leuchtenden Augen aus der Dunkelheit auf ihn zukamen. Er schoss zweimal auf die Gestalten und sah in etwa 500 Metern Entfernung über dem Wald ein helles, rot blinkendes Licht stehen. Dann lief er zum Haus seiner Schwiegermutter und sah noch, dass sich die vier Hunde in ihren Hütten verkrochen hatten. Im Haus hatte sich die Katze unter dem Sofa versteckt. Die Polizei wurde gerufen. Auf dem vereisten Boden wurden keinerlei Spuren gefunden. Die Hunde waren nicht zu bewegen, ihre Hütten zu verlassen. (Gordon 1974)

Ort: 47474 Goch-Pfalzdorf
Datum: 8. Oktober 2000
Zeit: 21.55 Uhr
Dauer: ca. 20 Minuten
Größe: ca. 20 Meter Durchmesser
Höhe: 20 Meter
Entfernung: 20 Meter
Farbe: gelbe Rauten und hellblaue ovale Objekte
Zeugenzahl: 1
Quelle: Briefe vom 10. und 13. Oktober 2000, mehrere Telefonate
Besonderheiten: Die Zeugin führte ihren Hund aus und beobachtete dabei in 100 Metern Entfernung ein hellblaues, ovales Objekt, das von einem gelben Halo umgeben war, am Himmel. Nach etwa fünf Minuten flogen aus den Wolken nacheinander acht rautenförmige grellgelbe »Flugzeuge«, je vier an jeder Seite, die ein Geräusch wie »Helikopter machten« und stationär verharrten. Nach etwa drei Minuten flogen je zwei dieser Objekte von jeder Seite wieder zurück in die Wolken. Nach weiteren fünf Minuten flogen auch die übrigen

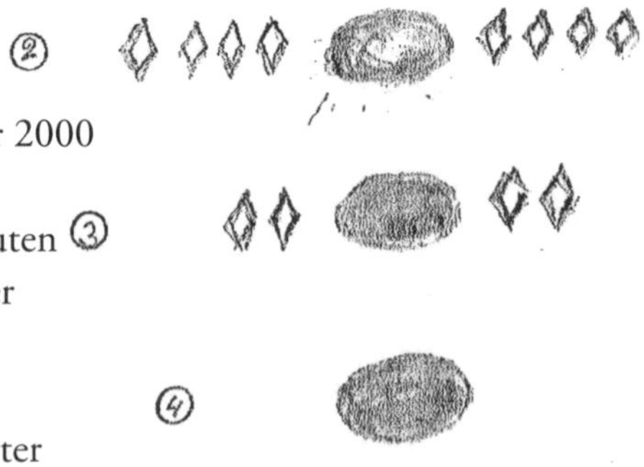

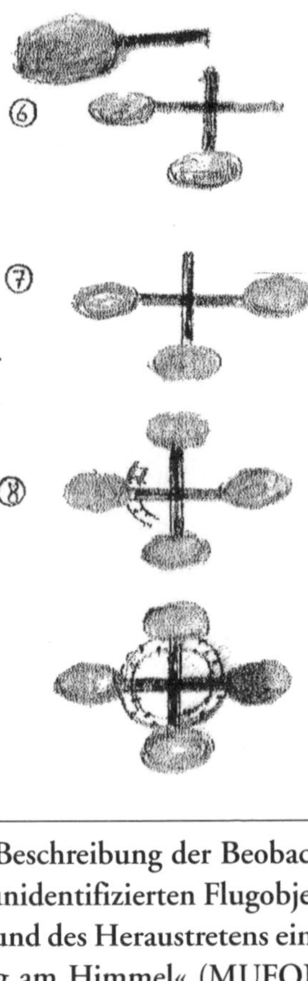

Abb. 5 (diese und nächste Seite): Kurze Beschreibung der Beobachtung einer Verwandlung der Form eines unidentifizierten Flugobjektes im Jahre 2000 in der Nähe von Wesel und des Heraustretens eines leuchtenden Körpers aus einer »Öffnung am Himmel« (MUFON-CES-Fallsammlung).

vier in die Wolken zurück. Der »Ballon« kam von ca. 50 Metern auf 20 Meter herunter. Die Zeugin hörte im Drei-Sekunden-Takt ein ständiges Klick-Geräusch. Aus dem Objekt wurde eine etwa zehn Meter lange Stange herausgeschoben. Plötzlich war ein zweiter »Ballon« da, aus dem ebenfalls eine Stange geschoben wurde, sodass sich beide kreuzten. »An den Enden der beiden Stangen klinkte sich auch je ein Ballon ein.« Vom ersten Objekt kamen »metallische schwarze Kästchen heraus, die sich rundherum bildeten und mit einem gelben Licht leuchteten«. Das Objekt begann nun sehr langsam mit leisem Summen und ständigem Klicken zu rotieren. Der Hund bekam Angst. Die Zeugin wollte nach Hause gehen. »Ganz gleich, in welche Richtung wir auch liefen, begleitete und kreiste das Objekt weiter über uns.« Auf ihrem Bauernhof angekommen, wartete das Objekt über den großen Lindenbäumen und flog dann fort. (Die Zeugin, der niemand glaubte, suchte über die DASA Kontakt zu MUFON-CES.)

Ort: 48249 Dülmen
Datum: 28. Dezember 2002
Zeit: 2.20 Uhr
Dauer: eine Minute
Anzahl: 1 und »Öffnung«
Form: Öffnung rechteckig, Objekt oval
Entfernung: 300 bis 500 Meter
Höhe: 30 Grad
Größe: 11 bis 12 Meter
Farbe: milchig-weiß

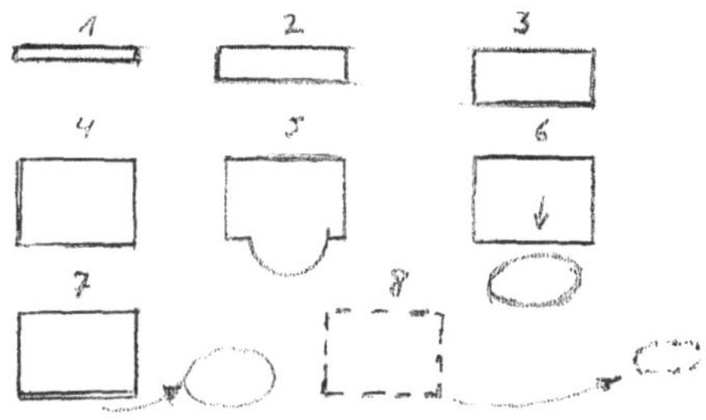

Zeugen: 1 (gleicher Zeuge wie Sommer 2002)
Besonderheiten: Ein waagerechter heller Streifen am Himmel weitet sich aus zu einem hellen Rechteck. Aus diesem stülpt sich ein ovales Objekt heraus und fliegt fort. Danach »verblassen bzw. schrumpfen« beide Formen.

Ort: Will bei Olten, Schweiz
Datum: 19. Januar 2002
Zeit: 2 Uhr
Dauer: 75 Minuten
Form: veränderlich (knallrot, dunkel, grüne und rote Lichter)
Zeugenzahl: 2
Quelle: Zeugeninterview am Telefon mit Herrn Haase, MUFON-CES
Besonderheiten: Die Zeugen werden auf das Objekt aufmerksam durch den Lärm, den es verursacht. Sie denken zunächst, draußen würde ein Hubschrauber manövrieren. Erst nach einer Viertelstunde geht einer der Zeugen auf den Balkon und sieht einen knallrot leuchtenden Zylinder (mit flachen Ecken), breit wie ein Einfamilienhaus und etwa doppelt so hoch wie breit.
Gegen 2.10 Uhr kommt die Tochter auf die Terrasse. Als die Hauptzeugin Blitzlichtfotos macht, scheint das Objekt mit Aufblitzen »zu antworten«. Um 2.20 Uhr beginnt sich das Objekt zu entfernen. Dabei teilt es sich in zwei identische Objekte. Nach kurzer Zeit verschmelzen beide

Abb. 6 (diese und nächste Seite): Kurze Beschreibung der Formänderung eines unidentifizierten Flugobjekts im Jahre 2000 in der Nähe von Zürich. Die Verwandlung erfolgte ähnlich wie nach einem Bericht vom 5. November 1990 aus Frankreich, den ARTE im Fernsehen anlässlich eines Themenabends am 17. März 1996 zeigte (MUFON-CES-Fallsammlung).

wieder zu einem Objekt, das hinter einem Hügel verschwindet, sodass nur noch ein heller Schein sichtbar ist. Nach 15 Minuten taucht das gleißend weiß strahlende Objekt wieder auf und fliegt auf die Zeugen zu. Das Licht verlischt, das Objekt verstummt und wird zu einem schwarzen Dreieck, das lautlos über das Haus der Zeugen hinwegfliegt.
Vom anderen Fenster aus mit Blickrichtung Nord sehen die Zeugen das Objekt wieder heller werden und sich in eine weiß leuchtende Kugel verwandeln, die stationär bleibt. Aus der Unterseite werden zwei dicke »Stangen aus weißem Licht« ausgefahren. An diesen Solid-Light-Strahlen hingen jeweils kleine hellweiß leuchtende Lichter.
Um 3.15 Uhr verlöschen die kleinen Lichter. Das Objekt beginnt zu schrumpfen bis zu einer kleinen Kugel, die plötzlich rasend schnell zum Himmel auffährt.
Beide Zeuginnen sind noch völlig aufgeregt, als sie am Mittag beim Flughafen Kloten anrufen, um das Erlebnis mitzuteilen.

Im Midland-Gebiet in Pennsylvania beobachteten am 2. November 1973 mindestens 100 Zeugen, darunter mehrere Polizeioffiziere, ein diskusförmiges Objekt am Himmel, das in der Ferne zu landen schien. Dort fanden Jäger am nächsten Tag am Boden eine 13 Meter Durchmesser große platt gedrückte Fläche im Gras und 250 Meter davon entfernt riesige Fußspuren, die Stan Gordon einem Bigfoot zuordnet. (Gordon 1974)

Im September 1973 sollen drei Frauen im Wald gesehen haben, wie eine Rampe aus einem gelandeten UFO ausgefahren wurde. Über diese liefen drei zwei Meter große haarige Gestalten heraus in den Wald.

In der Datensammlung im Anhang wird im Fall 128 beschrieben, wie in Greensburg, Pennsylvania, am 25. Oktober 1973 ein halbkugelförmiges Objekt landete. Zwei große haarige Wesen kamen daraus, wurden beschossen, gingen aber weiter in den Wald. Anschließend brüllte einer der Zeugen, als sei er von einem Tier besessen, und griff einige der anderen Zeugen an. Später wurden weder Spuren noch Blut gefunden. Das UFO blieb, wie die Kreaturen, verschwunden.

In Abduktionsberichten wird so gut wie niemals beschrieben, dass an Bord eines UFOs auch Bigfoots gesehen wurden. Eine Ausnahme bildet die Beschreibung eines Kanadiers, der 1982 in einer Hypnosetherapie seine Entführungserlebnisse mit Dr. Susan Schulman aufarbeitete. An einige Abduktionen konnte er sich bewusst erinnern, an andere nicht. Er wurde bereits im Alter von zwei Jahren (1957) das erste Mal entführt. Im Jahre 1969 begegnete er mit seinem Freund einem Bigfoot in einem Park in St. Catharines, Ontario. Die Kreatur führte beide in ein gelandetes UFO. Dort trafen sie auf ein menschliches Wesen, das ihnen erklärte, dass die haarigen Wesen die schweren körperlichen Arbeiten auf der Erde verrichten würden. Der Bigfoot setzte sich in einen Sessel und ließ seinen Kopf von anderen Menschen mit einer Art Draht umwickeln, der an ein Gerät angeschlossen war. Die Ärztin hält den Zeugen für absolut glaubwürdig. (Fernwick 1983)

Falls alle diese Geschichten stimmen, muss man annehmen, dass die UFO-Insassen auf unserer Erde eine Lebensform aussetzen, die entweder für Testzwecke (Atmen der irdischen Atmosphäre) oder zur Beschaffung bestimmter Dinge verwendet wird. Da sich alle UFO-Insassen, auch die haarigen Gestalten, vor unseren Augen unsichtbar machen können, ist es möglich, dass sich die haarigen Wesen in unserem Raum wie in Parallelräumen bewegen können.

Zu 4 haben wir im Kapitel 3.1 berichtet. Zu 5 und 6 müsste man so viel sagen, dass die Ausführungen eigene Bücher füllen würden. Wenn die Zehntausende von verstümmelten Rindern und Haustieren auf die Untaten der UFO-Insassen zurückzuführen sind – und eine andere Erklärung hat zurzeit niemand – dann tun diese gut daran, ihre Existenz vor uns weiterhin zu verheimlichen. Denn hier entpuppen sie sich als Diebe. Offensichtlich benötigen sie das Blut der Tiere und einige ausgewählte Organe. Im Widerspruch zu dieser Heimlichtuerei stehen die künstlerisch hochwertigen Piktogramme in Korn- und Rapsfeldern, mit denen sie auf sich aufmerksam zu machen scheinen. (Bisher ist es nicht gelungen, durch Satellitenaufnahmen die Entstehung der Piktogramme zu registrieren.)

Wenden wir uns jetzt wieder den paranormalen Phänomenen zu.

Was die Evolution im Menschen nur sehr schwach angelegt hat, nämlich die Fähigkeit, mit dem bewussten Willen auf die physikalische Umgebung einzuwirken (wie es Schamanen und PK-Medien tun können), scheint den UFO-Insassen, wenn nicht gerade angeboren zu sein, so doch durch Anwendung einer uns noch unbekannten Technik leicht von der Hand zu gehen.

Das, was wir ein mediumistisches Feld nennen wollen und das die Medien umgibt, scheinen UFO-Insassen technologisch perfektioniert zu haben. Daher sollten auch dieselben Phänomene, wie sie von Medien berichtet werden, in der Anwesenheit von UFOs beobachtet werden.

Die Theoretiker von NIDS sind der Meinung, dass die Phänomene nur den einen Schluss zulassen, nämlich, dass in unserer Welt alternative Dimensionen existieren, was eine Existenz paralleler Universen bedeuten würde. Der Physiker Michio Kaku aus San Francisco wird zitiert: »Aliens könnten bereits jetzt hier sein, hier in einer anderen Dimension, einen Millimeter von unserer eigenen Welt entfernt.« Viele Menschen sind bereits von einer uns unsichtbaren Umgebung überzeugt. Für andere Menschen ist die Annahme einer jenseitigen Welt nicht akzeptierbar. Sie fürchten, beobachtet zu werden, und haben Angst davor, dass ihre Handlungen irgendwo und von irgendjemandem bewertet und beurteilt werden, ohne dass sie die Beobachter selbst erblicken können. Einem wissenschaftlich denkenden Menschen fällt es schwer, an etwas zu glauben, was er nicht ausmessen und selbst kontrollieren kann.

In jedem Fall zeigen aber die zitierten Beobachtungen, dass unsere Welt mehr Dimensionen haben muss als nur die drei räumlichen (x_1, x_2, x_3) und die zeitliche Dimension (x_4). Es müssen noch mindestens zwei weitere Wertevorräte existieren, wenn wir die genannten Phänomene in der Welt phänomenologisch unterbringen wollen. Aus physikalischen Gründen können diese Dimensionen nicht reell, sondern müssen imaginär wie die Zeit sein, sich aber von dieser so unterscheiden, dass sie nicht mit ihr vertauscht werden können. Bei der 5. Dimension x_5 muss es sich um eine Bewertung von Organisationen materieller oder immaterieller Strukturen, also um eine qualitative Wertung, handeln. Je größer dieser Dimensionswert, desto höher ist das Organisationsniveau. Da aber Organisationen ein Ziel haben müssen, das angibt, in welcher Richtung der Organisationsgrad in der Zeit ansteigen soll, muss die 5. Dimension immer mit der 6. gemeinsam wirken, wenn sich die Bedeutung einer Organisation in der Zeit ändern soll. Der 6. Wertevorrat x_6 gibt quasi das Ziel an, dem sich eine aufbauende Struktur in der Zeit annähert. Die 5. Dimension wirkt auf die mikroskopischen Wahrscheinlichkeitsverteilungen in der Weise ein, dass wahrscheinliche Zustände sich unter dem Einfluss der 5. Dimension zeitlich zu ganz unwahrscheinlichen Zuständen verschieben und die Idee der Struktur, wie sie die 6. Dimension vorschreibt, durch physikalische Prozesse einstellt.

Beide Dimensionen wirken gemeinsam. Im Falle der paranormalen Phänomene hätte dies die Konsequenz, dass Menschen, die paranormal begabt sind, offenbar mit der 5. Dimension wirken können, sei es als »Feld« oder als »Strahlung«, die von ihrem Gehirn ausgeht. Wenn die 6. Dimension, also die teleologische Richtung, nicht wirkt, ereignet sich nichts Außergewöhnliches. Erst wenn auch ein starker Wille ein Ziel vorgibt, können sich die Ereignisse derart formieren, dass die willentliche Vorstellung mit der organisierenden Dimension gemeinsam eine physikalische Wirkung hervorrufen kann. Menschen ohne das »Feld«, das Medien um sich haben, können einen noch so starken Willen einsetzen, erzielen aber trotzdem nicht die Wirkungen, die sie wollen. Dagegen sind Menschen mit einem mediumistischen »Feld« (5. Dimension) und mit einem starken Willen (6. Dimension) das, was man in früheren Zeiten einen Magier genannt hat. Sie können physikalische Wirkungen im Raum erzeugen.

Ein Beispiel dafür: Prof. Hans Bender hat 1976 uns Physikern in Garching einen Vortrag über die Fähigkeiten Uri Gellers gehalten und dabei auch auf andere mit diesen Kräften begabte Personen hingewiesen. Mit einem von ihnen, Sylvio M. aus der Schweiz, arbeitete das Freiburger Institut seit Längerem zusammen.

Eines Tages, erzählte Bender, sei Sylvio mit seinen Freunden auf einem Floß über einen reißenden Fluss in der Schweiz gefahren. Seine Freunde drängten Sylvio, doch wieder »etwas zu machen«. Daraufhin konzentrierte sich Sylvio auf eine der Ketten, mit denen das Floß befestigt war, mit der Absicht, ein Glied zu sprengen. Das funktionierte nicht, und er gab auf.

Wenige Tage später las Sylvio in der Zeitung, dass genau an demselben Floß eine Kette gerissen und durch den plötzlichen Ruck der Flößer ins Wasser gefallen und ertrunken war.

Sylvio wusste sofort, dass seine Manipulationen Ursache des Unglücks gewesen waren, und wollte seine paranormalen Experimente mit den Freiburgern einstellen. Es kostete Bender viel Mühe, wie er uns sagte, Sylvio davon zu überzeugen, dass immerzu und überall auf der Welt Ketten von Flößen reißen und dass alles nur ein Zufall gewesen sei, damit Sylvio weiteren Tests zustimmte. Das Ziel war von Sylvio gesetzt worden (x_6). Die paranormale Begabung (x_5) war vorhanden. Nur den Zeitpunkt der Realisierung (x_4) im Raum (R_3) konnte Sylvio nicht abschätzen.

Nach der einheitlichen Quantenfeldtheorie von Burkhard Heim ist Materie nur dann beschreibbar, wenn ihre geometrischen Strukturen als ein dynamischer Austauschprozess metrischer Deformationen in einem sechsdimensionalen Hyperraum (R_6) aufgefasst werden. Neben geladenen und ungeladenen Teilchen und Photonen existieren nach Heim auch noch sogenannte Aktivitätenströme, die nur in den Koordinaten x_5 und x_6 definiert sind und im Raum als Gravitationswellen erscheinen, wo sie die Wahrscheinlichkeitsverteilungen mikroskopischer energetischer Zustände verschieben können. Das sind genau diejenigen »Felder«, die wir als mediumistisch bezeichnet hatten. Nach Heim sind Bewusstseinszustände überhaupt nicht im Raum definiert, sondern dynamische, zwischen hohen x_5-Organisationsniveaus und der Hirnrinde auf- und absteigende Informationsaustausch-Vorgänge. Aktivitätenströme reichen strukturelle Muster der Hirnstromaktivitäten aus niedrigen x_5-Niveaus (Materie) über sogenannte Leitmetroplexe in hohe x_5-Bereiche (geistige Niveaus), in denen die Strukturen zu qualitativen Erlebnisinhalten umgesetzt werden. Bei diesen Leitmetroplexen handelt es sich um begriffliche Strukturen nicht materieller Art, wie sie in der aspektbezogenen Logik Heims definiert werden können. (Heim 1980) Sie entsprechen metaphorisch Kanälen, in denen die imaginären Aktivitätenströme zwischen niedrigen und hohen Organisationsstufen auf- und abfließen. Bei gesunden Menschen sind die Leitmetroplexe mit der materiellen Hirnrinde »fest verbunden« (nicht physikalisch, sondern im übertragenen Sinne; denn es handelt sich ja um imaginäre Strukturen, die nicht messbar sind). In pathologischen Fällen greifen die Leitmetroplexe aus hohen x_5-Bereichen, in denen sich der Wille manifestiert, nicht direkt an der Hirnrinde an, sondern langen in den außerkörperlichen Bereich und erzeugen damit ein »Feld«, in dem sich Strukturen aus hohen x_5-Bereichen direkt manifestieren können, etwa als physikalische Wirkungen (Psychokinese) oder als bildhafte Projektionen. Umgekehrt sind die Wahrnehmungsorgane paranormal begabter Personen nicht ausschließlich über Leitmetroplexe zwischen den normalen physischen Sinnesorganen mit den höheren x_5-Niveaus verbunden, sondern sie können auch in sehr hohe x_5-Bereiche hineinreichen und damit dem Bewusstsein Bilder und Schall vermitteln, die nicht in der materiellen physikalischen Welt erzeugt werden, sondern in einer unsichtbaren Parallelwelt, in der es freie Informationspotenziale gibt, die nicht von einer materiellen Struktur getragen werden (»freie Information« erinnert in der Metapher an die Vorstellung, die viele Physiker vor 100 Jahren hatten, nämlich dass Lichtwellen von einem Äther getragen werden müssten, bis Einstein erkannte, dass Licht als freie Energieform den Raum durchquert).

Psychische Medien können Wahrnehmungen aus höheren x_5-Bereichen bekommen, die normalen Menschen verborgen bleiben. Der französische Philosoph Henri Bergson meinte in den 1920er-Jahren, dass offenbar ein Filter den normalen Menschen diese Wahrnehmung versperrt (wobei »normal« dasjenige ist, was die Mehrheit erlebt). (Bergson 1919)

In den zurückliegenden Jahren scheint es gelungen zu sein, dass normale Menschen durch chemische Stimulantien dieses »Bergson-Filter« durchbrechen können und genau wie Medien Leitmetroplexe in sehr hohe x_5-Bereiche hineinschieben und bewusste Erlebnisse mit geistigen Wesen haben können, die uns für gewöhnlich verborgen bleiben. Kelleher und Knapp weisen in ihrem Buch auf die Experimente mit DMT hin.

Bei dieser Substanz handelt es sich um eine endogene halluzinogene Mischung N,N-Dimethyltriptamin (DMT), die auch im Ayahuasca-Gebräu der Amazonas-Schamanen enthalten ist, mit deren Einnahme sie »Reisen in die Welt der Geister« vornehmen. Rick Strassman erhielt 1994 die Erlaubnis, an der *University of New Mexico* mit dieser Droge zu experimentieren. Strassman untersuchte innerhalb von fünf Jahren die Erlebnisse von 60 normalen (nicht psychiatrisch belasteten) freiwilligen Probanden unter dem Einfluss von DMT. Er verwendete insgesamt über 400 intravenös verabreichte DMT-Dosen. DMT macht nicht süchtig. Seine Wirkung setzt nach wenigen Sekunden ein und endet nach 20 Minuten. Für gewöhnlich verwendete Strassman eine intravenöse Dosis von 0,4 Milligramm/Kilogramm (Körpergewicht). Anders als bei anderen Psychodelika, beispielsweise LSD oder Psilocybin, treten keine Bewusstseinstrübungen und optischen Halluzinationen auf, sondern ein erhöhter Wachzustand. Etwa 50 Prozent der Probanden berichteten während einer Phase von fünf Minuten Dauer jeweils von einer anderen Realität mit bekannten und unbekannten Wesen. (Strassman 2001)

Im Jahre 2006 wurden ähnliche Experimente von Christopher Cott und Adam Rock mit entsprechenden Ergebnissen wiederholt. (Cott & Rock 2008) Ihre Probanden waren 18 Männer und eine Frau (im Alter von 16 bis 41 Jahren).

Die Erlebnisse einer anderen Realität unter Einnahme von DMT waren dieselben wie bei Nahtoderfahrungen, in denen ebenfalls andere Orte und ein Treffen mit verstorbenen Angehörigen erlebt werden. Die Wesen wurden als autonom und unabhängig von den Geist-Körper-Zuständen des Perzipienten empfunden.

Die Probanden empfanden ihren Zustand als »viel realer als alles, was ich bisher erfahren habe«, oder »anders als irgendetwas, das ich jemals auf diesem Planeten erfahren habe« – »Ich war überwältigt wie niemals zuvor.« – »Es war wie ein religiöses Erlebnis, in dem ich eine Ahnung davon erhielt, was Erleuchtung bedeutet.« Einer der Probanden empfand genau das, was wir theoretisch erwarten:

> »Alles, woran ich mich erinnere, ist, dass mir gezeigt wurde, wie unsere dreidimensionale Realität in eine Realität eines größeren Universums eingebettet ist, die hinter unserem dreidimensionalen Universum liegt.«

In diesem »DMT-Hyperraum« begegnet man auch den Wesen, wie sie von Abduzierten als UFO-Insassen beschrieben werden:

»Ich fühlte mich, als befände ich mich in einem Laboratorium von Aliens … Da waren Wesen …« (Strassman 2001, S.196)

»Da gab es überall insektenartige Kreaturen. Sie befanden sich in einem hyper-technologischen Raum.« (Strassmann 2001, S. 209)

»Sie hielten einen Raum für mich bereit. Sie waren nicht so überrascht, wie ich es war … Da war eine Haupt-Kreatur, die hinter allem zu stehen stand und alles übersah …« (Strassman 2001, S. 197)

Es stellt sich natürlich die Frage: Sind die DMT-Erlebnisse 1. reine Halluzinationen?, 2. nur eine subjektive Wirklichkeit? oder 3. eine objektive Realität? M. A. Rodriguez macht Vorschläge, wie man die Objektivität der anderen Realität testen könnte.

Für Halluzinationen sind die Erlebnisse zu konsistent. Denn die Probanden ließen sich jeweils wieder in die gleiche Situation versetzen. Als subjektive Halluzination sollte man zwei Probanden nacheinander in den gleichen Erlebnisraum schicken und schildern lassen, ob beide das Gleiche erleben. Eine objektive Realität ließe sich beispielsweise dadurch ermitteln, dass man den Wesen große Zahlen vorlegen würde (z. B. 23 467) und bittet, deren Primzahlen-Produkt (31 mal 757) dem nächsten Probanden mitzuteilen. (Rodriguez 2007)

Solche Experimente sind jedoch noch nicht durchgeführt worden. Wenn sich die Realität der anderen Welt herausstellen sollte, dann ist anzunehmen, dass einige der UFO-Insassen bereits in den für uns unsichtbaren Ebenen neben uns leben und nicht nur in ihren Fahrzeugen nach jedem ihrer Besuche wieder »nach Hause« fahren. Wir vergessen dabei immer, dass in den Transbereichen des x_5 keine Entfernungen gelten, sondern nur »psychische Distanzen«, d. h. Strukturen mit einem hohen oder niedrigen Grad von Ähnlichkeit. (Wenn Ted Owens beispielsweise ein UFO herbeirief, dann musste sein Gedanke nicht zu einem fernen Planeten geschickt werden, sondern sich auf eine Struktur der vorgestellten Bilder des UFOs einstellen, die, vielleicht durch den ersten Kontakt mit ihm, eine enge mentale Beziehung zu ihm aufgebaut hatten. Die Verbindung erfolgte über eine Strukturresonanz.)

Um paranormale Wirkungen – wie Owens sie ausführen konnte –

technologisch produzieren zu können, müsste man Aktivitätenströme, die von physikalischen Medien offenbar freigesetzt werden können, künstlich herstellen.

Unbekannte Flugobjekte fliegen in künstlichen Gravitationsfeldern und setzen dabei gleichzeitig Gravitationswellen bzw. Aktivitätenströme (x_5, x_6) frei. Sie wirken wie starke mediumistische »Felder« der besprochenen Art und können bewusste Strukturen in den Parallelräumen dazu veranlassen, die organisierende Wirkung zu nutzen, um sich im physischen Raum zu manifestieren. Die paranormalen Kräfte werden umso stärker, je häufiger die Objekte mit ihren paranormal wirkenden Feldern am selben Ort erscheinen.

Damit könnte man die vielen paranormalen Effekte an Hot-Spots erklären. Es müssen nicht die bewussten Absichten der UFO-Insassen selbst sein, die sich in den Phänomenen äußern, sondern bewusste oder unbewusste autonome Strukturen aus hohen x_5-Bereichen, die die Gelegenheit zur Projektion in die dreidimensionale Welt wahrnehmen. Auf diese Weise könnten Tierformen und Dämonen, wie Keel sie erlebte, auftreten.

Offensichtlich können UFO-Insassen mit der sechsdimensionalen Realität – im Gegensatz zu uns Menschen – leicht umgehen. Die Anwendung von Aktivitätenströmen auf materielle Objekte kann dazu führen, dass deren Trägheitsmasse reduziert wird, was eine Versetzung in Parallelräume zur Folge haben muss. Mit dieser Technik können sie zwischen unserem Raum und Parallelräumen wechseln, von denen aus sie uns beobachten und auch Menschen in unserem Raum – so wie Hopkins es beschreibt – für uns unsichtbar machen und in den Parallelraum holen.

Sicherlich ist die Kugelschreibermine von Dr. Puharich im Experiment mit Geller von einem unsichtbaren UFO-Insassen entnommen und später, als er mit einem UFO sichtbar im Raum landete, an Geller zurückgegeben worden. Auch auf der Utah-Ranch scheinen UFO-Insassen gelegentlich aus dem Unsichtbaren gewirkt zu haben, vielleicht, um den Wissenschaftlern zu zeigen, dass deren vierdimensionale Weltsicht für diese Intelligenz nicht maßgebend ist.

Offensichtlich können die UFO-Insassen, möglicherweise durch gezielten Einsatz von Aktivitätenströmen, paranormale Fähigkeiten in

Menschen hervorrufen und zumindest verstärken. So geschah es wohl bei Geller und Owens. Obwohl Geller nur selten in der Lage war, UFOs herbeizurufen – und wenn doch einmal, dann hatte er den Eindruck, eine Halluzination erzeugt zu haben –, so scheint das Ted Owens und einigen seiner Schüler durchaus gelungen zu sein. Das legt die Vermutung nahe, dass Owens durch die UFO-Intelligenz eine gewisse Struktur in x_5 einprogrammiert bekommen hat, eventuell über das Implantat, das besonders geeignet gewesen ist, über eine Strukturresonanz UFOs relativ rasch herbeizuholen. Owens meinte immer, dass seine SIs nicht außerirdisch, sondern überirdisch seien, also aus anderen Dimensionen kämen.

Es ist vorstellbar, dass Owens, wenn er Blitze auf bestimmte Gebiete herabschießen ließ, die organisierenden x_5-Kräfte aktivierte, die er von UFOs erhalten hatte. Man muss aber nicht annehmen, dass die UFO-Intelligenz ihren Willen dazu hergab. Vielleicht haben sie aus dem Unsichtbaren kontrolliert, was Owens mit den ihm zur Verfügung gestellten Kräften alles anstellt. So wäre auch zu erklären, dass Owens 1980 plötzlich die Fähigkeit oder zumindest seinen Glauben daran verlor, Hurrikane zu dirigieren. Hier schienen sie sich gegen dessen Absichten gesperrt zu haben.

Die Deutung der beobachteten Effekte durch eine Mehrdimensionalität der Welt scheint unausweichlich. Das hat auch für die Parapsychologie weitreichende Konsequenzen. In ihrem Bemühen, von der Wissenschaft akzeptiert zu werden, haben akademische Parapsychologen in den vergangenen 100 Jahren versucht, mit ihren Phänomenen so weit es geht im wissenschaftlichen Weltbild Unterschlupf zu finden, indem sie viele Fakten, die zuvor bereits als erwiesen galten, vertuschten oder selbst anzweifelten. So wird von der wissenschaftlichen Parapsychologie der Animismus vertreten, also die Annahme, dass sämtliche paranormalen Phänomene ausschließlich von lebenden Personen verursacht werden. Alle Beweise oder Indizien, die für ein Fortleben der bewussten Psyche sprechen, werden übergangen, weil das vorherrschende vierdimensionale Weltbild dafür keinen Raum zur Verfügung stellt und weil die Praxis alter Damen und Fantasten beim Tischrücken, das zum Ziel hat, Geister zu zitieren, den Spiritismus als völlig unseriös und unwissenschaftlich disqualifiziert hat.

Durch die moderne sechsdimensionale Physik und durch die Beobachtungen der unidentifizierten Flugobjekte wird der alte »Aberglaube« anscheinend nun doch noch bestätigt. Die Phänomene der Parapsychologie sind sowohl animistisch als auch spiritistisch. Animistisch lassen sich allerdings viele Phänomene des parapsychologischen Forschungsgebietes (beispielsweise Kreuzkorrespondenzen) im Rahmen einer vierdimensionalen Welt R4 überhaupt nicht deuten. In einer sechsdimensionalen Weltsicht kann die Wirklichkeit besser verstanden werden. Und nichts steht mit den bisherigen Erkenntnissen, sofern sie sich auf den R4 beziehen, in Widerspruch.

3.2.8 Schlussfolgerungen

Die besprochenen Phänomene haben sich ereignet und wurden registriert, das zeigen die rigorosen Untersuchungen. Demnach gibt es eine unsichtbare, mit physikalischen Instrumenten nicht zu vermessende Umgebung, aus der heraus und in die hinein Objekte transportiert oder projiziert werden können und die mit der gedanklichen Sphäre der Menschen kommunizieren kann.

So wie der *Stern* in seiner Ausgabe vom 23. Oktober 2003 in seinem sonst nicht weiter empfehlenswerten Artikel über »Die Magie des Übersinnlichen« auf Seite 56 schreibt:

> »Es hat den Anschein, als würde neben unserer gewöhnlichen Welt eine zweite mit ganz eigenen Gesetzen existieren. Und hin und wieder kann es uns vorkommen, als würden sich diese Welten berühren oder gar miteinander verschmelzen: Dann senden Verstorbene Botschaften aus dem Jenseits oder erscheinen selbst, Gedanken anderer werden lesbar wie Briefe, und der Geist beherrscht die Materie – etwa, indem er Gabeln verbiegt oder Fotos belichtet.«

Es müssen ja nicht nur Verstorbene sein, die sich aus dem Unsichtbaren melden, sondern es könnten auch fortgeschrittene Rassen von irgendwoher sein, die in beiden Bereichen zu Hause sind und die mit einer fortgeschrittenen Technologie diese Bereiche nach Belieben wechseln können.

Damit stellen sich zwei Fragenkomplexe:

Das häufige Auftreten von UFOs neben Spukerscheinungen an einer geographisch eng begrenzten Stelle kann

1. auf ein Interesse der UFO-Besatzungen an der deutlichen Berührungsstelle zwischen der sichtbaren und der unsichtbaren Welt an einem Hot-Spot zusammenhängen. Sie spüren die ungeheure Kraft, die von diesem Gebiet aus dem unsichtbaren Bereich kommt, und versuchen Kontakte mit einer Intelligenz der Erde herzustellen, die sich dort im Unsichtbaren befindet.
2. Die UFO-Besatzungen könnten dort einen bevorzugten Bereich eingerichtet haben, in dem sie – ohne Flugobjekte zu verwenden – aus der unsichtbaren in die physikalische Welt hineinwirken können. Besonders die Aktionen der unerklärlichen Kugeln sind in dieser Weise in den üblichen Spukfällen der Parapsychologie so nicht bezeugt worden. Auch die Tatsache, dass Tiere getötet und zerstückelt werden, ist bei Fällen der schwarzen Magie nicht üblich. Stattdessen wird dort im Schadenszauber den Menschen übel zugesetzt, beispielsweise durch Schmerz-Zufügen, während beispielsweise die Bewohner der Utah-Ranch – außer Wunden am Daumen – keine physischen Belästigungen erfuhren. (Dr. Kelleher vermutet, dass die Cattle-Mutilations von jemandem ausgeführt werden, der die Umwelt-Kontaminationen der Erde kennt und das Fleisch der Tiere in Langzeitstudien auf Prion-Verseuchungen hin untersuchen möchte.)

Im ersten Fall hätte es die parapsychologische Forschung mit neuartigen Phänomenen zu tun. Im zweiten Fall könnte angenommen werden, dass die UFO-Intelligenz einer Gruppe von Wissenschaftlern demonstrieren möchte, dass es die unsichtbare Welt gibt und wie aus dieser heraus auf die sichtbare eingewirkt werden kann. Die Entstehung der Kreise im Gras und die Verstümmlung der Tiere kurz nach deren Inspektion lassen solche Phänomene in einem völlig neuen Licht erscheinen. Vielleicht erfolgen die (jedenfalls die eindeutig nicht von Menschen hergestellten) Kornkreise aus dem Unsichtbaren heraus.

Dann bildeten die Aktivitäten der unsichtbaren Intelligenz tatsächlich so etwas wie eine Lernkurve für die Menschen. Die Menschen sollen lernen, mit einer unsichtbaren Welt neben der sichtbaren vertraut zu werden.

Es gibt viele Fälle, in denen für das Auge unsichtbare Objekte auf Radar regelrechte Angriffe auf Flugzeuge geflogen haben, deren Pilot das »Ding« nur auf seinem Radar verfolgen konnte.

Beispielsweise wurde am 17. Oktober 2003 von den Alliierten-Streitkräften in Bagdad auf den Radarschirmen des *Air Operations Center* in Quatar ein unidentifiziertes Flugobjekt verfolgt, das jedoch nicht visuell beobachtet werden konnte. (*www.ufocenter.com*)

Damit könnte auch Budd Hopkins neue Hypothese gestützt werden, nach der sich die Aktivitäten der UFO-Insassen zunehmend von der sichtbaren in die unsichtbare Umwelt verlagern würden. Hopkins und Jacobs stellen fest, dass viele der Abduktionen, wenn sie physikalisch real erkennbar sind (Radar, Wunden, Implantate, PTSD usw.), von anwesenden Beobachtern nicht bemerkt werden. Es gibt Beispiele für Entführungen aus belebten Straßen, Spielplätzen oder Party-Veranstaltungen.

Linda Cortile und deren Angehörige haben mehrere Entführungen aus demselben Appartement eines Gebäudes erfahren. Doch nur die Entführung im November 1989 in New York wurde auch von anderen Zeugen bemerkt. Sie sollte wohl absichtlich von Zeugen registriert werden. Aber weder der Anflug noch der Rücktransport von Linda ist von Zeugen gesehen worden.

Anlässlich des MUFON-Kongresses 1993 in Richmond, Virginia, auf dem ich einen Vortrag über »UFO-Sichtungen in Deutschland« hielt, berichtete Budd Hopkins in seinem Vortrag »Invisibility and the UFO Abduction Phenomenon« erstmals über einen physikalischen »Beweis« für die Entführungen ins Unsichtbare durch UFO-Insassen. Damals hatte ich mich über Hopkins' Aberglaube gewundert und die Sache nicht recht ernst genommen. Doch inzwischen hat Hopkins gemeinsam mit seiner Frau Carol Rainey ein Buch geschrieben, in dem er weitere Indizien für das Wechseln der sichtbaren und unsichtbaren Welten durch UFO-Insassen und Entführte vorlegt. (Hopkins & Rayney 2003)

16 solcher Fälle werden beschrieben. In Richmond hatte Hopkins den Fall der Familie »Washburn« aus Brisbane, Australien, besprochen, der hier als Beispiel dienen soll:

Im Frühjahr 1992 hatte Budd Hopkins anlässlich einer Vortragstour durch Australien auch in Brisbane Station gemacht und dabei das Ehepaar Washburn getroffen, das ihm berichtete, sie (Sam und Frau Jenny sowie ihre zwei Söhne, Letztere damals beide in den 20ern) hätten fünf Tage zuvor nachts alle aus dem rechten Nasenloch geblutet.

Hopkins hatte erzählt, dass im Februar 1992 auch Linda Cortile und ihr Mann, ihre zwei Söhne und ein Gast nachts aufgewacht waren und alle aus dem rechten Nasenloch geblutet hätten.

Dann zeigte Jenny Washburn vier Fotos und fragte Hopkins, ob er von Folgendem schon einmal gehört hätte: Auf den stark rot gewordenen Fotos, die 1978 vor einem Spielplatz in Brisbane aufgenommen worden waren, zeigte das erste Bild einen kleinen Jungen, das zweite diesen Jungen und seinen Vater und das dritte und vierte nur den Spielplatz mit der Strandbucht. Jenny behauptete, dass auf den Fotos auch andere Familienmitglieder hätten zu sehen sein sollen. Aber auf dem ersten fehlte die Mutter des Jungen, also Jenny. Auf dem zweiten Foto fehlte der zweite Sohn, und auf dem dritten Foto fehlten die Mutter und die beiden Söhne. Nach den Aufnahmen wollten alle Familienmitglieder übrigens ganz schnell nach Hause fahren. Niemand konnte sich damals erklären, was der Grund für die eigenartige Furcht vor dem Spielplatz gewesen war. Die Jungen sind niemals wieder zu diesem Spielplatz gegangen, den sie zuvor oft besucht hatten.

Hopkins schlug den Washburns Hypnoseregressionen vor, um herauszubekommen, was sich 14 Jahre zuvor ereignet hatte.

Am Vormittag des nächsten Tages nach dem Vortrag ließ sich Jenny in der Regression befragen. Sie erinnerte sich, dass Sam die Jungen und sie selbst fotografiert hatte. Dann, meinte sie, sei etwas Großes über ihnen allen geschwebt, und sie und die Söhne wurden während des Fotografierens nach oben gesogen. Sie wunderte sich, dass anscheinend niemand der anderen Spaziergänger das große Ding gesehen hat. Jenny sah noch, wie Sam den Fotoapparat am Auge hielt, und befand sich dann im Innern eines UFOs, wo sie von kleinen grauen Wesen gynäkologisch untersucht wurde. Sie konnte sich nicht bewegen, sah nur, dass auch ihre Söhne untersucht wurden. Bei der Rückkehr auf den Boden sah sie ihren Mann immer noch mit der Kamera vor dem Auge stehen, so wie zuvor. Es mochte wohl eine Stunde vergangen sein.

Jenny sagte nichts von der wiedergekommenen Erinnerung und überredete Sam, sich ebenfalls von Hopkins rückführen zu lassen, was er dann tags darauf widerstrebend tat.

Sam erinnerte sich daran, dass er seine Familie auf dem Spielplatz fotografieren wollte. Dabei kam ihm ein kleiner silberner, glänzender, sehr heller Ball – etwas größer als ein Tennisball – sehr nahe, der ihn zu beobachten schien. Hopkins fragte: »Als Sie durch das Kameraobjektiv blickten, was sahen Sie da?«, und Sam darauf:

> »Sie sind nicht mehr da« – »Da ist ein anderer Ball. Der eine hat sie geholt ..., zieht sie hoch ... Andere Leute sollen uns helfen! ... Ich kann nicht um Hilfe rufen. Ich will das große Ding nicht ansehen. Das Licht ist so hell, dass man es nicht ansehen kann. Die drei verschwinden in dem Licht. Ich stehe da und der andere Ball ist auch da ... Kann mich nicht bewegen. Die Bälle gehören zu dem großen Ding am Himmel ... Jetzt höre ich eine Stimme, die sagt: Alles okay ...«

Dann kommen die drei wieder herab, und alle wollen fort.

Hopkins sieht die leeren Fotos als Beweis für die Unsichtbarkeit der Familienmitglieder an. Natürlich kann das nur eine subjektive Bestätigung sein. Denn wer könnte beweisen, dass sich die Familienmitglieder damals tatsächlich vor der Kamera oder überhaupt in der Gegend befunden haben?

Budd Hopkins erklärt in seinem neuen Buch: »Unsichtbarkeit stellt einen zunehmenden Aspekt der Abduktionserfahrungen dar, das belegen zahlreiche Tageslicht-Abduktionen in dicht bevölkerten Wohngegenden, die offensichtlich ungesehen bleiben und durch eine Technologie des Unsichtbarmachens ausgeführt zu sein scheinen.« Es gebe eine seltsame Flaute bei den Berichten über UFO-Entführungen. Doch diese wurden nicht beendet, sondern sie werden zunehmend den Beobachtungen entzogen, meint Hopkins.

Auch wenn Hopkins mit seiner Annahme recht hätte, würde sich die große Gefahr eines aufkommenden Aberglaubens auftun. Leichtgläubige Menschen würden die Hopkinssche Hypothese als Ausrede für allerlei Vorkommnisse heranziehen, sodass man Hopkins' Behauptung nicht zu schnell glauben sollte.

Was wir aber aus den NIDS-Analysen als Erkenntnis gewinnen können, ist die Tatsache, dass unsere Welt mehrdimensional aufzufassen ist – vielleicht im Sinne der Heimschen Theorie – und dass wir die Existenz zusätzlicher Weltdimensionen akzeptieren sollten, wenn wir etwas weiter in die Geheimnisse des UFO-Phänomens, des Paranormalen und in unsere eigene geistig-physische Realität Einsicht erhalten wollen.

Betrachtet man noch die Möglichkeit künftiger interstellarer Raumfahrten, so wird deutlich, dass sie in einem vierdimensionalen Raum-Zeit-Kontinuum überhaupt nicht möglich wären.

4. Die Zukunft interstellarer Reisen

4.1 Ferne Möglichkeiten und Grenzen für Raumschiffe und deren Antriebe nach dem heutigen Wissensstand

In einem kurzen Überblick soll gezeigt werden, dass eine interstellare Raumfahrt mit den heutigen Mitteln der Technik nicht machbar ist und dass wir grundsätzlich neue physikalische Ideen zur Bewältigung räumlicher Distanzen brauchen. Wie kläglich die gegenwärtigen Vorstellungen für künftige interstellare Raumfahrten sind, sollen die folgenden »Lösungsbeispiele« zeigen. Man hat sich Gedanken darüber gemacht, wie man mit vielen Menschen in den Weltraum fliegen und entfernte Sonnensysteme erreichen könnte. Wie wir sehen werden, ist eine interstellare »Raum-Fahrt« mit unseren technologischen Mitteln und theoretisch-physikalischen Vorstellungen auch in Zukunft unmöglich.

Zunächst ist zu unterscheiden, ob man große Wohncontainer oder »Habitats« herstellen will, um vielen Menschen künstlich eine erdähnliche Umgebung bereitzustellen, oder ob man Raumschiffe bauen will, die ferne Planetensysteme ansteuern sollen.

Im ersten Fall ist kein nennenswerter Antrieb für einen Habitat erforderlich. Dieser wird entweder in einer Erdumlaufbahn oder in den schwerelosen Bereichen, den Librationspunkten zwischen Erde und Mond, errichtet.

Im zweiten Fall muss die Masse des Raumschiffes relativ klein bleiben, damit das Antriebssystem die großen Trägheitskräfte überwinden kann.

Beide Forderungen gleichzeitig zu erfüllen – riesige Menschenmengen zu transportieren und weite interstellare Reisen vorzunehmen –, schließt sich gegenseitig aus.

Habitats könnten in Zukunft durchaus zwischen eine und 100 Millionen Menschen als Insassen beziehungsweise Bewohner haben. Doch

Superraumschiffe, die interstellare Weiten erreichen sollen aufgrund der Antriebsarten, die verwendet werden könnten, beherbergen nur relativ wenig Besatzungsmitglieder, wenn vom gegenwärtigen Wissensstand ausgegangen wird. (Walter 1999)

4.1.1 Insel-Habitate

Insel-1-Habitat

In der optimistischsten Zeit der Raumfahrtforschung, in den 1970er-Jahren, wurde von der NASA eine Studie ausgearbeitet mit dem Ziel, Wohncontainer zu planen, die in der Lage wären, bis zu 10 000 Menschen zu beherbergen. (*NASA Design Study* 1977)

Untersucht wurden zwei Typen: eine Wohnkugel mit 500 Metern Durchmesser (Bernal-Kugel) und ein Torus mit einem Durchmesser von 1800 Metern. Der innere Schlauchdurchmesser des Torus sollte 130 Meter betragen. Eine schwache Rotation mit einer Umdrehung pro Minute sollte die Erdbeschleunigung von einem g an den äußeren Innenwänden erzeugen. Die erforderliche Energie zum Berieb sollte von Wärmeradiatoren zum Einfangen der Sonnenstrahlung geleistet werden, die insgesamt eine Fläche von einem Quadratkilometer haben sollten. Pro Person hätten 94 Quadratmeter Wohnfläche zur Verfügung gestanden. (Zum Vergleich: Die Einwohner Roms begnügten sich damals im Schnitt mit 40 Quadratmetern pro Person, und den New Yorkern stehen 98 Quadratmeter zur Verfügung.)

Flächen für den Nahrungsanbau wurden ebenso vorgesehen wie Wasserreservoire und Energieumwandlungs-Einrichtungen. Die Kosten dieses ersten Super-Containers beliefen sich seinerzeit auf rund 300 Milliarden DM.

Bald ergaben sozialpsychologische Studien, dass Bevölkerungsgruppen mit weniger als 100 000 Menschen nicht autonom sein können. Daher wurde ein weiteres Raumschiffkonzept untersucht.

Insel-2-Habitat

Diese »Neillsche Insel« genannte Anlage sollte aus zwei miteinander verbundenen großen Zylindern von zehn Kilometern Länge und

1,8 Kilometer Durchmesser bestehen, in denen jeweils 140 000 Menschen Platz gehabt hätten. Außerhalb der beiden Zylinder sollten um deren Achsen an riesigen Rädern 72 Behälter für landwirtschaftliche Produktionen angebracht werden. Durch geeignete Anbringung großer Spiegel hätte Sonnenlicht in die transparenten Bereiche der Zylinder eingespiegelt werden können. Beide Zylinder sollten die Erdbeschleunigung durch eine halbe Umdrehung pro Minute simulieren.

Mit diesem Super-Wohncontainer hätte sich eine Bevölkerungsgruppe autonom erhalten können. Es wurden aber auch schon Überlegungen darüber angestellt, wie solche Supercontainer als Raumschiffe nicht nur in unserem Sonnensystem, sondern als im Weltraum treibende, vom Sonnensystem unabhängige Inseln mit Millionen von Kolonisten lebensfähig bleiben könnten.

Insel-3-Habitat

Die zwei Zylinder der Art wie im Insel-2-Habitat bekamen in diesem Projekt eine Länge von 32 Kilometern bei einem Durchmesser von 6,8 Kilometern. Während im Insel-2-Habitat rund 100 Quadratkilometer Lebensraum für 140 000 Menschen bereitgestanden hätten, waren es nun 1300 Quadratkilometer für zehn Millionen Menschen. Dieser Supercontainer wurde als *ökologisch* sinnvolle Grenze für große Habitats ermittelt.

Eine *materiell* machbare Grenze war damit allerdings noch nicht erreicht.

Raumarchen

Als absolute Grenze für eine Arche, die für lange Zeiten rund 100 Millionen Menschen umfassen und transportieren könnte, ergaben sich Zylinder der Länge 100 Kilometer und 19 Kilometern Durchmesser. Bei größeren Durchmessern würde die technisch realisierbare Materialfestigkeit bei jeder kleinsten Beschleunigung oder Zentrifugalbewegung überschritten werden.

4.1.2 Künftige Antriebsmöglichkeiten aus heutiger Sicht

Die Unterbringung und Erhaltung vieler Menschen in einem Superraumschiff hängt von der Masse ab, die noch von einem Antriebssystem auf hohe Geschwindigkeiten beschleunigt werden kann. Zunächst werden die in Frage kommenden Möglichkeiten für künftige Antriebe diskutiert.

Raketenantrieb

Beim Raketenantrieb wird die Masse des Raumschiffes durch die Verbrennung des mitgeführten Treibstoffs während der Antriebsphase zunehmend reduziert. Der Schub, der bei der Verbrennung des Treibstoffs in den Triebwerken erzeugt wird, liefert den Antriebsimpuls der Rakete.

Für den interessierten Leser befindet sich die »Raketengleichung« im Anhang zu diesem Kapitel.

Ein System, das mit Raketentriebwerken angetrieben werden sollte (einmal angenommen, es gäbe die vorgeschlagenen Triebwerke), bestünde zu mehr als 90 Prozent aus Treibstoff.

Bei interstellaren Flügen ist nicht der Schub entscheidend, sondern die Austrittsgeschwindigkeit der Verbrennungsgase v_{ex}.

Der spezifische Impuls I_{sp} einer Rakete gibt an, wie viel Schub pro Zeiteinheit oder Impuls pro Treibstoffmenge erzeugt wird. Die Ausströmgeschwindigkeit wird dabei auf die Erdbeschleunigung g (= 9,81 m/s²) bezogen. Der spezifische Impuls wird daher in Sekunden angegeben: $I_{sp} = v_{ex}/g$ [sec]

Erst mit Antrieben, die einen spezifischen Impuls von $I_{sp} > 10000$ sec liefern, können hohe Geschwindigkeiten v_{ex} von einigen Tausendsteln der Lichtgeschwindigkeit c erreicht werden. Chemische Antriebe liefern aber nur ein $v_{ex} < 10^{-5}$ c (mit $c \approx 3 \times 10^{8}$ m/s).

Ionenantriebe

Die Austrittsgeschwindigkeit für Ionentriebwerke beläuft sich bereits auf $v_{ex} = 5 \times 10^{-4}$ c. Dabei wird durch elektrische Energie der Treibstoff ionisiert und anschließend über ein angelegtes starkes elektrisches Feld mit hoher Geschwindigkeit ausgetrieben. Solche Triebwerke liefern aber nur sehr wenig Schub und sind daher nicht für Antriebe, sondern nur für länger währende Kurskorrekturen einsetzbar.

Ramjet-Antrieb

Grundlage ist die Idee, den Treibstoff nicht mitführen zu müssen, sondern diesen während des Fluges aus der Umgebung zu beschaffen, d. h. aus der interstellaren Materie aufzusammeln. Im Wesentlichen sind dies Protonen. Diese sollten (nach einem Vorschlag von Bussard 1960) von einem riesigen Magnetfeld-Trichter angesogen werden, der einen Durchmesser von etwa 2000 Kilometern hätte haben müssen. Damit ließe sich eine konstante Beschleunigung von 0,05 g erzeugen, die das Raumschiff innerhalb von zehn Jahren auf die Hälfte der Lichtgeschwindigkeit bringen würde.

Die Antriebsleistung sollte durch die Fusion der Protonen Strahlungsrückstände liefern, die zu $v_{ex} \approx 0{,}01$ c führen würden. Allerdings wäre die Protonenanzahl auch noch bei Ausmaßen von 7000 Kilometern sehr gering, sodass die Idee inzwischen aufgegeben wurde. (Mallove & Matlof 1989)

Gepulster Nuklearantrieb

Was sich zunächst wie eine unsinnige Idee anhört, ein Raumschiff mit Atomexplosionen anzutreiben, ist nicht viel unsinniger als zu behaupten, dass Automotoren durch Explosionen von Benzingasen angetrieben werden. Tatsächlich wurden Nuklearantriebe bereits 1958 bis 1965 erfolgreich von der *General Dynamics Corporation* getestet (Demonstrator: Put-Put). Kleinere nukleare Explosionen wurden im Pulsverfahren gezündet, wobei mit Graphit beschichtete Stahlkugeln den Explosionsdruck auffingen und ihn auf geeignete Dämpfer weitergaben. Die Explosionstrümmer erzeugten dabei ein v_{ex} zwischen 0,005 und 0,05 c.

Aufgrund der erfolgreich verlaufenden Tests wurde ein Raumschiff mit dem Namen *Orion* projektiert, das rund 1000 Tonnen Gewicht haben und dessen Wiederholungsrate der Zündung ein bis zehn Sekunden betragen sollte. Mehrere Pulseinheiten der Stärke 0,01 bis zehn Kilotonnen TNT sollten die Rakete dabei mit einem g beschleunigen. Später wurde sogar ein Raumschiff von 40 000 Tonnen geplant. (Dyson 1968)

Die Experimente und Planungen wurden wegen der Nichtbeherrschbarkeit der dabei auftretenden radioaktiven Strahlung aufgegeben.

Gepulster Fusionsantrieb

Nuklearexplosionen von der Stärke einer Tonne TNT können auch durch die Zündung kleiner Fusionskugeln aus Deuterium, das zu ^3He und dieses weiter zu gewöhnlichem ^4He verschmilzt, mit intensiven Laserstrahlen erzeugt werden. Die Schubplatten aus Graphitkugeln, wie sie beim Nuklearantrieb Verwendung fanden, wurden durch starke magnetische Felder ersetzt.

Die Pulsfrequenz lag bei einigen 100 pro Sekunde. Damit ließ sich ein spezifischer Impuls von I_{sp} von einer Million Sekunden erreichen, was einem v_{ex} von 0,03 c entsprach.

In den Jahren zwischen 1973 und 1978 wurde von der *British Interplanetary Society* das *Daedalus*-Projekt entwickelt. (Bond & Martin 1978) Das Raumschiff sollte ein Gesamtgewicht von 50 000 Tonnen besitzen, wovon 450 Tonnen Nutzlast waren, und einen gepulsten Fusionsantrieb haben. Damit hätte es auf zwölf Prozent der Lichtgeschwindigkeit beschleunigt werden können.

Das 100 Meter lange Raumschiff sollte unbemannt und automatisch den Barnards-Stern in 5,9 Lichtjahren Entfernung erreichen und an ihm vorbeifliegen. Diesen hätte es bei einer Endgeschwindigkeit von 0,12 c in etwa 50 Jahren erreicht. In vier Kugeltanks sollten 4000 Tonnen flüssiges Helium-3 und Deuterium sowie in einer kleineren Kugel flüssiger Wasserstoff mitgeführt werden. In der Reaktionskammer hätten 250 Mal pro Sekunde kleine Kernfusionen gezündet, die das Raumschiff angetrieben hätten.

Das Problem war die Beschaffung des Deuteriums und ^3He. Es wurde in Erwägung gezogen, diese Materie während des Fluges aus der Jupiter-Atmosphäre abzubauen. Bis auf dieses Problem ließen sich alle technischen Details prinzipiell lösen.

Antimaterie-Antrieb

Ideal wäre es, Elektronen und Positronen zusammenzuführen und dabei die völlige Umwandlung in Strahlungsenergie zu bewirken. Diese Idee schwebte dem Physiker Eugen Sänger mit seiner Photonenrakete vor. Allerdings ist die Gewinnung von Antimaterie im technologischen Ausmaß bisher nicht gelungen. (Die heutigen Elementarteilchenbeschleuniger erzeugen insgesamt eine Antimateriemenge, die über Fusion nur 10^{-3} Watt liefert.) Und das Problem der Speicherung scheint unlösbar (da sämtliche Antimaterie-Partikel hundertprozentig durch Magnetfelder von den Wandungen der sie einschließenden Gefäße ferngehalten werden müssten). Auch ist es nicht vorstellbar, die in allen Richtungen davonfliegenden Gammaquanten für einen Rückstoß in eine Richtung umzulenken.

Neben der Elektronen/Positronen-Zerstrahlung wurde auch eine Proton/Antiproton-Zerstrahlung untersucht. Bei diesem Prozess entstehen zunächst zwei entgegengesetzt geladene Pionen-Paare, die weiter in zwei Myon-Antimyon-Paare zerfallen. Zerfallen die Myonen, dann werden zwei Elektron/Positron-Paare mit jeweils zwei Neutrinos freigesetzt. Die Zerfallsprodukte Elektronen ließen sich durch rund zwei Kilometer lange magnetische Felder in eine Richtung bündeln und auf diese Weise ein gerichteter Antrieb erzeugen. (Vulpetti 1986)

Es könnte mit diesem Antrieb ein Zehntel der Lichtgeschwindigkeit erreicht werden.

Geht man davon aus, dass die Speicherung von Antimaterie gelungen sei, dann ließe sich die bei der Fusion entstehende Wärme auch zum Aufheizen einer Flüssigkeit benutzen, die vom Triebwerk ausgestoßen wird.

Es sei die Nutzlast = m_{nl}, die benötigte Antimaterie = m_{am} und die Flüssigkeitsmenge = m_{fl}

Dann gilt die Beziehung (Dipperey 1975, Shepherd 1952):

$$m_{am} = 0{,}01 \times a\, m_{nl}$$

$$m_{fl} = 3{,}9 \times a\, m_{fl}$$

mit a = 1,25. Der Faktor a berücksichtigt darin einen 25-prozentigen Gewichtsaufschlag für die Antriebswerke (20 Prozent) und Strukturmasse (fünf Prozent).

Die mit diesem Antrieb ausgestattete *Daedalus*-Mission würde bei m_{nl} = 450 Tonnen Nutzlast 5,6 Tonnen Antimaterie und 2200 Tonnen Antriebsflüssigkeit benötigen. (Augstein et al. 1988)

Eine Übersicht über die verschiedensten Antimaterie-Antriebe gibt D. L. Morgan (1988).

Sonnenlichtsegler

Seit 1977 finden jährlich die von der NASA gesponserten Kongresse im Rahmen des *Breakthrough Propulsion Physics Program* statt, in denen nach neuen unkonventionellen Antriebsmethoden für die Raumfahrt gesucht wird. Im Jahre 2001 wurde an der *Sussex University* in Brighton auch der erste Europäische Kongress für neue Antriebssysteme abgehalten, auf dem der Autor einen Vortrag über den »Kontrabarischen Effekt« gehalten hat. (von Ludwiger 2001)

Auf solchen Tagungen wird immer wieder einmal die Idee diskutiert, Raumschiffe durch das Licht der Sonne über riesige Sonnensegel oder mit Laserlicht von der Erde aus anzutreiben.

Man versucht, die Strahlung durch riesige Segel einzufangen. Das Projekt *Sark-1* plant beispielsweise ein Raumschiff von 5500 Tonnen Gewicht mit einem Sonnensegel von 380 Kilometern Durchmesser. Den Hauptanteil des Antriebs würde das Raumschiff bei einem möglichst nahen Vorbeiflug an der Sonne erhalten. Bei einem Perihel, in dem bereits einige 100 Grad Hitze herrschen würden, könnte ein solches Raumschiff auf 14,6 g beschleunigt werden und würde beim Hinaussegeln aus dem Sonnensystem 0,14 Prozent der Lichtgeschwindigkeit erreichen können. Der sonnennahe Stern α-Centauri könnte damit allerdings erst in 1350 Jahren erreicht werden.

Es gibt Pläne für Differenzialsegel, Diodensegel, Induktionssegel und Kollisionssegel, mit denen sogar die kosmische Hintergrundstrahlung ausgenutzt werden könnte. Doch sind diese Antriebe nur für lang dauernde Flüge ohne Wiederkehr einsetzbar. Aber was nutzen sie dann?

Wurmloch-Reisen

Der Physiker Kip Thorne entwickelte 1985 die Idee, dass ein Raumschiff unter bestimmten Umständen durch ein Durchtunneln des Raumes von einem Ort zu sehr weit entfernten Bereichen gelangen könnte. Durch irgendeinen Trick sollte die Raum-Zeit-Geometrie lokal zu einem Loch zusammengezogen werden und sich an einer anderen weit entfernten Stelle wieder öffnen. Wir geben hier nur die Idee wieder, ohne ihr irgendeine vernünftige Lösung zuzubilligen. Technologisch ist sie nicht realisierbar. Denn es würde eine riesige Menge exotischer Materie oder negativer Energie erfordern, um den Raum lokal zu krümmen. Solche Materie oder Energie ist aber völlig unbekannt. Es würde auch erfordern, dass der Raum gekrümmt ist, obwohl astronomische Messungen das nicht bestätigen können. Die Wurmloch-Reise-Theorie bleibt nur eine Worthülse für SF-Geschichten.

Feldantriebe

Die vielversprechendste Technik wäre ein Feldantrieb, wenn er sich denn realisieren ließe. Es wird von der Möglichkeit ausgegangen, künstliche lokale Feldgradienten der Gravitation zu erzeugen. Würde man irgendwo, in Beschleuniger-Experimenten oder in der kosmischen Strahlung, negative Massen finden, so ließen sich damit künstliche Gravitationsfelder generieren (Forward 1990), wobei weder Energie- noch Impulserhaltung verletzt würden.

Ein ähnlicher Gedanke stammt von Alcubierre (1994), der darauf hinweist, dass auch negative Energie die Raumzeit asymmetrisch verändern, d. h. Gravitationsfelder erzeugen, könnte. Solche Felder wurden bisher nirgends gefunden, doch scheint der Casimir-Effekt, nach dem das Vakuum zwischen zwei sehr dicht aneinandergeführten Platten diese zusammenzieht, eine negative Energie darzustellen. Könnte man irgendwie negative Energie vor einem Raumschiff erzeugen und positive hinter diesem, so ließe sich das Raumschiff durch die Feldgradienten beschleunigen.

Dieser *Warp-Effekt* würde so wirken, dass die Insassen keinerlei Beschleunigungen erfahren, da sie bei einem »Flug um die Ecke« im gravitativen Führungsfeld mitfallen wie alle übrigen Objekte des Raumschiffs auch. Diesen Effekt nützt beispielsweise die *Enterprise* in dem Science-Fiction-Film *Star-Treck* aus. (Dort bezeichnet Warp 10 die Geschwindigkeit »unendlich schnell«. Die *Enterprise* erreicht eine Höchstgeschwindigkeit von Warp 9,6, was der 1909-fachen Lichtgeschwindigkeit entspricht.)

Nach Untersuchungen von Mitchell Pfenning und Larry Ford, die von den gegenwärtig denkbaren Möglichkeiten zur Energiebeschaffung ausgehen, würde die *Enterprise* für interstellare Reisen zehn Milliarden mal mehr Energie benötigen, als in der gesamten Masse des sichtbaren Universums zusammengenommen enthalten ist.

4.2 Erzeugung künstlicher Schwerefelder im Labor

4.2.1 Generierung künstlicher Schwerefelder durch rotierende supraleitende Ringe

In letzter Zeit wurde von Dröscher und Häuser aufgrund der erweiterten Heimschen Theorie (EHT) ein Feldantrieb vorgeschlagen, in dem mit einer Scheibe, die in einem extrem starken Magnetfeld rotiert, ein Beschleunigungsfeld erzeugt werden könnte, mit dem sich ein Raumschiff antreiben ließe. (Dröscher & Häuser 2004) Durch die Rotation einer Masse im Magnetfeld entsteht so etwas wie eine Lorentzkraft, die hervorgerufen wird, wenn eine elektrische Ladung im Magnetfeld rotiert. Allerdings muss die Magnetfeldstärke etwa millionenfach größer sein (etwa 50 Tesla) als das Erdmagnetfeld. Für diese Arbeit erhielten beide Autoren 2004 den ersten Preis vom AIAA (*American Institute for Aeronautics and Astronautics*). Da dieselbe Theorie auch in der Lage ist, den Tajmar-Effekt (2006) zu erklären – das ist der erste experimentelle Nachweis, dass sich künstliche Gravitationsfelder erzeugen lassen –, ist der Feldantrieb nach der erweiterten Heimschen Theorie zurzeit die einzige vernünftige Möglichkeit für einen interstellaren Raumfahrtantrieb und sollte zur Grundlage für weitere Untersuchungen von Interstellarreisen genommen werden.

Der Leiter der Abteilung Raumfahrtsysteme im österreichischen Forschungszentrum Seibersdorf bei Wien, Martin Tajmar, hatte mit seiner Arbeitsgruppe versucht, einen Effekt im Labor zu messen, den Einsteins Allgemeine Relativitätstheorie vorausgesagt hatte, nämlich, dass bei einer Rotation einer massiven Scheibe am Rand ein sehr kleines Beschleunigungsfeld entstehen müsste (Lense-Thirring-Effekt oder Gravitomagnetismus genannt). Die Raumzeit sollte quasi wie der

Honig um einen sich darin drehenden Löffel mitgerissen werden. Tajmar verwendet eine Scheibe aus Niob, die durch einen Druckluftmotor in 6500 Umdrehungen pro Minute versetzt wird, wobei der Ring der Apparatur, durch flüssiges Helium auf minus 269 Grad Celsius gekühlt, zum Supraleiter gemacht wird. Es entsteht ein Magnetfeld, der sogenannte gravito-magnetische London-Effekt. Bei jeder Beschleunigung des Ringes zeigen die neben dem Ring angebrachten Lasergyroskope einen Ausschlag. Was Tajmar registrierte, war jedoch ein trillionenmal höherer Effekt als der nach Einstein zu erwartende – so stark, dass er drei Jahre lang experimentierte und die Versuche 250 Mal wiederholte, bis er sicher war, dass seine Messungen nicht auf irgendwelchen Fehlern beruhten. Dann erst präsentierte er im März 2006 seine Entdeckung auf einer Tagung der Europäischen Raumfahrtagentur ESA. Mit der Allgemeinen Relativitätstheorie lässt sich nicht erklären, warum der Effekt dermaßen stark ist. (Stark ist hier relativ, denn es sind nur einige Zehnmillionstel der Erdbeschleunigung. Doch wenn sich der Effekt bestätigen sollte, dann würde einer Verstärkung der Beschleunigungswirkung technologisch nichts mehr im Wege stehen, mit allen Konsequenzen, die das hätte.)

Diese Experimente erinnern an die des russischen Materialforschers Jewgenij Podkletnow, der 1992 in Tampere, Finnland, bei der Rotation einer supraleitenden Scheibe aus Yttrium-Barium-Kupferoxid entdeckte, dass sich über der Scheibe Rauch aus einer Pfeife nach oben bewegte. Weitere Experimente legten den Schluss nahe, dass sich das Gewicht der über der Scheibe liegenden Objekte um zwei Prozent verringert hätte. Die NASA, der britische Konzern BAE sowie die Flugzeugfirma *Boeing* versuchten seither vergeblich, diesen Podkletnow-Effekt nachzuweisen. Auch George Hathaway aus Toronto, der bisher alle vorgeschlagenen Experimente zur Schwerkraft-Beeinflussung mit seinem Team durchgeführt hat, hat viereinhalb Jahre lang vergeblich versucht, den Podkletnow-Effekt zu bestätigen. (Krauter 2007)

Der Tajmar-Effekt ist dagegen auch in anderen Instituten nachgewiesen worden. (Graham et al. 2007) Allerdings soll der Podkletnow-Effekt bei konstanter Drehgeschwindigkeit der Scheibe aufgetreten sein, während sich der Tajmar-Effekt nur während der Beschleunigungsphase zeigt. Daher hält auch Hathaway Tajmars Arbeiten für

»ernst zu nehmen«. Es wurde versucht, den Effekt dadurch zu erklären, dass Gravitonen in Supraleitern eine Masse besitzen. Diese Eigenschaft würde aber dem Standardmodell der Teilchenphysik widersprechen. Tajmar meinte anlässlich der *New Propulsion Conference*, die 2008 in den USA stattfand, dass der Effekt vom rotierenden Helium kommen könnte, kann das aber nicht quantitativ belegen. Dagegen kann Walter Dröscher aus Wien, ein ehemaliger Mitarbeiter von Burkhard Heim, die unterschiedlichen Effekte, die bei der Rotation verschiedener Materialien an verschiedenen Gegenden auf der Erde auftreten, durch die erweiterte Heimsche Feldtheorie jeweils quantitativ erklären, was Ende 2008 veröffentlicht werden soll, sodass wir bis auf Weiteres an dieser Theorie festhalten wollen.

4.2.2 Quantengeometrische Feldtheorie von B. Heim und ihre Erweiterung durch W. Dröscher

Burkhard Heim folgte Einsteins Idee einer vollständigen Geometrisierung aller physikalischen Erscheinungen. Einstein gelang mit seiner Allgemeinen Relativitätstheorie (ART) zwar die Geometrisierung des Gravitationsfeldes, doch eine vollständige Geometrisierung sämtlicher physikalischer Felder in einer Einheitlichen Feldtheorie (UFT), an der er bis zu seinem Lebensende arbeitete, schaffte er nicht mehr. Die Riemannsche Geometrie, mit der Einstein arbeitete, war noch zu einfach strukturiert, um andere physikalische Felder einzuschließen.

Für Physiker sind die wesentlichste Eigenschaft der Riemannschen Geometrie und der Erweiterung durch Heim im Formelanhang kurz angegeben.

Heims Geometrie ist sechsdimensional. Die Weltgeometrie besteht nach Heim aus drei reellen räumlichen und aus drei imaginären zeitartigen Dimensionen. Die 5. Koordinate ist eine organisierende, die 6. eine zielgerichtete Koordinate, die bestimmt, wie sich die Organisation eines Systems zeitlich ändert. Daraus lassen sich drei semantische Einheiten bilden, die nicht miteinander vertauschbar sind:

Raum	(1)	$\equiv x_1, x_2, x_3$
Zeit	(2)	$\equiv x_4$
Transdimensionen	(3)	$\equiv x_5, x_6$

In den Partialstrukturen $k_{ik} = k_{ik}\,(^{(1)}, ^{(2)}, ^{(3)})$ treten die Koordinaten in vier möglichen Kombinationen auf, die sich physikalisch folgendermaßen interpretieren lassen, wenn g_{ik} die erweiterten metrischen Koeffizienten der Heimschen Geometrie bedeuten:

a) Gravitonen: $g_{ik(a)} = g_{ik}\,(k_{ik}^{(1)})$
b) Photonen: $g_{ik(b)} = g_{ik}\,(k_{ik}^{(1)}, k_{ik}^{(2)})$
c) neutrale Teilchen: $g_{ik(c)} = g_{ik}\,(k_{ik}^{(1)}, k_{ik}^{(3)})$
d) elektrisch geladene Teilchen: $g_{ik(d)} = g_{ik}\,(k_{ik}^{(1)}, k_{ik}^{(2)}, k_{ik}^{(3)})$

Weil diese vier verschiedenen Kombinationen der semantischen Koordinateneinheiten vier mögliche physikalische Ausdeutungen a bis d der Geometrie zulassen, nennt Heim diese Formen »Hermetrie«-Formen (wegen der Hermeneutik der Geometrie). Für diese Hermetrieformen lassen sich vier verschiedene Christoffelsymbole $\boldsymbol{\Gamma}^{i}_{\ kl} = (\boldsymbol{\Gamma}^{i}_{\ kl})_{x}$ (mit x = a, b, c, d) aufbauen. Dabei erweisen sich die Christoffelsymbole der Hermetrieform x = a als Pseudotensoren, die sich forttransformieren lassen, und die übrigen als echte Tensoren, die bei jeder Transformation in ein anderes Bezugssystem erhalten bleiben. Die verschiedenen Christoffelsymbole führen zu verschiedenen geodätischen Gleichungen.

Da Heim das Quantisierungsprinzip auch auf die Gravitation anwendet, erweitert er die Riemannsche Geometrie zu einer diskreten Geometrie, in der es kleinste geometrische Letzteinheiten gibt. Dies sind kleinste Flächen als Quadrat der Planckschen Länge $l^2 = G\,h/c^3$ (mit G = Gravitationskonstante, h = Plancksches Wirkungsquantum, c = Lichtgeschwindigkeit), »Metronen« genannt. Mit diesen kleinsten Flächen arbeiten auch Rovelli (2004) und Kiefer (2007). Heim verwendet aber nun anstelle der Differenzialrechnung eine Flächendifferenzen-Rechnung. Tensoren werden zu Selektoren, die keine kontinuierliche Krümmung beschreiben, sondern Anzahlen komprinierter Metronen pro Volumeneinheit. (Heim 1989)

Aus den Christoffelsymbolen wird der Krümmungstensor gebildet. Anders als in der Allgemeinen Relativitätstheorie bleibt dieser nicht statisch, sondern schwingt ständig von einem Maximalwert zu einem Minimalwert, sich gegenseitig mit einer benachbarten Flächen-Kompression dynamisch austauschend. Die Austauschprozesse in den Unterräumen des R_6 sind zunächst reine Vakuumfluktuationen. Doch in dem Fall, wenn ein Austauschprozess der Extremwerte für die Kompressionen wieder einen definierten Anfangszustand einstellt, entsteht etwas Materielles. Denn der zyklische Austauschprozess erzeugt einen Spin. Und dieser muss sich immer senkrecht zur Ausbreitungsgeschwindigkeit der Weltexpansion einstellen. Dieser Widerstand (ähnlich der Trägheit einer Kreiselachse) wird als Trägheit wahrgenommen. Und diese Eigenschaft definiert Masse. Auf diese Weise kann Heim das Massenspektrum der Elementarteilchen herleiten. (Heim 1983)

In den 1990er-Jahren erweiterten Walter Dröscher und Burkhard Heim die sechsdimensionale Theorie um zwei weitere auf acht Dimensionen. (Heim & Dröscher 1996) Die beiden zusätzlichen Dimensionen haben die physikalische Bedeutung von

Informationen: $(0) \equiv (x_7, x_8)$.

In dieser erweiterten Heimschen Theorie (EHT) lassen sich weitere Feinheiten in der Geometrie untersuchen. Anstelle der vier Hermetrieformen werden nun zwölf Hermetrieformen mit physikalischen Bedeutungen gebildet. Es erscheinen beispielsweise noch die zusätzlichen Hermetrieformen:

Quintessenz:	$g_{k(j)} = g_{ik} (k_{ik}^{(0)})$
Graviphoton:	$g_{k(h)} = g_{ik} (k_{ik}^{(0)}, k_{ik}^{(1)})$
Gluonen:	$g_{k(e)} = g_{ik} (k_{ik}^{(0)}, k_{ik}^{(2)})$
Photonen:	$g_{ik(i)} = g_{ik} (k_{ik}^{(0)}, k_{ik}^{(1)}, k_{ik}^{(2)})$
Z^0-Bosonen:	$g_{k(4)} = g_{ik} (k_{ik}^{(0)}, k_{ik}^{(1)}, k_{ik}^{(3)})$
Farbladungen:	$g_{ik(f)} = g_{ik} (k_{ik}^{(0)}, k_{ik}^{(2)}, k_{ik}^{(3)})$
W-Bosonen:	$g_{ik(g)} = g_{ik} (k_{ik}^{(0)}, k_{ik}^{(1)}, k_{ik}^{(2)}, k_{ik}^{(3)})$

Die Hermetrieformen können als physikalische Wechselwirkungen interpretiert werden.

Neben den vier bekannten Wechselwirkungen, der gravitativen, der schwachen, der elektro-magnetischen und der starken, gibt es in der EHT noch zwei weitere, bisher unentdeckte Wechselwirkungen. Eine Gravitonenwechselwirkung ermöglicht die Umwandlung von Photonen in zwei hypothetische gravitationsfeldartige (attraktive und abstoßende) Graviphotonen (verantwortlich für die dunkle Materie) und ein Quintessenzteilchen, eine schwach abstoßende gravitationsartige Wechselwirkung (verantwortlich für die dunkle Energie). Die Gravitationswirkung setzt sich aus drei Quanten der Gravitation zusammen: aus (attraktiven) Gravitonen, (attraktiven und abstoßenden) Graviphotonen und der (abstoßenden) Quintessenz. Die Gravitationskonstante besteht aus der Summe dieser einzelnen Wirkungen. (Dröscher & Häuser 2004)

4.2.3 Umwandlung von Photonen in Graviphotonen

In den 1950er-Jahren untersuchte Heim die Möglichkeiten einer klassischen Erweiterung der Newtonschen Gravitationstheorie, indem er die Masse des Gravitationsfeldes einer Korpuskel, bewegte Gravitationsfelder und die Begrenzung der Gravitationsreichweite durch die Comptonwellenlänge mitberücksichtigte. Dann vereinheitlichte er Gravitation und elektromagnetische Felder und erhielt eine »kontrabarische Gleichung«, in der angegeben ist, wie Photonen oder elektromagnetische Strahlung geometrisch beeinflusst werden müssten, um eine Beschleunigungswirkung zu erzeugen. Der elektromagnetische Strahlungsvektor sollte der mathematischen Bedingung einer doppelten Rotation ausgesetzt werden unter der Nebenbedingung, dass sich die Strahlung durch Interferenz in einem Hohlleiter auslöschen müsste. Den Effekt wollte Heim selbst im Experiment nachweisen. (Heim 1959) Er verwendete dazu selbst entwickelte und von seiner Familie gebaute Hohlleiter-Ringe, die wiederum in einem Kreis angeordnet wurden, was die doppelte Rotation bewirken sollte. Als Strahlung wurden Millimeterwellen (drei Zentimeter Wellenlänge) verwendet. Wegen fehlender Finanzmittel konnte Heim bald keine Mitarbeiter mehr bezahlen. Er selbst konnte ohne Hände (die er bei einem Unfall verloren hatte) nicht experimentieren. Ob die theoretisch vorhergesagten Experimente einmal erfolgreich ausgeführt werden, wenn anstelle größerer Ringe und Radarwellen Kristalle mit entsprechender innerer Struktur und Licht verwendet werden, bleibt abzuwarten.

Inzwischen können aufgrund der EHT ganz andere, billigere und erfolgversprechende Versuche zur Erzeugung künstlicher Gravitationsfelder durchgeführt werden. Für physikalisch interessierte Leser sollen die Grundprinzipien kurz angedeutet werden:

Die neu entdeckte hypothetische Graviphotonen-Wechselwirkung von Heim und Dröscher kann dazu verwendet werden, ein Experiment zu entwickeln, in dem ein künstlich erzeugtes Gravitationsfeld parallel zur Rotationsachse einer rotierenden supraleitenden Scheibe entsteht. Wenn dieser Effekt nachgewiesen wird, kann nach technischer Perfektion dieses gravito-magnetische Antriebskonzept als Feldantrieb für die Raumfahrt verwendet werden.

Der Umwandlungsprozess der Photonen in Graviphotonen sollte auf zweierlei Wegen möglich sein: einmal über Fermionen und Vakuumpolarisation (Dröscher & Häuser 2004) und durch eine Bosonenkopplung (Dröscher & Häuser 2007).

Bei der Fermionen-Kopplung wird durch ein starkes Magnetfeld das Vakuum polarisiert und werden am Ort eines virtuellen Elektrons Photonen in Graviphotonen umgewandelt. (Dröscher & Häuser 2005)

Bei der Bosonen-Kopplung triggern Cooper-Paare die Erzeugung neutraler Graviphotonen. In Supraleitern kommt es nämlich zur Paarbildung von Elektronen. Während ein einzelnes Elektron ein Fermion ist, verhalten sich die Cooper-Paare wie Bosonen.

In der Fermion-Kopplung wird durch das Magnetfeld im Vakuum der Raumzeit durch Polarisation eine zusätzliche Ladung erzeugt, während in der Bosonen-Kopplung die zusätzliche Ladung vom imaginären Anteil der Cooper-Paar-Ladung geliefert wird. Der imaginäre Teil der Ladung der rotierenden Cooper-Paare liefert ein imaginäres Vektorpotenzial, das an den imaginären Teil der Protonladung der Ionen des Kristallgitters ankoppelt. Die Wechselwirkung der beiden imaginären Ladungen führt zu einer wirklichen Wechselwirkungsenergie, die nicht innerhalb des Supraleiters existieren kann. Daher nehmen die Autoren an, dass die Kopplungsenergie des Vektorpotenzials in Gravitationsenergie umgewandelt wird, gekennzeichnet durch ein Graviphotonen-Potenzial.

Unter Voraussetzung einer Fermion-Kopplung berechneten Dröscher & Häuser (2004) zunächst das Auftreten einer brauchbaren gravitativen Auftriebskraft von einem g, für die Rotation eines Ringes in einem Magnetfeld, dass die heute nur sehr schwer herstellbare Feldstärke von 25 bis 50 Tesla voraussetzt.

Die Experimente von Tajmar legen aber nahe, dass mit einer Boson-Kopplung zu rechnen ist, was die verwendeten Magnetfeldstärken drastisch reduzieren würde. Das Verhältnis des von Tajmar gemessenen Beschleunigungsfeldes zur Winkelbeschleunigung des rotierenden Niob-Ringes, von Tajmar als Kopplungsfaktor bezeichnet, ist proportional zur vorhergesagten Dichte der Cooper-Paare. Anstatt die Umwandlungsamplitude der Photonen durch Reduzieren des Abstands zwischen den virtuellen Elektronen und Protonen unter die Compton-Wellenlänge zu verringern, wie es bei der Fermionen-Kopplung vorgesehen war, kann bei der Bosonen-Kopplung der Wert der Wahrscheinlichkeitsamplitude für die Umwandlung direkt verändert werden, ohne Notwendigkeit, ein starkes Magnetfeld aufbauen zu müssen. Wenn es keine Cooper-Paare gibt, dann ist die Umwandlungswahrscheinlichkeit für die Graviphotonenproduktion Null.

Im Experiment von Tajmar zerfällt ein neutrales Graviphoton, das die gravi-magnetische Kraft erzeugt, in ein Graviton und ein Quintessenzteilchen. Allerdings kann ein neutrales Graviton über ein positives (abstoßendes) Graviphoton und ein negatives (attraktives) Graviphoton zerfallen.

Im ersten Fall entsteht das künstliche Gravitationsfeld in der Rotationsebene am Rand der Scheibe, entgegengesetzt zur Drehrichtung, und benötigt ein zeitvariierendes neutrales Graviphotonenfeld. Daher tritt der Tajmar-Effekt nur in der Beschleunigungsphase auf. Im anderen Fall wird mathematisch derselbe Differenzialoperator durch eine räumliche Variation ausgedrückt, was zu einer anderen Art des gravitomagnetischen Feldes führt, nicht nur in der Beschleunigungsphase, sondern auch bei gleichbleibender Geschwindigkeit (konstante Winkelfrequenz) der rotierenden Scheibe. Die gesamte aus dem Vakuum entnommene Energie ist Null. Die beiden Gravitophotonen haben entgegengesetzte Energiedichten und kompensieren sich zu Null. Die gravito-magnetische Kraft aus den positiven Gravitophotonen ist parallel zur Rotationsachse gerichtet, während die gravito-magnetische Kraft des negativen Gravitophotons in die radiale Richtung weist und eine Kraft auf die Apparatur beziehungsweise das Raumschiff ausübt.

4.3 Technologien in einer Welt mit mehr als vier Dimensionen

4.3.1 Konsequenzen einer künstlichen Gravitationsfelderzeugung für unser Weltbild

Zum gegenwärtigen Zeitpunkt gibt es keine andere Theorie als die EHT, mit der die Tajmarschen Experimente vernünftig erklärt werden könnten. Die ursprüngliche Annahme Tajmars, dass die Gravitonen bei Cooper-Paarbildung massiv werden würden, widerspricht dem Standardmodell. Dagegen ist die erweiterte Heimsche Theorie (EHT) nicht nur in der Lage, eine qualitative, sondern auch eine quantitative Deutung für den Effekt zu liefern. (Dröscher & Häuser 2007) (Der beobachtete Wert weicht nur um den Faktor 1,34 vom theoretisch erwarteten ab.)

Unter der Voraussetzung, dass auch die Erzeugung einer Gravitationsfeldkomponente parallel zur Rotationsachse nachgewiesen werden kann, was zurzeit versucht wird, muss die EHT ernst genommen werden, und die Entwicklung eines völlig revolutionären Raumfahrtantriebs wird technologisch beginnen.

Zunächst wird dies im Verkehrswesen außerordentliche Konsequenzen haben, denn Fahrzeuge würden unabhängig von Öl und Benzin. Die Flüge zu Mond, Planeten und fernen Sternsystemen ließen sich in kurzen Zeiten realisieren.

Die künstliche Erzeugung von Gravitationsfeldern würde jedoch nicht nur die Antriebstechnologie revolutionieren, sondern darüber hinaus auch die Gültigkeit der Heimschen Theorie sowie deren Erweiterung durch Dröscher bestätigen und damit ein neues Weltbild nahelegen. Welche Konsequenzen es hat, wenn sich der Mensch als ein sechsdimensionales Wesen in einer sechsdimensionalen Welt erkennt, ist im Hörbuch und Buch *Das neue Weltbild des Physikers Burkhard Heim* (v. Ludwiger 2006) ausgeführt worden. Wichtigste Erkenntnis: Der Mensch existiert heute nur zum Teil, nämlich ausschließlich in einer materiellen dreidimensionalen ausmessbaren Umwelt. Der physiko-chemisch-körperlich erfassbare Bereich des Bios wird teilweise durch die quantitativen Ereignisse in der Raumzeit charakterisiert und teilweise (wie auch Psyche und Pneuma) durch die Ebene qualitativer Ereignisse, d. h. die (x_5, x_6)-Transbereiche der Welt. Mit seinem immateriellen Wesen ist der Mensch bereits in andere Bereiche der Welt eingebettet, die ihm erst beim Zerfall des Soma bewusst werden dürften. Diese Erkenntnis hätte weitreichende Folgen für Philosophie und Theologie.

Doch auch für die Technologie ergäben sich märchenhaft anmutende Aussichten. Nach der EHT sollten die Graviphotonenfelder auch in der Lage sein, die Trägheit der Materie zu reduzieren. Wenn dies geschieht, werden Impuls- und Energiesätze verletzt, solange der Prozess in unserer Raumzeit ablaufen würde. Denn die Energieerhaltung würde fordern, dass bei einer Verringerung der Masse proportional dazu das Quadrat der Lichtgeschwindigkeit zunehmen müsste. Die Lichtgeschwindigkeit ist jedoch konstant. Das würde bedeuten, dass die gesamte Apparatur aus unserer Raumzeit verschwinden und in Paralleluniversen wechseln müsste, in der andere Naturkonstanten gelten. Das hört sich zunächst völlig unsinnig an, würde aber beispielsweise erklären, wieso UFOs unsichtbar werden und an anderen Orten wieder erscheinen können. Sie verwenden vermutlich diesen Effekt der Beeinflussung der Trägheit der Apparatur. Wenn wir tatsächlich von Parallelwelten umgeben sind, zu denen wir – bis jetzt – keinen Zugang haben (die Parapsychologen wissen es besser!), dann eröffnet sich eine völlig neue Möglichkeit für interstellare Raumflüge. Das sind dann allerdings keine »Raumflüge« mehr, sondern interdimensionale Reisen.

Beispielsweise würde ein Flug zu dem elf Lichtjahre entfernten Stern α-Proxima nur 80 Tage dauern. (Lietz 2005, 2006)

Im Buch *Der Stand der UFO-Forschung* (v. Ludwiger 1992) wurde bereits darauf hingewiesen, dass die Strukturierungen im Transbereich der Welt, d. h. im Bereich nicht-quantitativer Prozessse, durch sogenannte Aktivitätenströme erfolgen. Das sind in x_5 und x_6 aufsteigende oder fallende, mehr oder weniger mit Bedeutung versehene Organisationsmuster, die unserem Begriff von Ideen entsprechen würden.

4.3.2 Die aspektbezogene Logik und die Bedeutung der Aktivitätenströme nach Heim

Da es sich bei den beiden Koordinaten x_5 und x_6 um qualitative, nicht messbare Wertevorräte handelt, muss in einer einheitlichen Theorie eine andere als unsere gewöhnliche Aristotelische Logik, in der nur die Wahrheitswerte »ja« und »nein« als Alternativen zu einer Aussage zugelassen sind, verwendet werden. In der abstrakten Sprache der Mathematik drückt sich die Alternation im Vergleichen von Mengen aus, die entweder gleich oder ungleich, größer oder kleiner sein können.

Eine Organisation als ein Bündel von Zeichen ist niemals für sich allein definiert, sondern muss immer auf etwas anderes bezogen werden, und die Bewertung der Organisation, die Bedeutung, hängt von dem System ab, auf das sie bezogen wird.

Heim entwickelte ein logisches System, in dem die Prädikatverknüpfung zwischen zwei Begriffen in Transformation über jeder beliebigen Logik gilt. Diese neue mehrwertige aspektbezogene Logik nennt Heim »Syntrometrie«. In ihr werden formal allgemeinste Begriffsgefüge verknüpft, also Begriffssysteme, die in wechselseitigen Abhängigkeiten stehen, sich gegenseitig bedingen und sich nach Bedingtheitsgraden ordnen lassen. Damit wird eine Transponierungsmöglichkeit der Verknüpfungen in andere Aussagesysteme gegeben.

Weil die als Manuskript vorliegenden 326 Schreibmaschinenseiten mit dem Titel *Syntrometrische Maximentelezentrik* noch nicht publiziert wurden, sondern nur eine kurze Übersicht und philosophische Konsequenz daraus (Heim 1980a), lässt sich zurzeit nicht entscheiden, inwiefern sich Heims Syntrometrie von der mehrwertigen Logik Gotthard Günthers (1979) unterscheidet. Nur so viel ist sicher: Günther setzt auf der Ebene einfacher Zahlzeichen, aus gleichen Einheiten bestehend, und solchen aus unterschiedlicher Qualität bestehenden Einheiten an und verknüpft diese, während Heim ganze Begriffssysteme miteinander verbindet. (Derzeit wird im Arbeitskreis Heimsche Theorie an einer Veröffentlichung der Heimschen Logik mit Kommentaren gearbeitet.)

Die logischen Begriffsnetze lassen sich mit den hierarchisch geschichteten Wirkungsgefügen in der Natur (Lebewesen) besetzen. Die verschiedenen Organisationsgrade materieller Systeme in der Natur ordnen sich in der Koordinate x_5 quantenhaft von einfachen Zusammenschlüssen geometrischer Strukturen bis hin zu ganz unwahrscheinlichen Organisationsstufen n, den sogenannten Metroplex-Totalitäten T(n).

Mit zunehmendem Organisationsgrad nehmen die Entropie bei Wechselwirkungen sowie ihr quantitativer Charakter ab, bis in den höchsten »Metroplextotalitäten« nur noch Qualitäten und Informationsmuster (Ideen) vorhanden sind. Entropie gibt die logarithmische Wahrscheinlichkeit eines Zustands in einem System aus vielen Einzelindividuen an. Da der wahrscheinlichste Zustand ein Zerfallen der Ordnung und Information bedeutet, ist die Entropie ein Maß für die Unordnung und Desorganisation. Information und Organisation sind die Umkehrung der Entropie, also eine negative Entropie. In physikalischen Systemen ist sie nicht erreichbar, aber als Bewertung des Organisationszustandes in lebenden Systemen überall erkennbar.

Die von Heim als Metroplextotalitäten bezeichneten Organisationszustände steigen in x_5-Richtung mit zunehmender Bedeutung von niederen Graden der Organisation zu höheren auf. Die in x_5-Richtung auf- und absteigenden Aktivitätenströme (x_5, x_6) vermitteln zwischen den einzelnen Metroplextotalitäten. Beispielsweise sorgen sie in lebenden Organismen dafür, dass das entelechial geschichtete Wirkungsgefüge aus Metroplextotalitäten (die etwa Zellen, Zellverbänden, Organe usw. entsprechen) bis zum Lebensende zu einer funktionsfähigen Ganzheit erhalten bleiben.

Es lassen sich vier Bereiche organisierter Strukturen in Lebewesen abgrenzen:

			Metroplextotalitäten:
α)	Physis	:	T(0) bis T(7)
β)	Bios	:	T(7) bis T(15)
γ)	Psyche	:	T(16) bis T(25)
δ)	Pneuma	:	T(26) bis T(>30)

In der T(1) fügen sich beispielsweise die Vorformen materieller Einheiten (Prototrope) zusammen, in der T(2) die Protosimplexe, die sich in der T(3) zu Elementarteilchen verbinden. (Die schwache und die starke Wechselwirkung reicht nur bis zur T[3].)

Biophore besitzen einen Organisationsgrad T(7) und gehören aufgrund ihrer immanenten Zweckmäßigkeit nicht mehr ganz zum rein physischen Bereich.

Ab diesem Organisationsgrad beginnen die nicht messbaren Aktivitätenströme (x_5, x_6-Strukturen) zu wirken, die eine Integration der Strukturen aus höheren Metroplextotalitäten bewirken. In lebenden Organismen sorgen sie für den Holismus der Gesamtstruktur und wirken der auflösenden Tendenz der Entropie als Entelechie (als »eine im Ziel liegende Steuerung«) entgegen, nicht durch Austausch von Energie, sondern durch Änderung der Wahrscheinlichkeit des Zustands eines Systems.

Aktivitätenströme aus Organisationsniveaus höher als T(16) verursachen psychosomatische Wechselwirkungen. Solche aus T(>26) setzen Hirnstromaktivitäten in Erlebnisqualitäten um, wenn sie zwischen T(>26) und T(15) auf- und absteigen. (Im Schlaf ziehen sich die Aktivitätenströme in Bereiche höher als T(26) zurück.) Bewusste Vorstellungen in Wesen mit T(>26) (Menschen) erzeugen ständig Bündel von Aktivitätenströmen als Ideen. Zwischen den Ideen gibt es Differenzen aufgrund des Grades der Ähnlichkeit der begrifflichen Muster. In den Transbereichen (x_5, x_6) ist Ähnlichkeit als »psychische Distanz« die Entsprechung zur räumlichen Distanz im R_3. Eine Struktur-Resonanz oder Struktur-Assimilation zu einem Ideenmuster wird hergestellt, wenn sich die Strukturen bereits relativ ähnlich sind. Wie sich die Linien in einem Schnittmusterbogen, auf dem sich viele verschiedene Linien befinden, nur mit einem bestimmten auf den Bogen gelegten Stoffmuster decken, kann aus der Fülle der Informationsmuster durch Ähnlichkeitsanpassung eine Idee mit einer Struktur oder mit einem Muster zur Deckung gebracht werden. Obwohl es sich dabei nicht um Schwingungen handelt, sprechen wir trotzdem von »Resonanz« zwischen Mustern oder Strukturen.

Jede psychische Regung findet ihre Abbildung im körperlichen Bereich (Soma). Umgekehrt hat auch jede somatische Zustandsänderung eine zu ihr korrelierende psychische Änderung des Korrelationsmusters der Aktivitätenmuster in höheren Metroplextotalitäten zur

Folge. Darauf beruht die Psychosomatik. Die Aktivitätenmuster oder Ideen aus der Umgebung eines lebenden Systems werden mehr oder weniger stark an die Ideenmuster eines Lebewesens an niedere oder höhere Organisationsgrade angelagert und können unbewusste Körperreizungen oder psychische Verstimmungen bewirken. Es ist auch denkbar, dass zeitweilig einige Aktivitätenmuster aus ganz hohen Metroplextotalitäten nicht mehr über die skleromorphen körpereigenen Aktivitäten-Kanäle zum eigenen Soma geleitet werden, sondern frei in den Raum hinausgreifen, sich aus dem R_6 in den R_4 projizieren und im Raum drastisch die Wahrscheinlichkeitszustände materieller Objekte ändern können (Psychokinese).

Denn wenn Aktivitätenströme auf Materie treffen, erhöhen sie nicht die Entropie, erzeugen keine Wärme, wie jede elektromagnetische Strahlung, sondern sie senken die Entropie und damit die Temperatur. Sie erhöhen den Informationsinhalt eines Systems in einem Maße, je nach dem x_5-Bereich, aus dem sie kommen, und der in der x_6-Richtung zu realisierenden Idee. Die Idee kann als Evolutionsmuster in der Natur vorliegen, beispielsweise als Gestaltungsvorschrift, oder sie kann vom Menschen als Idee willentlich (Aktivierung der x_6-Koordinate) im R_4 so auf die Wahrscheinlichkeitszustände in einem materiellen Gebilde wirken, dass ganz unwahrscheinliche Zustände eingestellt werden. Da es nur wenige Menschen gibt, die Aktivitätenströme bewusst (Uri Geller) oder unbewusst (Wolfgang Pauli) einsetzen können, sind psychokinetische Effekte so selten.

Ganz nebenbei und unbeabsichtigt lassen sich mit Heims Theorie also auch viele Phänomene der Parapsychologie qualitativ erklären. (Heim 1982; Brand 1979; Senkowski 1984; Heim 1994; Harrer 1998) Solche Phänomene werden jedoch nicht als synchronistische Phänomene, als »bedeutungsvolle Koinzidenzen« im Sinne von Pauli und Jung verstanden, wie sie als Verschränkung (Entanglement) in der Verallgemeinerten Quantentheorie beschrieben werden (v. Lucadou, Römer und Walach 2007), sondern tatsächlich als kausale Einflüsse des Geistes auf die Materie.

4.3.3 Aktivitätenströme wirken als »morphogenetische Felder«

Die Aktivitätenströme sind die eigentliche Ursache des von Sheldrake (1985) geforderten organisierenden Prinzips in der Biologie, eines Informationsmusters, das er »morphogenetisches Feld« nennt. Physikalische Gesichtspunkte schließen die Existenz eines neuen Feldes in der Raumzeit aus. Doch das, was Sheldrake sucht, liefert die Heimsche Theorie. Sheldrake stellt fest, dass die biologische Entwicklung eines Organs nicht allein aus der Kenntnis der Gene und aus der Steuerung der Gentätigkeit verstanden werden kann (2006). Es wird bisher nicht verstanden, auf welche Weise sich beispielsweise Zellen zu Organen zusammensetzen. Was sind die vermittelnden Ideen, die als Attraktoren wirkend die morphogenetischen Prozesse auf bestimmte künftige Ziele hinziehen und so die zufälligen und unbestimmten Prozesse organisieren?

Diese Muster und Strukturen werden, nach Heim, durch fallende Aktivitätenströme aus Bereichen sehr hoher Organisationsniveaus in x_5 und x_6 im Raum aktiv, durch Verschiebungen der statistischen Wahrscheinlichkeiten in komplexen Systemen.

Mit der Evolution der Lebewesen wurden die Aktivitätenströme als Ideenmuster in die hohen Metroplextotalitäten eingeprägt.

Zwischen den Aktivitätenmustern in selbstorganisierenden Systemen findet eine »morphische Resonanz« statt, wie sie Sheldrake nennt, die umso stärker ist, je ähnlicher sich die Strukturen sind. Die Aktivitätenströme wirken als Vermittler von Ideenkomplexen über Raum und Zeit hinweg, beziehen alle lebenden Strukturen aufeinander (z. B. im Mimikry) und wirken aus der Vergangenheit auf die Gegenwart. Durch sie greift jedes Individuum auf das kollektive Gedächtnis seiner Art zurück und trägt zugleich dazu bei. Aktivitätenströme formen nicht nur Zellen, Gewebe, Organe und lebende Organismen, sondern sie gestalten beispielsweise auch die Art und Weise, wie sich in Proteinmolekülen Ketten von Aminosäuren auf die richtige Art zusammenfalten, um den Proteinen ihre charakteristische Form zu geben. Diese Proteinfaltung ist in der Literatur als »Problem des multiplen Minimums« bekannt (Anfinsen und Scheraga 1975) und stellt, nach Ansicht von Zhou und Karplus (1999), eines der größten Probleme der Molekularbiologie dar.

Falls es in der Natur so etwas wie einen Attraktor oder einen »Attraktionsbecher« geben sollte, dann könnte man, nach Meinung von Baker (2000), mit mathematischen Modellen des Faltungsprozesses die endgültige Form des Proteins verstehen. Denn wenn die Aktivitätenströme als Attraktoren für das Falten interpretiert werden, ließen sich die anderenfalls zufälligen oder undeterminierten Prozesse entschieden einschränken.

Aktivitätenströme wären auch verantwortlich für Muster, die dem Verhalten und den Instinkten von Tieren zugrunde liegen. Sie interagieren mit dem Nervensystem und dem Gehirn, indem sie andernfalls indeterminierten oder chaotischen Prozessen in ihnen Muster und Ordnung vermitteln. Den Kantschen Kategorien der Anschauung von Raum und Zeit liegen ebenfalls Ordnungsmuster zugrunde, ohne die wir die vielen Signale aus der Außenwelt nicht einordnen könnten. Sheldrake bezeichnet die Ordnungsmuster als »mentale Felder«. Es sind jedoch nach Heim Aktivitätenströme, die Bedeutungen von Organisationszuständen vermitteln.

Auch Hirnforscher entdeckten, dass es übergeordnete qualitative Prinzipien geben müsse, die bei der Hirntätigkeit berücksichtigt werden müssten.

»Es gibt keine fixierten Daten wie beim Computer« im Gehirn, meint der Hirnforscher Freeman (1999): »Es gibt nur Bedeutungen.« Die Muster der Hirntätigkeit lösen sich ständig auf und bilden sich neu. Die Hirnaktivität werde durch Bedeutungen und Intentionen modifiziert, gerade weil sie im Sinne der Chaostheorie chaotisch sei. Freeman stellt fest: »Gehirne sind von Chaos durchtränkt.«

Als Modell der Interpretation von Bedeutung stellt sich Freeman Attraktoren vor. Nach Heim sind dies die Bedeutung vermittelnden Aktivitätenströme aus x_5 und x_6.

Die Archetypen nach C. G. Jung – die allen Menschen im kollektiven Unterbewussten gemeinsamen symbolischen Bilder der Seele, in denen sich das Unbewusste nur äußern kann – gehen ebenfalls auf kollektive und evolutionär gewachsene Ideenmuster zurück. Dazu ein Beispiel: Wird einer Geschäftsfrau, deren Hirnströme von einem

Encephalographen aufgezeichnet werden, das Märchen vom Froschkönig erzählt, dann hört diese vielleicht gelangweilt zu. Wenn die Stelle kommt, an der der Frosch der Königstochter ins Bett springt, ist auf dem Encephalographen ein großer Ausschlag zu sehen, weil hier einer der urtümlichen Archetypen angesprochen wird. Die Frau wird das überhaupt nicht bewusst wahrnehmen. Archetypische Bilder, symbolische Strukturen, können über das Unbewusste ganz handfeste somatische Reaktionen hervorrufen. Ihr Inhalt geht nicht auf Sinneswahrnehmungen zurück. Sie erzeugen von sich aus physikalische und psychische Wirkungen.

Der Philosoph Ernst-Peter Fischer (2006) zitiert einen Brief des Nobelpreisträgers Wolfgang Pauli an C. G. Jung, in dem Pauli fragt: »Was ist die Wirklichkeit der Ideen eines Symbols?«

Das konnten beide damals nicht beantworten.

Symbole und Archetypen sind Strukturen in hohen Metroplextotalitäten, die der Mensch durch bewusste Vorstellungen als Gedächtnisinhalte an seine mentalen Metroplexe anlagern kann. Sucht der Mensch eine Verbindung zu Strukturen aus solchem Symbol, dann kann er metaphorisch gesprochen eine Art Brücke aufbauen, indem die Ähnlichkeit der Muster zwischen seinem und dem gesuchten immer besser bis zur Gleichheit und die »psychische Distanz« so weit verringert wird, dass es zu einer »Struktur-Resonanz« kommt. Auf diese Art funktioniert die außersinnliche Wahrnehmung.

Es kann auch jeder beliebige Gegenstand, der sich durch seine charakteristische Eigenschaft von allen anderen unterscheidet und dessen Eigenschaft im menschlichen Bewusstsein als Symbol oder Bild mit Bedeutung abgespeichert ist, über eine Struktur-Resonanz in eine Beziehung zu einem durch das Symbol definierten Objekt gesetzt werden, z. B. indem sich die Nähe des Gegenstandes über eine nervöse Nervenreaktion bei demjenigen Menschen bemerkbar macht, der diesen Gegenstand sucht.

Denn über die Ausdehnungen des materiellen Objektes in die Dimensionen x_5 und x_6 ist jedes Objekt als Struktur in den Transbereichen vorhanden, in denen auch die Aktivitätenströme des bewussten Menschen wirken. Die von jedem Objekt in die Transbereiche hineinreichenden x_5, x_6-Strukturen können auch raum-zeitliche Ereignisabläufe »speichern«, allerdings dienen die materiellen Objekte nicht als Träger von Informationen, sondern als Verbinder zu solchen Strukturen (Psychometrie).

Wir sind umgeben von Wellen und Feldern, die wir messen können, aber auch umgeben von Informationen in Gestalt von Mustern, Strukturen und deren Bedeutungen, die wir nur dann wahrnehmen können, wenn wir uns auf diese Symbole geistig »einstellen«, d. h. wenn die Vorstellungsmuster mit diesen externen Strukturen durch Ähnlichkeitsadaption in Resonanz geraten.

Wenn wir voraussetzen, dass Aktivitätenströme irgendwie erzeugt und technologisch behandelt werden können, dann würden sie dazu verwendet werden können, als Träger von Informationen mit Organisationen von Strukturen in Resonanz zu treten. Je nach Organisationspotenz können Aktivitätenströme als »Syntropoden« in verschieden hohe Metroplexbereiche »geschoben« werden. Treffen sie dort auf ähnliche Strukturen wie die ihnen aufgeprägte Information, so kommt es zur »Strukturresonanz« zwischen den Informationen im Transbereich, und es entstehen sogenannte Syntropoden-Brücken. Wird beispielsweise ein Aktivitätenstrom mit der Information über eine bestimmte Person modelliert, kann die bestimmte Person über Strukturresonanz gefunden werden. Ein Kontakt wird aber nicht über den Raum hergestellt. So etwas geschieht auch in der Parapsychologie beim Hellsehen. Eine Mutter in Deutschland stellt in einer Ausnahmesitutaion eine Verbindung mit ihrem Sohn in Australien her, weil ihrer beider Psychen eine ähnliche Struktur haben und so leicht in Struktur-Resonanz kommen, während Menschen in der unmittelbaren Umgebung des in Australien lebenden Sohnes keinerlei Information empfangen. Und über diese Syntropoden-Brücke fließt dann die Information, beispielsweise dass dem Sohn etwas Schlimmes zugestoßen ist.

Strukturresonanz ist auch die Ursache der Wirkung in der Radiästhesie, wenn ein guter Rutengänger einen Gegenstand »mutet«, indem er sich auf das zu suchende Objekt »mental einstellt«. (v. Ludwiger 2007)

Normalerweise treten keine Aktivitätenströme im dreidimensionalen Raum auf. Nur bei einzelnen Personen mit einer abnormen Hirnfunktion scheinen Aktivitäten, die sonst nur im Körper in den Hirnregionen angreifen, auch nach außen dringen und dort Wahrscheinlichkeitszustände verändern zu können.

Zur Nutzung der Beeinflussung von Organisationszuständen durch Aktivitätenströme oder Gravitonen müsste es gelingen, diese künstlich herzustellen.

Aktivitätenströme sollten sich theoretisch, wie die harte elektromagnetische Strahlung (Röntgenstrahlung) von geladenen Teilchen durch Abbremsen oder Beschleunigen getrennt wird, durch eben diesen Vorgang von neutralen Teilchen erzeugen lassen. Denn in geladenen Teilchen sind, nach Heim, die Strukturen von Photonen in den Koordinaten (x_4, x_5, x_6) angelagert und in Neutropartikeln die Strukturen von Aktivitätenströmen in den Koordinaten (x_5, x_6).

Außerdem benötigt man eine Konfiguration der Neutronen, die bereits einen gewissen Ordnungsgrad besitzt. Beispielsweise sind die Neutronenschalen im Element mit der Ordnungszahl 115 so abgesättigt, dass dieses Transuran für eine längere Zeit stabil bleibt. Würde man dieses Element in einer ausreichenden Menge herstellen können, so sollten sich aus ihm Aktivitätenströme generieren lassen, die Informationen auf Materie prägen und bei jeder Wechselwirkung mit Materie negative Entropie erzeugen, d. h. die normalen statistischen Verteilungen könnten beliebig verschoben und damit beliebige paranormale Prozesse erzeugt werden.

In Zukunft werden diese Informationsbrücken über Strukturresonanz technologisch über Aktivitätenströme nutzbar sein. Das hat für die »Raumfahrt« außerordentliche Konsequenzen.

Wenn diese künstlich generierten Aktivitätenströme selbst ohne aufmodulierte Information z. B. auf den Boden treffen, so würden von dieser Stelle Reize ausgehen, wie sie über Wasseradern festgestellt werden, allerdings sehr viel stärker.

Da nach unseren Vorstellungen Raumfahrzeuge der Zukunft mit einem Gravitationswellen-Antrieb fliegen sollten, würden diese bei einer Landung auf dem Boden dort Aktivitätenströme aussenden, deren Wirkung noch lange Zeit später registriert werden kann. Die von uns untersuchten unidentifizierten Flugobjekte scheinen solche Raumfahrzeuge zu sein.

Auf neun von zehn in Russland untersuchten Landeplätzen zeigten sich bei Radiästheten enorme Rutenausschläge, und die Untersucher bekamen Kopfschmerzen. Der Biologe Prof. Juri Simakov (Fig. 4) von der Universität Moskau untersuchte diese Reizzonen mit den biologischen Detektoren Bodenbakterien und Drosophila-Fliegen, um sich so von unbewussten Beeinflussungen der Registrierungen frei zu halten, und konnte noch nach zehn Jahren in den Landegebieten eine starke, in Spiralen eingeschriebene nicht physikalische Wirkung feststellen, die Fliegen und Bakterien veranlasste, diese Reizzonen zu verlassen. (Simakow 1995)

Prof. Bounias aus Toulon stellte fest, dass die unbekannte Strahlung, die von unbekannten kurz auf dem Boden gelandeten Objekten ausgeht, Pflanzen in der Weise schädigt, dass sie diese rasch altern lässt – etwas, das in dieser Weise keine elektromagnetische oder Korpuskular-Strahlung und kein bekanntes physikalisches Feld bewirken kann. Vielleicht sehen wir in diesen Untersuchungen bereits die Wirkungen von Aktivitätenströmen vor uns, die wir heute noch nicht erzeugen können. (Bounias 1995)

In der aktiven Radiästhesie können besonders Begabte bereits mit ihnen arbeiten. Die Physik kennt sie noch nicht, weil sie zunächst die Raumzeit um zwei weitere Dimensionen ausdehnen und die Wechselbeziehung zwischen Geist und Materie akzeptieren muss. In der Biologie können sie die morphogenetischen Wirkungen erklären. Die von Radiästheten immer wieder gemachte Beobachtung, dass es sich bei den empfangenen Rutenausschlägen um Resonanzen von Strukturen oder Mustern und nicht um »Erd-Strahlen« handeln müsste, wird damit von der Heimschen Theorie bestätigt.

Es gibt unzählig viele Strukturen von Abbildungen kleiner und großer räumlicher statischer und dynamischer physikalischer Systeme. Dazu kommt eine Unmenge von Ideen lebender Menschen, die sämtlich auf verschiedenen Organisationsniveaus imaginäre Strukturmuster ausbilden. Diese Informationsflut wird einerseits durch geeignete Blockaden im menschlichen Organismus von einer Wahrnehmung abgehalten, die darin bestehen, dass nur solche Strukturen ins Bewusstsein gelangen, die für das Lebewesen vorteilhaft sind (bestimmte Vorahnungen, Unwohlsein an manchen Orten usw.).

Andererseits führt die Fülle der verschiedenen Strukturmuster in den Transbereichen dazu, dass sich die meisten Menschen, die sich bewusst auf das Aufsuchen von Strukturresonanzen einlassen, infolge von fehlerhaften oder Pseudo-Resonanzen vielfach zu falschen Wahrnehmungen verleiten lassen (Hellsehen, Prophetie, Gedankenlesen, ...). Die damit verbundene Unsicherheit widerspricht dem Wissenschaftsverständnis, der Suche nach Gewissheit. Daher werden die paranormalen Phänomene auch trotz einer möglichen Deutung im Rahmen der sechsdimensionalen Heimschen Quantenfeldtheorie ein außerwissenschaftliches Phänomen bleiben, solange nicht Aktivitätenströme künstlich generiert und die Experimente objektiviert und technologisch beherrscht werden können.

4.4 Die künftige Suche nach bewusstem Leben im Universum

4.4.1 Die unmittelbare Erkennung von Planeten mit intelligenten Lebewesen

In *Der Stand der UFO-Forschung* (v. Ludwiger 1992) wurde bereits angegeben, wie künftige Interstellarreisen über Strukturresonanz zu räumlich entfernten Orten erfolgen könnten.

Wenn die (x_5, x_6)-Aktivitätenströme den physikalischen Raum schneiden, treten sie als Gravitonen auf und sind, weil sie als Informationsmuster aus Bereichen hoher negativer Entropie kommen, in der Lage, physikalische Wahrscheinlichkeitszustände zu verschieben. Es besteht also eine Wechselbeziehung zwischen Ideen (Aktivitäten-Netzen) beziehungsweise Symbolen mit der physikalisch realen Welt und umgekehrt. Die sechsdimensionale Energieerhaltung fordert, dass keine Materie verschwindet. Im sechsdimensionalen Hyperraum kann sich die durch die Trägheit definierte Struktur der Materie bei Einwirkung von extrem starken Aktivitätenströmen in eine qualitative Struktur, zur »Idee«, umwandeln. (Auf diese Weise ließen sich die in der Parapsychologie bekannten »Apporte« und Materialisationen zumindest quantitativ erklären.) Bei einer auf sechs Dimensionen erweiterten Lorentztransformation entspräche dies dem Verschwinden der räumlichen Ausdehnungen und dem Anwachsen der imaginären Dimensionen – dem »Bild« – des transformierten Objekts. Dessen Verschwinden aus dem Raum ist ein relatives, denn die qualitative Gestalt ist in den Transbereichen vorhanden und kann sich aus diesen, durch geeignete Transformation, wieder in den Raum projizieren.

Die bisherigen Annahmen über eine konventionelle Raumfahrt gehen davon aus, dass die Menschen der Zukunft mit optischen Geräten und Radiowellen-Empfängern Stern für Stern und Planet für Planet abklappern werden, um herauszufinden, wo sich möglicherweise Leben gebildet haben könnte. Wenn man weder Laser- noch Radiosignale von diesen Himmelskörpern empfange, meint man, dass auch kein intelligentes Leben dort zu finden sei.

Ausgerüstet mit dem Wissen über eine künftige Physik wissen wir aber, dass die Suche nach fremden Intelligenzen im Weltall völlig anders ablaufen wird. Ob nun die Heimsche Physik oder eine andere die künftigen Interstellarreisen ermöglichen wird, eines ist gewiss: Die Interstellar-Reisenden wissen sofort, wen sie auf anderen Planeten antreffen werden, ohne lange deren Atmosphäre analysieren zu müssen.

In der künftigen Hyperraumfahrt wird das Ziel, dass man anfliegen will, nicht durch Anpeilen des Ziels im Raum und Verkürzen der Entfernung durch hohe Reisegeschwindigkeiten erreicht, sondern die qualitativen Eigenschaften eines Planeten und die Art der zu besuchenden Intelligenz werden vor der Reise als Information auf Aktivitätenströme moduliert und durch Strukturresonanz eine Syntropoden-Brücke zu den Qualitäten des Zieles aufgebaut. Wenn die Hyperraumreise über Parallelräume beginnen soll, muss die Auswahl ähnlicher Strukturen durch die beste Resonanz den gewünschten Zielort festlegen. Kommt es zu keiner Strukturresonanz, dann beginnt die Reise erst gar nicht. Natürlich kann das Raumschiff noch immer Reisen im Raum machen, wenn die Entfernungen relativ gering bleiben. Reisen unter Verwendung von Strukturresonanzen werden nur dann vorgenommen, wenn sehr große Entfernungen überbrückt werden müssen und die Lage der anzufliegenden Planeten mit einer besonderen Eigenschaft innerhalb der Galaxis unbekannt ist. Da die Reisen in Parallelräumen relativ zu unserer Welt mit Überlichtgeschwindigkeit erfolgt, sind die Hyperraumschiffe zugleich Zeitmaschinen. So ein Hyperraumschiff könnte beispielsweise das Bild einer Zivilisation an einem »Zielgenerator« einstellen, die auf einem Planeten lebt, auf dem gleiche atmosphärische und gravitative Bedingungen wie auf der Erde herrschen, zusätzlich wird die Information an die Syntropoden vermittelt, eine Intelligenz mit einer bestimmten technologischen Entwicklung zu finden. Das könnte beispielweise direkt abgelesen werden aus dem Muster, das Straßen und Beleuchtungen nachts auf einem Planeten bilden. So lassen sich nachts die Städte, in denen die Wesen wohnen, in verschieden fortgeschrittene Zeiten unterteilen: 1. in solche, die nur von vereinzelten Feuern erleuchtet werden, 2. in solche, die von Gaslaternen erhellt werden, 3. in solche, auf deren Straßen beleuchtete Fahrzeuge fahren, 4. in solche, in denen alle Städte reine Lichtermeere sind usw. Dadurch würde es bei der Hyperraumfahrt zu diesem Ort zu Strukturresonanzen mit Orten zu verschiedenen Zeiten kommen. Und bei einem Kontakt mit den Wesen in der physischen Welt könnten die Hyperraumfahrer den Besuchten weder sagen, wo sich ihr Heimatplanet befindet, noch aus welcher Zeit sie relativ zu der auf dem besuchten Planeten kämen. Entfernungen und Zeiten wären ja auch unwesentlich, denn nur die gesuchten Eigenschaften interessieren die Reisenden. Wahrscheinlich wird es bei solchen Reisen viele unwichtige und ungewünschte Begegnungen mit anderen Zivilisationen geben, und die Reisenden werden sich rasch wieder zu ihrem Heimatplaneten zurückprojizieren. Den »Weg dorthin« finden sie immer, weil sie sämtliche Eigenschaften ihres Heimatplaneten kennen, mit dem sie die Syntropoden zur Strukturresonanz bringen können.

Weil die Reisenden der Zukunft mit ganz bestimmten gewünschten Mustern in Strukturresonanz kommen wollen, kann es sein, dass die Auswahl auf identische Planeten und Lebewesen wie auf dem Heimatplaneten getroffen wird. Menschen werden dann Planeten aufsuchen können, auf denen sich ebenfalls »Menschen« entwickelt haben. Vielleicht erklärt dies die Tatsache, dass rund 20 Prozent der UFO-Insassen ein menschliches Aussehen haben, obwohl sie von anderen Sternen kommen. Die naheliegendere Erklärung wäre, dass es sich um Zeitreisende von unserer Erde handelte.

4.4.2 Die mögliche Bedeutung der Orte, an denen UFOs sehr häufig auftauchen

Untersucher des UFO-Phänomens rätseln noch immer darüber, weshalb es auf der Erde eng begrenzte geografische Orte gibt (Hot-Spots), an denen unidentifizierte Flugobjekte überdurchschnittlich häufig auftauchen. Was zeichnet beispielsweise die Utah-Ranch oder Hessdalen oder das M-sker Dreieck oder Knittelfeld vor anderen Gegenden aus? Man hat an Schwerkraftanomalien, magnetische oder geologische Besonderheiten und bestimmte radioaktive Strahlungen gedacht. Doch keinerlei Ursachen wurden dafür gefunden, dass an diesen Orten nicht nur UFOs der Klasse A und B, sondern gelegentlich auch Bigfoots, Phantome und Poltergeisterscheinungen registriert werden. Skeptiker behaupten einfach, dass jemand, der Poltergeistphänomene erlebt, auch UFO-Begegnungen hat. Denn beides hängt in der Weise zusammen, dass es beides nicht gibt und sich die Halluzinationen nur in den kranken Hirnen der Menschen abspielen.

Andere meinen (Michael Persinger), dass bestimmte elektromagnetische Felder in bestimmten Gebieten so auf die Hirne der Menschen einwirken, dass alle Arten von Halluzinationen entstehen können.

Glücklicherweise haben die Wissenschaftler von NIDS den Nachweis erbracht – freilich ohne diesen seriös in wissenschaftlichen Fachblättern ausdrücken zu können –, dass die seltsamen Beobachtungen, wenigstens auf der Utah-Ranch, wirklich gemacht wurden. Es gibt demnach Orte, von denen UFOs einerseits angezogen werden und wo andererseits Bedingungen existieren, die das Hereinwirken von Entitäten aus transzendenten Bereichen zumindest leicht machen (so wie es Spuk-Orte zu geben scheint).

Wie oben bereits erwähnt, erfolgt die Interstellarreise durch den Aufbau einer Syntropodenbrücke, deren einer »Pfeiler« die Muster in hohe x_5-Bereiche schiebt, mit denen man in Strukturresonanz kommen möchte, und deren anderer »Pfeiler« das irgendwo im Raum zu einer beliebigen Zeit befindliche Gegenmuster bildet. Die Reisenden werden besonders solche Muster zur Resonanz bringen wollen, die von intelligenten Wesen ausgehen.

Es gibt auf der Erde Menschen, die durch Meditation und Imagination bestimmte geistige Bilder und Vorstellungen in die x_5-Bereiche projizieren können. Schamanen, Magier und Heilige aller Zeiten haben versucht, mit Wesen aus der Transzendenz Kontakte aufzunehmen. Von den Ethnologen erfahren wir, dass Schamanen am Ural, in der Utah-Gegend und in Hessdalen, Norwegen, ihre Götter beschworen haben. Während religiöser Revivals, beispielsweise 1904 in Wales, beteten Christen besonders intensiv zu ihrem Gott. Die seelischen Kräfte waren so stark, dass über den Predigern und über den Kirchen dort Lichtkugeln auftauchten.

Vielleicht stellen sich die Interstellarreisenden auf solche von intelligenten Menschen in x_5-Bereiche projizierten geistigen Bilder ein, um in Strukturresonanz zu kommen und eine Brücke zu dem Ort zu schlagen, wo es materielle Träger der Ideen – z. B. Schamanen – gibt, die sie erzeugt haben. Wenn dies stimmen würde, dann sollten auf ehemaligen heiligen Plätzen der Schamanen Interstellarreisende eintreffen, weil die geistigen Bilder quasi wie Leuchtfeuer anzeigen, wo sich Lebewesen befinden, und auch, ob es Wesen sind, die transzendenzfähig sind, zu denen sich eine Reise überhaupt lohnen könnte.

Die UFO-Hot-Spots korrelieren mit Plätzen, an denen vor Urzeiten Götter angerufen und Geister imaginiert wurden. Die Magier sind längst vergangen. Aber die geistigen Strukturen scheinen noch an die betreffenden Orte gebunden zu sein. Daher tauchen die UFO-Insassen dort auf und müssen realisieren, dass dort heute leider keine Menschen mehr leben, die noch darüber Bescheid wissen, dass es neben unserer sichtbaren Welt noch eine andere, unsichtbare gibt, in der sich die UFO-Insassen ebenso zu Hause fühlen wie in der Welt, die wir mit unseren Sinnesorganen erleben.

Vielleicht ist die menschliche Blindheit für die Vorgänge in den benachbarten Bereichen der Welt der Grund dafür, dass UFO-Insassen keinen geistigen Kontakt zu Menschen aufbauen wollen, denn wir nehmen eine andere Wirklichkeit wahr als sie. (So ähnlich würde es uns ergehen, wenn wir mit unserer modernen Naturauffassung Menschen im Mittelalter begegneten, die unsere Erkenntnisse als infernalische Besessenheit und unsere Instrumente als Geräte des Teufels interpretierten.)

Es scheint Versuche der UFO-Insassen zu geben, ihre Sicht auf die Wirklichkeit, die sie zu uns mitbringen, einigen Menschen zu vermitteln (Ted Owens, Uri Geller u. a.).

Wissenschaftler der NIDS wurden mit der Wirklichkeit, wie sie UFO-Insassen erleben und demonstrieren, konfrontiert. Sie ist so verschieden von unserer gegenwärtigen Weltsicht, dass wir viele der fremden Intelligenzen erst in einigen Jahrhunderten verstehen werden, wenn wir mit Aktivitätenströmen, Syntropodentechnik und Projektion in transzendente Räume umzugehen gelernt und uns selbst als mehrdimensionale Wesen erkannt haben werden.

4.5 Formelanhang

Die *Raketengleichung* (im luftleeren Raum) gibt die Geschwindigkeitszunahme Δv der Rakete mit zunehmendem Treibstoffverbrauch Δv an:

$$\Delta v = v_{ex} \ln(m_0/m_f) = v_{ex} \ln(1 + \Delta m/m_f),$$

wenn m_0 die Startmasse und m_f die verbleibende Masse an Treibstoff bedeuten. m_f/m_0 bezeichnet das Nutzlastverhältnis. Mit zunehmender Endgeschwindigkeit wächst die benötigte Treibstoffmenge exponentiell:

$$m_0/m_f = \exp(\Delta v/v_{ex})$$

Ein System, das mit Raketentriebwerken angetrieben werden sollte (einmal angenommen, es gäbe die vorgeschlagenen Triebwerke), bestünde zu mehr als 90 Prozent aus Treibstoff.

Die Verallgemeinerung der Allgemeinen Relativitätstheorie durch B. Heim

In der Allgemeinen Relativitätstheorie besteht die einfache Abhängigkeit zwischen gekrümmten y^i und ungekrümmten Koordinaten

$x^i : y^i = y^i (x^k)$, und die Metrik der Raumzeit g_{ik} (mit i, k = 1, 2, 3, 4) ist durch die Verhältnisse der gekrümmten Koordinatedifferenziale dy^i, bezogen auf dx^k ausgedrückt:

$$g_{ik} = \frac{\partial y^l}{\partial x^i} \frac{\partial y^m}{\partial x^k} \eta_{lm} \quad \text{mit der Minkowskimetrik } \eta_{ik}$$

Das Element g_{44} der Metrik entspricht in Newtonscher Näherung dem Gravitationspotenzial und stellt damit die Verbindung zwischen Geometrie und Physik her. Die Allgemeine Relativitätsheorie besitzt keine inneren Strukturen und hat damit nur eine begrenzte geometrische Struktur, nämlich nur die der reinen Raumzeit. Sie kann daher nur Gravitationsphänomene beschreiben, jedoch keine anderen physikalischen Wechselwirkungen, und muss daher erweitert werden.

In der Heimschen Erweiterung der Einsteinschen Theorie wird eine doppelte Koordinatenabhängigkeit angenommen $y^i = (x^k(z^1))$, wobei z^i als »innere Koordinaten« eine reichhaltigere Geometrie möglich machen. Die Metrik wird zu einem »Korrelationstensor« κ_{ik}:

$$g_{ik} = \frac{\partial y^l}{\partial x^n} \frac{\partial x^n}{\partial z^i} \frac{\partial y^m}{\partial x^p} \frac{\partial x^p}{\partial z^k} \eta_{lm} = (\kappa_{im} \times \kappa_{mk}) \eta_{lm}$$

Die Elemente der Metrik g_{ik} werden jeweils aus Partialstrukturen $g_{ik} = \sum \kappa_{im} \times \kappa_{mk}$ aufgebaut.

Außerdem ist Heims Geometrie sechsdimensional. Die Weltgeometrie besteht nach Heim aus drei reellen räumlichen und aus drei imaginären zeitartigen Dimensionen. Die 5. Koordinate ist eine organisierende, die 6. eine zielgerichtete Koordinate, die bestimmt, wie sich die Organisation eines Systems zeitlich ändert. Daraus lassen sich drei semantische Einheiten bilden, die nicht miteinander vertauschbar sind.

Anhang: Fallbeschreibungen

zu Kapitel 1.3 »Einsatz und Austausch unfreundlicher Handlungen«
(166 Fälle)

Inhalt des Anhangs

A.
Kämpfe mit UFOs

A.1 Luftkämpfe mit UFOs

A.1.1 Militärflugzeuge wollen auf UFOs schießen und werden daran gehindert

(1)
Ort: Teheran, Iran
Datum: 20. September 1976
Zeit: abends bis nach Mitternacht
Zeugen: viele
Besonderheit: Piloten von zwei F-15-Jägern erhalten den Auftrag, ein helles Objekt abzufangen, das bereits seit Stunden über der Stadt beobachtet wird. Der erste Jäger kehrt wegen Spritmangels wieder um. Der zweite Jäger mit dem Piloten Major Jafari sieht das Objekt vor sich in verschiedenen Farben blitzend und auf seinem Radarschirm. Er schaltet eine *Sidewinder*-Rakete lock-on und wartet auf Schießerlaubnis. Das Objekt springt alle paar Sekunden um eine Meile vor ihm zurück. Vom Objekt löst sich eine Kugel und fliegt ihn im Bogen von der Seite her an. Als der Pilot eine zweite Rakete auf die Kugel aufschalten will, sieht er, dass sämtliche Bordinstrumente ausgefallen sind. Im Kopfhörer wird das Rauschen so stark, dass er keine Verbindung mehr mit der Bodenkontrolle hat. Jafari und sein Copilot wollen mit dem Schleudersitz aussteigen und gehen in einen Kurvenflug. Die Kugel zieht sich wieder zurück in das blitzende Objekt. Jafari bricht die Verfolgung ab und erhält Landeerlaubnis. Sämtliche Nachrichtendienste der Amerikaner, die NATO und Henry Kissinger werden über diesen Vorfall informiert.
Quelle: (CIA-Dokument freigegeben aufgrund des FOIA-Gesetzes; persönliche Information von P. Jafari, 1996, Ottobrunn)

(2)
Ort: Schewschenko, Kapustin Yar, Kasachstan, Kaspisches Meer
Datum: 28. August 1991
Zeit: 4.42 Uhr, Dauer: 45 Minuten
Form: Zeppelin
Zeugen: Piloten und Luftwaffenoffiziere
Besonderheiten: Die Radarstation Kapustin Yar entdeckt ein riesiges längliches Objekt von rund 600 Metern Länge und 120 Metern Breite und befehligt zwei MIG-29-Jäger, das Objekt abzufangen. Bei Nichtbefolgung der Landung soll das Feuer eröffnet werden. Um 5.12 Uhr entdecken die Piloten das Objekt auf ihren Bordradars und visuell in 4500 Metern Höhe. Es sieht aus wie ein Zeppelin aus grauem Stahl. Um 15.14 Uhr fliegen die MIGs rund 800 Meter jeweils links und rechts neben dem Objekt her und wollen es durch Schüsse »vor den Bug« zur Landung auffordern. Aber noch ehe sie das durchführen können, versagen in beiden Maschinen die Feuerleitkontrolleinrichtungen, und die Turbinen fallen aus. Sämtliche Geräte und Anzeigeinstrumente versagen ebenfalls. Das Objekt manövriert horizontal und vertikal in Zick-Zack-Bewegungen und fliegt mit 6800 Kilometern pro Stunde fort, was in Baikonur, Alma Ata und Bischkek registriert wird. Um 5.27 Uhr ist das Objekt von allen Radarschirmen verschwunden.
Quelle: (W. Hamilton, N. Subbotin und A. Kutovoy: *UFO Magazine*, Vol. 14, Nr. 4, 1999, S. 32–41)

A.1.2 Militärflugzeuge schießen auf UFOs

(3)
Ort: östlich der Hokkaido-Insel, Japan
Datum: 24. Juli 1957
Zeit: 10.00 Uhr, Dauer: rund eine Stunde
Form: Scheibe
Zeugen: US-Piloten und sowjetische Luftabwehr

Besonderheiten: Zwei US-Piloten eines F-86-Jets feuern auf eine große Scheibe. Das Objekt fliegt fort. Die sowjetische Luftabwehr feuert auf eine Gruppe von UFOs.
Quellen: (*Lumières dans la Nuit*, Nr. 334, S. 31–32), (Ruppelt 1956)

(4)
Ort: Swerdlowsk, UdSSR
Datum: 1959
Zeit: ?, Dauer: rund 24 Stunden
Form: Scheibe
Zeugen: Piloten und militärische Radarkontrolleure
Besonderheiten: Eine unbekannte Scheibe wird vom taktischen Raketenkommando visuell und auf Radar beobachtet. Zwei Düsenjäger werden angewiesen, darauf zu schießen. Das UFO manövriert die Jets im Zick-Zack-Flug aus.
Quellen: (Hobana & Weverbach 1972), (Steiger & Whritenour 1967)

(5)
Ort: Woronesch, UdSSR
Datum: Sommer 1961
Zeit: ?, Dauer: etwa 30 Minuten
Form: Luftschiff und kleinere Objekte
Zeugen: mehrere Zivilpersonen und Militärpersonal der Boden-Luft-Flugabwehr
Besonderheiten: Die sowjetische Luftabwehr schießt mit Raketen auf ein riesiges Objekt mit vielen kleineren Begleitern, das über Woronesch schwebt. Etwa zwei Kilometer vor dem Objekt explodieren die Luftabwehr-Raketen jeweils, wie wenn sie gegen eine unsichtbare Wand prallen würden. Als sich die kleinen Objekte der Anlage nähern, fallen sämtliche Systeme der gesamten Abwehranlage aus, sodass weitere Schüsse nicht mehr möglich sind.
Quelle: (Steiger & Whritenour 1967)

(6)
Ort: — (geheim) —
Datum: 1970
Zeit: 10 Uhr, Dauer: ?
Höhe: 500–1000 Meter
Entfernung: 9000 Meter
Form: Teller
Zeugen: Piloten
Besonderheiten: Nach der Entdeckung eines UFOs auf Radar werden zwei F-86-Jäger in die betreffende Gegend geschickt. Als der Pilot mit der Bordkanone darauf schießt, fliegt das Objekt schnell fort.
Quelle: (*US Air Force Academy* – Offiziersanwärter-Physik, Sektion 33,4, Vol. 2, Kap. »Human Fear and Hostility«)

(7)
Ort: La Joya, Mariano Malgar AFB, Peru
Datum: 9. Mai 1980
Zeit: 7 Uhr, Dauer: 12 Minuten
Form: Kugel
Zeugen: mehrere Luftwaffenoffiziere der Mariano Malgar AFB
Besonderheiten: Neben einem Militärflugplatz schwebt ein rundes Objekt. *Sukoi*-22-Jetfighter versuchen das Objekt abzufangen. Ein Pilot feuert aus kurzer Distanz darauf, ohne es zerstören zu können. Vor der nächsten versuchten Salve entfernt sich das Objekt mit hoher Geschwindigkeit.
Quelle: (Clifford Stone: *UFO/Military Confrontations*, Case Studies, 31. Mai 1990)

(8)
Ort: Fiji-Inseln
Datum: 18. Januar 1943
Zeit: 7.15 Uhr, Dauer: ?
Form: unsichtbares Hindernis
Zeugen: Mannschaften auf der *USS Sea Witch* und dem Flugzeugträger *Chicago*

Besonderheiten: Von Bord der *USS Sea Witch* wird der Anflug von Flugzeugen auf den Flugzeugträger *Chicago* beobachtet. Eine Maschine startet und kommt zurück. 25 Zeugen bezeugen, dass sie den Anflug einer Maschine beobachteten, die in 200 Metern Höhe gegen eine unsichtbare Wand prallt, zu einem Feuerball wird und senkrecht ins Wasser stürzt.

Quelle: (S. Friedman, *Flying Saucer Review*, Vol. 5/1, 2006)

A.1.3 Luftabwehr schießt auf UFOs

(9)
Ort: Los Angeles, USA
Datum: 24.–25. Februar 1942
Zeit: nachts, Dauer: drei Stunden
Form: Lichter
Zeugen: Tausende
Besonderheiten: Die Luftabwehr feuert mit Maschinengewehren 1430 Salven auf unbekannte leuchtende Objekte, die sich nicht von der Stelle rühren. Sie werden von Scheinwerfern erfasst. Durch herabfallende Schrapnells werden mehrere Bürger verletzt und getötet.
Quelle: (Story 1980)

(10)
Ort: Transkaukasien, UdSSR
Datum: 1947
Zeit: ?, Dauer: ?
Form: Zigarre
Zeugen: mehrere
Besonderheiten: Die Luftabwehr eröffnet das Feuer auf ein großes zigarrenförmiges Objekt in rund 4000 Metern Höhe, das von der turkmenischen Grenze heranfliegt.
Quellen: (*Flying Saucer Review*, Vol. 49, Nr. 3, 2004), (*Prawda*, November 2004)

(11)
Ort: Marshall-Karoline- Inseln, Pazifischer Ozean
Datum: Anfang Juni 1945
Zeit: 14 Uhr, Dauer: fünf Stunden
Form: flacher Zylinder
Zeugen: 25 Zeugen auf dem Schiff *Calvin Victory*
Besonderheiten: In acht bis zehn Runden wird Abwehrfeuer (mit einer Reichweite von 12 000 Metern) auf ein tablettenförmiges Objekt gerichtet. Das Objekt schwebt unbeeindruckt auf der Stelle über dem Schiff und begleitet es den Rest des Nachmittags.
Quelle: (Haines 1998)

(12)
Ort: Hanoi, Vietnam
Datum: 29. September 1972
Zeit: nachmittags, Dauer: 80 Minuten
Form: Ball
Zeugen: mehrere Soldaten
Besonderheiten: Drei Luftabwehrraketen werden auf einen ca. 400 Meter im Durchmesser großen Ball abgefeuert, erreichen diesen jedoch nicht.
Quellen: (*Flying Saucer Review*, Vol. 18, Nr. 6), (*The State Journal*, Lansing, Michigan, 30. September 1072)

(13)
Ort: Teheran, Iran
Datum: 5.–6. August 1985
Zeit: 20.15 Uhr, Dauer: zehn Minuten
Zeugen: mehrere Zeugen
Besonderheiten: Die Luftabwehr eröffnet Feuer auf ein helles Objekt.
Quellen: (Haines 1998), (UPI 1985)

(14)
Ort: Astrachan, Kaspisches Meer, UdSSR
Datum: 1984
Zeit: ?, Dauer: ?

Form: Kugel

Besonderheiten: Die turkmenische Luftabwehr feuert auf eine Kugel in 2000 Metern Höhe. Die Kugel kommt darauf bis auf 100 Meter herab und verhindert so, dass ein Jagdflieger noch auf sie schießen kann. Bei Krasnojarsk versucht ein Hubschrauber, die Kugel abzufangen, und schießt auf sie.

Quelle: (*Flying Saucer Review*, Vol. 49, Nr. 3, 2004)

A.1.4 UFO-Angriffe auf Flugzeuge und Piloten

(15)

Ort: zwischen Cordoba und Tucuman, Argentinien

Datum: Januar 1963

Besonderheiten: Eine *Argentina-Airline*-DC-4 wird von einem »Lichtstrahl« aus einem UFO getroffen. Ein Triebwerk fällt aus.

Quelle: (G. Falla: *Vehicle Interference Project*, BUFORA, 1979)

(16)

Ort: Küste von Israel

Datum: 9. Juni 1996

Zeit: 18.00 Uhr

Form: Kugel

Besonderheiten: Eine *Air-France*-Maschine wird mit einer schwarzen, nur 50 Zentimeter großen Kugel, die aus der See kommt, beschossen. Die Maschine muss notlanden.

Quelle: (Weinstein 1997)

(17)

Ort: Jalta am Schwarzen Meer

Datum: 13. August 1967

Zeit: 23 Uhr

Form: Teller

Zeugen: ein Pilot

Besonderheiten: Die Maschine von Oberstleutnant Lew Wyjatkin wird in 10 000 Metern Höhe von einem großen fliegenden

Teller mit einem milchweißen Lichtstrahl angegriffen. Die linke Tragfläche sprüht dabei Funken. Trotz dieser Beschädigung kann der Pilot sicher landen.

Quelle: (*Flying Saucer Review*, Vol 39, Nr. 2, 1994)

(18)

Ort: zwischen Peking und Wuhei

Datum: 19. Dezember 1996

Besonderheiten: Ein silbergraues metallisches Objekt rammt das Cockpit einer *Boeing* 757-200 der *Chinese Southern Airlines.* Die Windschutzscheibe wird zerstört und die Maschine vollführt eine Notlandung.

Quelle: (Weinstein 1997)

(19)

Ort: Raum Minsk, UdSSR

Datum: 7. September 1984

Zeit: nachts, Dauer: 15 Minuten

Form: ?

Zeugen: Piloten und Stewardess

Besonderheiten: Der Pilot des Linienflugzeugs zwischen Leningrad und Tiflis Juri Kabatschnikow wird vom »Lichtstrahl« eines weit entfernten UFOs getroffen und erleidet Verletzungen im Kopf- und Herzbereich. Im November 1985 stirbt er an den Folgen der Verletzungen. Die Stewardess erleidet eine schwere Hautkrankheit.

Quellen: (I. v. Ludwiger, 1992), (*Samisdat*-Material)

(20)

Ort: Luftraum Leningrad, UdSSR

Datum: 22. November 1989

Zeit: nachts

Form: ?

Zeugen: zwei Piloten

Besonderheiten: Die militärische Flugkontrolle beordert zwei Jagdmaschinen zu einem Objekt, das mit »Lichtstrahlen« den Boden abtastet. Als sie sich auf gleicher Höhe wie das Objekt befinden, wird ein »Lichtstrahl« vom Objekt in das Cockpit einer Maschine gerichtet. Der Copilot schützt sein Gesicht mit den Händen. Der Pilot ruht bewegungslos im Sitz. Der Strahl dringt durch seinen Körper und bildet sich hinter ihm an der Wand als 20 Zentimeter großer Lichtfleck ab. Beide Piloten spüren eine gewaltige Hitze. Nach dem Flug wird der Pilot ins Krankenhaus gebracht. Er stirbt nach einigen Monaten. Der Copilot wird zum Invaliden, der häufig sein Bewusstsein verliert und dienstuntauglich bleibt.

Quellen: (I. v. Ludwiger 1992), (*Samisdat*-Material)

(21)

Ort: nordöstlich von Kuba

Datum: März 1967

Form: Kugel

Besonderheiten: Der US-Geheimdienst NSA hört in Miami die Funkgespräche zweier Piloten in ihren MIG-21 ab, die in das Gebiet beordert werden, wo sich eine unbekannte hell glänzende Kugel aufhält. Als einer der Piloten das Feuer auf diese eröffnet, wird seine Maschine zerstört, wie der Pilot in der zweiten Maschine erlebt und zur Bodenleitstelle funkt.

Quelle: (Weinstein 1997)

(22)

Ort: Geherla, Rumänien

Datum: 30. Oktober 2007

Form: vier UFOs auf Radar

Zeugen: ein Pilot

Besonderheiten: Ein MIG-Jagdflugzeug *Lancer* wird in das Gebiet, in dem sich vier UFOs auf dem Radar gezeigt haben, geleitet. In 6300 Metern Höhe wird die Maschine von einem UFO gerammt. Der Pilot muss notlanden (viele Fernsehberichte).

Quelle: (*DEGUFO News* vom 16. November 2007)

A.1.5 Schusswechsel zwischen UFOs und Luftabwehr

(23)
Ort: Binn, Südkorea
Datum: 1974
Zeit: 10 Uhr, Dauer: fünf Minuten
Form: Scheibe
Zeugen: zehn
Besonderheiten: Das Bodenradar entdeckt ein unidentifiziertes Ziel. Südkoreaner schießen mit einer US-*Hawk*-Fliegerabwehrrakete darauf, als es sich bis auf 700 Meter annähert. Die Rakete wird von einem intensiv leuchtenden Strahl getroffen und zerstört. Darauf wird auch die Raketenstarteinrichtung zerstört. Das Metall schmilzt wie Blei. Das UFO, das ein Geräusch wie ein Schwarm Bienen verursacht, fliegt fort.
Quelle: (Stringfield 1977)

(24)
Ort: Sardinien, Mittelmeer
Datum: 1975
Zeit: ?, Dauer: zehn Minuten
Form: Teller mit Kuppel
Besonderheiten: Über einer Raketenabwehrstation erscheint eine Scheibe mit Kuppel, was gefilmt wird. Als eine Rakete darauf abgeschossen wird, fliegt sie ein Stück in Richtung der Scheibe und fällt dann herunter, als würde sie gegen eine unsichtbare Wand prallen. Der Film zeigt, dass vom UFO ein »Lichtstrahl« auf die Rakete gerichtet wird, der sie zerstört. Das italienische Verteidigungsministerium (Brigadegeneral Fernando Buttelli) verweigerte Major von Kevitzky die Herausgabe des Films »aus Gründen der nationalen Sicherheit«.
Quelle: (Haines 1998)

(25)
Ort: Murmansk, UdSSR
Datum: 1976 (?)

Form: zwei Scheiben

Besonderheiten: Ein Atom-U-Boot will den Hafen verlassen. In geringer Höhe über ihm befinden sich zwei große Scheiben. Die Matrosen werden angewiesen, Luftabwehrraketen auf sie abzufeuern. Die Raketen explodieren in der Luft. Die Matrosen weigern sich, weiter mit MGs auf die Scheiben zu schießen. Als das U-Boot langsam den Hafen verlässt, wird ein »Lichtstrahl« auf das U-Boot gerichtet.

Quelle: (I. v. Ludwiger: persönliche Mitteilung des ehemaligen damals beteiligten Admirals M., 2000, in St. Petersburg)

(26)

Ort: bei Samara, Russland

Datum: 13. Sptember 1990

Zeit: 0.05 Uhr, Dauer: 90 Minuten

Form: Dreieck

Entfernung: zehn Meter (über einigen Zeugen)

Zeugen: mehrere Radarkontrolleure und Offiziere

Besonderheiten: Mehrere Soldaten verlassen den Bunker, nachdem sie auf dem Radarschirm das Annähern eines großen Objektes beobachtet hatten. Ein schwarzes, 15 Meter breites und drei Meter hohes dreieckförmiges Objekt mit abgerundeten Ecken und mit nach oben gerichteten blauen Strahlen überfliegt die Zeugen in etwa zehn Metern Höhe und landet etwa 100 Meter außerhalb des umzäunten Sperrbezirks in einem Tomatenfeld. Als Radarkontrolleure ein Kurzstreckenradar auf das Objekt richten, erlischt der Bildschirm. Etwa zur gleichen Zeit sendet das Objekt aus seiner unteren Mitte einen Blitzstrahl auf den 143 Meter entfernten stählernen Turm mit der Radarantenne, der daraufhin umfällt und lichterloh zu brennen beginnt, als wäre er aus Holz. Ein Wachposten, der auf das Objekt schießen will, lässt sein Vorhaben daraufhin lieber bleiben. Nach rund 90 Minuten erhebt sich das Objekt. Dann tauchen auch zwei der als vermisst geltenden Soldaten wieder auf, die sich wundern, wieso »plötzlich« 90 Minuten verstrichen sind. Untersu-

chungen an der Landestelle ergeben, dass der steinige Boden eingedrückt und die Pflanzen zusammengepresst worden sind.
Quelle: (Aschascha 1995, S. 423–432)

A.1.6 UFOs werden abgeschossen

(27)
Ort: Riga, Lettland
Datum: 1980er-Jahre
Zeit: ?, Dauer: ?
Form: Teller mit Kuppel
Zeugen: mehrere Piloten
Besonderheiten: Das lettische Flieger-Ass Major Juri Serobada löst sich von der Formation aus mehreren MIG-23-Jägern und geht auf 5000 Meter Höhe, in der sich ein 20 Meter Durchmesser großer unbekannter Teller befindet. Als er sich diesem bis auf etwa eine Meile nähert, filmt er das Objekt und feuert eine wärmesuchende Rakete darauf. Der Film zeigt, wie das Objekt der Rakete auszuweichen sucht und dann getroffen wird. Es geht in Flammen auf. Die Trümmer fallen in die See. Nach Aussagen eines Rumänen, der sich in der Flugausbildung in Riga befand, planten die Russen, das Wrack aus der See zu bergen.
Quelle: (G. Creighton, *Flying Saucer Review*, Vol. 37, Nr. 4, 1992)

(28)
Ort: Rockford, Illinois, USA
Datum: 8. April 1955
Zeit: 9.30 Uhr
Besonderheiten: Drei USAF-Kampfflugzeuge versuchen, ein großes Objekt zur Landung zu zwingen. Die Piloten eröffnen das Feuer. Das Objekt entlässt ein kleines rundes Objekt und explodiert dann.
Quellen: (*MUFON UFO Journal*, Nr. 246), (Weinstein, 1997)

A.2 Bodenkämpfe mit unbekannten Flugobjekten

Angriffe gegen landende oder gelandete UFOs

A.2.1 Gelandete UFOs verhindern Schießversuche

(29)
Ort: Sombrero, Tierra del Fuego, Brasilien
Datum: 9. August 1959
Zeit: 19.54 Uhr
Form: eiförmig
Zeugen: drei
Besonderheiten: Einem Öl-Ingenieur mit zwei Fahrgästen geht der Sprit in seinem Wagen aus, und er muss anhalten. Bald darauf sehen alle drei ein Licht in pendelnden Bewegungen zu Boden kommen. Es handelt sich um ein eiförmiges Objekt von rund zwei Metern Höhe und 1,5 Metern Breite, das ein zischendes Geräusch macht und in rund 120 Metern Entfernung dicht über dem Boden schwebt. Als der Öl-Ingenieur sein Gewehr darauf anlegt, fliegt es fort, als hätte es die Absicht des Schützen erkannt.
Quelle: (J. & C. Lorenzen 1968, S. 14)

(30)
Ort: Quilino, Argentinien
Datum: 20. August 1957
Zeit: nachts
Form: Scheibe
Zeugen: einer
Besonderheiten: Ein Soldat der Luftwaffe wird in seinem Zelt von einem lauten, schrillen Geräusch geweckt. Als er aus dem Zelt blickt, sieht er eine Scheibe herabkommen, unter der sich das Gras und andere Pflanzen wild hin- und herschütteln und niedergedrückt werden. Er ist unfähig, seine Waffe zu ziehen, die in ihrem Halfter wie festgeleimt scheint. Eine Stimme auf Spanisch spricht, dass sich die Insassen bald der Welt zeigen

werden, um die Menschen vor einer atomaren Katastrophe zu warnen.

Quellen: (*Flying Saucer Review Special: The Humanoids*, S. 36, 1966); (Brown 1969)

(31)
Ort: Paranarama, Brasilien
Datum: August 1985
Zeit: 20.00 Uhr, Dauer: vier Minuten
Form: zwei grüne Lichter
Zeugen: zwei
Besonderheiten: Auf zwei Jäger, die in Hängematten liegen, kommen zwei grüne Lichter zugeflogen. Die Jäger springen aus ihren Hängematten. Als Louis Silva Da Silveira auf das Gebilde schießen will, erhält er einen elektrischen Schlag, der ihn lähmt. Die Lähmung dauert etwa eine Minute, solange das Objekt in der Nähe bleibt.
Quelle: (Vallée 1990)

(32)
Ort: Crestview, Florida
Datum: 21. April 1989
Zeit: 21.15 Uhr, Dauer: zwei Minuten
Form: Teller
Zeugen: einer
Besonderheiten: Ein 25 bis 30 Meter großer Diskus schwebt brummend in rund 100 Metern Entfernung zu einem Zeugen. Von seiner Unterseite kommt sehr helles Licht. Als der Zeuge sein 0,22-Gewehr auf das Objekt anlegt, umgibt ihn eine Lichtsäule, die ihn am Schießen hindert.
Quelle: (Good 1991)

(33)
Ort: Valencia, Venezuela
Datum: 4. September 1967
Zeit: 5.10 Uhr

Form: Scheibe
Zeugen: einer
Besonderheiten: Ein Polizeioffizier im Dienst hört in einer Garage ein summendes Geräusch und Schritte. Als er nachsehen geht, kommt ihm eine ein Meter große Gestalt mit silberner Kleidung und einem riesigen Kopf entgegen, deren Augen rot glühen. Der Polizeioffizier richtet sein Maschinengewehr auf den Zwerg. Da hört er eine Stimme, die von einer in der Nähe schwebenden Scheibe kommt, auf Spanisch, die sagt, dass er die Kreatur nicht verletzen solle. Der Zwerg versucht anschließend, den Zeugen zu überreden, mit in »seine Welt« zu kommen. Sie sei sehr weit entfernt und größer als die Erde. Als der Zeuge das ablehnt, steigt das Wesen in den Teller und fliegt fort.
Quelle: (J. & C. Lorenzen 1968, S. 82)

(34)
Ort: Bom Jesus, Brasilien
Datum: 1975
Zeit: Mitternacht
Zeugen: zwei
Besonderheiten: José Morais Da Silva reitet mit seinem Freund zu dessen Haus. In 30 Metern Höhe erscheint ein UFO. Er versucht seinen Revolver zu ziehen. In diesem Moment verschwindet das UFO. Als beide Reiter am Haus ankommen, erscheint das UFO wieder und schießt mit »Lichtstrahlen« auf die Pferde.
Quelle: (Pratt 1996, S. 203)

(35)
Ort: Barreira do Pascal See, Brasilien
Datum: Juli 1957
Zeit: nachts
Zeugen: einer
Besonderheiten: Der Polizeichef von Sao Vincente sieht über seinem Haus ein grelles Licht und versucht, mit seinem Revolver zu schießen. Da blendet ihn ein extrem heller Lichtstrahl, der ihn lähmt.

Quelle: (Daniel Rabosso Giese in *Flying Saucer Review*, Vol. 39, Nr. 3, 1994)

A.2.2 Steinwürfe und Schläge gegen UFOs

(36)
Ort: Corales, Brasilien
Datum: November 1977
Zeit: 18 Uhr, Dauer: zehn Minuten
Form: Zylinder
Zeugen: rund 20 Zeugen
Besonderheiten: Ein flacher Zylinder in bunt leuchtenden Farben kreist eine Minute lang in 40 Metern Höhe in der Luft. Die Sekretärin der Ärztin Dr. Corvalho wird ohnmächtig. Als das Objekt zur Landung ansetzt, kommen Nachbarn und versuchen das mit dem Werfen von Steinen und dem Anzünden von Feuerwerk zu verhindern. Im Inneren des UFO sieht man Menschen mit langen blonden Haaren. Ein Luftwaffenoffizier vertreibt die Menge. Das UFO fliegt davon.
Quellen: (Pratt 1996), (Vallée 1990)

(37)
Ort: Miller County, Missouri
Datum: 14. Februar 1967
Zeit: 7.00 Uhr, Dauer: fünf Minuten
Form: Teller mit Elevator-Röhre
Zeugen: einer
Besonderheiten: Ein grau-grüner Teller schwebt 100 Meter entfernt dicht über dem Boden und fährt einen »Fahrstuhl« als Röhre nach unten. Mehrere kleine Objekte befinden sich hinter dem Objekt. Der Zeuge Miller nähert sich bis auf zehn Meter. Als sich nichts rührt, wirft er einen Stein gegen den Teller. Dieser fällt in fünf Metern Abstand – wie von einer Mauer gestoppt – zu Boden. Den nächsten Stein wirft der Zeuge gegen die Spitze des UFOs und trifft sie. Daraufhin kommt helles Licht aus der

Unterseite. Der Zeuge nähert sich dem Teller bis auf fünf Meter. Dann prallt er gegen eine unsichtbare Wand. Der »Lift« wird eingezogen, und das Objekt steigt schnell vertikal in den Himmel.
Quelle: (C. & J. Lorenzen 1976)

(38)
Ort: ?, Brasilien
Datum: November 1957
Zeugen: einer
Besonderheiten: Oswaldo de Melo beobachtet vom Pferd aus, wie ein dunkelbraunes Objekt in der Nähe landet, das Hitze und blendendes Licht ausstrahlt. Das Pferd weigert sich, weiterzugehen. De Melo will mit seiner Pistole auf das Ding schießen, doch sein Arm wird ihm so schwer, dass er die Waffe nicht halten kann. Er steigt vom Pferd, geht bis auf 20 Meter auf das Objekt zu und wirft Steine auf das Ding. Nach einer Wurfstrecke von zehn Metern fallen diese jeweils zu Boden. Das UFO fliegt fort. Das Pferd weigert sich, den 30 Meter großen Kreis zu betreten, über dem das UFO geschwebt war.
Quelle: (*Flying-Saucer-Review*-Katalog, Teil 13, *Flying Saucer Review*, Vol. 18, Nr. 3, 1972)

(39)
Ort: Chaischi, Georgische SSR, UdSSR
Datum: 6. Mai 1974
Zeit: 18 Uhr, Dauer: elf Stunden
Form: Kugel mit kleinen Scheiben
Zeugen: vier Wissenschaftler
Besonderheiten: Vier Wissenschaftler sehen über einem Gebüsch eine vier Meter im Durchmesser große Kugel auf vier Stelzen stehen. Sie rufen und klatschen in die Hände, weil niemand zu sehen ist und um Kontakt mit den Besitzern aufzunehmen. Dann gehen sie näher heran und werden dabei von großer Furcht befallen. Sie können sich bis auf fünf Meter annähern, bei einem kürzeren Abstand (vier Meter) entwickelt sich ein unerträglicher

Terror. Dr. Nikolajew versucht es trotzdem, bis auf zwei Meter heranzukommen, und verliert das Bewusstsein. Die anderen ziehen ihn aus dem kritischen Bereich zurück und bringen ihn zum 75 Meter entfernten Lager. Es werden 19 Fotos geschossen. Dann werden Steine auf die Kugel geworfen. Diese verschwinden darin. Schließlich werden zwei Stöcke zu einem langen Stab zusammengebunden, der dann gegen die Kugeloberfläche gedrückt wird. 3,5 Zentimeter der Spitze des Stabes tauchen in die Kugel ein. Nach dem vorsichtigen Herausziehen wirkt die Spitze beträchtlich gealtert. Später durchgeführte Untersuchungen ergeben, dass die molekulare Struktur »kollabiert« ist.

Um 5.23 Uhr (am 7. Mai) tauchten sechs Meter neben der Kugel fünf Scheiben von jeweils rund einem Meter Durchmesser und 35 Zentimeter Dicke 1,5 Meter über dem Boden auf. Vier Minuten später hören die Zeugen zwei »Leute« kommen. Diese sind rund zwei Meter groß, tragen Overalls und verschwinden in der Kugel. Um 5.39 Uhr leuchtet die Kugel orange. Den Zeugen wird das Atmen schwer. Drei Minuten später stößt die Kugel rotgoldene Feuerstrahlen nach unten aus. Es beginnt zu zischen. Dann fliegt das Objekt schnell fort. Zwei der kleinen Scheiben folgen ihr. Die anderen fliegen in andere Richtungen davon.

Quelle: (Haines 1998)

(40)

Ort: Bois-de-Champ, Bruyères, Vogesen, Frankreich

Datum: Ende April 1954

Zeit: nachmittags, Dauer: einige Minuten

Form: Ei beziehungsweise dicke Zigarre

Zeugen: M. Roger Mougeolle (37) und Gilbert Doridant (19)

Besonderheiten: Drei riesige längliche ei- beziehungsweise kurze dicke zigarrenförmige Objekte von circa 200 Metern Länge und 80 bis 100 Metern Breite nähern sich »mit einem Lärm, wie wenn ein Zug über eine Eisenbrücke fahren würde«. Eines von ihnen kommt auf eine Waldlichtung bis auf wenige Zentimeter über dem Boden herunter und verharrt schwebend. Die anderen

6. September 1974, 18.05 Uhr

Abb. 7a: Die Geologen Dr. Gurgenidse, Dr. Nikolajev, Dr. Gerschenzon und S. P. Letschawa werfen 1974 bei Chaischi am Iguri-Fluss in der Georgischen Republik Steine gegen ein rundes Objekt, in dem diese »wie in einem Pudding« verschwinden. Ein Stab dringt in das Objekt ein und wird versengt. In der unmittelbaren Umgebung der Kugel bekommen die Zeugen mit abnehmender Distanz entsetzliche Angst.

7. September 1974, 5.23 Uhr

Abb. 7b: Neben der Kugel erscheinen mehrere kleinere fliegende Scheiben. Zwei etwa zwei Meter große Gestalten kommen zurück und verschwinden in der Kugel, die daraufhin abfliegt und zwei der kleinen Scheiben im Schlepptau mitnimmt, während die anderen in alle Richtungen davonfliegen.

beiden fliegen weiter. M. Doridant läuft davon. M. Mougeolle denkt, es sei ein Zeppelin, geht an das nun lautlose Ding heran und berührt es. Die kalte, völlig glatte Oberfläche scheint aus Stahl zu bestehen. Weil nichts geschieht, nimmt er seine Holzfälleraxt und schlägt gegen das Objekt, um zu sehen, was dann passiert. Es klingt wie ein Schlag gegen einen Stahlbehälter. Gleich darauf wird er von einer Kraft, die vom Objekt ausgeht, etwa sechs Meter weit zurückgeschleudert und niedergedrückt. Er ist unfähig, sich zu bewegen. Nach einigen Minuten erhebt sich das Objekt und fliegt fort, und der Zeuge kann sich wieder bewegen.

Quellen: (*Flying Saucer Review*, Vol. 32, Nr. 5, 1987), (Francois Dioliz: *Catalogue of Vosages Sightings in 1954*, S. 44, LDLN 261/262), (LDLN, Nr. 275/276, Mai–Juni 1987)

A.2.3 Pistolen- und Gewehrfeuer auf UFOs

(41)
Ort: Blue Field, West Virginia
Datum: 12. Juli 1947
Zeit: 22.00 Uhr, Dauer: 30 Minuten
Form: Scheibe
Zeugen: zwei
Besonderheiten: Einige Scheiben fliegen sehr niedrig in einigen 100 Metern Entfernung. Als sie näherkommen, schießt ein Mr. Johnson mehrere Male auf die herumfliegenden Objekte.
Quelle: (Haines 1998)

(42)
Ort: Vader, Washington
Datum: 17. Februar 1971
Zeit: nachts
Zeugen: einer
Besonderheiten: Zwei blaue Objekte mit leuchtendem Halo in 2,5

und neun Metern Höhe fliegen brummend in der Nähe des Zeugen McCullom. Dieser schießt drei Mal auf die Objekte.

Quelle: (Haines 1998)

(43)

Ort: Spring Valley, Kalifornien

Datum: 30. August 1981

Zeit: 22.30 Uhr, Dauer: 15 Minuten

Form: Scheibe

Zeugen: Reserve-Polizeioffizier Daniel Santoro

Besonderheiten: Der Wagen von Daniel Santoro wird automatisch gestoppt, als eine 20 Meter Durchmesser große Scheibe in fünf Metern Höhe vor ihm über der Straße erscheint. Die Frontscheibe leuchtet intensiv. Zwei kleine Gestalten befinden sich unter der Scheibe. Als das Objekt wieder startet, umkreisen Lichtstrahlen den Wagen. Der Zeuge kurbelt sein linkes Wagenfenster herunter und schießt mit seiner Dienstwaffe vier Mal auf die Scheibe.

Quelle: (Haines 1998)

(44)

Ort: Piscatagua-Fluss, Portmouth New Hampshire/Kittery, Maine, USA

Datum: 14. April 1917

Zeit: 2.30 Uhr, Dauer: fünf Minuten

Form: Scheibe

Zeugen: drei

Besonderheiten: Zwei von drei Soldaten eröffnen das Feuer auf ein fliegendes Objekt, das wie ein Kinderkreisel aussieht und weniger als 100 Meter entfernt ist. Es verursacht ein Geräusch wie ein Automotor.

Quellen: (Haines 1998), (*Dover Democrat*, 17. April 1917)

(45)

Ort: Epinal, Vogesen, Frankreich

Datum: September 1944

Zeit: nachts, Dauer: fünf Minuten

Form: Kugel
Zeugen: mehr als 500 deutsche Soldaten
Besonderheiten: An der Frontlinie erscheint eine aluminiumfarbene zwei Meter große Kugel in einigen Metern Höhe über den Soldaten. Sie wird für einen Spionageballon gehalten. Mehrere Soldaten schießen darauf, was keine Wirkung zeigt.
Quelle: (*National Enquirer*, 17. September 1972)

(46)
Ort: Poquoson, Virginia
Datum: 19. Oktober 1959
Zeit: 18.15 Uhr, Dauer: eineinhalb Minuten
Form: saturnförmig
Zeugen: zwei
Besonderheiten: Eine 1,20 Meter große silberne Kugel mit einem dunklen Rand von 15 Zentimetern schwebt in rund 25 Metern Höhe und verursacht ein schwirrendes Geräusch. Der 15-jährige Mark Muza schießt mit seinem Gewehr *Maxim 4* vier Mal auf das Objekt. Er hört die Einschüsse, die wie auf Metall klingen. Nach dem dritten Schuss nähert sich das Objekt bis auf 15 Meter und bleibt schweben, wie wenn es auf den nächsten Schuss warten würde, denn der Zeuge muss nachladen. Nach dem vierten Schuss beginnt die Kugel wie ein Kreisel zu rotieren und schießt in den Himmel hinauf. Ein 14-jähriger Freund beobachtete alles aus etwa 100 Metern Entfernung.
Quelle: (Haines 1998)

(47)
Ort: Rio Vista bei San Francisco, Kalifornien
Datum: 22. September 1965
Zeit: nachts, Dauer: zehn Minuten
Form: Zigarre
Zeugen: etwa 300
Besonderheiten: Eine vier bis 4,50 Meter lange rot glühende Zigarre, 1,20 bis 1,50 Meter breit, erscheint seit Mai 1964 so häufig in der Gegend, dass sich viele Schaulustige dort einfinden, um auf

sie zu warten. Deputy Sheriff John Crutz berichtet, dass eines Nachts einige Jungen mit 0,22-Gewehren auf das Objekt schossen, als es in einer Höhe von unter 100 Metern herangeflogen kam. Beim Beschuss leuchtete das Objekt eine Sekunde lang hellrot auf und flog geradeaus weiter.

Quelle: (Edwards 1966)

(48)

Ort: Bangor, Maine
Datum: 23. März 1966
Zeit: 23.45 Uhr, Dauer: drei Minuten
Form: Scheibe
Zeugen: einer
Besonderheiten: Eine sechs bis sieben Meter große Scheibe mit Kuppel nähert sich einem Fahrer mit tiefem Brummen. Der Fahrer nimmt seine 0,22-*Magnum*-Pistole und schießt auf die Scheibe. Nach dem zweiten Schuss entfernt sich die Scheibe und bleibt in einiger Entfernung schweben. Nach dem dritten Schuss leuchtet sie hell auf und fliegt dann fort.
Quelle: (Keyhoe 1973)

(49)

Ort: zwischen Edgewood und Moriarty, New Mexico
Datum: 28. April 1966
Zeit: ?, Dauer: vier Minuten
Form: Scheibe
Zeugen: einer
Besonderheiten: Der 20-jährige Zeuge fährt auf der Route 66, als ihn ein grün leuchtendes Objekt überfliegt. Der Motor seines Wagens stoppt. Der Fahrer steigt mit seinem Gewehr aus und feuert sechs Mal auf das Objekt, ohne eine Wirkung zu erzielen. Er lädt erneut durch und gibt wieder sechs Schüsse auf das sich langsam entfernende Objekt ab.
Quelle: (Rodigher 1981)

(50)
Ort: St. George, Utah
Datum: 6. Mai 1967
Zeit: 1.43 Uhr, Dauer: drei Minuten
Form: Teller mit Kuppel
Besonderheiten: Ein Fahrer hört, während er unterwegs ist, ein lautes Summen. Dann erscheint vor ihm ein rosa Teller mit Kuppel von zwölf bis 15 Metern Durchmesser in acht bis zehn Metern Höhe. Der Fahrer hält an, steigt aus, geht zum Wagen zurück, um seine 0,25-Kaliber-*Baretta*-Pistole zu holen, und lädt sie durch. Dann schießt er auf das Objekt und hört die Einschläge auf Metall darauf. Das UFO fliegt schnell davon.
Quelle: (J. & C. Lorenzen 1968)

(51)
Ort: Ripley, West Virginia
Datum: 24. November 1968
Zeit: abends, Dauer: fünf Minuten
Form: Scheibe mit Kuppel
Zeugen: fünf
Besonderheiten: Als ein Hund laut wie verrückt zu bellen beginnt, laufen einige Jungs aus dem Haus und sehen eine 15 Meter große Scheibe mit Kuppel und vielfarbigen Lichtern in der Nähe landen. Einer der Jungen feuert mit seinem 0,22-Kaliber-Gewehr auf das Objekt. Der erste Schuss trifft. Die anderen Treffer vermeidet das Objekt durch sehr rasches Ausweichen.
Quelle: (Haines 1998)

(52)
Ort: Convay, South Carolina
Datum: 29. Januar 1953
Zeit: 23.18 Uhr, Dauer: 23 Minuten
Form: oval
Zeugen: einer
Besonderheiten: Farmer Loyd C. Booth bemerkt, dass seine Hühner und Gänse in Panik zu schreien beginnen. Einen Fuchs vermu-

tend, nimmt er seine 0,22-Kaliber-Pistole und geht in den Hof. Dort sieht er in etwa 200 Metern Entfernung ein sieben Meter großes eiförmiges Objekt drei Meter hoch über den Bäumen schweben. Er hört ein Brummen. 20 Minuten lang rührt es sich nicht von der Stelle. Um es zu vertreiben, schießt der Farmer auf das Objekt und hört einen metallischen Aufschlag.
Quelle: (Keyhoe & Lore 1969)

(53)
Ort: neun Meilen von Ft. Beaufort, Südafrika
Datum: 26. Juni 1972
Zeit: 9.00 Uhr, Dauer: vier Stunden
Form: Tonne
Zeugen: sieben
Besonderheiten: Ein feuriges Objekt von 80 Zentimetern Länge und 45 Zentimetern Breite schwebt dicht über den Bäumen. Flammen schießen aus dem tonnenförmigen Objekt. Es fliegt weg, kehrt zurück und ändert seine Farbe in Grün und dann in Gelb. Ein Farmer holt seine 0,303-Flinte und verständigt die Polizei. Er schießt einige Male auf das Objekt. Der achte Schuss trifft, denn der Zeuge hört den Aufschlag. Das Objekt verschwindet daraufhin hinter Büschen. Gegen 10 Uhr trifft die Polizei ein. Die Beamten schießen ebenfalls in die Richtung des Objekts. Ein sternförmiger Halo erscheint hinter den Büschen, und ein rundes schwarzes Objekt fliegt nach oben. Die Schüsse haben keinen Einfluss auf das Verhalten des Objektes. Aber wenn sich ihm jemand nähert, weicht es zurück hinter die Büsche. Ein Polizeibeamter feuert aus nur 20 Metern Entfernung auf das Objekt. Dies verursacht ein schwirrendes Geräusch und fliegt durch die Büsche hindurch, wobei es eine Schneise gebrochener Zweige hinterlässt.
Quellen: (*Flying Saucer Review*, Vol. 18, Nr. 5, 1972), (*Pretoria News*, 5. Juli 1972)

(54)
Ort: Boshkung, Kanada
Datum: 20. März 1974
Zeit: 22.00 Uhr, Dauer: fünf Minuten
Form: oval
Zeugen: mehr als 50
Besonderheiten: Auf dem Eis eines Sees setzt ein ovales Objekt auf. Mehrere Leute fahren mit Schneemobilen darauf zu. Einer der Verfolger schießt auf das Objekt. Daraufhin fliegt das Ding senkrecht nach oben fort.
Quelle: (*Flying Saucer Review*, Vol. 20, Nr. 4)

(55)
Ort: Fukuin, VR China
Datum: 1977
Zeit: nachts, Dauer: 20 Minuten
Form: Kugel
Zeugen: etwa 150 Soldaten
Besonderheiten: Von Formosa, Taiwan, aus kommend nähert sich eine leuchtende Kugel, die auf einem Hügel auf dem chinesischen Festland landet. Offiziere treffen die Entscheidung, den Hügel mit Militär zu umschließen. Die Soldaten nähern sich von allen Seiten der extrem hell leuchtenden Kugel. Das Objekt macht ein Geräusch wie von heulenden Triebwerken eines Flugzeugs, und das Licht strahlt noch intensiver. Es ergeht Schießbefehl, und unter Beschuss fliegt das Objekt langsam davon.
Quelle: (Haines 1998)

(56)
Ort: Eagle Creek, Oregon
Datum: Sommer 1978
Zeit: abends, Dauer: zwei Minuten
Form: Kugel
Zeugen: einer
Besonderheiten: Ein orange leuchtender Ball schwebt über dem Anwesen eines angesehenen Bürgers. Dieser holt sein Gewehr und

feuert einen Schuss auf die Kugel ab. Das Objekt verschwindet. In der darauffolgenden Nacht kehrt dasselbe Objekt nochmals in die Gegend zurück. Das tut es weitere elf Monate lang!
Quelle: (Haines 1998)

(57)
Ort: ?, Venezuela
Datum: vor 1981
Zeit: vormittags, Dauer: fünf Minuten
Form: Scheiben
Zeugen: zwei
Besonderheiten: Zwei tellerförmige Objekte nähern sich zwei Entenjägern. Als die Objekte näher als 80 Meter herankommen, ruft einer der Jäger, Almiro Finol: »Zurück oder ich schieße.« Die Scheiben kommen näher, und Finol schießt auf eines von ihnen, lädt sein Gewehr und feuert auf das andere Objekt. Die Scheiben fliegen unbeeindruckt weiter.
Quellen: (Haines 1998), (*SAGA Magazine*, 1961, S. 52 und 54)

(58)
Ort: Santana do Acaran. Brasilien
Datum: 15. Juli 1987
Zeit: nachts, Dauer: fünf Minuten
Form: zwei Lichter
Zeugen: einer
Besonderheiten: Ein Fischer wird von einem UFO mit zwei hellen runden Lichtern angeflogen. Er schießt darauf und hört den Aufschlag.
Quelle: (Vallée 1990)

(59)
Ort: 90 Kilometer östlich von Riga, Lettland
Datum: 23. November 1991
Zeit: mittags, Dauer: fünf Minuten
Form: Scheibe
Besonderheiten: Ein Jäger schießt zwei Mal auf eine acht Meter große

Scheibe, die 15 Meter entfernt einen Meter über dem Boden schwebt. Das UFO leuchtet hell auf und wird daraufhin unsichtbar.
Quelle: (Haines 1998)

(60)
Ort: Guanare, Venezuela
Datum: Anfang Dezember 1954
Dauer: 25 Minuten
Form: Scheibe
Zeugen: einer
Besonderheiten: Eine hell leuchtende Scheibe fliegt drei Mal auf den Wagen des Direktors des *Barquisimeto College* zu. Der Fahrer schießt mit der Pistole auf das Objekt. Daraufhin verschwindet es und taucht an einer anderen Stelle wieder auf, um den Wagen weitere 20 Minuten lang zu verfolgen.
Quelle: (Lorenzen 1962)

(61)
Ort: Wickford, England
Datum: 28. Dezember 1956
Zeit: früher Morgen, Dauer: vier Minuten
Form: Scheibe
Zeugen: einer
Besonderheiten: Eine 14 Meter große metallische Scheibe schwebt in 40 Metern Höhe über den Bäumen. Maurice Waddepe schießt mit seinem A40-Gewehr auf das Objekt und hört den Aufschlag. Das Objekt bleibt noch fünf Minuten schweben.
Quelle: (Gross 1994, S. 64)

(62)
Ort: Tukuran, Philippinen
Datum: 24. März 1972
Zeugen: einer
Besonderheiten: Toni Sanda Balinghingan feuert mit seiner 0,45-Kaliber-Pistole auf ein in der Nähe schwebendes UFO, das sofort

verschwindet. Die Waffe zerbricht daraufhin auf unerklärliche Weise.

Quellen: (*APRO Bulletin*, Mai/Juni 1972, 1), (*Philippine News Service*)

(63)

Ort: St. George, 300 Meilen von Brisbane, Australien

Datum: September 1978

Zeugen: drei

Besonderheiten: Drei Insassen eines Trucks sehen ein orange leuchtendes Objekt mit rot und grün blitzenden Lichtern vor ihrem Wagen. Der Fahrer hält an, nimmt sein Gewehr und schießt auf das Objekt. Als das nicht reagiert, steigt er wieder in den Wagen und bekommt es nun mit der Angst zu tun. So schnell es geht, fahren die Zeugen nach Hause, gefolgt von dem Objekt. Plötzlich versagt der Motor aus unerklärlichen Gründen. Das Objekt verschwindet.

Quelle: (Bundell & Boar 1983)

UFO-Angriffe auf Menschen

A.2.4 UFO-Strahlen verletzen Menschen

(64)

Ort: Waddensee bei Belezero/Robozero, Russland

Datum: 15. August 1663

Zeit: zwischen 10 und 12 Uhr

Form: Kugel

Zeugen: Kirchgänger und Fischer

Besonderheiten: Ein rund 40 Meter großer feuriger Ball erscheint über dem See. Er verursacht großen Lärm und stößt zwei »lange Feuerstrahlen« in Flugrichtung aus. Zehn Minuten bleibt das Objekt über dem Wasser schweben und entlässt »blauen Rauch« nach unten. Es verschwindet, kehrt nach 30 Minuten wieder zurück und bleibt 30 Minuten an der gleichen Stelle schweben. Dann ist die Kugel wieder für einige Minuten fort und fliegt

wieder für eine halbe Stunde an dieselbe Stelle, bis sie endgültig verschwindet. Mehrere Fischer müssen sich die durch die Strahlung verursachten Verbrennungen behandeln lassen.
Quelle: (*Snanie Schila*, zu deutsch: *Wissen ist Macht*, 8. August 1970, zitiert aus einer alten Chronik)

(65)
Ort: Parnarama, Brasilien
Datum: 15. Juli 1988
Zeit: 4 Uhr früh,
Form: Quader (»Chupa«)
Zeugen: acht
Besonderheiten: Sr. Manuel Duarte Pinheiro will mit seinen Kollegen morgens um 4 Uhr zur Arbeit fahren. Er sieht zusammen mit seinen Kollegen, wie der Boden von einem Scheinwerfer an wechselnden Orten hell erleuchtet wird. Die Quelle kann man nicht erkennen. Alle Zeugen verbergen sich. Doch Pinheiro wird von dem Licht eingefangen und blickt direkt hinein. Es schmerzt in den Augen, veranlasst sie zu tränen und fühlt sich sehr heiß an.
Quelle: (J. Vallée: »Recent Field Investigations into Claims of UFO-related Injuries in Brazil«, in: *MUFON UFO Symposium Proceedings*, Las Vegas, 1989)

(66)
Ort: East Liverpool, Ohio
Datum: 19. August 1966
Zeit: nachts,
Form: Scheibe
Zeugen: vier
Besonderheiten: Als des Nachts über dem Lagerfeuer, um das vier Jungen sitzen, eine große Scheibe auftaucht und schweben bleibt, laufen drei der Jungen weg. Einer bleibt zurück. Eine Klappe an der Unterseite des riesigen silbernen Objekts öffnet sich und ein »Lichtstrahl« trifft den Jungen seitlich am Kopf. Er fällt paralysiert zu Boden. Seine Freunde wollen ihn fortziehen.

Doch er scheint wie festbetoniert, bis die Scheibe fortfliegt. Danach ist er für viele Tage auf einem Ohr taub.
Quelle: (Steiger & Whitenour 1967)

(67)
Ort: 43 Kilometer östlich von Gorki, UdSSR
Datum: Anfang August 1977
Zeit: mittags
Form: Scheibe
Zeugen: drei
Besonderheiten: Eine Frau bemerkt einen Geruch wie von einem verbrannten Kabel im Garten. Sie setzt ihr Enkelkind auf den Topf und geht zum Gartenzaun. Dort wird sie von einem »Lichtstrahl« aus einem runden, grell-weiß leuchtenden Objekt getroffen. Sie fällt zu Boden, hört noch ihr Enkelkind schreien und wird ohnmächtig. Eine Nachbarin rennt zum Kind und sieht, dass dies mitsamt seinem Topf mehrere Meter fortgeschleudert worden ist. Das Objekt »löst sich langsam in Luft auf«. Das Kind und die wiedererwachte Großmutter zittern am ganzen Leibe. Alle Sicherungen in der Datscha sind durchgeschmort. Beide Zeugen fühlen sich tagelang elend und können nachts nicht mehr schlafen.
Quellen: (MUFON-CES-Band 8, 1981), (*Samisdat*-Material 1978)

(68)
Ort: Everglades, Florida
Datum: 15. April 1965
Zeit: 1 Uhr,
Form: Scheibe
Zeugen: einer
Besonderheiten: Etwa eine Meile entfernt über den Bäumen erscheint dem Farmer James W. Flynn aus Fort Myers, der in den Everglades auf der Jagd war, eine rund 20 Meter im Durchmesser große und etwa zehn Meter hohe leuchtende metallische Scheibe. Mit seinem Buggy will er näher heranfahren. Sein Hund versucht ihn vergeblich davon abzuhalten. Als er bis auf

wenige Meter herangekommen ist, steigt er aus und geht noch näher heran. Das Objekt besitzt drei Reihen quadratischer Fenster, aus denen gelbes Licht fällt. Der Zeuge ruft und winkt. Als sich 30 Sekunden lang nichts rührt, geht er noch zwei Meter weiter heran. Da trifft ihn ein »Lichtstrahl« – der aus einer der Luken kommt –, an der Stirn, worauf er das Bewusstsein verliert. Erst 24 Stunden später wacht er erschöpft wieder auf. Das Objekt ist verschwunden. Einige Stellen am Boden und Äste sind verbrannt. Sein rechtes Auge ist blind, das Sehvermögen des linken stark eingeschränkt. Flynn begibt sich ins Krankenhaus in Fort Meyers, wo er fünf Tage lang bleibt.

Quellen: (Tyson 1977), (Steiger & Whritenour 1967)

(69)

Ort: Vico, Italien

Datum: 24. Juli 1952

Zeit: nachts, Dauer: ?

Form: Scheibe mit Kuppel

Zeugen: einer

Besonderheiten: Ein Fischer, der im Fluss Serchio angelt, sieht eine 20 Meter im Durchmesser große Scheibe zehn Minuten lang in der Nähe schweben. Aus der Unterseite hängt ein Schlauch bis ins Wasser. Die Scheibe hat fünf »Propeller« am Rand und an der Spitze der Kuppel. Durch Schlitze am Rand dringt orangerotes Licht. Durchs Fenster in der Kuppel blickt eine Gestalt, die einen »Taucherhelm« trägt. Unvermittelt trifft den Zeugen ein grüner Lichtstrahl, der ihm einen elektrischen Schlag versetzt und ihn so weit lähmt, dass er nur noch mit Schwierigkeiten nach oben blicken und das Objekt fortfliegen sehen kann.

Quelle: (*Flying Saucer Review*, Vol. 69, Nr. 1)

(70)

Ort: Tyler, Texas

Datum: Januar 1979

Zeugen: einer

Besonderheiten: Ein 20-jähriger Mann wird von einem Lichtstrahl mit

viereckigem Querschnitt auf die Brust getroffen, der eine Brandnarbe erzeugt, die mehrere Monate lang sichtbar bleibt.
Quelle: (Brookesmith 1980/84)

(71)
Ort: Plymouth, England
Datum: 10. September 1981
Zeit: 23.15 Uhr, Dauer: ?
Form: Scheibe
Zeugen: Denise Bishop (23)
Besonderheiten: Ein rund 40 Meter großes UFO, geformt wie ein Krebs (metallisch-grauer Körper mit sechs rosa und weißen Lichtstrahlen als »Beinen«) schwebt lautlos über den Dächern. Als die Zeugin den Türgriff ihres Hauses berührt, trifft sie ein Lichtstrahl auf die Hand, und sie ist gelähmt. Der Lichtstrahl ruht etwa 30 Sekunden lang auf ihrer Hand. Als er verschwindet, kann sie die Tür öffnen. Minuten später bildet sich eine Verbrennungswunde auf ihrer Hand. Die Zeugin kann die nächsten zwei Nächte nicht einschlafen.
Quellen: (Robert Boyd in *Flying Saucer Review*, Vol. 28, Nr. 3, 1983), (Brookesmith 1980/84)

(72)
Ort: Finnland
Datum: November 1976
Zeit: ?, Dauer: ?
Zeugen: einer
Besonderheiten: Der 19-jährige Enrico Lammi wird von einem Lichtstrahl aus einem UFO zu Boden geworfen und erleidet Verbrennungen auf der Brust.
Quelle: (Brookesmith 1980/84)

(73)
Ort: Mohomet, Illinois
Datum: Dezember 1967
Zeit: morgens, Dauer: ?

Form: Scheibe
Zeugen: einer
Besonderheiten: Von einer orange-roten Scheibe in 15 bis 20 Metern Höhe und 40 Metern Entfernung erhält die Zeugin Maryllen Kelley einen elektrischen Schlag, den sie am ganzen Körper verspürt. Hände und Beine werden verbrannt. Sie bekommt Kopfschmerzen und Nasenbluten sowie Hautrötungen wie von einem Sonnenbrand. Die Zeugin kann nicht mehr richtig sehen. Ihre Augen sind blutunterlaufen. Ihr linkes Ohr bleibt taub. Sie hat Schmerzen in der Brust und fürchterlichen Durst.
Quellen: (Brookesmith 1980/84), (*Fate*, Mai 1969)

(74)
Ort: Stavangar, Norwegen
Datum: 28. Oktober 1970
Dauer: einige Minuten
Form: Scheibe
Zeugen: einer
Besonderheiten: Ein Geschäftsmann wird in seinem Wagen von einem Licht geblendet, das »heller als ein Schweißbogen« ist. Sein Wagen stoppt. Ein riesiger Feuerball kommt auf ihn zu und bleibt über seinem Wagen lautlos schweben. Der Zeuge steigt aus und erkennt eine untertassenförmige Scheibe von 20 Metern Durchmesser. Nach etwa 50 Sekunden fühlt der Zeuge einen starken Schub gegen seinen Rücken, so als ob das Objekt »eine elektrische Welle« gegen ihn schleudern würde. Er fällt zu Boden und hört, wie die Windschutzscheibe zersplittert. Das Objekt verschwindet. Nach dem Vorfall fühlt der Zeuge sein Gesicht und seine Zunge taub werden, »wie nach der Spritze beim Zahnarzt«. Eine Woche lang kann der Zeuge nicht mehr richtig sehen und Auto fahren.
Quelle: (Scott Corrales, *UFO Magazine*, September 1999)

(75)
Ort: Hagen in Westfalen, Deutschland
Datum: 30. Juli 1974

Zeit: nachts
Form: acht Lichtkugeln
Besonderheiten: Eine Amateur-Astronomin beobachtet mit ihrem Fernglas acht gelbrote Lichter am Himmel. Plötzlich taucht ein grell blendendes Licht vor ihr auf, das sie bewusstlos werden lässt. Nach etwa 30 Minuten kommt sie wieder zu sich. Ihr ist übel; ihre Augen sind geschwollen; sie hat Muskelkrämpfe. Mehrere Tage leidet sie unter 39 °C Fieber.
Quelle: (Gottfried Herberts 1977)

(76)
Ort: Corales, Brasilien
Datum: 1976
Zeit: Morgendämmerung
Besonderheiten: Luis Barroso fährt mit seinem von einem Esel gezogenen zweirädrigen Karren zu seiner Ranch, als ein UFO erscheint und ihn sowie den Esel mit einem »Lichtstrahl« beschießt, der beide betäubt. Eine Woche darauf sind die Haare des Zeugen ergraut, und seine geistigen Fähigkeiten lassen nach. Bald ist er hilflos wie ein einjähriges Kind. Er stirbt 17 Jahre später.
Quelle: (Bob Pratt, *UFO Magazine*, Vol. 15, Nr. 9, S. 49)

(77)
Ort: Corales, Brasilien
Datum: 1976
Zeit: nachts
Besonderheiten: Ein Farmer ist auf dem Heimweg, als sich ihm ein helles Licht nähert. Der Zeuge läuft weg. Aber der Riss eines Riemens an einer Sandale zwingt ihn zum Anhalten. Plötzlich ist das Objekt direkt über ihm und hebt ihn etwa einen Meter innerhalb eines kalten Luftwirbels vom Boden nach oben. Der Zeuge sieht in einer Öffnung in dem Objekt drei kleine menschenähnliche Wesen. Das Objekt fliegt fort. Der Zeuge wird schwer krank. Er muss sich nachts oft übergeben, nimmt ab, wird schwächer und stirbt zwei Monate nach der Begegnung.
Quelle: (Bob Pratt, *UFO Magazine*, Vol. 15, Nr. 9, S. 50)

(78)
Ort: Provinz Pordenone, Italien
Datum: 6. August 1987
Zeit: nachts
Form: Scheibe
Zeugen: drei
Besonderheiten: Drei junge Männer in einem Wagen sehen, wie ein Teller von 25 Metern Durchmesser auf sie zufliegt. Der Wagen stoppt, als der Teller direkt über ihnen hält. Die Männer steigen aus. Die ganze Umgebung wird von einem Lichtstrahl hell erleuchtet. Es wird sehr heiß. Die Männer steigen wieder in den Wagen. Sobald der Lichtstrahl wieder eingezogen ist, startet der Wagen wieder. Alle drei Insassen leiden unter Übelkeit und Bindehautentzündung.
Quelle: (J. F. Schuessler: »UFOs, Part II«, in *UFO Magazine*, Vol. 12, Nr. 6, Jan./Feb. 1994)

(79)
Ort: Corales, Brasilien
Datum: November 1977
Zeit: ?, Dauer: ?
Form: ?
Zeugen: 80 Betroffene
Besonderheiten: Am Tage und nachts werden Landarbeiter und Fischer von Strahlen aus UFOs getroffen und verletzt. Die Wunden (kleine, in die Haut eingebrannte Löcher in einer Größe von rund drei Zentimetern Durchmesser) bei mehr als 40 Opfern werden von der Ärztin Dr. Welliade Carvalho de Oliveira behandelt. Viele Bewohner verlassen die Gegend. 90 Tage nach einem Hilfeersuchen kommt das brasilianische Militär und sichtet und fotografiert mehrere unidentifizierbare Flugobjekte. Der Militärbericht *Operation Saucer* ist 2000 Seiten lang, enthält rund 500 Fotos und angegliedert 16 Stunden Film. Etwa 500 Seiten des Berichts wurden für die Öffentlichkeit freigegeben.
Quellen: (Pratt 1996), (Vallée 1990)

(80)
Ort: Mizapur, Uttar Pradesch, Indien
Datum: 2002
Zeugen: viele
Besonderheiten: Laut einer Meldung der *Associated Press* sterben durch den Angriff mit Strahlen aus unbekannten Flugobjekten sieben Menschen, und viele werden verletzt. Runde Objekte kommen nachts und senden rote und blaue Strahlen auf Menschen, die Verbrennungen erleiden. Aufgrund der Vorfälle schlafen die Menschen im Sommer nicht mehr nachts auf ihren Dächern im Freien. Eine Menge von Tausenden aufgebrachter Menschen verlangt während einer Demonstration das Eingreifen der Behörden in Sitapur. Bei der Vertreibung dieser Menschen wird ein Demonstrant von der Polizei erschossen.
Quelle: (*UFO – The Science & Phenomenon Magazine*, Okt./Nov. 2002)

(81)
Ort: Cordeiros, Ceara, Brasilien
Datum: Juli 1977
Zeit: abends, Dauer: ?
Form: ?
Zeugen: einer
Besonderheiten: Alfredo Marques Soares geht abends nach Hause. Etwas trifft sein linkes Bein hart. Es ist ein langer gelblicher Lichtstrahl, der den Zeugen anzusaugen scheint. Der Zeuge muss sich an einem Ast festhalten, um nicht fortgezogen zu werden, und er spürt zur gleichen Zeit Kälte und Hitze. Nach einigen Minuten verschwindet der Strahl. Das Bein des Zeugen ist verbrannt. Die ganze Zeit weint und schüttelt sich der Zeuge. Er hat starke Kopfschmerzen und Durchfall. Drei Monate lang kann er nicht mehr laufen.
Quelle: (Pratt 1996)

(82)
Ort: Pecem, Ceara, Brasilien
Datum: Februar 1981

Zeit: 2 Uhr, Dauer: ?
Form: ?
Zeugen: einer
Besonderheiten: Ein Fischer wird von einem violett leuchtenden Objekt mit einem roten Lichtstrahl auf dem Rücken getroffen. Er fühlt Eiseskälte und versucht sich unter einer Kokossnuss-Palme zu verstecken. Ungefähr drei Stunden lang versucht das brummende UFO, ihn mit seinen Strahlen zu erwischen. Dann fliegt es davon. Der Fischer ist mehrere Tage lang krank.
Quelle: (Pratt 1996)

(83)
Ort: Pinheiro, Maranhao, Brasilien
Datum: 1977
Zeit: 1 Uhr, Dauer: fünf Stunden
Form: V-förmig
Zeugen: Jose B. Bogen
Besonderheiten: Ein rund 20 Meter langes V-förmiges Objekt verfolgt den Zeugen über eine Strecke von etwa 200 Metern. Dann landet es. Der Zeuge leuchtet das Objekt mit seiner Taschenlampe an. In dem Augenblick trifft ihn ein heller Lichtstrahl und schlägt ihn wie ein elektrischer Schlag nieder. Der Zeuge verliert das Bewusstsein. Am nächsten Morgen wird er wieder wach und hat Schmerzen. Sein rechter Arm ist gefühllos. Seine rechte Seite und die Niere tun ihm weh. Acht Tage lang hat er keinen Appetit, und alles fällt ihm aus der Hand.
Quelle: (Pratt 1996)

(84)
Ort: Parnaiba Fluss, Maranhao, Brasilien
Datum: 23. September 1984
Zeit: 22.00 Uhr, Dauer: acht Stunden
Form: rund
Zeugen: mehrere
Besonderheiten: Jose Morais da Silva (»Cosmo«) und sein zehnjähriger Sohn sind beim Fischen. In der Ferne sehen sie seit Stunden ein

Licht, das mal größer wird und dann wieder bis zu Sternengröße zusammenschrumpft. Gegen 22.00 Uhr kommt es näher heran, leuchtet rot und tanzt über dem Wasser auf und ab. Dann fliegt es zu anderen Fischern, die aufschreien und fortlaufen. Morais da Silva und sein Sohn verstecken sich hinter Blattwerk. Es regnet. Das Objekt schwebt bis 4 Uhr früh in ihrer Nähe, wobei es ein Geräusch macht wie ein Fahrraddynamo. Gelegentlich sendet es Strahlen in die Richtung der Zeugen und trifft sie. Wenn der Strahl auf da Silvas Gesicht scheint, kann er seine Augen nicht öffnen, und er fühlt große Schmerzen. Das Objekt landet in der Nähe. In ihrem Versteck hören die Zeugen Stimmen in einer fremden Sprache. Um 6 Uhr fliegt das Objekt davon.

Noch vier Jahre später hat Morais da Silver jeden Tag Schmerzen, beginnend am Kopf, dann an den Beinen und an der Hüfte. Er muss schließlich aufhören zu arbeiten und hat kein Gefühl mehr in den Fingern.

Quellen: (Pratt 1996), (J. Vallée: »Recent Field Investigations into Claims of UFO-related Injuries in Brazil«, in *MUFON UFO Symposium Proceedings*, Las Vegas, 1989)

(85)

Ort: Parnarama, bei Bélem, Brasilien

Datum: August 1981

Zeit: nachts, Dauer: mehrere Stunden

Zeugen: zwei

Besonderheiten: Raimundo Souza und Anastasio Barbosa haben sich nach der Jagd in ihre Hängematten gelegt. Als sich Souza eine Zigarette anzündet, fliegt ein leuchtendes Flugobjekt auf sie zu und schießt Strahlen auf sie ab. Barbosa springt aus seiner Hängematte und versteckt sich hinter Buschwerk. Das UFO umkreist Raimundo Souza. Als sich Barbosa wieder zur Schlafstelle begibt, findet er Raimundo Souza auf dem Boden liegend mit gebrochenem Arm und tot. An dessen Händen befinden sich mehrere drei bis sechs Zentimeter große Brandflecken.

Gestorben ist Souza möglicherweise an einem Herzanfall, wie später festgestellt wird.

Quellen: (Pratt 1996), (J. Vallée: »Recent Field Investigations into Claims of UFO-related Injuries in Brazil«, in *MUFON UFO Symposium Proceedings*, Las Vegas, 1989)

(86)

Ort: Tandil, Argentinien

Datum: 14. August 1974

Zeit: 4.05 Uhr

Form: Scheibe

Zeugen: drei

Besonderheiten: Sebastian Acevedo ist auf dem Weg zu seiner rund vier Kilometer entfernten Firma, als er ein Licht – wie eine Sternschnuppe – fallen sieht, das immer größer wird. Es hat schließlich eine Größe von zwei bis 2,50 Meter, fliegt direkt auf ihn zu und bleibt über ihm schweben. Dabei verursacht es einen Lärm wie »tausend Schneidbrenner«. Von seiner Seite kommen mehrere Flammen. An der Unterseite öffnet sich eine Klappe, und ein roter »Lichtstahl« kommt langsam auf Acevedo zu, der ihn lähmt. Er möchte schreien, kann aber nicht, und fühlt einen stechenden Schmerz in der Brust. Dann spürt er, wie er etwa 40 Zentimeter vom Boden abgehoben wird. Es wird sehr heiß. Als ein Nachtwächter aus einem Gebäude tritt, verschwindet der rote Strahl, das UFO fliegt fort, und der Zeuge taumelt auf der Straße. Der Wachmann bringt ihn zur Polizei und anschließend ins Krankenhaus. Der Zeuge hat einen Nervenschock und Krämpfe in den Beinen.

Quelle: (J. M. Brill: »The Sebastian Acevedo Encounter«, *Official UFO*, Vol. 1/9, Juli 1978)

(87)

Ort: West Palm Beach, Florida

Datum: 19. August 1952

Zeit: abends, Dauer: etwa fünf Minuten

Form: Scheibe

Zeugen: »Sonny« Desverges und drei Boyscouts
Besonderheiten: Sonny Desverges bringt drei Pfadfinder nach Hause. Aus dem Wagen sehen sie etwas rot Leuchtendes im Wald heruntersinken. Desverges hält und geht etwa 300 Meter in die Richtung, in der das Objekt heruntergekommen sein muss. Als er auf einer Lichtung steht, fühlt er eine unerträgliche Hitze. Dann bemerkt er, dass diese von oben kommt. Mit seiner Taschenlampe beleuchtet er eine drei Meter über ihm befindliche, etwa zehn Meter im Durchmesser große, graue glatte metallische Plattform. Er geht zurück, kann wieder besser atmen und jetzt den Rand sehen. Er fühlt sich paralysiert, will mit der Machete gegen die Scheibe schlagen, kann aber keinen Muskel bewegen. Am einen Meter breiten Rand befinden sich alle 30 Zentimeter Öffnungen. Die Scheibe trägt eine Kuppel. Er hört ein leises Zischen. Plötzlich öffnet sich eine Luke, aus der langsam ein roter Ball auf das Gesicht des Zeugen zuschwebt. Dieser kann jetzt seine Arme bewegen, lässt die Taschenlampe und Machete fallen und schützt sein Gesicht. Die feurige Kugel trifft seine Arme. Desverges verspürt Hitze, einen roten Blitz, riecht etwas wie verbranntes Fleisch und wird ohnmächtig. Inzwischen sind die Jungs, nachdem sie den Blitz wahrgenommen haben, zum Sheriff gefahren und kommen mit diesem zurück. 25 Minuten war Desverges bewusstlos. Als er erwacht, liegt er an einer anderen Stelle. Die *US Air Force* wird verständigt und untersucht den Fall. Arme, Gesicht und Mütze des Zeugen sind verbrannt. Untersuchungen ergeben, dass die Machete nicht magnetisiert wurde. Radioaktive Strahlung wurde nicht gefunden. Das Gras unterhalb des Objektes ist von der Hitze nicht angesengt worden, wohl aber die Wurzeln, was auf Mikrowellenstrahlung schließen lässt.
Quelle: (Ruppelt 1956)

(88)
Ort: Julamanowo, Augazinski-Distrikt, Baschkirien
Datum: 1990
Zeit: nachts

Form: Scheibe

Zeugen: mehrere

Besonderheiten: Eine leuchtende Scheibe richtet einen »Lichtstrahl« auf eine Hochspannungsleitung. Der Transformator in einem in der Nähe befindlichen Transformatorenhäuschen beginnt durchdringend zu heulen. Der Streckenwärter Faisow will die Ursache des Lärms untersuchen und läuft hin. Da trifft ihn ein Solid-Light-Strahl, der ihn in die Luft hebt und herumwirbelt. Er fällt, und der »Lichtstrahl« drückt ihn zu Boden. Faisow sieht einen blau-violetten Teller über sich und zwei Strahlen, die von ihm ausgehen. Dann verliert er das Bewusstsein.

Quelle: (Muchtortow-Bericht, 1990, MUFON-CES-*Samisdat*-Material)

(89)

Ort: Joschka-Oly, Kaukasus

Datum: 1990

Form: Kugel

Zeugen: drei

Besonderheiten: Eine Technikerin sieht von ihrem Fenster aus eine Feuerkugel heranfliegen, von der ein gelber »Lichtstrahl« herauskommt und ein lautes Geräusch wie eine Kreissäge verursacht. Als sie der »Lichtstrahl« trifft, verspürt sie am ganzen Körper große Schmerzen. Auch das Ehepaar Jurgeswar wird in seinem Zimmer durch das Fenster jeweils auf die Brust getroffen und umgeworfen. Beide bleiben drei Stunden lang bewusstlos.

Quelle: (I. v. Ludwiger: *PSI-Journal*, März/April 1993; aus MUFON-CES-*Samisdat*-Material)

(90)

Ort: Pirassumunga, Brasilien

Datum: 7. Februar 1969

Zeit: abends

Zeugen: einer

Besonderheiten: Ein 19-jähriger Mann nähert sich vorsichtig einem leuchtenden metallischen Teller mit Kuppel bis auf etwa zehn

Meter. Der Rand der Scheibe rotiert, und in der transparenten Kuppel sieht er Gestalten. Plötzlich trifft ein heller »Lichtstrahl« aus dem Teller seine Beine. Er fällt gelähmt um und kann erst wieder aufstehen, als sich das Objekt entfernt. Im Krankenhaus findet man zunächst keine Verletzungen. Doch dann werden seine Beine rot, schwellen an und schmerzen stark.
Quelle: (John A. Keel, *Male*, August 1969, S. 68)

(91)
Ort: Baia do Sol, Brasilien
Datum: 18. Oktober 1977
Zeit: nachts
Besonderheiten: Ein helles Licht scheint ins Zimmer einer Farmersfrau. Das grüne Licht berührt ihren Kopf und das Gesicht. Dann wird das Licht rot. Durchs Fenster sieht die Zeugin eine Gestalt in einem »Taucheranzug« stehen. Sie hat so etwas wie einen Revolver in der Hand, der auf sie gerichtet ist. Das Objekt blinkt drei Mal, und jedes Mal spürt die Zeugin an derselben Stelle auf ihrer Brust einen stechenden Schmerz, wie von einer Nadel, und sie ist gelähmt.
Quelle: (C. Mendez, *UFO Magazine*, August/September 2005)

(92)
Ort: Corales, Brasilien
Datum: 12. Oktober 1977
Zeit: 23.30 Uhr
Form: Tonne
Zeugen: fünf
Besonderheiten: Der Bauer »Manoel« sitzt mit vier Freunden vor seinem Haus, als sich ein gelb leuchtendes Objekt nähert, das rund 20 Meter vor den Männern stoppt. Aus dem Objekt starren ein Mann und eine Frau die Zeugen an. Der Mann richtet einen roten »Lichtstrahl« auf Manoel. Dieser erhält einen elektrischen Schlag. Die Schmerzempfindung beginnt in den Füßen und kriecht bis zum Kopf hoch. Er fühlt eine Lähmung und wird bewusstlos. Das zylinderförmige Objekt

fliegt fort. Manoel kommt zu sich, und sein Körper bleibt noch einige Minuten lang völlig gefühllos.

Quelle: (Carlos Mendez, *MUFON UFO Journal*, April/Mai 2005)

(93)

Ort: Corales, Brasilien

Datum: 18. Oktober 1977

Zeit: 22.00 Uhr

Besonderheiten: Ins Haus einer Farmersfrau und deren Tochter dringt ein »Lichtstrahl« von draußen. Als die Tochter von dem roten Lichtstrahl an der rechten Körperseite getroffen wird, fühlt sie Schmerzen, wie wenn ihr Körper stark zusammengedrückt werden würde. Von den Füßen bis hinauf zum Kopf breitet sich Taubheit aus.

Quelle: (Carlos Mendez, *MUFON UFO Journal*, April/Mai 2005)

(94)

Ort: Paranarama, Brasilien

Datum: 20. August 1986

Form: »Eisbox« (»Chupa-Chupa«)

Zeugen: zwei

Besonderheiten: Die Jäger Jose Batista Lima und Pedro Barboso da Silva bemerken ein fliegendes leuchtendes Objekt, »wie eine Eisbox«, und rennen fort, um sich vor ihm unter Bäumen zu verstecken. Das Ding macht ein seltsames lautes Geräusch und erzeugt eine unerträgliche Hitze. Lima stolpert und fällt auf den Boden. Damit ist er der Strahlung des Objektes ausgesetzt. Als das Objekt vorüber ist, läuft da Silva zu ihm. Er findet Lima schwitzend, schwer atmend und rot im Gesicht mit einer großen runden Wunde auf der Stirn, wo ihn wahrscheinlich ein »Lichtstrahl« getroffen hat. Wenige Minuten später stirbt da Silva. Die Polizei stellt später als Todesursache Apoplexie fest, ausgelöst durch unkontrollierbare Furcht.

Quelle: (Antonio Huneeus, *UFO Magazine*, Herbst 1994, S. 18–27)

(95)
Ort: Beallsville, Ohio
Datum: 19. März 1968
Zeit: 20.30 Uhr
Form: oval
Besonderheiten: Der zwölfjährige Gregory Wells bringt einen Eimer Wasser vom Haus seines Großvaters zum Wohnwagen seiner Eltern. Plötzlich bemerkt er hinter sich dicht über den Bäumen ein großes rotes Objekt »wie einen American Football« schweben, der das Geräusch wie ein Generator verursacht. Vier rote Lichter umkreisen den Rand. Aus der Unterseite schiebt sich ein Rohr heraus, das die Gegend absucht. Als es auf den Zeugen ausgerichtet bleibt, beginnt dieser fortzurennen. Da trifft ihn ein roter »Lichtstrahl« aus dem Rohr an der rechten Schulter, und er fällt hin. Seine Jacke steht in Flammen. Gregory Wells ruft um Hilfe. Seine Mutter und sein Großvater eilen herbei, löschen die Flammen und sehen noch das Objekt fortfliegen.
Quelle: (P. Guttilla, *Saga's UFO Special III*, 1972)

(96)
Ort: ?, Neuseeland
Datum: 2. Februar 1968
Zeit: morgens
Form: Teller mit Turm
Zeugen: zwei
Besonderheiten: Der 39-jährige Schafzüchter Amos Miller ist mit seinem 17-jährigen Sohn frühmorgens damit beschäftigt, einen Weidezaun zu reparieren, als ein eigenartiges Summen aus der Höhe zu hören ist. Etwa 200 Meter entfernt erscheint ein großer leuchtender Teller mit einem Turm, aus dem drei Stelzen herausgeschoben werden. Auf denen landet schließlich das Objekt. Amos Miller läuft auf den Teller zu und lässt sich von den warnenden Rufen seines Sohnes nicht aufhalten. Er wird plötzlich von einem hellen »Lichtstrahl« aus dem Objekt getroffen und zu Boden geworfen. Vor Schrecken starr beobachtet sein Sohn, wie das Objekt wieder abfliegt. Als er schließlich zu

seinem Vater läuft, findet er diesen tot. Die Polizei nimmt später zu Protokoll, dass die Hälfte der Gesichtshaut von Amos Miller fehlt. Drei Löcher im Boden und verbrannte Büsche werden an der Stelle gefunden, an der das Objekt gelandet war.

Quelle: (P. Guttilla, *Saga's UFO Special III*, 1972)

(97)

Ort: Amazonas-Gebiet, Brasilien

Datum: 5. März 1946

Zeit: abends

Zeugen: mehrere (erleben das Sterben des Hauptzeugen)

Besonderheiten: Irgendetwas schwebt über seinem Haus, dessen Tür Jao Prestes aufschließen will. Es feuert einen starken »Lichtstrahl« in sein Gesicht. Prestes schützt sein Gesicht mit den Händen. Der Strahl zwingt Prestes auf die Knie. Dann ist das Objekt verschwunden. Der Zeuge läuft in Panik zu einem benachbarten Haus, in dem seine Schwester und deren Familie wohnen, und berichtet aufgeregt von dem Vorfall. Seine Schwester und alle Familienangehörigen erleben, wie Prestes' Haut anschwillt, als wäre sie gekocht worden. Das geschieht mit allen Stellen des Körpers, die dem »Lichtstrahl« ausgesetzt waren. Prestes empfindet keinerlei Schmerzen, als Teile des Fleisches von seinen Knochen fallen (Lippen, Nase, Augenlider). Kurze Zeit darauf stirbt Jao Prestes.

Quelle: (Scott Corales, *UFO Magazine*, September 1999, S. 22–29)

A.2.5 Infrarotstrahlung und mechanische Wirkungen als Waffen

(98)

Ort: Fort Itaipú, südlich von Sao Paulo, Brasilien

Datum: 5. November 1957

Zeit: 2.03 Uhr, Dauer: drei Minuten

Form: Scheibe

Zeugen: zwei

Besonderheiten: Eine orange leuchtende Scheibe von circa 30 Metern Durchmesser kommt aus rund 300 Metern Höhe bis auf 50 Meter auf zwei Soldaten herunter. Die Soldaten versuchen nicht, mit ihren Schnellfeuergewehren zu schießen. Das Objekt summt und schickt brennende Hitze auf die Zeugen, die das Gefühl haben, in Flammen zu stehen. Ihre Schmerzensschreie alarmieren das gesamte Fort. Sie verlieren das Bewusstsein. Ein kompletter Stromausfall verhindert Abwehrmaßnahmen. Beide Soldaten leiden unter schweren Verbrennungen.
Quelle: (NICAP-Report: *Electro-Magnetic Effects associated with UFOs*, 1960)

(99)
Ort: Utica, New York
Datum: 1. Juli 1954
Zeit: mittags
Form: ?
Besonderheiten: Die Radar-Luftraumüberwachung in Griffith AFB, New York, entdeckt ein UFO und schickt eine F-94 *Starfire* in die betreffende Gegend. Das Bordradar zeigt das Ziel an, und die Piloten sehen das Objekt auch mit bloßem Auge. Plötzlich erfüllt eine intensive Hitze das Cockpit so stark, dass die Piloten meinen, die Maschine würde explodieren. Beide Piloten retten sich mit ihren Schleudersitzen. Ihre Maschine schlägt in der Stadt Walesville auf und tötet vier Menschen.
Quelle: (Steiger & Whritenour 1967)

(100)
Ort: Kangaroo Valley und Nowra, New South Wales, Australien
Datum: 17. April 1981
Zeit: nachts,
Zeuge: Pete Mazzola
Besonderheiten: Ein helles Objekt nähert sich nachts dem Wagen eines Fahrers auf einer einsamen Landstraße von hinten. Beim Überfliegen entsteht eine fast unerträgliche Hitze. Der Fahrer hört ein Klingeln in seinen Ohren. Als ein anderes Fahrzeug entge-

genkommt, verschwindet das UFO. Der linke Unterschenkel des Fahrers ist großflächig verbrannt, und ein Kassettenrekorder, der auf dem Beifahrersitz liegt, ist teilweise geschmolzen. Einige Tage später bekommt der Fahrer starkes Nasenbluten, seine Fingernägel verfärben sich und fallen ab, und sein Urin verfärbt sich dunkel. Auch seine Augen sind geschädigt.

Quelle: (J. F. Schuessler: »The Medical and Scientific Evidence II«, in *Quest UFO Magazine*, Vol. 12, Nr. 6, Januar/Februar 1994)

(101)
Ort: Nowoselowska, UdSSR
Datum: 28. August 1991
Zeit: 7.30 Uhr,
Form: Kugel
Zeugen: einer
Besonderheiten: Der Pilot Maxim Gennadjewitsch Tschurbakow befindet sich auf einem Ausbildungsflug. In 3900 Metern Höhe begegnet ihm eine 1,50 bis zwei Meter große gelbe Kugel, die sich direkt vor sein Cockpit setzt. Sie leuchtet extrem hell. Nach wenigen Sekunden meldet die Instrumentenanzeige »Feuer«. Die Augen des Piloten schmerzen und tränen. In der Kabine entwickelt sich Rauch. Das Objekt fliegt fort. Der Pilot rettet sich vor der Hitze mit seinem Schleudersitz. Die Maschine zerschellt. Dr. Rima Laibow nimmt am 22. Oktober 1991 eine Befragung des Zeugen unter Hypnose vor. Der Zeuge ist glaubwürdig, wird festgestellt.
Quellen: (I. v. Ludwiger 1992), (*Samisdat*-Protokolle 1978)

(102)
Ort: Texas
Datum: 7. Februar 1965
Zeit: abends, Dauer: mehrere Minuten
Form: ?
Zeugen: einer
Besonderheiten: Ein Geschäftsmann, der anonym bleiben möchte, ist mit seinem Wagen auf einer Geschäftsreise. Plötzlich taucht ein

leuchtendes Objekt etwa sieben Meter vor ihm auf, das auf ihn zukommt. Der Fahrer versucht ihm mehrere Minuten lang auszuweichen. Als das Objekt ganz nahe kommt, reißt er das Steuer herum, fährt in einen Graben und springt aus dem Wagen. Das UFO folgt dem Wagen und beginnt ihn zu rammen. Das tut es so oft, bis der Wagen total zu Schrott gepresst ist. Dann fliegt es fort.
Quelle: (Steiger & Whritenour 1967)

(103)
Ort: Luftraum über Japan
Datum: 9./10. Juni 1974
Zeit: nachts, Dauer: ?
Form: Scheibe
Zeugen: zwei Piloten und Radarkontrolleure
Besonderheiten: Major Shiro Kubota und Oberstleutnant Toshio Nakamura erhalten den Befehl, mit ihrer *Phantom* F-4 EJ ein UFO abzufangen. In 9100 Metern Höhe entdecken sie wenige Kilometer vor sich eine orange leuchtende Scheibe von rund zehn Metern Durchmesser, die auf die *Phantom* zufliegt. Mehrere Male setzt die Scheibe zum Kollisionskurs an, bis sie schließlich die *Phantom* rammt und in Flammen setzt. Die Piloten retten sich mit ihren Schleudersitzen. Nakamuras Fallschirm fängt Feuer. Der Pilot stürzt zu Boden und verliert sein Leben. Kubota landet ohne Schwierigkeiten.
Quelle: (Good 1991)

A.2.6 UFOs zerstören Häuser und Autos und töten Menschen

(104)
Ort: Salta, Argentinien
Datum: 28. August 1962
Zeit: 19 Uhr, Dauer: ?
Form: Scheibe
Zeugen: drei

Besonderheiten: Über einer Straße schwebt eine 150 Meter im Durchmesser große Scheibe in geringer Höhe. Als sich ein Fahrzeug mit drei Zeugen nähert, fliegt die Scheibe auf den Truck zu und schwebt eine Minute über ihm. Als sie fortfliegt, geht der Truckmotor in Flammen auf, und die Frontscheibe wird zerstört.
Quelle: (Ted Phillips, *MUFON UFO Journal*, Juni 2005, S. 16)

(105)
Ort: Provencal, LA
Datum: 11. November 1957
Zeit: nachts
Form: oval
Zeugen: einer
Besonderheiten: Ein großes helles fünf Meter langes und drei Meter hohes ovales Objekt schwebt niedrig über einer Straße, auf der ein Fahrer in einem 1956er-*Ford* fährt. Ein starker »Lichtstrahl« wird von ihm auf den Wagen gerichtet, der einen so starken Druck ausübt, dass der Wagen abrupt fünf Meter vor dem dunkelgrünen Objekt stoppt. Der Fahrer liest am Objekt die Aufschrift: »UN…« und einige Zahlen. Eine unerträgliche Hitzewelle erfüllt den Wagen. Der Fahrer springt heraus und sieht, wie sein Wagen Feuer fängt. Das Objekt entfernt sich nun mit dem Geräusch eines Dieselmotors. Der Wagen wird völlig zerstört.
Quelle: (Ted Phillip, *MUFON UFO Journal*, Juni 2005, S. 16)

(106)
Ort: Vera Cruz, Mexico
Datum: 22. Mai 1973
Form: Scheibe
Zeugen: einer
Besonderheiten: Der Truckfahrer Miguel Conzales erblickt vor sich ein rundes Objekt auf der Straße. Der Truckmotor versagt. Neben der großen Scheibe befinden sich kleine Gestalten. Conzales verlässt sein Auto. Das Objekt sendet einen »Lichtstrahl« auf

den Truck, der daraufhin in Flammen aufgeht und in eine Masse geschmolzenen Metalls verwandelt.
Quelle: (Ted Phillips, *MUFON UFO Journal*, Juni 2005, S. 16)

(107)
Ort: Vandenburg, Virginia
Datum: 15. September 1964
Zeit: mittags
Zeugen: Dr. B. Jacobs und Dr. F. J. Mansmann
Besonderheiten: Der Abschuss einer *Atlas*-F-Rakete wird mit einer Teleskopkamera gefilmt. In rund 60 Meilen Höhe versagt die Steuerung der Rakete, und sie stürzt in den Pazifik. Dr. Robert Jacob filmte den Flug. Der Film zeigt, dass ein rundes Objekt auf den Raketenkopf zufliegt und diesen mit einem »Blitzstrahl« beschießt. Dann fliegt es um die Rakete herum und beschießt den Raketenkopf aus verschiedenen Positionen weiter.
Quelle: (Preston Dennet, *MUFON UFO Journal*, Mai 2005, S. 11–12)

(108)
Ort: Saladare, Äthiopien
Datum: 7. August 1970
Zeit: 11.30 Uhr, Dauer: zehn Minuten
Form: rote Kugel mit Schweif
Zeugen: viele Einwohner
Besonderheiten: Zunächst hören die Einwohner ein ohrenbetäubendes Geräusch wie von einem sehr tief fliegenden Flugzeug. Eine etwa zwei Meter im Durchmesser große, rot glühende Kugel fliegt dicht über dem Boden auf die Lehmhütten zu und zerstört sie, reißt Bäume aus und verbrennt Gras. Sie hinterlässt eine zwei Meter breite und sieben Meter lange Spur geschmolzenen Asphalts auf der Straße. Die Kugel fliegt eine Strecke von 3000 Metern. Sie bleibt einige Sekunden 150 Meter vor einem Hügel schweben und kehrt dann wieder zurück. Bei ihrem Flug zerstört sie weitere Häuser, dabei 50 Zentimeter dicke Mauern

durchdringend. Insgesamt werden 50 Häuser zerstört, acht Erwachsene verletzt und ein Kind getötet.
Quelle: (Hynek & Vallée 1975)

(109)
Ort: Mount Kenia, Nairobi
Datum: Juni 1954
Zeit: nachts
Form: ?
Zeugen: eine Gruppe von Jungen
Besonderheiten: Mehrere Jungen beobachten fliegende Lichter, die auf dem Mt. Kenia landen. Einige Tage später fliegt eine Flotte aus solchen glühenden Lichtern über ein Dorf neben dem Berg und richtet »Lichtstrahlen« auf die Häuser und ihre Bewohner. Der Junge Laili Thindu (11) beobachtet das Schauspiel. Am nächsten Tag erfährt er, dass alle Bewohner des Dorfes auf mysteriöse Weise zu Tode gekommen sind.
Quelle: (Steiger & Whitenour 1967)

(110)
Ort: Kuala Lumpur, Malaysia
Datum: 1980
Zeugen: drei
Beonderheiten: Eine große, rot leuchtende Kugel schwebt 30 Meter über den Dächern der Häuser im Port-Klang-Bezirk. Drei Zeugen sehen, wie plötzlich ein blauer Lichtblitz von ihr auf die Häuser fällt und sie entzündet. Mehrere Häuser stehen in Flammen.
Quelle: (Bundell & Boar 1968, S. 60)

A.2.7 Gefechte zwischen Menschen und UFOs

(111)
Ort: Monte Alegre, Amazonas, Brasilien
Datum: März 1981

Zeit: nachts, Dauer: einige Minuten

Zeugen: zwei

Besonderheiten: Zwei Jäger werden von Lichtstrahlen eines UFOs getroffen. Der eine wird im Kegel eines Lichtstrahls gefangen, d. h. er stößt am Rand des Lichtkegels wie gegen eine Wand und kann nicht entkommen. Als der zweite Jäger auf das Objekt schießt, geht das Licht aus, das UFO fliegt fort, und der erste Jäger kann sich wieder frei bewegen.

Quelle: (Pratt 1996)

Abb. 8: Zwei Jäger werden bei Monte Alegre im Amazonas-Gebiet von einem UFO überrascht. Einer der Jäger wird von einem »Lichtstrahl« erfasst, den er nicht verlassen kann. Erst als der andere Jäger mit seinem Gewehr auf das Objekt schießt, erlischt der Scheinwerfer, und der andere Jäger ist wieder frei.

(112)
Ort: Corales, Brasilien
Datum: 29. Oktober 1977
Zeit: 18 Uhr, Dauer: 45 Minuten
Zeugen: vier
Besonderheiten: Ein Lichtstrahl kommt durch die Decke eines Hauses und verletzt die schwangere Sylvia Trinidate am Arm. Als sie schreit, wacht ihr Mann Benedito auf und will ihr helfen, wird aber ebenfalls verletzt. Seine Frau Sylvia wird ohnmächtig. Benedito ruft um Hilfe. Ein Nachbar greift sich sein Gewehr, sieht das UFO über dem Haus der Trinidates und feuert darauf. Das UFO fliegt fort. Das Ehepaar Trinidate will ein Hospital aufsuchen. Dazu müssen sie mit einem kleinen Boot auf dem Fluss zum nächsten Ort fahren. Während der Fahrt taucht das UFO wieder auf, fliegt einige Male über den Fluss und richtet einen Lichtstrahl auf das Wasser. Das UFO begleitet das Boot zehn bis 15 Minuten lang. Die Brandwunden werden behandelt. Sylvia Trinidate verliert ihr Baby. Der Hund des Nachbarn ist seltsamerweise tot.
Quelle: (Pratt 1996, S. 190)

(113)
Ort: Paranarama, Brasilien
Datum: 17. Oktober 1981
Zeit: nachts, Dauer: fünf Minuten
Form: Quader (»Chupa«)
Zeugen: zwei
Besonderheiten: Ein 1,20 bis 1,80 Meter langer Quader emittiert Licht, das zwei Zeugen umgibt und deren Körper erglänzen lässt. Einer der Zeugen, Jose dos Santos, feuert fünf Schüsse auf das Objekt. Dann flüchtet er. Aus der Ferne sieht er, wie sein Freund Abel Boro auf einen Hügel läuft und, oben angekommen, von einem Lichtstrahl aus dem UFO getroffen umfällt. Das Objekt verschwindet. Abel Boro läuft drei Tage lang völlig verwirrt herum und stirbt dann.
Quelle: (Vallée 1990)

(114)
Ort: Parnarama, Brasilien
Datum: Herbst 1982
Zeit: 22 Uhr, Dauer: sieben Stunden
Form: Zylinder (»Chupa-Chupa«)
Zeugen: zwei
Besonderheiten: Der Goldsucher Manuel (»Ramon«) war auf der Jagd. Als er danach in seiner Hängematte liegt, kommen gegen 22 Uhr zwei Lichter angeflogen, die »Lichtstrahlen« auf ihn richten. Manuel nimmt sein Gewehr und schießt zurück, was den Objekten nichts ausmacht. Daher verlässt Manuel seine Hängematte und läuft fort. Die Objekte folgen ihm und schießen. Jedes Mal, wenn ihn ein Lichtstrahl trifft, fühlt er sich schwach und fällt. Gleichzeitig riecht er einen fauligen schwefligen Gestank. Als er eine kleine Höhle erreicht, setzt er sich erst recht diesen Strahlen der Objekte aus, die genau davor schwebenbleiben. Er rennt zu Bäumen, hinter denen er sich kurz verbirgt, bis ihn die Lichter, die von einem Quader ausgehen, wiederfinden. Das geht so bis um 5 Uhr in der Frühe. Vor dem Gestank schützt er sich durch einen Stofffetzen. Schließlich erreicht er eine Hütte, in die ihn ein Junge einlässt, der das Objekt noch fortfliegen sieht. Die Lebensbedrohung kommt nicht von dem Lichtstrahl, der von der Seite des Quaders ausgeht, sondern von dem Gas, das der »Chupa« ausstößt. Manuel geht von nun an nie wieder nachts auf die Jagd.
Quellen: (Pratt 1996), (J. Vallée: »Recent Field Investigations into Claims of UFO-related Injuries in Brazil«, in *MUFON UFO Symposium Proceedings*, Las Vegas 1989)

(115)
Ort: Usina do Funil, Itatiaia, Brasilien
Datum: September 1970
Zeit: 21.30 Uhr
Besonderheiten: Der Polizeibeamte Altamiro Martins wird auf einige ungewöhnliche Lichter aufmerksam, die sich etwa 100 Meter vor ihm befinden. Ehe er sie noch näher untersuchen kann,

wird von einem der leuchtenden Objekte ein »Lichtstrahl« auf ihn gerichtet, der Martins erblinden lässt. Martins ruft nach seinen Kollegen, die in der Nähe sind. Einer von diesen kommt gelaufen und schießt wild in die Luft, um die Lichter zu vertreiben, was auch gelingt. Im Krankenhaus von Rio de Janeiro stellen die Ärzte fest, dass Martins' beide Beine gelähmt sind.

Quelle: (Scott Corrales, *UFO Magazine*, September 1999)

A.2.8 Gefechte zwischen UFOs und menschlichen Schützen

(116)
Ort: Corales, Brasilien
Datum: November 1977
Zeit: nachts
Besonderheiten: Als ein starker »Lichtstrahl« auf einen Zimmermann gerichtet wird, nimmt dieser sein Gewehr und schießt auf den fliegenden Teller. Da umfängt ihn das Licht ganz. Er fällt paralysiert zu Boden. Fünf Tage lang kann er sich nicht mehr bewegen. Danach ist er noch zehn weitere Tage lang so schwach, dass er kaum laufen kann.
Quelle: (C. Mendez, *UFO Magazine*, April/Mai 2005)

(117)
Ort: Chorwon, Korea
Datum: Frühjahr 1951
Zeit: abends, Dauer: 25 Minuten
Form: Teller mit Kuppel
Zeugen: 76 US-Soldaten der 25. Division, 27. Regiment, 2. Bataillon
Besonderheiten: Während die Amerikaner die Stadt Choron unter Beschuss nehmen, taucht eine blau-grün pulsierende Scheibe mit Kuppel vor ihnen auf. Sie verursacht ein Geräusch wie eine Diesellokomotive. Der Kompaniechef Lt. Evans erteilt Schießbefehl. Das Objekt wird durch das Feuer von M-1-Gewehren getroffen, was am metallische Klang zu hören ist. Daraufhin rast das Objekt wie wild am Himmel hin und her. In mehreren

Impulsen sendet das Objekt nun Strahlen auf die Soldaten, die von diesen nur wahrgenommen werden, wenn sie direkt getroffen werden. Das Gefühl ist »stechend und brennend am ganzen Körper«. Die Kompanie wird drei Tage später zur Ambulanz geschickt. 30 Soldaten werden mit Strahlenverletzungen, die zu Leukämie führen, ins Krankenhaus eingeliefert.

Quellen: (Haines 1990), (*International UFO Reporter*, 11/12, S. 23/24)

(118)

Ort: Itatiaia, Rio, Brasilien

Datum: 30. August 1970

Zeit: 21.45 Uhr, Dauer: vier Minuten

Form: Bumerang

Zeugen: ein Polizist

Besonderheiten: 15 Meter von dem Polizeibeamten Almiro Martino entfernt fliegt ein bumerangförmiges Objekt mit einer Reihe bunter Lichter. Es regnet stark. Der Zeuge feuert mit seiner 0.35-Kaliber-Pistole darauf. Das Objekt erstrahlt ganz hell und entfacht ein lautes Brüllen wie von einem Düsentriebwerk, das den Zeugen fast taub werden lässt. Das Objekt pulsiert in seiner Helligkeit und wechselt seine Farbe von Gelb zu Blau zu Orange usw. Als der Zeuge zum dritten Mal schießen will, richtet das Objekt einen sehr heißen blau-violetten »Lichtstrahl« auf ihn. Der Zeuge fällt hin, wird paralysiert und erblindet. Ein Sicherheitswachmann findet ihn und bringt ihn ins Krankenhaus. Erst nach drei Tagen kann der Polizeibeamte wieder sehen.

Quellen: (*APRO Bulletin*, Sept./Okt. 1970; 1, 5), (*Flying Saucer Review*, Vol. 16, Nr. 5, 1970); (I. Granchi 1992, S. 102/103)

(119)

Ort: Fort Benning, Georgia

Datum: 13. September 1977

Zeit: nachts, Dauer: eine Stunde

Form: Scheibe

Zeugen: Soldaten der *Delta Company 1. Battalion, 1st Advanced Infranty Training Brigade* in *Fort Benning Army Base*, Georgia

Besonderheiten: Am 1. September 1977 um 19.30 Uhr treten 1300 Soldaten in Fort Benning an, um eine Ansprache des Kommandeurs zu hören. Kurz nach 20 Uhr erscheint ein helles Licht über dem Fort, das bei den Soldaten zu Verwirrung und Bewusstlosigkeit führt. Als Folge dieser Verwirrung und des Fehlens jeder Führung verschaffen sich Soldaten der *Delta Company* anlässlich des Manövers am folgenden Tage scharfe Munition. Sie sollen entwaffnet werden. – Am 13. September befinden sich die bewaffneten Soldaten wieder im Fort. Gegen 22.30 Uhr gehen sämtliche Lichter in zunehmender Frequenz an und aus. Nach 30 Minuten laufen die Soldaten nach draußen. Ein General hält sie auf. 300 Meter entfernt über dem Wald erscheint ein leuchtendes Objekt. Der General fordert Helikopter zur Abwehr an. Die Kompanien Alpha, Bravo und Delta eröffnen das Feuer mit ihren M-16-Gewehren auf das Objekt. Von diesem werden kleine Lichtbälle auf die Soldaten geschossen. Die Getroffenen verspüren ein Brennen und werden für etwa 45 Minuten ohnmächtig. An der Stelle, an der sie getroffen wurden, bleibt eine rote Verbrennungswunde zurück. Ein Hubschrauber feuert eine Rakete auf das Objekt. Diese fällt nach dem Aufprall wirkungslos zu Boden. Das Objekt schießt einen großen Lichtball auf den Helikopter, der daraufhin langsam zu Boden trudelt, ohne zu zerbrechen. Dem zweiten Helikopter widerfährt das Gleiche. Ein Panzer eröffnet das Feuer auf das Objekt, das seine Position beibehält. Die Soldaten werden angewiesen, zurück in die Baracken zu gehen, und das Objekt verschwindet. Nach dem Kampf werden alle Soldaten von Psychiatern und Geheimdienstoffizieren instruiert und durch Behandlungen präpariert, das Erlebte zu vergessen. Der Hauptzeuge John Vasquez versucht jahrelang, Beweise für diesen Vorfall über das FOIA-Gesetz zu erhalten. Nur für den Absturz der Helikopter aufgrund eines »Kugelblitzes« und die Einlieferung von einem Dutzend Soldaten von Fort Benning mit »Masern« in Krankenhäuser zur fraglichen Zeit kann eine Bestätigung erbracht werden. Alle Vorgesetzten von damals schweigen.

Quelle: (Vasquez & Holms 2000)

B.
Kämpfe mit UFO-Insassen

B.1 Angriffe auf UFO-Insassen

B.1.1 Menschen greifen UFO-Insassen mit Steinen, Messern und Pfeil und Bogen an

(120)
Ort: Cholo, Potosi, Bolivien
Datum: Anfang März 1982
Zeit: nachts, Dauer: fünf Minuten
Form: Teller mit Kuppel
Zeugen: mehrere Einwohner, darunter Polizisten
Besonderheiten: Ein riesiges hutförmiges Objekt kreist über dem Ort. Juan de Dios Condori kommt nach Hause und sieht vor seinem Haus zwei zwei Meter große Gestalten in silberner Kleidung, von denen blendende Blitze ausgehen. Er und seine Frau rufen um Hilfe. Daraufhin kommt ein Dutzend Nachbarn gerannt, die die Gestalten umzingeln und sie mit Steinen bewerfen. Das scheint die Wesen aber nicht zu stören. Schließlich fliegen die zwei Gestalten senkrecht in die Luft und verschwinden.
Quelle: (Jane Guma-Thomas, *Flying Saucer Review*, Vol. 42, Nr. 1, 1997)

(121)
Ort: Serra do Mauro, Novo Trento, Santa Catarina, Brasilien
Datum: 3. September 1976
Zeit: 19 Uhr
Form: Doppel-Schüssel
Besonderheiten: Ein drei Meter im Durchmesser großes Objekt, der Form nach aussehend, wie wenn zwei Schüsseln gegeneinander geschweißt wären, schwebt 15 Meter über der Straße. Der untere Teil ist dunkel, der obere Teil leuchtet rot. Ein roter

Lichtkegel geht von der Unterseite aus. Darin erscheinen auf der Straße drei etwa einen Meter große menschenähnliche Gestalten mit großen Köpfen. Diese versperren dem Zeugen Jao Klein den Weg. Der zieht sein langes Messer und versucht eines der Wesen zu treffen. Sein Messer gleitet von der Gestalt ab. Das Wesen richtet einen kleinen Stab gegen Jao Klein, aus dem ein bläulich-weißes Licht kommt, das ihn an der Hüfte trifft und bewusstlos werden lässt. Kurze Zeit später finden ihn Nachbarn und bringen ihn in sein etwa 100 Meter entferntes Haus.

Quelle: (W. Bühler, *Flying Saucer Review*, Vol. 28, Nr. 1, 1982)

(122)

Ort: Caracas, Venezuela

Datum: 28. November 1954

Zeit: 2 Uhr

Form: Kugel

Zeugen: zwei

Besonderheiten: Zwei Lkw-Fahrer begegnen einer leuchtenden, drei Meter im Durchmesser großen Kugel, aus der kleine haarige Wesen herauskommen. Einer der Fahrer wird von einer der Gestalten verfolgt. Dieser zieht sein Messer und will zustechen. Es gleitet aber wie an Metall ab. Die Klauen des Wesens verletzen den Fahrer schwer am Arm. Eines der Wesen richtet aus dem Fenster in der Kugel einen kleinen Stab, aus dem ein »Lichtstrahl« kommt, gegen den Fahrer, der ihn umwirft und fünf Meter weit fortschleudert. Die Wesen laufen wieder in die Kugel, die sich erhebt und davonfliegt.

Quelle: (C. & J. Lorenzen 1967)

(123)

Ort: Cisco Grove, Kalifornien

Datum: 4. September 1964

Zeit: nachts

Form: Scheibe kommt aus einem von drei Rechtecken

Zeuge: einer (zwei)

Besonderheiten: Ein junger Bogenschütze ist mit zwei Freunden auf der Jagd mit Pfeil und Bogen im Gebirge, um Wild zu erlegen. Er verliert Kontakt zu den anderen und erklimmt einen Baum. In der Dunkelheit erkennt er ein helles Licht und glaubt, ein Hubschrauber komme, um ihn zu suchen. Durch drei Feuerstellen an exponierten Punkten will er auf sich aufmerksam machen. Aber die Lichter, die aus drei rechteckigen leuchtenden Flächen und einem separaten kleinen Licht bestehen, sind lautlos und bleiben 15 Meter entfernt von ihm schweben. Nach kurzer Zeit kommt aus dem mittleren Rechteck ein dunkles Objekt heraus und umfliegt den Baum. Dann treten zwei Gestalten in weißen Raumfahrer-Anzügen aus dem Wald, die eine Art metallischen Roboter von 1,50 Metern Größe mit sich führen. Alle starren ihn an und nähern sich ihm bis auf vier Meter. Die Gestalten versuchen, ihn vom Baum zu schütteln. Der Roboter versprüht eine Gaswolke aus seinem Mund auf den Zeugen, die ihn kurz ohnmächtig werden lässt. Wieder zu Kräften gekommen, bindet er sich am Baum fest und beginnt, einige Heftchen Streichhölzer auf die Gestalten zu werfen, was diese zurückweichen lässt. Dann entzündet er seine Mütze, alle seine brennbaren Dinge, auch seinen Tarnanzug und sein Hemd. Wieder raubt ihm das Gas, das nun auch ein zweiter Roboter versprüht, kurz das Bewusstsein. Es gelingt ihm, mit Pfeil und Bogen den Roboter drei Mal zu treffen. Die mit Metallspitzen versehenen Pfeile erzeugen beim Auftreffen bläuliche Funken und prallen vom Roboter ab. Die Belagerung dauert bis zum Morgengrauen. Dann entfernen sich die Gestalten mit dem Objekt. Der Zeuge findet seine Freunde. Weil einer von ihnen ebenfalls die Lichter gesehen hat, glauben sie ihm seine Geschichte. Die *US Air Force*, NICAP, APRO und CUFOS untersuchen diesen Fall.

Quellen: (T. Bloecher & P. Cerney, *UFO-Kurier*, Mai 1996, S. 4–14), (John A. Keel, *Saga*, Februar 1967, S. 53/54)

B.1.2 UFO-Insassen verhindern, dass auf sie geschossen wird

(124)
Ort: Isla de Lobos, Uruguay
Datum: 28. Oktober 1972
Zeit: 22.15 Uhr, Dauer: eine Minute
Form: Kinderkreisel
Zeuge: Corporal Juan Fuentes
Besonderheiten: Corporal Juan Fuentes verlässt gegen 22.15 Uhr das Wachhaus, in dem sich fünf Soldaten befinden, um den Generator, der die Lichtmaschine für den Leuchtturm versorgt, zu inspizieren. Auf der Plattform des Leuchtturms entdeckt er Lichter. Er holt seine Pistole und geht auf die Plattform zu. Da erkennt er, dass sich die weißen, gelben und violetten Lichter an einem vier bis fünf Meter im Durchmesser und drei bis vier Meter hohen kreiselförmigen metallischen Objekt befinden, das auf der Plattform steht. Davor stehen drei Gestalten, von denen zwei etwa 1,50 und die dritte circa 1,80 Meter groß sind. Sie scheinen dunkle Gummianzüge zu tragen und haben lange Hinterköpfe. Sie entdecken Fuentes. Als dieser seine Waffe auf sie richtet, spürt er eine Vibration; seine Haare stehen zu Berge, und er ist paralysiert, sodass er nicht schießen kann. Die Gestalten gehen rückwärts in ihre Maschine hinein, die langsam mit einem Brummen bis auf 45 Meter aufsteigt, dann in einem Feuerball aufleuchtet und mit hoher Geschwindigkeit fortfliegt. Der Fall wird gründlich vom Militär untersucht.
Quellen: (M. Hourcade et al., *C.I.O.V.I.*, März 1975, »Informe Final en el Caso de la Isla de Lobos del 28 de Octubre de 1972«), (Smith 1987)

(125)
Ort: Mossoro, Rio Grande do Norte, Brasilien
Datum: Frühjahr 1988
Zeit: 20.30 Uhr
Form: American Football
Zeugen: einer

Besonderheiten: 40 Meter von einem Zeugen entfernt landet ein sechs Meter langes, wie ein American Football geformtes silber-metallisches Objekt. Aus ihm kommen drei 1,20 Meter große Zwerge mit »Taucherhelmen« auf den Köpfen. Die Wesen sind über Kabel mit dem Objekt, das sich auf Stelzen zwei Meter über dem Boden befindet, verbunden. Der Zeuge hört piepsende Geräusche »wie beim Empfänger von Amateurradiofunkern«. Der Zeuge erklärt: »Ich hatte einen Revolver und wollte in die Luft schießen. Aber als ich ihn ziehen wollte, gab es einen Lichtblitz, und alles war weg.« Drei Minuten lang bleibt der Zeuge geblendet, und sein ganzer Körper ist taub. Dasselbe Erlebnis hat bereits sein Onkel 1959 gehabt.

Quelle: (Bob Pratt, 1996)

B.1.3 Schüsse auf UFO-Insassen ohne Gegenwehr

(126)

Ort: Fort DIX Army Camp; McGuire AFB, New Jersey

Datum: Januar 1978

Zeit: 3 Uhr, Dauer: zwei Stunden

Anzahl: zwölf

Form: oval

Farbe: bläulich-grün

Zeugen: mehrere

Besonderheiten: Ein ovales, bläulich-grün leuchtendes Objekt schwebt gegen drei Uhr niedrig über dem Fahrzeug von Militärpolizisten. Der Radioempfang fällt aus. Vor den Zeugen erscheint eine kleine, 1,20 Meter große bräunliche Gestalt mit großem Kopf, langen Armen und einem dünnen Körper. Ein Militärpolizist gerät in Panik und feuert fünf Runden aus seiner 0,45-Kaliber-Waffe auf die Gestalt, die davonrennt; dann schießt er auf das Objekt über ihm. Das fliegt senkrecht nach oben und verbindet sich mit einer Gruppe von elf weiteren Objekten. Die Gestalt versucht, den Zaun am Rande des Runway zu übersteigen, und stirbt. Ein Dutzend Soldaten mit M-16-Waffen umstellen den

Ort. Von der Gestalt geht ein stechender ammoniakartiger Geruch aus. Der Hauptzeuge Morse berichtete L. Stringfield drei Jahre später über den Vorfall. 1995 meldeten sich bei R. Hall zwei weitere Zeugen, die zur fraglichen Zeit auf der Militärbasis Dienst taten.

Quellen: (Stringfield 1982), (Evans & Spencer 1987)

(127)

Ort: 150 Meilen von Minot, Nord-Dakota

Datum: 26. November 1981

Zeit: 2 Uhr, Dauer: eine Stunde

Form: Tonne

Zeugen: vier

Besonderheiten: Vor einem Wagen, in dem vier Jäger nach Hause fahren, steht ein siloförmiges Objekt auf der Straße. Als einer der Jäger einen Scheinwerfer auf das Objekt richtet, »explodiert« alles in einem lautlosen Lichtblitz – und das Objekt ist verschwunden. Der vierte Jäger hat nichts bemerkt, weil er geschlafen hatte. Aufgewacht, möchte er, dass die anderen nochmals mit ihm zusammen an die Stelle fahren, an der sich das Objekt befunden hatte. Als man dort mit dem Wagen eintrifft, ist das Objekt erneut da. Neben ihm stehen jetzt einige Leute. Einer der Jäger, ein Mediziner, leuchtet wieder mit dem Scheinwerfer auf das Objekt. Einer der Insassen macht eine Geste, die bedeutet: »Haut ab!« Die Jäger halten das Objekt für ein neues militärisches Gerät und fahren weg. Doch das Objekt folgt ihnen und setzt sich 150 Meter vor ihnen auf die Straße. Da merken die Jäger, dass es sich um Fremde handelt. Zwei Insassen stehen neben dem Ding. Wütend steigt der Mediziner mit seinem Gewehr aus und schießt einem der Männer in die Schulter. Jemand ruft: »Warum, zum Teufel, macht ihr das?« Von nun an erinnern sich die vier Jäger nicht mehr genau, was passierte. Sie wissen nur, dass sie morgens stark verspätet zu Hause eintrafen. Prof. Hynek untersuchte die Zeugen später. Zwei Men-in-Black suchten den Mediziner auf, fragten ihn nach dem ersten Teil der Begegnung und verlangten die Heraus-

gabe der Kleidung des Schützen. Man weist ihn an, über den Vorfall zu schweigen.
Quelle: (Hynek & Vallée 1975)

(**128**)
Ort: Greensburg, Pennsylvenien, USA
Datum: 23. Oktober 1973
Zeit: 21 Uhr, Dauer: eine Stunde
Form: Halbkugel
Zeugen: 13
Besonderheiten: Viele Bürger beobachten eine rot leuchtende Kugel, die zur Landung ansetzt. Einige Farmer laufen zu einem Hügel, auf dem die Kugel, die zu einer weiß leuchtenden Halbkugel wird, aufsetzt. Neben dem 30 Meter großen Objekt erscheinen zwei 2,40 Meter große affenartige Gestalten mit grau-grünem Fell und leuchtenden Augen, »Bigfoots«. Die Kugel erlischt und hinterlässt einen leuchtenden Fleck. Einer der Zeugen (Stephen, 22 Jahre alt) schießt mehrmals auf die Gestalten. Eine scheint getroffen zu sein, hebt die Arme und wimmert. Beide Gestalten laufen in den Wald. Der Schütze benimmt sich wie ein Besessener. Sein Hund will ihn angreifen. Er schreit und wird ohnmächtig. Als er wieder zu sich kommt, ruft er: »Geht weg von mir! Es ist hier. Geht zurück!« Die Polizei kann die zwei Wesen nicht finden.
Quellen: (S. Gordon, *Flying Saucer Review*, Vol. 20, Nr. 1, 1974, S. 3), (Schwarz 1983)

(**129**)
Ort: Hopkinsville-Kelly, Kentucky, USA
Datum: 21. August 1955
Zeit: 19.30 Uhr,
Form: Eishockey-Puck
Zeuge: elf
Besonderheiten: Farmer beobachten, dass ein hell glühendes Objekt hinter der Sutton-Farm landet. Die Sutton-Familie glaubt, es handele sich um einen Meteoritenfall. 30 Minuten später, um

20 Uhr, beginnen die Hunde, wild zu bellen. Zwei der Farmer gehen nach draußen, um nach der Ursache zu sehen. In 15 Metern Entfernung nähert sich ihnen eine 1,20 Meter große Gestalt in glühender silberner Kleidung mit einem großen ovalen Kopf mit großen spitzen Ohren und sehr langen Armen. Die Suttons holen ihre Gewehre und 0,22-Kaliber-Pistolen und beginnen auf die Kreatur zu schießen. Die Kugeln prallen von ihr ab wie von Metall. Die Gestalt fällt um, rappelt sich wieder auf und flieht. Die Suttons verschließen das Haus und löschen das Licht. Durch einen Schlitz in der Fensterabdeckung ist nach einiger Zeit ganz nahe wieder eine der Kreaturen zu sehen, und eine Frau der Familie schreit auf. In den folgenden 20 Minuten werden weitere 50 Schüsse auf die Kreaturen abgegeben, bis sie verschwinden. Als die Polizei eintrifft, ist nichts mehr von den Wesen zu sehen. Prof. Hynek untersuchte den Fall.

Quellen: (Davis & Bloecher 1978), (J. Clark: *The UFO Encyclopedia*, Vol. 2, 1992)

(130)

Ort: Fortaleza, Brasilien

Datum: 3. April 1965

Zeit: 23.20 Uhr,

Zeugen: zwei

Besonderheiten: Zwei Geschäftsleute werden in ihrem Wagen von einem »Lichtstrahl« getroffen, der von einer Art »Infrarotlampe« vom Himmel kommt. Der Motor des Wagens stottert und hält an. Die Lichter am Wagen gehen aus. Ein großes Objekt schwebt über dem Wagen und setzt sich direkt vor ihm auf die Straße. Zwei Wesen kommen wie Roboter in steifem Gang auf die Zeugen zu. Einer von ihnen schießt auf eines der Wesen. Daraufhin gibt es einen gewaltigen Lichtblitz, der die beiden Wageninsassen erblinden lässt. Erst nach zehn bis 15 Minuten können sie wieder sehen. Das Objekt mit den Wesen ist inzwischen davongeflogen.

Quelle: (Bob Pratt 1996)

(131)
Ort: Caselle di Nogara, Italien
Datum: 4. Dezember 1954
Zeit: nachts, Dauer: einige Minuten
Form: Teller mit Kuppel
Zeugen: einer
Besonderheiten: Ein Kellner sieht eine Scheibe mit Kuppel nur 50 Meter entfernt auf einer Weide landen. Sie strahlt blau und an den symmetrisch angeordneten Öffnungen in der Kuppel rot. Aus der Kuppel steigt eine sehr große Gestalt aus. Der Zeuge holt sein Gewehr und feuert zwei Mal auf sie. Die kehrt unverletzt um und steigt wieder in das Objekt, das rot aufleuchtet und davonfliegt.
Quelle: (*Il Messagero*, 5. Dezember 1954)

(132)
Ort: Torren Santo Time, Argentinien
Datum: Februar 1965
Zeit: nachts
Zeugen: mehrere
Besonderheiten: In unmittelbarer Nähe von mehreren Farmern landet ein hell leuchtendes Objekt. Zwei etwa 1,80 Meter große Männer steigen aus und gehen auf ein Haus zu, um einen Farmer vor seinem Haus zu packen und mitzunehmen. Andere Farmer eilen ihm zu Hilfe und vereiteln eine Entführung. In der darauffolgenden Nacht kommen die Fremden wieder an dieselbe Stelle und gehen erneut auf das betreffende Haus zu. Diesmal eröffnen die Farmer Gewehrfeuer auf sie. Offenbar schützt die Fremden ihr Raumanzug vor den Kugeln. Sie rucken von den Impulsen getroffen beim Gehen nur etwas hin und her. Die Gestalten kehren um und fliegen ab. Der tags zuvor mit den Fremden in körperliche Berührung gekommene Farmer leidet seither an einer unbekannten Hautkrankheit.
Quelle: (Steiger & Whritenour 1967, S. 77)

(133)
Ort: Bishopville, South Carolina
Datum: 5. August 1988
Besonderheiten: Ein Luftwaffen-Offizier der Shaw AFB fährt auf dem Highway 15. Er hält an, als er einem Wesen mit Lizard-artigem Kopf begegnet. Das Wesen ist größer als ein Mensch durchschnittlicher Größe, hat grün-braune Haut mit Schuppen, leuchtende Augen – wie ein Alligator – bei Nacht und einen Schwanz wie ein Reptil. Der Zeuge schießt auf die Kreatur, die flieht, und verwundet sie. Denn der Zeuge sammelt später einige Blutstropfen und einige Schuppen ein. Dieses Wesen ist bereits seit Ende Juni von mehreren Zeugen in der betreffenden Gegend gesehen worden. Über die Analysen der Schuppen und des Blutes wurde nichts bekannt gegeben.
Quelle: (J. Scher: »The Lizard Man of South Carolina«, *Fate*, April 2008, S. 66)

B.2 UFO-Insassen schießen auf Menschen

B.2.1 UFO-Insassen beschießen Menschen mit Strahlenwaffen

(134)
Ort: Veghenza, Ferrara, Norditalien
Datum: 14. August 1951
Zeit: 13 Uhr
Form: saturnförmig
Zeugen: einer
Besonderheiten: Ein saturnförmiges Objekt von sechs Metern Durchmesser landet. Insassen von 1,20 Metern Größe in weißen Overalls steigen an einer Leiter herab. Sie haben Gesichter ähnlich denen von Affen. Ihre Gesichter sind rasiert bis auf das eines Mannes, der einen roten Bart trägt. Alle tragen runde transparente Helme mit drei Antennen und so etwas wie Handfeuerwaffen mit runden Magazinen. Einer der Männer richtet seine Waffe auf den Zeugen. Es gibt einen Lichtblitz. Doch der

Zeuge bleibt unversehrt. Die Gestalten gehen zurück in den Teller, der darauf fortfliegt.

Quelle: (Verga Maurizio, *Flying Saucer Review*, Vol. 24, Nr. 6, 1979)

(135)

Ort: Olavarria bei Buenos Aires, Argentinien

Datum: 23. November 1969

Zeit: 9.00 Uhr, Dauer: eine Stunde

Zeuge: einer

Besonderheiten: Senor Ramon Acosta (44) beobachtet aus seinem Küchenfenster mehrere Wesen im Getreidefeld, die mit starken Lichtquellen die Gegend absuchen. Etwa zehn Gestalten kommen bis an den Gartenzaun vor seinem Haus heran. Sieben weitere befinden sich auf einer Koppel in der Nähe. Eine Gestalt nähert sich bis auf acht Meter Abstand der Küche. Die Kleidung der Gestalten ist transparent. Als die Gestalten bemerken, dass sie beobachtet werden, richten sie die starken »Lichtstrahlen« auf Acosta und erleuchten das ganze Haus. Acosta fühlt einen starken Windzug auf seinem Gesicht, als würde er geschlagen. Die Gestalten sind an seinem Dunghaufen interessiert, den sie untersuchen. Durch einen der Lichtstrahlen wird die Scheibe in der Tür zerstört. Die Hunde im Haus rühren sich nicht.

Quelle: (Gordon Creighton, *Flying Saucer Review*, Vol. 16, Nr. 2, 1970)

(136)

Ort: 200 Kilometer östlich von Karatau, Kasachstan, UdSSR

Datum: 1994

Zeit: spät in der Nacht

Form: Kugel

Besonderheiten: Eine riesige leuchtende Kugel steht 50 Meter von einem Wachmann entfernt. Es kommen mehrere menschliche Gestalten heraus, die eng anliegende silberne Kleidung tragen. Der Hund des Wachmanns versucht, sie zu beißen. Eine der Gestalten zeigt mit seiner Hand auf den Hund. Der wird von einem blauen Lichtstrahl getroffen, der ihn lautlos umwirft.

Dann wird auch der Wachmann getroffen und auf den Flur geworfen. Er fällt in einen narkotisierten Zustand. Noch in 1000 Metern Entfernung fallen die Motoren der Fahrzeuge aus. Sie lassen sich erst nach einer Stunde wieder starten.

Quellen: (*Flying Saucer Review*, Vol. 40, Nr. 1, 1995), (*Kasachstanskaja Prawda*, Alma-Ata, 12, Nr. 94, S. 4)

(137)

Ort: Valencia, Venezuela

Datum: 19. Dezember 1954

Zeit: 23 Uhr

Form: Teller mit Kuppel

Besonderheiten: Der 18-jährige Jockey José Parra sieht, wie sechs kleine Wesen Steine in eine dicht über dem Boden schwebende Scheibe einladen. Er will fortlaufen. Eines der Wesen bemerkt ihn und richtet einen violetten »Lichtstrahl« auf ihn, der ihn lähmt. Die Gestalten steigen in das Objekt und fliegen fort. Danach kann sich der Zeuge wieder bewegen.

Quelle: (J. & C. Lorenzen 1962, S. 52)

(138)

Ort: Pinheiro, Pirassumunga, Sao Paulo, Brasilien

Datum: 6. Februar 1969

Zeit: 7.30 Uhr

Form: Scheibe

Zeuge: mehr als 100

Besonderheiten: Ein Diskus landet in einem offenen Feld neben der Ortschaft. Gleichzeitig fallen Strom- und Telefonversorgung aus. Tiado Machado (19) geht auf den Teller zu. Zwei in Uniformen gekleidete, 1,50 Meter große Insassen schweben aus dem Teller zu Boden. Machado möchte mit den Insassen kommunizieren. Aber er wird durch den Beschuss mit einem blauen »Lichtstrahl«, der so hell wie ein Schweißbrenner-Funke ist, davon abgehalten. Der Feuerstrahl kommt aus einer Art Waffe und trifft den Zeugen am Oberschenkel. Der Zeuge verliert das Bewusstsein und kommt erst nach etwa einer Stunde wieder zu sich. Später finden die Ärzte an der Rückseite seines Oberschenkels rote Flecken. Der Zeuge trinkt danach Unmengen von Wasser. Wegen der vielen Zeugen zählt dieses Vorkommnis zu den am besten von der brasilianischen Luftwaffe untersuchten Fällen.

Quellen: (A. Huneeus, *UFO Universe*, Herbst 1994, S. 18–27), (Bühler 1975)

(139)
Ort: Lins, Sao Paulo, Brasilien
Datum: 2. Oktober 1968
Zeit: 6.20 Uhr
Besonderheiten: Ein Caterpillar-Fahrer will sein Fahrzeug betreten, als er vier kleine, 1,50 Meter große männliche Gestalten, jeweils in eine blaue Tunika gekleidet, die Kopf, Arme und Brust bedeckt, auf seinem Fahrzeug und daneben sieht. Einer der Männer richtet eine Waffe, die wie ein Rohr aussieht, auf ihn, die einen »Lichtstrahl« auf seine Brust schießt und ihn lähmt. Einer der kleinen Männer füllt Erde in eine Schüssel. Anschließend steigen alle in ein in der Nähe schwebendes Objekt und fliegen damit fort. Der Zeuge hat Schmerzen in der Brust, kann kaum laufen und berichtet weinend der Polizei, was ihm passiert ist. Innerhalb von 18 Tagen verliert der Zeuge 13 Kilogramm an Gewicht.
Quelle: (Bühler 1975)

B.2.2 UFO-Insassen werden beschossen und schießen zurück

(140)
Ort: Pilar de Goias bei Brasilia, Brasilien
Datum: 13. August 1967
Zeit: 16 Uhr
Form: Teller
Zeugen: zwei

Besonderheiten: Inacio de Souza (41) kommt mit seiner Frau vom Einkaufen aus der Stadt zurück. Er trägt ein Gewehr mit sich. In einiger Entfernung sehen sie drei Männer in eng anliegender gelber Kleidung »Fangen spielen« – jedenfalls machen ihre Bewegungen diesen Eindruck. Als die Zeugen dann etwas entfernt ein über dem Boden schwebendes Objekt »wie eine umgedrehte Waschschüssel« bemerken, bekommen sie Angst. Inacio de Souza nimmt daraufhin sein 0,44-Kaliber-Gewehr und schießt auf die ihm am nächsten stehende Person, die unverletzt bleibt. Unmittelbar darauf wird er von einem grünen »Lichtstrahl«, der aus dem Objekt kommt, an der Schulter getroffen und ohnmächtig. Die drei Gestalten verschwinden im UFO, das mit einem Summen wie ein Bienenschwarm senkrecht in die Luft steigt. Inacio de Souza wird ins Krankenhaus gebracht, wo man eine Art Strahlenkrankheit diagnostiziert, an der er nach wenigen Tagen stirbt.

Quelle: (Charles Brown, *Flying Saucer Review*, Vol. 15, Nr. 2, 1969)

(141)

Ort: Bajados AFB, Talavera, Spanien

Datum: 12. November 1976

Zeit: 1.45 Uhr

Zeugen: drei

Besonderheiten: Drei Soldaten hören ein durchdringendes Geräusch und gehen nach draußen in die Nähe des Waldes, um die Ursache zu finden. Sie entdecken in einer Entfernung von rund 100 Metern ein Objekt »mit einer Million Lichtern an der Unterseite«. Der Wachhund läuft bellend darauf zu, kommt dann schweigend und wie ein Betrunkener torkelnd wieder zurück. Eine grün leuchtende, drei Meter große Gestalt kommt aus dem Objekt, die aus vielen einzelnen Lichtpunkten gebildet scheint. Der Soldat José Trejo nähert sich ihr bis auf etwa 30 Meter und will auf sie schießen. Er fühlt sich aber plötzlich dermaßen schwach, dass er weder sehen noch sich auf seinen Beinen halten kann. Er fällt bewusstlos zu Boden. Der Hund springt in die Luft und wird verbrannt, noch ehe er den Boden wieder berührt. Trejo bleibt 15 Minuten lang bewusstlos liegen. Die beiden anderen Soldaten geben etwa 15 Sekunden lang mit ihren Z-62-Standard-Gewehren zwischen 40 und 50 Schüsse auf die Gestalt ab. Diese vergeht vor ihnen »wie das Bild eines Fernsehers«. Das große Objekt verschwindet in einer Lichtexplosion »heller als die Sonne«. Am nächsten Tag sucht man nach den Patronen, findet aber keine einzige. Der Soldat Trejo wird für drei Monate im Krankenhaus behandelt. Er ist mehrere Tage lang blind und hat entsetzliche Kopfschmerzen.

Quelle: (*Flying Saucer Review*, Vol. 23, Nr. 5, 1978)

(142)

Ort: Tonle Sap, südlich von Angkor Wat, Kambodscha

Datum: September 1971

Zeit: mittags

Form: Kugel

Zeugen: einige Dutzend Soldaten

Besonderheiten: 14 Soldaten der *Special Forces* (*101st Airborne Special Tactical Unit*) und einige Dutzend *Thai Rangers* hören beim Durchqueren des Dschungels ein merkwürdiges Brummen, wie von einem Motor. Als sie an eine Lichtung kommen, sehen sie etwa 50 Meter vor sich eine 15 Meter Durchmesser große spiegelnde metallische Kugel auf vier Stelzen stehen. Unter ihr laufen 15 bis 20 kleine Humanoide in silbriger Kleidung wie aus Mylar herum, die irgendwelche Instrumente tragen. Als sie die Soldaten erblicken, bleiben sie alle stehen und richten ihre Blicke auf sie. Dann kommt eines der Wesen mit einem Instrument auf einen Corporal zu. Aus Furcht schießt dieser aus einer *Brouning* FNFAF, einer Dreiweg-Winchester, als das Wesen nur noch zehn Meter von ihm entfernt ist. Das Wesen fällt um wie ein Brett. Der Kommandeur läuft auf den Corporal zu und drückt ihm die Waffe nieder. Ein 1,50 Meter großes Wesen kommt langsam auf den Kommandeur zu und zeigt diesem seine Handfläche am erhobenen Arm, was als Geste des Friedens ausgelegt wird. Dann wendet er sich an den Corporal und zeigt auf ihn. In diesem Augenblick geht der Corporal auf die

Knie, als hätte er einen elektrischen Schlag bekommen. Der angeschossene Humanoid steht wieder auf, ist aber sichtlich geschockt. Auch der Corporal erholt sich wieder. Der Chef-Humanoid zeigt wieder seine Handfläche und geht zu den anderen bewegungslos wartenden Gestalten zurück.

Alle Soldaten laufen zurück ins Lager, aus dem sie gekommen waren. Man beschließt, Stillschweigen über den Vorfall zu wahren. Trotzdem wird der Kommandeur sofort ins Offiziersbüro beordert, wo ihn bereits eine Gruppe hoher Militärs und Geheimdienstleute erwarten, die ihn nach dem Zwischenfall befragen. Drei Wochen lang dauern die Verhöre durch Militärs, Psychologen und Psychiater, in deren Verlauf mithilfe von Narko-Hypnose versucht wird, das Gedächtnis der Soldaten zu löschen. Alle werden mit hypnotischen Drogen (Seconal, Scopalomin u. a.) geimpft und unter Hypnose behandelt in der Absicht, die Gedächtnisinhalte zu verändern. Sechs oder acht Wochen nach dem Vorfall stirbt der Corporal, der geschossen hat. Einige Tage vor seinem Tod war er noch als anscheinend gesund gesehen worden. Sofort nach seinem Ableben ist sein Körper verwest.

Der betreffende Kommandeur, ein Oberleutnant, leidet die nächsten Jahre noch an Albträumen. Er ist der einzige Informant. Der Vorfall wird weiterhin geheim gehalten.

Quelle: (*Flying Saucer Review*, Vol. 41, Nr. 4, 1996)

(143)

Ort: Monte Maiz, Argentinien

Datum: 12. Oktober 1963

Zeit: 3.30 Uhr

Form: Teller mit Kuppel

Zeugen: einer

Besonderheiten: Ein Truckfahrer wird mit seinem Fahrzeug bei strömendem Regen von einer hell leuchtenden Scheibe von der Straße gedrängt und fährt in einen Graben. Das Objekt landet auf der Straße. Aus ihm kommen drei, drei Meter große Gestalten, die leuchtende Kleider und eigenartige Helme tragen. Sie gehen steif wie Roboter auf ihn zu. Der Zeuge verlässt seinen Wagen und zieht seinen Revolver. Er schießt vier Mal auf die Gestalten, was keine Wirkung zeigt. Daraufhin flieht er. Aber das Objekt folgt ihm und schießt einen roten »Lichtstrahl« auf ihn, der sehr heiß ist und ein prickelndes Gefühl hinterlässt. Mehrmals kann er sich hinter Bäumen verstecken, und mehrmals erwischt ihn der »Lichtstrahl« wieder, bis sich das Objekt entfernt. Der Zeuge rennt zur Polizei, wo sich die Verbrennungen als vergleichbar mit UV-Licht-Verbrennungen erweisen. Am Ort des Geschehens werden später Fußabdrücke von riesigen Dimensionen gefunden.

Quellen: (COD-OVNI, 1963), (*Australian Flying Saucer Review*, 1963)

C.
Einfangversuche

C.1 Versuche von UFOs und deren Insassen, Menschen zu fangen

C.1.1 UFOs versuchen Menschen an Bord zu ziehen

(144)
Ort: Stupino bei Moskau
Datum: 7. März 1990
Zeit: morgens
Folrm: Kugel
Zeugen: mehrere Kinder
Besonderheiten: Eine riesige Kugel überfliegt eine Schule in niedriger Höhe. Ein zwölfjähriger Junge sieht, wie seine Schwester unter dem Objekt langsam vom Boden abhebt. Er rennt zu ihr und hängt sich an ihre Beine, um sie mit seinem Gewicht wieder herabzuholen, was auch gelingt.
Quelle: (Muchtortow-Bericht, 1990, in MUFON-CES-*Samisdat*-Manuskripten)

(145)
Ort: Thompson, Manitoba, Kanada
Datum: Juli 1967
Zeit: 18 Uhr
Form: Rechteck
Zeugen: elf
Besonderheiten: Die Mutter der achtjährigen Nancy hört ein pfeifendes Geräusch vor dem Haus. Sie sieht aus dem Fenster und erkennt einen Wirbel von Staub, Blättern und Papier. Ursache ist ein in etwa zehn Metern Höhe schwebendes, großes rechteckiges Objekt, an dessen Unterseite ein flacher Zylinder ro-

tiert. Ihre Kinder und Nachbarn stehen daneben und schauen zu dem Objekt. Nancy beginnt zu schreien, als ihr Kleid nach oben gerissen wird. Dann erhebt sie sich selbst in die Luft. Ein 13-jähriger Junge läuft zu ihr und hängt sich an ihre Beine. Da lässt der Wirbelwind nach, und die Kinder bleiben am Boden. Das Objekt fliegt in einem 45°-Winkel in den Himmel. Nancy kann sich später nicht daran erinnern, vom Wind erfasst worden zu sein.

Quelle: (Green Berkley 1992, S. 11/12)

(146)

Ort: Colares, Brasilien

Datum: 1983

Zeit: nachts

Zeugen: zwei

Besonderheiten: Ein Farmer und seine Frau gehen nachts zu ihrem Haus. Etwa 300 Meter hinter ihnen leuchtet ein helles bläuliches Licht auf. Es nähert sich dem Paar und erlischt dann. Der Farmer fühlt, dass ihn etwas am Rücken packt und ihn 50 bis 100 Zentimeter vom Boden abhebt und zehn Meter weit fortträgt. Seine Frau läuft ihm hinterher und kann ihn wieder auf den Boden ziehen. In den kommenden Jahren leidet der zuvor gesunde Farmer an körperlichen Beschwerden.

Quelle: (Bob Pratt, *UFO Magazine*, Vol. 15, Nr. 9, 2000, S. 48)

(147)

Ort: Santa Cruz, Brasilien

Datum: Januar 1979

Zeit: 8 Uhr

Form: Zylinder

Besonderheiten: Ein Farmer kommt in der Nacht von seinem Nachbarn nach Hause. Auf seinem Weg zündet er sich eine Zigarette an. Im selben Augenblick erscheint drei Meter über ihm ein Zylinder von 40 Metern Durchmesser und acht Metern Höhe. An ihm öffnet sich eine Tür, und ein hellgrelles sehr heißes Licht überfällt den Zeugen. Er kann sehen, dass in der Öffnung eine Frau und ein Mann auf ihn herabblicken. Als er einen starken Zug nach oben verspürt, klammert er sich an einen kleinen Baum, sodass die Sogkraft nicht ausreicht, ihn fortzuziehen. Während etwa zwei Minuten wiederholt sich ein solcher Versuch fünf Mal. Immer wieder stemmt sich der Farmer dagegen an und wird losgelassen. Schließlich werden seine Schultern mit Tropfen eines heißen Öls übergossen. Aber der Farmer lässt nicht locker. Da gibt das Objekt auf und fliegt davon. Der Zeuge ist danach zwei Tage lang krank, hat Brandblasen und Kopfschmerzen.

Quelle: (Bob Pratt, *UFO Magazine*, Vol. 15, Nr. 9, 2000, S. 48)

(148)

Ort: Sitio Timbauba, nördlich von Campo Radondo, Brasilien
Datum: 27. Januar 1991
Zeit: 23 Uhr
Besonderheiten: Mutter und Tochter gehen nachts von einer Feier nach Hause. Plötzlich wird von oben eine Art Lichtschirm über sie geworfen. Die Mutter (40) spürt, wie sie in einem kalten Luftwirbel hochgezogen wird. Ihr Körper wird gefühllos. Ab der Körpermitte aufwärts spürt sie Eiseskälte, abwärts extreme Hitze. Ihre Tochter (13) zieht die Mutter wieder zu Boden. Zwei Tage lang sind alle Glieder der Mutter taub, und zwei Jahre lang leidet sie unter Kopfschmerzen.

Quelle: (B. Pratt, 1996)

(149)

Ort: Santa Cruz, Brasilien
Datum: Mai 1991
Zeit: abends, Dauer: fünf Minuten
Form: Kugel
Besonderheiten: Ein weißer Ball fliegt über einen Zeugen, dann färbt er sich rot. Der Zeuge wird 1,50 Meter vom Boden abgehoben. Es wird ihm entsetzlich heiß, und er ist paralysiert. Dann wird er fallen gelassen. Mühsam kriecht er etwa 100 Meter weiter. Wieder zieht ihn die Kugel in die Luft und hält ihn rund

15 Minuten. Dann lässt sie den Zeugen wieder fallen und fliegt fort. Der Zeuge kann 15 Minuten lang nicht sprechen, ist drei Tage lang blind. Seine linke Seite bleibt drei Monate lang gelähmt. Sein linkes Auge bleibt ein Jahr lang geschwollen.
Quelle: (B. Pratt, 1996)

(150)
Ort: Dechmont Hill bei Livingston, West Lothian, Großbritannien
Datum: 9. November 1979
Zeit: frühmorgens
Form: Scheibe
Zeuge: einer
Besonderheiten: Ein Forstarbeiter, Vater von sieben Kindern, geht früh morgens mit seinem Hund, einem Irish Setter, in den Wald, als sein Hund wild zu bellen beginnt. Aus dem Wald auf ein Feld tretend, sieht er einen großen Teller stehen. Sein Hund läuft nach Hause. Zwei Gestalten sehen den Zeugen an und nähern sich ihm langsam. Schließlich versuchen sie, ihn zu packen. Der Forstarbeiter wehrt sich. Die Gestalten ziehen an seinem Hemd, das zerreißt, und versetzen ihm Schnittwunden am Bein. Der Zeuge wird ohnmächtig und nimmt noch wahr, dass er in Richtung Objekt gezogen wird. Als er wieder zu sich kommt, sind die Wesen und das UFO fort. Die Polizei findet an der betreffenden Stelle drei Löcher im Boden, die von den Stelzen stammen könnten, auf dem das Objekt geruht hatte. Es werden auch Spuren des Kampfes festgestellt.
Quelle: (Brudell & Boar, 1983, S. 73)

(151)
Ort: Rio de Janeiro, Brasilien
Datum: 11. August 1971
Zeit: nach Mitternacht
Form: elliptisch
Zeugen: zwei
Besonderheiten: Eine Frau sitzt nachts auf ihrer Veranda, um zu rauchen. Aus den Wolken kommt ein elliptisches, metallisches

Objekt mit orange leuchtendem Band um die Peripherie. Darinnen befinden sich Fenster. Zwei kleinere elliptische Objekte umkreisen das große Objekt. Plötzlich wird ein bläulicher Lichtstrahl gegen die Zeugin gerichtet. Sie muss sich am Geländer festhalten, um nicht fortgezogen zu werden, und kann zunächst nicht schreien. Dann gelingt es ihr, ihren Mann zu rufen, der noch sieht, wie das Objekt fortfliegt.
Quelle: (Granchi, 1992, S. 138–141)

(152)
Ort: Gundiah bei Tiaro, Queensland, Australien
Datum: 4. Oktober 2001
Zeit: 23.15 Uhr
Form: Diskus
Zeugen: zwei (drei)
Besonderheiten: Keith Rylance (40) legt sich um 21.30 Uhr im Schlafraum seines Wohnwagens zur Bettruhe. Petra Heller (39), die Geschäftspartnerin seiner Frau Amy (22), zieht sich zum Schlafen in den Anhänger zurück. Amy bleibt noch im »Lounge room« des Wohnwagens, um von der Couch aus fernzusehen. Um 23.15 Uhr schlafen alle. Irgendetwas lässt Petra aufwachen und in den »Lounge room« gehen. Dort sieht sie, dass von draußen durch das zertrümmerte Fenster ein breiter Lichtstrahl mit rechteckigem Querschnitt und abgeschnittenem Ende in den Raum ragt. In diesem Strahl schwebt Amy in schlafender Stellung. Der Lichtstrahl zieht sie langsam nach draußen zu einem in der Nähe befindlichen diskusförmigen Objekt zurück. Vor Schreck wird Petra kurz ohnmächtig. Als sie wieder zu Bewusstsein gekommen ist, schreit sie laut, und Keith kommt in den Raum. Er sucht drinnen und draußen nach Amy und glaubt Petra schließlich ihre Schilderung des Vorfalls. Dann rufen sie um 23.40 Uhr die Polizei zu Hilfe. Die Beamten vermuten, dass durch die wirren Schilderungen ein Verbrechen vertuscht werden soll. Nach einiger Zeit bekommt Keith einen Anruf aus einer BP-Tankstelle aus Mackay, das rund 800 Kilometer weit entfernt ist. Dort ist Amy völlig verstört aufgetaucht,

wollte zum Krankenhaus gebracht werden und dann zur Polizei. Keith bricht sofort nach Mackay auf. Inzwischen befassen sich drei Polizeiinspektionen mit dem Fall.

Amy erinnert sich nur, dass sie in einem rechteckigen Raum aufgewacht ist und von mehreren Menschen mit Ganzkörperanzügen, deren Kopfhaube nur Augen, Mund und Nase frei ließen, umstanden wurde. Weiter erinnert sie sich nur, dass sie in einer ihr unbekannten Gegend wieder zu sich gekommen ist und nach einigem Suchen eine Straße zur Tankstelle gefunden hatte. Eigenartigerweise war ihr Kleid verkehrt herum angezogen. Die Haare am Körper, die sie zuvor abrasiert hatte, waren lang nachgewachsen, sodass sie länger fort gewesen sein musste, als es die Uhren anzeigten. Polizei und UFO-Untersucher rieten den Zeugen ab, mit ihrem Erlebnis in die Öffentlichkeit zu gehen.

Quelle: (B. Chalker & D. Harrison, *Australian UFOlogist*, Vol. 5, Nr. 4, 2001, S. 26–28)

(153)
Ort: Diamantina, Brasilien
Datum: 20. August 1962
Zeit: morgens
Besonderheiten: Der Bergarbeiter Rivalino Mafra da Silva erzählt seinen Freunden, er habe nahe vor seinem Haus zwei kleine, einen Meter große Wesen in der Erde graben gesehen. Als sie ihn bemerkten, seien sie in die Büsche gelaufen, aus denen gleich darauf ein Teller mit Kuppel aufgestiegen sei. Rivalinos Freunde lachen ihn aus. Einige Tage später, am 20. August, sieht Rivalinos zwölfjähriger Sohn Raimondo zwei riesige Bälle mit Antennen und »kurzen Schwänzen« dicht vor der Haustüre kreisen. Sein Vater geht auf die Objekte zu. Sein Sohn versucht, ihn zurückzurufen. Aus den Objekten strömt plötzlich ein gelber Nebel, der Rivalino ganz einhüllt. Als er sich wieder auflöst, sind Rivalino da Silva und die Objekte verschwunden. Dr. Olavo Fontes stellt später fest, dass Raimondo mit einer Militärma-

schine nach Rio de Janeiro geflogen wurde, »wo er hinter einem dichten Sicherheitsvorhang verschwunden ist«.
Quelle: (John A. Keel, *Saga*, Februar 1967, S. 50)

C.1.2 UFO-Insassen versuchen Menschen zu fangen

(154)
Ort: Livorno, Italien
Datum: 19. Oktober 1954
Form: Scheibe
Zeugen: einer
Besonderheiten: Bruno Senesi sieht eine Scheibe, die Rauch emittiert, mit zwei hellen Strahlern in einem benachbarten Feld landen. Aus ihr kommen zwei kleine, rot gekleidete Wesen heraus, die versuchen, Senesi zu fangen. Er rennt um sein Leben und kann entkommen. Völlig aufgeregt wird er ins Krankenheus gebracht, wo er sich zitternd unter dem Bett zu verstecken versucht.
Quelle: (*Il Tempo*, *Il Messagero* und *Momento Sera* vom 20. Oktober 1957)

(155)
Ort: Itaperuna, Brasilien
Datum: 25. September 1971
Zeit: 2 Uhr nachts
Besonderheiten: Da ein rundes Objekt mitten auf der Fahrbahn steht, kann ein Lkw-Fahrer nicht daran vorbeikommen und hält an. Aus dem UFO steigen zwei etwa 60 Zentimeter große Gestalten aus. Ein Zwerg holt eine Art Taschenlampe aus seinem Gürtel und richtet einen »mal bläulichen, mal rötlichen Lichtstrahl« auf den Zeugen im Lkw. Dieser fühlt sich dadurch aus seinem Wagen gehoben. Je intensiver der Strahl wird, umso höher steigt der völlig bewegungsunfähige Zeuge in die Luft, bis er etwa 50 Meter Höhe erreicht hat. Nach etwa fünf Minuten nähert sich ein anderes Auto, und der Zeuge wird mit dem »Lichtstrahl« wieder zurück in seinen Wagen gesetzt. Die Wesen gehen

zurück in das Objekt, das senkrecht nach oben wegfliegt. Der Zeuge erleidet einen Schock und benötigt etwa 30 Minuten, um in seinen normalen Zustand zurückzufinden. Sein Körper tut ihm weh, seine Augen sind geschwollen und brennen, sein linker Arm kribbelt wie »eingeschlafen«. Nach der Aussage bei der Polizei vergisst er, was sich in den letzten sechs Stunden ereignet hat.

Quelle: (Bühler 1975, S. 145–147)

(156)

Ort: Trans-Anden-Highway
Datum: 10. Dezember 1954
Zeit: abends
Form: zwei zusammengesetzte Schüsseln
Zeugen: zwei
Besonderheiten: Zwei Jäger beobachten, wie aus einem 2,70 Meter großen Objekt, das aus zwei zusammengesetzten »Schüsseln« besteht und einen Meter über dem Boden schwebt, vier kleine haarige Wesen mit großen runden Köpfen aussteigen und auf sie zukommen. Sie werfen einen der Jäger um und setzen sich auf ihn. Der andere Jäger, der seine Munition verschossen hat, benutzt sein Gewehr als Prügel und schlägt damit auf den Körper eines der Wesen ein. Dabei zerbricht es, als wäre es gegen einen Felsen geschlagen worden. Die Wesen laufen ins UFO und fliegen fort.

Quelle: (J. & C. Lorenzen 1967)

(157)

Ort: USA (Ort ist Don Worley bekannt)
Datum: September 1986
Zeit: nachts
Zeugen: mehrere
Besonderheiten: Irgendetwas knallt auf das Metall des Silos auf der Farm von »Joel Parker«. Dieser nimmt sein Gewehr und nähert sich langsam der betreffenden Stelle. In der Dämmerung sieht er eine Gestalt auf dem Dach. Parker schießt. Die Gestalt

verschwindet rasch. In den folgenden Monaten erinnert sich Parker, dass er zwölf Jahre zuvor bereits von solchen Gestalten entführt worden ist.

Im Juni 1974 wacht er gegen vier Uhr auf und sieht mehrere kleine Wesen mit großen Köpfen und blauen Overalls neben seinem Bett stehen. Er ist paralysiert. Eine der Gestalten berührt seine Schulter, und er verspürt ein Gefühl, das Joel Parker wie einen »Schuss mit Novokain« beschreibt. Die Wesen nehmen ihn mit zu einem großen Teller, der im Garten steht. Sie gehen vorbei an den jetzt völlig unbeweglichen Wachhunden. An Bord wird er untersucht und erhält ein Implantat an der rechten Unterseite des Penis. Dann wird er zurückgebracht und vergisst alles Geschehene. Sein Vater »Alan Parker« geht um 4.30 Uhr zur Toilette und sieht durchs Fenster einen leuchtend hellen feurigen Teller im Sojabohnenfeld, der sich gerade erhebt und fortfliegt. Am nächsten Tag wundern sich die Eltern von Joel, dass dessen Socken, mit denen er geschlafen hat, völlig durchnässt und verdreckt sind. Joel fühlt sich nicht wohl und wird zum Arzt gebracht. Der entdeckt an der rechten Unterseite von Joels Penis einen Knoten. Da er nicht schmerzt, wird nichts weiter unternommen. Erst zwölf Jahre später, im Februar 1986, fällt ein kleines rundes blaugraues Objekt beim Duschen aus Joels Körper, das dieser beiseite legt.

Im Sommer 1986 beobachten alle Familienmitglieder im Garten eine große silberne Scheibe über dem Nachbarhaus, in dem sie vor zwölf Jahren gewohnt hatten. Das Objekt verweilt kurz und fliegt senkrecht nach oben fort. Im September taucht dann die Gestalt auf dem Dach auf, die Joels Erinnerung an den Vorfall von 1974 wiedererweckt. Joel beginnt diese Wesen zu hassen. Als ihm eines Tages ein orange leuchtendes Objekt auf der Straße den Weg versperrt, steigt er aus dem Wagen und läuft mit geballten Fäusten schimpfend darauf zu und vertreibt das Objekt.

Eines Nachts im März 1987 spürt Joel die Nähe der verhassten UFO-Insassen. Er sieht aus dem Fenster und bemerkt drei Wesen, die sich im Gänsemarsch dem Haus nähern. Rasch läuft er mit seinem Gewehr nach draußen. Die Wesen sind nicht mehr zu sehen. Aber Joel schießt mehrmals in die Richtung, in die sie gegangen sein müssen. Einige Tage später dringen »Lichtstrahlen« in das Wohnzimmer. Sie verfehlen Joel, bewirken aber, dass sämtliche elektrischen Lichter ausgehen. Die Familie Parker versiegelt alle Öffnungen des Hauses, damit das Licht nicht wieder eindringen kann. An einem Abend vergessen sie, ein Fenster zu verdunkeln. Hinter diesem erscheint das Gesicht eines der kleinen Wesen. Bevor Joel darauf schießen kann, verschwindet es.

Der Abduktionsforscher Don Worley, der bis 1998 im Laufe von 33 Jahren 109 Entführungsfälle untersucht hat, konnte der Familie Parker so gut es ging helfen.

Quelle: (Don Worley, *UFO Magazine*, Dezember 1998, S. 28–32)

(158)
Ort: Vila Conceicao, Nord-Brasilien
Datum: 16. September 1962
Zeit: abends
Form: Scheibe
Zeugen: einer
Besonderheiten: Telemaco Xavia ist nach einem Fußballspiel auf dem Heimweg. Er geht neben einem Bahngleis, als neben ihm eine leuchtende Scheibe landet. Ein Farmer beobachtet von einer Gummiplantage aus, wie drei Männer aus dem Teller aussteigen und Xavier zu fangen versuchen. Dieser wehrt sich vergebens und wird an Bord des Objektes gebracht, das darauf fortfliegt. Telemaco Xavier kehrt nie mehr zurück. Am nächsten Tag sind noch Spuren des Kampfes an der Landestelle zu erkennen. In der Gegend vermissen Farmer zur selben Zeit 17 Hühner, sechs Schweine und zwei Kühe.

Quelle: (Steiger & Whritenour 1967, S. 56)

C.2 Versuche, UFOs und ihre Insassen zu fangen

C.2.1 Menschen versuchen, kleine unbekannte Objekte zu fangen

(159)
Ort: Balfour, Neuseeland
Datum: 13. Januar 1957
Zeit: 3.10 Uhr, Dauer: vier Minuten
Form: Kugel
Zeugen: zwei
Besonderheiten: Eine blau-weiß fluoreszierende Kugel von 35 bis 45 Zentimetern Durchmesser wird in vier Metern Höhe fliegend beobachtet und kommt noch tiefer herab. William West versucht, sie zu fangen. Die Kugel springt zwei Meter zurück und wechselt die Farbe zu gelblich. Noch zwei Mal versucht der Zeuge vergeblich, die Kugel zu fangen. Das Zentrum der Kugel wird rot, und die Kugel wird kleiner. Schließlich steigt sie in die Höhe und verschwindet.
Quelle: (*The Southland Times*, Ivergargill, 15. Januar 1957)

(160)
Ort: Cabo Frio, Rio de Janeiro, Brasilien
Datum: Mitte 1968
Zeit: morgens
Form: Kugeln
Zeugen: elf
Besonderheiten: Über den Häusern des Ortes und über den Feldern fliegen viele kleine Kugeln, die von einer schaumartigen Substanz umgeben sind. Viele Menschen versuchen, sie zu fangen. Doch bei jeder Annäherung fliegen sie davon. Ein Junge hat Glück und bekommt eine zu fassen. Doch bei der Berührung zieht er seine Hand vor Schmerzen zurück. Denn die Kugel verbrennt seine Hand. Zur Behandlung wird er ins Krankenhaus gebracht.
Quelle: (Granchi 1992, S. 64)

(161)
Ort: Amarillo, Texas
Datum: April 1950
Form: Teller
Zeugen: zwei
Besonderheiten: Ein zwölfjähriger Junge spielt mit seinem Freund, als ein blau-grauer kleiner Teller, groß wie ein Autoreifen, vom Himmel fällt und dicht über dem Boden schweben bleibt. Der Junge geht darauf zu und berührt das Objekt, das sich warm und glatt anfühlt. Als er es packen will, stößt das Objekt eine Art Gas oder Spray aus, wovon das Gesicht und die Arme des Zeugen rot werden, und es entstehen Blasen, wie bei einer schweren Verbrennung. Dann fliegt das Objekt davon.
Quellen: (*United Press*, 9. April 1950), (John A. Keel, *Male*, August 1969, S. 68/69)

(162)
Ort: Loch Neagh, Irland
Datum: 7. September 1958
Zeit: nachmittags, Dauer: zehn Minuten
Form: Ei
Zeugen: zwei
Besonderheiten: Das Ehepaar Hutchinson sieht, wie ein flammend rotes 90 Zentimeter großes eiförmiges Objekt von 45 Zentimetern Dicke etwa 200 Meter entfernt landet. Es steht aufrecht wie ein Ei in einem Eierbecher. Mr. Hutchinson betrachtet es aus nächster Nähe und tritt dagegen. Zu seiner Überraschung richtet sich das Ei wieder auf. Als er sich zu ihm niederbückt, beginnt es zu rotieren. Dann schlägt Mr. Hutchinson mit dem Hammer dagegen. Als nichts geschieht, hebt er es auf, in der Absicht, es zur Polizei zu bringen, damit man dort den Eigentümer des »Sputnik« ausfindig machen soll. Auf dem Weg (einer Abkürzung) zur Polizei muss er eine Hecke überwinden. Dazu setzt er das Objekt kurz ab. Dabei beginnt das Objekt wieder zu rotieren und fliegt – wie ein Ballon – in die Luft. Mr. Hutchinson will das Ding zurückhalten, Mrs. Hutchinson sieht, wie ihr

Mann ein wenig in die Luft gehoben wird und zu Boden fällt, als er es loslässt.
Quelle: (*APRO Bulletin*, 15. September 1956)

(163)
Ort: Caconde, Sao Paulo/Minas Gerais, Brasilien
Datum: 17. Mai 1968
Zeit: morgens, Dauer: ?
Form: kleiner Zylinder
Zeugen: mehrere
Besonderheiten: Sr. Caetano Sergio dos Santos findet vor seinem Haus einen 17 Zentimeter langen und 15 Zentimeter breiten, sehr schweren metallischen Zylinder, der an beiden Seiten unter Glas Zeiger hat. Er hält das für eine eigenartige Uhr, die jemand verloren hat, und zeigt sie seinen Nachbarn. Am nächsten Tag will er sie zur Polizei bringen und stellt das Ding auf eine 1,80 Meter hohe Mauer im Bad. Nachts um 1.07 Uhr ertönt aus dem Bad ein lautes Brummen. Die Frau und die Kinder des Zeugen (sieben und neun Jahre alt) schreien und laufen in den Garten (bei 9 °C Außentemperatur). Der Zeuge sieht, dass von dem Objekt ein blaues Licht ausgeht und eine große Hitze abgestrahlt wird. Nach etwa zehn Minuten erhebt sich der Gegenstand und fliegt, ein Loch ins Dach brechend, davon.
Quelle: (W. Bühler, *Flying Saucer Review*, Vol. 15, Nr. 4, 1969)

C.2.2 Menschen versuchen, UFO-Insassen zu fangen

(164)
Ort: Choisy-le-Roi, Frankreich
Datum: Mitte Februar 1956
Zeit: 21.30 Uhr, Dauer: 15 Minuten
Form: oval
Zeugen: einer
Besonderheiten: Eine Autofahrerin hält ihren Wagen an, als sie vor sich in rund 20 Metern Höhe ein ovales Objekt über dem Boden

schweben sieht. Das verursacht ein zischendes Geräusch und setzt zur Landung an. Die Frau geht auf das Objekt zu und sieht sechs etwa 1,30 Meter große Gestalten neben dem Objekt. Sie wirken sehr zerbrechlich. Zwei Wesen stehen hinter dem Fenster des Objektes. Als die Wesen die Frau erblicken, steigen fünf von ihnen schnell in das Objekt. Ein weiteres bleibt draußen. Da kommt der Frau die Idee, es zu fangen und zur Polizei zu bringen. Aus dem Objekt wird ein »Lichtstrahl« auf die Frau gerichtet, die völlig gelähmt wird und erst jetzt mächtige Angst bekommt. Der Lichtstrahl wird schwächer, und die Frau kann zu ihrem Wagen laufen. Im Wagen kann sie sich zehn Minuten lang nicht bewegen. Erst als sich das Objekt mit zischendem Geräusch erhebt, orange und dann rot zu leuchten beginnt und fortfliegt, kann sie ihren Wagen wieder starten.
Quelle: (*Flying Saucer Review*, 1997, Vol. 42, Nr. 3, S. 6)

(165)
Ort: Puy-de-Dóme, Frankreich
Datum: April oder Mai 1960
Zeit: 2 Uhr
Form: Kinderkreisel
Zeugen: einer
Besonderheiten: Der Bäcker Germain Tichit hört draußen ein ungewöhnliches Geräusch und sieht vom Fenster seiner Backstube aus farbige Lichter. Er läuft aus dem Haus und erblickt nicht allzu weit entfernt einen zehn bis 15 Meter im Durchmesser großen und fünf Meter hohen »Kinderkreisel«. Dessen untere Hälfte ist dunkel, und die obere Hälfte ist transparent. An ihr sieht er vier Reihen rotierender bunter Lichtstreifen. Plötzlich senkt sich aus der Mitte eine zieharmonikaförmige Röhre hinab. Eine Leiter schiebt sich ebenfalls nach unten, auf der ein kleiner Mann mit Feuerwehrhelm hinabsteigt. Es beginnt ein warmer Wind zu blasen. Tichit ist ein starker Mann und hat die Absicht, den kleinen Mann zu fangen. Als er sich dem Objekt nähert, richtet der kleine Mann einen starken »Lichtstrahl« auf Tichits Gesicht und Brust, der ihm das Atmen schwer macht

und ihn am Fortgehen hindert. Der kleine Mann geht zurück und steigt die Leiter empor in das Objekt. Das zieht Röhre und Leiter ein, erhebt sich langsam bis auf etwa 30 Meter Höhe und fliegt dann horizontal davon zu einigen ähnlichen Objekten, die in der Ferne warten.

Quelle: (Joel Mesnard, *Flying Saucer Review*, Vol. 16, Nr. 1, 1970)

(166)

Ort: Varginha, Brasilien

Datum: 20. Januar 1996

Zeit: 1 Uhr (für UFO); 8–18 Uhr (für Insassen)

Form: Zigarre

Zeugen: zwei für das Objekt, > 60 für die Insassen

Besonderheiten: Am 20. Januar 1996 gegen ein Uhr beobachtet ein Ehepaar, wie ein etwa zehn Meter langes zigarrenförmiges Objekt fünf Meter über dem Boden sehr langsam lautlos in nördlicher Richtung gleitet. Aus seinen Seiten quillt Rauch, es scheint defekt zu sein und hinter dem Horizont abzustürzen. Bei der Polizei und bei der Feuerwehr treffen zwischen sieben und acht Uhr früh mehrere Anrufe ein, in denen Zeugen ein kleines nacktes Wesen mit brauner Haut, riesigem Kopf und großen roten Augen gesehen haben wollen. Auf dem Kopf soll es drei hornartige Wülste tragen. Gegen zehn Uhr wird ein Wesen von Polizei, Militärpersonal und Feuerwehr mit einem Fangnetz gefangen und abtransportiert. Ein Jogger beobachtet gegen 14 Uhr, wie bewaffnete Soldaten in ein Wäldchen eindringen. Es fallen drei Schüsse. Dann werden zwei Säcke aus dem Wald getragen. In einem der Säcke bewegt sich etwas Lebendiges. Die Säcke werden auf Militärfahrzeuge geladen. Gegen 15 Uhr sehen drei Mädchen (20, 16 und 14 Jahre alt) ein kleines braunes Wesen vor einer Wand hocken und laufen schreiend nach Hause. Ihre Eltern benachrichtigen die Polizei. Um 18 Uhr wütet ein Hagelsturm in der Gegend. Zwei Militärpolizisten entdecken ein weiteres kleines Wesen auf der Straße. Es gelingt ihnen, das verletzte Wesen einzufangen und in ihren Wagen zu bringen, wobei einer der Militärpolizisten das Wesen ohne seine

Handschuhe am Arm packt. Es ist nicht klar, wie viele Wesen (zwei oder vier) das Militär fassen konnte, da die Angelegenheit unter Geheimhaltung gestellt wurde. Ein verletztes Wesen wurde jedenfalls ins Krankenhaus gebracht, um dessen gebrochenes Bein zu schienen. Alle Dokumente über Untersuchungen und den Verlauf der Behandlungen sind zurzeit noch unter Verschluss. Es sickerten Informationen durch, wonach eines der gefangenen Wesen nach der Operation verstarb. Der 23-jährige Militärpolizist Corporal Marco Eli Chereze, der ein Wesen am Arm gepackt hatte, litt danach an einer unbekannten Infektion, die nicht geheilt werden konnte. Sie führte nach 26 Tagen, am 15. Februar 1996, zum Tode von Eli Chereze. Die Kreatur hatte sich durch die Berührung möglicherweise ebenfalls infiziert, denn sie starb ebenfalls nach wenigen Tagen. Für die Todesursache des Corporals fand der Arzt Dr. Cesario Lincoln Furtado »keine rationale Erklärung,« und der Arzt Dr. R. K. Leir vermutet, dass die Symptome auf eine Art Ebola-Viren hinweisen.

Quellen: (A. J. Gevaerd, *MUFON UFO Journal*, März 2004 und August 2005), (Leir 2005), (Matt Moffet, *Wall Street Journal* vom 12. Juli 1996), (Bob Pratt, *UFO Kurier*, Nr. 39, Januar 1998, S. 6–12), (A. J. Gevaerd, *Revista UFO*, Special Nr. 13. Juli 1996, CBPDV = *Centro Brasileiro para Pesquisa des Discos Voadores*)

Literaturnachweis

Einleitung: »UFOs – ein Missverständnis«

Akademie der Wissenschaften der UdSSR, 1980 (russ. Erstveröffentlichung 1978): Gindilis, L. M., Menkov, D. A. & Petrowskaja, I. G.: *Observations of Anomalous Atmospheric Phenomena in the USSR: Statistical Analysis*; CUFOS

Battelle Memorial Institute, 1956: Zusammenfassung von L. Davidson: *Flying Saucers: An Analysis of the Air Force Blue Book Special Report No.14*, White Plains, NY: Davidson

Cohen, P., 2008 (in Vorbereitung): »UFOs und ihre Piloten: Ihre Bedeutung für die heutige Biologie«, in *MUFON-CES-Bericht 12*, Hrsg. I. v. Ludwiger; Feldkirchen-Westerham

Condon-Report, 1969: Condon, E. & Gilmor, D. S. (Hrsg.): *Scientific Study of Unidentified Flying Objects*, Colorado & NY: Dutton

Druffel, A., 2003: *Firestorm: Dr. James McDonald's Fight for UFO Science*, Columbus, NC: Wild Flower Press

Kauffmann, S., 1995: *At Home in the Universe*, Oxford, UK: Oxford University Press

Ludwiger, I. von, 1998: *Best Cases – Europe*, Las Vegas: NIDS

Pinch, T. & Collins, H. M., 1984: »Private Science and Public Knowledge«, in *Social Studies of Science*, Vol. 14, S. 512–548

Schulze, G. & Powell, R., 2008: »Stephenville Lights: A Radar and Witness Study of the Events of January 8, 2008« (Summary Report), in *MUFON UFO Journal*, August 2008, S. 3–9

Schulze, G. & Powell, R., 2008: deutsche Übersetzung des »Forschungsberichts Stephenville, TX« (77 Seiten): »Stevenville Lichter: Eine umfassende Studie mit Hilfe von Radar- und Augenzeugenberichten hinsichtlich der Ereignisse vom 8. Januar 2008, 16.00 bis 20.00 Uhr«; Fort Collins, CO: MUFON, im Internet unter: http://h1.ripway.com/exonews/MUFONStephenvilleRadarReport%20%28Texas%20Januar%2008%29%20Deutscch.pdf

Sturrock, P., 1984: »Report on a Survey of a Membership of the American Astronomical Society Concerning the UFO Problem«, in *JSE*, Vol. 8, S. 1–45
Ward, P. & Brownlee, D., 2000: *Rare Earth*, NY: Copernicus Books
Wendt, A. & Duvall, R., 2008: »Sovereignty and UFOs«, in *Political Theory*, Vol. 36, Nr. 4, S. 607–633: Sage Publications

1. Beobachtungen nicht zu identifizierender Flugobjekte
1.1 Zum gegenwärtigen Stand der Diskussion

Bauer, H., 2006: Leserbrief in *IUR*, Vol. 30, Nr. 2, S. 27
Binder, O. O., 1968, *Flying Saucers Are Watching Us*, New York: Belmont Books
Bourdais, G., 2007: »The Death and Rebirth of Official French UFO Studies«, in *IUR*, Vol. 31, Nr. 2; S. 12–16 und 24
Bruni, G., 2000: *You Can't Tell the People – the Definite Account of the Rendlesham Forest UFO Mystery*, London: Sidgewick & Jackson
Clarke, D., 2007: »British MoD to Open UFO Archive«, *MUFON UFO Journal*, Juni 2007, Nr. 470, S. 7
Anthony, G. & Clark, D., 2006: »The British MoD Study: Project Condign«, *IUR*, Vol. 30, Nr. 4, S. 3–13 und 29–32
COMETA-Studie 1999: »A quoi dit-on se préparer?«, in *VSD-Magazin*
Davidson, L., 1956: *Flying Saucers: An Analysis of the Air Force Blue Book Special Report No. 14*; White Plains: Leon Davidson
Deardorf, B., Haisch, B., Maccabee, B. & Puthoff, H., 2005: *Journal of the British Interplanetary Society (JBIS)*, Vol. 58, S. 43–50
Dennett, P. E., 1997: *One in Forty: the UFO Epidemic – True Accounts of Close Encounters With UFOs*, New York: Kroshka Books
Doerter, J., 2005: *A Study of UFO Experiences and Anomalies as Reported by Forest Lookouts and Forest Workers*, Ashlaret, OR: Dr. J. Doerter
Dröscher, W. & Häuser, J.: »Guidelines for a Space Propulsion Device Based on Heim's Quantum Theory«, in AIAA-3700, 40th AIAA/ASME/SAE/ASE, Joint Propulsion Conference, Ft. Lauderdale, FL; 7.–10. Juli 2004
Exopolitik.org, 2007: »Die UFO-Vertuschung – bei Larry King Live (CNN); 10. November 2007 ff.

Galde, Ph., 2008: *Fate*, September/Oktober 2008, S. 4

Greenwood, B., 2008: Project Black Vault: Regierungsdokumente über UFOs, www.theblackvault.com

Haines, R. F., 2006: »An Analysis of Multiple UAP Photo Images (May 25, 1971), Austrian Alps«, in *Journal of UFO Studies,* New Series, Vol. 9, 2006, S. 31–70

Heim, B., 1977: *Zeitschr. für Naturforschung*, 32a, April/Mai 1977, S. 233–243

Heim, B., 1983: *Elementarstrukturen der Materie,* Bd. II; Innsbruck: Resch

Heim, B., 1989: *Elementarstrukturen der Materie,* Bd. I; Innsbruck: Resch

Heim, B. & Dröscher, W., 1996: *Strukturen der physikalischen Welt und ihrer nichtmateriellen Seite*, Innsbruck: Resch

Hynek, J. A., 1972: *The UFO Experience – A Scientific Inquiry*; New York: Ballantine Books; deutsch 1978: *UFO – Begegnungen der ersten, zweiten und dritten Art*; Goldmann TB 11205

Hynek, J. A., 1977: *The Hynek UFO Report*; New York: Dell Pub. Co.; deutsch 1978: *J. A. Hynek UFO Report – Ein Forschungsbericht*: Goldmann TB11703

Jung, C. G. 1958: *Ein moderner Mythus – Von Dingen, die am Himmel gesehen werden*; Zürich: Rascher

Kitei, L. D.; 2004: *The Phoenix Lights,* Charlottesville, VA: Hampton Roads

Krauter, R., 2007: »Das Ende der Schwere«, in *Die Zeit*, 15. Mai 2005, Nr. 21

Lietz, H., 2005: »11 Lichtjahre in 80 Tagen – Von der Feldtheorie Burkhard Heims und ihrer Anwendung für einen Raumfahrtantrieb«, in *Telepolis*, 1, S. 47–51

Lietz, H., 2006: »A leap into hyperspace«, in *New Scientist*, Vol. 198, Nr. 2533, S. 24–27

Lietz, H. 2007: »UFOs in den Medien – Analyse der Berichterstattung über die COMETA-Studie, 1999–2001«, in *Z. für Anomalistik*, Band 6

Ludwiger, I. von, 2001: »The Physics of Burkhard Heim and its Applications to Space Propulsion«; Presentation at the First European Workshop on Field Propulsio; 20.–22. Januar 2001 at the University of Sussex, Brighton, GB, S. 1–51

Ludwiger, I. von, 2006: *Das neue Weltbild des Physikers Burkhard Heim*, München-Grünwald: Komplett Media
Lorant, G., 2007: http://www.freedomofinfo.org
Marshall V. Summers, 2005: *The Aliens of Humanity*, New Knowl. Libr.
McCampbell, J., 1973: *Ufology – New Insights from Scikience and Common Sense*, San Francisco, CA: Hollmann Publishing Co.
Meessen, A., 2004: »Etude des observations radar et infrarouges de la Force aérienne mexicaine en 2004«, Vortrag anlässlich der MUFON-CES-Tagung im November 2004 in Frankfurt; abgedruckt in *Inforespace*, SOBEPS, 2005
Meessen, A., 2008: persönliche Mitteilung vom 7. März 2008
Menzel, D. H., 1953: *Flying Saucers – Myth, Truth, History*; Cambridge: Harvard University Press
Menzel, D. H. & Boyd, L. G., 1963: *The World of Flying Saucers*; Garden City, NY: Doubleday & Company
Noelle-Neumann, E., 1980: *Die Schweigespirale*, Piper
Sagan, C. & Page, Th., 1972: *UFOs – A Scientific Debate*, Ithaca, NY: Cornell University Press
Schwarz, B., 1983: *UFO Dynamics – Psychiatric & Psychic Aspects of the UFO Syndrome*, Bd. 1 und 2, Boynton Beach, FL: Rainbow Books
Shuttlewood, A., 1967: *The Warminster Mystery*, London: A. Baker Ltd.; ders.: *More UFOs Over Warminster*, London: A. Baker Ltd.
SOBEPS 1993: *UFO-Welle über Belgien,* Frankfurt: Zweitausendeins
Swords, M. D, 2005: *Grass Roots UFOs – Case Reports from the Timmerman Files*, Lima, Ohio: FUFOR
Tajmar, M. et al., 2007: »Measurement of Gravimagnetic and Acceleration Fields Around Rotating Superconductors«; STAIF AIP, Februar 2007
UFOCAT 2007: CD-Rom »Sun River Research«; Chicago: CUFOS
Vallée, J., 1965: *Anatomy of a Phenomenon – Unidentified Objects in Space – A Scientific Appraisal*; Chicago: Henry Regnery Company
Vallée, J. & Vallée, J. 1966: *Challenge to Science – The UFO Enigma,* Chicago: Henry Regnery Company
Vallée, J., 1990: »Arguments Against the ET Origin of UFOs«, *J. of Scientific Exploration*, Vol. 4, Br. 1, S. 105–118
Velasco, J.-J., & Montigiani, N., 2004: *OVNIS – l'évidence*, Paris: Carnot

Westrum, R., 2000: »Limited Access: Six Natural Scientists and the UFO Phenomenon«, in Jacobs, D. M., Hrsg.: *UFOs & Abductions – Challenging the Borders of Knowledge*; Lawrence, Kansas: University Press of Kansas

Wunder, E., Hrsg., 2001: *Zeitschrift für Anomalistik*; Band 1, Forum Parawissenschaften e. V.

1.2 Das Militär als pragmatischer Untersucher

Bönisch, G. & Wiegrefe, K., 2008: »Am Abgrund«, in *Spiegel* vom 16. Juni 2008, S. 48–60

Bruni, G., 2000: *You Can't Tell the People – The Definite Account of the Rendlesham Forest UFO Mystery*, Sidgwick & Jackson, London

Bryant, L. W., 2005: *UFO Politics at the White House Citizesns Rally Round Jimmy Carter's Promise*, Lakeville, Minnesota: Galde Press, Inc.

Chadwell, Marshall, 1952: CIA-Memorandum vom 2. Dezember 1952

Chester, K., 2007: *Strange Company: Military Encounters with UFOs in World War II*; San Antonio, TX: Anomalist Books

Clark, J., 1992: *The UFO Encyclopedia Vol. 2 – The Emergence of a Phenomenon: UFOs from the Beginning through 1959*; Omnigraphics, Inc., Detroit, MI

Clark, J., 2003: *Strange Skies – Pilot Encounters with UFOs,* Citadel Press, Kensington Publ. Comp., New York

Crain, S. T., 1987: »UFO Intercepts Rocket«, in *MUFON UFO Journal*, Nr. 225, Januar 1987, S. 5–6

Dolan, R. M., 2000: *UFOs and the National Security State*, Keyhole Publishing Comp., Rochester, New York

Dolan, R. M., 2008: *UFOs and the National Security State: The Cover-Up Exposed, 1973–1991*, Keyhole Publishing Comp., Rochester, New York

Donderi, D. C., 2000: »Science, Law and War: Alternative Frameworks for the UFO Evidence«, in Jacobs, D. J. (Hrsg.): *UFOs & Abductions*; Kansas: University of Kansas

exopoliticstoronto.com, 2008: http://www.exopoliticstoronto.com

Fawcett, L. & Greenwood, B. J., 1984: *Clear Intent – The Government Coverup of the UFO Experience*, Prentice-Hall, Inc., Englewood Cliffs, New Jersey

George, K. A., 1993: »The Big Sur ›UFO‹: An Identified Flying Object«, in *Skeptical Inquirer*, 17 (Winter 1993), S. 180–187

Greenwood, J., 2002: *Beyond UFO Secrecy*, The Black Vault, Northridge, CA

Haines, R., 1990: *Advanced Aerial Devices Reported During the Korean War*, LDA Press, Los Altos, CA

Haines, R., 1997: »The CIA's Role in the Study of UFOs, 1947–1990«, in *Studies in Intelligence*, 1 (1997), S. 67–84

Hastings, R., 2006a: »AF Personnel Say UFOs Visited ICBM Sites«, in *MUFON UFO Journal*, Nr. 459, July 2006, S. 11–14

Hastings, R., 2006b: »AF Personnel Say UFOs Visited Missiles«, in *MUFON UFO Journal*, Nr. 458, Juni 2006, S. 8–12

Hastings, R., 2007: »A Shot Across the Bow: Another Look at the Big Sur Incident«, in *MUFON UFO Journal*, Vol. 31, Nr. 1, S. 3–11 und 20–24

Hastings, R., 2008a: »Remarkable Reports From the Missile Field«, in *IUR*, Vol. 32, Nr. 1, S. 8–14 und 23–27

Hastings, R., 2008b: *UFOs and Nukes: Extraordinary Encounters at Nuclear Weapons Sites*; ufohastings.com

Jones, R. V., 1979: *The Most Secret War – British Science Intelligence*; London

Keyhoe, D. E., 1953: *Flying Saucers From Outer Space*; S. 209; New York: Henry Holt; Deutsche Ausgabe 1954: *Der Weltraum rückt uns näher*; Berlin: Blanvalet

Kuhn, Th., 1979: *Die Struktur wissenschaftlicher Revolutionen*, Frankfurt a. M.

New York Times, 1947: »Sky Disc Hunted by Coast Planes«, 7. Juli 1947, S. 1 und 3

National Enquirer, 1982: vom 12. Oktober 1982

Randles, J., 1998: *UFO Crash Landing? – Friend or Foe? The Full Story of the Rendlesham Forest Close Encounter;* Blandford, London

Reagan, R., 1987: Rede vor der 42. Vollversammlung der Vereinten Nationen am 21. September 1978 um 11.05 Uhr, New York

Ruppelt, E. J., 1956: *The Report on Unidentified Flying Objects*, Doubleday & Comp., Inc., Garden City New York

Salas, R. & Klotz, J., 1997 und 2004: *Faded Giant – The 1967 Missile/ UFO Incidents*, J. A. Hynek Center for UFO Studies, Chicago, IL

Schurinow, B., 2008: »Alien-Besuche in Russland seit 10 Jahren streng geheim gehalten?«, in *Wissenschaft und Technik*, Moskau, 28. Juli 2008 (RIA-Novosti)

Stone, C., 1995: Collected FOIA Papers

Swords, M. D., 1991: *JUFOS*, new Series, Vol. 3

Swords, M. D., 2000: »UFOs, the Military, and the Early Cold War Era«, in Jacobs, D. J. (Hrsg.): *UFOs & Abductions*; Kansas: University of Kansas

UFO-Kurier, 1998: »UFOs: Wir wissen noch nicht einmal die Hälfte davon ...«, Nr. 48, Oktober 1998, S. 25

Vasquez, J. & Holms, B. S., 2000: *Incident at Fort Benning*, Timeless Voyager Press, Santa Barbara, CA

Vincent, 2008: ufo-blog.net/2008/02/15/eine-meldung-aus-japan-und-die-reaktionen

2. Die wissenschaftliche Arbeitsweise und Anomalien der Wissenschaft

Albert, H., 1972: »Theorien in den Sozialwissenschaften«, in *Theorie und Realität*, S. 3–25; Tübingen

Alien Discussions, 1996: *Von Außerirdischen entführt*, Hrsg. A. & D. Pritchard, J. Mack, P. Kasey & C. Yapp; Frankfurt: Zweitausendeins

Allport, G. W., 1971: *Die Natur der Vorurteile*, Studienbibliothek; Kiepenheuer & Witsch

Appelle, S., 2000: »Ufology and Academia: The UFO Phenomenon as a Scholarly Discipline«, in *UFOs and Abductions*, Hrsg. D. M. Jacobs, S. 7–30; Lawrence: University Press of Kansas

Arp, H., 1998: *Seeing Red: Redshifts, Cosmology and Academic Science*; Montreal: Apeiron

Battelle-Studie, 1956: Zusammenfassung der Untersuchungen des Battelle Memorial Institute von Leon Davidson »Flying Saucers:

An Analysis of the Air Force Project Blue Book«, Special Report Nr. 14; New York White Plains

Bauer, H. H., 1992: *Scientific literacy and the myth of the scientific method*; Urbana, IL

Bauer, H. H., 2004: *J. of Scientific Exploration*, Vol. 18, 4, S. 643–660

Bauer, H.H., 2006: »The two-edged sword of scepticism: Occam's razor and Occam's lobotomy«, in *J. of Scientific Exploration*, Vol. 20, Nr. 3, Fall 2006, S. 421–427

Bayertz, K., 1987: »Wissenschaftsentwicklung als Evolution?«, *Z. f. allg. Wissenschaftstheorie*, Bd. 18, Heft 1/2, S. 61–91

Becker, W., 1989: »Freges Erläuterung des Urteils,« in *Z. f. allg. Wissenschaftstheorie*, 20, Heft 2, S. 230–248

Beloff, J., 1993: *Z. f. Parapsychologie u. Grenzgeb. d. Psychologie*; 35, S. 129–144

Bertalanffy, L. von, 1928: »Kritische Theorie der Formbildung«, Berlin

Blumenstock, K. 2005: »Jennings Explores ABCs of UFOs«, in *Washington Post*, 20. Februar 2005

Bollnow, O. F., 1975: *Das Doppelgesicht der Wahrheit*, Urban, TB 184

Boschke, F. L., 1975: *Das Unerforschte*; Econ, S. 318

Brand, Illo (= I. v. Ludwiger), 1989: »Randgebiete der Wissenschaft und ihre Interpretation durch die Wissenschaftsjournalisten und Zetetiker«, in: Brand, I.: (Hrsg.): *Unerwünschte Entdeckungen im Luftraum*, MUFON-CES-Bericht Nr. 10; S. 216–299; Feldkirchen-Westerham

Briggs, K. A., 1980: in *The New York Times*, 15. Oktober 1980

Bunge, M., 1973: *The myth of simplicity*, Englewood Cliffs, NJ: Prentice Hall

Chalmers, A. F., 1999: *Grenzen der Wissenschaft*, S. 197; Berlin: Springer

Chalmers, A. F., 2001: *Wege der Wissenschaft – Einführung in die Wissenschaftstheorie*; Berlin: Springer

Chisholm, R., 1979: *Erkenntnistheorie*; München: dtv-Wissenschaft, Bd. 4296

Clark, A., 1982: in *Science*, Vol. 215, 1. Januar 1982

Collins, H. & Pinch, T., 1979: in B. Wallis (Hrsg.) *In the margin of science – The social construction of rejected knowledge*; Keele: University of Keele

COMETA, 1999: *Les OVNI et la défense. À quoi doit-on se préparer?*, G. S. Presse Communication

Condon, E. U., 1969: *Scientific Study of Unidentified Flying Objects*; Colorado: Dutton

Corliss, W. R., 2002: »A Search for Anomalies«, in *J. of Scientific Exploration*, Vol. 16, 3, 439

Corliss, W. R., 2002: www.science-frontier.com

Crane, D. & Small, H., 1992: »American Sociology Since the Seventies: The Emergeging Identity Crises in the Discipline«, in *Sociology and It's Publics: The Formes and Fates of Disciplinary Organization*; Hrsg.: Terence Holliday und Morris Janowitz; Chicago: University of Chicago Press

Davenas, E., Poitevin, B., Benveniste, J., et al., 1988: *Nature*, 333, S. 816–818

Ditfurth, H. von, 1978: *Spiegel*, Nr. 17, 24. April 1978

Disney, M., 2007: »Modern cosmology: Science or Fiction?«, in *American Scientist*, Nr. 95, S. 383

Dobzhansky, T., 1967: *The biology of ultimate concern*; New York: New American Library

Dobzhansky, T., 1969: *The pattern of human evolution – The uniqueness of man*; Hrsg. von J. D. Roslansky; Amsterdam: North-Holland Publ. Comp.

Dorschel, A., 2001: *Nachdenken über Vorurteile*; Hamburg: Meiner

Dupré, W., 1973: »Mythos«, in *Handbuch philosophischer Grundbegriffe*; IV, München: Kösel

Dürr, H.-P., 1988: *Das Netz des Physikers – Naturwissenschaftliche Erkenntnis in der Verantwortung;* München: Carl Hanser

Dürr, H.-P., 1989: »Wissenschaft und Wirklichkeit«, in Dürr, H.-P. & Zimmerli, W. Ch. (Hrsg.): *Geist und Natur – Über den Widerspruch zwischen naturwissenschaftlicher Erkenntnis und philosophischer Welterfahrung*, S. 28–46; München: Scherz

Easterbrook, G., 1999: »Wissenschaftlicher Wunderglaube – Die Theorie des Urknalls und Die Frage nach dem Anfang des Kosmos«, in *Neue Züricher Zeitung* vom 23./24. Oktober 1999

Eccles, J. C., 1975: *Wahrheit und Wirklichkeit – Mensch und Wissenschaft*, Berlin: Springer

Eddington, A., 1939: *The philosophy of physical sciences*; Cambridge

Eisenbud, J., 1975: »The Case of Florence Marryat«, *Journal of the American Sycie ty for Psychical Research*, 69, S. 215–233

Elias, N. & Scotson, J. L., 1990: *Etablierte und Außenseiter*; Frankfurt a. M.

Fasching, G., 1999: *Das Kaleidoskop der Wirklichkeiten – Über die Relativität naturwissenschaftlicher Erkenntnis*; Berlin, New York: Springer

Ferrera, L., 1976: »Mathematische Verfahren zur Analyse theoretisch nicht vorhersagbarer Phänomene«, in I. Brand (Hrsg.): *Ungewöhnliche Gravitationsphänomene*, MUFON-CES-Band II, S. 56–68

Ferrera, L., 1977: »Beiträge zur Wissenschaftstheorie zu umstrittenen Forschungsgebieten«, in I. Brand (Hrsg.): *Unerklärliche Himmelserscheinungen aus älterer und neuerer Zeit*, MUFON-CES-Band III, S. 31–56

Feyerabend, P., 1976: *Wider den Methodenzwang*; Frankfurt a. M.: Suhrkamp

Fischer, E. P., 2006: *Die aufschimmernde Nachtseite – Kreativität und Offenbarung in der Naturwissenschaft*; Libelle

Fischer, K., 2007, »Fehlfunktionen der Wissenschaft«, in *Erwägen – Wissen – Ethik* (*EWE*), Jg. 18, Heft 1, S. 3–16

Fleck, L., 1935/1980: *Entstehung und Entwicklung einer wissenschaftlichen Tatsache*; Frankfurt a. M.: Suhrkamp TB 312

Foerster, H. von, 1992: *Einführung in den Konstruktivismus*, mit Beiträgen von H. v. Foerster, E. v. Glaserfeld, P. M. Heij, S. J. Schmidt und P. Watzlawick; München

Foerster, H. von & Glaserfeld, E. von, 1999: *Wie wir uns erfinden – Eine Autobiographie des radikalen Konstruktivismus*; Heidelberg

Fort, Ch., 1919: *The Book of the Damned*; deutsch 1995: *Das Buch der Verdammten*; Frankfurt: Zweitausendeins

Fort, Ch., 1923: *New Lands*; deutsch 1996: *Neuland*; Frankfurt: Zweitausendeins

Fort, Ch., 1931: *Lo!*; deutsch 1997: *Da!*; Frankfurt: Zweitausendeins

Fort, Ch., 1932: *Wild Talents*; deutsch 1998: *Wilde Talente*; Frankfurt: Zweitausendeins

Francisci, E., 1680: *Der wunder-reiche Überzug unserer Nider-Welt/ Oder Erd-umgebende Lufft-Kreys*, S. 625 ff.; Nürnberg: Moritz Enter & Söhne

Frietsch, W., 2006: *Newtons Geheimnis*; Gaggenau: scientia nova

Gauquelin, M., 1985: *Cosmic Influences on Human Behavior,* New York: Aurora Press

Geiger, G., 1989: »Technik und Erkenntnis«, in *Z. f. allg. Wissenschafts-theorie*, Bd. 20, 2, S. 244–286

Gernert, D., 2007: »Ockham's razor and ist improper use«, *JSE*, Vol. 21, 1, S. 135–140

Grof, S., 2008: *Impossible – Wenn Unglaubliches passiert*, München: Kösel

Grote, A., 1983: *Anzahl, Zahl und Menge – Die phänomenologischen Grundlagen der Arithmetik*; Hamburg: Felix Meiner

Guggenberger, B., 1987: *Des Menschen Recht auf Irrtum – Anleitung zur Unvollkommenheit*; Hanser Verlag

Habermas, J., 1973: »Wahrheitstheorien«, in *Festschrift für W. Schulz*, S. 211 ff.; Pfullingen

Hailbronner, K., 1980: in *Umschau in Wissenschaft und Technik*, Bd. 4, S. 101

Hall, R. L., 1972: »Sociological Perspectives on UFO Reports«, in *UFOs – A Scientific Debate*, Hrsg. C. Sagan & Th. Page, S. 222; Ithaca, New York: Cornell University Press

Haraldsson, E. & Osis, K., 2005: »The Appearance and Disappearance of Objects in the Presence of Sri Sathya Sai Baba«, in *Parapsychology*, Hrsg. R. Wiseman und C. Watt; Hants, England: Ashgate Publ. Ltd., S. 173–184

Hasted, J., 1981: *The metal-benders*; London: Routledge & Kegan Paul

Heidegger, M., 1969: *Zur Sache des Denkens*; Tübingen

Heim, B., 1983: *Elementarstrukturen der Materie*, Bd. I, Innsbruck, Resch

Heim, B., 1989: *Elementarstrukturen der Materie*, Bd. II, Innsbruck, Resch

Heisenberg, W., 1942: »Ordnung der Wirklichkeit«, in *Gesammelte Werke*, hrsg. von W. Bluhm u. a.: Abt. C, Bd. 1, München 1984; S. 269–287, zitiert S. 275

Hendry, A., 1979: *The UFO Handbook*; New York: Doubleday & Comp

Hoebens, P. H., 1982: »Die Legitimation des Unglaubens«, in *Z. f. Parapsychologie u. Grenzgeb. d. Psychologie*, 24, Heft 1/2, S. 61–73

Hövelmann, G. H., 1984: »Sprachkritische Bemerkungen zur evolutionären Erkenntnistheorie«, in *Z. f. allg. Wissenschaftstheorie*, Bd. 15, 1, S. 92–121

Hoyle, R. G., Burbidge, G. und Narlikar, J. V., 2000: *A different approach to cosmology*; Cambridge, UK: Cambridge University Press

Hübner, K., 1985: *Die Wahrheit des Mythos*; München: Beck

Husserl, E, 1950 ff.: Logische Untersuchungen, XVII, S. 420; den Haag

Jacobs, D. M., 2000: »Selected Bibliography«, S. 351–358, in *UFOs and Abductions;* Lawrence: University Press of Kansas

Jahn, R. G. & Dunn, B. J., 1999: *An den Rändern des Realen – Über die Rolle des Bewusstseins in der physikalischen Welt*; Frankfurt a. M: Zweitausendundeins

Jahn, R. G. & Dunn, B. J., 2008: »Change the Rules!«, in *JSE*, Vol. 22, Nr. 2, S. 199–213

James, W., 1901/1977: *Der Pragmatismus – Ein neuer Name für alte Denkmethoden*; Hamburg

Janich, P., 2005: *Was ist Wahrheit? – Eine philosophische Einführung*; München: C. H. Beck

Kant, I., 1787/1983: *Kritik der reinen Vernunft*, B; Wiss. Buchges. Darmstadt

Kelley, H. H., 1978: »Kausalattribution: Die Prozesse der Zuschreibung von Ursachen«, in Stroebe, W. (Hrsg.): *Sozialpsychologie*, Bd. I: *Interpersonale Wahrnehmungen und soziale Einstellungen*, S. 212–265; Darmstadt: Wiss. Buchgesellschaft

Klass, Ph., 1974: *UFOs Explained*; NewYork: Random House

Klass, Ph., 1983: *UFOs: The Public Deceived*; Buffalo, NY: Prometheus Books

Knoblauch, H., 2005: *Wissenssoziologie*, Konstanz: UVK

Koppelberg, D., 1981: »Ende oder Wende der analytischen Philosophie und Wissenschaftstheorie?«, in *Z. f. allg. Wissenschaftstheorie*, 12, Heft 2, S. 364–400

Krelle, W., 1968: *Präferenz- und Entscheidungstheorie*; Tübingen: Mohr

Küng, H., 2006: *Der Anfang aller Dinge – Naturwissenschaft und Religion*, S. 150; München: Piper TB 4850

Kuhn, Th., 1979: *Die Struktur wissenschaftlicher Revolutionen*; Frankfurt a. M.

Lakatos, I., 1974: »Die Geschichte der Wissenschaft und ihre rationalen Rekonstruktionen«, in *Theorien der Wissenschaftsgeschichte*, hrsg. von W. Diederich; Frankfurt a. M.: Suhrkamp

Lakatos, I. & Musgrave, A. (Hrsg.), 1974: *Kritik und Erkenntnisfortschritt*, S. 89–189; Braunschweig: Vieweg

Lembeck, K. H., 1988: »Wahrheitsähnlichkeit als Regulativ der Intentionalität«, in *Z. f. allg. Wissenschaftstheorie*, Band 19, 2, S. 252–265

Levi, D., 1993: *The Man Who Sold the Milky Way*, Biographie von Bort Bok; Tucson, AZ: University of Arizona Press

Liddle, U., 1951: »Bogies at Angles 100«, in *Research Review* (März 1951), Office of Naval Research, Washington, D. C.

Lietz, H., 2007: »UFOs in den Medien – Analyse der Berichterstattung über die COMETA-Studie, 1999–2001«, in *Z. für Anomalistik*, Band 6 (in Vorbereitung 2007)

Lin Shuhuang et al., 1981: (Chinesisch) in *Nature Journal*, Vol. 4, Heft 9, S. 652–661

Loh, W., 1988: »Zur Überwindung neuzeitlicher Wissenschaftsauffassungen«, in *Z. f. allg. Wissenschaftstheorie*, 19, Heft 2, S. 266–289

Lorenz, K., 1973: *Die Rückseite des Spiegels*, S. 162; München: R. Piper & Co.

Lucadou, W. von, 2000/2001: »Hans im Glück – oder in welcher Währung müssen wir Evidenz bezahlen?«, in *Z. f. Parapsychologie u. Grenzgeb. d. Psychologie*; 42, S. 3–18

Ludwiger, I. von, 1992: *Der Stand der UFO-Forschung*, S. 88 ff.; Frankfurt a. M.: Zweitausendundeins

Ludwiger, I. von, 1999: *Unidentifizierte Flugobjekte über Europa*; München: Herbig

Ludwiger, I. von, 2006: *Das neue Weltbild des Physikers Burkhard Heim*; Grünwald: Komplett Media

Ludwiger, I. von, 2008: »Führung durch die wichtigste englisch- und deutschsprachige Literatur als Anleitung zur UFO-Forschung«, in MUFON-CES-Bericht 12

Mach, E., 1926/1980: *Erkenntnis und Irrtum – Skizzen zur Psychologie der Forschung*, 5. Aufl. (Leipzig 1921), Darmstadt (1980)

Maddox, J., Randi, J. und Stewart, J., 1988: »High Dilution Experiments a Delusion«, in *Nature*, 334, S. 287 ff.

Mahner, M., 1987: »Was ist Wissenschaft?«, in *Der Skeptiker*, Bd. 3, Heft 3, S. 20

Margaris, R., 1962: »The possibility of extraterrestrial life«, in *XXII International Congress of Physiological Sciences. Suppl. to Proceedings*, Vol. 1, S. 108–113

Maslow, A. H., 1977: *Die Psychologie der Wissenschaft*; Goldmann-Sachbuch Nr. 11131, S. 49–53

Maturana, H. & Varela, F., 1987: *Der Baum der Erkenntnis – Die biologischen Wurzeln des menschlichen Erkennens*; Bern/München/Wien

Mayer, G., 2003: »Über Grenzen schreiben«, in *Z. für Anomalistik*, Band 3, S. 8–46

McCampbell, J. M., 1973: *UFOlogy – New Insights From Science and Common Sense*; San Francisco, CA: Hollomann Publishing Co.

Menzel, D., 1953: *Flying Saucers*; Harvard University Press

Michel, A., 1958: *Flying Saucers and the Straight Line Mystery*; New York: Criterion Books

Merton, R., 1942/1973: »The normative structure of science«, in N. W. Storer (Hrsg.): *The sociology of science*, S. 267–278; University of Chicago Press

Milgrom, L. R., 2007: *Homeopathy and the New Fundamentalism: a critique of the critics*, London: Homeopathic Research Institute

Mishlove, J., 2000: *The PK-Man – A True Story of Mind Over Matter*; Charlottesville, VA: Hampton Roads Publ. Comp.

Mittelstrass, J., 1988: »Die Philosophie der Wissenschaftstheorie«, in *Z. f. allg. Wissenschaftstheorie*, 19, Heft 2, S. 308

Mittelstrass, J., 1992: *Leonardos Welt – Über wissenschaftliche Forschung und Verantwortung*; S. 311; Frankfurt a. M.

Mittelstrass, J. 1997: *Der Flug der Eule – Von der Vernunft der Wissenschaft und der Aufgabe des Philosophen*; Frankfurt

Morrison, Ph., 1970: zitiert am 19. Juni 1970 im Brief von J. A. Hynek an Jennie Zeidman; CUFOS archives

Nahm, M., 2008: *Evolution und Parapsychologie als Grundlagen für eine neue Biologie und die Wiederbelebung des Vitalismus*, Books on Demand GmbH, Norderstedt

Napier, B., 2001: Buchbesprechung: »A different approach to cosmology«, in *J. of Scientific Exploration*, Vol. 15, 4, S. 554–558

Nölle-Neumann, E., 1980: *Die Schweigespirale – Öffentliche Meinung = unsere soziale Haut*; München: Piper

Northcote, J., 2007: *The Paranormal and the Politics of Truth: A Sociological Account*, Imprint Academic

Padilla-Gelvez, J., 1991: »Wahrheit und Selbstrückbezüglichkeit«, in *Z. f. allg. Wissenschaftstheorie*, Bd. 22, 1, S. 111–132

Paturi, F. R., 2005: *Die letzten Rätsel der Wissenschaft*; Frankfurt a. M.: Eichborn

Peirce, Ch. S., 2002: *Das Denken und die Logik des Universums*; Frankfurt a. M.: Suhrkamp

Pietschmann, H., 1995: »Die Physik und die Persönlichkeit von Wolfgang Pauli«, in *Der Pauli-Jung-Dialog und seine Bedeutung für die moderne Wissenschaft*, hrsg. von H. Atmanspacher, H. Primas & E. Ertenschlag-Birkhäuser; Berlin: Springer

Polanyi, M., 1967: *The growth of science in society*; 5, S. 533–545; London: Minerva

Popper, K. R., 1971: *Logik der Forschung*; Tübingen

Popper, K. R., 1973: *Objektive Erkenntnis – Ein revolutionärer Entwurf*; Hamburg

Popper, K. R. & Eccles, J., 1982: *Das Ich und sein Gehirn*; München/Zürich: Piper

Poser, H., 2001: *Wissenschaftstheorie – Eine philosophische Einführung*; Stuttgart

Postman, L., 1951: »Toward a general theory of cognition«, in Rohrer und Sherif (Hrsg.): *Social psychology at the crossroads*; New York: Harper

Preuss, O., Dittus, H.-J. und Lämmerzahl, C., 2007: »Überraschungen vor der Haustür – Ist die Physik innerhalb des Sonnensystems wirklich verstanden?«, in *Sterne und Weltraum*, 4, S. 26–34

Prokopp, O. & Wimmer, W., 1977: *Wünschelrute, Erdstrahlen, Radiästhesie*; Stuttgart: Enke

Puharich, A., 1974: *Uri*; London: W. H. Allen

Puntel, L. B., 1974: »Wahrheit«, in *Handbuch der philosophischen Grundbegriffe*, 6; München: Kösel

Ramsey, F. P., 1967, »Facts and Propositions«, in Pitcher, G. (Hrsg.): *Truth, Contemporary Perspectives in Philosophy Series*; Englewood Cliffs, NJ, S. 16 und 17

Rawlins, D., 1981: »Star Baby«, in *Fate*, Nr. 34, Oktober 1981

Reichenbach, H., 1968: *Der Aufstieg der wissenschaftlichen Philosophie*; Braunschweig

Resch, A., 2004: *Fortleben*, Innsbruck: Resch-Verlag

Reutterer, A. 1990: »An den Grenzen menschlichen Wissens«, S. 107; Wiss. Buchges. Darmstadt

Richter, H.-P., 1981: *Wissenschaft von der Wissenschaft – Auf der Suche nach der besseren Erklärung*; Reihe Fragezeichen; Stuttg.: Thiemann

Ruppelt, E., 1958: »Dr. Donald H. Menzel«; Edward Ruppelt Files in Kalamazoo, Michigan

Sachsse, H. 1976: »Was heißt Wirklichkeit? Natwissenschaftliche und philosophische Perspektiven«, in *Universitas*, 31, S. 1297–1306

Schetsche, M., 2007: »UFOs in den Medien: Soziale Dekonstruktionsprozesse«, in *Z. für Anomalistik*, Bd. 6 (in Vorbereitung 2007)

Schiff, M., 1997: *Das Gedächtnis des Wassers*; Frankfurt: Zweitausendeins

Schlick, M., 1930: »Die Wende der Philosophie«, in *Erkenntnis*, Bd. 1, S. 4–11

Schmund, H., 2007: »Revolution auf dem Olymp«, in *Spiegel*, 20, vom 14. Mai 2007, S. 154–156

Schöpf, A., 1973: »Gewissheit«, in *Handbuch philosophischer Grundbegriffe*, 3, S. 585–595; München: Kösel

Schrödinger, E., 1958: *Mind and matter*; S. 104; London: Cambridge University Press

Senkowski, E., 1989: *Instrumentelle Transkommunikation – Dialog mit dem Unbekannten*, Frankfurt a. M.: R. G. Fischer

Senkowski, E., 1994: »Instrumental Transcommunication (ITC)«, An Institute for Noetic Sciences: Vortrag im *Corte Madera Inn*; Corte Madera, CA, Juli 1994

Shallet, S., 1949: »What You Can Believe About Flying Saucers«, in *Sunday Evening Post* vom 7. Mai 1949

Sheaffer, R., 1980: *The UFO Verdict – Examining the Evidence*; Buffalo: Prometeus Book

Sidgwick, H., 1882: »Presidential address«, in *Proceedings of the SPR*; 1, S. 7–12

Simek, R., 2002: *Spektrum der Wissenschaft – Spezial*, S. 20–24

Simpson, G. G., 1964: *This view of life: the world of an evolutionist*; New York: Harcourt, Brace & World

Sokal, A., 1996: »A phicist eperiments with cultural studies«, in *Lingua Franca*, Mai 1996, S. 62–64

Sokal, A. & Bricomont, J., 1998: *Fashionable nonsense: postmodern intellectuals' abuse of Science*, New York Picador (Französisch original: *Impostures Intellectuelles*, Paris: Éditions Odile Jacob, 1977)

Starkl, R., 2000: *Naturwissenschaft und Glaubenslehren*; Preußisch Oldendorf: Verlag für außergewöhnliche Perspektiven

Stegmüller, W., 1967: »Einheit und Problematik der wissenschaftlichen Welterkenntnis«, in *Münchner Universitätsreden*, 41, München

Steinberger, P., 2007: »Der Geist und die Materie«, in *Süddeutsche Zeitung*, München vom 28. Februar 2007

Steinbuch, K., 1968: *Falsch programmiert*; Stuttgart

Ströker, E., 1977: *Einführung in die Wissenschaftstheorie*; Wiss. Buchges. Darmstadt

Sturrock, P. A., 1987: »An Analysis of the Condon Report on the Colorado UFO Project«, in *JSE*, Vol. 1, Heft 1, S. 75–100

Sturrock; P. A., 2007: »The Role of Anomalies in Scientific Exploration«, *JSE*, Vol. 21, 2, S. 241–260

Swords, M. D., 1993: »A Guide to UFO Research«, *JSE*, Vol. 7, Nr. 1, S. 65–88

Swords, M. D., 1995–1996: »The University of Colorado Project«, *JSE*, Vol. 6, S. 149–184

Swords, M., 2006: »Ufology: What have we learned?«, in *JSE*, Vol. 20, 4, S. 545–589

Tarski, A., 1935: »Der Wahrheitsbegriff in den formalisierten Sprachen«, in *Studia Philosophica*, 1, S. 261–405

Thiel, Chr., 1988: »Zur Dynamik von Wissenschaft, Grenzwissen und Pseudowissen in der Moderne«, in *Z. f. Parapsych. u. Grenzgeb. d. Psychologie*, 30, 1/2/3/4, S. 152–171

Timm, U., 1982: »Ist ein genereller Skeptizismus gegenüber wissenschaftlichen Daten sinnvoll?«, in *Z. f. Parapsychologie u. Grenzgeb. d. Psychologie*, 23, Nr. 3, S. 167–181

Truzzi, M., 1980: »Pathological Sciences: Toward A Proper Diagnosis and Remedy«, in *Zetetic Scholar*, 6, S. 31–66

Vaas, R. 2007: »Lohnender Luxus«, in *Bild der Wissenschaft*, 3, S. 34–41

Voigt, H. von, 1991: »Schul-, Para- und Pseudowissenschaft«, in *Z. f. Parapsychologie u. Grenzgeb. d. Psychologie*, 33, Nr. 3/4, S. 259–267

Vollmer, G., 1979: *Evolutionäre Erkenntnistheorie*, Stuttgart

Walach, H. & Schmidt, S., 2005: »Repairing Plato's Life Boat with Ockham's Razor«, in *J. of Consciousness Studies*, Vol. 12, Nr. 2, S. 52–70

Walter, W., 1987: in *Der Skeptiker*, Vol. 1, 3, S. 23; 15. November 1987

Watson, J. B., 1968: *Behaviourismus*; Berlin, Köln

Watzlawick, P., 1984: *Die erfundene Wirklichkeit*; München/Zürich: Piper

Weizsäcker, C. F. von, 1976: *Die Tragweite der Wissenschaft*; Stuttgart: Hirzel

Weizsäcker, C. F. von, 1991: »Geist und Natur« in Dürr, H.-P. & Zimmerli, W. Ch. (Hrsg.): *Geist und Natur – Über den Widerspruch zwischen naturwissenschaftlicher Erkenntnis und philosophischer Welterfahrung*, S. 17–27; München: Scherz

Weizsäcker, C. F. von, 1992: *Zeit und Wissen*, S. 585; München: dtv Wissenschaft 4643

Westrum, R., 1979: »Wittnesses of UFOs and Other Anomalies«, in R. F. Haines (Hrsg.): *UFO Phenomena and the Behavioral Scientist*; S. 89–112; Metuchen, NJ: Sacramento Press

Whitehead, A. A., 1929/1978: *Process and reality*, New York: Free Press (1929); New York: Griffin & Sherburne (1978)

Wienert, K., 1994: »UFOs?! Film über unbekannte Flugobjekte löst heftige Kritik aus«, in *Frankfurter Rundschau*, 26. Oktober 1994

Willgerodt, H., 2004: »Die Anmaßung von Unwissen«, in: *Ordo*, Bd. 55, Stuttgart

Wilson, R., 1951: »A nuclear physicist exposes flying saucers«, *Look*, 27. Februar 1951, S. 60–64

Wilson, R. A., 1992: *Die neue Inquisition – Irrationaler Rationalismus und die Zitadelle der Wissenschaft*; Frankfurt: Zweitausendeins

Wittgenstein, L., 1960: *Schriften*, Bd. I, Tractatus logici – philosophici; Frankfurt

Ziman, J., 1982: *Wie zuverlässig ist wissenschaftliche Erkenntnis?*, Braunschweig: Vieweg

Ziman, J., 1994: *Prometheus bound: science in a dynamic steady state*; Cambridge University Press

3. Die andere Wirklichkeit der fremden Besucher

Abduction Study Conference Ethics Committee (Gotlib, D., Appelle, S., Flamburis, G. & Rodeghier, M.), 1994: »Ethics Code for Abduction Experience Investigation and Treatment«, *JUFOS*, New Series, Vol. 5, 1994, S. 55–82

Alien Discussions: Von Außerirdischen entführt – Forschungsberichte und Diskussionsbeiträge zur Konferenz am MIT über das Abduktionsphänomen, 1996, Pritchard, A., Mack, D. J., Kasey, P., Yapp, C. (Hrsg.), 1972, Konferenz-Proceedings, 605 Seiten; Frankfurt: Zweitausendeins

Anderson, R. I., 2006: *Psychics, Sensivites and Somnambules – Biographical Dictionary with Bibliograhies*, Library of Congress Cataloguing-in-Publication Data, London

Appelle, S., 1996: »The Abduction Experience: A Critical Evaluation of Theory and Evidence«, *JUFOS*, New Series, Vol. 6, 1995/96, S. 29–79

Bipedal Humanoids in Nebraska: A Chronology of Events, 1987: *Journal of Fortean Research Center*, 2, 1 (30. Mai 1987)

Bord, J., 1997: *Fairies: Real Encounters with Little People*; New York: Dell Book

Bord, J. & C., 1985: *Alien animals*; London: Panther Books

Boylan, R. J. & L. K., 1994: *Close Extraterrestrial Encounters – Positive Experiences With Mysterious Visitors*; Tigard, OR: Wild Flower Press

Brookesmith, P., 1998: *Alien Abductions*; London: Ward Lock

Bryan, C. D. B., 1999 (amer. Erstausgabe), 1995: *Unheimliche Begegnung der vierten Art – Entführungen durch Aliens*, München: Goldmann TB 12748

Bullard, T. E., 1987: *Abductions: The Measure of a Mystery* (2 Bände), Mt. Rainier: FUFOR

Bullard, T. E., 1991: »Folkloric Dimensions of the UFO Phenomenon«, *JUFOS*, New Series, Vol. 3, 1991, S. 1–58

Bullard, T. E., 1999: »What's New in UFO Abductions? Has the Story Changed in 30 Years?«, S. 179–199; *MUFON 1999 International UFO Symposium Proceedings*; 2.–4. Juli 1999 in Arlington, VA

Bullard, T. E., 2003: »False Memories and UFO Abductions«, *JUFOS*, New Series, Vol. 8, 2003, S. 85–160

Cahill, K., 1996: *Encounter*; Sidney, Australien: Harper CollinsPublishers

Carpenter, J. S., 1991: »Double Abduction Case: Correlation of Hypnosis Data«, *JUFOS*, New Series, Vol. 3, 1991, S. 91–114

Chalker, B., 2005: *Hair of the Alien – DNA and Other Forensic Evidence of Alien Abduction*, New York: Pockets Books

Clancy, S. A., 2005: *Abducted: How People Come to Believe They Were Kidnapped by Aliens*; Cambridge: Harvard University Press

Clark, J., 1990–1996: *The UFO Encyclopedia*, Vol. 1–3; Detroit, MI: Omnigraphics, Inc.

Cott, Ch. & Rock, A., 2008: »Phenomenology of N,N-Dimethyltryptamine Use: A Thematic Analysis«, in *JSE*, Vol. 22, r. 1, S. 359–370

Dennett, P., 1999: *UFOs Over Topanga Canyon*, St. Paul, Minnesota: Llewellyn Publication

Derr, J. S. & Sprinkle, R. S., 1979: »Multiple Phenomena on Colorado Ranch«, in *The APRO Bulletin* (Juli, August, September, Oktober, November, Dezember 1978, Januar 1979)

Donovan, T., 2006: *The Truth About UFOs and Aliens*, Baltimore, MD: Publish America

Druffel, A. & Rogo, D. S., 1980: *The Tujunga Canyon Contacts*, Englewood Cliffs, NJ: Prentice-Hall, Inc.

Dworshak, L., 2003: *UFOs Are With Us – Take My Word*, Pittsburg, PA: Dorrance Publishing

Evans, H., 1987: »UFOs as a Social and Cultural Phenomena«, in Evans & Spencer (Hrsg.): *UFOs 1947–1987 – The 40-Year Search For an Explanation*; London: Fortean Times

Evans, M. J. & Dennett, P., 2007: *The Colorado Island UFO-Incident*; Lakeville, MN: Galde Press

Fernwick, L. J., 1983: »Multiple Abductions in Canada«, in *MUFON UFO Journal*, Mai und Juni 1983

Fiebag, J., 1993: *Die Anderen – Begegnungen mit einer außerirdischen Intelligenz*; München: Knaur

Fiebag, J., 1994: *Kontakt – UFO-Entführungen in Deutschland, Österreich und der Schweiz*; München: Langen-Müller

Fiebag, J. (Hrsg.), 1996: *Das UFO-Syndrom – Neue Erkenntnisse, seltsame Erfahrungen, unglaubliche Erlebnisse*; München: Knaur

Fiebag, J., 1997: *Von Aliens entführt – Die 25 spektakulärsten Fälle seit Roswell*, München: Econ TB 26301

Fiebag, J., 1998: *Besucher aus dem Nichts – UFO-Entführte berichten*; München: Knaur

Fiore, E., 1989: *Encounters: A Psychologist Reveals Case Studies of Abductions by Extraterrestrials*; New York: Ballantine Books

Fodor, N., 1974: *Encyclopedia of Psychic Science*, New York: University Books

Fowler, R., 1979: *The Andreassen Affair*; Englewood Cliffs, NJ: Prentice-Hall; Deutsch: 1995: *Der Fall Andreasson – Die dokumentierte Untersuchung von der Entführung einer Frau an Bord eines UFOs*; Weilersbach: Reichel

Fowler, R. (Hrsg.), 1993 (amer. Ausgabe: 1990): *Die Allagash Entführungen*, Weilersbach: G. Reichel Verlag

Fuller, J. G., 1996 (amer. Originalausgabe 1966): *Die unterbrochene Reise – Zwei verlorene Stunden an Bord einer Fliegenden Untertasse*, Rottenburg: Kopp Verlag

Granchi, I., 1992: *UFOs and Abductions in Brazil*; Madison, Wisconsin: Horus House Press

Haley, L. A., 1996: *Meine Entführungen durch Außerirdische und das U.S.-Militär*

Haley, L. A., 2003: *Unlocking Alien Closets: Abductions, Mind control and Spirituality*; Murfreesboro, TN: Greenleaf Publications

Hansen, G. P., 2001: *The Trickster and the Paranormal*, Privatdruck Hansen

Hickson, Ch., & Mendez, W. 1983: *UFO Contact at Pascagoula*, Tucson, AZ: Stevens

Hopkins, B., 1982 (amer. Originalausgabe 1981: *Missing Time*): *Von UFOs entführt – Dokumente und Berichte über aufsehenerregende Fälle*, München: Wilhelm Heyne Verlag

Hopkins, B., 1991 (amer. Originalausgabe 1987): *Eindringlinge – Die unheimlichen Begegnungen in den Copley Woods*, Neustadt/Weinstraße: Kellner

Hopkins, B., 1996: *Witnessed – The True Story of the Brooklyn Bridge UFO Abductions*, New York: Pocket Books; Deutsch: 1997: *Entführt ins All – Die UFO-Kidnapper an der Brooklyn Bridge*, Berlin: Ullstein TB 35708

Hopkins, B. & Rainey, C., 2003: *Sight Unseen – Science, UFO Invisibility and Transgenic Beings*, New York: Atria Books

Hough, P. & Kalman, M., 1999: *The UFO Files: Alien Abductions*, London: Blandford

Howe, L. Moulton, 1989: *An Alien Harvest*; Cheyenne, Wyoming: Pioneer Printing

Hufford, D. J., 1982: *The Terror That Comes in the Night*; University of Pennsylvania Press

Jacobs, M. D., 1975: *The UFO Controversy in America*; Indiana University Press

Jacobs, D. M., 1992: *Geheimes Leben*, Rottenburg: Kopp Verlag

Jacobs, D. M. & Hopkins, B., 1992: »Suggested Techniques for Hypnosis and Therapy of Abductees«, *JUFOS*, New Series, Vol. 4, 1992, S. 138–150

Jacobs, D. M., 1998: *The Threat: The Secret Alien Agenda*; New York: Simon & Schuster

Jacobs, D. M., (Hrsg.), 2000: *UFOs & Abductions – Challenging the Borders of Knowledge*, Lawrence, Kansas: University Press of Kansas

Jacobs, D. M., 2006 (amer. Originalausgabe 1998): *Bedrohung – Die geheime Invasion der Aliens*, Rottenburg: Kopp Verlag

Jordan, D. & Mitchell, K., 1996 (amer. Erstausgabe 1994): *Entführung! Die Geschichte der Eindringlinge geht weiter*, Rottenburg. Kopp Verlag

Julien, E., 2006: *The Science of Extraterrestrials*; aus dem Französischen

Keel, J. A., 1970: *UFOs – Operation Trojan Horse*, New York: Putnam's Sons

Kelleher, C. A. & Knapp, G., 2005: *Hunt for the Skinwalker – Science Confronts the Unexplained at a Remote Ranch in Utah*: New York: Paraview Pocket Books

Klass, Ph. A., 1988: *UFO-Abductions – A Dangerous Game*, New York: Prometheus Books

Laibow, R., 1992: *Treatment and Research of Anomalous Trauma (TREAT) Conference*

Lammer, H. & Sidla, O., 1995: *UFO-Geheimhaltung*; München: Herbig

Lammer, H. & M., 1999: *Schwarze Forschungen – Geheime Versuche unter Ausschluss der Öffentlichkeit*; München: Herbig

Leir, R. K., 1998: *The Aliens and the Scalpel – Scientific Proof of Extraterrestrial Implants in Humans*, Columbus, NC: Granite Publishing

Loftus, E. & Ketcham, K., 1994: *The Myth of Repressed Memory: False Memories and Allegation of Sexual Abuse*; New York: St. Martin's Press

Long, G., 1990: *Examining the Earthlight Theory – The Yakima UFO Microcosm*; Chicago: CUFOS

Long, G., 1995: »The Paranormal at Yakima«; in *MUFON UFO Journal*, Juli 1995, S. 3–11

Ludwiger, I. von, 1999: *Unidentifizierte Flugobjekte über Europa*; München: Herbig

Ludwiger, I. von 2006: *Das neue Weltbild des Physikers Burkhard Heim*; Grünwald: Komplett Media

Mack, J. E., 1995 (amer. Erstausgabe 1995): *Entführt von Außerirdischen*, München: Wilhelm Heyne Verlag

Mack, J. E., 1999: *Passport to the Cosmos – Human Transformation and Alien Encounters*, New York: Crown Publishers

Magin, U., 1991: *Von UFOs entführt*; München: C. H. Beck

Marden, K. & Friedman, S., 2007: *Captured: The Betty and Barney Hill Experience*; Franklin Lake, NJ: New Page Books

Matheson, T., 1998: *Alien Abduction: Creating a Modern Phenomenon*, Amherst, NY: Prometheus Books

Meheust, B., 1987: »UFO Abductions as Religious Folklore«, in Evans & Spencer (Hrsg.): *UFOs 1947–1987 – The 40-Year Search For an Explanation*; London: Fortean Tomes

Mendez, C., 2005: *MUFON UFO Journal*; April/Mai und August/September 2005

Meldrum, J., 2006: *Sasquatch: Legend Meets Science*; New York: Tom Doherty Associations

Miles, M., 1994: »Aliens Land at Harvard«, in *Boston Globe*, 24. April 1994; S. B15, 17

Mishlove, J., 2000: *The PK-Man – A True Story of Mind Over Matter*; Hampton Roads, Charlottesville, VA

Napier, J., 1976: *Bigfoot – The Yeti and Sasquatch in Myth and Reality*, London: Abacus

Owens, T., 1969: *How to Contact Space People*; Clarksburg, West-VA: Saucerian

Pflock, K. & Brookesmith, P. (Hrsg.), 2007: *Encounters at Indian Head: The Betty and Barney Hill UFO Abduction*; Anomalist Books

Popowitsch, M., 1991 (russ. Erstausgabe 1989): *UFO Glasnost – Ein Geheimnis wird enthüllt*, München: Langen-Müller.

Powers, S. M., 1994: »Thematic Content Analysis of the Reports of UFO Abductions and Close Encounter Witnesses: Indications and Repressed Sexual Abuse«, in *JUFOS*, New Series, Vol. 5, 1994, S. 35–54

Pratt, B., 1996: *UFO Danger Zone – Terror and Death in Brazil – Where Next?*, Madison, Wisconsin: Horus House Press, Inc.

Puharich, A., 1974: *Uri – The Original and Authorised Biography of Uri Geller – The Man Who Baffles the Scientists*, London: W. H. Allen

Randle, K. D., Estes, R. & Cone, W. P., 1999: *The Abduction Enigma: The Truth Behind the Mass Alien Abductions of the Late Twentieth Century*, New York: Tom Doherty Associates

Randle, K. D., 2001: *Invasion Washington – UFOs Over the Capitol*, New York: Harper Torch

Randles, J., 1988: *Abduction*; London: Hale

Randles, J. & Hough, P., 1999: *Looking for the Aliens*; London: Blandford

Ring, K. & Rosing, J., 1990: »The Omega Project: A Psychological Survey of Persons Reporting Abductions and Other UFO Encounters«, in *JUFOS*, New Series, Vol. 2, 1990, S. 59–98

Ring, K., 1992: *The Omega Project*, New York: William Morrow

Rodeghier, M., Goodpaster, J. & Blatterbauer, S., 1991: »Psychological characteristics of Abductees: Results from the CUFOS Abduction Project«, in *JUFOS*, New Series, Vol. 3, 1991, S. 59–90

Rodriguez, M-A., 2007: »A Methodology for Studying Various Interpretations of the DMT-Induced Alternative Reality«, in *JSE*, Vol. 21, Nr. 1, S. 67–84

Rotwell, M., 2002: *Awakening*; Leed, UK: Beyond Publications; Fortune Books Ltd.

Salisbury, F. B., 1974: *The Utah UFO Display: A Biologist's Report*; Old Greenwich, Connecticut: The Devin-Adair Company

Schuessler, J. F., 1998: *The Cash-Landrum UFO Incident*; La Porte, TX: Geo Graphics Printing Co.

Schwarz, B. E, 1983: *UFO Dynamics – Psychiatric & Psychic Aspects of the UFO Syndrome*; Teil I und II; Moore Haven, FL: Rainbow Books

Schwarz, B. E., 1974: »Berserk: A UFO-Creature Encounter«, in *FSR*, Vol. 20, Juli 1974, S. 3–11

Schwarz, B. E., 1999: *Psychiatric and Paranormal Aspects of Ufology*; Memphis, Tennessee: White Buffalo Books

Smith, W., 1971: »What the Seers Predict for 1971«, *Saga-Magazine*

Spence L., 1960: *An Encyclopedia of Occultism*, New York: University Books

Strassman, R. J., 2001: *DMT the Spirit Molecule*; Rochester, VT: Park Street Press; Deutsch (2004): *DMT – Das Molekül des Bewusstseins*, München: AT Verlag

Strieber, W., 1988: *Die Besucher*; Wien: Ueberreuter (amerikanische Originalausgabe 1987: *Communion: A True Story*; New York: Beech Tree Books

Teodorani, M., 2004: »A Long-Term Scientific Survey of the Hessdalen Phenomenon«, in *SSE*, Vol. 18, Nr. 2, S. 217–251

Thompson, K., 1993 (amer. Erstausgabe 1991): *Engel und andere Außerirdische – UFO-Phänomene in neuer Deutung*, München: Droemer-Knaur

Trundle, R., 2005: *Is E. T. Here?*, Victoria, British Columbia: Ecce Nova Editions

Turner, K., 1994: *Taken: Inside the Alien-Human Abduction Agenda*; Roland: Arkansas: Lelt Works

Vallée, J., 1990: »Five Arguments Against the Extraterrestrial Origin of UFOs«, in *JSE*, Vol. 4, Nr. 1; S. 105–117

Vallée, J., 1991: *Revelations: Alien Contact and Human Deception*; New York: Balantine Books

Vallée, J., 1994: *Enthüllungen – Begegnungen mit Außerirdischen und menschlichen Manipulationen* (amerik. Ausgabe 1991); Frankfurt: Zweitausendeins

Vallée, J., 1994: *Dimensionen – Begegnungen mit Außerirdischen von unserem eigenen Planeten* (amerik. Ausgabe 1988); Frankfurt: Zweitausendeins

Vallée, J., 1992: *Forbidden Science;* Berkeley, CA: North Atlantics Books

Walton, T., 1978: *Fire in the Sky*; New York: Marlowe

Webb, W. N., 1994: *Encounter at Biff Ledge: A UFO Case History*; Chicago: CUFOS

White, B., 2005: *UFO Hard Evidence*, Lakeville, Minnesota: Galde Press, Inc.

Wilson, J. P., 1990: »Post Traumatic Stress Disorder (PTSD) and Experienced Anomalous Trauma (RAT) Similarities in Reported UFO Abductions and Exposure to Invisible Toxic Contaminants«, in *JUFOS*, New Series, Vol. 2, 1990, S. 1–18

Wilson, K., 1993: *The Alien Jigsaw Researcher's Supplement*; Portland, OR: Privatdruck

Wilson, K., 1996 (amer. Erstausgabe 1993): *Tagebuch einer Entführten*, Rottenburg: Kopp Verlag

Wilson, K., 1997: *Project Open Mind: Are Some Alien Abductions Government Mind Control Experiments?*

Wilson, K., 2007: *I Forgot What I Wasn't Supposed to Remember*, PDF-Format; www.alienjigsaw.com

Zimmerman, M., 1977: »The Alien Abduction Phenomenon: Forbidden Knowledge of Hidden Events«, in *Philosophy Today*, Sommer 1997, S. 235–254

4 Die Zukunft interstellarer Reisen

Alcubierre, M., 1994: »The Warp Drive: Hyper-Fast Travel within General Relativity«, *Classical and Quantum Gravity*, 11, L 73

Anfinen, C. B. & Scheraga, H. A., 1975: *Advances in Protein Chemistry*; 29, S. 205–300

Augstein, R. et al., 1988: *World Scientific*, 530, Singapur

Baker, D., 2000: *Nature*, 40, 5, S. 39–42

Bergson H., 1919: *Mind-Energy: Lectures and Essays*; London

Bond, A. & Martin, A. R., 1978: »Project Daedalus – Final Report«, in *Jounal of the British Interplanetary Society* (Supplement)

Bounias, M., 1995: »Biochemische und mathematische Beweismittel für einige Effekte, die mit einer UFO-Beobachtung zusammenhängen«, in *UFOs – Zeugen und Zeichen*, Hrsg. I. v. Ludwiger, S. 340–353; Berlin: edition q

Bussard, R. W., 1960: *Astronautica Acta*, 10, 79

Dipperey, D. F., 1975: Anhang von *Frontiers in Propulsion Research*, D. D. Papailiou (Hrsg.), JPL TM 33-722

Dröscher, W. & Häuser, J., 2004: »Guidelines for a Propulsion Device Based on Heim's Quantum Theory«, 40th JCP AIAA 2004-3700, 21 Seiten, Ft. Lauderdale, FL, 7.–10. Juli 2004

Dröscher, W. & Häuser, J., 2005: »Heim Quantum Theory for Space Propulsion Physics«, AIP, STAAIF, S. 10 ff.

Dröscher, W. & Häuser, J., 2007: »Advanced Propulsion Systems from Artificial Gravitational Fields«, 43rd JCP AIAA 2007 – 5595, Session NFF-1, Cincinnati, OH, 8.–11. Juli 2007

Dyson, F. J., 1968 : »Interstellar Transport«, *Physics Today*, 10, 41

Fischer, E. P., 2006: *Die aufscheinende Nachtseite – Kreativität und Offenbarung in den Naturwissenschaften*; Libella

Forward, R. L., 1990: »Negative Matter Propulsion«, *Journal of Propulsion and Power*, 6, 28

Freeman, W., 1999: *How Brains Make Up Their Minds*; London

Graham, R. D., Hurst, R. B., Thirkettle, R. J., Rowe, C. H., und Butler, P. H., 2007: »Experiment to Detect Frame Dragging in a Lead Superconductor«, in *New Zealand Physica C*; 6. Juli 2007

Harrer, B., 1998: »Bioinformation zwischen Lebensenergie und qualitativen Steuerprozessen«, in *Erfahrungsheilkunde*, Mai 1998

Heim, B., 1959: »Das Prinzip der dynamischen Kontrabarie«, in *Flugkörper*, Vol. 1, S. 100–102, 164–166, 219–221, 244–247

Heim, B., 1977: »Vorschlag eines Weges einer einheitlichen Beschreibung der Elementarteilchen«, in *Zeitschr. f. Naturforschung*, 32a, April/Mai 1977, S. 233–243

Heim, B., 1980: *Postmortale Zustände? – Die televariante Area integraler Weltstrukturen*, Innsbruck: Resch. Formale Darstellung im noch unveröffentlichten Manuskript *Syntrometrische Maximentelezentrik*

Heim, B., 1983: *Elementarstrukturen der Materie*, Bd. II; Innsbruck: Resch

Heim, B., 1989: *Elementarstrukturen der Materie*, Bd. I, 2. erweiterte Auflage; Innsbruck: Resch

Heim, B. & Dröscher, W., 1996: *Strukturen der physikalischen Welt und ihrer nichtmateriellen Seite*; Innsbruck: Resch

Kiefer, C., 2007: *Quantum Gravity*, Oxford University Press

Krauter, R., 2007: »Das Ende der Schwere – Lässt sich die Gravitation beeinflussen?«, *Die Zeit*, Nr. 21, 17. Mai 2007

Lietz, H., 2005: »11 Lichtjahre in 80 Tagen – Von der Feldtheorie Burkhard Heims und ihrer Anwendung für einen Raumfahrtantrieb«, *Telepolis Special*, 1, 2005, S. 47–51

Lietz, H. 2006: »A Leap into Hyperspace – Fancy a Trip Through Another Dimension?«, *New Scientist*, 7. Januar 2006, S. 24–27

Ludwiger von, I., 1992: *Der Stand der UFO-Forschung*, S. 278–287; Frankfurt: Zweitausendeins

Lucadou von, W., Römer, H. und Walach, H., 2007: Synchronistic Phenomena as Entanglement Correlations in Generalized Quantum Theory«, in *J. of Consciousness Studies*, Vol. 14, Nr. 4, S. 50–74

Ludwiger von, I., 2001: »The Physics of Burkhard Heim and it's Applications to Space Propulsion«, First European Workshop on Field Propulsion, 20.–22. Januar 2001 at the University of Sussex, Brighton, UK

Ludwiger von, I., 2006: *Das neue Weltbild des Physikers Burkhard Heim*, München-Grünwald: Komplett Media (Hörbuch mit vier Kassetten; Buch mit 110 Seiten)

Ludwiger, von, I., 2007: »Eine mögliche Deutung der Radiästhesie aufgrund der Heimschen einheitlichen Quantenfeldtheorie«, in *Wetter – Boden – Mensch, Z. f. Geobiologie*, Nr. 4 + 5, S. 44–69

Mallove, E. F. & Matlof, G. L., 1989: *The Starflight Handbook – A Pioneers Guide to Interstellar Travel*, New York: John Wiley & Sons

Morgan, D. L., 1988: »Antiproton Science and Technology«, in *World Scientific*, 530, Singapur

NASA Design Study 1977: H. D. Johnson & C. Holbrow (Hrsg.): *Space Settlements: A Design Study*, SP – 413

Rovelli, C., 2004: *Quantum Gravity*, Cambridge University Press

Sheperd, L. R., 1952: *J. of the British Interplanetary Society*, 11, S. 149

Simakow, J., 1995: »Bleibende biologische Auswirkungen auf Landeplätzen von UFOs«, in *UFOs – Zeugen und Zeichen*; Hrsg. I. v. Ludwiger, S. 354–362; Berlin: edition q

Tajmar, M. & de Matos, C., 2006: »Gyromagnetic Fields in Rotatory Superconductors to Solve the Tate's Cooper Pair Mass Anomaly«, *Proceedings of the Space Technology and Applications International Forum* (STAIF – 2006), AIP Conference Proceedings (813), S. 1415–1420

Thorne, K., 1985 (Deutsch 1994): *Gekrümmter Raum und verborgene Zeit – Einsteins Vermächtnis*, München: Droemer Knaur

Vulpetti, G., 1986: *J. of the British Interplanetary Society*, 39, 391

Walter, U., 1999: *Zivilisationen im All – Sind wir allein im Universum?*, Heidelberg, Berlin: Spektrum Akademischer Verlag

Zhou, Y. & Karplus, M., 1999: *Nature*, 401, S. 400–403

Anhang: Fallsammlung Einsatz und Austausch unfreundlicher Handlungen

Aschascha, W., 1995: »UFOs über Russland: Drei Stunden«, in *UFOs – Zeugen und Zeichen*, S. 423–432; Hrsg. I. v. Ludwiger; Berlin: edition q

Brookesmith, P., 1980/84: *The Age of the UFO*; London: Orbis

Brown, Ch. (Hrsg.) 1969: *The Humanoids*, London: Futura Publ. Ldt.

Bühler, W. K., 1975: *Vierzig Begegnungen mit Außerirdischen in Brasilien*; Wiesbaden: Ventla

Bundell, N. & Boar, R., 1983: *The World's Greatest Mysteries*, London: Octopus Ltd.

Clark, J., 1992: *The UFO Encyclopedia*; Vol. 2; Detroit, MI: Omnigraphics, Inc.

Davis, I. & Bloecher, T., 1978: *Close Encounters at Kelly and Others of 1955*; CUFOS

Edwards, F., 1966: *Flying Saucers – Serious Business*: New York: Lyle Stuart

Evans, H. & Spencer, J. (Hrsg.), 1987: »The Case for Proof in a Squirrel's Cage«, in *UFOs 1947–1987 – The 40-Year Search for an Explanation*, S. 145–155; London: Fortean Tomes

Good, T., 1991: *Jenseits von Top Secret*; Frankfurt a. M.: Zweitausendeins

Granchi, I., 1992: *UFOs and Abductions in Brazil*, Madison, Wisconsin: Horus House Press, Inc.

Green Berkley, T., 1992: *Strange Encounters*; New Brunswick, NJ: Inner Light Publications

Gross, L. E., 1994: »The 5th Horseman of the Apocalypse«, *UFOs: A History November – Dezember 1956*, 12, Privatdruck

Haines, R. F., 1990: *Advanced Aerial Devices Reported During the Korean War*; Los Altos, CA: LDA Press

Haines, R. F., 1998: *CE-5 – Close Encounters of the 5th Kind*; Naperville, IL: Sourcebooks, Inc.

Herberts, G., 1977: *Begegnungen mit Außerirdischen*; Frankfurt a. M.: Fischer TB

Hobana, I. & Weverbergh, J., 1972: *UFO's From Behind the Iron Curtain*; London: Souvenir Press

Hynek, A. J. & Vallée, J., 1975: *The Edge of Reality – What a Group of Scientists Has Discovered About UFO Influences on the Human Race*; New York: E. P. Dutton & Co.

Keyhoe, D. E, 1973: *Aliens from Space – The Real Story of Unidentified Objects*; New York: Doubleday & Company

Keyhoe, D. E. & Lore, G. (Hrsg.), 1969: *UFOs – A New Look*; NICAP, Washington

Leir, R. K., 2005: *UFO Crash in Brazil*; San Diego, CA: The Book Tree

Lorenzen, J. & C., 1962: *The Great Flying Saucer Hoax*; New York: The William Frederik Press

Lorenzen, J. & C., 1967: *Flying Saucer Occupants*; New York: Signet Books

Lorenzen, J. & C., 1968: *UFOs Over the Americas*; New York: Signet Books

Lorenzen, J. & C., 1976: *Encounters With UFO Occupants*; New York: Berkley Medaillion Books

Ludwiger von, I. 1992: *Der Stand der UFO-Forschung*, Frankfurt a. M.: Zweitausendeins

Pratt, B., 1996: *UFO Danger Zone – Terror and Death in Brazil – Where Next?*, Madison,Wisconsin: Horus House Press., Inc.

Rodeghier, M., 1981: *UFO Reports Involving Vehicle Interference*, CUFOS

Ruppelt, E., 1956: *The Report on Unidentified Flying Objects*; New York: Doubleday

Schwarz, B., 1983: *UFO Dynamics – Psychiatric & Psychic Aspects of the UFO Syndrome*, Book 1; Moore Haven, FL: Rainbow Books

Smith, W., 1987: »UFOs in Latin America«, in *UFOs 1947–1987*, hrsg. von H. Evans & J. Spencer; London: Fortean Times

Steiger, B. & Whritenour, J., 1967: *Flying Saucers Are Hostile*, New York: Tandem Books

Stone, C., 1990: »UFO/Military Confrontations«, in *Case Studies*, 31. Mai 1990

Story, R. D., 1980: *The Encyclopediy of UFOs*; New York: Dolphin Books

Stringfield, L. H., 1977: *Situation Red – The UFO Siege*; New York: Doubleday & Comp.

Stringfield, L. H., 1982: *UFO Crash/Retrievals: Amassing the Evidence, Status Report III*; Cincinnati, OH: publiziert durch den Autor

Tyson, B., 1977: *UFOs – Satanic Terror*; Beaverlodge, Alberta, Kanada: Horizon Books

Vallée, J., 1990: *Confrontations – A Scientist's Search for Alien Contact*; New York: Ballantine Books

Vasquez, J. & Holms, B. S., 2000: *Incident at Fort Benning*, Timeless Voyager Press, Santa Barbara, CA

Weinstein, D., 1997: *Aircraft UFO Encounters – Military, Airliner, Private Pilot's UFO Sightings*, Katalog mit 920 Fällen; San Francisco, Privatdruck

Glossar

AAAS	*American Association for the Advancement of Science* (Amerikanische Gesellschaft für den Fortschritt der Wissenschaft)
AAS	*American Astronomical Society* (Amerikanische Astronomische Gesellschaft)
Abduzierte	Von UFOs – angeblich oder tatsächlich – Entführte bzw. an Bord des UFOs Geholte werden in der Literatur als »abductees« bezeichnet (engl. *to abduct* = »entführen«)
ADC	*Air Defense Command* (Oberkommando der amerikanischen Luftverteidigung)
AFB	*Air Force Base* (Bezeichnung für jede US-Luftwaffenbasis)
AFOSI	*Air Force Office of Special Investigations* (amer., Luftwaffenbehörde für spezielle Untersuchungen)
AFORS	*Air Force Office of Scientific Research* (Luftwaffenbüro für wissenschaftliche Forschung)
AIAA	*American Institute of Aeronautics and Astronautics* (Amerikanisches Institut für Luft- und Raumfahrt)
AMC	*Air Material Command* (Luftwaffen-Material-Kommando)
AMS	Automatische Messstation
APRO	*Air Phenomena Research Organization* (Forschungsgesellschaft für Luftraumphänomene), Tucson, Arizona; eine der drei größten privaten UFO-Forschungsgruppen in den USA; Publikationsorgan: *APRO Bulletin* (von 1952 bis 1979)
ART	Allgemeine Relativitätstheorie (Einsteins)
ATIC	*Air Technical Intelligence Center* (amer., Technischer Nachrichtendienst Luft; Organisation der Luftwaffe)
BPE	*Bureau Prospective et Etudes* (franz., Büro zur Untersuchung und zum Studium)
CAUS	*Citizens Against UFO Secrecy* (amer., Bürger gegen UFO-Geheimhaltung; Bürgerbewegung, aufgrund deren Initiative viele Geheimdienstberichte über UFOs freigegeben werden mussten)
CBPDV	*Centro Brasileiro para Pesquisa des Discos Voadores* (potugiesisch: Brasilianisches Zentrum zur Erforschung Fliegender Untertassen)

CEA	*Commissariat a l'Energie Atomique* (Atomenergie-Kommissariat)
CENAP	Centrales Erfassungsnetz für Anomale Phänomene, Mannheim: angegliedert an GWUP, mit gleicher Zielsetzung wie diese; Publikationsorgan: *CENAP Report*
CIA	*Central Intelligence Agency* (amer., Zentraler Nachrichtendienst)
CNES	*Centre National d'Études Spatiales* (franz., Nationales Zentrum für Raumforschung, Paris; vergleichbar mit der NASA in den USA)
COPEIPAN	*Comité de pilotage d'Études et d'Information sur les Phénomènes Aérospatiaux Non Identifiés* (Leitendes Komitee für die Studien- und Informationsgruppe über unidentifizierte Phänomene)
CSI	*Committee for Skeptical Inquiry* (Komitee für skeptische Untersuchungen)
CSICOP	*Committee for the Scientific Investigation of Claims of the Paranormal* (amer., Komitee zur wissenschaftlichen Untersuchung der Behauptungen über Paranormales); weltanschaulich gebundene Gruppe von Skeptikern mit der Grundüberzeugung, dass es keine paranormalen Phänomene gibt; Argumentationsweise: reduktionistisch; Publikationsorgan: *Skeptical Inquirer*
CSS	*Central Security Service* (amer., Zentraler Sicherheitsdienst)
CUFOS	*Center for UFO Studies*, seit 1988: *J. A. Hynek Center for UFO Studies* (amer., J.-A.-Hynek-Zentrum für UFO-Forschung; Chicago, Illinois); eine der drei größten privaten UFO-Forschungsgruppen; Publikationsorgan: *The International UFO Reporter, IUR*)
DEGUFO	Deutsche Gesellschaft für UFO-Forschung e.V., Bad Kreuznach; Publikationsorgan: *Deguforum*
DIA	*Defense Intelligence Agency* (amer., Nachrichtendienst Abwehr)
DAS	*Directorate of Air Staff* (Direktorat des Luftwaffenstabs)
DIS	*Defense Intelligence Staff* (engl., Verteidigungs-Nachrichten-Stab)
DMT	N,N-Dimethyltriptamin (Halluzinogen)
DoD	*Department of Defense* (US-Verteidigungsministerium)
EHT	Erweiterte Heimsche Theorie (durch Walter Dröscher, Wien)
EMBLA	*Electro Magnetic Behavior of Luminous Anomalies* (Projekt-

	name für »Elektro-magnetisches Verhalten von Leucht-Anomalien«)
FAA	*Federal Aviation Agency* (amer., Bundesluftfahrtbehörde)
FOIA	Freedom of Information Act (amer., Gesetz zur Freiheit der Informationen: 5 USC-552, vom 4. Juli 1974) ermöglicht die Herausgabe von Dokumenten durch die amerikanischen Bundesbehörden, die auf Anfrage an jeden US-Bürger erfolgt, sofern durch die Freigabe nicht die nationale Sicherheit, die Privatsphäre von Bürgern und Wirtschaftsgeheimnisse der USA gefährdet werden
FSR	*Flying Saucer Review*; Bucks, England (erscheint seit 1955 vierteljährlich)
GEP	Gesellschaft zur Erforschung des UFO-Phänomens e. V., Lüdenscheid; Argumentationsweise: reduktionistisch; Publikationsorgan: *Journal für UFO-Forschung*
GEPAN	*Groupe d'Étude des Phénomènes Aérospatiaux Non Identifiés* (franz., Forschungsgruppe für unidentifizierbare Phänomene im Luftraum – Abteilung innerhalb der französischen Raumfahrtbehörde CNES; staatlich finanzierte UFO-Forschungsstelle; 1977 gegründet, 1988 umbenannt in SEPRA; vertrauliche Publikationen: *Notes Techniques*, Toulouse
GEIPAN	*Groupe d'Études et d'Information sur les Phénomènes Aérospatiaux Non Identifiés* (Studien- und Informationsgruppe über unidentifizierte Phänomene im Luftraum)
GWUP	Gesellschaft zur wissenschaftlichen Untersuchung der Parawissenschaften; Schwesterorganisation der amerikanischen Skeptikerorganisation CSICOP; Grundüberzeugung: Es gibt keine paranormalen Phänomene! Erklärung für diese erfolgt jeweils reduktionistisch: Publikationsorgan: *Der Skeptiker*
Habitat	künstlicher Wohncontainer für das Überleben im Weltraum
IAC	*Intelligence Advisory Committee* (Nachrichtendienst-Beratungskomitee)
ICBM	Intercontinental Ballistic Missile (interkont. ballistische Rakete)
IHEDN	*Institut des Hautes Etudes de Défense Nationale* (Institut für fortgeschrittene Studien der nationalen Verteidigung)
LCC	Launch control center (Abschuss-Kontrollzentrale)
LDLN	*Lumières dans la nuit* (franz., Lichter in der Nacht: französischsprachige Publikation der größten UFO-Forschungsgruppe gleichen Namens, Lyon)

MIT	*Massachusetts Institute of Technology*
MoD	*Ministry of Defense* (brit., Verteidigungsministerium)
MUFON	*Mutual UFO Network* (amer., UFO-Nachrichten-Austausch-Netz), Fort Collins, Colorado; eine der drei größten UFO-Forschungsorganisationen in den USA; Publikationsorgan: *MUFON UFO Journal*
MUFON-CES:	*MUFON – Central European Section* (Zentraleuropäische Sektion der MUFON) – Gesellschaft zur wissenschaftlichen Untersuchung von anomalen atmosphärischen und Radar-Erscheinungen e. V.; deutschsprachige private Gruppe von Wissenschaftlern und Ingenieuren zur Untersuchung des UFO-Phänomens mit wissenschaftlichen Methoden; Publikation in Form von Forschungsberichten; 83620 Feldkirchen-Westerham
NARCAP	*National Aviation Reporting Center on Anomalous Phenomena* (amer., Nationale Luftfahrts-Berichts-Zentrale über anomale Phänomene; angeschlossen an die FAA)
NAS	*National Academy of Sciences* (amer., Akademie der Wissenschaften, kontrolliert unter anderem Forschungsarbeiten, die, wie das Colorado-Projekt, im Regierungsauftrag durchgeführt wurden)
NICAP	*National Investigation Committee on Aerial Phenomena* (amer., Forschungskomitee für Luftraumphänomene, Washington), wurde 1956 gegründet; Publikationsorgan: *The UFO Investigator*; nach Unterwanderung durch die CIA 1973 aufgelöst
NIDS	*National Institute of Discovery Science* (amer., Nationales Institut für die Wissenschaft von Entdeckungen; Las Vegas)
NL	nocturnal lights (nächtliche Lichter)
NLO	Neopasnanjie Letajuschtschie Objekti (russ., Ausdruck für unidentifizierbare Flugobjekte)
NORAD	*North American Aerospace Defense Command* (amer., Nordamerikanisches Kommando für Luftraum-Verteidigung – späterer Name für ADC)
NSCID	*National Security Council Intelligence Directive* (Nachrichtendienstliche Direktiven für den Nationalen Sicherheitsrat)
NTORES	*Naútschnije i technitscheskije organisatzii dlja radio, elektroniku i swedeniju* (russ., Wissenschaftlich-technische Organisation für Radio, Elektronik und Kommunikation; Unterabteilung der russischen Popow-Gesellschaften in Moskau)

NSA	*National Security Agency* (amer., Nationale Sicherheitsbehörde – größte Geheimdienstorganisation der USA)
NSF	*National Science Foundation* (amer., Nationale Wissenschaftsstiftung)
OSI	*Office of Secret Information* (amer., Amt für wissenschaftliche Aufklärung, Abteilung der CIA)
OVNI	französisch: Objets Volants Non Identifiés; spanisch: Objeto Volador no Identificado
PEAR	*Princeton Engineering Anomalies Research Laboratories* (Technische Anomalieforschungs-Laboratorien in Princeton)
PTSD	Post traumatic stress disorder (Posttraumatische Belastungsstörung)
RAF	*Royal Air Force* (Königliche Luftwaffe)
$R(3) = R_3$	dreidimensionaler Raum
R(4)	vierdimensionales Raum-Zeit-Kontinuum
R(6)	sechsdimensionaler Hyperraum
SAC	*Strategic Air Control* (Strategische Luftraumüberwachung)
Samisdat	russische Bezeichnung für vom KGB verbotene, in kleinem Kreise kursierende und mit Schreibmaschine vervielfältigte Berichte
SAR	*Search and Rescue* (Suchen und Bergen; Hubschrauber-Rettungs-Dienststelle in Deutschland)
SAT	*Security Alert Team* (Sicherheits-Alarm-Team)
SBEDV	*Sociedade Brasileira de Estudes sobre Discos Voadores* (Brasilianische Gesellschaft für Studien der Fliegenden Untertassen; Rio de Janeiro)
SEMOC	*Section d'Etudes des Mystérieux Objets Célestes* (Studiensektion über mysteriöse Himmelsobjekte)
SEPRA	*Service d'Expertise des Phénomènes de Rentrées Atmosphériques* (franz., Untersuchungsdienst über Wiedereintrittsphänomene in der Atmosphäre; Nachfolgeorganisation der GEPAN und Unterabteilung der CNES)
SI	space intelligence (»Weltraum-Intelligenz«, Bezeichnung von Ted Owens)
SOBEPS	*Societé Belge d'Étude des Phénomènes Spatiaux* (Belgische Gesellschaft zur Untersuchung von Weltraumphänomenen); private wissenschaftliche Organisation zur Untersuchung von UFO-Phänomenen in Belgien; Publikationsorgan: *Inforespace*, Brüssel

Sojus-UFO-Zentr	(russ., Allunions-UFO-Zentrum), eine halbstaatliche russische Gesellschaft zur Sammlung von UFO-Berichten
Solid Light	(»*festes Licht*«) Fachausdruck für das häufig beschriebene Phänomen, dass aus einem UFO »Lichtstrahlen« austreten, die sich aus dem Fluggerät »langsam wie Schneckenfühler« herausschieben
SPR	*Society for Psychical Research* (Gesellschaft für Psychische Studien, London)
SSE	*Society for Scientific Exploration* (amer., Gesellschaft für wissenschaftliche Erklärung), private interdisziplinäre Wissenschaftlergruppe, die sich mit der Untersuchung von anomalen Phänomenen befasst: Publikationsorgan: *Journal of Scientific Exploration*
T(n)	Metroplex-Totalität vom Grad n (quantisiertes Organisationsniveau n-ter Stufe)
TREAT	*Treatment and Research on Experienced Anomalous Trauma* (amer., Behandlung und Untersuchung von erlittenen anomalen Traumata; private amerikanische Gruppe von Psychiatern und Psychologen, die das Abduktion-Phänomen untersuchten; gegründet 1992, aufgelöst 1998)
UAP	Unidentified Aerial Phenomena (unidentifizierte Luftphänomene)
UFOCAT	UFO-Catalog (amer., erster EDV-UFO-Katalog), aufgestellt von Prof. Saunders
UFOs i. e. S.	Unidentifizierte Flugobjekte im engeren Sinne. Das sind Objekte, die auch von Experten nicht identifiziert werden können (also die eigentlichen UFOs)
UFOs i. w. S.	Unidentifizierte Flugobjekte im weiteren Sinne. Das sind Objekte, die sich nur der Laie nicht erklären kann, die jedoch durch Experten als bekannte Objekte identifiziert werden können.
x_1, x_2, x_3	die drei räumlichen Koordinaten Länge, Breite, Höhe
x_4	die imaginäre Zeitkoordinate
x_5, x_6	die imaginären (entelechiale) und (äonische) Koordinaten in B. Heims Theorie
(x_5, x_6)	Aktivitätenstrom, verbindet Ideenmuster dynamisch aus niedrigen mit höheren Organisationsniveaus (nach B. Heim)

Ortsregister

Personenregister

Sachregister